ANAGEMENTBERATUNG · INFORMATIONSTECHNOLOGIE
UMAN RESOURCES · CORPORATE FINANCE · MARKETING & PR

ERATUNGSUNTERNEHMEN IM DEUTSCHSPRACHIGEN RAUM

YEARBOOK CONSULTING 03

AUSTRIA EDITION

Danksagung / Widmung

Das Yearbook Consulting 03 ist den österreichischen Beratungsunternehmen, der österreichischen Industrie und Wirtschaft sowie den angehenden Junior Consultants an den Universitäten gewidmet. Die Herausgeber bedanken sich in dieser Form bei den zahlreichen Unternehmen, Institutionen und nahezu 200 Beratungsunternehmen, die die Realisierung dieses umfangreichen Projekts ermöglichten.

Umschlaggestaltung: WW Grafik, Wien
Redaktionelle Leitung: Create Connections Networking & Lobbying GmbH
Schlussredaktion: Create Connections Networking & Lobbying GmbH
Herstellung: Create Connections Networking & Lobbying GmbH
Druck: Stiepan Druck G.m.b.H., Leobersdorf &
Druck Knab Ges.m.b.H, Wien

Made in Austria

ISBN 3-9501744-0-0

Henkel
A Brand like a Friend*
Unsere Vision
Henkel ist führend mit Marken und
Technologien, die das
Leben der Menschen leichter, besser
und schöner machen.
* Alles über „Henkel – eine Marke wie ein Freund“
finden Sie unter www.henkel-cee.com oder henkel.at :-)

Inhaltsverzeichnis

13 Unternehmensprofile (in alphabetischer Reihenfolge)

13 Unternehmensprofile (in alphabetischer Reihenfolge)

Accedo Communications GmbH, AiGNER PR Communication Services KEG, Dr. Bannert Public Relations – Agentur für Öffentlichkeitsarbeit Ges.m.b.H., Dr. Viktor Bauer Public Relations GmbH, barbaraschütze – strategische kommunikation – systemisches coaching – ressourcenentwicklung, be.public – Werbung Finanzkommunikation GmbH, BLM – Dr. Bernd Liebmann Marketing- und Unternehmensberatung, BO Public Relations und Fachübersetzungen – Dr. Brigitte Oberleitner, Dr. Brugger-Dengg Public Relations, communication agency prihoda GmbH, communication matters, com_unit Agentur für Kommunikation, Comunicative Public Relations GesmbH, Conclusio PR Beratungs GmbH, Conter – Public Relations GmbH nfg KEG, Dr. Kristin Engelhardt Kommunikationsberatung, Esprit Public Relations GmbH, FCB Events & PR, F&F Team für Kommunikationsberatung, F*PR Frühbauer Public Relations GesmbH & Co KG, freeCOMM – Agentur für Kommunikation, future°bytes Markus Pirchner GesmbH, Gassner&Hluma Communications, PR-Büro Halik, Haslinger, Keck.PR, Hauska&Partner OEG – International Communications, Headline Communications, Stefanie Hiesberger Marketing – Communication, Dr. Hochegger Kommunikationsberatung, hofherr communikation gmbh, ICONS – Integrated Consulting & Communication Services GmbH, ikp – Institut für Kommunikationsplanung GmbH, ILDIKOMM – Kommunikationsberatung & Organisation, kommunikation Public Relations &Publications, Lang & Tomaschtik Communications, Dr. Wolfgang May public relations Kommunikationsberatungs-GmbH, Menedetter PR, M&K Marketing & Kommunikation, Neisser Communication GmbH, Public Relations Harald Obst KEG, Partners in Public Relations GmbH, PR Plus, P.R.I.M.A. Public Relations und Imagemarketing Agentur GesmbH, ECC PUBLICO Public Relations Gesellschaft m.b.H., Putz & Stingl Event Public Relations & Werbung GmbH, reputation factory Kommunikationsberatung, results & relations – pr for technology, Scheichelbauer Public Relations, Schenk/Igler/Proksch Public Relation GmbH, Schennach, Heidler, Walch & Partner, Scholz-Fischhuber Kommunikation, senft-gordon & partner, The Skills Group – Pro & Co : Die Kommunikationsgesellschaft für PR und Web, soukup communications, Svoboda PR & Consulting, Temmel, Seywald & Partner Communications GesmbH, Trimedia Communications Austria GesmbH, VH Communications Dr. Verena Hofstätter, wiko wirtschaftskommunikation GesmbH, GWK – Gabriela Würth Kommunikation

Public Relations Verband Austria (PRVA), Vereinigung österreichischer Kommunikationsfachleute, Lothringerstraße 12/4. Stock, A-1030 Wien, Tel: +43-1-715 15 40, Fax: +43-1-715 15 35, E-Mail: office@prva.at, Internet: www.publicrelations.at

Vorworte

Dkfm. Lorenz Fritz, Generalsekretär der Industriellenvereinigung
Dr. Christoph Leitl, Präsident der Wirtschaftskammer Österreich
Univ.-Prof. Dr. Gerhard Speckbacher, Wirtschaftuniversität Wien
Heinz Sundt, Generaldirektor der Telekom Austria
Wolfgang Bachmayer, Geschäftsführer OGM
Dr. Georg Pölzl, CEO T-Mobile Austria
Mag. Willi Hemetsberger, Vorstandsdirektor Bank Austria Creditanstalt
Mag. Rainhard Paul, Geschäftsführung Pidas Österreich
Dr. Winfried Schwarz, Partner Dorda Brugger & Jordis
Mag. Paul Stritter, Geschäftsleitung Microsoft Österreich
Mag. Peter Gröbl, Country Manager jobpilot Austria

Dkfm. Lorenz Fritz
Generalsekretär der
Industriellenvereinigung

iv INDUSTRIELLEN VEREINIGUNG

Vorwort zum Yearbook Consulting 2003

Das Yearbook Consulting 2003 der Informationsagentur für den deutschsprachigen Consultingmarkt füllt eine große Lücke, indem es eine neutrale und umfassende Informationsplattform über den österreichischen Beratermarkt bietet. Profitieren werden von diesem wohl bald als unentbehrlich empfundenen Führer nicht nur Unternehmen, die Consultingleistungen nachfragen, sondern auch qualifizierte Absolventen einschlägiger Ausbildungswege bei der Identifizierung potentieller Arbeitgeber.

Die Beratungsbranche ist eine der am dynamischsten wachsenden wirtschaftsnahen Dienstleistungen. Der beschleunigte Strukturwandel, die rasch voranschreitende Internationalisierung der Wirtschaft, die Anforderungen, die die neuen Informations- und Kommunikationstechnologien an die Unternehmen stellen, die Herausforderungen eines modernen human resources management, die professionelle Gestaltung des Wissensmanagements, die Lösung komplexer Finanzierungsfragen und die Konzentration au unternehmerische Kernkompetenzen, um nur einige Faktoren zu nennen, machen heute externe Beratung zum unverzichtbaren Instrument einer modernen Unternehmensführung.

Qualifizierte Unternehmensberatung sollte nicht nachträglich unternehmerische Entscheidungen rechtfertigen, sondern professionelle Hilfestellung im Sinne eines kreativen Sparringpartners bei solchen Entscheidungen bieten. Eine Beratung wird umso erfolgreicher sein, je intensiver die Mitarbeiter in den Beratungsprozess eingebunden und je mehr die Berater auch noch in die Umsetzungsphase einbezogen sind. Externe Konsulenten bringen d für ein Unternehmen unschätzbare Erfahrung mit vergleichbaren Problemstellungen bei anderen Unternehmen, vielfach derselben Branche, ein. Sie stellen daher ein Instrument par excellence des mittelbaren Know-how-Transfers und des indirekten Benchmarkings dar.

Das vorliegende Yearbook Consulting 2003 trägt jedenfalls dazu bei, für potentielle Auftraggeber mehr Transparenz über den österreichischen Beratungsmarkt zu schaffen. Darüber hinaus präsentiert es eine brandaktuelle Umfrage unter den 300 großen österreichischen Unternehmen zum Thema „Wie sehen Österreichs Entscheidungsträger die Unternehmensberatung?".

Somit bleibt nur mehr zu wünschen, dass das Yearbook Consulting 2003 von den österreichischen Unternehmen auf breiter Basis angenommen und diese Initiative zu einem dauerhaften Erfolg wird.

Dkfm. Lorenz Fritz
Generalsekretär der Industriellenvereinigung

Dr. Christoph Leitl
Präsident
Wirtschaftskammer Österreich

WIRTSCHAFTSKAMMER
ÖSTERREICH

Die Consulting Branche ist zu einem wichtigen Wirtschaftsmotor in Österreich geworden. Mit mehr als 3,6 Prozent Anteil am Bruttoinlandsprodukt hat diese Gruppe einen maßgeblichen Anteil am Wirtschaftswachstum und ist ein bedeutsamer Partner der Wirtschaft zur Unterstützung der positiven Unternehmensentwicklung. Steigende Bedeutung kommt dieser Branche auch aufgrund der neuen Anforderungen für Österreichs Unternehmen, wie 'Basel II' und die Erweiterung der Europäischen Union zu. Die Unternehmensberater machen Unternehmen fit; fit für Neugründungen und Übernahmen, aber auch für neue Herausforderungen des Marktes. Als Präsident der Wirtschaftskammer Österreich unterstütze ich alle Initiativen, die die Berateraffinität in Österreich stärken und die Beraterakzeptanz erhöhen. Das vorliegende Consulting Yearbook halte ich für ein ausgezeichnetes Nachschlagewerk, sich nicht nur über den derzeit aktuellen Stand in der Unternehmensberatung in Österreich zu informieren und einen geeigneten Überblick über den österreichischen Beratermarkt zu schaffen.

Dr. Christoph Leitl
Präsident

Univ.-Prof. Dr.
Gerhard Speckbacher
Institut für Unternehmensführung
WU Wien

Institut für Unternehmensführung
Abteilung für Unternehmensführung, Controlling und Beratung
Department of Strategic Management and Management Control
Vienna University of Economics and Business Administration

WIRTSCHAFTS UNIVERSITÄT WIEN

Vorwort zum Yearbook Consulting 2003

Die Consulting-Branche hat in den vergangenen Jahren eine überaus dynamische Entwicklung durchgemacht. Eine Vielzahl neuer Beratungsfelder und auch eine Reihe neuer Beratungsunternehmen sind entstanden.

Das immer vielschichtigere Angebot an Beratungsleistungen und Beratungsunternehmen erhöht aber gleichzeitig die Informationskosten für potentielle Auftraggeber wie auch für Hochschulabsolventen. Trotz Internet ist es schwierig, die gewünschten Informationen über spezifische Tätigkeitsfelder und Schwerpunkte sowie über konkrete Unternehmenszahlen überhaupt zu erhalten, und für Interessierte ist es nahezu unmöglich, sich einen guten Überblick zu verschaffen und angesichts des wachsenden Angebots den Durchblick zu bewahren. Mehr Transparenz hilft sowohl den Anbietern als auch den Nachfragern von Beratungsleistungen und verringert die Unsicherheit für Hochschulabsolventen, die sich für einen Berufseinstieg in Beratungsunternehmen interessieren. Das Yearbook Consulting hilft, die notwendige Transparenz zu schaffen und Unsicherheit zu reduzieren. Gerade auch Absolventen von Hochschulen werden mit dem Yearbook Consulting eine Publikation in Händen halten, die ihnen die Suche nach einem passenden Arbeitgeber wesentlich erleichtert.

Ergänzt wird das Jahrbuch durch eine OGM-Studie zur Wahrnehmung von Beratungsleistungen aus Klientensicht. Damit wird ein Barometer geschaffen, anhand dessen die Stimmungslage von beauftragenden Unternehmen hinsichtlich der allgemeinen Zufriedenheit mit Beratungsleistungen und -unternehmen abgebildet wird. Hinzu kommen zahlreiche Erfahrungsberichte von Unternehmen über Beratungsprojekte, die das Buch inhaltlich abrunden

Univ.-Prof. Dr. Gerhard Speckbacher
Institut für Unternehmensführung
Abteilung für Unternehmensführung, Controlling und Beratung
Wirtschaftsuniveristät Wien

Augasse 2–6
A-1090 Wien
Austria

Telefon: +43/1/313 36/4569 ▪ Telefax: +43/1/313 36/723
Web: www.wu-wien.ac.at/ifu ▪ E-Mail: unternehmens.fuehrung@wu-wien.ac.at

Unsere Partner

Bank Austria ▪ BAU HOLDING STRABAG ▪ Contrast ▪ Henkel CEE ▪ Horváth & Partner ▪ OMV ▪ Ö. Controller Institut ▪ Robert Bosch ▪ Siemens

Generaldirektor
Heinz Sundt
Vorsitzender des Vorstandes

Heinz Sundt
Generaldirektor
Telekom Austria AG

Vorwort Yearbook Consulting 2003

Das vorliegende Yearbook Consulting 2003 bietet österreichischen Unternehmen eine strukturierte Übersicht über das breit gestreute Leistungsportfolio heimischer Beratungsunternehmen. Das Yearbook trägt mit seiner Informationsfülle der dynamischen Entwicklung des Consultingmarktes im letzten Jahrzehnt Rechnung und bietet Unternehmen eine effektive Orientierungshilfe bei der Suche nach spezifischen Beratungsleistungen. Somit schließt das Jahrbuch eine Informationslücke. Begrüßenswert ist auch der zweite Anspruch der Herausgeber, qualifizierten Absolventen einschlägiger Ausbildungslehrgänge eine Plattform zu bieten, die es ihnen erlaubt, einen ihren Kenntnissen und Fähigkeiten entsprechenden Arbeitgeber zu finden.

Die Identifizierung der richtigen Beratungsleistung ist heute umso schwieriger, als sich das Leistungsspektrum der Beratungsunternehmen weiter diversifiziert hat. Das Angebot reicht heute von international operierenden Anbietern mit umfassenden Dienstleistungen bishin zu kleinen, auf spezifische Unternehmensfunktionen ausgerichtete Beratungsunternehmen. Und auch die Anforderungsprofile der Unternehmen haben sich um zeitgemäße Herausforderungen wie E-Business, Virtual Enterprise, vernetzte Unternehmen und Wissensmanagement/ lernende Organisationen erweitert.

Das Yearbook Consulting 2003 hat den auf weitreichenden technologischen Veränderungen basierenden Strukturwandel bei der Nachfrage von Consultingleistungen auf breiter Basis integriert. Eine von DCM beim Marktforschungsunternehmen OGM beauftragte Befragung von Führungskräften in rund 300 österreichischen Unternehmen evaluiert die heutigen Bedarfssegmente für professionelle Beratung. Damit belegt das Yearbook Consulting 2003 seine auf Interaktion und Erfahrungsaustausch zwischen Beratern und Unternehmen gerichtete Intention.

Diese Zielsetzung ehrt die Herausgeber, weil es damit gelingen kann, einen Interessensausgleich zwischen Unternehmen und Beratern im Sinne bestmöglicher Kooperation und höchstmöglicher Transparenz zu schaffen. Für Unternehmen bietet das Yearbook Consulting ein Instrumentarium für die Beurteilung der Anbieterlandschaft. Die Branche Unternehmensberatung ihrerseits bekommt mit dem Yearbook Consulting ein Manual zur Hand, welches Aufschluss über die Erwartungshaltungen bei Unternehmen gibt und die Entwicklung bedarfsgerechter Leistungsangebote trotz zunehmender Marktkomplexität erleichtert. Damit erfüllt das Yearbook Consulting 2003 eine Brückenfunktion zwischen Angebot und Nachfrage und leistet Anbietern und Kunden gleichermaßen wertvolle Unterstützung.

Wolfgang Bachmayer
Geschäftsführer OGM

OGM★

Yearbook Consulting
Vorwort: Wolfgang Bachmayer

Etwa 8 Milliarden Euro, das entspricht rund 3 Prozent des gesamten Bruttonationalprodukts, werden von den Wirtschaftsberatern jährlich erwirtschaftet, also von Werbeagenturen, Unternehmens-, Personal- und IT-Beratern. Andere Dienstleister wie Rechtsanwälte, Steuerberater oder technische Berater sind in diesen Ziffern gar nicht enthalten. Gut die Hälfte dieses riesigen Volumens fließt in die Werbe- und Kommunikationswirtschaft, der Rest in andere Consultingbereiche.

Dahinter stehen rund 100.000 Arbeitsplätze und gesunde Wachstumschancen für die Zukunft. Immerhin sind die wirtschaftsnahen Dienste in den letzten beiden Jahren jener Sektor am Arbeitsmarkt, der trotz gesamtwirtschaftlicher Stagnation am stärksten zulegen konnte.

Eine OGM-Umfrage unter Geschäftsführern von größeren Betrieben mit mehr als 100 Beschäftigten zu Bekanntheit und „Durchblick" in der Consultingbranche hat aber ergeben, dass sich mehr als die Hälfte der Auftraggeber bei den Beraterangeboten nicht zurechtfindet und ein klares Informationsdefizit festgestellt. Dabei ist die Bekanntheit des Beratungsunternehmens laut Umfrage das wichtigste Kriterium dafür, dass eine Geschäftsbeziehung zu Beratern zustande kommt.

Bei Einbeziehung von Entscheidungsträgern aus Klein- und Mittelbetrieben ist das Informationsdefizit noch weit größer und stellt ein echtes Hindernis bei der Kontaktaufnahme mit Consultern dar. Aber gerade bei den zigtausenden Klein- und Mittelbetrieben ist noch viel Potenzial ungenutzt, dort wird der Beratermarkt in den nächsten Jahren am stärksten zulegen.

Eigentlich kurios, dass die Beraterbrache, oft selbst Anbieter von Kommunikationsberatung, ihr eigenes Angebot so schwach an die Kunden kommuniziert. Im Gegensatz zu vielen anderen Berufsgruppen gibt es bis dato nicht einmal ein zentrales Nachschlagewerk über die Wirtschaftsberater in Österreich. So betrachtet ist das Yearbook Consulting ein erster Schritt, das Informationsmanko der Consultingbranche bei den Kunden zu verbessern.

Mit freundlichen Grüßen
O G M
Gesellschaft für Marketing
Ges.m.b.H.
Wolfgang Bachmayer

Dr. Georg Pölzl
CEO T-Mobile Austria

T-Mobile

Dr. Georg Pölzl
Vorsitzender der Geschäftsführung
CEO

Yearbook Consulting 2003

Vorwort Dr. Georg Pölzl, CEO T-Mobile Austria

Sehr geehrte Leserinnen und Leser dieses Yearbooks,

längst war sie überfällig - eine Übersicht wie diese, die uns den österreichischen Beratermarkt erstmals in seiner ganzen Vielfalt präsentiert und uns eine Branche näherbringt, mit der wir zwar tagtäglich zusammenarbeiten, die im Detail zu überblicken aber bislang kaum möglich war.

Berater sind jene externen "Gehirne", die uns bei unseren Entscheidungen unterstützen, indem sie Know How und eine nicht betriebsblinde Sicht der Dinge in unsere Diskussionsprozesse einbringen. Intelligentes Führen beinhaltet auch das Einholen kompetenter Meinungen von außerhalb des eigenen Unternehmens. Das ist die Aufgabe der Consulter - Sie setzen sich mit uns zusammen mit unseren Problemstellungen im Detail auseinander, liefern wertvollen kreativen Input und unterstützen uns in der Umsetzung.

Berater bucht man nicht aus dem Katalog, denn eine gute Vertrauensbasis ist entscheidend. Auch weiterhin werden wir unsere Beratungsfirmen hauptsächlich aufgrund persönlicher Erfahrungen oder Empfehlungen engagieren. Das neue Yearbook gibt aber einen guten Überblick über die Branche und informiert über die Kernkompetenzen der enthaltenen Beratungsunternehmen. Damit wird das Yearbook bei der Suche und Auswahl unserer Consulter künftig sicher zu einer wertvollen Orientierungshilfe werden.

Ich wünsche den Herausgebern, aber auch allen, die sich darin präsentieren, dass das Yearbook Consulting sich zu einem Standardwerk entwickelt, das aus den österreichischen Büros nicht mehr wegzudenken ist.

Viel Freude mit dem Yearbook Consulting 2003!

Dr. Georg Pölzl
CEO T-Mobile Austria

T-Mobile Austria GmbH
Hausanschrift A-1030 Wien, Kelsenstraße 5-7
Telekontakte Telefon (+43 1) 795 85-0, Fax (+43 1) 795 85-6526
Konto BAWAG 00110-032-463, BLZ: 14000
Aufsichtsrat Kai-Uwe Ricke (Vorsitzender)
eschäftsführer Dr. Georg Pölzl, Dr. Friedrich Radinger, Dr. Johannes Schmidt-Schultes
Firmenbuch Handelsgericht Wien, Sitz Wien, FN 137742m, UID ATU 39763207, DVR 0841684

Mag. Willi Hemetsberger
Vorstandsdirektor
Bank Austria
Creditanstalt

Bank Austria Creditanstalt

Mitglied der HVB Group

Mag. Willi Hemetsberger
Vorstandsdirektor
Mitglied des Vorstandes

Geleitwort zum Yearbook Consulting

Wenn sich jemand dazu entschließt, ein Jahrbuch für eine derart vielfältige Branche zu verfassen, so verdient dies Beachtung. In einer Zeit rückläufiger Transaktionsvolumina, die wir seit dem Ende der Internet-Bubble beobachten, ist dies umso bemerkenswerter. Dass es sich bei diesem Buch allerdings um das erste seiner Art handelt, ist nicht nur überraschend, sondern bedeutet vielmehr, dass es bald zum notwendigen Bibliotheks-Inventar in den heimischen Unternehmenszentralen zählen wird.

Seit Unternehmensgründungen wieder mit mehr Bedacht angegangen und Übernahmefantasien realistischer eingeschätzt werden, stehen auch die Berater vor neuen Herausforderungen. Angesichts der sich immer rascher verändernden Marktbedingungen haben Unternehmen zunehmend Bedarf nach kompetenten und individuellen Lösungen.

Das vorliegende Yearbook Consulting bietet einen ausgezeichneten Überblick über das breite Spektrum an professionellen Unternehmensberatern, vom kleinen Beraterbüro bis zu den großen Wirtschaftsprüfungskanzleien und Investment Banking-Dienstleistern. Ich gratuliere den Autoren zu dieser Idee.

Mag. Willi Hemetsberger

Firmenname:
Bank Austria Creditanstalt AG
Firmensitz: Wien, FN 150714p, DVR 0030066
Firmenbuchgericht: Handelsgericht Wien
A-1090 Wien, Julius Tandler-Platz 3
Telefon +43 (0)5 05 05-82000, Fax +43 (0)5 05 0

PIDAS

CUSTOMER CARE COMPANY

Mag. Reinhard Paul
Mitglied der Geschäftsleitung
PIDAS

Mitglied der Geschäftsleitung
Reinhard Paul
PIDAS Österreich Gesellschaft mbH

Vorwort zum Yearbook Consulting

Mit dem vorliegenden Yearbook-Consulting darf die österreichische Unternehmenswelt gespannt sein, wie sich die Beratungs-Branche aus Sicht der Kunden darstellt und wie ihre Innensicht damit korreliert.

Besonders interessant ist dabei der Aspekt, inwieweit das große Angebotsspektrum der verschiedensten Beratungspartner als ausgereift, zukunftsorientiert und branchenkompetent erkannt wird bzw. welche Lücken und Defizite geortet werden.

Wir von PIDAS Österreich als Anbieter von Beratungs- und Outsourcingleistungen im Bereich Service- und Helpdeskorganisationen wünschen den Organisatoren auf jeden Fall alles Gute und sprechen eine herzliche Gratulation zu dieser fantastischen Idee aus.

Mit bestem Dank
PIDAS Österreich Gesellschaft mbH

Reinhard Paul

Dr. Winfried Schwarz
Partner
Dorda Brugger & Jordis

DORDA BRUGGER & JORDIS
RECHTSANWÄLTE GMBH

Vorwort zum Yearbook Consulting 2003

Das Yearbook Consulting wird wohl in Zukunft als das Referenzwerk auf dem deutschsprachigen Markt anzusehen sein. Mühsame Recherche sowohl in Unternehmen als auch bei arbeitssuchenden Absolventen entsprechender Ausbildungsgänge wird durch die übersichtliche und klar strukturierte Informationen über Leistungsangebote der Consulting-Unternehmen ersetzt. Und die jährliche Aktualisierung der Daten garantiert Beratungsanbietern wie -suchenden aktuelle und akkurate Information.

Wer bisher auf der Suche nach einem passenden Consultingpartner war, musste sich erst durch unzählige Angebote wühlen, um den geeignetsten Berater zu identifizieren. Ein regional tätiges Unternehmen hat sicherlich einen anderen Beratungsbedarf als ein international agierendes. Oder vielleicht benötigt das Unternehmen auch Consulting für ein bestimmtes Geschäftsfeld?

Gerade in Unternehmen, die heute unter den Top 500 zu finden sind, ist Consulting nicht mehr wegzudenken. Dabei ist die richtige Beratung heute umso schwieriger, da sich die Probleme und Geschäftsfelder immer komplexer gestalten. Diesem Umstand trägt das Buch nicht zuletzt als Orientierungshilfe auf diesem wachsenden heimischen Markt Rechung. Befragung von Entscheidungsträgern der Unternehmen in Bezug auf Beratung bieten auch interessante Einblicke in die Consulting-Branche – aus einem unternehmerischen Blickwinkel.

Kurz gesagt: übersichtlich - informativ - nützlich!

Mit freundlichen Grüßen,

Winfried Schwarz

DORDA BRUGGER & JORDIS RECHTSANWÄLTE GMBH
A-1010 WIEN, DR KARL LUEGER-RING 12
TELEFON (+43-1) 533 47 95-0 TELEFAX (+43-1) 533 47 97 E-MAIL office@dbj.at
UID ATU 47842303 FN 188155 z HANDELSGERICHT WIEN DVR 0724211 INTERNET www.dbj.at

Mag. Paul Stritter
Geschäftsleitung
Microsoft Austria

Microsoft®

Yearbook Consulting 2003

Vorwort Mag. Paul Stritter, Geschäftsleitung Microsoft Austria

Sehr geehrte Leserinnen und Leser,

Sich ändernde Ansprüche von Unternehmen rufen kontinuierlich neue Beratungszweige und veränderte Dienstleistungen ins Leben. Berater müssen heute kontinuierlich über die neuesten Trends und Gegebenheiten Bescheid wissen. Neueste Technologien sind hier besonders wichtige Erfolgs-Faktoren.

Speziell dieses Aufkommen neuer Technologien brachte in den letzten Jahren auch die rapide Zunahme an besonders spezialisierten Beratungsunternehmen mit sich. Gleichzeitig stieg die Unübersichtlichkeit des Beratermarktes - für Unternehmen wurde es zunehmend schwieriger, den jeweils richtigen Berater schnell ausfindig zu machen. Das neue Yearbook Consulting 2003 soll hier eine signifikante Unterstützung leisten.

Als führendes Technologie-Unternehmen, das umfangreiche Basistechnologien bereitstellt, sieht Microsoft dieses Projekt als besonders wichtig an. Für Microsoft ist es ein großes Anliegen mit kompetenten Beratungspartnern zusammen zu arbeiten, die die Microsoft Technologien beim Anwender professionell umsetzen können. Nur so ist sichergestellt, dass das Beratungsprojekt für den Kunden zum gewünschten Erfolg führt - und das ist für Microsoft Österreich und seine Partnerunternehmen marktentscheidend.

Ich bin davon überzeugt, dass das Yearbook Consulting 2003 eine hervorragende Unterstützung für alle Branchen ist. Es wird von vielen Unternehmen bei der Entscheidung über die Auswahl des Beratungspartners zu Rate gezogen werden. Wir werden es auch unseren Kunden bei der Wahl ihres Beraters wärmstens empfehlen.

Viel Freude mit dem Yearbook Consulting 2003 !

Mag. Paul Stritter
Geschäftsleitung Microsoft Österreich

Mag. Peter Rudolf Gröbl
jobpilot Austria GmbH
Country Manager

jobpilot

Vorwort Yearbook Consulting 2003

Gratuliere!
Und warum ist das nicht schon früher wem eingefallen?

Es gibt Ideen, die sind so einfach und so gut - und trotzdem kommt lange Zeit niemand d´rauf! Die Übersicht über den deutschsprachigen Beratermarkt zählt genau zu diesen „No nas." Man kann nur ganz herzlich zu dem genial einfachen Gedanken und seiner wirklich guten Umsetzung gratulieren.

Kein Beschränken auf einzelne Beratungssegmente, wie „die Unternehmensberater", oder „die Personalberater". Nein, es ist mehr! Es ist ein erstmalig vollständiger Überblick über alles, was mit Beratung zu tun hat.

Die Unternehmer werden aufatmen, weil sie einen neuen Wegweiser haben. Einen, der Ihnen zeigt, wo es was gibt. Einen Wegweiser, der die exakt richtige Balance zwischen „kürzer geht es nicht und ausführlicher wollen wir es nicht" findet. Das Buch wird bald auf zahlreichen Schreibtischen liegen und mit vielen Post-its gespickt sein.

Die Studierenden und Absolventen werden die Luft anhalten, wenn sie plötzlich für die Wahl ihres zukünftigen Dienstgebers ein neues Standardwerk erhalten. Ein Standardwerk, das Eigenrecherche in vielen Fällen erspart oder zumindest sehr verkürzt. Das Buch wird bald in zahlreichen Studentenwohnungen liegen und mit vielen Lesezeichen gefüllt sein.

Ich freue mich auf das Buch.

Mit freundlichen Grüßen

Mag. Peter Rudolf Gröbl
jobpilot Austria GmbH
Country Manager

Wegweiser

2

DCM

Kommentar zum Yearbook Consulting

Schein und Sein am Beratermarkt: Berater müssten es besser wissen

David Ungar-Klein

Jedes Unternehmen braucht einen Berater. Jedoch den richtigen Berater für das jeweilige Projekt zu finden ist nicht immer einfach. In den Neunzigerjahren verzeichnete die Beraterbranche in Österreich hohe jährliche Wachstumsraten. Im Jahr 2003 sind Berater in den wichtigsten Bereichen der Wirtschaft vertreten und wickeln Auftragsarbeiten vor allem für große Unternehmen ab.

84 Prozent der österreichischen Unternehmen ab hundert Mitarbeitern engagieren Beratungsunternehmen, so das Ergebnis einer OGM-Managerbefragung für das „Yearbook Consulting 03". Es gibt also kaum ein Unternehmen, das keine externen Beraterleistungen zukauft. Denn für Unternehmen bleibt das Engagement bzw. Hinzuziehen eines Beraters unabdingbarer Faktor für den eigenen Unternehmenserfolg. Die Auswahl des richtigen Beratungsunternehmens ist wesentlich für den nachhaltigen Erfolg eines Beratungsprojekts.

Die Honorare für Beratungsunternehmen bewegen sich zumeist im oberen Segment, was eine sorgfältige Auswahl des adäquaten Beraters umso wichtiger macht. Es ist die Aufgabe des Topmanagements, einen Überblick über den Beratungsmarkt zu haben, um so durch eine gezielte Auswahl den maximalen Ergebnisertrag zu generieren. Beauftragt ein Unternehmen einen Berater, der nicht alle Voraussetzungen für die erfolgreiche Implementierung mitbringt oder sich eigentlich gar nur für Strategieentwicklung eignet, besteht nicht minder Gefahr, dass das Projekt missglückt. Honorare für mangelhafte Beratungsleistung können als Fehlinvestition abgeschrieben werden. Für Klein- und Mittelbetriebe kann die falsche Wahl des Beraters sogar die Insolvenz bedeuten.

Das goldene Zeitalter

Die Marktanforderungen für Beratungsleistungen haben sich gegenüber den Neunzigern stark gewandelt. „Aurea prima sata est ..." – das Goldene Zeitalter nannte es Ovid vor 2.000 Jahren. Die letzten beiden Dekaden waren für Berater geprägt von Luxus, Zigarrenimage, Jetset, Fliegen in der Business Class und dem Residieren in den teuersten Hotels. Junge Universitätsabsolventen wurden ohne Praxis- und Branchenkenntnisse für hohe Tagsätze auf langgediente Manager (Kunden) losgelassen. Nach Auftragsvergabe war die erfolgreiche Umsetzung für den Berater eher sekundär; denn primäres Ziel war es nicht selten, vom Klienten bereits in der laufenden Projektphase einen Folgeauftrag zu akquirieren. Kundenorientierung, Marketing, Imageaufbau und -pflege standen (und stehen bis heute) kaum zur Debatte.

2,2 Milliarden Euro an bezahlter, aber nicht erbrachter Beratungsleistung im Jahr 2002

Im Jahr 2002 wurden 3,6 Prozent des Bruttoinlandsprodukts für Beratungsleistungen aufgewendet; das entspricht 7,2 Milliarden Euro. Der durch das Meinungsforschungsinstitut OGM im Rahmen der Managerumfrage „Wie sehen Österreichs Entscheidungsträger die Berater?" erhobene Erfüllungsgrad der Beratungsleistung liegt bei 69 Prozent. Das bedeutet, dass der Kunde für 1.000 Euro bezahltes Honorar vom Berater nur Leistung im Wert vom 690 Euro erhält. Anders dargestellt: 7,2 Mrd. Euro (100 Prozent) werden für Beratungsleistungen ausgegeben. 2,2 Mrd. Euro (31 Prozent) an bezahlter Leistung werden von den Beratern jedoch nicht geliefert und daher nicht umgesetzt. Das betrifft Managementberater, IT-Berater, Personalberater, Marketing/PR-Berater und Finanzberater gleichermaßen.

Diese eher schwache Performance korreliert mit der Einstellung der befragten Manager zum Preis-Leistungs-Verhältnis der Berater: Nur 39 Prozent meinen, dass die Berater ihr Geld wert seien. Natürlich ist hier anzumerken, dass es nicht immer nur am Berater liegt, wenn die Umsetzung eines Projekts nicht zur Zufriedenheit abgewickelt wird. Der Klient muss die Vorschläge annehmen und umsetzen. Klappt die Umsetzung innerhalb der Unternehmensorganisation nicht, projiziert sich die Unzufriedenheit immer zuerst auf den Berater.

Rückgänge bei Umsätzen der Beratungsunternehmen
Seit dem Jahr 2001 gehen die Honorarumsätze für Beratungsunternehmen zunehmend zurück. Wurden laut der OGM-Managerbefragung im Jahr 2001 von den Unternehmen noch 1,2 % vom Gesamtumsatz für Beratungsleistungen ausgegeben, so budgetierten die Klienten für das Jahr 2003 nur noch 1 % für den externen Zukauf von Beratungsdienstleistungen. Die größten Einbrüche, nämlich 30 % (Vergleich 2003/2001) verzeichnen hierbei Managementberater (Strategie- und Umsetzungsberater).

Das goldene Zeitalter ist vorüber; Berater wollen es weltweit noch nicht wahrhaben und sprechen die derzeitige geringe Mandatsvergabe gegebenenfalls der gegenwärtigen misslichen Wirtschaftslage zu. Fehler suchen die Wenigsten bei sich selbst. Wesentliche von den Klienten stets bemängelte Faktoren jedoch – wie die mangelnde Transparenz des Beratermarkts, das in manchen Fällen kaum nachvollziehbare Preis-Leistungs-Verhältnis, fehlendes Klientenbewusstsein und die lückenhafte Umsetzung von Ergebnissen – werden von den Beratern negiert und in der Folge totgeschwiegen.

„Glasmenagerie" – Leben in der Illusion
Viele Berater schlüpfen da gern in die Rollen von Tennessee Willliams' Hauptfiguren, die allesamt in Illusionswelten leben und die Realität verweigern. Das Buch „Glasmenagerie" gibt ein gutes Beispiel: Um der Realität zu entfliehen, wird von der Hauptfigur (Berater) eine Scheinwelt mit einem „Glaszoo" gebildet, die keinerlei Eindrücke von außen zulässt – alles scheint in dieser irrealen Welt in Ordnung. Die Berater veranstalten interne Sitzungen, bilden Fact Finding Groups und interne Task Fources, anstatt sich mit dem Markt oder dem Klienten (der Realität) auseinander zu setzen. „Es kann ja nur an der schlechten Wirtschaftslage liegen, nicht aber an unserer Einstellung zu den Klienten – die ist makellos", meinen viele Berater. Dass Top-Ten-Beratungsunternehmen vom Markt verschwinden, dass Top-Ten-Beratungsunternehmen fusionieren und große Unternehmen aufgekauft werden, scheint an den Managern der Beratungsunternehmen vorüberzugehen.

Dass die eigenen Consultants gekündigt, beurlaubt oder auf Schulungen geschickt werden, weil es zu wenig Aufträge abzuarbeiten gibt, davon wissen dem Anschein nach die meisten Beratungsunternehmen nicht zu berichten; sie verdrängen es. „Es traf die anderen, aber just unser Beratungsunternehmen konnte zehn Prozent Wachstum erzielen", liest man weltweit in diversen Pressemitteilungen von Beratungsunternehmen. Leider eine irreale Vogel-Strauss-Taktik der Berater (nichts sehen – nichts hören – nichts reden). Die Gründe für gekürzte Berateretats liegen nicht nur in der misslichen Wirtschaftslage – reine Illusion.

Die Klienten haben den Überblick verloren, welche Beratungsunternehmen welche Dienstleistungen anbieten. Nahezu sechzig Prozent der österreichischen Manager beklagen, dass der Beratermarkt zu wenig transparent ist. Das ist die Sicht der Kunden. Die Zahl der in Österreich tätigen Berater ist in den letzten zehn Jahren stark angewachsen. Das Spektrum reicht von global operierenden Beratungsunternehmen mit umfassendem Leistungsangebot bis hin zu kleineren, auf Branchen oder Unternehmensfunktionen spezialisierte Anbieter. Die hohe Vielfalt des Angebots macht es für Entscheidungsträger in Wirtschaft und öffentlichem Sektor zunehmend schwieriger, die für ihre Anforderungen optimalen Berater auszuwählen. Beratungsunternehmen, die es daher verstehen, den Kunden im Mittelpunkt zu belassen und Transparenz zu schaffen, haben hier gute Chancen, die derzeitige Krise unbeschadet zu überstehen. Beratungsunternehmen jedoch, die nicht auf diese Weise handeln, werden sich weiter in internen Sitzungen mit Illusionsbildern beschäftigen und entdecken (oder auch nicht), wie die Auftragsbücher leerer werden und die Gehälter für den aufgeblasenen Beraterstab schon sehr bald nicht mehr auszuzahlen sein werden.

Die Unternehmen schlagen zurück
Die mangelnde Transparenz, die für den Kunden unverständlich hohen Honorare, die vom Klienten kritisierte Umsetzung, aber vor allem die ungenügende Kundenorientierung der letzten Jahre haben dazu geführt, dass Unternehmen zunehmend weniger auf externe Beratung zurückgreifen. Unternehmen griffen zu eigenen

Waffen, indem sie kurzerhand die implementierenden Berater nach Beendigung des Projekts abwarben. Diese ehemaligen Berater fanden sich nun in den Positionen von Strategiemanagern wieder und wurden als Gegenpole zu ihren vormaligen Mitbewerbern installiert. Der Vorteil für die Unternehmen ist offenkundig, denn der Strategiemanager spricht die Sprache des Beraters. Jedoch mit dem Unterschied, dass dieser nun die Interessen des Unternehmens wahrt. „Warum sich mit Beratern herumschlagen, die einem sowieso nicht zuhören" war die Devise. Manche Unternehmen gingen andere Wege und boten den Beraterteams bessere Aussichten und Positionen. Auf diesem Weg implementierten Unternehmen ein kostengünstigeres Inhouse-Consulting.

Die Berater haben sich diese Situation selbst zuzuschreiben. Consulter müssen zukünftig verstärkt auf den Klienten zugehen, ihm die notwendigen Schritte aufzeigen und vor allem aber Transparenz hinsichtlich Angebot und Beratungsauftrag schaffen. Denn eines bleibt unbestritten: Jedes Unternehmen braucht einen oder mehrere Berater.

Falsches Marketing – nicht schon wieder ein Berater am Telefon

Das Wichtigste bei der Akquisition ist es, die Präsentation vor der richtigen Person, nämlich dem Entscheidungsträger, zu halten. Nur das Topmanagement kann Aufträge über hohe Summen erteilen. Hat man in den goldenen Zeiten, als die Nachfrage noch höher war als das Beratungsangebot, mit ziemlicher Sicherheit ein Meeting mit dem Entscheidungsträger erhalten, ist das heute nicht mehr selbstverständlich.

Unsinnigerweise ist Telemarketing noch immer das meist angewandte Marketinginstrumentarium der Beratungsunternehmen. 82 Prozent der österreichischen Topmanager werden permanent von Beratern aller Branchenrichtungen kontaktiert, jedoch nur neun Prozent vergeben auf Basis des Telefonkontakts einen Auftrag. Manager klagen, dass sie ständig von Beratern kontaktiert werden. Sekretärinnen werden angewiesen, die Berater abzuschütteln. Aus Kundensicht also ein völlig falscher Marketingauftritt des Beratungsunternehmens, um zu einem Auftrag zu gelangen.

Bekanntheit und Image – der Schlüssel zum Auftrag

Managern ist es wichtig, dass das beratende Unternehmen eine hohe Reputation aufweist. Ein Beratungsunternehmen muss bekannt und imageträchtig sein. 56 Prozent der Entscheidungsträger geben an, Berater engagiert zu haben, die ihnen entweder von Geschäftsfreunden empfohlen wurden oder am Markt über einen hohen Bekanntheitsgrad verfügen. Es zeigt sich ganz deutlich, dass Beratung sehr stark über persönliche Beziehungen bzw. das Image des Beratungsunternehmens verkauft wird. Bekanntheit und Image erlangt ein Beratungsunternehmen durch erstklassige Auftragserfüllung, kontinuierliches Marketing und PR. Ein intelligenter Aufbau eines Netzwerks aus Entscheidungsträgern wirkt hier Wunder und führt zum erfolgreichen Abschluss von Aufträgen.

Die meisten Berater leisten sich kein Marketing und PR

Wie viele Unternehmensberatungen betreiben aktives Marketing? Wie viele Berater verstärken die Bindung zu den Kunden? Wie viele Beratungsunternehmen versuchen herauszufinden, wie der bestehende und potenzielle Klient die Zusammenarbeit mit ihnen sieht?

Heute werden Beratungsunternehmen von Managern geleitet, die selbst das goldene Zeitalter miterlebten bzw. in dieser Zeit ihre Lehr- und Gesellenjahre absolvierten. Marketing und Kundenorientierung standen damals kaum im Vordergrund. Es galt das Mandat zu erhalten und das Projekt abzuwickeln. Beratermarketing besteht auch heute noch zumeist aus Terminvereinbarungen, Geschäftsessen, Mailings, Kundenzeitungen und Ständen auf Jobmessen. Beratungsfirmen sollten verstärkt auf andere Strategien setzen. Immer wichtiger ist die Präsenz in den Medien und die Entwicklung intelligenter Marketinginstrumentarien, um in direkten Kontakt mit Entscheidungsträgern zu treten.

Viele Berater halten Marketing und PR für nicht notwendig. „Ich bin bekannt", „Meine Klienten sind zufrieden, sonst würden sie es ja sagen" und „Ich habe bereits ein perfektes Image" sind die Standardstatements der Entscheidungsträger von Beratungsunternehmen. Logisch, denn in deren Lehr- und Gesellenjahren war es aus der Sicht des Beratungsunternehmens auch nicht notwendig, aktives Kundenmarketing zu betreiben. Es gab mehr Nachfrage nach Beratungsaufträgen als Berater. Universitätsabsolventen standen in den Personalabteilungen der Beratungsunternehmen Schlange, um sich ein Ticket fürs Beraterparkett abzuholen. Die Zeiten haben sich geändert, die Situation hat sich umgekehrt: Heute suchen sich nicht die Berater den Kunden aus, sondern das Unternehmen hat die Wahl.

Yearbook Consulting – Initiative von und für die Klienten

Diese Initiative ist auf Wunsch und Initiative von Unternehmen, Industrie und Medien zustande gekommen, die bereits seit längerem mehr Transparenz vonseiten der Berater fordern. Unternehmen wollen und müssen mit externen Beratern zusammenarbeiten, das ist unbestritten, doch fehlt den Klienten der schon oft zitierte Überblick. Das „Yearbook Consulting" schafft erstmals eine systematische Informationsgrundlage über den österreichischen Beratungsmarkt und wendet sich primär an zwei Zielgruppen: Führungskräfte und Studierende. Ersteren bietet das „Yearbook" effektive Unterstützung bei der Wahl des Beraters, zweiteren liefert es umfassende Informationen zur Identifizierung ihrer künftigen Arbeitgeber.

Beratungsunternehmen hatten die Möglichkeit, sich mit Profilen, Stammdaten, Fallstudien und Insertionen im „Yearbook" einzutragen, um so den potenziellen Klienten Einblick in das spezifische Angebotsspektrum zu ermöglichen. Die Finanzierung des Projekts wäre ohne die großzügige Unterstützung von Unternehmen (Klienten) nicht möglich gewesen. Der Finanzierungsanteil der Berater für das Zustandekommen des „Yearbook Consulting" liegt bei weniger als dreißig Prozent. Die übrigen siebzig wurden durch Sponsorleistungen der Unternehmen und großteils ehrenamtliche Arbeitsleistungen von Studierenden, Absolventen, Managern, Journalisten und einigen wenigen Beratern aufgebracht.

Mehrere Beratungsunternehmen sahen sich nicht veranlasst, für mehr Transparenz zu sorgen und einen Eintrag im „Yearbook" vorzunehmen. Die fünf Vorurteile der Geschäftsführer von Unternehmensberatungen, Marketing/PR-Beratungen, IT-Consultern, Personal- oder Finanzberatern lauten zusammengefasst:

- Unseren Klienten fehlt es nicht an Transparenz.
- Wir sind bereits so bekannt; die meisten Entscheidungsträger kennen uns.
- Wir verfügen über ein makelloses Image auf dem Beratermarkt.
- Wir wissen von keinen Einbrüchen am Beratermarkt; wenn, dann trifft es andere, aber nicht uns.
- Wir haben es nicht nötig, uns bei einer Berater/Klienten-Plattform zu engagieren.
- Es gehört nicht zu unserer Firmenphilosophie, uns Klienten gegenüber zu positionieren.

Schein und Sein am Beratermarkt. Berater müssten es besser wissen, mag man meinen.

Corporate Consulting Club – CCC

Verein für den österreichischen Consultingmarkt

Der im Rahmen des „Yearbook Consulting 03" gegründete Verein für den österreichischen Consultingmarkt Corporate Consulting Club – CCC ist bereits ein großer Erfolg und ein Indiz dafür, dass das Projekt von Beratern und Unternehmen angenommen wird. Diese Plattform wird mit dem neu geschaffenen Serviceangebot sicherlich eine verbesserte Gesprächsbasis zwischen Beratungsunternehmen und Klienten herstellen.

Der Erfolg des Buchprojekts ist schließlich nur dann gegeben, wenn beide Seiten wiederum verstärkt kooperieren, Beratungsaufträge vergeben werden, Berater mehr klientenorientiert agieren und die Projekte erstklassig abgewickelt werden.

Ich erlaube mir, mich im Namen aller Beteiligten und des CCC in dieser Form bei den zahlreichen Unternehmen, Institutionen und nahezu 200 Beratern recht herzlich zu bedanken, die die Realisierung des „Yearbook Consulting 03" ermöglicht haben.

Viel Freude beim Lesen wünscht Ihnen
Ihr

David Ungar-Klein

Corporate Consulting Club Berater – Klienten Plattform

Der im Rahmen des „Yearbook Consulting 03" gegründete Verein für den österreichischen Consultingmarkt „Corporate Consulting Club" CCC ist bereits ein großer zu verzeichnender Erfolg und Indiz dafür, dass das Projekt von Beratern und Unternehmen angenommen wird.

Der CCC als Interessenvereinigung für Berater und Unternehmen wurde im März 2003 von Mag. Gernot Schieszler, Vice President Finance bei der Telekom Austria, Dr. Winfried Schwarz, Wirtschaftsanwalt und Partner bei Dorda Brugger & Jordis, und David Ungar-Klein als Gründungsvätern ins Leben gerufen. Mehrere österreichische Topunternehmen haben sich der Idee bereits angeschlossen. Zweck des Vereins ist es, mehr Transparenz im Beratermarkt zu schaffen.

59 Prozent der heimischen Topmanager beklagen, dass der Beratermarkt zu wenig transparent ist, so das Ergebnis einer OGM-Managerbefragung in Österreichs Unternehmen mit mehr als hundert Mitarbeitern. Die OGM-Studie „Wie werden Beratungsunternehmen von ihren Klienten gesehen?" wurde für das „Yearbook Consulting 03" durchgeführt. Die Manager bekunden ebenfalls massivste Missverhältnisse beim Preis-Leistungs-Verhältnis der Beratungsleistung und kritisieren, dass man heute wenig Überblick darüber hat, welche Berater welche Dienstleistung anbieten.

Mit dem neu geschaffenen Serviceangebot der Plattform soll eine verbesserte Gesprächsbasis zwischen den Beratungsunternehmen und den Klienten hergestellt werden. Von Kundenseite soll ein Feedback an die Berater ermöglicht werden. Das „Yearbook Consulting 03" ist dazu ein erster Schritt. Unternehmen wie Kapsch AG, Telekom Austria, Microsoft, KSV, Pappas, OMV und andere nehmen zum Thema Beratung Stellung. Eine strukturierte Marktstudie über den österreichischen Beratermarkt zeigt Potenziale für Beratungsunternehmen auf. 200 Beratungsunternehmen sind mit Profilen im Buch vertreten.

Der Corporate Consulting Club – CCC als Interessenvereinigung richtet sich mit seinen Services einerseits an Beratungsunternehmen, die in Österreich in den fünf Bereichen Managementberatung, Informationstechnologie, Humanressourcen, Corporate Finance, Marketing & PR tätig sind, andererseits an Unternehmen und Manager, die externe Consultingleistung als fixen Bestandteil des Dienstleistungsportfolios sehen. Die Zahl der in Österreich tätigen Berater ist in den letzten zehn Jahren stark angewachsen. Das Spektrum reicht von global operierenden Unternehmen mit umfassendem Leistungsangebot bis hin zu kleineren, auf Branchen oder Unternehmensfunktionen spezialisierten Anbietern. Die hohe Vielfalt des Angebots macht es für Entscheidungsträger in Wirtschaft und öffentlichem Sektor zunehmend schwieriger, die für ihre Anforderungen optimalen Berater auszuwählen. Für Studierende und Absolventen ist es wiederum zunehmend aufwändiger, die ihren Kenntnissen und Erfahrungen optimal entsprechenden potenziellen Arbeitgeber zu identifizieren. Es ist unbestritten die Aufgabe des Topmanagements, den Überblick über den Beratungsmarkt zu haben, um so durch eine gezielte Auswahl den maximalen Ergebnisbeitrag zu generieren. Im Corporate Consulting Club – CCC werden dadurch Angebot und Nachfrage für spezifische Probleme und deren Lösungen zusammengeführt.

Die Vorteile, die dadurch entstehen, liegen auf der Hand. Der Verein schafft eine Informationsplattform, wo Klienten Erfahrungen mit Beratungsprojekten austauschen. Der Angebotsüberhang führt zu ständig steigenden Anforderungen an die fachliche Kompetenz der Berater. Der Verein bietet daher Mitgliedern die Möglichkeit, sich auf der Plattform zu positionieren.

Corporate Consulting Club – CCC
E-Mail: office@consulting-club.cc
Hompage: www.consulting-club.cc

Serviceangebot des Corporate Consulting Club:

- Aufbau und Pflege einer Datenbank mit detaillierten Profilen von Beratungsunternehmen, die in Österreich in den fünf Bereichen Managementberatung, Informationstechnologie, Humanressourcen, Corporate Finance, Marketing und PR tätig sind
- Aufbau einer Homepage mit Onlinedatenbank
- Ombudsmann für frustrierte Unternehmen
- Schiedsgericht
- Zertifizierung
- Newsletter / Printmedium
- Presseinformationen über den Beratermarkt
- Networking & Lobbying für Berater und Klienten
- laufende Veranstaltungen und Events mit Beratern und Klienten
- jährliche Herausgabe des „Yearbook Consulting"
- Initiierung und Durchführung des „Consulting Congress"
- Fachtagungen zu aktuellen Themen im Bereich Beratung
- Analyse der Anforderungen österreichischer Unternehmen an die Beratung sowie eine Darstellung ihrer konkreten Erfahrungen mit Beratungsprojekten. Ein „Barometer" wird die Zufriedenheit der Unternehmen mit Beratern jährlich messen.
- Unterstützung für Beratungsunternehmen in Marketing und PR
- Informationsveranstaltungen für angehende Berater
- High-Potential-Forum für Absolventen
- „Consultant of the Year 2003" – High Potential Competition

Die Initiatoren des „Corporate Consulting Club"
v.l. Winfried Schwarz, David Ungar-Klein und Gernot Schieszler

Der Consultingmarkt 3

DCM

1. Der Consultingmarkt

1.1 Geschichtliche Entwicklung der Beratungsbranche

Bereits sehr früh kam es im Zusammenhang mit der Scientific Management Bewegung (Frederic Taylor) und den Strömungen der Bewegungsrationalisierung in den USA zur Gründung der ersten Beratungsunternehmen. Einige Pioniere wie Arthur D. Little (1886), Edwin Booz (1914) oder James McKinsey (1926), zu jener Zeit auch als Management Engineer bezeichnet, begannen als Berater in Fragen der Produktionsplanung von Industriebetrieben. Auch in Deutschland und Frankreich entstanden Mitte der Zwanzigerjahre die ersten freiberuflichen und unabhängigen Beratungsgesellschaften. Nach dem Zweiten Weltkrieg machte die Branche eine schwunghafte Entwicklung durch: Durch den Wiederaufbau und die Strukturänderungen in der Wirtschaft kam es zu einem starken Anstieg der Nachfrage nach Beratungsleistungen. In jener Zeit standen vor allem Fragen der kostengünstigen Produktion im Vordergrund. Der Einsatz von Methoden des Operations Research und der Plankostenrechnug nahm seinen Anfang.

Bis Ende der Sechzigerjahre kann man von einem Boom in der Beratungsbranche sprechen, der mit hohen Wachstumsraten einherging. Die ganzheitliche Sichtweise des Unternehmens setzte sich durch, und absatzwirtschaftliche Fragen gewannen aufgrund der zunehmenden Sättigung der Märkte an Bedeutung. Marktorientierung, Produktentwicklung, strategische Planung und Innovationsmanagement waren die Schlagwörter. Beratungsfirmen, die in den USA groß geworden waren, begannen nun auch in Europa Niederlassungen zu eröffnen und brachten damit eine Reihe von neuen Managementmethoden und Führungstechniken auf den europäischen Kontinent. Zusätzlich kam es zu einer Reihe von Spin-offs. Auch die Gründung von Roland Berger & Partner, eines der weltweit erfolgreichsten deutschen Unternehmen, fällt in diese Zeit. Mitte der Siebzigerjahre begannen sich schließlich auch in Österreich kleine Beratungsfirmen zu formieren, und Wirtschaftsprüfungsgesellschaften fingen an, Beratungsleistungen anzubieten. Fragen des Exports sowie die Ausweitung der Beratungen auf den Handel, den öffentlichen Sektor und die Dienstleistungsbetriebe waren für jene Zeit charakteristisch.

Mit der Preissteigerung von internationalen Rohstoffen und der darauf folgenden Rezession Anfang der Achtzigerjahre kam es zu einem Einbruch bei den Umsätzen der Beratungsunternehmen. Lediglich die Nachfrage nach Datenverarbeitungs- und Softwareberatung zur Kostenreduktion blieb stabil. Ab Mitte der Achtziger- bis Anfang der Neunzigerjahre kann erneut von einem Boom in der Branche gesprochen werden. Die Generierung von nachhaltigen Wettbewerbsvorteilen sowie die strategische Beratung standen im Mittelpunkt der Beratertätigkeiten. Zusätzlich verstärkte sich die Bedeutung von IT-relevanten Fragen. Eine Vielzahl von neuen Managementinstrumenten wie Total Quality Management, Reengineering oder Benchmarking erlebte eine Blütephase.

1.2 Besonderheit der Consultingbranche: Intransparenz

Die Consultingbranche war in den letzten Jahren von einem sehr starken Wachstum geprägt, und eine Vielzahl von neuen Anbietern drang in der Folge in den Markt. Wirtschaftsprüfungsgesellschaften, Steuerberater, Rechtsanwälte und Finanzdienstleistungsunternehmen begannen neben ihrem Kerngeschäft auch Beratungsleistungen anzubieten. Besonders stark zeigt sich dieser Trend bei Soft- und Hardwareherstellern.

Viele Unternehmen der IT-Branche fingen an, zusätzliche Beratungsleistungen anzubieten, und klassische Unternehmensberater erweiterten ihr Leistungsangebot um Fragen im Bereich neuer Informationstechnologien. So kam es in weiten Bereichen zu einer Verschmelzung der bis dahin getrennten Tätigkeitsfelder. Beispiele der letzten Zeit sind die Übernahme der Beratungstochter von PricewaterhouseCoopers durch IBM, der Zusammenschluss von Cap Gemini und Ernst & Young sowie die Übernahme von Anderson Consulting durch Deloitte & Touche. Verschmelzungen, Kooperationen und Subcontracting zwischen den Firmen erschweren die Identifikation von in sich geschlossenen Beratungsfeldern und eine Klassifikation der Beratungsunternehmen. Einhergehend mit dieser Entwicklung kam es zu einer hohen sachlichen und personellen Heterogenität des Beratungsangebots und einer starken Ausweitung des Angebotsspektrums.

Welches Unternehmen ist nun ein Beratungsunternehmen? Welche Leistungen bietet ein Beratungsunternehmen an? Wie viele Beratungsunternehmen gibt es in Europa? Fragen wie diese und ähnliche können unter diesen Gesichtspunkten nicht leicht beantwortet werden. Es zeigt sich jedoch, dass verschiedene internationale und nationale Verbände teilweise sehr unterschiedliche Zahlen zum europäischen und österreichischen Beratermarkt anführen. Die oft erheblichen Unterschiede können wohl darauf zurückgeführt werden, dass verschiedene Berechnungsweisen und unterschiedliche Kriterien bei der Datenerfassung herangezogen werden.

In Österreich wird der Begriff „Unternehmensberater" jedenfalls durch die Gewerbeberechtigung eingegrenzt. Doch die Definition des Unternehmensberaters anhand der Gewerbeberechtigung greift viel zu kurz: In der heutigen Zeit nehmen Unternehmen eine Vielzahl an Beratungsleistungen in Anspruch, sei es im „klassischen" Bereich der Managementberatung, sei es in den Bereichen der Marketing-, PR-, Finanz-, Personal- oder Informationstechnologieberatung. Eine Reihe von Berufsgruppen wird demnach nicht als Unternehmen der Unternehmensberatung gewertet, sondern zu einer anderen Berufsgruppe hinzugezählt, obwohl ein großer Teil der Leistung de facto durch Unternehmensberatung erzielt wird. Das „Yearbook Consulting" geht auf diese Entwicklung ein und versucht, den Consultingmarkt vollständig darzustellen.

„Verschmelzungen, Kooperationen und Subcontracting zwischen den Firmen erschweren die Identifikation von in sich geschlossenen Beratungsfeldern und eine Klassifikation der Beratungsunternehmen."

2. Der weltweite Consultingmarkt

2.1 Analyse des weltweiten Consultingmarkts
In den letzten Jahren war die weltweite Consultingbranche von überdurchschnittlichen Wachstumsraten gekennzeichnet. Kennedy Information Research Group, ein US-amerikanisches Unternehmen, das den Consultingmarkt beobachtet, schätzt, dass der Markt zwischen den Jahren 1990 und 1994 jährlich um 25 Prozent und zwischen 1995 und 1999 jährlich um 19 Prozent gewachsen ist. Das Jahr 2000 jedoch stellt in vielerlei Hinsicht einen Zeitpunkt dar, in dem tief greifende Änderungen am Markt stattfanden. Es kam zu einer Reihe von Unternehmenszusammenschlüssen, Abspaltungen und Allianzen. Die Nachfrage nach Beratung, die in den Neunzigern das Wachstum der Branche antrieb und beispielsweise in der Euroumstellung oder den zukünftigen Perspektiven des E-Commerce begründet war, begann zu stagnieren. Dennoch konnte im Jahr 2000 durch eine Vielzahl von Internet- und E-Commerce-Aktivitäten, vor allem im Bereich Business-to-Business und der verstärkten Fokussierung auf Customer Relationship Management, eine jährliche Wachstumsrate von 12,2 Prozent verzeichnet werden. Die Umsätze beliefen sich im Jahr 2000 weltweit auf 114 Milliarden Dollar, und es waren 600.000 Personen in der Branche beschäftigt (siehe Grafik 1 und 2).

Viele der großen Unternehmensberatungshäuser haben ihre Konzernzentrale in den USA. Der Consultingmarkt stellt sich jedoch im Allgemeinen als sehr fragmentiert dar und definiert sich auf lokaler Ebene über eine sehr große Anzahl an kleineren spezialisierten Unternehmen. Über fünfzig Prozent des globalen Umsatzes wird von den Top-50-Unternehmen der Branche erwirtschaftet. Das Consultants News Ranking 2001 reiht die größten Consultingfirmen nach ihrem Umsatz. In Tabelle 1 werden die größten zehn Unternehmen mit ihren Umsätzen im Jahr 2001 aufgelistet.

Die Kennedy Information Research Group gliedert Beratungsleistungen in die Felder Strategieberatung, Prozessberatung, Informationstechnologie und Personalberatung. Betrachtet man die Segmente, in denen die weltweiten Beratungsleistungen hauptsächlich getätigt werden, so lässt sich erkennen, dass im Jahr 2000 die Hälfte der Beratungen im Bereich IT-Consulting erbracht wird. Rund zwanzig Prozent der gesamten Beratungsleistung weltweit findet im Bereich der Prozessberatung statt, 18 Prozent in der Strategieberatung. Mit zehn Prozent stellt Personalberatung das kleinste Beratungsfeld der weltweiten Consultingbranche dar (Grafik 3).

Die Verteilung der weltweiten Umsätze zeigt, dass mit über sechzig Prozent Marktanteil am gesamten weltweiten Markt der nordamerikanische den größten Markt der Welt darstellt. Nur 25 Prozent der gesamten Umsätze des weltweiten Consultingmarkts werden in Europa generiert (siehe Grafik 4).

2.2 Ausblick
Momentan lässt sich am weltweiten Consultingmarkt beobachten, dass sich Beratungsunternehmen voneinander immer weniger unterscheiden. Fast jeder große Berater bietet sowohl Strategieberatung als auch Prozess- oder IT-Beratung an. Die fortschreitende Entwicklung der

Tabelle 1: Top-Ten-Consultingunternehmen nach Umsatz

Ranking	Unternehmen	Umsatz in Mio. $
1	IBM Business Innovation Services	15,86
2	Accenture	13,11
3	Cap Gemini Ernst & Young	11,88
4	Deloitte & Touche	11,72
5	PricewaterhouseCoopers	11,32
6	CSC	10,31
7	McKinsey	9,64
8	EDS	8,71
9	Mercer Consulting Group	8,43
10	Andersen	7,99

Tabelle 1; Quelle: Kennedy Information Research Group (2001)

Technologie verstärkt diesen Trend, da Unternehmensberatung von einem immer höheren Komplexitätsgrad gekennzeichnet ist.

Die gegenwärtige wirtschaftliche Lage des Weltmarkts hat auch eine Änderung im Kaufverhalten der Klienten hervorgerufen: Das Wachstum in der Nachfrage nach IT-Beratung verläuft deutlich langsamer als in den Jahren zuvor. Wie es meistens in Zeiten einer schlechteren Konjunktur geschieht, kommt es zu einer Verschiebung der Nachfrage bei Beratung. Beratungsfelder ändern sich mit der Konjunkturentwicklung. Outsourcing stellt in diesem Zusammenhang ein wachsendes Segment dar.

Die folgende Analyse des europäischen Markts stützt sich auf die Berechnungen des europäischen Dachverbands Unternehmensberatung (European Federation of Management Associations – FEACO). FEACO hat in jedem europäischen Land eine Mitgliedsorganisation. Von diesen Organisationen erhält FEACO die Daten für das jeweilige Land und baut darauf europaweite und auch länderspezifische Berechnungen auf. Die Mitgliedsorganisation der

Weltweite Marktgröße der Unternehmensberatung

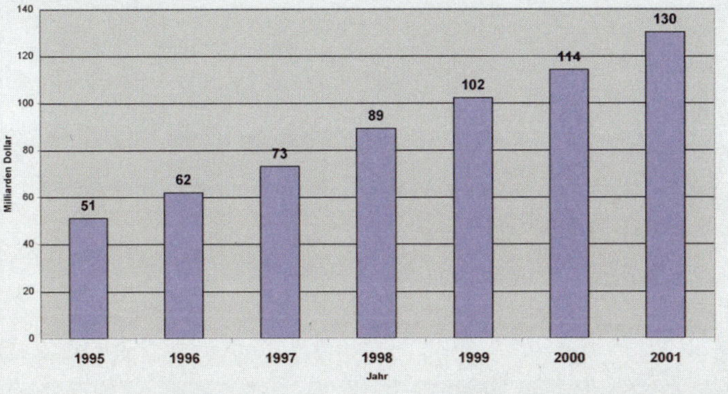

Grafik 1: Umsätze schließen nicht die Umsätze von Hard-und Softwarehäusern mit ein, die Beratungsleistungen anbieten. 2001: Schätzung von Kennedy Information Research Group; Quelle: Kennedy Information Research Group (2001).

Weltweite Wachstumsraten des Consultingmarkts pro Jahr

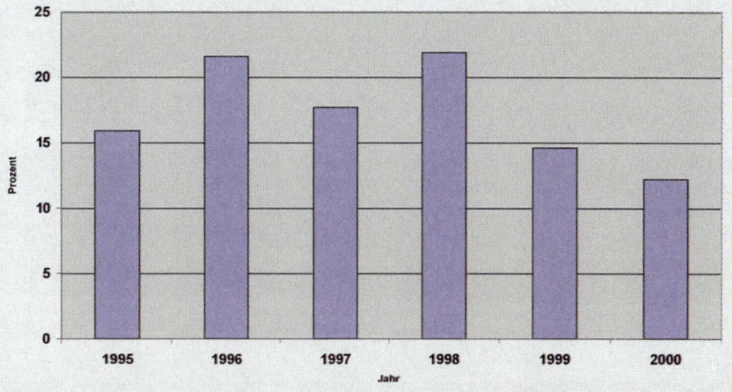

Grafik 2; Quelle: Kennedy Information Research Group (2001)

Weltweite Beratungssegmente 2000

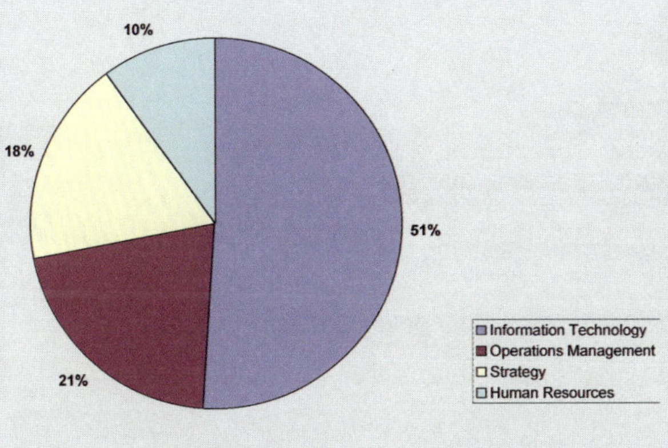

Grafik 3; Quelle: Kennedy Information Research Group (2001)

Umsatzverteilung weltweit 2001

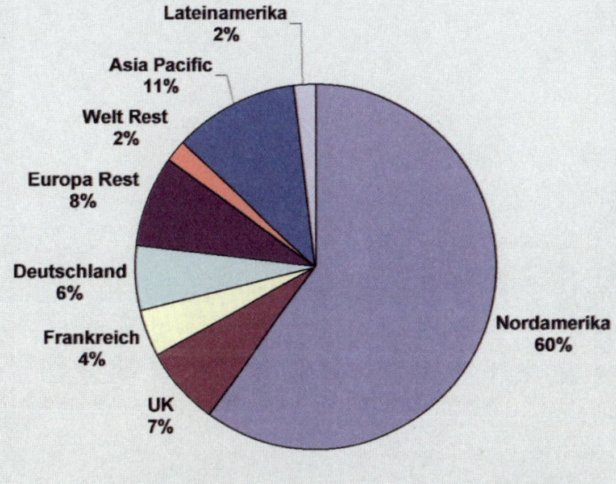

Grafik 4; Quelle: Kennedy Information Research Group (2001)

3. Der europäische Consultingmarkt

FEACO in Österreich ist der Fachverband Unternehmensberatung und Datenverarbeitung der Wirtschaftskammer Österreich.

3.1 Analyse des Consultingmarkts in Europa

Der Europäische Dachverband Unternehmensberatung gibt für den europäischen Unternehmensberatungsmarkt für das Jahr 2001 einen Umsatz von 47,5 Mrd. Euro an und zählt 300.000 Mitarbeiter in der Branche. In den Berechnungen werden nur Unternehmen berücksichtigt, die Beratung in den Bereichen Strategie-, Prozess-, Personal-, IT- und Outsourcingmanagement anbieten. Seit den letzten fünfzehn Jahren wuchs der Markt jährlich um durchschnittlich 15,1 Prozent, im Jahr 2001 konnte allerdings nur ein Wachstum von 11,5 Prozent verzeichnet werden. Überraschend daher die Wachstumszahlen einzelner Länder: Russland meldete einen Umsatzzuwachs von 61 Prozent, Bulgarien von 31 und Slowenien 19,1 Prozent. Auch Großbritannien (+16,8 Prozent) und Frankreich (+15 Prozent) verzeichneten überdurchschnittliche Steigerungen für das Jahr 2001 (siehe Grafik 5 und 6).

Größe (in Mrd. Dollar) des europ. Consultingmarkts 1994–2002

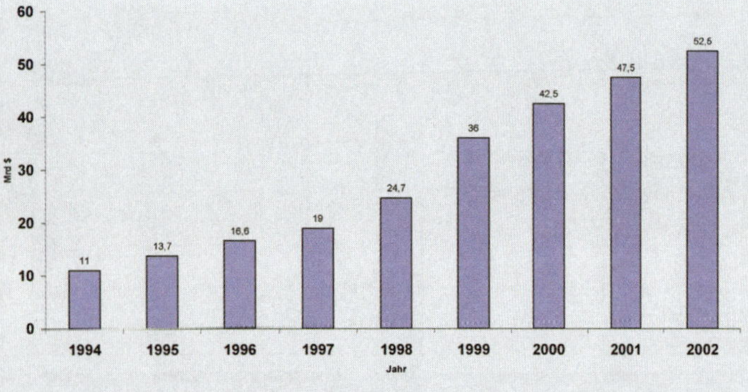

Grafik 5; Quelle: FEACO-Survey 2001 & 2002

Unternehmensberatung als Prozentanteil des gesamteuropäischen BIP 1998–2002

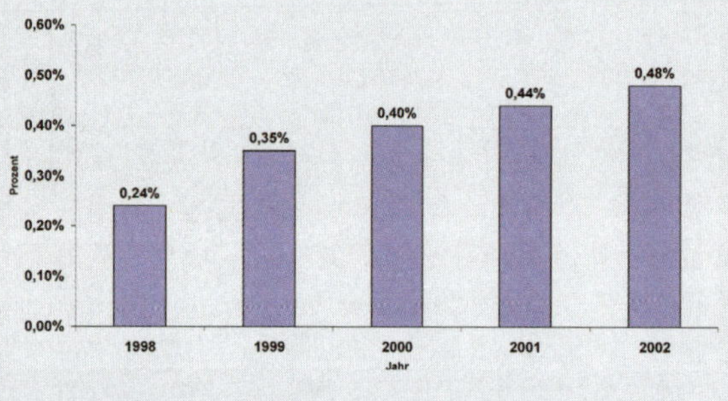

Grafik 6; Quelle: FEACO-Survey 2001

Umsätze der Consultingbranche in Prozent BIP 2001

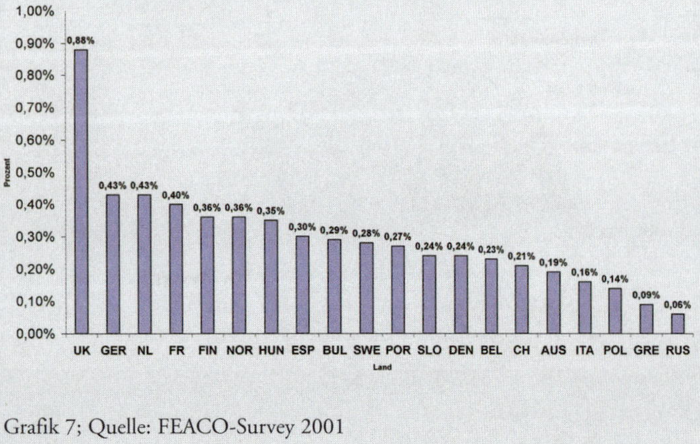

Grafik 7; Quelle: FEACO-Survey 2001

Der europäische Markt nach Beratungssegmenten 2000–2002

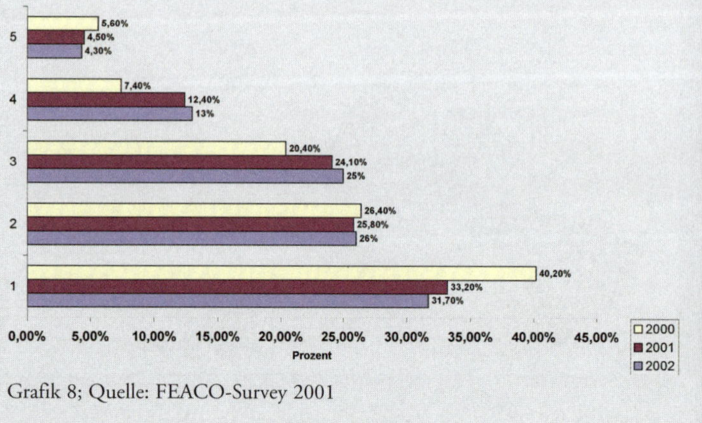

Grafik 8; Quelle: FEACO-Survey 2001

Tabelle 2: Ausgewählter Ländervergleich Europa

Land	Umsatz '01 in Mrd. €	Umsatz '00 in Mrd. €	Marktanteil in Europa	Beraterzahl	Wachstum '01
GB	12,9	11	27,2 %	45.000	16,8 %
F	7,8	7,3	16,4 %	40.000	15 %
D	12,9	12,2	27,2 %	70.000	15 %
Ö	0,558	0,481	1,2 %	6.124	1,1 %

Quelle: FEACO-Survey 2001 & 2002

In Europa wurden im Jahr 2002, gemessen am europäischen Bruttoinlandsprodukt, 0,48 Prozent für Consultingleistungen an Wertschöpfung geleistet. Grafik 6 zeigt den Anteil am gesamten europäischen Bruttoinlandsprodukt.

Einen etwas differenzierteren Blick gibt die darauf folgende Grafik, in der die Branchenumsätze in Prozent des Bruttoinlandsprodukts für die einzelnen europäischen Länder dargestellt sind (siehe Grafik 7).

Wenn man vergleichend die Zahlen der US-amerikanischen Beraterbranche, in der der Anteil des Umsatzes des Consultingmarkts im Jahr 2001 0,7 Prozent des BIP ausmachte, betrachtet, kann man davon ausgehen, dass immer noch beträchtliche Wachstumspotenziale in Europa vorhanden sind. Die Entwicklung am europäischen Markt wird allerdings in den nächsten Jahren mit Sicherheit nicht einheitlich verlaufen. Der Grund sind die deutlichen regionalen Unterschiede im Entwicklungsstand der europäischen Beratungsmärkte.

Ein Indiz für die zunehmende Konzentration in der Unternehmensberatung ist der stetig steigende Marktanteil der größten zwanzig Beratungsunternehmen. Gehörten im Jahr 1999 47,5 Prozent aller am europäischen Markt tätigen Unternehmen dieser Gruppe an, so sind es im Jahr 2001 bereits 51 Prozent. Die Top 20 generierten 2001 rund 24,2 Milliarden Euro und waren für 65 Prozent der Umsatzsteigerung verantwortlich.

Gemäß FEACO lässt sich der europäische Management Consulting Markt in fünf Beratungssegmenten aufteilen:

1. IT-Consulting / IT-Implementation
2. Corporate Strategy Services
3. Operations Management
4. Outsourcing Services
5. Human Resources Management

Im Zeitraum von 2000 bis 2002 konnten signifikante Entwicklungen bezüglich der Beratungssegmente festgestellt werden. Auffallend ist der deutliche Rückgang von IT-Consulting und IT-Management. Trotzdem bleibt dieses Segment mit 31,7 Prozent Marktanteil am gesamten europäischen Beratungsmarkt immer noch das stärkste. Der Trend in Richtung Customer Relationship Management und Supply Chain Management dürfte hingegen ausschlaggebend für die Zunahme im Operations Management sein. Auch im Segment Outsourcing kam es zu einer beträchtlichen Wachstumssteigerung.

Im Bereich der Corporate Strategy Services waren 1999 und 2000 vor allem E-Commerce-Möglichkeiten Haupttreiber des Umsatzes, im Moment machen traditionelle Dienstleistungen wie strategische Planung und Organisation sowie Finanzberatung den Löwenanteil dieses Segments aus (siehe Grafik 8).

3.2 Länderanalysen

Die nachfolgende Grafik soll einen ersten Überblick über die wichtigsten Märkte in Europa geben. Die zwei größten Märkte sind Großbritannien und Deutschland mit je 27,2 Prozent Marktanteil am gesamten europäischen Markt. Frankreich verfügt über einen Marktanteil von 16,4 Prozent. Österreich dagegen ist ein relativ kleiner Markt mit einem Anteil von 1,2 Prozent am gesamten europäischen Markt. Auffallend ist, dass in Großbritannien der Umsatz von 12,9 Milliarden Euro von rund 45.000 Beratern erwirtschaftet wird – der Umsatz von Deutschland, der sich im Jahr 2001 gleichfalls auf 12,9 Milliarden Euro beläuft, wird aber von 70.000 Consultern erzielt. In diesem Kapitel wird auf die wichtigsten europäischen Märkte (Großbritannien, Frankreich und Deutschland) getrennt eingegangen; eine Analyse des österreichischen Markts schließt diesen Teil ab.

3.2.1 Großbritannien

3.2.1.1 Analyse des britischen Consultingmarkts

Mit 27,2 Prozent Anteil am europäischen Beratungsmarkt ist Großbritannien neben Deutschland, das gleichfalls über einen Marktanteil von 27,2 Prozent verfügt, der größte Markt im europäischen Raum. Laut FEACO waren 2001 45.000 Personen in der Branche tätig und wurde ein Umsatz von 12,9 Mrd. Euro erwirtschaftet. Davon wurden 85 Prozent in Großbritannien erzielt, der Rest verteilt sich auf Beratungsleistungen in der EU und den USA.

Eine Verteilung gemäß der Art der Beratung zeigt, dass Outsourcing, Strategie- und IT-Beratung fast drei Viertel der gesamten Leistungen ausmachen. Diese Leistungen wurden zu 23 Prozent in Industriebetrieben, zu 15 in Hotels und Cateringunternehmen, zu 13 Prozent im öffentlichen Sektor (vor allem auf regionaler Ebene) und zu elf Prozent in Banken erbracht (siehe Grafik 9).

3.2.1.2 Ausblick

Für die britische Consultingbranche wird laut FEACO ein Rückgang der Beraterzahl erwartet, der mit einer geringeren Mitarbeiterfluktuation als bisher einhergeht. Die Entscheidung vieler Klienten, Wirtschaftsprüfungs- von Beratungsaufträgen zu trennen, hat 2001 zu einer umkämpften Umverteilung von Klientenaufträgen geführt. Zudem sind britische Berater aufgrund dieser Tendenz zu einer vermehrten Vermarktungsanstrengung ihres Unternehmens und zu Zusammenschlüssen und Fusionen gezwungen. Erwartet wird weiters, dass die Nachfrage des öffentlichen Sektors stark steigen wird.

3.2.2 Deutschland

3.2.2.1 Analyse des deutschen Consultingmarkts

Der Gesamtumsatz der deutschen Consultingbranche ist laut dem Bundesverband Deutscher Unternehmensberater (BDU e.V.) im Jahr 2001 mit 5,5 Prozent deutlich langsamer gewachsen als in den vorherigen Jahren (11,8 Prozent im Jahr 2000). Für 2002 wird mit einer Steigerung von maximal 4,5 Prozent gerechnet.

Im Jahr 2001 wurde in Deutschland mit Unternehmensberatungsleistungen ein Umsatz von knapp 12,9 Mrd. Euro erzielt; in rund 14.500 Beratungsunternehmen waren etwa 70.000 Berater tätig.

Eine Marktübersicht nach Betriebsgröße (gemessen am Umsatz) gibt Tabelle 3. Laut Berechnungen des BDU für das Jahr 2001 entfielen

Analyse nach Beratungssegmenten, Großbritannien 2001

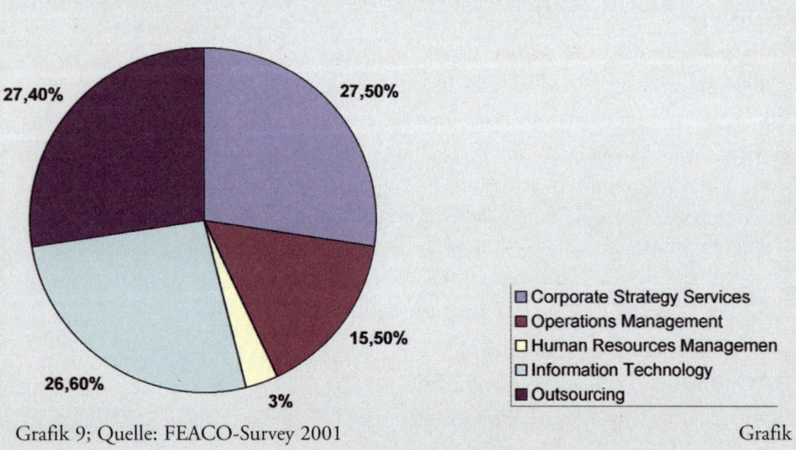

Grafik 9; Quelle: FEACO-Survey 2001

Analyse nach Beratungssegmenten, Deutschland 2001

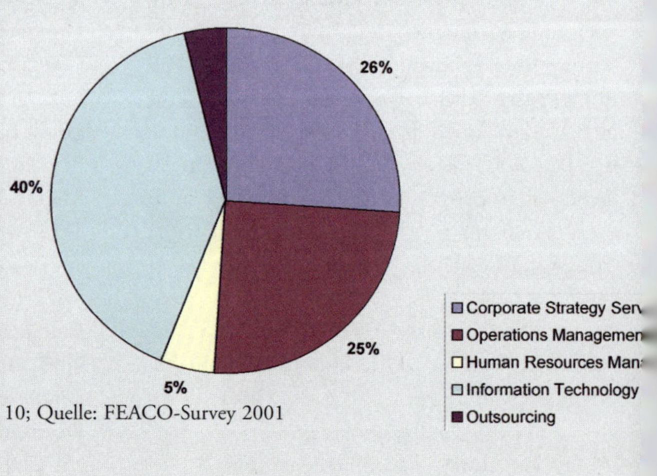

Grafik 10; Quelle: FEACO-Survey 2001

vierzig Prozent des gesamten Umsatzes der Consultingbranche auf IT-Projekte. IT-Beratung stellt somit das größte Beratungsfeld dar. Doch der Anteil der IT-Beratung nahm im Vergleich zum Vorjahr um 3,5 Prozent ab. Als Grund für diesen Rückgang kann die konjunkturelle Entwikklung des Jahres 2001 gesehen werden. Geplante IT-Projekte, vor allem Front-end-Lösungen für das E-Business, wurden gestrichen oder in Backend-Lösungen umgeleitet.

Stattdessen nahm die Anzahl der Strategieberatungen zu. Die gestiegene Nachfrage ist auf die wirtschaftliche Lage zurückzuführen, die eine Neuausrichtung vieler Unternehmen notwendig werden ließ.

Auch im Bereich der Prozessberatung stieg die Nachfrage, und zwar im Wesentlichen aufgrund von Reengineeringmaßnahmen zur raschen Kostenreduktion. Der Anteil der Prozessberatungen an den gesamten deutschen Beratungsleistungen stieg im Jahr 2001 und erreichte 25 Prozent.

Human Resources Management, hier vor allem Personalentwicklung, Vergütungsfragen und Outplacement, trug im Jahr 2001 fünf Prozent zum Gesamtumsatz der Branche bei.

Dazu kommen 0,5 Mrd. Euro, die 2001 für Outsourcingleistungen von Beratungsunternehmen erwirtschaftet wurden und vier Prozent des gesamten Marktes betrugen (siehe Grafik 10).

25 Prozent der Beratungsleistung wurden für das verarbeitende Gewerbe erbracht, 24 für Versicherungs- und Kreditwesen und je elf Prozent im Bereich der Dienstleistungen und Nachrichtenübermittlung.

3.2.2.2 Ausblick

Der Europäische Dachverband Unternehmensberatung FEACO schätzt in seiner aktuellen Studie über den europäischen Consultingmarkt die Nachfrage nach Beratungsleistungen in Deutschland durch die sehr zögerliche Investitionsneigung der Unternehmen deutlich schwächer ein als beispielsweise in Spanien oder Italien, wo die stärkere Nachfrage in erster Linie auf einer Ausweitung des Outsourcinggeschäfts beruht.

Positiv für die Nachfrage nach Consultingleistungen werden die Entwicklungen im Energiesektor, der sich momentan in einer Umstrukturierungsphase befindet, im Versicherungs- und Gesundheitswesen und bei Banken betrachtet.

Beratungsunternehmen spüren zunehmenden Druck auf Honorare, ein wachsender Teil der Projekte wird nach der Erreichung von Projektzielen fakturiert.

Darüber hinaus kann damit gerechnet werden, dass die beginnende Marktregulation vor allem für kleine und mittlere Beratungsunternehmen in den kommenden Jahren Veränderungen bringen wird.

Ein weiterer Trend zeigt eine erhöhte Nachfrage nach integrierten Lösungen mit ausgeprägter Umsetzungskompetenz. Dies bewegt kleinere Beratungsunternehmen dazu, Kooperationen mit Mitbewerbern einzugehen, und wirkt verstärkend auf die Konzentrationstendenzen im Markt.

Tabelle 3: Struktur der Beratungsunternehmen in Deutschland

	Top 40	mittelgroße Beratungsunternehmen	kleine Beratungsunternehmen
Umsatz in Mrd. €	6,36	4,43	2,08
Marktanteil	49,4 %	34,4 %	16,2 %
Wachstum 2001	11,6 %	2,1 %	–1,0 %
Unternehmen	40	4.500	9.960
Berater	25.200	29.300	15.500

Tabelle 3:
Quelle: BDU e.V. (2002), in: „Facts & Figures zum Beratermarkt 2001"

3.2.3 Frankreich

3.2.3.1 Analyse des französischen Consultingmarkts

Die französische Kammer der Beratungsunternehmen Chambre Syndicale des Sociétés de Conseil (Syntec Conseil en Management) schätzt die Gesamtgröße des Beratungsmarkts in 2001 auf 4,5 Mrd. Euro. Dieser Umsatz wird von 22.500 Beratern erzielt.

Die FEACO hingegen schätzt, dass Frankreich im Jahr 2001 einen Umsatz von 7.800 Millionen Euro erwirtschaftete und 40.000 Berater in rund 11.800 Unternehmen tätig waren. Dadurch dass beide Organisationen bei ihren Berechnungen unterschiedliche Kriterien benutzen, ergeben sich die verschiedenen Zahlen.

Frankreich verfügt somit über einen Marktanteil von 16,4 Prozent am gesamteuropäischen Markt. Das Marktwachstum für 2001 betrug 15 Prozent, für 2002 wird mit einem durchschnittlichen Wachstum von zehn Prozent gerechnet. Die größten Beratungssegmente sind Strategieberatung (23 Prozent), IT-Beratung (29 Prozent) und Prozessmanagement (37 Prozent). Grafisch dargestellt ergibt sich folgendes – genaueres – Bild (siehe Grafik 11).

Analyse nach Beratungssegmenten, Frankreich 2001

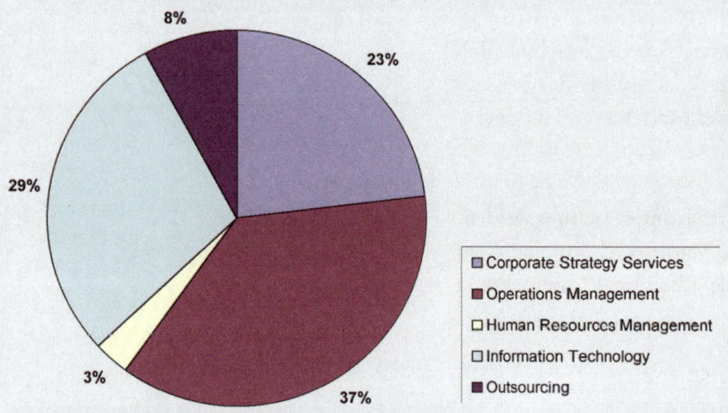

Grafik 11; Quelle: FEACO-Survey 2001

Consultingumsätze in Österreich 1998–2001

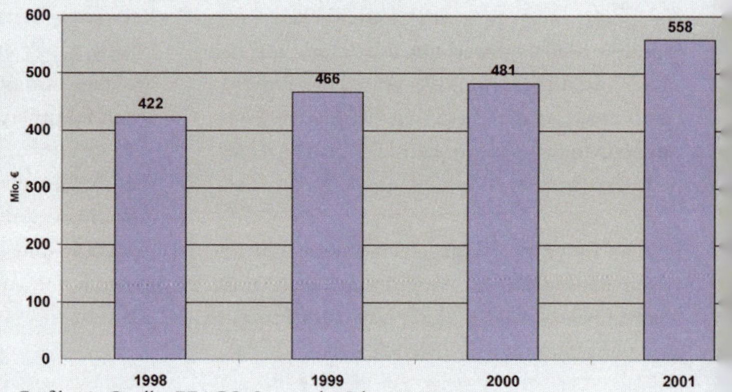

Grafik 12; Quelle: FEACO-Survey der Jahre 1999–2002

Analyse nach Beratungssegmenten, Österreich 2001

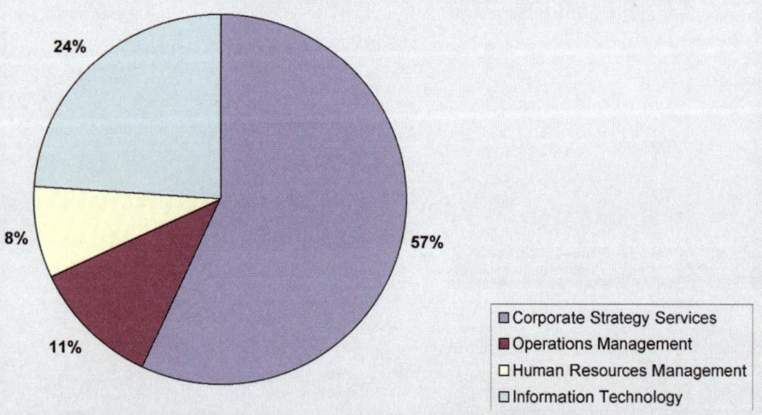

Grafik 13; Quelle: FEACO-Survey 2000 (Schätzung für 2001)

Beratungsmärkte in Österreich, 2000

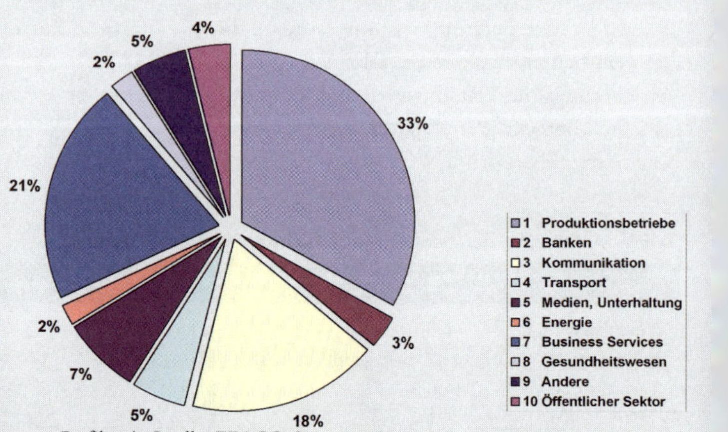

Grafik 14; Quelle: FEACO-Survey 2000

Ein Vergleich mit dem vorangegangenen Jahr zeigt, dass die Nachfrage nach Prozessmanagement stark zugenommen (+42 %) und die Nachfrage nach Strategieberatung (–30 %) und Personalberatung (–75 %) abgenommen hat. Die Nachfrage nach IT-Beratung ist hingegen gleich geblieben. Die größten Nachfragenden nach Beratungsleistungen sind Banken und Versicherungen (29 %), Produktionsbetriebe (20 %) und Kommunikationsunternehmen (10 %). Energiebetriebe und der öffentliche Sektor nehmen jeweils 8 % der erbrachten Beratungsleistungen in Anspruch.

3.2.3.2 Ausblick

Im Jahr 2001 ließ sich ein verstärktes Subcontracting der großen Beratungsunternehmen an mittlere und kleinere Beratungsfirmen feststellen. Für 2002 ist zu erwarten, dass sich die Konzentration am Markt fortsetzt und mit einer Standardisierung der Art der Assignments und des Kaufprozesses der Beratungsdienste einhergeht. Weiters werden Klienten zunehmend den Return on Investment der Beratungsleistung messen.

3.2.4 Österreich

Der Europäische Dachverband Unternehmensberatung rechnet für Österreich im Jahr 2001 mit einem Umsatz von 558 Mio. Euro und geht von 2.200 Beratungsunternehmen aus, die in den Segmenten Corporate Strategy Services, Operations Management, Human Resources Management, IT-Services und Outsourcing tätig waren. Insgesamt waren 2001 rund 6.214 Berater in der Branche tätig. Der österreichische Markt hatte einen Anteil von rund 1,2 Prozent am gesamten europäischen Markt (gemessen am Umsatz) und erwirtschaftete 0,19 Prozent des österreichischen Bruttoinlandsprodukts. Die Grafik 12 stellt die Umsatzberechnungen der FEACO von 1998 bis 2001 für Österreich dar.

Eine Analyse nach Beratungsfeldern zeigt, dass mehr als die Hälfte der Beratung im Bereich Strategie stattfindet. Auch IT-Beratung stellt mit 24 Prozent ein bedeutendes Segment in Österreich dar (siehe Grafik 13).

Im Vergleich zum Vorjahr ist zu erkennen, dass die Segmente Informationstechnologie und Strategieberatung leicht im Wachsen sind. Am stärksten hat die Nachfrage nach Beratungsleistungen im Bereich Personalwesen abgenommen (–20 %). Mit mehr als 30 % sind Produktionsbetriebe die bedeutendsten Klienten von Beratungsunternehmen. Gefolgt von Dienstleistungsunternehmen und Unternehmen der Kommunikationsbranche, stellen diese Betriebe zusammen fast drei Viertel der gesamten Klienten der Consultingfirmen in Österreich dar (siehe Grafik 14).

3.2.5 Abschließender Vergleich

Die Tabelle 4 (siehe Seite 42) vergleicht, basierend auf FEACO-Daten, die Beratungssegmente des britischen, französischen, deutschen und österreichischen Markts. Außerdem wird Gesamteuropa dargestellt.

Es lässt sich erkennen, dass Strategieberatung in den betrachteten Ländern mit Ausnahme Frankreichs im Vergleich zum Jahr 2000 gestiegen ist. Auf gesamteuropäischer Ebene allerdings ließ sich ein Sinken des Anteils an Strategieberatung an der gesamten Beratungsleistung beobachten.

Bei der Prozessberatung verläuft die Entwicklung in den Ländern sehr unterschiedlich. Im Durchschnitt jedoch stieg der Anteil der Prozessberatung in Europa um zirka 18 Prozent.

Personalberatung stellt einen relativ kleinen Anteil der Beratungsleistungen dar, und es lässt sich erkennen, dass dieser Anteil – außer in Deutschland – im Jahr 2001 abgenommen hat.

Auf gesamteuropäischer Ebene sinkt der Anteil der IT-Beratung um rund 18 Prozent im Vergleich zum Jahr 2000. Auch in diesem Segment zeichnet sich eine unterschiedliche Entwicklung in den einzelnen Ländern ab.

Interessant ist der Bereich Outsourcing: In einigen Ländern wie Frankreich und Österreich ist dieses Segment überhaupt kein Beratungsfeld, während in England der Anteil von Outsourcing an der gesamten Beratungsleistung mit 27,4 Prozent im Jahr 2001 sehr hoch liegt. Im Durchschnitt stellt Outsourcing jedoch einen relativ kleinen Teil der in Europa erbrachten Gesamtberatungsleistung dar.

„Der österreichische Beratermarkt hatte im Jahr 2001 einen Anteil von rund 1,2 Prozent am gesamteuropäischen Markt (gemessen am Umsatz) und erwirtschaftete 0,19 Prozent des österreichischen Bruttoinlandsprodukts."

Tabelle 4: Gesamtvergleich Europa; Quelle: FEACO-Survey 2000 & 2001

	Europa gesamt		Großbritannien		Frankreich		Deutschland		Österreich*	
	2000	2001	2000	2001	2000	2001	2000	2001	2000	2001
Corporate Strategy Services										
Strategic Planning & Organisation Development	13%	11,30%	16,30%	14,90%	9%	7%	12%	11,50%	28%	30,20%
Mergers & Aquisations	2,50%	2,50%	0%	0%	0	1%	5,5%	6%	2,20%	1,70%
Market Research	0,70%	1%	2,10%	0,80%	0	1%	1%	1%	4,40%	3,40%
Marketing & Corporate Communications	3,70%	1,60%	0%	1,10%	10%	1%	2%	1,50%	6,10%	5,70%
Financial Advisory	4%	8,30%	1,80%	10,70%	12%	13%	4,50%	4%	2,80%	4%
Other	2,50%	1,10%	0%	0,00%	2%	0%	1,50%	2%	11,60%	12%
Subtotal	26,40%	25,80%	20,20%	27,50%	33%	23%	25,50%	26%	55%	57%
Operations Management										
Business Process Reengineering	7%	6,20%	8%	0,00%	13%	20%	3,50%	3,50%	2,20%	1,80%
Change Management	2%	4,20%	2%	0,00%	0%	11%	3%	3,50%	1,10%	1,30%
Project Management	5,40%	7,50%	3,90%	10,20%	11%	5%	9%	8%	4,40%	4%
Supply Chain Management	5,50%	3,50%	11,60%	0,00%	0%	0%	8%	9%	1,50%	1,40%
Other	0,50%	2,70%	0%	5,30%	2%	1%	1%	1%	2,80%	2,50%
Subtotal	20,40%	24,10%	25,50%	15,50%	26%	37%	24,50%	25%	12%	11%
Human Resources Management										
Recruiting & Executive Search	2,20%	2,20%	0	2%	0%	1%	3,40%	3,50%	4,60%	3,40%
Benefits & Compensation	0,20%	0,30%	0	0,20%	0%	0%	0,30%	0,20%	1,20%	0,70%
Interim Management	0,10%	0,20%	0	0,10%	0%	0%	0,10%	0,30%	0,60%	0,50%
Training & Education	0,50%	0,70%	0	0,50%	0%	0%	0,60%	0,70%	2%	1,90%
Outplacement	0,10%	0,10%	0	0,10%	0%	0%	0,10%	0,10%	1%	0,70%
Other	2,50%	1%	0	0,10%	12%	2%	0,10%	0,20%	0,60%	0,80%
Subtotal	5,60%	4,50%	4,30%	3%	12%	3%	4,60%	5%	10%	8%
Information Technology										
IT Consulting	21%	18%	14%	12,90%	29%	17%	29%	27%	11%	12,50%
IT - Systems Development	10%	13,70%	15%	13,70%	0%	12%	11%	11%	5%	5,50%
Other	9,20%	1,50%	0	0	0%	0%	3,40%	2%	7%	6%
Subtotal	40,20%	33,20%	29%	26,60%	29%	29%	43,40%	40%	23%	24%
Outsourcing	7,40%	12,40%	21%	27,40%	0%	0%	4%	4%	0%	0%

„Steuer sparen 2003"
Die besten Tipps der Berater

Ein Buch für alle, die weniger Steuern zahlen wollen. Es enthält die besten, in langjähriger Beratungspraxis erprobten und ganz legalen Steuertricks, gemeinsam zusammengestellt von einem Team versierter Steuerpraktiker der renommierten Wirtschaftsprüfungs- und Steuerberatungsgesellschaft BDO Auxilia und dem bekannten ORF-Wirtschaftsredakteur Dr. Walter Sonnleitner. Alle Steuertipps sind anhand von vielen Beispielen praxisgerecht und leicht verständlich dargestellt. Die beigelegte Dr.-Tax-CD bietet Formulare, Ausfüll- und Berechnungshilfen für die Steuererklärungen 2002 sowie Muster für den Schriftverkehr mit den Finanzbehörden. Ein unentbehrlicher Ratgeber in allen Steuerfragen.

Auszug aus dem Inhalt:
- Wie sich Lohnsteuerzahler Geld beim Finanzamt holen können
- Was Kapitalanleger, Spekulanten und Hausbesitzer über Steuern wissen sollten
- Die wichtigsten Steuertipps für Unternehmer
- Alle Informationen zur Familienförderung
- Steueroptimal erben und schenken

Neu in dieser Auflage:
- Alle wichtigen Steueränderungen des Jahres 2002
- Steuertipps für die Opfer der Hochwasserkatastrophe (Unternehmer und Private)
- Die steuerlichen Bestimmungen zur Abfertigung neu
- Steuerliche Konjunkturbelebungsmaßnahmen 2002 für Unternehmer

Zielgruppen: alle Steuerzahler, insbesondere Dienstnehmer, Gewerbetreibende, Manager, Freiberufler, Künstler, Sportler sowie Vermieter und Kapitalanleger.
Bestellung bei Mag. Maria Huber per E-Mail: huber@bdo.at um 28,80 Euro mit CD-ROM

Laufend aktuelle Steuertipps finden Sie unter: www.bdo.at

4. Der österreichische Consultingmarkt

Ziel dieses Kapitels ist es, den österreichischen Beratungsmarkt umfassend zu analysieren. Die oben beschriebenen Ergebnisse des Europäischen Dachverbands Unternehmensberatung (FEACO) zum österreichischen Markt beziehen sich auf eine relativ enge Definition von Unternehmensberatung. Gemeint sind nämlich Unternehmen, die im Bereich Strategie-, Prozess-, Personal-, IT- und Outsourcing-Beratung tätig sind und somit die klassischen Beratungsunternehmen repräsentieren. Die Daten zum österreichischen Markt erhält die FEACO vom Fachverband Unternehmensberatung und Informationstechnologie der Wirtschaftskammer Österreich. Doch, wie schon bemerkt, soll die Analyse auch auf jene Unternehmen ausgedehnt werden, die zwar nicht im Sinne der Gewerbeberechtigung Unternehmensberater sind, jedoch auch umfassende Beratungsleistung an Klienten liefern. In vielen Fällen ist Beratung sogar Hauptbestandteil von deren Umsatz.

4.1 Besonderheiten des österreichischen Unternehmensberatungsmarkts

4.1.1 Rahmenbedingungen des Markts

Die rechtliche Basis für den Beruf des Unternehmensberaters stellt die österreichische Gewerbeordnung dar. Danach gehört das gebundene Gewerbe Unternehmensberater zu den gehobenen Dienstleistungsberufen. §29 Abs. 2 GewO regelt den Handlungsspielraum der Unternehmensberater folgendermaßen:

„... es sind die dem Gewerbe eigentümlichen Arbeitsvorgänge, die historische Entwicklung sowie die in den beteiligten gewerblichen Kreisen bestehenden Anschauungen und Vereinbarungen maßgebend."

Hierbei kommt dem Berufsbild, das vom Fachverband für Unternehmensberatung und Informationstechnologie der Wirtschaftskammer Österreich am 1. Juli 1996 erstmals beschlossen und seither laufend weiter entwickelt wurde, eine wichtige Rolle zu. Darin sind die Tätigkeiten, die zum Berufsstand gehören, taxativ aufgezählt.

Unternehmensberatung kann in folgende Beratungsfelder gegliedert werden:

- Managementberatung
- qualifiziertes Personalmanagement
- Marketing
- Organisation
- Technik / Technologie
- Logistikberatung
- Finanz- und Rechnungswesen
- Raumwirtschaft
- Umweltwirtschaft
- Beratung in außerwirtschaftlichen Belangen
- Wirtschaftsmediation

Quelle: Fachverband für Unternehmensberatung und Informationstechnologie, Wirtschaftskammer Österreich (2002); www.ubit.at

Die Gewerbeberechtigung als Unternehmensberater umfasst eine breite Palette an unterschiedlichen Beratungsfeldern und eine Vielzahl an verschiedenen Aufgaben. Doch sind es nicht nur Unternehmensberater im engeren Sinne – das heißt im Sinne der Gewerbeberechtigung –, die Beratungsleistungen anbieten, sondern auch eine Reihe anderer Gewerbe. Neben ihren Kernleistungen erbringen Datenverarbeiter, Personalvermittler, PR- und Marketingberater und Finanzdienstleister auch – und zwar zu einem teilweise sogar sehr großen Teil ihrer Leistungen – Beratungsleistungen.

Die Consultingbranche war in den letzten Jahren von einem sehr starken Wachstum geprägt, eine Vielzahl von neuen Anbietern drang in den Markt. Wirtschaftsprüfungsgesellschaften, Steuerberater, Rechtsanwälte und Finanzdienstleistungsunternehmen begannen neben ihrem Kerngeschäft auch Beratungsleistungen anzubieten. Besonders stark zeigt sich dieser Trend bei Soft- und Hardwareherstellern. Wie eine Studie der Österreichischen Akademie für Führungskräfte aus dem Jahr 1997 zeigt, sahen Unternehmensberater ihre größten Konkurrenten in gewerblich befugten Einzelberatern und anderen österreichischen Beratungsgesellschaften. Knapp ein Fünftel gab an, dass Wirtschaftsprüfer bedeutende Mitbewerber seien, und nur sechs Prozent der befragten Unternehmen sahen in Soft- und Hardwareherstellern wichtige Konkurrenten. Diese Auffassung von Wettbewerb dürfte sich in den vergangenen Jahren jedoch drastisch verändert haben. Viele Unternehmen der IT-Branche fingen an, zusätzliche Beratungsleistungen anzubieten, und klassische Unternehmensberater erweiterten ihr Leistungsangebot um Fragen im Bereich neuer

Informationstechnologien. So kam es in weiten Bereichen zu einer Verschmelzung der bis dahin getrennten Beratungsfelder. Beispiele der letzten Zeit sind die Übernahme der Beratungstochter von PricewaterhouseCoopers durch IBM, der Zusammenschluss von Cap Gemini und Ernst & Young sowie die Übernahme von Anderson Consulting durch Deloitte & Touche. Verschmelzungen, Kooperationen und Subcontracting zwischen den Firmen erschweren die Identifikation von in sich geschlossenen Beratungsfeldern und eine Klassifikation der Beratungsunternehmen. Einhergehend mit dieser Entwicklung kam es zu einer hohen sachlichen und personellen Heterogenität des Beratungsangebots und einer starken Ausweitung des Angebotsspektrums. Den Markt der Unternehmensberatung abzugrenzen stellt unter diesen Umständen ein schwieriges Unterfangen dar.

Oftmals schon wurde beobachtet, dass der Markt für Unternehmensberatung ein hohes Maß an Intransparenz aufweist. Nur durch zusätzliche Information über gegenwärtig stattfindende Entwicklungen und Schwierigkeiten bei der Darstellung von Sachverhalten und Erfassung von Daten wird es gelingen, Licht ins Dunkel der Intransparenz zu werfen. Die im Folgenden gemachten Ausführungen sollen diesem Ziel gerecht werden.

4.1.2 Intransparenz

Wie bei allen Dienstleistungen, so handelt es sich auch bei den Leistungen der Beratungsunternehmen um immaterielle Produkte, deren Wert und Qualität im Vorhinein schlecht messbar und mit Alternativprodukten kaum vergleichbar scheint. Und tatsächlich geben laut einer 1999 vom Institut für Unternehmensführung der Wirtschaftsuniversität Wien bei österreichischen Topmanagern durchgeführten Studie 66 Prozent der befragten Manager an, hinsichtlich der Qualität von Beratungsleistung durch Unternehmensberater Unsicherheit zu verspüren. Dies ist auch daran zu beobachten, dass nicht – wie vielleicht vermutet – Werbung oder fachliche Information vonseiten der Unternehmensberater die wichtigste Rolle bei der Auswahl eines geeigneten Beraters spielt, sondern Image und persönliche Kontakte. Bei über fünfzig Prozent der befragten Unternehmen sind die Referenzen eines Geschäftspartners und der allgemeine Bekanntheitsgrad des Beratungsunternehmens ausschlaggebend, vierzig Prozent geben an, durch persönliche Bekanntschaft Kontakt mit dem Consulter aufzunehmen.

Zu einem ähnlichen Ergebnis kommt auch die aktuelle Studie des „Yearbook Consulting". Die OGM befragte Mitglieder der Geschäftsführung von in Österreich tätigen Unternehmen hinsichtlich Beratungsunternehmen. Dabei zeigte sich, dass mehr als die Hälfte der befragten Personen den Beratermarkt für intransparent halten. Am häufigsten geben Dienstleistungsbetriebe an (über siebzig Prozent), dass sie nicht sofort einen Überblick über den Beratermarkt hätten. Weiterhin ausschlaggebend bei der Auswahl des richtigen Beraters sind der persönliche Eindruck und die Branchenkenntnisse des Beraters. Relativ unbedeutend sind im Gegensatz dazu die Referenzen und die Kosten des Projekts.

Die Studie legt außerdem dar, dass fast achtzig Prozent der Unternehmen ihr Beratungsunternehmen aufgrund von dessen Bekanntheit (Mundpropaganda), eines persönlichen Kontakts oder wegen einer früheren Zusammenarbeit gefunden haben. Fast keine Rolle spielen Inserate in Zeitungen, Fachartikel und Directmarketing. Über achtzig Prozent der Befragten sind schon einmal direkt von Beratungsunternehmen angesprochen worden, haben den Auftrag aber nicht vergeben. Nur knapp unter zehn Prozent der Unternehmen, die direkt angesprochen worden sind, haben den Auftrag auch an

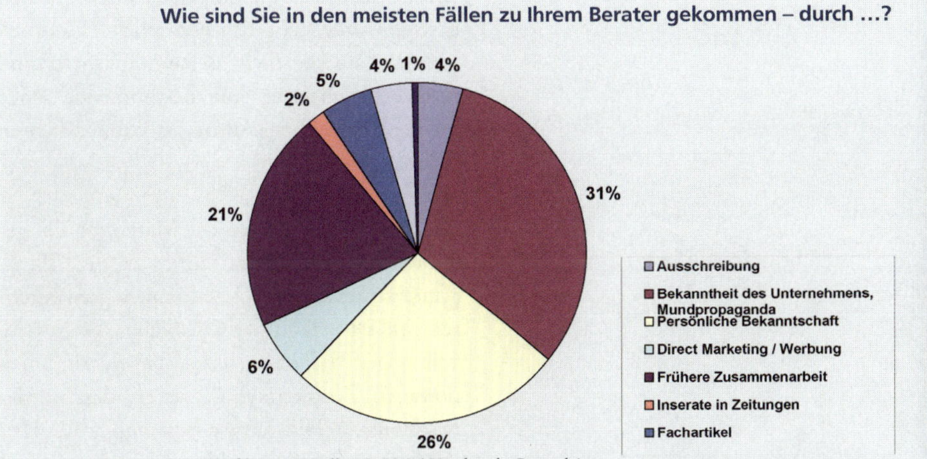

Grafik 15; Quelle: OGM / Yearbook Consulting

die jeweilige Beraterfirma vergeben (siehe Grafik 15).

Interessant in diesem Zusammenhang ist ein Vergleich mit der Sichtweise der Beratungsunternehmen. Eine von der Österreichischen Akademie für Führungskräfte bei Unternehmensberatern 1997 durchgeführte Befragung gibt Auskunft zu diesem Thema. Einwände, dass die Studie bereits 1997 veröffentlicht wurde und somit nicht mehr aktuell sein könnte, können zwar sehr wohl geltend gemacht werden. Doch muss auch in Betracht gezogen werden, dass sich auf dem Gebiet des Marketings von Unternehmensberatungen seit damals fast nichts verändert hat und die Studie deshalb durchaus noch Relevanz besitzt. Danach glauben vierzig Prozent der Consultingfirmen, Klienten würden mittels Werbe- und Informationsmaterial den geeigneten Berater suchen. Sechzig Prozent der befragten Berater betreiben aktive Kundenwerbung und -akquisition. Und das obwohl, wie weiter oben festgestellt, nur zehn Prozent der angesprochenen (potenziellen) Klienten den Auftrag auch an das jeweilige Beratungsunternehmen vergeben.

Diese Beobachtung lässt erahnen, dass im Bereich des Unternehmensberatungsmarketings ein erheblicher Aufholbedarf besteht. Die geringe Präsenz dieses Themas in der Fachliteratur und die kaum vorhandene Aufmerksamkeit in der Praxis für dieses Feld sollen nicht darüber hinwegtäuschen, dass es sich bei Marketing nicht um einen überaus wichtigen Aspekt von erfolgreichen Beratungsunternehmen handelt. Umso mehr, als von unterschiedlichen Seiten gezeigt wurde, dass der persönliche Eindruck und das Image sowie Bekanntheitsgrad und Branchenkenntnisse eine bestimmende Rolle bei der Vergabe von Aufträgen durch Klienten spielen.

Für die Zukunft gilt es, das Marketing des gesamten Unternehmens stärker in den Blickpunkt zu rücken und zu erkennen, dass Klienten eine sehr viel unterschiedlichere Sichtweise vom eigenen Unternehmen haben als angenommen. Zu erkennen ist weiters, dass auf der Klientenseite Bedürfnisse bestehen, die es zu erfüllen gilt, und dass falsche Einschätzungen existieren, die abgebaut werden müssen.

4.2 Analyse des österreichischen Markts

Die oben beschriebenen Schwierigkeiten bei der Abgrenzung des Consultingmarkts stellen ein erstes Hindernis dar, um eine umfassende und vor allem genaue Marktanalyse durchzuführen. Es existiert sehr wohl eine Reihe von Eckdaten und genaueren Angaben zum Beratermarkt, doch muss beachtet werden, dass Daten unterschiedliche Bemessungsgrundlagen aufweisen, verschiedene Kriterien zur Berechnung herangezogen werden und ungleiche Zeiträume umfassen. Eine Vergleichbarkeit der Daten ist somit nicht gegeben und eine exakte Darstellung des Marktes sehr schwierig.

Genaue Angaben von Zahlen zum österreichischen Beratungsmarkt gibt es von der Wirtschaftskammer Österreich, von der Statistik Austria, vom Österreichischen Institut für Gewerbe und Handelsforschung, von internationalen Verbänden und diversen anderen Quellen wie Presseberichten und verschiedenen Studien, unter diesen eine vom „Yearbook Consulting“ selbst in Auftrag gegebene. Es ist außerdem zu bemerken, dass Unternehmen ihre Schlüsselzahlen im Detail nicht bekannt geben wollen oder müssen, weshalb Berechnungen oft nur auf Schätzungen beruhen.

4.2.1 Wirtschaftskammer Österreich

Für die Berechnungen der Wirtschaftskammer Österreich ist die Anzahl der Gewerbescheine pro Branchensegment maßgebend. Da im Durchschnitt jedes österreichische Unternehmen 1,8 Gewerbescheine hält, kommen viele Unternehmen mehrmals in den Statistiken vor.

Durch den Fachverband für Unternehmensberatung und Informationstechnologie der Wirtschaftskammer vertreten sind Unternehmensberater, Wirtschaftstrainer, Informationstechnologen, gewerbliche Buchhalter und Telekomdienstleister. Insgesamt hatte der Fachverband Ende 2001 29.403 Mitglieder. Das heißt, der Fachverband zählt 29.403 Gewerbeberechtigungen in den durch ihn vertretenen Berufssparten.

Im Bereich der Unternehmensberatung zählte der Fachverband 5.953 Mitglieder (Gewerbeberechtigungen) im Jahr 2001, wobei laut eigenen Angaben rund 20 % der Mitgliedschaften ruhen und 25 % ihre Profession nicht nachhaltig und im Vollerwerb betreiben. Somit kann von 3.000 bis 4.000 Personen ausgegangen werden, die die Gewerbeberechtigung als Unternehmensberater hauptberuflich nutzen.

Weiters im Fachverband vertreten sind rund 21.900 Datenverarbeiter und 1.600 gewerbliche Buchhalter. Die Tabelle 5 zeigt die Entwicklung der Mitgliederzahl des Fachverbands für Unternehmensberatung und Informationstechnologie. In den Jahren 1997 bis 2000 wuchs die Mitgliederzahl kontinuierlich, im Jahr 2001 wurde dieses Wachstum ein wenig abgeschwächt.

Nach den Angaben der Wirtschaftskammer wurde im Jahr 2001 insgesamt ein Umsatz von 540 Mio. Euro durch rund 5.800 Consultingfirmen erwirtschaftet. Für das Jahr 2003 rechnet der Fachverband für Unternehmensberatung und Datenverarbeitung mit einer stabilen Entwicklung des Beratermarkts.

Der Fachverband für Werbung und Marktkommunikation der Wirtschaftskammer Österreich zählte Ende 2000 12.727 Mitglieder.

Durch den Fachverband der Finanzdienstleister zum selben Zeitpunkt vertreten waren 7.239 Mitglieder, 2001: 10.791 (+49 %).

Die Kammer der Wirtschaftstreuhänder zählte im Jahr 2000 6.174 Mitglieder, ein Jahr darauf waren es 7.105.

4.2.2 Statistik Austria

Die Statistik Austria zieht für ihre Berechnungen die europaweit einheitliche Wirtschaftstätigkeitsklassifikation ÖNACE 1995 heran. Unternehmen werden nach diesem Schema unterschiedlichen Wirtschaftsklassen zugeteilt. Werden nur Tätigkeiten ausgeübt, die zu einer Unterklasse der ÖNACE 1995 gehören, so ist die Zuordnung eindeutig. Werden jedoch Tätigkeiten ausgeübt, die in verschiedene Unterklassen der ÖNACE 1995 fallen, wird der wirtschaftliche Schwerpunkt anhand der Struktur des Umsatzes bestimmt.

Die nachstehende Tabelle 6 soll einen ersten Überblick über die verschiedenen ÖNACE-1995-Klassen geben und die wichtigsten Kennzahlen für das Jahr 2000 darstellen.

Diese Daten müssen einer genaueren Betrachtung unterzogen werden: Einzig bei den ersten beiden Klassen, Unternehmens- und PR-Beratung sowie Markt- und Meinungsforschung kann davon ausgegangen werden, dass die Umsätze überwiegend durch Beratungsleistungen generiert wurden. Bei Softwarehäusern spielen Lizenzgebühren eine große Rolle. In der Klasse

Tabelle 5: WKÖ – Mitgliederzahl Fachverband Unternehmensberater & Informationstechnologie

Jahr	Unternehmensberater	Datenverarbeiter	gew. Buchhalter	gesamt
1997	2.752 / +11,2 %	11.380 / +24,7 %	0	14.132 / +21,8 %
1998	3.508 / +27,5 %	13.763 / +21 %	0	17.271 / +22,2 %
1999	4.394 / +25,3 %	16.492 / +19,8 %	616 / +100 %	21.501 / +24,5%
2000	5.239 / +19,2 %	19.565 / +18,7 %	1.227 / +99,2 %	26.031 / +21 %
2001	5.953 / +13,6 %	21.860 / +11,7 %	1.590 / +29,6 %	29.403 / +12,9 %

Tabelle 5; Quelle: Wirtschaftskammer Österreich (2003) / www.ubit.at

Tabelle 6: Statistik Austria, Beraterklassifikationen nach ÖNACE 1995 für das Jahr 2000

ÖNACE 1995	Umsätze in 1.000 €	Unternehmen	Beschäftigte
7210 Hardwareberatung	7.370	12	82
7220 Softwarehäuser	1.859.11	3.282	17.068
7230 Datenverarbeitungsdienste	2.399.124	4.242	16.608
7240 Datenbanken	85.472	29	136
7412 Wirtschaftspr. & Steuerber.	1.277.419	3.529	22.663
7413 Markt-/Meinungsforschung	161.805	186	10.182
7414 Unternehmens-/PR-Ber. *	1.134.178	3.126	10.394
7440 Werbewesen	2.691.709	3.553	13.935
7450 Vermittlung v. Arbeitskräften	1.027.185	398	30.477

Tabelle 6; Quelle: Statistik Austria 2002

„Vermittlung und Überlassung von Arbeitskräften" macht Personalleasing einen großen Teil der Umsätze aus. Wirtschaftsprüfer und Steuerberater erbringen zwar im Corporate-Finance-Bereich Beratungsleistungen, doch liegt auch hier das Kerngeschäft in der Prüfung.

In der Leistungs- und Strukturerhebung der Statistik Austria für das Jahr 2000 sind 3.126 Unternehmen der Wirtschaftsklassifikation „Unternehmensberatung und PR-Beratung" zuzuordnen. Rund 10.400 Personen sind in der Branche beschäftigt, siebzig Prozent davon unselbständig. Die erwirtschafteten Erlöse und Erträge betrugen 1.155 Millionen Euro. Umsatzerlöse konnten im Jahr 2000 in der Höhe von 1.134 Millionen Euro erzielt werden (siehe Grafik 16).

Eine Analyse nach Beschäftigtengrößenklassen zeigt, dass in 86,7 % der Unternehmen, die in der Unternehmens- oder PR-Beratung tätig sind, zwischen einer und vier Personen beschäftigt waren. Für Österreich ergibt das eine sehr große Zahl von Kleinbetrieben, viele davon nur Ein-Mann-Betriebe, und eine relativ kleine Anzahl von Großunternehmen mit über fünfzig Personen (siehe Tabelle 7 und Grafik 17).

Die österreichischen Unternehmensberater konnten im Jahr 2000 eine Bruttowertschöpfung (Umsatzerlöse abzüglich Vorleistungen) in der Höhe von 514 Mio. Euro erzielen. Gegenüber 1995 hat sich dieser Wert somit nominell verdoppelt. Die Bedeutung der Branche für die gesamte marktorientierte Wirtschaft blieb zwischen 1999 und 2000 nahezu unverändert und

Tabelle 7: Beschäftigungsgrößenklassen nach ÖNACE 1995 für UB & PR

	1995	1999	2000	Anteil % in 2000	Veränderung zu '99
1–4 Beschäftigte	1.517	2.359	2.696	86,2	+14,3 %
5–9 Beschäftigte	126	284	220	7	–22,5 %
10–49 Beschäftigte	68	118	196	6,2	+66,2 %
ab 50 Beschäftigte	6	14	13	0,4	–7,2 %
Summe	1.717	2.776	3.126	100	+12,6 %

Tabelle 7; Quelle: Statistik Austria (2002)

Umsatzerlöse in Mio. Euro von Unternehmensberatung und PR-Beratung, Österreich

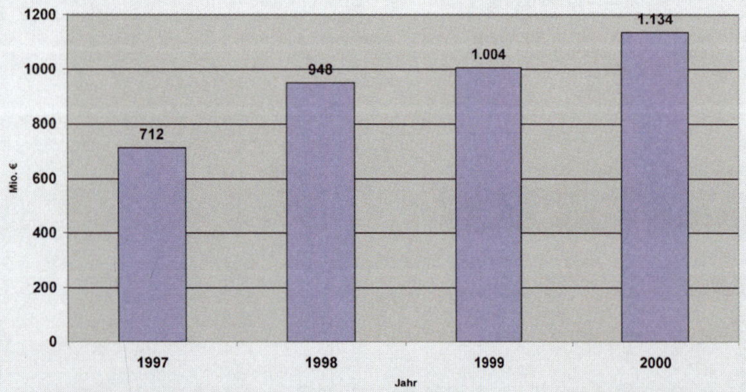

Grafik 16; Quelle: Statistik Austria / Strukturerhebungen der Jahre 1997–2000

Beschäftigungsgrößenklassen Unternehmens- und PR-Berater, Österreich 2000

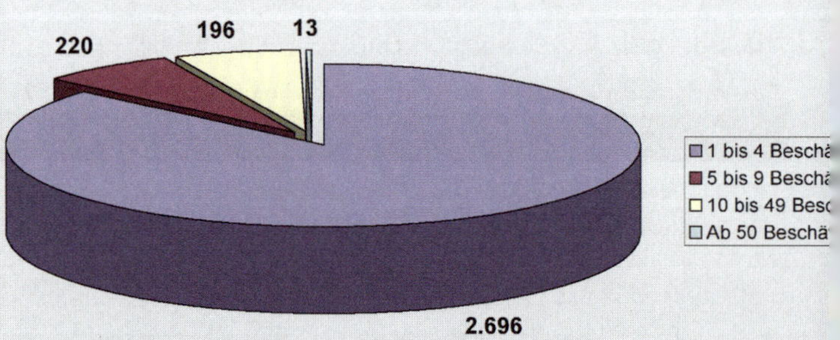

Grafik 17; Quelle: Statistik Austria (2002)

beläuft sich auf 0,44 Prozent der Bruttowertschöpfung an der gesamten marktorientierten Wirtschaft.

4.2.3 Yearbook-Consulting-Studie

Das „Yearbook Consulting" erstellte eine eigene Studie über den österreichischen Beratungsmarkt. Die Ergebnisse werden in der hier vorliegenden Ausgabe zum ersten Mal publiziert.

4.2.3.1 Zielsetzung

Ziel ist es, einen umfassenden Überblick über den österreichischen Unternehmensberatermarkt zu erhalten und die Transparenz des Marktes zu erhöhen. Das bedeutet, die Anzahl und auch die Art der in Österreich operierenden Beratungsunternehmen zu erfassen und eine genaue Analyse zu erstellen. Es wurden nur Unternehmen berücksichtigt, die mehr als fünf Mitarbeiter beschäftigen.

4.2.3.2 Vorgangsweise

Mittels der Datenbanken von Hoppenstätt und Kompass und der Wirtschaftskammer Österreich wurden alle Unternehmen, die im Bereich Unternehmensberatung, IT-Beratung, Marktforschung, Werbewesen, Personalberatung und Finanzdienste tätig sind und mehr als fünf Mitarbeiter beschäftigen, ermittelt. Doppelnennungen wurden berücksichtigt und ausgeschieden. Das bedeutet, dass jedes Unternehmen nur einmal in den Statistiken vorkommt. Insgesamt konnten 3.034 Unternehmen gezählt werden, die Beratung in diesen Feldern anbieten.
Sodann wurden zweitausend Unternehmen (das entspricht rund 65 Prozent) persönlich befragt. Mittels eines Interviews mussten die Geschäftsführer sich selbst einem der folgenden Beratungsfelder zuordnen:

1. IT-Beratung	39,0 %
2. PR/Marketing/Marktforschung	31,0 %
3. Managementberatung	18,9 %
4. Corporate-Finance-Beratung	6,0 %
5. Human-Resource-Beratung	2,8 %

(siehe Grafik 18)

4.2.3.3 Ergebnis

Fast vierzig Prozent der Befragten gaben an, im Bereich der IT-Beratung tätig zu sein, weitere dreißig Prozent im Feld PR/Marketing/Marktforschung; nur rund 19 Prozent im klassischen Bereich der Managementberatung.

An diesem Punkt werden die Schwierigkeiten sichtbar, die sich bei der Klassifikation von Beratungsunternehmen stellen. Denn nach welchen Kriterien können Unternehmensberater einem Beratungsbereich zugeordnet werden? Daher kommen unterschiedliche Organisationen, die die Consultingfirmen nach Beratungssegmenten einteilen, zu verschiedenen Ergebnissen.

4.2.4 Vergleich der Eckdaten des Marktes

Zum Abschluss sollen die Daten und Bemessungskriterien der verschiedenen Organisationen (Wirtschaftskammer Österreich, Statistik Austria, FEACO) verglichen werden. Tabelle 8 veranschaulicht die unterschiedlichen Bemessungsgrundlagen zu ein und demselben Markt.

4.2.5 Schlussfolgerungen

Dieses Kapitel widmete sich einer genauen Analyse des österreichischen Consultingmarkts. Doch wie kann der Markt abgegrenzt werden? Wer ist ein Unternehmensberater? Was tut ein Unternehmensberater? Und wie viele davon sind in Österreich tätig?

Oft wird davon gesprochen, dass es „den" Unternehmensberater gar nicht mehr gibt. Auf der einen Seite gibt es die „klassischen Berater". Das sind diejenigen, die eine Gewerbeberechtigung als Berater erworben haben und Beratung in den unterschiedlichsten Feldern erbringen, die die Gewerbeberechtigung umfasst. Zusätzlich muss man den Anteil der ruhenden Gewerbebe-

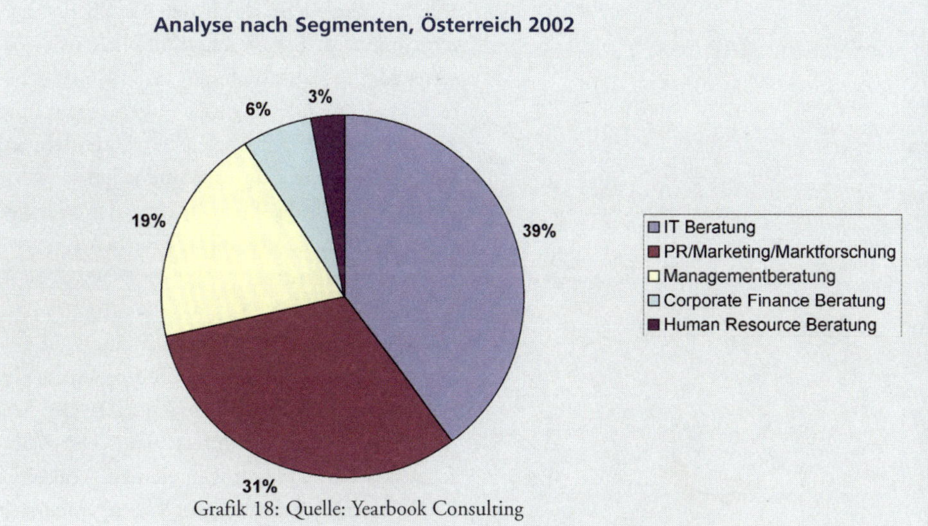

Grafik 18: Quelle: Yearbook Consulting

rechtigungen berücksichtigten, der nach Angaben der Wirtschaftskammer bei Unternehmensberatern bei rund einem Drittel liegt. Und auf der anderen Seite existiert eine sehr große Zahl an anderen Berufsgruppen, die entweder ergänzend zu ihrem Kerngeschäft Beratung anbieten oder – obwohl sie in einer anderen Branche als der Unternehmensberatung tätig sind – de facto sehr umfassende Beratungsleistungen für Klienten erbringen, aber keine Gewerbeberechtigung als Unternehmensberater im engeren Sinn besitzen.

So kann man nicht genau sagen, wie hoch die wirkliche Zahl der Unternehmensberater ist. Datenverarbeiter und Informationstechnologen zum Beispiel, die von der Wirtschaftskammer mit 19.565 im Jahr 2000 beziffert werden, sind zu einem großen Teil in der Beratung tätig. Im Berufsbild der Datenverarbeiter und Informationstechnologen scheint sogar Beratung als Tätigkeitsgebiet auf, obwohl diese Berufsgruppe in den Statistiken nicht unter die Unternehmensberater fällt. Auch im Bereich von PR, Marketing, Meinungsforschung, Finanzdienstleistungen und Personalvermittlung ist die Situation ähnlich. Da eine Trennung innerhalb dieser Berufsgruppen zwischen Beratungsleistungen und operativen Tätigkeiten fehlt, können Ziffern zur Anzahl der in Österreich tätigen Berater nur durch Annäherung ermittelt werden.

Bei der Anzahl der Beratungsunternehmen am österreichischen Markt muss in Betracht gezogen werden, dass die Anzahl der Gewerbeberechtigungen nicht gleich der Anzahl der Unternehmen ist. Im Durchschnitt hält jedes österreichische Unternehmen 1,8 Gewerbeberechtigungen. Die Statistik Austria baut ihre Marktdaten auf der Anzahl der Unternehmen auf und ordnet Unternehmen jener Wirtschaftstätigkeitsklasse zu, in dem das jeweilige Unternehmen den Hauptteil seiner Umsätze erwirtschaftet hat.

Was die Umsätze der Beratungsbranche in Österreich betrifft, so können die Ergebnisse der Strukturerhebungen der letzten Jahre der Statistik Austria für die unterschiedlichen Wirtschaftsklassen herangezogen werden. Vonseiten der Wirtschaftskammer gibt es nur vereinzelt Daten zum Markt. Auffallend jedoch ist, dass die Zahlen der verschiedenen Organisationen zum Teil erhebliche Unterschiede aufweisen.

Internationale Verbände wie die FEACO erhalten die Daten zum österreichischen Markt vom Fachverband für Unternehmensberatung und Informationstechnologie. Es kann daher davon ausgegangen werden, dass sich die Zahlen der FEACO nur auf Unternehmensberater im engeren Sinn der Gewerbeberechtigung beziehen, was eine vergleichsweise geringere Zahl an Beratungsunternehmen mit sich bringt.

4.3 Beratungsfelder in Österreich

4.3.1 Managementberatung

Gemäß dem Berufsbild für Unternehmensberater des Fachverbands für Unternehmensberatung und Informationstechnologie der Wirtschaftskammer Österreich wird unter Managementberatung das Folgende verstanden.

- Strategieentwicklung
- Aufbau von Management-Informationssystemen
- Kooperationen/Joint Ventures
- betriebswirtschaftliche, technische und organisatorische Beratung bei Unternehmensgründungen, -nachfolgen, -liquidationen, -umwandlungen, und -übernahmen
- Mergers-&-Acquisations-Beratung
- Beratung bei Management-Buy-out
- Unternehmensverwaltung und treuhändige Verwahrung von Unternehmen bzw. Unternehmensteilen
- Sanierung von Unternehmen, Krisenmanagement
- Controlling
- Management auf Zeit
- Projektmanagement
- Qualitätsmanagement
- Innovationsberatung
- Coaching
- Organisationsentwicklung

Quelle: Fachverband für Unternehmensberatung und Informationstechnologie, Wirtschaftskammer Österreich (2002)

Neben den großen, global agierenden Wirtschaftsberatungsunternehmen existiert in Österreich eine Vielzahl von kleinen Betrieben, die oft nur Ein-Mann-Firmen sind. Im Unter-

abelle 8: Kennzahlen zum österreichischen Beratermarkt im Vergleich

Beschäftigte	WKÖ		Statistik Austria		FEACO
Kriterien	Gewerbescheine pro Branche		Unternehmen klassifiziert nach ÖNACE-Normen 1995 (gemäß dem Schwerpunktprinzip)		Anbieter folgender Beratungsleistungen: Strategieberatung, Prozessberatung, Personalberatung, IT-Beratung, Outsourcing
Anzahl Mitglieder Unternehmen 2000	Unternehmensberater	5.239	Unternehmens- und PR-Beratung	3.126	Beratungsunternehmen 2.171
	Datenverarbeiter	19.565	Softwarehäuser Hardwareberatung Datenverarbeitungsdienste Datenbanken	3.282 12 4.242 29	
	Gewerbliche Buchhalter	1.227			
	Werbung u. Marktkomm.	12.727	Markt- und Meinungsforschung Werbewesen	186 3.553	
	Finanzdienstleister Wirtschaftstreuhänder	7.239 6.174	Rechtsberatung Wirtschaftsprüfung und Steuerberatung	2.792 3.529	
	Personalberater	k. A.	Vermittlung und Überlassung v. Arbeitskräften	398	
Jmsätze					
	WKÖ: Umsätze 2001 in Mio. Euro		**Statistik Austria: Umsätze 2000 in Mio. Euro**		**FEACO: Umsätze in Mio. Euro**
Jmsätze	Unternehmensberater	540	Unternehmens- und PR-Beratung	1.134	Beratungsunternehmen (2000) 481 (2001) 558
	Datenverarbeiter	k. A.	Softwarehäuser Hardwareberatung Datenverarbeitungsdienste Datenbanken	1.859 7 2.399 86	
	Gewerbliche Buchhalter	k. A.			
	Werbung u. Marktkomm.	k. A.	Markt- und Meinungsforschung Werbewesen	162 2.692	
	Finanzdienstleister Wirtschaftstreuhänder	k. A. k. A.	Rechtsberatung Wirtschaftsprüfung und Steuerberatung	1.234 1.377	
	Personalberater	k. A.	Vermittlung und Überlassung v. Arbeitskräften	1.027	

Quellen: WKÖ
Statistik Austria
FEACO

schied zu den großen Beratern sichern sie ihr Überleben dadurch, dass sie in Nischen operieren. Das bedeutet, dass sie sich inhaltlich oder regional spezialisieren. Darüber hinaus kann durch Kooperationen mit anderen Unternehmen oder durch die Annahme von Subaufträgen die Marktposition gestärkt werden. Das wichtigste Klientensegment bei kleinen Beratungsfirmen sind Klein- und Mittelbetriebe. Momentan ist die Beraterquote, d. h. die Anzahl der Unternehmen, die einen Berater konsultieren, bei Klein- und Mittelbetrieben noch eher gering. Laut einer Studie des BDU e. V. für Deutschland liegt die Beraterquote in deutschen mittelständischen Unternehmen bei rund vierzig Prozent. Die Situation dürfte in Österreich sehr ähnlich sein. Zum Vergleich: In den USA liegt die Beraterquote in Klein- und Mittelbetrieben bei neunzig Prozent.

Weiters sind am österreichischen Markt auch international bekannte, auf systemische Beratung spezialisierte Organisationsberatungsfirmen wie die Beratergruppe Neuwaldegg, das Hernstein-Institut und die OSB ansässig.

4.3.2 IT-Beratung

Im Fachverband Unternehmensberatung und Informationstechnologie der Wirtschaftskammer Österreich waren im Jahr 2000 rund 19.600, im Jahr 2001 zirka 21.900 Datenverarbeiter vertreten. Das bedeutet, dass im Jahr 2001 21.900 Gewerbeberechtigungen „Dienstleistungen in der automatischen Datenverarbeitung und Informationstechnik" in Österreich existierten. Nicht alle 21.900 Gewerbeberechtigungen aber werden aktiv genutzt. Ein Teil davon ruht, da nicht alle Personen, die eine Gewerbeberechtigung halten, der Tätigkeit auch hauptberuflich nachgehen.

Die Gewerbeberechtigung „Dienstleistungen in der automatischen Datenverarbeitung und Informationstechnik" umfasst folgende Tätigkeitsbereiche:

- System- und Softwarehäuser (Softwareentwicklung und/oder Vertrieb, Kommunikations- und Informationssysteme im Unternehmen)
- Rechenzentren
- Informationsanbieter (Anbieten von Information als kommerzielle Ware)
- Telekommunikationsdienste (Infrastruktur, Multimedia, lokale Netze, Sprache/Daten-Integration)

Quelle: Fachverband für Unternehmensberatung und Informationstechnologie, Wirtschaftskammer Österreich (2002)

Ziel ist die Unterstützung des Informationsmanagements der Kunden in allen Bereichen von Telekommunikations- und EDV-Anwendungen. Bei diesen Tätigkeiten handelt es sich in Wirklichkeit um eine Vielzahl verschiedener Aufgaben. Ein großer Teil davon sind wiederum Beratungsleistungen. Doch kann eine Trennung von Beratungsleistungen und anderen Leistungen nicht vorgenommen werden.

In der Wirtschaftsklasse „Softwarehäuser" waren im Jahr 2000 in 3.285 Unternehmen 13.891 Mitarbeiter beschäftigt. Insgesamt waren in der Branche 17.068 Personen tätig. Durch den Gründungsboom von 1999 waren im Jahr 2000 um etwa sechzig Prozent mehr Unternehmen tätig als im Jahr zuvor. Der Branchenumsatz betrug im Jahr 2000 rund 1.859 Mio. Euro und ist im Vergleich zum Vorjahr um ungefähr dreißig Prozent gestiegen. Die Erlöse und Erträge je unselbständig Beschäftigtem beliefen sich auf 135.000 Euro, was einem Minus von rund acht Prozent im Vergleich zum Vorjahr entspricht.

Eine Analyse nach Beschäftigungsgrößenklassen zeigt, dass ein erheblicher Anteil der Unternehmen Kleinst- und Kleinbetriebe sind: Rund 81 % aller österreichischen Betriebe haben weniger als fünf Beschäftigte, und nur 1,1 % aller Softwarehäuser in Österreich haben mehr als 50 Beschäftigte (siehe Tabelle 9 sowie Grafik 19).

Der Anteil der Bruttowertschöpfung (Umsatzerlöse abzüglich Vorleistungen) der Branche an der gesamten marktorientierten Wirtschaft belief sich im Jahr 2000 auf 0,75 Prozent.

4.3.3 Marketing, PR und Marktforschung

Der Fachverband für Werbung und Marktkommunikation der Wirtschaftskammer Österreich zählte Ende 2000 12.727 Mitglieder (Gewerbeberechtigungen), die sich in verschiedene Berufsgruppen unterteilen. Rund 26 Prozent der

Mitglieder sind Werbeagenturen, 22 Prozent sind Werbegrafikdesigner, und ungefähr 14 Prozent sind PR-Berater.

Ende 2001 hatte der Fachverband für Werbung und Marktkommunikation 15.233 Mitglieder. Doch nicht alle Personen, die eine Gewerbeberechtigung halten, betätigten sich auch hauptberuflich in einer dieser Berufssparten. Im Durchschnitt sind 22 Prozent der Gewerbeberechtigungen ruhend. So ergibt sich eine geringere Zahl an Mitgliedern. Zwischen 1997 und 2001 stieg die Zahl der aktiven Mitglieder um rund 46 Prozent und erreichte Ende 2001 fast 12.000. Die folgende Tabelle stellt die Entwicklung der Mitgliederzahl des Fachverbands für Werbung und Marktkommunikation von 1997 bis 2001 dar (siehe Tabelle 10).

Bei der Analyse der PR-Berater lässt sich erkennen, dass die Mehrzahl von fast fünfzig Prozent aller PR-Berater in Wien, gefolgt von Niederösterreich, ansässig ist.

In den jährlich von der Statistik Austria durchgeführten Strukturerhebungen wurden in der Zeit von 1997 bis zum Jahr 2000 PR-Beratungsunternehmen stets mit Unternehmensberatungen in einer gemeinsamen Klasse geführt. Daher ist es nicht möglich, Marktdaten nur über den Public-Relations-Markt zu erhalten.

Auch vonseiten des Fachverbands für Werbung und Marktforschung der Wirtschaftskammer Österreich wurde mitgeteilt, dass keine genauen Zahlen über Unternehmen der PR-Branche und den Public-Relations-Markt existieren.

Als Interessenvertretung seiner Mitglieder und Plattform der Public-Relations-Branche umfasst der Public-Relations-Verband Austria (PRVA) 61 Unternehmen und zählt etwa 360 Personen als Mitglieder.

Für Markt- und Meinungsforschungsunternehmen sind dank der Erhebungen des Statistischen Zentralamts folgende Daten für die Zeit von 1997 bis 2000 vorhanden (siehe Tabelle 11).

Zwischen 1997 und 2000 hat die Zahl der Unternehmen, die in der Markt- und Meinungsforschung tätig sind, um drei Prozent abgenommen. Eine sehr starker Rückgang zeigte sich zwischen 1997 und 1998. Die Branchenumsätze stiegen erfreulicherweise jedoch um 93 Prozent. Der Verband der Marktforscher Österreichs (VMÖ) ist ein Berufs- und Interessenverband für die über 300 Mitglieder und rund fünfzig Mitgliedsinstitute.

Für die Wirtschaftsklasse Werbewesen ergibt sich zwischen den Jahren 1997 bis 2000 ein kontinuierliches Wachstum der Unternehmen,

Tabelle 9: Statistik Austria, Beschäftigungsgrößenklassen nach ÖNACE 1995, SW-Häuser

	1995	1999	2000	Anteil % in 2000	Veränderung zu '99
1–4 Beschäftigte	1.014	1.624	2.651	80,7 %	63,2 %
5–9 Beschäftigte	114	123	358	10,9 %	191,1 %
10–49 Beschäftigte	87	225	242	7,4 %	7,5 %
ab 50 Beschäftigte	14	27	34	1,1 %	22,0 %
Summe	1.229	1.999	3.285	100 %	63,3 %

Tabelle 9; Quelle: Statistik Austria (2002)

Tabelle 10: WKÖ, Mitglieder im Fachverband für Werbung und Kommunikation

Mitglieder Fachverband für Werbung und Marktkommunikation	1997	1998	1999	2000	2001
gesamt	10.555	11.644	12.710	13.862	15.233
ruhend	2.309	2.584	2.806	3.055	3.240
aktiv	8.246	9.060	9.904	10.807	11.993

Tabelle 10; Quelle: Wirtschaftskammer Österreich (2002)

der Beschäftigten in der Branche und der Umsatzerlöse. Am stärksten stieg die Beschäftigtenzahl mit fünfzig Prozent zwischen 1997 und 2000. Die Umsatzerlöse 2000 waren hingegen nur um 36 Prozent höher als 1997 (siehe Tabelle 12).

4.3.4 Human-Resources-Beratung

Gemäß dem Berufsbild für Unternehmensberater, das vom Fachverband für Unternehmensberatung und Informationstechnologie der Wirtschaftskammer Österreich erstellt wurde, lassen sich Tätigkeiten im Bereich der Personalberatung so beschreiben:

- Personalpolitik und -strategie
- Analyse und Organisation des Personalsystems
- Personalentwicklung
- Personalbeschaffung
- Personalmarketing
- Personaladministration
- Personalforschung
- Outplacement, Personalabbau
- Arbeits- und Sozialrecht

Quelle: Fachverband für Unternehmensberatung und Informationstechnologie, Wirtschaftskammer Österreich (2002); www.ubit.at

Nach den Angaben der Statistik Austria kann in der Wirtschaftsklasse „Gewerbsmäßige Vermittlung von Arbeitskräften (Vermittlung und Überlassung von Arbeitskräften)" von den in der nachfolgenden Tabelle 13 angegebenen Daten ausgegangen werden. Es muss jedoch beachtet werden, dass die Umsatzerlöse bei Arbeitskräfteüberlassern vor allem durch Personalleasing erwirtschaftet wurden. In der Berufssparte der Arbeitsvermittler sind die erbrachten Leistungen Beratungsleistungen.

Die Strukturerhebungen der Statistik Austria für die Jahre 1997 bis 2000 zeigen, dass die Anzahl der Unternehmen von 1997 bis 2000 um dreißig Prozent gestiegen sind und die Beschäftigung in der Branche um fünfzig Prozent zugenommen hat. Die Umsatzerlöse stiegen im selben Zeitraum um siebzig Prozent.

In der Wirtschaftskammer sind Arbeitsvermittler und Arbeitskräfteüberlasser einerseits im allgemeinen Fachverband des Gewerbes vertreten, anderseits im Fachverband Unternehmensberatung und Informationstechnologie.

4.3.5 Corporate-Finance-Beratung

Der Fachverband der Finzanzdienstleister der Wirtschaftskammer Österreich zählte im Jahr 2000 7.239 Mitglieder, 2001 10.791 (+49 %) Mitglieder. Die im Fachverband der Finanzdienstleister vertretenen Berufsgruppen sind:

Tabelle 11: Statistik Austria, Markt und Meinungsforschung 1997–2000

Jahr	Unternehmen	Beschäftigte gesamt	Unselbständige	Umsatzerlöse in Mio. €
1997	191	783	589	61
1998	114	1.154	1.042	105
1999	114	1.160	1.044	105
2000	186	1.182	1.016	118

Tabelle 11; Quelle: Statistik Austria (2002)

Tabelle 12: Statistik Austria, Werbewesen 1997–2000

Jahr	Unternehmen	Beschäftigte gesamt	Unselbständige	Umsatzerlöse in Mio. €
1997	2.819	10.261	7.382	1.983
1998	3.666	12.250	8.895	1.969
1999	3.628	12.877	9.424	2.343
2000	3.553	13.935	10.934	2.692

Tabelle 12; Quelle: Statistik Austria (2002)

• Ausgleichsvermittler
• Auskunfteien über Kreditverhältnisse
• Geld-, Kredit- und Bausparvermittler
• Leasingunternehmen
• Pfandleihunternehmer
• Vermögensberater und Verwalter von beweglichem Vermögen
• Vermögensverwalter
• Versteigerer beweglicher Sachen
• Wertpapierdienstleister

Gemäß dem Berufsbild der Finanzdienstleister, das vom Fachverband der Finanzdienstleister ausgearbeitet wurde, können folgende Tätigkeiten den Berufsgruppen zugeordnet werden:

Vermittlung von Personalkrediten, Hypothekarkrediten und Vermögensberatung (einschließlich Vermittlung von Veranlagungen im Sinne §1 Abs. 1 Z 3 KMG), eingeschränkt auf Vermögensberatung.
Beratung und Vermittlung von:
• Bausparverträgen
• Personalversicherungen
• Mobilien
• wirtschaftlichen Beteiligungen
• typische Anteile (GmbH, AG)
• Sachwerten (Edelsteine, Münzen ...)
• Stiftungen
• Finanzierungen
• Leasing
Beratung von:
• Veranlagungsformen
• wirtschaftliche Beteiligungen
• Personengesellschaften
• atypischen Immobilien
• Bauherrenmodellen
• persönlichen Krediten
• Hypothekarkrediten
Quelle: Fachverband der Finanzdienstleister der WKÖ (2003); www.diefinanzdienstleister.at

Wirft man einen etwas genaueren Blick auf die Verteilung der Finanzdienstleister, so lässt sich erkennen, dass die meisten Finanzdienstleister in Wien, Niederösterreich und Oberösterreich tätig sind.

Zwischen dem Jahr 2000 und 2001 nahm die Zahl der Finanzdienstleister am stärksten im Burgenland (+97 Prozent) und der Steiermark (+84 Prozent) zu.

Laut Fachverband der Finanzdienstleister der Wirtschaftskammer Österreich existieren genauere Angaben zum Markt leider (noch) nicht.

Die Kammer der Wirtschaftstreuhänder zählte im Jahr 2000 6.174 Mitglieder, 2001 waren es 7.105, und im Jahr 2002 waren es 7.804. Vertreten durch die Kammer waren Wirtschaftsprüfer, Buchprüfer und Steuerberater. Diese Berufsgruppen sind zusammen Wirtschaftstreuhänder. Seit 1999 außerdem dem Fachverband zugehörig sind die selbständigen Buchhalter.

4.4 Ausblick

4.4.1 Unternehmens- und PR-Beratung

Das Österreichische Institut für Gewerbe- und Handelsforschung geht in der Jahreserhebung 2001/2002 für die Klasse der Unternehmens- und PR-Beraters von folgender Umsatzentwicklung aus (siehe Tabelle 14).

Laut den Angaben konnte die Branche im Jahr 2001 ein leichtes Umsatzplus von 1,1 Prozent verbuchen. Im vorangegangenen Jahr waren die Umsätze noch um 11,7 Prozent gestiegen.

Die höchste Steigerung verzeichnete Niederösterreich mit 5,1 Prozent. Gefolgt wurde Niederösterreich von Tirol (+4,5 Prozent), Salzburg (+4,4 Prozent), Vorarlberg (+3,9 Prozent) und

Tabelle 13: Statistik Austria, Vermittlung und Überlassung von Arbeitskräften 1997–2000

Jahr	Unternehmen	Beschäftigte gesamt	Unselbständige	Umsatzerlöse in Mio. €
1997	273	15.489	15.254	602
1998	323	17.910	17.722	635
1999	309	22.220	22.029	717
2000	398	30.477	30.230	1.027

Tabelle 13; Quelle: Statistik Austria (2002)

Oberösterreich (+3,6 Prozent). Kärnten lag mit 0,8 Prozent knapp unter dem Branchendurchschnitt. Die Steiermark und Wien wiesen im Durchschnitt mit jeweils minus 1,9 Prozent sogar einen Umsatzrückgang aus.

Bei den baulichen und sonstigen Investitionen je Beschäftigtem wurden Rückgänge gemeldet. Diese fielen von 9.600 Euro im Jahr 2000 auf 8.900 Euro im Jahr 2001.

Im Jahr 2001 wurden die Preise im Branchenschnitt um 2,5 Prozent angehoben (2000: 3,7 Prozent). Damit liegt der Preisanstieg unter der Steigerung der Verbraucherpreise, was auf eine Verringerung der Ertragskraft der Beratungsunternehmen schließen lässt.

In der Konjunkturbeobachtung drittes Quartal 2002, die regelmäßig vom Institut für Gewerbe- und Handelsforschung durchgeführt wird, zeichnet sich folgendes Bild ab:

31 Prozent der Betriebe beurteilen die aktuelle Geschäftslage mit „gut" (im Vorjahr waren es 35 Prozent), 48 Prozent mit „saisonüblich" (Vorjahr: fünzig Prozent) und 21 Prozent mit „schlecht" (Vorjahr: 15 Prozent).

Die durchschnittlichen Auftragsbestände im dritten Quartal 2002 sind im Vergleich zum Vorjahr von 16,4 auf 14,9 Wochen gesunken. Der Index liegt annähernd auf dem Niveau von 1998.

Die Auftragseingangserwartungen für den Zeitraum Oktober bis Dezember sind positiv, aber schlechter als im Vorjahr (siehe Tabelle 15). Im Branchendurchschnitt ist für das vierte Quartal eine Erhöhung des Beschäftigungsstandes um 2,3 Prozent geplant.

4.4.2 Softwarehäuser

Für die Softwarehäuser kann nach der Jahreserhebung 2001/2002 des Österreichischen Instituts für Gewerbe- und Handelsforschung gesagt werden, dass die österreichischen Datenverarbeiter im Jahr 2001 zusätzliche Umsätze von durchschnittlich 9,5 Prozent lukrierten (siehe Tabelle 16).

Der Exportanteil am Gesamtumsatz lag im österreichischen Durchschnitt bei 18 Prozent (plus zwei Prozent im Vergleich zum Vorjahr). Das bedeutendste Geschäftssegment war die Programmierung bzw. die Implementierung mit einem Anteil von 39 Prozent am Gesamtumsatz. An zweiter Stelle stand der Verkauf von Software mit rund 18 Prozent am Gesamtumsatz.

Im Jahr 2001 wurden die Verkaufspreise durchschnittlich um 4,2 Prozent angehoben. Damit fiel die Preissteigerung stärker aus als im Vorjahr (+2,5 Prozent).

Die gesamten Investitionen pro Beschäftigtem beliefen sich im Jahr 2001 auf durchschnittlich 9.900 Euro. Im Vergleich zu 2000, wo die In-

Tabelle 14: Umsatzentwicklung Unternehmens- und PR-Berater, Österreich

Jahr	1997	1998	1999	2000	2001
Umsatzentwicklung	8,1	9,2	13,5	11,7	1,1

Tabelle 14; Quelle: Österreichisches Institut für Gewerbe- und Handelsforschung

Tabelle 15: Auftragseingangserwartungen

Jahr	1998	1999	2000	2001	2001
Optimisten *	29 %	37 %	39 %	40 %	30 %
Pessimisten *	5 %	10 %	5 %	11 %	17 %
Saldo **	24 %	27 %	34 %	29 %	13 %

Tabelle 15; Quelle: Österreichisches Institut für Gewerbe- und Handelsforschung

* Anteil der Betriebe

** Betriebe mit optimistischen abzüglich der pessimistischen Erwartungen

vestitionen noch 11.300 Euro pro Beschäftigtem ausmachten, nahmen die Investitionen um 13 Prozent ab.

Für die Softwarehäuser können laut der Konjunkturbeobachtung drittes Quartal 2002 des Österreichischen Instituts für Gewerbe- und Handelsforschung folgende Aussagen gemacht werden:

Es zeichnet sich eine deutlich schlechtere Geschäftslage ab als im selben Zeitraum des Vorjahres. 23 Prozent der Betriebe beurteilen die aktuelle Geschäftslage mit „gut“ (im Vorjahr waren es vierzig Prozent), 51 Prozent mit „saisonüblich“ (Vorjahr: 50 Prozent) und 26 Prozent mit schlecht (Vorjahr 10 Prozent).

Die durchschnittlichen Auftragsbestände sind im Vergleich zum dritten Quartal des Vorjahres von 18,6 auf 11,5 Wochen gesunken. Dies entspricht einem prozentuellen Rückgang von über vierzig Prozent.

Die Auftragserwartungen für den Zeitraum Oktober bis Dezember sind ausgeglichen, aber weniger günstig als im Vorjahr (siehe Tabelle 17).

Tabelle 16: Umsatzentwicklung Softwarehäuser

Jahr	1997	1998	1999	2000	2001
Umsatzentwicklung	16,6	21,1	13,4	4,5	9,5

Tabelle 16; Quelle: Österreichisches Institut für Gewerbe- und Handelsforschung

Tabelle 17: Auftragserwartungen Softwarehäuser

Jahr	1998	1999	2000	2001	2001
Optimisten *	44 %	42 %	37 %	33 %	23 %
Pessimisten *	6 %	8 %	7 %	10 %	23 %
Saldo **	38 %	34 %	30 %	23 %	0

Tabelle 17; Quelle: österreichisches Institut für Gewerbe- und Handelsforschung

* Anteil der Betriee

** Betriebe mit optimistischen abzüglich der pessimistischen Erwartungen

Der österreichische Unternehmensberatermarkt

Mag. Herbert Bachmeyer
Wirtschaftskammer Österreich

Die Unternehmensberatung zählt – trotz Konjunkturschwäche der Weltwirtschaft – zu den globalen Wachstumsbranchen. Langfristig bestehen beste Zukunftsaussichten für Unternehmensberater.

Die Entwicklung des Beratungsmarkts
International ist es selbstverständlich geworden, sich für komplexe innerbetriebliche Fragestellungen und Probleme im betrieblichen Umfeld der Unterstützung externer Spezialisten zu versichern. Erfolgreiche Konzerne greifen immer wieder auf externe Beratungsleistungen zurück.

Die österreichische Beratungsbranche hat im letzten Dezennium hinsichtlich Beratungsdichte durchaus internationales Niveau erreicht; dennoch ist eine leichte Abflachung der bisher gewohnten Wachstumsentwicklung von bislang 6 bis 8 Prozent p. a. – unabhängig von der aktuellen Konjunktursituation – zu beobachten, ohne dass konkrete Sättigungsgrenzen des österreichischen Beratungsmarkts erkennbar wären. Im internationalen Vergleich kann in Österreich von einem Konjunktureinbruch in der Branche in Folge der schwächelnden Weltwirtschaft, ähnlich wie in Nachbarländern, nicht gesprochen werden; dies hängt unter anderem mit der kleinbetrieblichen Struktur zusammen, die stagnierende Umsätze und Erlöse leichter abfedern kann; Österreich ist auch in wirtschaftlich angespannten Zeiten ein Wachstumsmarkt. Der gesamte Umsatz der heimischen Unternehmensberaterbranche betrug 2001 zirka 540 Mio. Euro. Er wurde von rund 5.800 Consultingfirmen erwirtschaftet. Die nach Untersuchungen des Instituts für Gewerbe- und Handwerksforschung geringeren Umsatzerwartungen für 2002 ff. erklären sich aus der derzeitigen Zurückhaltung der auftraggebenden Wirtschaft, in bisher gewohnter Weise externe Unternehmensberater zu engagieren. Der Branchenumsatz hat 2002 auf relativ hohem Niveau stagniert. Durch die nach wie vor weiterhin steigende Zahl der Beratungsunternehmen ist aber auch in Österreich der zu verteilende Kuchen, besonders in konjunkturschwachen Zeiten, auf mehr Köpfe aufzuteilen, das heißt, der Konkurrenzkampf unter den Beratungsunternehmen ist härter geworden. Der Preis, also die Beratungstarife, sind unter Druck geraten und haben in letzter Zeit als Argument bei der Vertragsgestaltung an Bedeutung gewonnen.

Die Beratungsdichte in Österreich ist – wie bereits erwähnt – nahezu so hoch wie in den klassischen Beratungsländern USA, Großbritannien oder Deutschland. Auch Non-Profit-Organisationen nehmen immer häufiger externe Beratungshilfe in Anspruch. Kaum mehr ein Unternehmen mit großen Wirtschafts- und Organisationseinheiten kommt heute ohne die Unterstützung von Unternehmensberatern aus. Derzeit lassen allerdings die Aufträge aus dem öffentlichen Bereich zu wünschen über. Der Anteil öffentlicher Aufträge ist von elf Prozent im Jahr 2000 auf neun im zweiten Quartal 2002 gesunken. Die Erklärung ist einfach: Die öffentliche Hand muss sparen – Stichwort Nulldefizit.

Warum Unternehmensberatung?
Trotzdem sind die Zukunftsaussichten für die Unternehmensberatung in Österreich positiv zu bewerten. In den vergangenen Jahren konnten die Unternehmensberater in Österreich ein neues Selbstverständnis entwickeln und ein entsprechendes Image bei den Klienten aufbauen:

- Unternehmensberater werden nicht nur als Krisenmanager oder Troubleshooter im Sanierungsfall beigezogen, sondern agieren als externes „Gewissen" und integrierter Bestandteil der strategischen Planung und Unternehmensführung. Der Berater als willkommene Entscheidungshilfe in Vorstands-etagen und Geschäftsleitungen ist eine Selbstverständlichkeit geworden.
- Auch bei den Auftraggebern wird Hilfe von außen nicht mehr als Eingeständnis eigener Schwäche, sondern vielmehr als Zeichen unternehmerischen Weitblicks angesehen.
- Kooperationen österreichischer Consulter mit Mitbewerbern am Markt sind üblich geworden. So können auch Großaufträge von internationaler Dimension angenommen werden: Derartige Arbeitsgemeinschaften sind in der Lage, die Beratungskapazität von bis zu hundert Beratern anzubieten.

Berater profitieren vom Strukturwandel
Trotz Konjunkturflaute profitieren viele Unternehmensberater vom allseits verordneten Spar-

ziel der Klienten. Kaum eine Branche, die nicht versucht, mit weniger Aufwand einen höheren Ertrag zu erwirtschaften. Effizienzsteigerungsprogramme sind die momentanen Renner. Bei systemisch am ganzheitlichen Unternehmenserfolg orientierten Kunden sind aber auch Beratungsfelder wie strategische Planung oder Organisationsentwicklung gefragt. „Krise bedeutet auch Chance": Dabei steht das Auffinden neuer Erfolgspotenziale im Vordergrund.

Was den Berater zum gefragten Berater macht

Der entscheidende Wettbewerbsvorteil im Beratungsgeschäft liegt zunehmend beim Einsatz von Spezial-Know-how und bei den Beratungs- und Interventionstechniken. Kompetenz im systemischen Denken und im Anwenden ganzheitlicher und interdisziplinärer Beratungsansätze wird von den Kunden vermehrt gefragt. Damit findet eine bereits in der Vergangenheit erkennbare Entwicklung ihre Bestätigung, wonach vor allem Generalisten das Berufsbild des Unternehmensberaters prägen.

Marktchancen österreichischer Berater

Der Fachverband geht für 2003 vorerst von einer stabilen Entwicklung des Beratermarkts aus, der wie in der Vergangenheit vor der allgemeinen Konjunktur anspringen wird. Die Konjunkturflaute wird voraussichtlich bis Mitte des Jahres 2003 andauern. In dieser Zeit ist die eigentliche Herausforderung die, Geschäftsanteile zu verteidigen. Erst danach wird wieder eine dynamischere Entwicklung einsetzen. Die Chancen der Zukunft werden auch von den politischen und wirtschaftlichen Rahmenbedingungen bestimmt. Qualität wird sich durchsetzen, dass gilt ganz besonders auch für die Unternehmensberatung. Das Vertrauen der Klienten in die Kompetenzen der Berater wird auch in Hinkunft die wichtigste Voraussetzung für ein erfolgreiches Beratungsunternehmen sein; das gilt insbesondere während einer konjunkturellen Talfahrt.

Das internationale Beratungsgeschäft

Von internationalen Dachorganisationen der Unternehmensberater wie dem ICMCI – International Council for Management Consulting Institutes oder dem europäischen Beraterverband FEACO werden folgende Szenarien gezeichnet:

- Der europäische Beratungsmarkt umfaßt 35 Prozent des Globalmarkts mit wachsender Tendenz seit 1980.
- Bedingt durch die strukturellen Veränderungen wird auch künftig ein hoher Beratungsbedarf bestehen, selbst wenn kurzfristig eine Abschwächung erkennbar ist. Es werden sich neue Aufgaben durch Liberalisierung, Privatisierung und Deregulierungen ergeben.
- In den traditionellen Märkten ist nach wie vor ein Wachstum zu erwarten, allerdings nicht so hoch wie in der Vergangenheit.
- Überdurchschnittliches Wachstum wird im tertiären Dienstleistungsbereich prognostiziert. Eine Ausnahme bilden die osteuropäischen Länder, in denen der Beratungsbedarf des produzierenden Gewerbes und der Industrie noch überwiegt. Die Nachfrage der öffentlichen Auftraggeber wird sich dynamisch weiterentwickeln.
- Erfolgreich werden jene Consulter sein, die internationale Anforderungen erfüllen.
- Trotz der unübersehbaren Globalisierungstendenzen sind europäischer Managementstil und die Berücksichtigung nationaler Besonderheiten gefragt.

Berater mit Niveau

Der Beratermarkt kennt keine klaren Strukturen und ist somit aus Kundensicht vielfach intransparent. Neueste Befragungen konnten diese Einschätzung bestätigen. Es existieren zwar ein umfassendes Berufsbild, formale Zugangsvoraussetzungen durch die Gewerbeordnung, Verpflichtung zum Befähigungsnachweis, darüber hinausgehende verbindliche Qualitätslabels sieht der Gesetzgeber jedoch nicht vor. Um in diesem Marktumfeld erfolgreich sein zu können, wird ein Qualitätszertifikat, das die Erfüllung von definierten Qualitätsstandards sicherstellt, zunehmend erfolgsrelevant. Ein solches Qualitätsversprechen stellt der Certified Management Consultant – CMC dar.

Pleiten und Skandale der jüngsten Vergangenheit haben weltweit Manager, Analysten, Wirtschaftsprüfer und Unternehmensberater ins Gerede gebracht. Die inzwischen in Liquidation befindliche Andersen Consulting wurde in den USA zur Höchststrafe wegen Beihilfe zum Bilanzbetrug im Fall Enron verurteilt. In den Vereinigten Staaten wurden die gesetzlichen

Bestimmungen für die Prüfung und Beratung verschärft, auch in Österreich wurden neue Corporate-Governance-Regeln aufgestellt.

Weltweit stellen sich Unternehmen die Frage, inwieweit sie ihrem eigenen Management und den sie beratenden externen Consultants überhaupt noch trauen können und wie der Wert von Beratung objektiv gemessen werden kann. In Österreich hat es zwar bisher, abgesehen von einigen wenigen „Ausrutschern", keine spektakulären Fälle gegeben, dennoch ist die Frage berechtigt, ob alles, was unter Consulting angeboten wird, auch tatsächlich dem Kunden nützt. Der Fachverband Unternehmensberatung und Informationstechnologie der Wirtschaftskammer Österreich, der die 6.000 gewerblichen Unternehmensberater, 25.000 IT-Dienstleister und -Berater sowie 1.800 gewerbliche Buchhalter vertritt, bemüht sich verstärkt um Transparenz und Aufklärung in einem unübersichtlichen Marktsegment. Dabei setzt er vor allem auf die Zusammenarbeit mit den Kunden der Beratung und der Informationstechnologie, da diese beiden Marktsegmente immer mehr zusammenwachsen. Für die Mitglieder des Fachverbands werden Zertifizierungen angeboten, die als Qualitätsmerkmal dem Kunden Hilfe bei der Wahl des beratenden oder IT-implementierenden Partners und mehrfache Sicherheit bieten.

Der zertifizierte beratende Partner (Certified Management Consultant – CMC) weist entsprechende Berufserfahrung, Fachkompetenz, Beratungskompetenz (Soft Skills) und überprüfte Kundenreferenzen nach. Grundlage der Zertifizierung bei Unternehmensberatern ist etwa das Common Body of Knowledge (CBK) – ein Katalog von Wissen, Erfahrung und Fähigkeiten, der erst im Oktober 2002 in seiner neuesten Fassung von den Beraterverbänden Österreichs, der Schweiz und Deutschlands in einem internationalen Vertrag vereinbart wurde und sich auf ein weltweites CBK stützt. Ein Certified Management Consultant verpflichtet sich zur (einklagbaren) Einhaltung von Standesregeln, zur laufenden Weiterbildung und zur Erneuerung seiner Zertifizierung in regelmäßigem Abstand. Wichtiges Kennzeichen ist die Vergabe der Zertifizierung ausschließlich an Personen, nicht Firmen, um dem Kunden die Qualifikation seines Beraters zu sichern.

Neben der Zertifizierung bietet der Fachverband Akkreditierungen an. Diese weisen die Kompetenz eines Beraters auf einem bestimmten Fachgebiet oder in einer bestimmten Kundensituation nach. Solche Akkreditierungen sind der ICMC (Inhouse Consultant), der als Mitarbeiter sein eigenes Unternehmen (nach den Grundsätzen des CBK) berät, oder der Basel-II-Consultant, der Unternehmen im Hinblick auf die durch Basel II zu erwartenden neuen Kreditrichtlinien und Rahmenbedingungen fachlich unterstützt.

Für diese speziellen Qualifikationen bietet der Fachverband durch seine Ausbildungs- und Kooperationsplattform INCITE (Institute for Management Consultants and Information Technology Experts) spezielle Aus- und Weiterbildungen an. In der aktuellen Diskussion hat der Fachverband mehrmals eindeutig Stellung bezogen. So vertritt er entschieden den Grundsatz der Trennung von Beratung und Prüfung (in den Standesregeln festgehalten) und fordert dies auch von verwandten Berufen wie etwa den Wirtschaftstreuhändern. Gefälligkeitsgutachten sind ebenfalls verpönt. Zum gegenwärtigen Zeitpunkt überlegt der Fachverband, das Thema über die beratenden Berufe hinaus zu führen und etwa durch eine unabhängige Ethik-in-der-Wirtschaft-Kommission einen weiteren Beitrag zu leisten.

Betrug, fehlende Qualität und unethisches Verhalten werden weder durch gesetzliche Regelungen noch durch freiwillige Beschränkungen ausgeschlossen. Letztere können aber in einer freien Wirtschaft, in der im Endeffekt der Markt entscheidet, dem nachfragenden Kunden und der Öffentlichkeit Werkzeuge in die Hand geben, die späte Reue überflüssig machen. Eine neue Sozialpartnerschaft zwischen Unternehmen, ihren Mitarbeitern und externen Beratern kann dazu vieles beitragen.

Im „Wilhelm Tell" heißt es: „Vom sicheren Port lässt sich's gemächlich raten." Diese Position haben die österreichischen zertifizierten und akkreditierten Berater und IT-Dienstleister verlassen, denn die „Krise ist der Normalzustand" (Sir Karl Popper) und betrifft alle. Der gute Berater wird sich seiner Verantwortung nicht entziehen.

Entscheidungsträger – Studie 4

DCM

Zusammenfassung der OGM-Yearbook-Studie Hauptergebnisse und Kommentar

Mag. Peter Hajek
OGM

Zur Studie
OGM hat im Auftrag der Plattform Yearbook Consulting eine Befragung unter 300 Geschäftsführern und Mitgliedern der Geschäftsführung bei österreichischen Unternehmen mit mehr als hundert Mitarbeitern (= Großbetriebe) durchgeführt.

Ziel dieser Studie war die Messung von Zufriedenheit und Image des Beratermarkts. Der Begriff Consulting wurde jedoch nicht im klassischen Sinn auf die Unternehmens- oder Personalberatung begrenzt. Die Plattform Yearbook Consulting möchte den Begriff Beratung in Österreich weiter fassen. Aus diesem Grund wurden folgende Bereiche unter Consulting subsumiert:
Managementberatung, IT-Beratung, Personalberatung, Finanzberatung, Marketing und PR-Beratung.

Die Studie wird jährlich wiederholt, um Veränderungen am Beratermarkt zu messen.
Technische Daten der Befragung:

- Befragungsart: telefonisch
- Stichprobenmethode: Randomsampling innerhalb von Quotenvorgaben
- max. Schwankungsbreite: +/– 5,6 Prozent

Consultingmarkt in Österreich 2000 bis 2002
In den letzten drei Jahren haben immerhin 84 Prozent aller österreichischen Unternehmen ab hundert Mitarbeitern eine Beratung von außen in Anspruch genommen. Nur 16 Prozent gaben an, keine Beratung benötigt zu haben. Am häufigsten wird Managementberatung im weitesten Sinne in Anspruch genommen, IT-Beratung und Personalberatung werden in etwas geringeren Maßen herangezogen. Marketing/PR und Finanzberatung sind Leistungen, die man eher in den Unternehmen selbst vorfindet und daher selten angefordert werden.

Unterschiede innerhalb der Betriebsgröße: Unternehmen mit mehr als 500 Mitarbeitern nehmen überdurchschnittlich Managementberatung in Anspruch, während Unternehmen mit 250 bis 500 Mitarbeitern verstärkt IT- und Personalberatung in Anspruch nehmen. Die kleinste Unternehmensgruppe (hundert bis 250 Mitarbeiter) greift dafür überdurchschnittlich auf Marketing wie PR als auch Finanzberatung von außen zurück.

Überblick über den Beratermarkt
Nur 41 Prozent der befragten Geschäftsführer haben einen Überblick über die Anbieter und deren Leistungen auf dem Beratermarkt. Auch hier gilt: Je größer das Unternehmen, desto besser der Überblick über das Dienstleistungssegment Consulting. Überdurchschnittlich Bescheid wissen Österreichs Manager über die Unternehmensberater und Personalberater, die IT-Beratung dagegen ist ein eher unbekanntes Feld, was wenig verwundert, ist diese doch ein neues und sehr spezifisches Beratungsfeld.

Geschäftskontakte
Der ausschlaggebende Grund dafür, welches Beratungsunternehmen engagiert wird, ist die Bekanntheit des Beratungsunternehmens, gefolgt von persönlicher Bekanntschaft und früherer Zusammenarbeit. Hingegen rangieren Direct Marketing /Werbung und Ausschreibungen am unteren Ende der Vergabeskala. Der direkte persönliche Kontakt von Beratern und (potenziellen) Kunden ist nach wie vor das entscheidende Element bei der Auftragsvergabe. Diese Merkmale ziehen sich durch alle Unternehmensgrößen und Beratungssegmente.

Akquisition
Zwar sind die österreichischen Beratungsunternehmen hinsichtlich Akquisition sehr engagiert – immerhin wurden 91 Prozent der Unternehmen angesprochen –, jedoch gelangt man nur jedes zehnte Mal zu einem positiven Geschäftsabschluß.

Überdurchschnittlich erfolgreich bei der Kundenakquisition sind dabei Personal- und IT-Berater, besonders leicht anzusprechen sind Unternehmen mit mehr als 500 Mitarbeitern. Hinsichtlich der unterschiedlichen Größe der angesprochenen Unternehmen gibt es vonseiten der Berater keine differenzierte Akquisitionsstrategie – alle werden gleich häufig kontaktiert.

Die ausschlaggebenden Kriterien für die Auswahl des Beraters sind der persönliche Eindruck (52 Prozent) vor den Branchenkenntnissen (50 Prozent) und dem Beratungskonzept (41 Prozent). Knapp dahinter rangieren die Kosten (40 Prozent), wobei kleinere Unternehmen mehr darauf achten als die großen. An fünfter Stelle kommen schlussendlich mit 36 Prozent die Referenzen.

Projektbetreuung

Mehr als zwei Drittel (73 Prozent) der befragten Manager geben an, dass sie von Beginn an mit denselben Beratern zusammengearbeitet haben. Dies gilt vor allem für die Unternehmensberatung, wohingegen in der IT-Beratung öfter ein Beraterwechsel während eines Projekts stattfindet. Die Hälfte all jener befragten Manager, bei denen es während eines Projekts zu einem Wechsel des Beraters kam, wünschen sich für die Zukunft durchgehend denselben Ansprechpartner, für 43 Prozent spielt das aber eine nicht so große Rolle.

Hat Ihr Unternehmen in den letzten 3 Jahren ... in Anspruch genommen?

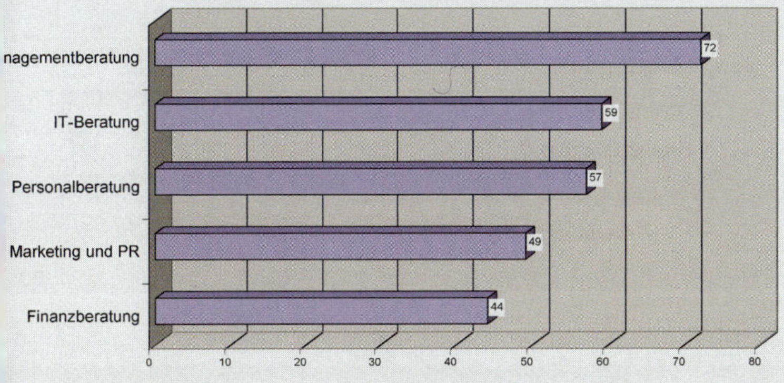

Grafik 1; Quelle: OGM / Yearbook Consulting

Hat man sofort einen Überblick, welches Unternehmen welche Beratung anbietet, eher ja oder eher nein?

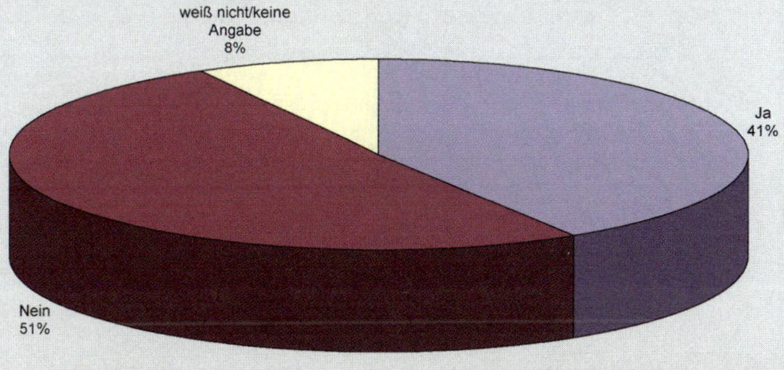

Grafik 2; Quelle: OGM / Yearbook Consulting

Zu wieviel Prozent wurden Ihre Erwartungen von ... erfüllt?

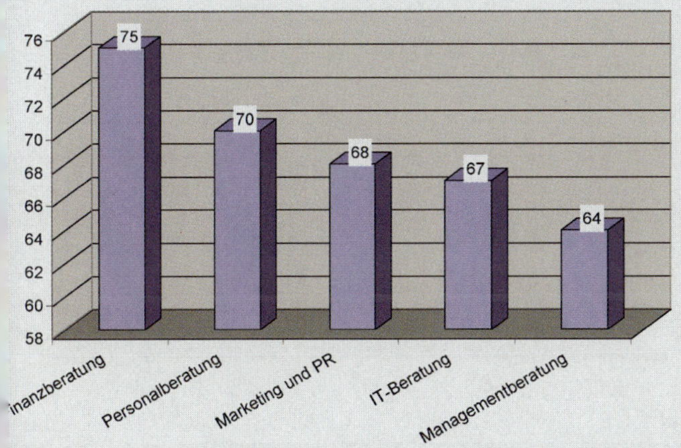

Grafik 3; Quelle: OGM / Yearbook Consulting

Wie sind Sie meistens zu Ihrem Berater gekommen?

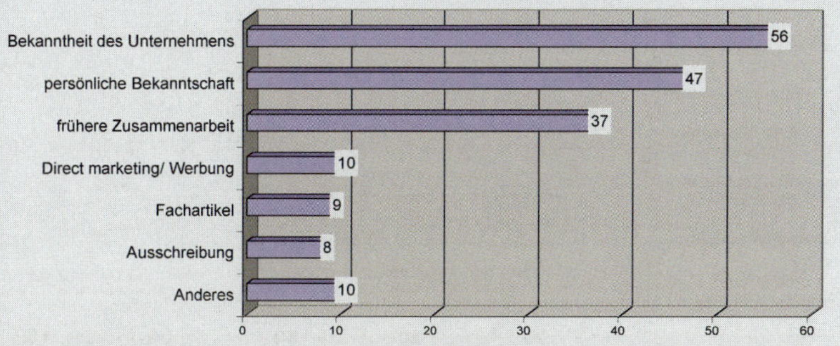

Grafik 4; Quelle: OGM / Yearbook Consulting

Image der Beratungsunternehmen

Bei kaum einer Branche klaffen die Imagewerte so auseinander wie in der Beraterbranche. Einerseits werden die Consultants für Servicegedanken und fachliche Kompetenz hoch gelobt, die Honorare werden jedoch als kaum gerechtfertigt empfunden.

- Besonders fachlich kompetent werden Finanzberater und Marketingexperten eingestuft.
- Als sehr praxisorientiert gelten Headhunter und wiederum Marketing- und PR-Profis.
- Den Personalberatern wird noch am ehesten zugeschrieben, ihren Preis wert zu sein.
- Die umsetzbarsten Ergebnisse liefern Finanz- und Marketingberater.

Erwartungshaltung der Kunden

Die Erwartungshaltung der Unternehmen ist speziell in diesem Dienstleistungsbereich sehr hoch. Im Schnitt werden die Erwartungen der Kunden nur zu 69 Prozent erfüllt. Diese eher schwache Performance korreliert mit der Einstellung der befragten Manager zum Preis-Leistungsverhältnis der Berater: Nur 39 Prozent meinen, dass die Berater ihr Geld wert seien. Am ehesten entsprechen die Finanzberater den Vorstellungen ihrer Kunden, gefolgt von Per-

Wurden Sie schon einmal von einem Beratungsunternehmen angesprochen?

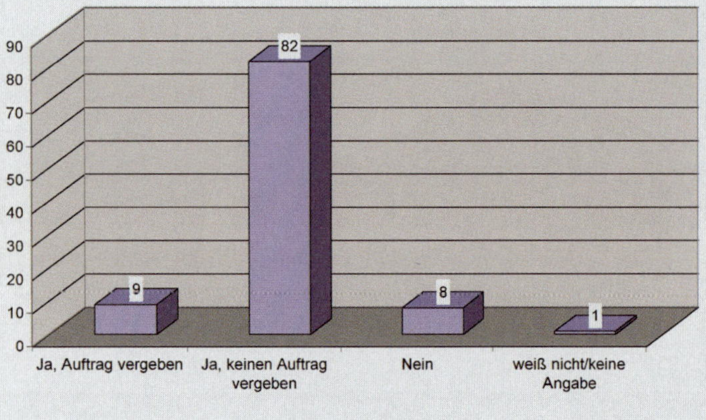

Grafik 5; Quelle: OGM / Yearbook Consulting

Waren die Berater, mit denen Sie Erstgespräche und Verträge besprochen haben, auch durchgehend mit dem Projekt beauftragt?

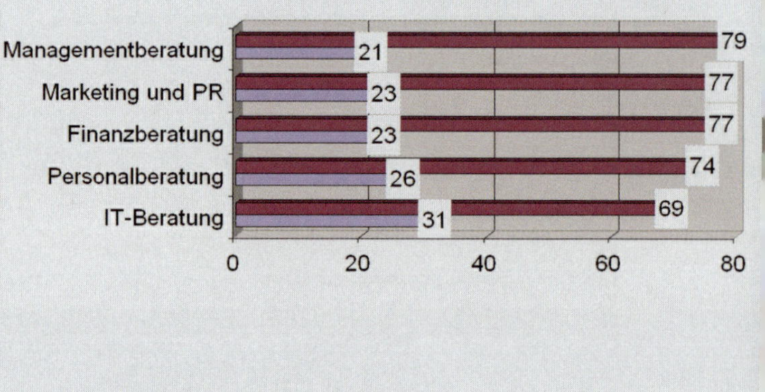

Grafik 6; Quelle: OGM / Yearbook Consulting

Image der Berater

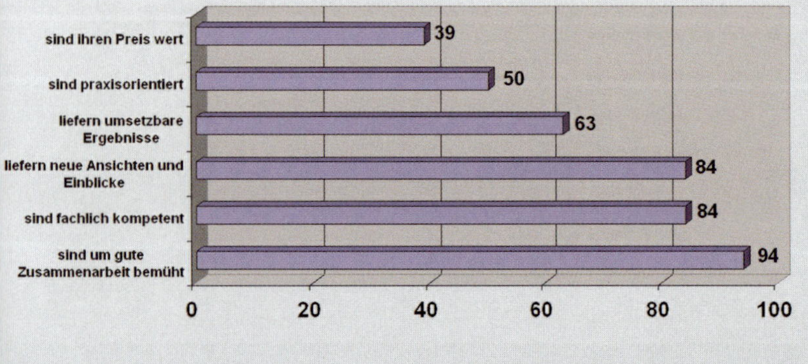

Grafik 7; Quelle: OGM / Yearbook Consulting

Zu wieviel Prozent wurden Ihre Erwartungen von ... erfüllt?

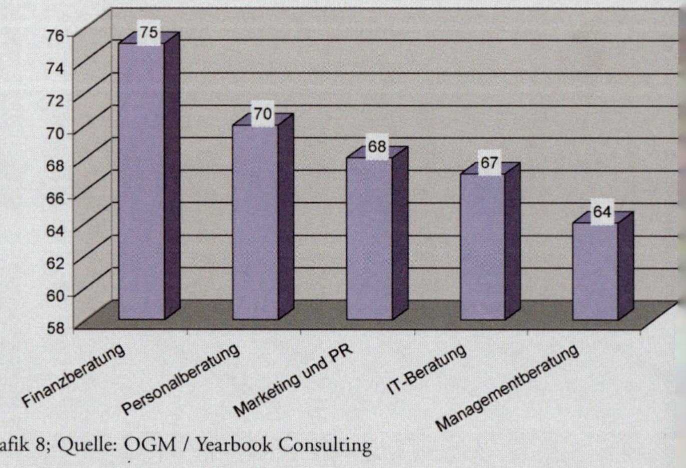

Grafik 8; Quelle: OGM / Yearbook Consulting

sonalberatung und Marketing/PR. An vierter Stelle rangiert mit 67 Prozent die IT-Beratung, letzter ist die Managementberatung (64 Prozent).

Diese Reihung steht im Zusammenhang mit der Transparenz der Arbeitsleistung der einzelnen Berater. Während die Leistung der Finanz- und Personalberater leicht nachvollziehbar ist, gibt es bei IT- und Managementberatung diesbezüglich noch deutliche Defizite.

Umsätze des Beratermarkts

Seit dem Jahr 2001 sind die Umsätze der Berater bzw. die ermittelten Angaben der Unternehmen für Beratung rückläufig, was sich auch voraussichtlich 2003 nicht ändern wird. Dies betrifft nahezu alle Consultingsegmente, einzig bei den Personalberatern zeichnet sich 2003 eine leichte Kurskorrektur ab. Normalerweise ein Zeichen für eine sich erholende Wirtschaft.

Conclusio

- Der Beratermarkt in Österreich ist in den österreichischen Unternehmen ab hundert Mitarbeitern fest verankert. Immerhin 84 Prozent aller Unternehmen ab hundert Mitarbeitern haben in den letzten drei Jahren eine Beratung in Anspruch genommen.
- Am gefragtesten ist nach wie vor die klassische Unternehmens- und Managementberatung. Dies hat auch damit zu tun, dass Bereiche wie Finanzberatung oder Marketing, PR oder Marktforschung noch nicht mit dem Thema Consulting assoziiert werden.
- Der Überblick über den Beratermarkt ist verbesserungswürdig. Nur 41 Prozent der befragten Manager haben einen Überblick darüber, welche Berater welche Leistungen anbieten.
- Das Informationsdefizit schlägt sich auch in den Auswahlkriterien nieder: Beratungsunternehmen mit einem hohen öffentlichen Bekanntheitsgrad und Unternehmen mit persönlichen Kontakten haben einen eindeutigen Startvorteil. Wichtig ist in jedem Fall der persönliche Kontakt.
- Das Image des Beratermarkts ist zwiespältig: auf der einen Seite recht professionell und kundenorientiert, auf der anderen Seite zu teuer. Diese Kluft gilt es zu schließen, so zum Beispiel durch die Erfüllung der Erwartungshaltung der Kunden, die in einigen Beratersegmenten doch zu wünschen übrig lässt.
- Die Erfüllung der (hohen) Erwartungshaltung der Kunden kann neben einer Leistungssteigerung und Verbesserung der Beratung auch durch eine bessere Kommunikation mit dem Kunden herbeigeführt werden. 69 Prozent Zufriedenheit bei der Erwartungshaltung ist für eine Branche, die einen hohen Anteil am BIP erwirtschaft, einfach zu wenig.
- Die Umsatzeinbußen der letzten Jahre sind kein Spiegelbild unzufriedener Kunden, sondern hängen mit der schwachen Konjunkturlage und geringen Ausgaben der Unternehmen zusammen. Die Honorare der Berater und damit das Preis-Leistungs-Verhältnis stehen aber weiterhin auf dem Prüfstand.

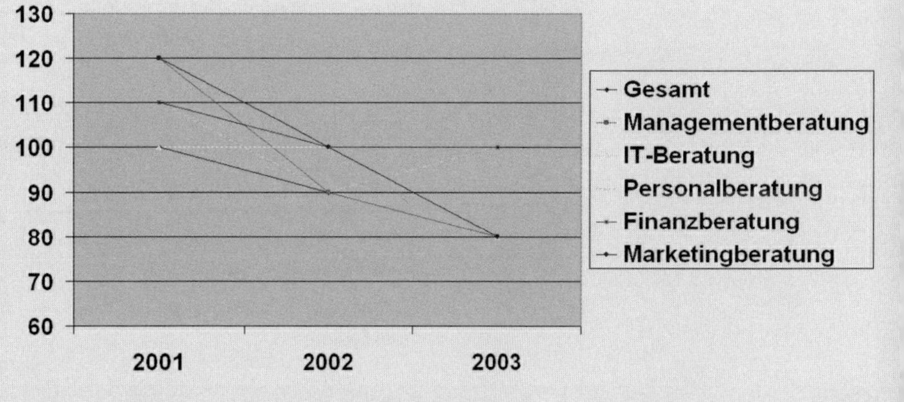

Grafik 9; Quelle: OGM / Yearbook Consulting

OGM-Studie: Österreichs Berater aus der Sicht von Kunden

Analyse anhand qualitativer Indikatoren

Das aktuelle Image der Consulter sowie das Image betreffende andere qualitative Faktoren – wie etwa Branchentransparenz, wahrgenommene Seriösität oder Erfüllung von kundenseitigen Erwartungshaltungen aus der Sicht der Konsumenten von Beratungsdienstleistungen –, aber auch die Methoden, mit denen Berater ihre Kunden zu erreichen versuchen, stimmen insgesamt bedenklich.

Studien, die die qualitative Wahrnehmung der Beratungsbranche aus der Klientenperspektive beleuchten, stellen den kleineren Teil der Publikationen dar, da sich die meisten empirisch durchgeführten Befragungen an Unternehmensberater und deren Sichtweise richten. Aufgrund der Asymmetrie des Publikationsverhältnisses scheint es äußerst wichtig, die dynamische Entwicklung der Beratungsbranche vor allem in Bezug auf deren Transparenz auch aus Klientensicht zu beschreiben. Ziel dieses Kapitels ist es somit, die aktuelle qualitative Wahrnehmung der Beratungsbranche in all ihren Facetten zu beschreiben. Die Erfassung eines so komplexen Konstrukts, wie es das Image darstellt, gestaltet sich insofern schwierig, als bis zum heutigen Zeitpunkt nur wenige fundierte Studien vorhanden sind, die sich einerseits mit qualitativen Aspekten rund ums Image der Beratungsbranche aus Klientensicht auseinander setzen, andererseits jüngeren Datums sind.

Die im Rahmen der Initiative „Yearbook Consulting 03" durchgeführte OGM-Managerbefragung zum Thema Consulting und die im Jahr 1999 durchgeführte Topmanager-Befragung durch das Institut für Unternehmensführung der Wirtschaftsuniversität Wien lassen erstmals Vergleiche von Wahrnehmung und Image der österreichischen Beratungsbranche aus Kundensicht im Zeitraum 1999–2002 analysieren.

Um Unterschiede und Entwicklungen im Zeitverlauf aufzeigen zu können, wurden für die Gegenüberstellung die beiden nachfolgend genannten Studien verwendet. Beiden Studien ist gemein, dass sie sowohl jünger sind als auch zum Ziel hatten, qualitative Aspekte der österreichischen Beratungsbranche aus Kundensicht zu erfassen.

Aufgrund der konsistenten Untersuchungsbasis – befragt wurden jeweils Entscheidungsträger, die über Befugnis verfügen, Beratungsdienstleistungen am Markt für ihr Unternehmen einzukaufen – ist es möglich, einen repräsentativen Vergleich herzustellen sowie auf Veränderungen im Zeitverlauf einzugehen. Es ist jedoch darauf hinzuweisen, dass ein Vergleich nur in jenen Gebieten durchgeführt wurde, in denen es aufgrund ähnlicher Fragestellungen zu vergleichbaren Ergebnissen kam.

Die Inputs des folgenden Beitrags stammen aus den beiden folgenden Studien:

- Rolf Eschenbach / Ronald Nagy (Hg.): „Top-Management-Beratung: Internationale Beratungsfirmen auf dem Prüfstand". Service-Fachverlag, Wien 1999.
- Umfrage: Yearbook Consulting Österreich, durchgeführt vom OGM (Österreichische Gesellschaft für Marketing). Zielgruppe: Topmanager mit Entscheidungsbefugnis, einen Berater ins Haus zu holen; Unternehmen mit mehr als hundert Angestellten in Österreich; Mitglieder der Geschäftsführung. Stichprobengröße: 70 persönliche Interviews, gestützt durch einen standardisierten Fragebogen; 300 telefonische Interviews; Untersuchungsumfang: 191 bzw. 300 Unternehmen.

Die Branchentransparenz

„Wie transparent ist der Beratermarkt – hat man sofort einen Überblick, welche Unternehmen welche Beratung anbieten, eher ja oder eher nein?" Diese Frage wurde österreichischen Entscheidungsträgern durch OGM gestellt. Das Ergebnis ist in Grafik 1 (rechts) dargestellt: Einschätzung der Transparenz des österreichischen Beratungsmarkts.

Betrachtet man die Ergebnisse zur Frage der Transparenz des Beratermarkts in der von Eschenbach/Nagy durchgeführten Studie aus dem Jahr 1999, so zeigt sich Folgendes (siehe Grafik 2).

Beschränkt man sich zunächst auf die Auswertungsergebnisse, die die Ergebnisse zur Befragung des Überblicks über den Beratermarkt widerspiegeln, so verdeutlicht die Grafik, dass im Jahr 1999 knapp siebzig Prozent der befragten Manager angaben, einen ausreichenden Marktüberblick zu haben.

Eine Gegenüberstellung der Ergebnisse der beiden Studien ergibt folgendes Bild (siehe Grafik 3: Transparenz des Beratungsmarkts). Anzumerken ist vorab, dass sich die Einschätzung der Transparenz des österreichischen Beratungsmarkts aus mehreren Determinanten zusammensetzt, die unterschiedlich zur Entstehung der viel zitierten fehlenden Transparenz des österreichischen Beratungsmarkts beigetragen haben. Ein subjektives Gefühl fehlender Transparenz kann entstehen, wenn der Marktüberblick fehlt, ein subjektiv vorhandenes Gefühl unzureichender Information besteht oder es zu Unsicherheiten in Bezug auf die Qualität der angebotenen Beratungsdienstleistungen kommt. Beschränkt man sich jedoch zunächst auf die Analyse des Indikators Marktüberblick als einzigem Maßstab für die Transparenz des österreichischen Beratungsmarkts, so verdeutlicht die Grafik 3, die die beiden Studien gegenüber-

Wie transparent ist der Beratermarkt: Hat man sofort einen Überblick welche Unternehmen welche Beratung anbieten, eher ja oder eher nein?

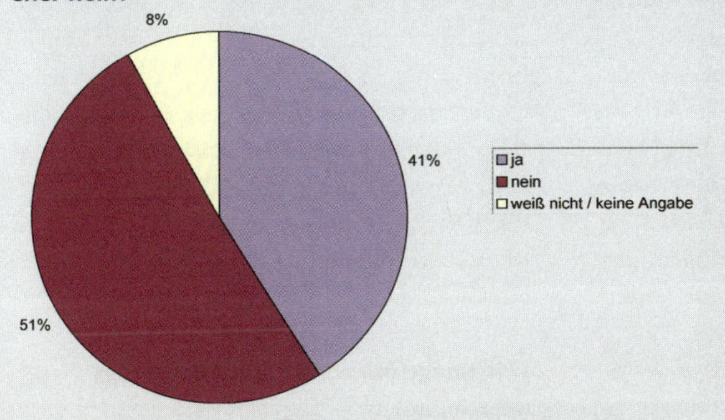

Grafik 1; Quelle: OGM / Yearbook Consulting

Ist der Beratermarkt aus Kundensicht transparent?

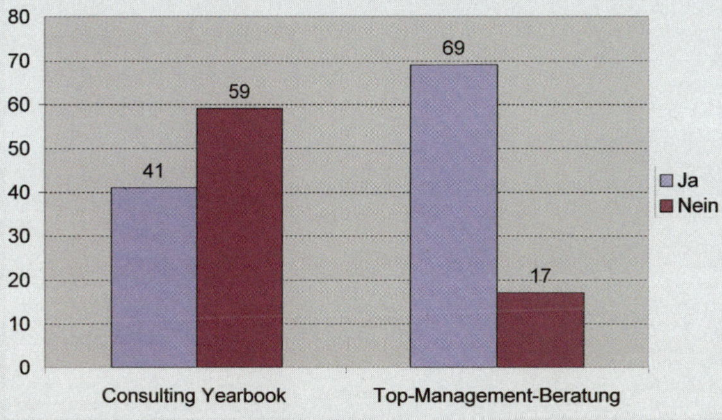

Grafik 3; Quelle: OGM / Yearbook Consulting

Transparenz des Beratermarktes

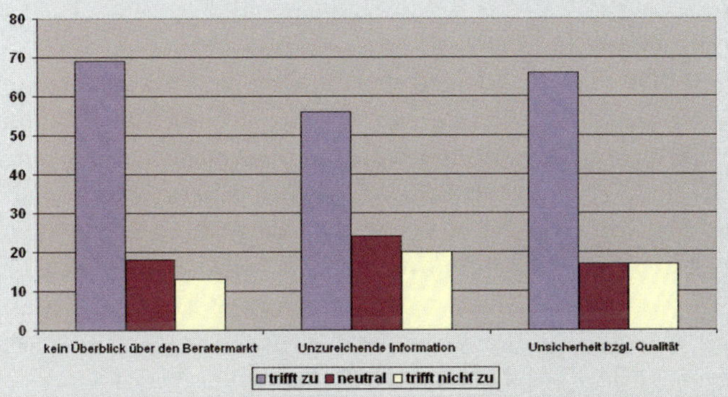

Grafik 2; Quelle: Eschenbach/Nagy

Hat man sofort einen Überblick über den beratermarkt? (Analyse nach Beschäftigungszahl)

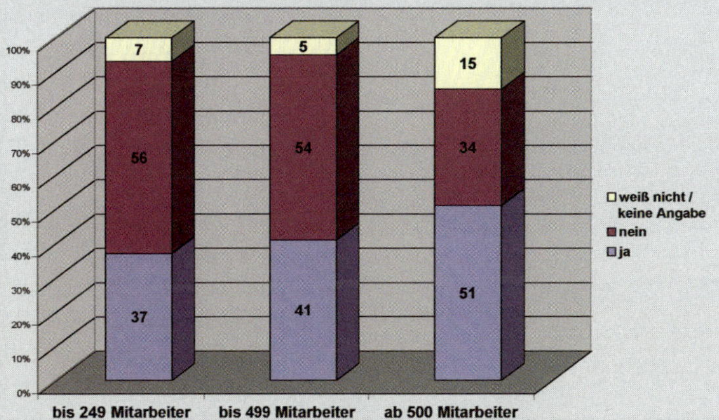

Grafik 4: Quelle: OGM / Yearbook Consulting

stellt, dass der subjektive Eindruck, einen profunden Marktüberblick zu haben, bei den befragten Managern im Zeitraum von nur vier Jahren (1999/2002) signifikant von 69 auf 41 Prozent gefallen ist. Es zeigt sich somit ganz deutlich, dass Manager in Bezug auf das Leistungsangebot österreichischer Beratungsunternehmen zunehmend verunsichert sind.

Mögliche Gründe für das Gefühl zunehmender Intransparenz sind die durch den steigenden Wettbewerbsdruck forcierte fortlaufende Spezialisierung der Anbieter von Beratungsdienstleistungen, die zu einer unüberschaubaren Vielfalt führt, sowie die ständig wachsende und österreichspezifisch kleinbetriebliche Anbieterstruktur von Beratungsleistungen.

Interessant im Zusammenhang mit der Wahrnehmung von Transparenz scheint die Tatsache, dass die Größe des Unternehmens den Grad der Wahrnehmung von Intransparenz stark beeinflusst. Das dokumentiert auch die Studie von Eschenbach/Nagy: „So ist die Größe der befragten Unternehmen insofern relevant, als größere Unternehmen (über 3.000 Mitarbeiter) über einen besseren Marktüberblick verfügen, der auf eine weiter reichende Erfahrung mit Unternehmensberatungen zurückzuführen ist."

Der Zusammenhang zwischen der Aussage, einen ausreichenden Marktüberblick zu haben, und der Größe des Unternehmens (nach Mitarbeitern), in dem die befragten Manager tätig sind, konnte auch in der durch das Yearbook Consulting in Auftrag gegebenen OGM-Studie nachgewiesen werden. Ein weiterer wichtiger Faktor, der das Befragungsergebnis beeinflusst, ist die Unternehmensgröße (siehe Grafik 4: Überblick über den Beratermarkt; Analyse nach Beschäftigungszahl).

Zur Relativierung von Aussagen, die den Grad der Fähigkeit zur Markteinschätzung betreffen, führen Eschenbach/Nagy folgende Punkte an: „Zudem beeinflusst die Einschätzung des eigenen Wettbewerbumfelds die Wahrnehmung des Beratermarkts und die angebotenen Leistungen: Knapp 90 Prozent der Topmanager, die ihr Unternehmen in einem turbulenten Umfeld sehen, haben aus ihrer Sicht einen ausreichenden Überblick über den Beratermarkt, und über 60 Prozent wissen über die angebotenen Leistungen Bescheid."

Wie eingangs erwähnt, spielt jedoch nicht nur der Marktüberblick, sondern auch die Unsicherheit bezüglich der Qualität eine wesentliche Rolle, wenn es darum geht, die Transparenz des österreichischen Beratungsmarkts einzuschätzen. Hier zeichnet die Studie von Eschenbach/Nagy ein deutliches Bild: „Dennoch besteht bei 66 Prozent große Unsicherheit hinsichtlich der tatsächlichen Qualität."

Der hohe Unsicherheitsgrad bezüglich des Qualitätsniveaus von Beratungsdienstleistungen liegt darin, dass es sich bei Beratung um eine Dienstleistung – genauer gesprochen: um ein Kontraktgut – handelt, deren Endergebnis zum Zeitpunkt des Vertragsabschlusses nicht vorhersehbar ist. Um kundenseitig den Grad der Unsicherheit in Bezug auf die Qualität zu verringern, wurde in letzter Zeit verstärkt versucht, Qualitätszertifikate zu entwickeln, die helfen sollen, die kundenseitige Unsicherheit bezüglich der angebotenen Leistung zu reduzieren – für Unternehmensberater etwa das Certified Management Consultant (CMC), für Trainer das Customer Certified Trainer (CCT).

Das Image österreichischer Beratungsunternehmen

Die für das „Yearbook Consulting 03" durchgeführte OGM-Studie zeigt viele interessante Perspektiven, wie österreichische Beratungsunternehmen von ihren Kunden wahrgenommen werden. Auffallend ist die Tatsache, dass 58 Prozent der befragten Manager angaben, Berater seien sehr um eine gute Zusammenarbeit bemüht, woraus sich eindeutig der Trend ablesen lässt, dass der Kunde zunehmend ins Zentrum der Aufmerksamkeit rückt und Berater verstärkt versuchen, sich auf der Beziehungsebene Vorteile gegenüber der wachsenden Konkurrenz zu verschaffen.

Betrachtet man die Basis dieses Ergebnisses, so zeigt sich bei der Bewertung dieser Kategorie weder ein Unterschied resultierend aus der Größe des Unternehmens (Indikator: Anzahl der Mitarbeiter) noch nach der Branche, in der das Unternehmen tätig ist. Das Herstellen einer guten Beziehung zum Kunden scheint darüber hinaus auch unabhängig vom Beratungsfeld (Management, IT, Personal, Finanz und Marketing) merklich zu sein, da in allen Beratungsfeldern die Kategorie „sehr" bei der Frage: „Sind Beratungsunternehmen um gute Zusammenarbeit bemüht?" überdurchschnittlich hohe Zustimmung erfuhr. Auch die Aufgabe, neue Blickwinkel in ein Unternehmen einzubringen, scheint den österreichischen Unternehmensberatern gut zu gelingen. Wie aus der Grafik ersichtlich, stimmen immerhin 32 Prozent der befragten Manager diesem Eindruck „sehr" zu. Auch die fachliche Kompetenz der Berater wird von zwanzig Prozent der befragten Manager als hoch eingeschätzt. Den höchsten Wert weist jedoch die Kategorie „eher" mit 64 Prozent auf. Ein möglicher Grund dafür könnte sein, dass es in Österreich immer noch Ausbildungsdefizite speziell in Bezug auf den Beruf des Consulters gibt. Auch die Vielzahl von Klein- und Kleinstanbietern, die den Hauptbestandteil der heimischen Consultingbranche darstellen und deren Qualifikationsniveau schwer zu überprüfen ist, könnte mit ein Grund dafür sein, dass die fachliche Kompetenz nur mit „eher" bewertet wird.

Auf der Negativseite kritisieren die Kunden der österreichischen Unternehmensberater deren Preis-Leistungs-Verhältnis (6 Prozent „sehr zutreffend"), die Praxisorientierung (9 % „sehr zutreffend") sowie den geringen Grad umsetzbarer Ergebnisse (12 % „sehr zutreffend").

Zusammenfassend zeigt sich also, dass die österreichischen Unternehmensberater nur zum Teil als fachlich ausreichend kompetent eingeschätzt werden, jedoch durchaus in der Lage sind, ihren Kunden neue Ansichten und Einblicke zu vermitteln. Signifikante Probleme treten hingegen bei der Generierung von umsetzbaren Ergebnissen sowie bei der damit einhergehenden fehlenden Praxisorientierung auf. Kunden bemängeln, dass viele Konzepte nicht umgesetzt werden, weil sie schlicht zu theorielastig sind und nicht den Gegebenheiten des Markts entsprechen. Das Problem des Realisierungsgrades in Kombination mit der teilweise zu hohen Therorielastigkeit der Konzepte wirkt sich schlussendlich auch negativ auf das Preis-Leistungs-Verhältnis aus, das 39 Prozent der Befragten als asymmetrisch ansehen.

Gerade im Zusammenhang mit dem Preis-Leistungs-Verhältnis (PLV) liefert die OGM-Studie ein bemerkenswertes Ergebnis. Analysiert man die Wahrnehmung des PLV auf der Branchenbasis, so zeigt sich ein signifikanter Unterschied bei der Wahrnehmung der Ausprägung des PLV. Vor allem Manager des Servicebereichs beurteilen das PLV österreichischer Berater als extrem asymmetrisch.

Bündig stellt sich laut OGM-Studie die Meinung der Entscheidungsträger in Bezug auf die verschiedenen Imageaspekte wie in Grafik 5 dar (Zusammenfassung der Imagefaktoren österreichischer Beratungsunternehmen).

Vorab zur Interpretation der Kategorie „eher": Diese ist insofern wichtig, als sie in allen Fragen zum Image österreichischer Beratungsunternehmen von den befragten Managern überdurchschnittlich oft gewählt wurde. Unserer Ansicht nach stellt die Kategorie „eher" eine tendenziell negativ behaftete Ausweichkategorie dar, denn die Formulierungen „sehr" bzw. „wenig zutreffend" wären zu prägnant gewesen. Die Unschärfe in Bezug auf den Präzisionsgrad der Formulierung „eher" kann also als neutrale Position mit eher negativer Ausrichtung verstanden werden, die – da die Kategorien „sehr" bzw. „weniger" oder „weiß nicht/keine Angabe" jeweils einen präzisen Grad an Zustimmung ausdrücken – von den Befragten gern verwendet wurde. Die Kategorie „eher" wird somit als neutraler Verstärker angesehen, wobei die Verstärkung in eine eher negative Richtung erfolgen kann.

In den Bereichen fachliche Kompetenz, Praxisorientierung, Lieferung umsetzbarer Ergebnisse sowie Fähigkeit, den beratenen Unternehmen neue Ansichten und Einblicke liefern zu können, ist eine Aufschlüsselung der vorliegenden Ergebnisse der Untersuchung vorzunehmen.

Fachliche Kompetenz

Betrachtet man die Beurteilung der fachlichen Kompetenz österreichischer Berater, so fällt auf, dass diese von 20 % der befragten Manager mit fachlich „sehr" kompetent beantwortet wurde. Nur 11 % meinten, dass österreichische Berater „weniger" kompetent agieren. Die höchste Anzahl von Nennungen (64 %) erfolgte in der Ka-

„Auffallend ist die Tatsache, dass 58 Prozent der befragten Manager angaben, Berater seien sehr um eine gute Zusammenarbeit bemüht, woraus sich eindeutig der Trend ablesen lässt, dass der Kunde zunehmend ins Zentrum der Aufmerksamkeit rückt und Berater verstärkt versuchen, sich auf der Beziehungsebene Vorteile gegenüber der wachsenden Konkurrenz zu verschaffen."

tegorie „eher“ (Anzahl der Befragten: 301). Eine Analyse der Einschätzung der fachlichen Kompetenz auf Basis der Größe des Unternehmens (nach Mitarbeitern) ergibt folgendes Bild (siehe Grafik 6): Demnach wird die fachliche Kompetenz von Managern in Unternehmen bis 249 Mitarbeiter eindeutig positiv eingeschätzt (18 Prozent „sehr“; nur sieben Prozent „weniger“). Manager, die in Unternehmen mit bis zu 499 Mitarbeitern tätig sind, scheinen die fachliche Kompetenz der Berater besser einschätzen zu können. In dieser Sparte fiel die Trennung zwischen fachlich „sehr“ (28 Prozent) und fachlich „weniger“ kompetent (18 Prozent) am deutlichsten aus.

Im Vergleich dazu hielt sich dieses Verhältnis bei Managern von Unternehmen mit mehr als 500 Mitarbeitern mit jeweils 10 % exakt die Waage. Im Vergleich zu Managern von Unternehmen der anderen beiden Größenklassen gaben immerhin 5 % der Manager aus Unternehmen mit mehr als 500 Mitarbeitern an, Berater als überhaupt nicht fachlich kompetent einzuschätzen. Was darauf zurückzuführen sein könnte, dass Großunternehmen mehr Erfahrung im Umgang mit Beratern haben und es solchen Unternehmen aufgrund der stärkeren finanziellen Basis leichter fällt, eventuelle Auswahlfehler transparent zu machen.

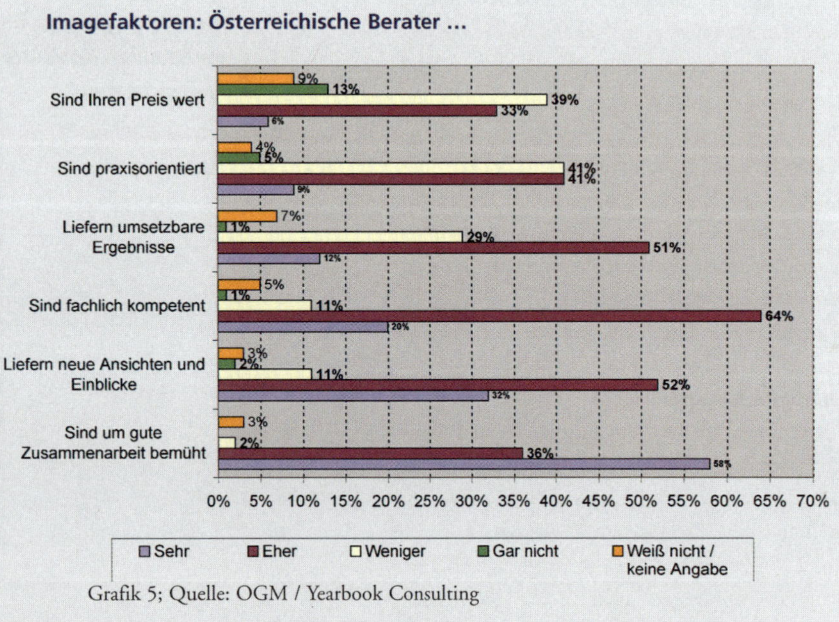

Grafik 5; Quelle: OGM / Yearbook Consulting

Die Analyse auf Branchenebene zeigt, dass die fachliche Kompetenz der Berater am ehesten von Managern von Unternehmen, die im Bereich Handel (Retail) tätig sind, positiv eingeschätzt wird. Unabhängig von der Branche und der Größe des Unternehmens, in dem die befragten Manager tätig sind, deutet die hohe Anzahl der Nennungen in der Kategorie „eher“ darauf hin, dass die österreichischen Entscheidungsträger nach wie vor über ein unklares Bild in Bezug auf die fachliche Kompetenz österreichischer Berater verfügen.

Im Zuge der OGM-Studie wurden auch die fachlichen Kompetenzen in Verbindung mit den einzelnen Beratungsgebieten abgefragt – mit folgendem Ergebnis: Obwohl auch hier die Kategorie „eher“ wieder einmal überdurchschnittlich vertreten ist, zeigt sich deutlich, dass österreichische Entscheidungsträger je nach Beratungsfeld zwischen 20 und 30 % „sehr“ zufrieden und 9 bis 16 % „wenig“ zufrieden sind.

Praxisorientierung

Wie die Grafik 7 (Praxisorientierung nach Größe) deutlich visualisiert, sind im Durchschnitt rund vierzig Prozent der befragten Manager der Meinung, dass die Ratschläge österreichischer Berater „wenig“ praxisorientiert sind. In Bezug auf die Praxisorientierung zeichnet sich somit eindeutig ein negativer Trend ab. Lediglich 13 Prozent der Manager, die in Unternehmen mit bis zu 249 Mitarbeitern arbeiten, sprechen sich für eine „sehr“ zutreffende Praxisorientierung aus. Dieser Wert sinkt auf zwei Prozent bei Managern von Unternehmen, die mehr als 500 Mitarbeiter beschäftigen. Mit zehn Prozent in der Kategorie „gar nicht“ stellen sie sogar den höchsten Wert dar. Der Grund für diese Einschätzung liegt darin, dass Manager von Großunternehmen über das größte Erfahrungspotenzial im Umgang mit Beratungsleistungen verfügen und eine genauere Einschätzung vornehmen können.

Es zeigt sich ganz deutlich, dass Manager handelsnaher Unternehmen die Ratschläge und Konzepte der österreichischen Berater noch am ehesten als praxistauglich einschätzen. In der Kategorie „sehr“ bzw. „wenig“ praxisorientiert weisen diese die jeweils günstigsten Werte auf. Am schlechtesten wird die Praxistauglichkeit der Konzepte von der Industrie (Manufacturing) empfunden – nur sechs bei „sehr" bzw. 44 Prozent bei „weniger" tauglich.

Ein möglicher Grund dafür könnte der gegenwärtig immer noch starke E-Trend sein, von dem der Handel durch die Möglichkeiten des Internet wesentlich stärker profitiert hat als die Industrie oder der Dienstleistungssektor. Berater konnten sich somit in Unternehmen, die im Umfeld Handel tätig sind, einen besseren Ruf verschaffen bzw. aufgrund der vielfältigen Einsetzbarkeit des Internet in Kombination mit der rasanten technologischen Entwicklung eher umsetzbare Ergebnisse liefern (siehe Grafik 8: Praxisorientierung/Beratungsfelder).

Die geringe Praxisorientierung bzw. eine gewisse Theorielastigkeit ist ferner in allen Beratungsfeldern deutlich sichtbar, vor allem wenn man die Kategorie „weniger" betrachtet. Gerade aber in konjunkturschwachen Zeiten wie gegenwärtig, in denen Unternehmen gezwungen sind zu sparen bzw. ihre Beratungsbudgets zu kürzen, schlägt sich die fehlende Praxisorientierung signifikant auf die Auftragsbücher der am österreichischen Markt tätigen Beratungsunternehmen nieder. Von daher versuchen manche Berater, fehlende Praxisorientierung durch Etablierung einer besonders guten Zusammenarbeit zu kompensieren. Dies könnte auch ein Grund sein für den besonders hohen Wert des Imagefaktors Zusammenarbeit. Zuletzt äußert sich die Wahrnehmung einer fehlenden Praxisorientierung auch in einem negativen Eindruck in Bezug auf das Preis-Leistungs-Verhältnis.

Umsetzbarkeit der Ergebnisse

Auf die Frage: „Liefern Beratungsunternehmen umsetzbare Ergebnisse?" erbrachte die OGM-Studie folgende Ergebnisse:

• sehr	12 %
• eher	51 %
• weniger	29 %
• gar nicht	1 %
• weiß nicht / keine Angabe	7 %
• Anzahl der Befragten	301

Subjektiv gesehen kann auch in dieser Kategorie den österreichischen Beratern kein sonderlich gutes Zeugnis ausgestellt werden. Wie sich schon in der Abhandlung der anderen Ergebnisse der Studie deutlich abzeichnet, ist auch hier ein verstärkter Trend hin zur Kategorie „eher" zu beobachten. Eindeutig ist das Ergebnis jedoch, wenn man die Kategorie „eher" zunächst außer Acht lässt und nur die Kategorien „sehr" sowie „weniger" betrachtet. Hier beträgt das Verhältnis, wenn man Unternehmen bis 249 Mitarbeiter heranzieht, zwischen den Kategorien „sehr" und „weniger" beinahe eins zu drei. Auch bei den anderen Größenklassen ergeben sich signifikante Unterschiede zwischen den Kategorien „sehr" und „weniger". Österreichische Unternehmen gleich welcher Größenklasse sind somit einhellig der Meinung, dass hier dringender Handlungsbedarf vonseiten der Beratungsunternehmen besteht.

Am wenigsten umsetzbare Ergebnisse liefern Berater in der Branche Industrie (Manufacturing) ab. Hier beträgt der Prozentsatz rund 30, während in der gleichen Kategorie im Handel der Wert nur bei 17 liegt. Auffällig ist auch der überdurchschnittlich hohe Wert im Handel in der Kategorie „weiß nicht"/„keine Angabe" (17 Prozent).

Auch die Evaluierung der Umsetzbarkeit der Ergebnisse in den verschiedenen Beratungsfeldern stellt sich mit rund 30 Prozent in der Kategorie „weniger" als eher ungünstig dar. Auch

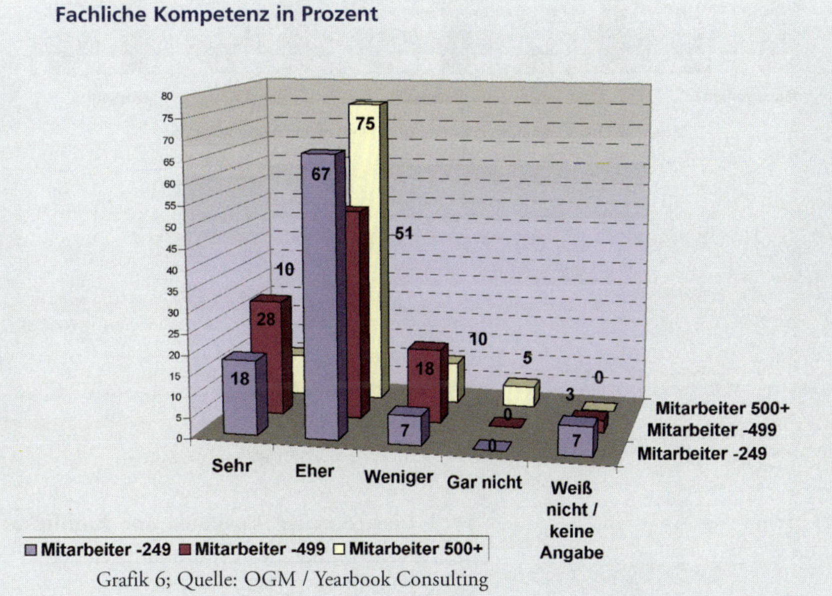

Grafik 6; Quelle: OGM / Yearbook Consulting

Praxisorientierung (nach Größe)

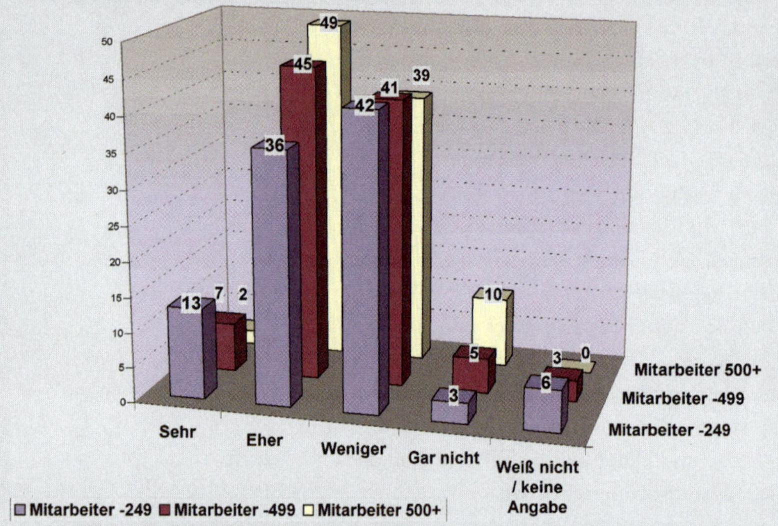

Grafik 7; Quelle: OGM / Yearbook Consulting

Praxisorientierung (Beratungsfelder)

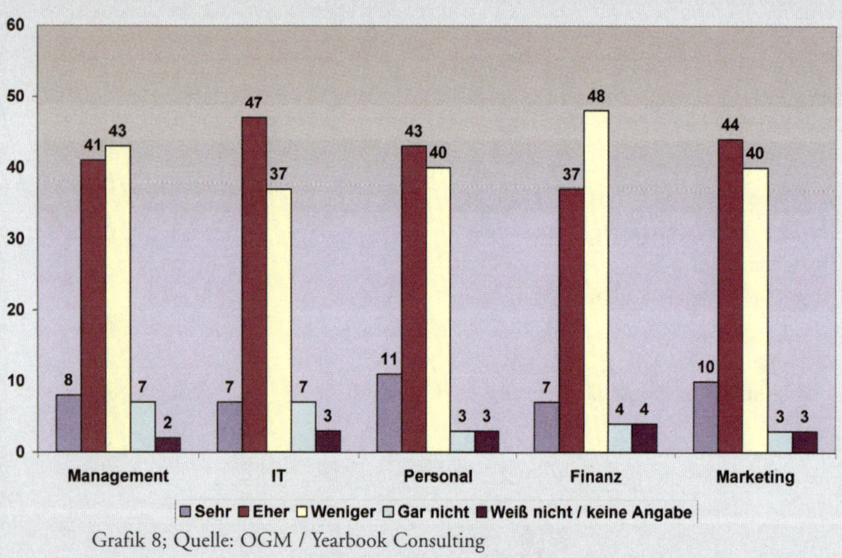

Grafik 8; Quelle: OGM / Yearbook Consulting

das auffallende Missverhältnis zwischen den Kategorien „sehr" und „weniger" ist ein deutlicher Indikator in Richtung notwendiger Umorientierung und zeigt Handlungsbedarf auf diesem Gebiet auf.

Liefern neuer Ansichten und Einblicke

Eine Studie, die vom „Industriemagazin" 1998 in Auftrag gegeben wurde, ergab in Bezug auf den Grund, warum man Berater in Anspruch nimmt, zusammenfassend nachfolgendes Ergebnis: „Unternehmensberater sind eine wertvolle Hilfe, da man im eigenen Unternehmen alles nur aus dem eigenen Blickwinkel sieht. Davon sind acht von zehn Unternehmen überzeugt."

Im Vergleich dazu die aktuelle OGM-Studie in Bezug auf die Frage: „Liefern Beratungsunternehmen neue Ansichten und Einblicke?":

• sehr	32 %
• eher	52 %
• weniger	11 %
• gar nicht	2 %
• weiß nicht / keine Angaben	3 %
• Anzahl der Befragten	301

Aus dieser Tabelle zeigt sich deutlich, dass die befragten Entscheidungsträger die Fähigkeit der Berater, Sichtweise und Handlungsspielraum des Kunden zu erweitern, durchaus positiv bewerten.

Bei einer Analyse basierend auf der Größe des Unternehmens, in dem die befragten Manager tätig sind, schlossen sich immerhin 39 % der Befragten der Meinung an, dass Berater „sehr" wichtig seien, wenn es darum geht, die Dynamik in einem Unternehmen zu erhöhen. Auch in den anderen Größenklassen lieferte die Umfrage ähnliche Ergebnisse. Aus der Grafik lässt sich auch herauslesen, dass österreichische Berater sich offensichtlich bei der Beratung von großen Unternehmen am wohlsten fühlen. Nur zwei Prozent der befragten Manager von Unternehmen mit mehr als 500 Mitarbeitern gaben an, dass ihnen Berater nur „wenig" neue Ansichten und Einblicke liefern konnten (siehe Grafik 9: Berater liefern neue Ansichten und Einblicke / nach Größe).

Wie die hohen Werte in der Kategorie „sehr" über alle Größenklassen hinweg zeigen, scheinen Berater in der Anpassung ihrer Ratschläge an das Niveau des Kunden sehr flexibel zu sein. Die Fähigkeit, neue Perspektiven zu eröffnen, wird vom Handel mit 46 % am höchsten eingeschätzt. Dieser Wirtschaftssektor ist es auch, der in der letzten Zeit verstärkt vom technologischen Fortschritt profitierte. Berater dürften somit gerade im Wirtschaftssektor Handel über ein profundes Wissen verfügen. Aber auch im Bereich Industrie scheint das Beratungsniveau recht hoch zu sein. Ein auffallendes Missverhältnis ergibt sich jedoch im Wirtschaftsbereich Dienstleistungen (Service). 24 Prozent der Befragten gaben an, dass die Inanspruchnahme eines Beraters „weniger" gut geeignet war, um neue Perspektiven zu gewinnen.

In welchen Beratungsfeldern Berater über eine hohe Kompetenz verfügen, neue Ansichten und Einblicke einzubringen, demonstriert Grafik 10. Leider liefert die Aufspaltung nach Beratungsfeldern kein eindeutiges Bild, da die Werte relativ knapp beieinander liegen. Jedoch unabhängig davon, um welche Art von Beratung es sich handelt, sind rund dreißig Prozent der befragten Manager der Meinung, dass ihnen Berater im jeweiligen Beratungsprojekt neue Perspektiven eröffnet hätten.

Preis-Leistungs-Verhältnis

Die Bewertung des Preis-Leistungs-Verhältnisses spiegelt in komprimierter Form wider, wie die befragten Manager die Branche insgesamt beurteilen. Betrachtet man die nachfolgende Tabelle unter diesem Gesichtspunkt, so scheinen die befragten Manager in Summe ein negatives Bild von der österreichischen Beratungsbranche zu haben, das sich schließlich in einer auffallend negativen Bewertung des Preis-Leistungs-Verhältnisses manifestiert. Die Frage lautete: „Sind Beratungsunternehmen ihren Preis wert?"

• sehr	6 %
• eher	33 %
• weniger	39 %
• gar nicht	13 %
• weiß nicht / keine Angabe	9 %
• Anzahl der Befragten	301

Bei der Beurteilung des Preis-Leistungs-Verhältnisses (siehe auch Grafik 11: Preis-Leistungs-Verhältnis nach Größe) dominieren vor allem die Kategorien „weniger" und „gar nicht". Die überwiegende Mehrheit der Befragten äußert somit ihren Unmut über das Verhältnis Leistung/Gegenleistung. Zwanzig Prozent der befragten Manager von Großunternehmen äußerten ihren Unmut über das schlechte PLV, indem sie angaben, „gar nicht" zufrieden mit der Relation von Preis und Beraterleistung zu sein. Auch Manager von Unternehmen der beiden anderen Größenklassen konzentrierten ihre Nennungen auf die Kategorie „weniger".

Auch die Branchenanalyse in Bezug auf die obige Fragestellung ergab ein eindeutiges Bild. Vor allem Manager, die in Unternehmen der Dienstleistungsbranche tätig sind und darüber hinaus, wie schon oben gezeigt wurde, tendenziell über keine guten Erfahrungen im Umgang mit Consultern verfügen, sind eindeutig der Meinung, dass der Preis in keinem Verhältnis zur gebotenen Leistung steht. Auch in den beiden anderen Branchen herrscht Missfallen über diese Asymmetrie, wobei auffällt, dass im Handel dieses Verhältnis noch am wenigsten als unausgeglichen wahrgenommen wird.

Die nachfolgende Grafik 12 (Preis-Leistungs-Verhältnis nach Beratungsfeldern) zeigt, dass im Beratungsfeld IT ein stärkeres Missverhältnis in Bezug auf das Preis-Leistungs-Verhältnis festzustellen ist als in den anderen Beratungsfeldern. Ein Grund dafür könnte sein, dass oft viel zu hohe Erwartungen in Bezug auf Produktivitätszugewinne, die mittels solcher IT-Lösungen erzielt werden sollen, bestehen. Diese Erwartungen erfüllen sich jedoch häufig nicht, und der Kunde beginnt sich zu Recht zu fragen, warum er so viel Geld investiert hat. Auch die Kurzsichtigkeit mancher Projekte könnte der Grund dafür sein, dass viele IT-Projekte scheitern. Kurzsichtigkeit in diesem Kontext bedeutet, dass eine Organisation, wenn es sich um groß angelegte EDV-Projekte handelt, auf eine EDV-Umstellung vorbereitet werden müsste. Denn schließlich soll garantiert werden, dass das neue EDV-System auch später genutzt wird. Bei vielen großen Projekten wird jedoch lediglich versucht, die Organisation an die EDV anzupassen, was zu einer Ablehnung seitens der Mitarbeiter und zu einer Verfehlung der Erwartungen führen kann.

Auch in den anderen Beratungsfeldern, die Werte von 29 bis 37 Prozent in der Kategorie „weniger" aufweisen, spiegelt sich die Problematik des unausgewogenen Preis-Leistungs-Verhältnisses wider.

Studien im Vergleich

Um abschließend die Entwicklung bestimmter Imagefaktoren im Zeitverlauf abbilden zu können, wird ein Vergleich zwischen der Studie des „Yearbook Consulting" und der von Eschenbach/Nagy dargestellt.

	OGM	Eschenbach/Nagy 1999
fachliche Kompetenz:	20 %	54 %
Praxisorientierung:	9 %	38 %
Preis-Leistungs-Verhältnis	6 %	32 %
Umsetzungsgrad	12 %	68 %

(Siehe auch Grafik 13: Image von Unternehmensberatern, und Grafik 14: Praxisbezug zufolge Eschenbach/Nagy.)

Von der OGM-Umfrage wurden jene Werte verwendet, die beim betreffenden Imagefaktor in der Kategorie „sehr" zutreffend aufgeführt wurden. Im Falle der Studie von Eschenbach/Nagy wurden jene Werte ausgewählt, die beim betreffenden Imagefaktor in der Kategorie „trifft zu" zu finden waren. Diese Werte sind es vor allem, die sich aufgrund des fehlenden Zahlenmaterials aus den Grafiken ergeben und somit geschätzt werden mussten (siehe Grafik 15).

Berater liefern neue Ansichten und Einblicke (nach Größe)

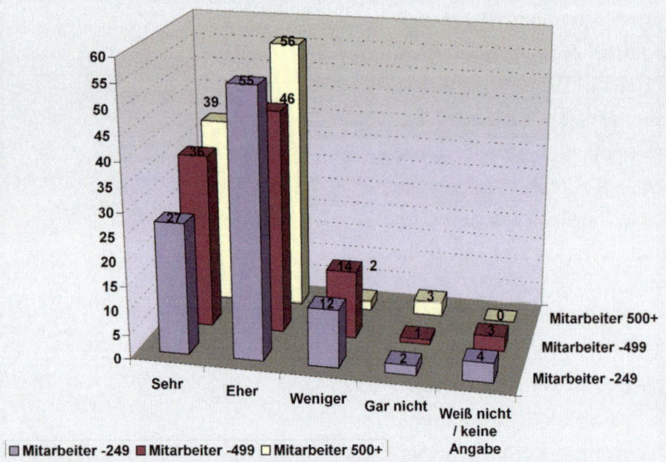

Grafik 9; Quelle: OGM / Yearbook Consulting

Berater liefern neue Ansichten und Einblicke (Beratungsfelder)

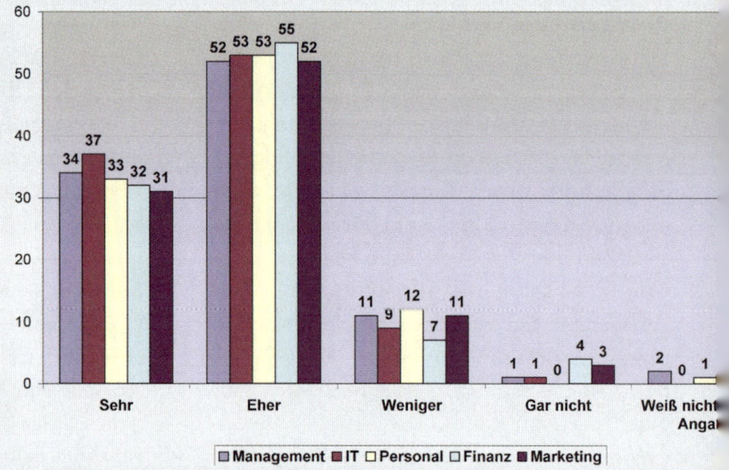

Grafik 10; Quelle: OGM / Yearbook Consulting

Preis-Leistungs-Verhältnis (nach Größe)

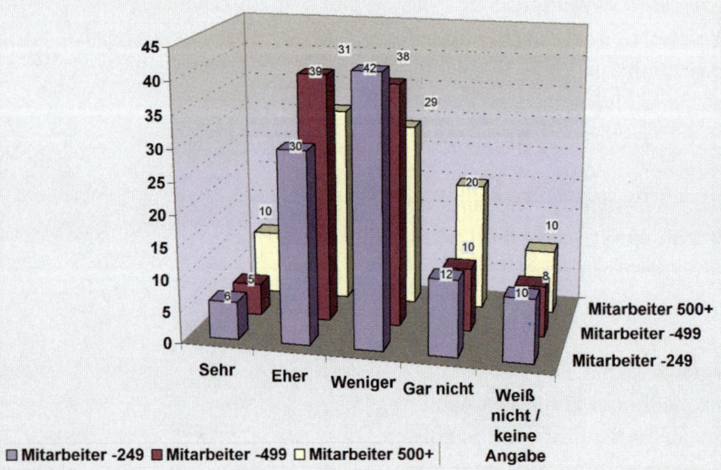

Grafik 11; Quelle: OGM / Yearbook Consulting

Preis-Leistungs-Verhältnis (Beratungsfelder)

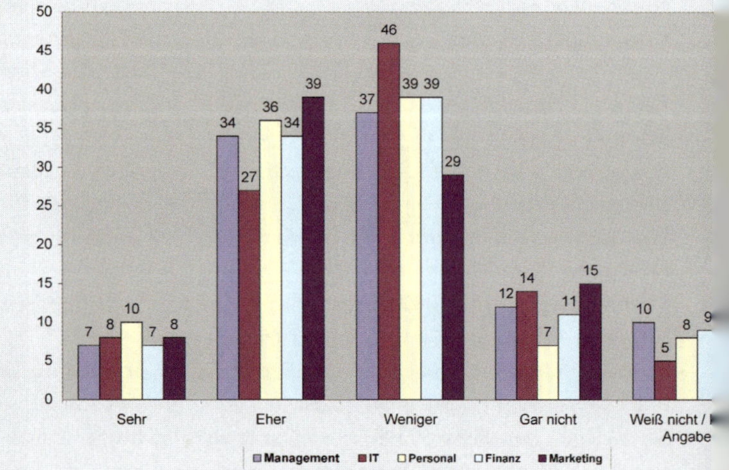

Grafik 12; Quelle: OGM / Yearbook Consulting

Erfüllung der Kundenerwartungen

Betrachtet man den Erfüllungsgrad der Erwartungen der österreichische Entscheidungsträger an die Konzepte bzw. Offerte österreichischer Beratungsunternehmen und nimmt zusätzlich eine Aufspaltung in Beratungsgebiete vor, so ergibt sich folgendes Bild:

Obwohl die österreichischen Berater einen hohen Anteil der an sie gestellten Erwartungen erfüllen konnten, zeigt die Grafik 16 (Erwartungserfüllung gruppiert) dennoch, dass die Erwartungen in keinem Beratungsfeld zur Gänze erfüllt wurden. So gaben beispielsweise im Beratungsfeld Managementberatung lediglich acht Prozent der befragen Manager an, dass ihre Erwartungen zu achtzig bis hundert erfüllt wurden. Ergänzend muss hier angemerkt werden, dass just wenn es sich um „weiche" Beratungsthemen handelt – wie etwa Kulturveränderungen, Steigerung der Zufriedenheit der Mitarbeiter oder die Erarbeitung einer Vision –, die Evaluierung einer solchen Beratungsleistung und in weiterer Folge die Aussagekräftigkeit einer Erwartungserfüllung sehr schwierig ist. Warum in anderen, eher „griffigen" Beratungsfeldern die Erwartungen nicht vollständig erfüllt werden konnten, könnte nichtsdestotrotz daran liegen, dass österreichische Berater, wie schon weiter oben gezeigt wurde, immer noch dazu tendieren, ihren Klienten allzu theoretische Konzepte abzuliefern, die dann nicht umzusetzen sind, aber trotzdem bezahlt werden müssen. Betrachtet man nun die Mittelwerte des Erfüllungsgrades in den einzelnen Beratungsfeldern, so zeigt sich Folgendes:

	Mittelwert in Prozent
• Finanzberatung	74,7
• Personalberatung	69,8
• Marketing, PR / Marktforschung	67,6
• IT-Beratung	66,6
• Managementberatung	64,0

Addiert man die Mittelwerte, so lässt sich beratungsfeldübergreifend feststellen, dass die österreichischen Berater im Mittel nur rund 69 Prozent der an sie gestellten Erwartungen – im Sinne von umsetzbaren Konzepten – erfüllen konnten. Die restlichen 31 Prozent der Honorare wurden in keinerlei für den Kunden profitable Leistung umgewandelt. Diese Tatsache könnte mit ein Grund sein, warum 52 Prozent der befragten Manager (Kategorie „weniger": 39 Prozent, Kategorie „gar nicht": 13 Prozent) immer noch der Meinung sind, dass sich Preis und Leistung österreichischer Berater nicht die Waage halten.

Der Weg zum Kunden – Beratermarketing

Auf die Frage „Wie sind Sie in den meisten Fällen zu Ihrem Berater gekommen: durch …?" antworteten österreichische Entscheidungsträger wie folgt (Mehrfachnennungen möglich, Angaben in Prozent):

• Ausschreibung	8
• Bekanntheit des Unternehmens, Mundpropaganda	56
• persönliche Bekanntschaft	47
• Directmarketing / Werbung	10
• frühere Zusammenarbeit	37
• Inserate in Zeitungen	3
• Fachartikel	9
• anderes	7
• weiß nicht / keine Angabe	1
• Anzahl der Befragten	301

Es zeigt sich ganz deutlich, dass Beratung nach wie vor sehr stark über persönliche Beziehungen bzw. das Image des Beratungsunternehmens verkauft wird. 56 Prozent der befragten Manager gaben an, Berater engagiert zu haben, die ihnen entweder von Geschäftsfreunden empfohlen wurden, oder Berater von Unternehmen, die am Markt über einen hohen Bekanntheitsgrad verfügen. Ganze 47 Prozent der Befragten vergaben Aufträge an Berater, die sie aus ihrem persönlichen Umfeld kannten. Auch die Komponente „frühere Zusammenarbeit" spielt bei der Vergabe und Auswahl von Beratern eine wichtige Rolle. Ein möglicher Grund, sich für bereits erprobte Berater zu entscheiden, liegt unter Umständen darin, dass diese Berater spezifische Unternehmensabläufe schon kennen und somit in der Lage sind, schneller Ergebnisse zu liefern – die Beratung somit billiger wird.

Moderne Wege zum Kunden, vor allem unter Ausnützung der Möglichkeiten des Internet, haben nur bei zehn Prozent der Befragten zu einem Beratungsauftrag geführt. Der Grund dafür könnte in der steigenden Informationsflut liegen, der Manager ausgesetzt sind. Wie

„Beratungsfeldübergreifend lässt sich feststellen, dass die österreichischen Berater im Mittel nur rund 69 Prozent der an sie gestellten Erwartungen – im Sinne von umsetzbaren Konzepten – erfüllen konnten."

sich die ständig wachsende Informationsfülle, mit der Entscheidungsträger heute konfrontiert sind, auswirkt und welchen Einfluss diese Tatsache auf die Wirkung moderner Werbemittel, besonders aller Aktivitäten im Bereich Directmarketing, hat, zeigt folgende Tabelle:

„Wurden Sie schon einmal von einem Beratungsunternehmen direkt angesprochen?“ (Angaben in Prozent)

• ja, Auftrag vergeben	9
• ja, aber Auftrag nicht vergeben	82
• nein, nicht angesprochen	8
• weiß nicht / keine Angabe	2
• Anzahl der Befragten	301

Beachtliche 82 Prozent der befragten Entscheidungsträger wurden direkt vom Berater angesprochen, haben aber keinen Auftrag erteilt. All diese (Werbe-)Aktivitäten – abgesehen vom persönlichen Kontakt, der hier nicht erhoben wurde – führten nur zu achtzehn Prozent zu einem Auftrag. Der überwiegende Teil war jedoch vergeblich und erbracht nicht das gewünschte Resultat.

Image von Unternehmensberatern

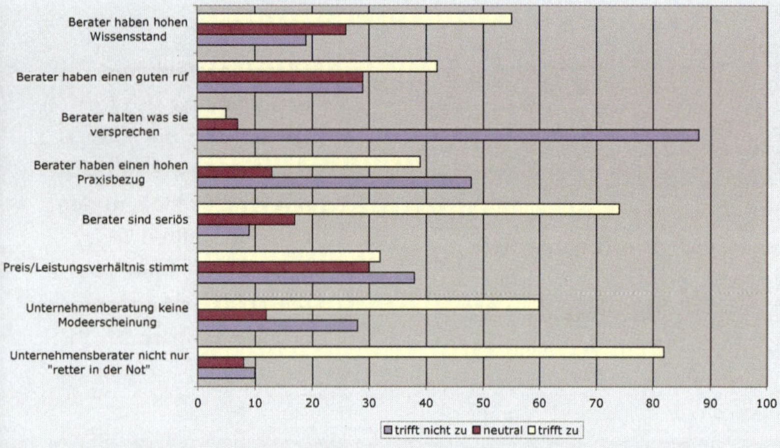

Grafik 13; Quelle: OGM / Yearbook Consulting

Allgemeiner Praxisbezug von Beratern / Umsetzungsgrad

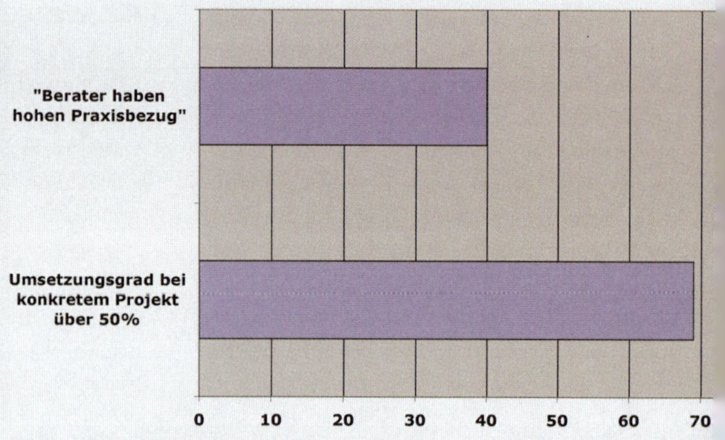

Grafik 14; Quelle: Eschenbach/Nagy

Vergleich der Studien: OGM / Eschenbach/Nagy 1999

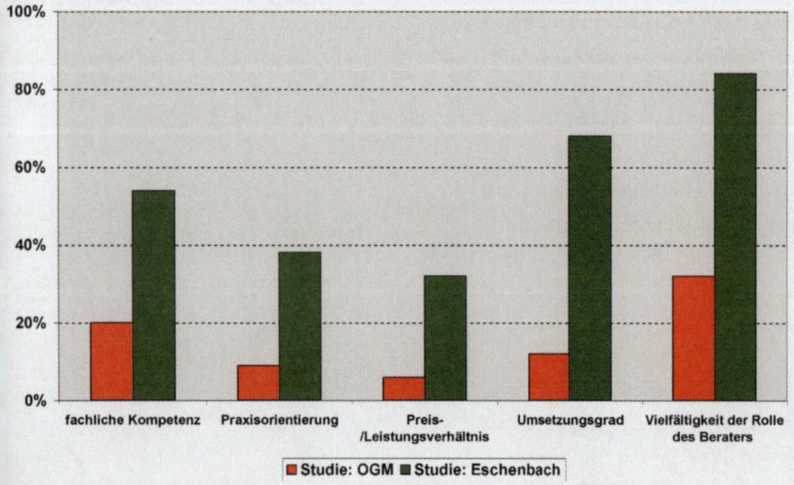

Grafik 15; Quelle: OGM / Yearbook Consulting & Eschenbach/Nagy

Erwartungserfüllung

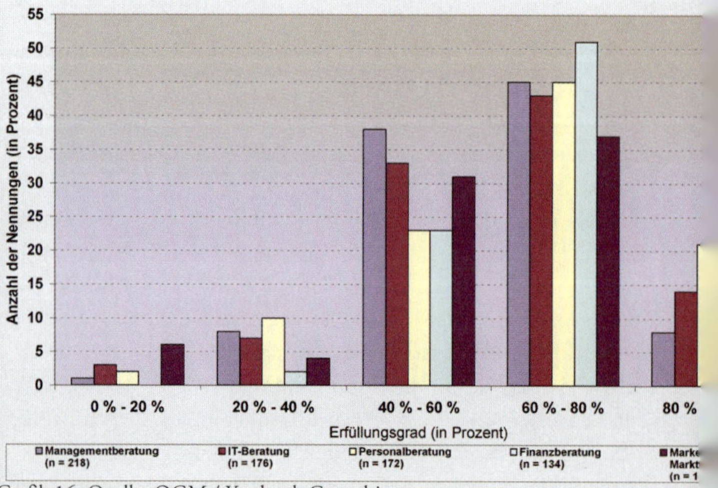

Grafik 16; Quelle: OGM / Yearbook Consulting

Da moderne Marketingaktivitäten, wie sich zeigt, oft nicht den gewünschten Erfolg bringen, versuchen Berater heute verstärkt, sich aktiv um ihre Kunden zu kümmern. Viele Berater dürften diesen Trend erkannt haben, was nicht zuletzt der hohe Prozentsatz beim Image-Element „Sind Beratungsunternehmen um gute Zusammenarbeit bemüht?" zeigt.

Beratungsfelder

Ohne eine genauere Aufspaltung nach Branche und Größe der Unternehmen vorzunehmen, haben österreichische Entscheidungsträger auf die Frage „Hat Ihr Unternehmen in den letzten drei Jahren ... in Anspruch genommen?" wie in Grafik 17 (Beratungsfelder) dargestellt geantwortet.

Literatur:

- Eschenbach, Rolf / Nagy, Ronald (Hrsg.): Top-Management-Beratung. Internationale Beratungsfirmen auf dem Prüfstand. Service-Fachverlag, Wien 1999.
- Ramsauer, Petra: Titelstory I. Wer braucht sie wirklich?, in: „Das Österreichische Industriemagazin", Nr. 11, 1998, S. 24–27.
- Schwan, Konrad / Seipel, Kurt: Berater- und Trainerhandbuch. Einander verstehen und erfolgreich sein. Studia-Universitätsverlag, Innsbruck 2002.

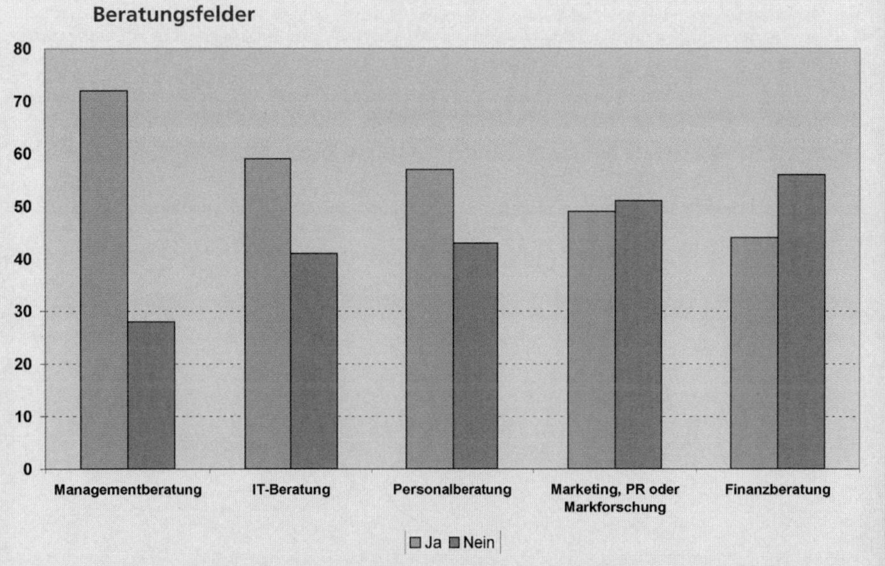

Grafik 17; Quelle: OGM / Yearbook Consulting

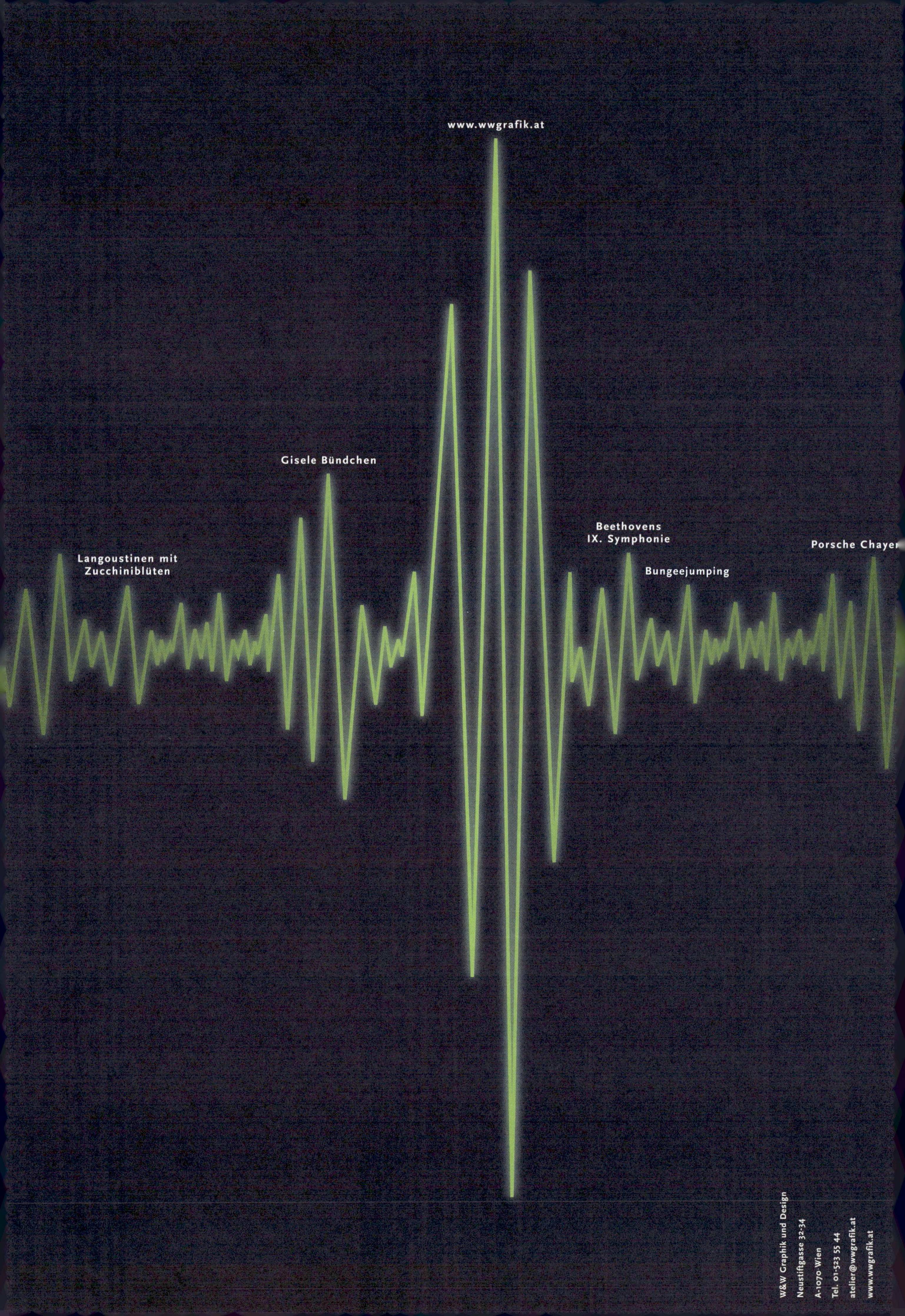
www.wwgrafik.at
Gisele Bündchen
Langoustinen mit Zucchiniblüten
Beethovens IX. Symphonie
Bungeejumping
Porsche Chayen
W&W Graphik und Design
Neustiftgasse 32-34
A-1070 Wien
Tel. 01-523 55 44
atelier@wwgrafik.at
www.wwgrafik.at

Müssen Marktforscher ihre Meinung unterdrücken?
Rock & Partner, Foto: www.sonjapriller.com
Österreichs Markt- und Meinungsforschung braucht eine starke Stimme.
Als leistungsstarke, serviceorientierte Interessensvertretung setzt sich der VMÖ für die Einhaltung gemeinsamer Qualitätsstandards und den guten Ruf der Marktforschung in der Öffentlichkeit ein. Allen, die in Instituten, Unternehmen, Agenturen oder Medien professionell mit Markt- und Meinungsforschung arbeiten, bietet er eine Erfahrungs- und Wissensplattform.
Der VMÖ beschäftigt sich mit nationalen und internationalen Themen und Trends in allen Disziplinen der Markt- und Meinungsforschung. Experten halten den Wissenspool stets auf dem neuesten Stand. So zählen zu den Mitgliedern Spezialisten der Markt- und Meinungsforschungsinstitute, Betriebsmarktforscher, Mediaplaner und -forscher, Marketing- und Product-Manager, Wissenschaftler, Unternehmensberater, Marketing- und Kommunikationsfachleute.
www.vmoe.at
VMÖ - Verband der Marktforscher Österreich.

An
die Leserinnen und Leser des

Yearbook Consulting 2003

Alserstraße 37
A-1080 Wien
Tel. +43-1-408 49 31
Fax +43-1-408 49 31-21
E-mail: office@triconsult.at
Web: http://www.triconsult.at

Betr.: Diskretes Mailing

Sehr geehrte Damen und Herren,

bitte betrachten Sie diese Anzeige als das unaufdringlichste Mailing, das Sie je erhalten haben.

Und wir wollen auch unaufdringlich sein, sehen aber keine andere Möglichkeit, Sie auf unser umfassendes Leistungsspektrum aufmerksam zu machen. Was wir für Sie tun können, ist leicht beschrieben:

- Sie wollen mit einem österreichischen Partner die internationalen Märkte erforschen. Wir liefern Ihnen das internationale Netzwerk und den Ansprechpartner in Österreich.
- Sie wollen Ihren Auftritt beim Kunden optimieren. Wir zeigen Ihnen die aktuellen Stärken und Schwächen aus Kundensicht, sagen Ihnen, wie Sie im Vergleich stehen und machen Sie auf die kritischen Erfolgsfaktoren aufmerksam.
- Sie wollen ein neues Produkt oder eine Dienstleistung einführen oder relaunchen. Wir helfen Ihnen, den Markt abzuschätzen, die Erfolgsaussichten zu berechnen und geben Ihnen Hinweise, welche Argumente die Interessenten für eine Kaufentscheidung benötigen.

Wir würden uns sehr freuen, Ihr Interesse geweckt zu haben. Zögern Sie nicht, uns zu kontaktieren.

Mit freundlichen Grüßen

TRICONSULT
Wirtschaftsanalytische Forschung
Ges.m.b.H.

Felix Josef

Rechtliche Aspekte 5

DCM

Der Prüfer darf weiter beraten

Dr. Werner Albeseder
SOT Süd-Ost Treuhand
Wirtschafts- und Unternehmensberatung GmbH

Durch die Bilanzskandale in den USA ist die Verquickung von Wirtschaftsprüfung und Beratung börsennotierter Unternehmen ins Zwielicht geraten. In Österreich bleiben die beiden Tätigkeiten grundsätzlich vereinbar. Der neue Corporate Governance Codex empfiehlt dem Buchprüfer aber freiwillige Selbstkritik.

Die Unabhängigkeit als Voraussetzung objektiven Handelns rückt nach Bilanzskandalen wie in den Fällen von Enron und WorldCom in Österreich durch den Österreichischen Corporate-Governance-Kodex (ÖCGK) noch weiter in den Mittelpunkt der Aufmerksamkeit. Zum Thema der Unabhängigkeit existieren schon bisher zahlreiche, teilweise kasuistische gesetzliche Regelungen und Empfehlungen, deren Beachtung geboten ist. Vor allem aber zählt das Bewusstsein für mögliche Interessenkonflikte: Unabhängigkeit ist eine Einstellungsfrage. Der ÖCGK soll vor allem für eine Geisteshaltung der Fairness werben.

Prüfung und Beratung in einer Hand sind nicht per se als problematisch anzusehen, sondern nur insoweit, als eine solche Doppelfunktion die Prüfungsqualität negativ beeinflussen kann. Die Kenntnisse des Abschlussprüfers über das zu prüfende Unternehmen werden durch Beratungsaktivitäten wesentlich erweitert. Besonders von Familienunternehmen ist ein starker, erfahrener Wirtschaftsprüfer als unabhängiger sachverständiger Berater meist sehr erwünscht.

In den USA ...

Die Frage der Vereinbarkeit von Prüfung und Beratung ist als Folge der Bilanzskandale des Jahres 2002 in den Mittelpunkt des Interesses einer breiten Öffentlichkeit getreten. Von den erwähnten Ereignissen besonders betroffen sind die USA und deren Kapitalmarkt. Die Reaktion fiel in den USA daher besonders heftig aus: Am 30. Juli 2002 trat der Sarbanes-Oxley Act in Kraft, mit dem unter anderem eine Aufsichtsbehörde zur Kontrolle der Jahresabschlussprüfung börsennotierter Unternehmen eingeführt sowie bestimmte Beratungsleistungen als mit der Tätigkeit als Abschlussprüfer unvereinbar erklärt wurden. Diese Leistungen sind unter anderem auch die Konzeption und Implementierung eines Systems von Finanzinformationen, die Erstellung bestimmter Gutachten und jede andere Dienstleistung, die das Public Company Accounting Oversight Board festlegt.

In Österreich beziehen sich die einschlägigen gesetzlichen Regeln betreffend der Vereinbarkeit von Prüfung und Beratung vornehmlich auf die Buchführung und die Erstellung des Jahresabschlusses. Die Frage einer Vereinbarkeit von Prüfungs- und Steuerberatungstätigkeit wird damit nicht behandelt. Diese beiden Funktionen sind daher in Österreich grundsätzlich als vereinbar anzusehen. Der ÖCGK bespricht in Regel 74 die bestehende gesetzliche Regelung, wonach die wirtschaftliche Unabhängigkeit des Abschlussprüfers durch zusätzliche Geschäftsbeziehungen mit dem zu prüfenden Unternehmen – wie etwa durch Beratungsaufträge – nicht beeinträchtigt werden darf. Ferner ist in Regel 76 vorgesehen, dass der Bilanzausschuss eine Erklärung des vorgesehenen Prüfers darüber einzuholen hat, welche beruflichen, finanziellen oder sonstigen Beziehungen zwischen dem Prüfer und diesem nahe stehenden Unternehmen („related parties") sowie seinen Organen und Prüfungsleitern einerseits und dem Unternehmen und seinen Organmitgliedern andererseits bestehen. Die Erklärung hat darüber hinaus darzulegen, in welchem Umfang im vorausgegangenen Geschäftsjahr andere Leistungen für das Unternehmen – insbesondere auf dem Beratungssektor – erbracht wurden und für das folgende Jahr vertraglich vereinbart sind.

... und in Österreich

Damit geht der ÖCGK, wie es der herrschenden Lehre in Europa entspricht, von der grundsätzlichen Zulässigkeit der gleichzeitigen Erbringung von Prüfungs- und Beratungsleistungen durch Wirtschaftsprüfer aus. Die Verpflichtung zur Offenlegung bedeutet, dass die Verantwortung für die Entscheidung, ob bestimmte Beratungsleistungen im Einzelfall mit einem Prüfungsauftrag vereinbar sind oder nicht, beim Abschlussprüfer verbleibt. Gegebenenfalls muss gegenüber dem Bilanzausschuss Rechenschaft abgelegt werden.

Die Vereinbarkeit von Prüfung und Beratung, insbesondere steuerlicher Beratung, ist in Europa nach wie vor gegeben. Wirtschaftsprüfer sind aber gut beraten, selbstkritisch zu hinterfragen, ob ein bestimmter Beratungsauftrag noch mit dem Prüfungsmandat vereinbar ist. Bestehen Zweifel an der Vereinbarkeit, sollte der Prüfer auf ein bestimmtes Beratungsmandat besser verzichten.

Erstveröffentlicht: „der Standard" / 17. 12. 2002

Wenn schlechter Rat teuer wird

Wofür haftet ein Unternehmensberater?

Wenn Kunden mit Leistungen von Unternehmensberatern nicht zufrieden sind, kann das daran liegen, dass der Berater einen Fehler gemacht oder der Kunde nicht den richtigen Auftrag erteilt hat. In diesen Fällen stellt sich die Frage, ob bezahltes Honorar zurückverlangt, ob es reduziert werden kann und ob ein allenfalls darüber hinausgehender Schaden vom Unternehmensberater zu bezahlen ist.

Dr. Winfried Schwarz, LLM
Dorda Brugger Jordis

Einleitung

Es gibt viele Gründe, warum der Kunde von der Leistung des Unternehmensberaters enttäuscht sein kann. Denkbar ist etwa:

- Die in Auftrag gegebenen Studie wird zu spät abgeliefert.
- Das vorgeschlagene Konzept lässt sich nicht umsetzen, da es auf einem Rechenfehler beruht oder rechtliche bzw. faktische Hindernisse übersehen wurden.
- Die vorgeschlagenen Maßnahmen sind sinnlos, weil sie Umstände außer Acht lassen, die außerhalb des Beratungsauftrags liegen.
- Die Präsentationen sind inhaltlich richtig, aber für den Kunden unverständlich.
- Die sinnvollen Vorschläge werden umgesetzt, führen aber nicht zum gewünschten wirtschaftlichen Erfolg, weil sich andere Parameter (zum Beispiel Nachfrage) geändert haben.

Als Folge der aufgetretenen Probleme lässt sich unterscheiden:

- Die Beratungsleistung ist teilweise oder völlig wertlos, hat aber keine weiteren negativen Folgen.
- Durch die mangelhafte Beratung entstehen Folgekosten (z. B. andere unnötige Studien werden ausgelöst, Fehlinvestitionen werden getätigt).
- Durch die mangelhafte Beratung tritt eine erwartete Verbesserung nicht ein, oder wirtschaftliche Chancen, die ohne Beratungsleistung wahrgenommen worden wären, werden versäumt.

Der Vertrag zwischen Kunde und Berater entscheidet, welche Leistungen der Unternehmensberater zu erbringen hat und in welchem Ausmaß er dafür haftet, wenn die Leistung mangelhaft ist.

1. Der Vertrag als Grundlage

Der österreichische Oberste Gerichtshof (OGH) hat in einer Leitentscheidung die Grundzüge des Unternehmensberatervertrags herausgearbeitet. Der Consultingvertrag (Unternehmensberatungsvertrag) ist eine besondere Vertragsart, bei der der Consultant die entgeltliche Erbringung von kaufmännisch-betriebswirtschaftlichen oder ingenieurwissenschaftlich-technischen Beratungsleistungen für den Klienten übernimmt.

Der Consultant ist ein Fachmann für Unternehmensberatung, der seine Fachkenntnisse gegen Honorarzahlung an den Kunden weitergibt. Typischerweise vermittelt er dem Klienten lediglich sein Expertenwissen, setzt aber die vorgeschlagenen Problemlösungen nicht selbst um. Dies bleibt typischerweise Angelegenheit des Auftraggebers. Dabei bleibt dem Kunden nicht nur überlassen, ob er die Vorschläge des Unternehmensberaters zur Gänze oder nur teilweise umsetzt, sondern auch in weiten Bereichen die Art der Umsetzung. Dadurch können auch Maßnahmen im Unternehmen notwendig werden, die sich nicht direkt aus den vorgeschlagenen Maßnahmen ergeben. Der OGH stellt zunächst fest, dass der Consultingvertrag in den unterschiedlichsten Erscheinungsformen auftritt, sodass im Einzelfall zu klären ist, was tatsächlich Auftragsgegenstand ist und ob dienstvertragliche oder werkvertragliche Elemente vorliegen.

Bei einem freien Dienstvertrag ist der Auftragnehmer verpflichtet, eine bestimmte Tätigkeit sachgerecht durchzuführen (Behandlung eines Patienten, Führung eines Prozesses, Beratung, Sprachunterricht). Wird diese Tätigkeit fachgerecht erbracht, führt aber nicht zum gewünschten Erfolg, so ist es das Risiko des Auftragnehmers (trotz sachgerechten Vorgehens wird der Patient nicht geheilt, der Prozess verloren, die Beratung ist unwirksam, oder die Sprache wird nicht erlernt).

Beim Werkvertrag ist der Unternehmer verpflichtet, einen bestimmten Erfolg herbeizuführen (z. B. Herstellung einer Computersoftware, Errichten eines Gebäudes, Reparatur eines Fahrzeuges). Den Auftragnehmer eines Werkvertrags trifft das Erfolgsrisiko. Tritt der Erfolg nicht ein, so gibt es auch kein Entgelt. Das gilt auch dann, wenn der Auftraggeber einen un-geeigneten Stoff zur Bearbeitung zur Verfügung gestellt hat und der Auftragnehmer nicht entsprechend gewarnt hat. Im Allgemeinen wird der Consultant im Sinne eines Dienstvertrags tätig: Er vermittelt Sach-kenntnisse und unterbreitet Vorschläge, setzt diese aber nicht selbst um. Diese Vorschläge müssen sachgerecht sein. Zu bedenken ist aber, dass nicht jeder sachgerechte Vorschlag not-wendigerweise den gewünschten Erfolg herbeiführt. Das kann etwa daran liegen, dass sich Risiken verwirklichen, auf die der Berater zwar sachgerecht hingewiesen hat, die aber der Kunde bewusst in Kauf genommen hat. Dies gilt um so mehr, wenn zwischen Vorschlag und Umsetzung ein Defizit klafft, das der Unternehmensberater nicht zu verantworten hat.

Verpflichtet sich der Consultant aber etwa, eine Markt- oder Standardanalyse durchzuführen, so ist er verpflichtet, eine richtige Analyse, also ein fertiges „Werk" im Sinne eines Werkvertrags vorzulegen. In diesem Fall muss er ein fertiges Produkt abliefern. Gelingt es ihm nicht, die Analyse zu stellen, so erhält er auch kein Beratungshonorar. Im Einzelfall ist es auch denkbar, dass der Consultant ausnahmsweise eine Erfolgsgarantie übernimmt. Zu klären ist also, welche Aufgaben tatsächlich vereinbart wurden. Der OGH unterscheidet zwischen Ganzheitsberatung (mit dem Ziel der Verbesserung des Unternehmenserfolgs insgesamt), Schwerpunktberatung (Beschränkung auf bestimmte betriebliche Funktionsbereiche) und Spezialberatung (Lösung einer eng begrenzten Aufgabenstellung).

Erst wenn der Auftragsumfang genau feststeht, lässt sich die Leistungspflicht des Unternehmensberaters bzw. allfällige Mängel bestimmen. Bei Festlegung des Auftragsumfangs trifft den Unternehmensberater auch eine Warnpflicht: Hat er Grund anzunehmen, dass der Aufgabenbereich zu eng abgesteckt ist, sodass das Ergebnis im Zusammenhang mit anderen Faktoren des Unternehmens nicht verwendbar ist, hat er darauf hinzuweisen.

Im Anlassfall hat es der Berater unterlassen, den Auftraggeber vor der Eröffnung eines zweiten Geschäfts zu warnen. Das zweite Geschäft erwirtschaftete Verluste, und der Kunde wollte diese Verluste vom Unternehmensberater ersetzt haben. Der OGH hielt fest, dass es eine Aufklärungspflicht gibt, die aber nicht so weit gehen kann, dass der Geschäftspartner über alle Umstände aufklären muss, die auf die Entscheidungen Einfluss haben können. Eine solche Pflicht besteht nur dann, wenn der Geschäftspartner nach den Grundsätzen des redlichen Geschäftsverkehrs eine Aufklärung erwarten durfte. So kann sich der Unternehmensberater grundsätzlich auf die Beurteilung des an ihn herangetragenen konkreten Problems beschränken, solange nicht deutliche Anzeichen dafür sprechen, dass der Kunde (etwa aufgrund fehlender Fachkenntnisse) den Auftragsumfang für das zu lösende Problem zu eng gefasst hat. Ob das vorliegt, kann nur im konkreten Fall geklärt werden: Es ist zu beurteilen, welche Aufgaben dem Unternehmensberater zugedacht waren und welche Informationen er über das Unternehmen hatte.Warnt der Unternehmensberater entsprechend, und der Kunde dehnt seinen Auftrag nicht aus, so ist es das Risiko des Kunden. Der Inhalt des Beratungsvertrags ist grundsätzlich das, was die Parteien miteinander vereinbart haben. Lässt sich das für einzelne Fragen nicht feststellen, so gilt das, was vernünftige Parteien in Kenntnis der Sachlage vereinbart hätten. Bei der Feststellung, was tatsächlich vereinbart wurde, gilt grundsätzlich der schriftliche Ver-trag. Da dieser aber auch nachträglich geändert werden kann oder sich das gemeinsame Ver-ständnis der Parteien ändert, sind auch nachträgliche Korrespondenz, Besprechungsprotokolle und allenfalls Zeugenaussagen zu Gesprächen von Bedeutung. Es ist also wichtig, nicht nur den Vertrag möglichst genau zu formulieren, sondern auch nach und nach auftretende Unklarheiten zu klären und die Klärung nach Möglichkeit schriftlich festzuhalten.

Haftungsregeln

Der Unternehmensberater verkauft sein Fachwissen und haftet dann, wenn – im Rahmen seines Auftrags – der von ihm erteilte Rat nicht fachgerecht ist. Fachgerecht ist der Rat dann, wenn er – zumindest – den anerkannten Regeln und Standards der Branche entspricht. Bleibt die Empfehlung hinter diesem Standard zurück, so ist sie mangelhaft, und es können Gewährleistungsansprüche und unter Umständen Schadenersatzansprüche geltend gemacht werden. Zunächst können Mängel verbessert werden (z. B. unvollständige Unterlagen werden nachgereicht, unverständliche Präsentationen verdeutlicht). Wenn der Unternehmensberater trotz Aufforderung die Mängel nicht innerhalb angemessener Zeit beseitigt, so hat der Kunde einen Anspruch auf Preisminderung oder, wenn es sich nicht nur um einen geringfügigen Mangel handelt, das Recht auf Wandlung (Auflösung des Vertrags). Er kann daher das Honorar des Beraters nach dem Wert der einwandfrei erbrachten Leistung im Verhältnis zum bestellten Gesamtauftrag kürzen. Eine Bewertung wird hier im Allgemeinen recht schwierig sein. Darüber hinaus haftet der Unternehmensberater für Schäden, die aus der mangelhaften Beratung entstanden sind. Diese Haftung für Schadenersatz umfasst grundsätzlich auch Mangelfolgeschäden: Durch den Beratungsfehler entstehen im Unternehmen weitere Kosten (Fehlinvestitionen, Kosten für verlorene Prozesse). Auch für entgangenen Gewinn wird grundsätzlich gehaftet: Der Unternehmer hätte, wenn er nicht auf den falschen Rat des Beraters gehört hätte, einen Gewinn gemacht, der ihm entgangen ist.

Grundsätzlich hat der geschädigte Kunde zu beweisen, dass die Beratung mangelhaft war: Dies mag einfach sein, wenn es sich um Rechenfehler handelt oder um das Übersehen von wesentlichen Faktoren, die jeder Unternehmensberater leicht erkannt hätte. Bei komplexen Vorgängen wird die Beweisführung im Ernstfall vom Gericht nur mit Sachverständigen möglich sein. Sobald der Fehler feststeht, sind Mangelfolgeschäden zu beweisen. Es geht darum, zu beweisen, dass überhaupt ein Schaden eingetreten ist, und darum, dass der Fehler für den Schaden ursächlich war. Das mag leicht sein, wenn es sich um tatsächliche Kosten handelt, die klar zugeordnet werden können. Entgangener Gewinn ist im Allgemeinen nicht leicht nachzuweisen. Es muss bewiesen werden, dass man ohne die Beratung anders gehandelt und in diesem Fall auch noch einen Gewinn gemacht hätte.

Vertragliche Leistungsbeschreibung und Haftungsbeschränkung

Diese unter Umständen sehr weit gehende Haftung lässt sich vertraglich in den Griff bekommen: Ausgangspunkt ist eine genaue Beschreibung des Leistungsumfangs. Dabei sollte auch festgelegt werden, auf welche Informationen der Unternehmensberater vertrauen darf bzw. welche Angaben er überprüfen muss. Sinnvoll ist es auch, festzulegen, mit welchen anderen Beratern (anderen Unternehmensberatern, Rechtsanwälten, Steuerberatern) der Unternehmensberater zusammenarbeiten soll und auf welche Informationen dieser Berater vertrauen darf. Auch Mitwirkungspflichten des Kunden sollten klar angesprochen sein. Eine genaue Festlegung der vertraglichen Pflichten dient auch dem Kunden, da ihm durch eine klare Formulierung der Verträge bewusst wird, welche Leistung er kauft, welche Gebiete nicht abgedeckt sind und welches Ausmaß an Mitwirkung und Umsetzung er selbst erbringen muss. Wenn auf dieser Basis der Leistungsumfang feststeht, lassen sich auch die Gewährleistungsfolgen beschränken: So kann etwa die Frist zur Verbesserung einer mangelhaften Leistung definiert oder ausgeschlossen werden, dass der Kunde mit Hilfe der Wandlung den Vertrag auflöst. Diese Einschränkungen der Rechte des Kunden sind grundsätzlich zulässig, solange sie nicht als grob unfair und daher sittenwidrig anzusehen sind.

Auch die Höhe der Haftung kann betraglich begrenzt werden (zum Beispiel auf ein Vielfaches des Honorars), und die Haftung für Mangelfolgeschäden kann gänzlich ausgeschlossen werden, wie die Haftung für entgangenen Gewinn. Bestehen solche vertraglichen Haftungsbeschränkungen nicht, so haftet der Berater grundsätzlich in unbeschränkter Höhe.

Zusammenfassung

Der Unternehmensberater haftet – wie jeder andere Dienstleister – dafür, dass er seine Aufgabe nach dem Standard seiner Branche erfüllt. Dabei ist allen Beteiligten gedient, wenn der Umfang des Auftrags möglichst genau festgelegt wird. Der Unternehmensberater kann sein Risiko außerdem durch Haftungsbeschränkungen weitgehend eingrenzen.

Klienten der Beratungsunternehmen zum Thema „Beratung“

6

Heading for the Best Class

Mag. Gernot Schieszler
Telekom Austria

Seit der Trennung von Post und Telekom Austria in die beiden Gesellschaften Post AG und Telekom Austria AG im Jahr 1998 und der Abschaffung des Monopols mit Einführung der Regulierungsbehörde Ende 1997 hat in der Telekom Austria AG ein Wandel stattgefunden, der nicht zuletzt auch notwendig war, um den am 21. November 2000 erfolgten Börsengang an der Wiener Börse und der New York Stock Exchange zu ermöglichen.

Durch den damit verbundenen permanenten Vergleich durch so genannte „stakeholder" (vor allem Analysten, Eigentümer und potenzielle Investoren) wird das Unternehmen seither am Pfad seines Change-Prozesses gebenchmarked. Wenn wir, so wie bisher, „one step ahead" die Erwartungshaltungen realisieren können, werden wir auch in Zukunft den Sektor outperformen (siehe Grafik 1), was das Ziel jedes Investors und damit auch als Ziel jedes Managements implizit abzuleiten ist. Das Gelingen der Transformation von einem Monopolisten mit so genannten „Antragstellern" zu einem service- und wettbewerbsorientierten Marktführer in allen Geschäftsfeldern, der für seine Kundenservices am 14. Oktober 2002 mit dem EUCUSA Award der Firma Kreutzer Fischer & Partner ausgezeichnet wurde, hat viele Ursachen und kritische Erfolgsfaktoren.

Ein wesentlicher Erfolgsfaktor dabei ist der richtige Einsatz von Unternehmensberatern.[1] Da der Begriff Unternehmensberatung allerdings sehr weit gefasst ist, haben wir ihn auf Managementberatung eingeschränkt, wobei innerhalb der Telekom Austria in General Management, Finance, Business Process Reengineering, Product Development und Revenue Growth Opportunity unterschieden wird. General Management inkludiert Strategieberatung über die Entwicklung ganzer Unternehmensteile und Sparten. Unter Finance wird die Beratung und Abwicklung der Kapitalmarkttransaktionen sowie Equityinvestitionen und Deinvestitionen verstanden. Business Procress Reengineering beschäftigt sich mit der Analyse und Konzeption sowie der Installation von Prozessen inklusive der Veränderung von Organisationsformen aufgrund von Ablaufveränderungen. Product Development umfasst die strategische Plattformentwicklung und die darauf aufbauende klassische Produktpolitik. Unter Revenue Growth Opportunity wird die Produktpolitik von einzelnen Sparten und Unternehmensteilen verstanden. Warum grundsätzlich Unternehmensberater in der Telekom Austria sowie anderen Konzernen eingesetzt werden, hat meiner Ansicht nach hauptsächlich zwei Ursachen.

1. Knowledge Leadership Dies trifft vor allem auf die Top Ten der Unternehmensberatungen zu, die sehr viel in den Aufbau und das permanente Update von Know-how-Pools investieren; ein Teil davon sind die Mitarbeiter selbst, die jeweils nach ganz speziellen, für die Beratung einzigartigen Kriterien rekrutiert werden.

2. Power Nur wenige reifere Organisationen schaffen es, Projektteams einzusetzen, die, losgelöst von den Linienfunktionen, für einen definierten Zeitraum eine definierte Aufgabe interdisziplinär erledigen. Dies kann überdies nur dann erfolgreich intern funktionieren, wenn das Management auf „Propheten" im Haus hört und ihnen Gewicht einräumt.

Ein gewünschter Erfolg von und mit externen Beratern wird sich dann einstellen, wenn das erarbeitete Know-how ins Unternehmen gezogen wird und die Aufgabe strukturiert in die Or-

Kursentwicklung seit Börsengang

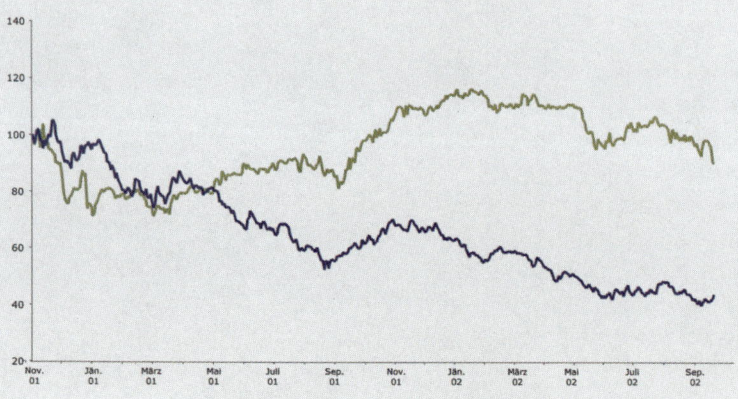

ganisation nach Abschluss integriert wird. Dazu ist es notwendig, die Projekte intern ausreichend zu staffen und so auch High Potentials intern weiterzuentwickeln. Das Gegenteil kennen viele von uns: Abhängigkeit von Know-how und externen Personen. Wenn dieses Szenario eintritt, hat der Klient versagt. Die Telekom Austria Gruppe hat seit Beginn des Einsatzes von Managementberatungsleistungen versucht, diesen Prozess proaktiv zu managen. Die Auflistung der prozentuellen Ausgaben der Consultingleistungen über die Jahre 2000 bis 2003 erfolgte nach der Zuordnung der fünf Kriterien (siehe Grafik 2) unter der Begriffsdefinition Managementberatung. Aufgrund der Historie des Unternehmens stand das Geschäftsjahr 2000 klar unter der Entwicklung der Zielsetzungen der einzelnen Unternehmensteile und Sparten. Stark geprägt war es weiters von Kosten für Unternehmenszukäufe aus dem Strategieprozess und Finanzmarkttransaktionen. Es wurden allerdings auch die wesentlichen Schritte zur Restrukturierung des Unternehmens und zum Personalabbau sowie zur Senkung der Sachkosten eingeleitet. Die Technologieplattformentwicklung, die zu ersten signifikanten Einsparungen bei Investitionen führte, nahm einen wichtigen, aber in dieser Phase des Unternehmens geringeren Stellenwert ein, ebenso wie die Revenue Growth Opportunities, da das Ziel auf Verteidigung des bestehenden Umsatzes lag.

Die Situation änderte sich aufgrund der erfolgreichen Restrukturierung im Festnetzbereich mit Personalabbau, Sachkosten- und Investitionseinsparungen auf effizientem Niveau aufgrund des dramatischen Wettbewerbsumfeldes im Jahr 2000, weshalb auch die Consultingleistungen im Jahr 2001 anders verteilt wurden. Die Strategie war aufgesetzt, der Weg war klar, der Weg zum Kapitalmarkt bereits beschritten. Die eingeleiteten Maßnahmen mussten mit Hochdruck weiterlaufen, da durch den in Österreich einzigartigen Wettbewerb am Telekommunikationsmarkt ein weiterer Personalabbau und Sachkosteneinsparungen notwendig waren. Des weiteren wurde versucht, aufgrund des Rückgangs im bestehenden Produktportfolio mittels neuer Technologieplattformen und durch die Konzeption von neuen Produkten Revenue Growth Opportunities auszuschöpfen. Auch hier spiegelte sich der effiziente Einsatz von Beratungsleistungen wider.

Year Category	2000	2001	exp. 2002	est. 2003
General Management	38 %	31 %	21 %	16 %
Finance	27 %	16 %	12 %	15 %
Business Process Re-Engineering	19 %	28 %	24 %	21 %
Product Development	9 %	14 %	19 %	20 %
Revenue Growth Opportunities	7 %	11 %	24 %	28 %
Total	100 %	100 %	100 %	100 %

Das Jahr 2002 ist durch die Integration der Tochtergesellschaften zu einer Telekom Austria Wireline geprägt. Diese zerfällt in die Geschäftsfelder Wholesale und Retail, wobei das Geschäftsfeld Retail in Business Solutions, Private und Professional Customers und Media zerfällt. „One face to the Customer", neue Produkte, die Telekom Austria als Solution Provider für Wholesale- und Retail-Bereich sind die Hauptschwerpunkte im letzten Geschäftsjahr. Dies dokumentiert sich in der Verteilung der Consultingausgaben.

Für 2003 wird dieser erfolgreiche Prozess fortgeschrieben, wobei der Schwerpunkt noch stärker in Richtung neue Services und Weiterentwicklung unserer Technologieplattformen, die zu den besten Europas gehören, geht. Für die Bedarfskostenentwicklung der Managementberatungskosten der Telekom Austria kann gesagt werden, dass sie grundsätzlich rückläufig sind, da das Know-how gezielt in die interne Organisation übertragen wird und die Projektorganisationen gemäß internationalen Standards aufgesetzt sind. Dafür sorgt nicht zuletzt auch die Vielzahl an extern rekrutierten Mitarbeitern. Trotzdem sind wir überzeugt, dass Beratungskosten einen Fixkostenblock bei internationalen Konzernen darstellen, wie dies auch bei uns der Fall ist. Die Telekom Austria zählt bei der Auswahl von Unternehmensberatern auch auf Partnerschaften in einzelnen Bereichen, die erfolgreich aus der Vergangenheit in die Zukunft entwickelt werden.

[1] Als weiterführende Lektüre zum Einsatz von Beratungsleistungen empfehle ich „Management Consultants And The Businesses They Save and Ruin" (James O'Shea & Charles Madigan, 1997). In diesem Buch werden die Pros und Cons bei „Fortune 500"-Unternehmen herausgestrichen, die mit Unternehmensberatern reüssieren konnten oder aber von ihnen ruiniert wurden.

Pappas: Vom Standort zur Gruppe

Mag. Franz Pichorner
Pappas Gruppe

Im Verlauf eines strategischen Entwicklungsprozesses in Unternehmen benötigt man spezifische Beratungsleistungen. In diesem Zusammenhang ist es notwendig, den richtigen Berater mit der entsprechenden Dienstleistung zur gezielten Hilfestellung zu finden. Im folgenden Beitrag beschreibt die Pappas Gruppe ihre Erfahrungen mit Beratern und deren Einsatzgebieten.

Der Automobilhandel in Europa befindet sich derzeit in einer Umbruchphase: Vorbei sind jährliche Zuwachsraten in einem rasch wachsenden Markt. Seitens der Hersteller kommt es zu einer immer stärker werdenden Konzentration. Schließlich beschleunigt die Abänderung der Gruppenfreistellungsverordnung durch die Europäische Union zusätzlich die Netzkonsolidierung. Dem Automobilhandel in Europa steht eine Entwicklung bevor, wie wir sie bereits aus dem Einzelhandel, der Telekombranche und dem Flugverkehr kennen. Umso wichtiger wird es in diesem Umfeld, dass sich überregional agierende Automobilhändler gezielt auf diese Veränderungen vorbereiten und auf Erfahrungen aus anderen Branchen zurückgreifen.

Die Pappas Gruppe als solche formiert sich seit etwa zwei Jahren, um oben angeführten Herausforderungen gewachsen zu sein. Bis vor drei Jahren bestand die Pappas Gruppe lediglich in der Vorstellung weniger Führungskräfte in der Konzernzentrale, da man bewusst nicht als Unternehmensverbund auftreten wollte und sich über den Erfolg der einzelnen Handelshäuser definierte. In der breiten Öffentlichkeit war überwiegend unbekannt, dass Pappas mit seinen verbundenen Unternehmen den Mercedes-Benz-Großhandel Österreich und Ungarn, 50 Prozent des MB-Personenkraftwagen- und 90 Prozent des österreichischen Nutzfahrzeuggeschäfts steuert. Zusätzlich wickelt die Gruppe die Logistik mit Daimler-Chrysler-Ersatzteilen für 14 europäische Länder ab. Zu dem Unternehmensverbund der Pappas Gruppe gehören mittlerweile 16 Standorte in Österreich und weitere vier in Ungarn – und im Geschäftsfeld Automobil werden ca. 2.100 Mitarbeiter beschäftigt. Der Pappas Unternehmensverbund ist der zweitgrößte Automobilhändler im Absatzgebiet

Österreich nach der Porsche Gruppe. Im europäischen Markt sieht sie sich mit neuen Mitspielern konfrontiert. Gerade im angelsächsischen Raum finden sich große Autohändler mit einer ausgeprägten Mehrmarkenkultur, die bisweilen Expansionsansätze auf das Festland verfolgen. Innerhalb ihrer Kernmarke wird es auch in grenznahen Regionen zu einem direkten Mitbewerb mit der deutschen Mercedes-Benz-Vertriebsorganisation kommen. Mit der Erweiterung um die EU-Beitrittskandidaten 2004 dürfte für die EU-Kommission zusätzlicher Handlungsbedarf entstehen, da diese Märkte teilweise noch stärker quergestützt werden, als das innerhalb der EU bisher üblich war.

Um sich auf diese Herausforderungen entsprechend vorzubereiten und die Veränderungen tatsächlich als Chance zu nutzen, versuchen die Eigentümer der Pappas Gruppe von den Erfahrungen der Unternehmen aus anderen Branchen zu lernen. Gerade bei diesem Prozess ist der gezielte Einsatz von externen Beratern wesentlich. Ein wesentlicher Aspekt für den Erfolg eines Projekts ist die Umsetzung. Da die Pappas Gruppe in diesem Bereich über gute Kompetenzen verfügt, setzt sie ihr Schwergewicht in der Zusammenarbeit auf den Wissenstransfer von Beratern in das Unternehmen. Dazu ist es von Vorteil, wenn die Zusammenarbeit zwischen Auftraggeber und Lieferant in einer fairen Partnerschaft stattfindet – wobei man dies aber nicht mit einem „blinden Vertrauen in externe Beratung" verwechseln sollte.

Beginnend mit dem Geschäftsjahr 2000/01 startete die Führung der Gruppe langsam und auch sehr vorsichtig, die Größe des Unternehmens zu kommunizieren, mit dem Ziel, die Pappas Gruppe als einen überregionalen, europäischen Händler zu positionieren. Dieser sicher einschneidendste Entwicklungsschritt in dem nunmehr fünfzigjährigen Unternehmensbestand zeigt sich auch sehr deutlich in den externen Beratungsaufwendungen.

Aus der nebenstehenden Grafik wird deutlich, dass sich die Pappas Gruppe bis zum Beginn der aktuellen Dekade im Wesentlichen auf die Optimierung der bestehenden Struktur konzentrierte. Nun wird das Schwergewicht auf neue Strukturen, Prozessdesign und Identität gesetzt. Gerade im Bereich des Marketing, speziell auch des nach innen gerichteten, werden neue Akzente gesetzt – mit dem Ziel, das neue Selbstverständnis für die Mitarbeiter erlebbar zu machen.

Im Folgenden möchte ich Ihnen die einzelnen Blöcke etwas erläutern und die jeweiligen dahinter stehenden Überlegungen näherbringen.

Betriebsberatung (Management-/Strategieberatung): Ende der Neunzigerjahre stand die

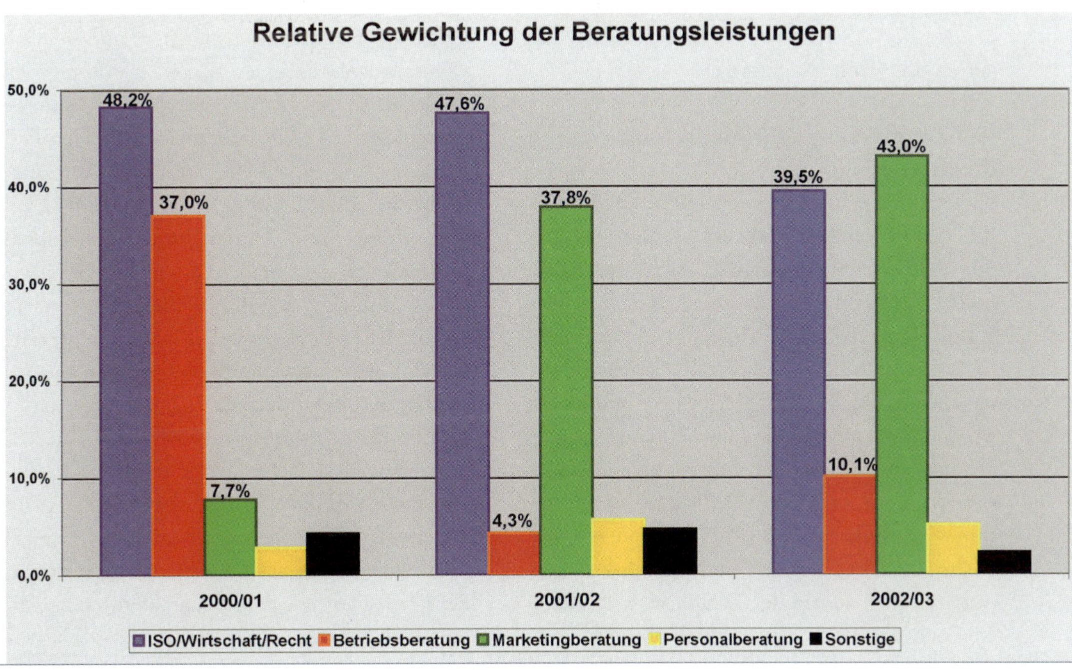

Optimierung der operativen Einheiten im Vordergrund; hier wurden von 1997 bis 2002 vier Landesvertretungen in Österreich und Ungarn einem „Feinschliff“ unterzogen, mit dem Ziel, die dezentralen Organisationen möglichst wettbewerbsfähig aufzustellen und damit die Basis für die nun folgende strategische Neuausrichtung zu legen. Schwerpunkt für das Jahr 2003 ist der Übergang von den klassischen Centerkonzepten in der Organisationsstruktur hin zu einer verstärkten Divisionalisierung der Geschäftsfelder. Dieser Entwicklung wird in den einzelnen Geschäftsfeldern eine unterschiedliche Priorität zugeordnet, da sie sehr stark von den Ansprüchen der Kunden abhängig sind. So ist der Handlungsbedarf im Nutzfahrzeugsegment größer als im Kundendienst. Die Entwicklungen im Nutzfahrzeuggeschäft, speziell im Bereich der schweren Lkw und im Kommunalgeschäft, führten zu einer immer stärker werdenden Konzentration der Kunden. Kunden, die überregional, teilweise auch international agieren, erwarten auf der Lieferantenseite professionelle Ansprechpartner, die ihre überregionalen Herausforderungen verstehen und lösen können. Im Kundendienst wird nach wie vor in überschaubaren regionalen Entfernungen gedacht, und Kunden sind hier oft Private und Kleingewerbetreibende, die die lokale Verbundenheit schätzen und auch einfordern. Als weitere Schwerpunkte im laufenden Geschäftsjahr betrachtet die Pappas Gruppe die Überarbeitung der bestehenden Strategie sowie die Anpassung der Geschäftsfeldstrategien an die geänderten Rahmenbedingungen.

ISO-Zertifizierung / Wirtschafts- und Rechtsberatung:
Diese drei Beratungsschwerpunkte entwickeln sich relativ konstant und sind geprägt von langen Partnerschaften. Aus der Sicht der absoluten Beträge gibt es keine wesentlichen Schwankungen, mit Ausnahme des Geschäftsjahres 2002/03, wo für die Pappas Gruppe höhere Rechtsberatungskosten budgetiert wurden. Dies steht in direktem Zusammenhang mit der Veränderung der Gruppenfreistellungsverordnung durch die europäische Kommission. Zusätzlich sind im laufenden Geschäftsjahr Akquisitionen und neue Joint Ventures geplant, sodass der Bedarf an rechtlicher Unterstützung im Jahresvergleich ansteigt.

Personalberatung: Mit den geänderten Rahmenbedingungen im Automobilhandel ändern sich auch die Herausforderungen an die Mitarbeiter und Führungskräfte der Pappas Gruppe. Neue Sichtweisen – weg vom lokalen Spieler und hin zu einer überregional agierenden Gruppe – erfordern gerade vom Management ein Umdenken und Anpassen an neue Strukturen. Begleitet wird dieser Vorgang von einem seit zirka fünf Jahren laufenden Generationswechsel. Gerade in dieser Phase der Umstellung ist es besonders wichtig, dass bestehendes internes Know-how strukturiert weitergegeben und mit externem Wissen ergänzt wird. Die Pappas Gruppe hat daher ein wachsendes Augenmerk auf die interne und externe Mitarbeiterentwicklung gelegt. Als einer der größten Lehrlingsausbilder Österreichs – mit durchschnittlich mehr als 300 Lehrlingen im Personalstand – ist eine strukturierte Mitarbeiterausbildung von jeher ein zentrales Thema.

Marketing- / PR-Beratung: Gerade die Herausforderung der Formation zur Pappas Gruppe verleiht dem Thema Marketing eine neue Bedeutung. Während es in einem ersten Schritt notwendig war, die Idee in den Köpfen der Mitarbeiter zu verankern, um den Intrabrand-Wettbewerb herabzusetzen, so ist es nun in einem zweiten Schritt wichtig, die Marke Pappas Gruppe zu positionieren und mit neuen, gruppenübergreifenden Inhalten zu besetzen. Das neue Marketingkonzept der Pappas Gruppe versucht den Spagat zwischen regionalen und lokalen Ansätzen mittels eines dualen Konzeptes zu meistern. In einer Übergangsphase ist es daher notwendig, dass die starken lokalen Händlermarken – wie „Retter“ in Tirol und „Wittwar“ in der Steiermark – in einem ersten Schritt mit dem Zusatz „ein Unternehmen der Pappas Gruppe“ versehen werden, um so den Brückenschlag zu einem regionalen Marketingkonzept einzuleiten. Mit diesem sehr sanften Übergang von den einzelnen Händlermarken zur Gruppe wird beabsichtigt, dass möglichst wenig positive Emotion im Transformationsprozess verloren geht. Eine zusätzliche Herausforderung in diesem Prozess ist die eigene Markenbildung, denn außerhalb von Salzburg ist der Name „Pappas“ noch wenig besetzt, was es erforderlich macht, der Pappas Gruppe eine eigene Identität zu verschaffen. Zu diesem Zweck wurde in Zusammenarbeit mit externen Beratern der Leistungskern der Pappas Gruppe neu definiert; dabei war es wichtig, dass diese zusätzlichen Differenzierungsmerkmale nicht die bestehenden Händler- und Produktmarken abschwächen, sondern diese zusätzlich mit Kundennutzen aufladen. Dass dies bei Produktmarken wie Mercedes Benz, Smart, Jeep, Unimog, Maybach, AMG etc. und lokalen Händlermarken wie Wittwar, Retter, Pappas nicht einfach ist, mussten alle Beteiligten während der einzelnen Workshops erkennen. Trotz dieser starken Marken gelang es der Pappas Gruppe, mit Betonung auf Convenience in allen Bereichen der Mobilität – zusammengefaßt unter dem Slogan „Das Beste erfahren“ – eine neue, übergeordnete Klammer zu finden. Dieser Slogan ist somit Kernbestandteil der neuen Pappas-Corporate-Identity.

IT-Beratung: Dieser ebenfalls sehr wichtige Bereich in der Zusammenarbeit mit externen Beratern ist geprägt von lang andauernden Kooperationen und stabilen Budgets. Im Prozess der Gruppenformation kam es in diesem Segment aber nicht zu wesentlichen Mittelverschiebungen.

Abschließend kann festgehalten werden, dass die Pappas Gruppe sich bereits rechtzeitig auf die neuen Herausforderungen des europäischen Marktes vorbereitet hat und als starker Partner der Daimler Chrysler AG in die Zukunft blickt. Das Volumen der Zusammenarbeit mit externen Beratern wird mittelfristig wieder reduziert und dem Stabilisierungsprozess im Sinne der Nachhaltigkeit der Änderungen größere Bedeutung beigemessen. Eine laufende Evaluierung der Optimierungen wird aber weiterhin in der Zusammenarbeit mit Externen erfolgen müssen, um sicherzustellen, dass das Management sich nicht im Tagesgeschäft verliert und der langfristige Erfolg der Pappas Gruppe nicht zu kurz kommt. In der Zusammenarbeit mit externen Beratern sind aus unserer Sicht folgende Punkte unbedingt zu beachten:

- Klare Zieldefinition gemeinsam mit Beratern
- Kosten-Nutzen-Kalkulation vor Projektbeginn
- Gemeinsame Durchführung der Ist-Analyse
- Starke Einbindung eigener Mitarbeiter in die Projektteams
- Langfristige Partnerschaften

Bei Befolgung dieser fünf Punkte kann man unliebsamen Überraschungen im Projektverlauf vorbeugen und die Chancen auf einen nachhaltigen Projekterfolg wesentlich erhöhen.

Weitere Informationen zum Unternehmen erhalten Sie unter **www.pappas.at**

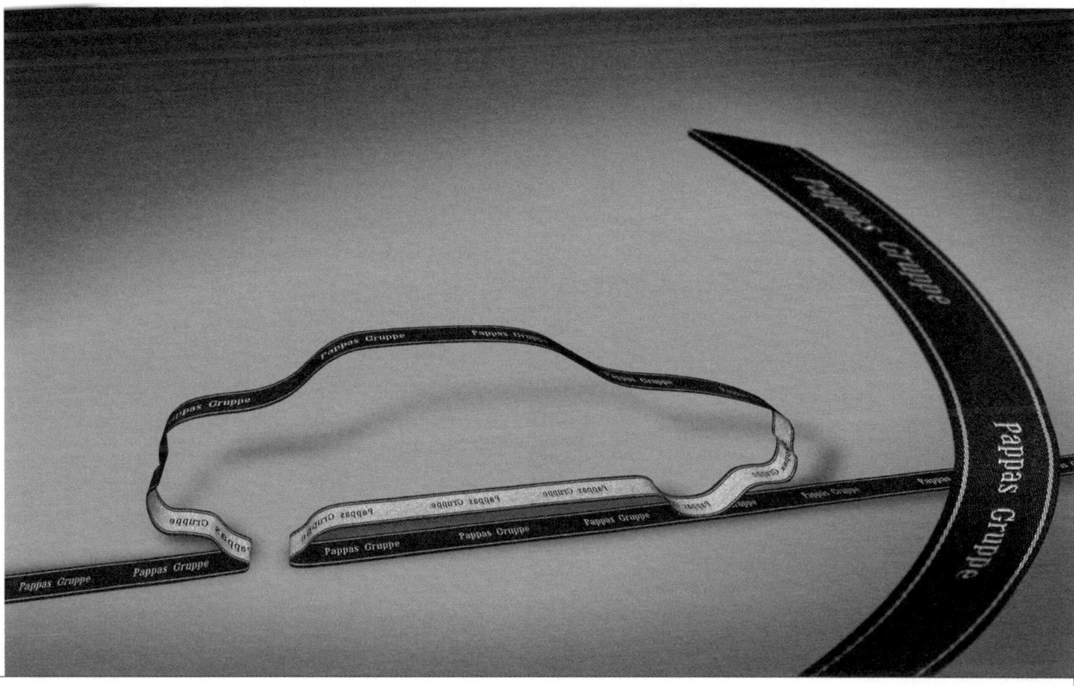

Communication Leadership in a Converging Digital World

Mag. Georg Kapsch
Kapsch AG

Wenn wir über Beratung sprechen, so müssen wir zunächst einmal eine Begriffsdefinition vornehmen, denn jeder, der von Beratung spricht, wird wahrscheinlich verschiedene Vorstellungen davon haben.

Die einen denken bei Beratung an reine Betriebsberatung – wie Strategie- und Organisationsberatung –, andere denken an Beratung im Sinne von Steuerberatung und rechtlicher Beratung, wieder andere haben die Vorstellung von Technologieberatung.

Um Beratung und deren Gewichtung und Bedeutung für Unternehmen beurteilen zu können, scheint eine Klassifizierung notwendig zu sein. Wir bei Kapsch sehen die Hauptgruppen: juristische Beratung, Steuerberatung und Wirtschaftsprüfung, Technologieberatung, Strategieberatung, Organisationsberatung, Beratung in Fragen der Personalentwicklung und Unternehmenskulturentwicklung sowie Beratung für spezifische Projekte.

Während sich die Beratertätigkeit bei Kapsch bis in die Siebzigerjahre im Wesentlichen auf juristische Beratung sowie Steuerberatung und Wirtschaftsprüfung konzentrierte, begannen in den Achtzigern unternehmensübergreifende Strategie-, Organisations- und Personalentwicklungsprojekte. In dieser Zeit gab es auch bei Kapsch, dem Trend der Zeit folgend, weit gespannte, sehr allgemein gehaltene Beraterprojekte. Wir erkannten allerdings relativ schnell Anfang der Neunziger, dass nur endogen entwickelte Projekte – die jedes für sich mit oder ohne, jedenfalls mit einem spezifischen Berater, durchgeführt wurden – auch zum Erfolg führen konnten.

Strategie-, Organisations- und Personalentwicklungsprojekte sind nach unserer Ansicht weder inhaltlich noch von der Verantwortung her an externe Berater delegierbar, wobei dies nicht heißen soll, dass es nicht sinnvoll wäre, für einzelne Teilschritte oder Projektsegmente Berater hinzuzuziehen. Die Beobachtung, dass Berater oftmals zur Risikominimierung und Verantwortungsabwälzung des Managements von diesem selbst eingesetzt werden, hat uns zur Überzeugung gebracht, Berater als Projektunterstützer, Knowhow-Geber und in spezifischen Fällen als Implementierer einzusetzen. Wir achten allerdings sehr stark darauf, dass das Management niemals die Möglichkeit der Ausrede auf einen Berater erhält.

Viele Unternehmen – so auch Kapsch – haben Beratung in ihr Leistungsportfolio aufgenommen und können deshalb die Leistungen von Beratern wesentlich besser beurteilen als noch vor einigen Jahren. Um etwa im Bereich der Informations- und Kommunikationstechnologie kundenspezifisch optimierte Lösungen anbieten zu können, bedarf es eines durchwegs guten Organisations-Knowhows. Dies ist auch der Grund, warum das Verständnis zwischen eingesetzten Beratern und Führungskräften/Mitarbeitern im Unternehmen selbst wesentlich an Qualität gewonnen hat.

Dadurch haben wir bei Kapsch auch gelernt, Projekte beratergerecht aufzubereiten und so abzugrenzen, dass es dem Berater möglich ist, in kurzer Zeit ein Optimum an Leistung zu erbringen und so dem Management eine auch als solche wahrgenommene Hilfestellung bei der Problemlösung zu bieten. Wir sind der Überzeugung, dass die Überschaubarkeit eines Beratungsprojekts – und zwar Überschaubarkeit für alle Betroffenen und nicht nur für das Topmanagement – den wesentlichen Schlüssel für den Erfolg eines solchen Projekts darstellt.

Beispiele für derartig abgegrenzte Projekte sind die Einführung einer neuen ERP-Software, Unterstützung bei der Erstellung von Businessplänen, um Betriebsblindheit zu vermeiden, Beratung bei PR-Aktivitäten, rechtliche und steuerliche Beratung bei gesellschaftsrechtlichen Restrukturierungsvorhaben.

Die Globalisierung unserer Wirtschaft und die verstärkte Notwendigkeit von Detailanalysen, bezogen auf neue regionale Märkte, ist ein weiteres Element für den Einsatz von Beratungsunternehmen, da solche Analysen in vielen Fällen standardmäßig nicht zukaufbar sind und von reinen Marktforschungsinstituten aufgrund der oft sehr spezifischen Anforderungen nicht umsetzbar sind. Aus einer solchen Analyse kann sich dann natürlich ein Folgeprojekt zur Planung der Markterschließung ergeben, wenngleich wir bei Kapsch diese Planung in den meisten Fällen selbst durchführen.

Unter Beratung fallen heute aber auch vermehrt Tätigkeiten wie Teambildung und Coaching von Führungskräften, die aufgrund der wesentlich gestiegenen Anforderungen an Mitarbeiter, aber vor allem an Führungskräfte extrem zunehmen.

Speziell die Bedeutung von Coaching wird heute von Mitarbeitern und Führungskräften noch weitgehend unterschätzt. Immer noch herrscht die Meinung vor, Coaches benötige man nur, wenn man psychisch labil und unsicher sei. Mit dieser Meinung muss vonseiten der Unternehmensleitung, allerdings auch vonseiten der Berater aufgeräumt werden. Einen Coach zu haben bedeutet nämlich, nicht schwach zu sein, sondern im Gegenteil, die Stärke zu haben, sich mit sich selbst und seinen Handlungen auseinandersetzen zu wollen und zu können. Wer erst einmal erkannt hat, welche Hilfe ein Coach in kritischen Situationen sein kann und welches oft irrationale Verhalten, das

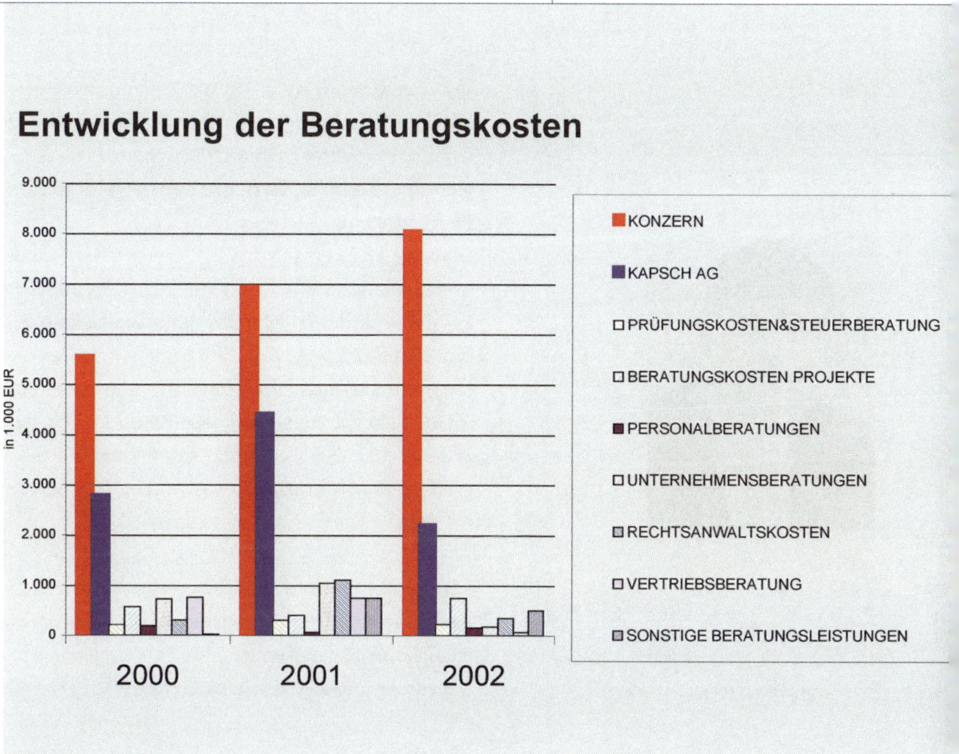

bei Kollegen und Mitarbeitern negative Reaktionen auslösen kann, damit zu verhindern ist, wird der althergebrachten Meinung nicht mehr anhängen.

Die so gestaltete neue Form der Zusammenarbeit mit Beratern führt unseres Erachtens nach zu einer wesentlich höheren Identifikation des Beraters mit dem Unternehmen und dem spezifischen Projekt, an dem er arbeitet, aber auch zu einer gesteigerten Identifikation der im Unternehmen selbst Verantwortlichen, da der Erfolg eines Beratungsprojekts viel unmittelbarer spürbar wird als früher.

Betrachten wir die Verschiebung zwischen den Hauptberatungsfeldern innerhalb der letzten Jahre, so ist zu erkennen, dass klassische Bereiche wie Rechts- und Steuerberatung sowie Wirtschaftsprüfung durchaus wieder an Gewicht gewinnen, aber auch alle mit der Entwicklung von Mitarbeiterpotenzial verbundenen Beratungen. Dies bei insgesamt steigendenden Kosten, wobei sicherlich zu bedenken ist, dass einiges der gestiegenen Kosten auf outgesourcte Aktivitäten zurückzuführen ist.

Die Kapsch-Gruppe wird sich weiterhin auf Berater stützen, ohne dabei allerdings das unternehmerische Element an Berater outzusourcen.

neudörfler

Consulting Team für Team Consulting

Oskar Gogl
Neudörfler

Von der Gründung 1946 bis 1997 leitete Herr KR Karl Markon als dominante Persönlichkeit das Unternehmen. Danach übernahm das Ehepaar Frau Monika Klettenhammer-Markon und Herr Gerhard Klettenhammer die Geschäftsführung und versuchte mit Unterstützung eines neuen Managementteams die Firma Neudörfler auf die veränderten Marktverhältnisse auszurichten. Das Firmenergebnis 2002 zeigte jedoch, dass die optimistischen Annahmen des Managements nicht eingehalten werden konnten. Durch das Hinzuziehen eines externen Beraterteams wollte die Geschäftsführung erreichen, dass Neudörfler wieder auf Erfolgskurs gebracht wird.

Das Gneist Consulting Team stand vor der Aufgabe, sowohl die umgesetzten Maßnahmen des Managements zu durchleuchten als auch das Verfehlen der gesteckten Ziele zu ergründen.

Nach kurzer Aufnahme des Ist-Zustands konnte das Gneist Consulting Team folgende Ursachen für die Krise der Neudörfler Büromöbelfabrik aufzeigen:

- Fehlen eines klaren kurz- und mittelfristigen Finanzkonzepts,
- keine mittel- und langfristige Investitions- und Absatzplanung,
- Manko eines Strategiekonzepts für die Neuausrichtung des Unternehmens,
- Schwächen bei der internen Kommunikation und Aufgabenverteilung,
- keine klaren Organisationsabläufe.

Somit konnte der Soll-Zustand rasch festgelegt werden. Da die finanzielle Situation des Unternehmens durch Liquiditätsengpässe gekennzeichnet war, kümmerten sich die Berater im ersten Schritt um die Konsolidierung der Bankenbeziehungen sowie um eine kurz- und mittelfristige Finanzplanung. Im Bereich Personal, Teamentwicklung und Organisation konnte durch Einführen von Projektgruppen das Vertrauen unter den Mitarbeitern wesentlich verbessert und somit die Produktivität im Unternehmen gesteigert werden.

Besonders hilfreich war, dass das Gneist Consulting Team Berater zur Verfügung stellte, die mit psychologischem Geschick eine offene Gesprächsbasis und damit verbunden eine Vertrauensbasis zu den Mitarbeitern herstellen konnten.

Die Consulting Gruppe erstellte mit den Abteilungen eine fundierte Dreijahresplanung, die von den Banken positiv bewertet wurde. Die Arbeit der Projektgruppen führte in allen Bereichen zu wesentlichen Kosteneinsparungen.

Im Vertriebsbereich konnte im Inland die Motivation der Mitarbeiter in den Geschäftsstellen verbessert werden, und im Export sollte sich der Umsatz mit neuen Partnern mittelfristig positiv entwickeln.

Die bisherigen Produkte von Neudörfler hatten sich durch sehr gute Produktions- und Montagequalität ausgezeichnet. Es war daher erforderlich, durch Entwicklung einer neuen Produktgruppe den Markterfordernissen mit modernem Design und Funktionalität zu entsprechen. Durch die Produktlinie MIND konnten neue Kundensegmente im Büromöbelbereich sowohl im Inland als auch im Ausland gewonnen werden. Das Programm wurde so effizient und kostengünstig entwickelt, dass es sofort in innovativen Großprojekten zum Einsatz kommen konnte.

Das Gneist Consulting Team konnte im Bereich der internen Kommunikation die Motivation der Mitarbeiter wesentlich steigern, und dadurch gelang es, die Erfordernisse des Marktes für rasche Entscheidungsfindungen zu verbessern.

Das Consulting Team wird im nächsten Schritt mit der Produktionsleitung ein Strategiekonzept erarbeiten, um den Herausforderungen der EU-Ostöffnung am Markt gerecht zu werden.

Der Bereich Rechnungswesen (Finanzbuchhaltung, Personalverrechnung, Kostenrechnung und Controlling) und Teilbereiche der Materialwirtschaft wurden mit dem neuen BMD-System ausgestattet.

Besonders hervorzuheben ist die Tatsache, dass die Beratungsfirma nicht nur Berichte erstellt, sondern auch aktiv in der Implementierungsphase mitarbeitet.

Besuchen Sie uns auch auf unserer Webseite:
www.neudoerfler.com
www.gct-online.at

Nur ein Mercedes ist ein Mercedes.

„Aufgabe der Kunst ist es, dem Leben eine Form zu geben."

Jean Anouilh

► Wir sind fasziniert vom Fortschritt der Technik, setzen uns dafür ein, daß alles noch besser und perfekter funktioniert und vergessen leicht darüber, daß es noch andere Dinge gibt, die für unser Leben wichtig sind: Die Kunst zum Beispiel. Indem wir sie in unseren Alltag miteinbeziehen, gibt sie uns immer wieder neue Anstöße – für eine neue Sicht der Dinge. So ist die Kunst eine ständige Herausforderung, uns mit neuen Ideen, Erkenntnissen oder Visionen auseinanderzusetzen.

► Im Sinne von „Unternehmenskultur" bedeutet dies, neben der Verwirklichung unserer wirtschaftlichen Ziele uns in noch stärkerem Maße auf unsere gesellschaftliche Verantwortung zu besinnen.

► Dabei ist Kultur kein Statussymbol, sondern Erkennungsmerkmal einer Haltung, die der Kunst ihre Freiräume bewahren will. Zur Bereicherung unseres Lebens.

www.pappas.at

Mercedes-Benz
Die Zukunft des Automobils.

Pappas

www.pappas.at

Das Beste erfahren

„Wir beraten Sie für die Bindung Ihrer Kunden!"

Jeder von uns kennt diese Aussagen

Daniel Adler
Adler Solux

Nicht nur einmal am Tag klingelt das Telefon: Eine dieser unglaublichen Beratungen wird Ihnen angeboten. Die Frage, die sich Ihnen hier stellt, ist: „Brauche ich das wirklich?" Um sie beantworten zu können, bedarf es einer genauen Analyse Ihrer Problemstellungen.

„Wir sind das Beratungsbüro für Sie!"
„Mit uns sparen Sie soundso viel Euro pro Jahr!"
„Wir lösen Ihre gesamten Personalprobleme!"
„Mit uns können Sie beruhigt in die Zukunft schauen!"
„Wir beraten Sie für die Bindung Ihrer Kunden!"

Jeder von uns kennt diese Aussagen.
Nicht nur einmal am Tag klingelt das Telefon, und eine dieser unglaublichen Beratungen wird Ihnen angeboten. Die Frage, die sich Ihnen hier stellt, ist: „Brauche ich das wirklich?" Um diese Frage beantworten zu können, bedarf es einer genauen Analyse Ihrer Problemstellungen.

Vergessen Sie nicht: „Jeder kocht nur mit Wasser", einer nimmt Salz, der andere nicht. Aber am Ende erreichen beide hundert Grad Celsius. Genauso ist es bei der Beratung. Es ist ja nicht so, dass eine Beratungsfirma Ihr Unternehmen besser leiten kann als die Firmenleitung bzw. deren Mitarbeiter. Was den großen Unterschied ausmacht, ist die Betrachtungsweise. Die externe Beratung hat die Möglichkeit, die Problemstellung emotionslos und unbelastet zu sehen, sprich: Sie ist nicht betriebsblind. Ja, möglich ist es natürlich schon, dass ein Berater ein besseres theoretisches Wissen hat, aber dieses in die Praxis umzusetzen ist halt auch so eine Sache!

Es ist nicht einfach, die richtige Beratung für das im Moment anstehende Problem zu finden. Es ist für jeden Mitarbeiter ein Bestreben, im besten Interesse der Firma zu agieren. Was heißt das für Sie bzw. Ihren Berater? Es wird beraten, was das Zeug hält, aber nicht immer im Interesse des Auftraggebers. Damit meine ich nicht alle – aber jene Beratungsunternehmen, die hier gemeint sind, wissen es, oder?

Eines noch: Vergessen Sie nicht, dass bereits der Name Beratungsunternehmen umschreibt, was diese Unternehmen machen – sie beraten.

Die Umsetzung liegt dann wieder an Ihnen. Es wird Ihnen auch kaum eine Beratungsfirma schriftlich garantieren, dass die Änderungen, die Sie durchführen, Einsparungen erbringen werden und in welcher Höhe. Falls dies doch garantiert wird, müssen Sie alles genau so machen, wie es Ihnen der/die Berater/in vorgegeben hat. Und was passiert, wenn das Konzept nicht aufgeht? Dann brauchen Sie für die Beratung nicht zu zahlen!

Toll, ich habe für die Beratung nichts gezahlt, eine Lösung habe ich noch immer nicht, dafür aber viel Zeit verloren!

Zum Abschluss möchte ich zusammenfassend festhalten:
Eine Beratungsfirma ist ein Unternehmen, das Ihnen „Rat" geben, aber nicht Ihre Probleme lösen kann. Überlegen Sie sich gut, was Sie brauchen – einen Rat oder eine Eier legende Wollmilchsau.

An die Beratungsunternehmen selbst habe ich eine Bitte:

Lernen Sie auch, ein Nein zu akzeptieren! Wenn ein Kunde Ihnen nein sagt, dann meint er/sie das auch so. Versuchen Sie es nächstes Jahr wieder, und fangen Sie bitte nicht immer an, zu erklären, wie toll Sie sind. Das wissen wir!

Nadel gesucht?

Dr. Georg Strzyzowski
Chefredakteur „elektronik report" und „technik report"
Weka Verlags GmbH

Rechtsanwälte tun es, Ärzte und Systemadministratoren tun es, Seminarveranstalter und Public-Relations-Experten tun es ganz selbstverständlich, Internetsurfer, Homöopathen, Bachblütenpflücker, Kreative, NLP-Fachleute, Lehrer, Reisebüromitarbeiter und Hausfrauen an der Bassena tun es auch – beraten, beraten, beraten …

Für alles und für jeden, für jede Lebenslage, für jeden Betrieb, jede Aufgabenstellung und jede spezielle Situation wird Beratung geboten. Kompetent und fachkundig, auf Basis langjährigen Studiums oder umfassender Berufsausbildung – aber auch: intuitiv, spirituell, autodidaktisch, oft kompetent, manchmal kurpfuscherisch oder sogar gemeingefährlich.

Die Beraterszene ist bunt-schillernd. Wer sich ins Internet auf die Suche begibt, wird rasch schwindlig – bei soviel tatsächlich vorhandener oder vorgetäuschter Kompetenz. Eine renommierte Suchmaschine antwortet auf das Stichwort „Berater" gleich mit 11.526 Ergebnissen. Darunter sind die Angebote zu den Themen Umwelt, Marketing oder Personal noch die seriöseren. Klar, dass sich hier auch Funkberater, Berater in magischen Fragen oder solche für Feng Shui ein zwangloses Stelldichein geben.

Wer wen zur Lösung seines speziellen Problems nun aus der Fülle des Angebots selektiert, wer wem vertraut, ist also eher eine Frage des Geschmacks, der persönlichen Chemie, des Zufalls? Oder gibt es doch allgemein verbindliche Richtlinien, präzise und nachvollziehbare Kriterien für kompetente Beratung?

Natürlich – man kann sich etwa zur Lösung gesundheitlicher Probleme auch auf die hinter vorgehaltener Hand gegebene fragwürdige Empfehlung für irgendeinen windigen Aderlasser, Schröpfkopfsetzer oder Bader einlassen. Die Folgen einer solchen Entscheidung wird man wohl rasch am eigenen Leib verspüren. Genauso wie die cleveren Machenschaften eines schmierigen Winkelanwalts, die zur Lösung juristischer Fragestellungen wohl nur sehr bedingt beizutragen imstande sind.

So eindeutig (und prinzipiell einfach) also die Wahl in den „klassischen" Beratungsberufen ausfällt – weil es hier ja kompetente Standesvertretungen, langjährige Traditionen und oft auch familiäre Bindungen gibt –, so schwierig wird es mitunter in den Bereichen Management, Informationstechnologie, Human Resources, Corporate Finance, Marketing und Public Relations.

Wer garantiert qualitativ hochwertige Beratung? Welche Ausbildung, welche Zeugnisse sind relevant? Welche Berufsverbände garantieren für Kompetenz und Korrektheit?

Als Fachjournalist steht man einem täglich wachsenden Angebot und einem schier überbordenden Informationsschwall gegenüber: Presseaussendungen versprechen unerwartete Perspektiven und faszinierende Visionen für die eigene Firma oder für die nach dem Besuch der angekündigten Veranstaltungen und nach Verinnerlichung der angepriesenen Techniken als Fels in der Brandung neu formierte Persönlichkeit des Unternehmers.

Der Redakteur hat's also schwer – vor allem dann, wenn er kompetente Beratung vermitteln, Plattformen bilden, Erfolge programmierbar, Angebotenes bewertbar machen will. Irgendwie schaffen wir's aber trotzdem immer wieder. Und wenn uns nachvollziehbare Studien dann noch bestätigen, dass unsere Fachzeitschriften im „Puzzle der Entscheidungsfindung" eine dominante und anerkannte Position einnehmen, dann sind wir ja schon wieder optimistisch.

Nämlich darin, dass wir unseren Lesern immer wieder brauchbare Hinweise dazu geben können, wo sie an eine für ihr Unternehmen relevante, qualitativ und betriebswirtschaftlich attraktive Beratung andocken können. Oder auf gut Neudeutsch: Selection is our business – damit der Suchende rasch und komfortabel die sprichwörtliche Nadel in dem aus womöglich elftausendfünfhundertsechsundzwanzig Halmen bestehenden Heuhaufen auffindet.
Versprochen!

Die Kunst zu beraten oder die Kunst, den Kunden zu b(e)raten!

Mag. Lea Fuchs
OMV

Die Beratung an sich ist eines der ältesten Gewerbe der Welt. Wir nutzen, brauchen und verfluchen unsere Berater, trotzdem gibt es keine Volkswirtschaft weltweit, die wirklich ohne sie auskommen kann. Der Beitrag schildert kurz meine Eindrücke, die im Rahmen betrieblicher Beratungsprojekte mit dem Einsatz von externen Beratern entstanden sind.

Es ist eine Hassliebe geworden. Auf der einen Seite wollen und müssen wir aufgrund des ständig steigenden Konkurrenz- und Kostendrucks mit Hilfe der Berater optimieren, transformieren und rationalisieren. Auf der anderen Seite stoßen wir im Rahmen des Beratungsdienstleistungsangebots immer an dieselben Grenzen. Unternehmen kaufen und riskieren große Beratungsprojekte, um die so dringend benötigten Optimierungen und Rationalisierungen so rasch wie möglich zu erzielen.

Dabei kommt es aber in fast jedem Beratungsprojekt zum gleichen Knotenpunkt. Wer garantiert, dass der Plan wirklich so aufgeht, wie es geschrieben steht?

Das fast systemimmanente Hauptproblem besteht darin, dass die Beratung am Beginn der Implementierung oft aufhört und die Unternehmen die Umsetzungsphase selbst meistern müssen.

Und genau hier liegt die Gefahr. Man kann nicht jemandem Fahrradfahren beibringen, indem man ihn mit dem Bauplan des Fahrrads, der Straßenverkehrsordnung und ein paar guten Tipps für die Kurven ausrüstet. Ein guter Berater oder Trainer (ist da noch ein Unterschied?) steht dahinter und läuft die ersten Meter mit, auf jeden Fall so lange, bis der zu Trainierende selbständig weiterfahren kann. Die (Aus-) Übung muss schon eigenständig erfolgen, jedoch mit allen zur Verfügung stehenden Mitteln.

Aufgrund der Komplexität unser Wirtschaft sind Beratungsprojekte auch komplexer geworden. Allein die Ressourcenzeiten für die Vorbereitung von Großprojekten sind oft unbezahlbar. Dies kann gerechtfertigt sein, jedoch sollte der letztendliche Erfolg eines Beraters nicht in seinen verbuchten Stunden liegen, sondern in dem Nutzen bzw. den Optimierungs- und Rationalisierungsresultaten, die dem Kunden wirklich erbracht wurden.

Anhand der folgenden Darstellung, nach welchem Muster solche Projekte in der Regel ablaufen, werden mögliche Problemfelder aufgezeigt, bei denen der Nutzen von Beratern bei Umgestaltungsprojekten an seine Grenzen stößt.

Typische Elemente der Beraterleistung

Jede Beratungsleistung beginnt in der Regel mit einer Erhebung der Ist-Situation. Mit Hilfe verschiedener Analyseinstrumente werden die ersten Ergebnisse präsentiert und die Defizite aufgezeigt. Hier sind die Berater besonders kreativ und schwarzmalerisch und versprechen „enorme Synergiepotenziale“ und ohrenbetäubende „Kosteneinsparungen“.

Das Kennenlernen des Unternehmens und die Integration der Berater in das Unternehmen sind für die weitere Entwicklung des Gestaltungsprozesses und die Zusammenarbeit von Bedeutung. Es sollten gemäß den Auftraggeberzielen Beteiligungsmöglichkeiten für die Organisationsvertreter eröffnet werden, über die eine Vertrauensbasis für die weitere Zusammenarbeit im Projektkontext geschaffen wird.

Dies geschieht meistens während der Analysephase, wo Vertreter der Organisation (meistens das mittlere Management) mit einbezogen werden. Die identifizierten Punkte werden nach verschiedenen Themenbereichen gruppiert, und schließlich sollten dabei kontrollierbare, gültige und zuverlässige Lösungen produziert werden.

Die entstehenden Lösungen sind oft sehr innovativ, klingen verlockend und finden bei globaler Betrachtung rasch Zustimmung. Die Berater sehen mit dem genehmigten „Lösungskonzept“ ihre Arbeit als erfolgreich beendet, ziehen sich schnell zurück oder fordern weitere Beratungsstunden. Hier endet meist die Beraterrolle …

Gerade im Auseinanderbrechen von Konzept- und Implementierungsphase geht viel von den innovativen Potenzialen verloren, da Umgestaltungsprojekte meistens tief in die bestehenden Strukturen eingreifen. Sie wirken in dem Sinn, dass die Zuständigkeiten, Verantwortungsbereiche, Entscheidungskompetenzen und vor allem die Prozessabläufe geändert werden.

Wenn nur eine Schein-Miteinbeziehung von Organisationsvertretern stattfindet, bleiben für die breite Masse der Betroffenen die neuen Prozessabläufe offen. Die dem Veränderungsprozess zugrunde liegende Erwartungshaltung der Beteiligten beginnt sehr rasch mit den Soll-Änderungen auseinander zu klaffen.

Alle Beteiligten sind gefordert, ihre Verhaltensmuster an die neue Struktur anzupassen, was eine Kulturänderung bedeutet. Da die Unternehmenskultur auch als alltägliche Gepflogenheiten und heimliche Spielregeln ihre Ausprägungen hat, die im Zuge des Beratungsprojekts nicht berücksichtigt worden sind, läuft sie den intendierten Veränderungszielen diametral davon. Dies wird von der Tatsache unterstützt, dass organisationsdurchgreifende Verhaltensänderungen Top-down beginnen müssen und laut einer empirische Studie nur 14 Prozent der befragten Führungskräfte glauben, dass Unternehmenskultur eher leicht beeinflussbar ist.

Wenn zu diesen Entwicklungen ein Mangel an Kommunikationsfähigkeit dazukommt, beginnt der Erfolg des Umgestaltungsprojekts zu wackeln, und letztendlich werden die Organisationsmitglieder für die Folgen verantwortlich gemacht. Die Berater sind sauber ausgestiegen und beginnen neue Aufträge zu wittern!

Der wesentliche Problemaspekt ist daher, wenn Berater die Unternehmenskulturänderung, die sie anstoßen, nicht mittragen.

Das „Muss" für jeden Berater
Die Forderung an den Berater ist, die Betroffenen zu Beteiligten zu machen und gleich verantwortlich sowohl für die Konzeption als auch für die erfolgreiche Implementierung zu sein, ohne zusätzliche Beraterstunden zu verrechnen.

Ich gehe noch weiter. Eine Beratungsleistung, die direkt in Unternehmensstrukturen eingreift und Erfolg durch Kosteneinsparungseffekte und Synergienutzungen verspricht, sollte nur an diesen gemessen, aber auch dementsprechend prämiert werden. Es kann nicht sein, dass bei Präsentation und Anbahnung der Beratungsgeschäfte die schönsten Folien, Flipcharts und Argumente vorgebracht werden, die Umsetzung und vor allem deren Ergebnisse aber dann weit außerhalb des Verantwortungsbereichs der Berater liegen.

Die Ironie liegt ja oft darin, dass dann dieselben Berater Sanierungsprojekte für ihre eigens angefangenen Kosteneinsparungsprojekte anbieten und natürlich auch verrechnen wollen.

Meine Forderung lautet daher:
Berater nicht nach Stunden, sondern nach dem effektiven Ergebnis bezahlen!

Um misslungene Beraterleistungen zu verhindern, vertrete ich die These: Wenn Beratungsunternehmen bei Umgestaltungsprojekten keine Verantwortung von Anfang an für die Implementierungsergebnisse und für die zu erzielenden Kosteneinsparungen übernehmen, dann sind sie ihr Geld nicht wert.

Hören Sie nicht auf all das, was sie erzählen, sondern prüfen und messen Sie, was die Berater tatsächlich für Sie erreicht haben. Denn sonst wird nur „alter Wein in neue Schläuche" gefüllt.

„Der letztendliche Erfolg eines Beraters sollte nicht in seinen verbuchten Stunden liegen, sondern in den Optimierungs- und Rationalisierungsresultaten, die dem Kunden erbracht wurden."

„Gerade im Auseinanderbrechen von Konzept- und Implementierungsphase geht viel von den Innovativ- und Effizienzpotenzialen verloren."

Man bekommt immer denjenigen Ratgeber, ...

... den man verdient.

Pierre Goetschi

Grundsätzlich teile ich die Beratungsfirmen in drei Gruppen ein:

1) Die großen internationalen Firmen, gewöhnlich amerikanischen Ursprungs, die Reorganisation im grossen Stil, d. h. Management Systems & Operations auf großer Skala, anbieten. Sie können geeignet sein für große, eher internationale und komplexe Betriebe. Der Auftrag besteht am häufigsten darin, mit dem Kunden neue Pläne für Führungsprinzipien und Leitungskontrollen aufzubauen; die eigentliche Implantation und Durchführung bleibt dann gewöhnlich dem Kunden überlassen.
2) Die zweite Gruppe besteht aus mittelgroßen Firmen, ebenfalls sehr oft amerikanischen Ursprungs, welche sich wohl mit Managementsystemen befassen, aber mehr noch „hands on" arbeiten. Ihre Spezialität ist sehr oft die Anwendung einer eigenen Methodik, die vor allem Rationalisierungszwecken dient: Flaschenhälse in der Produktion werden aufgedeckt und Vorschläge zur Umdisponierung des Personals gemacht. Man wendet diese Systeme mit Vorteil an, falls man mit dem gleichen Personal den Ausstoß erhöhen oder aber die gegebene Produktion mit weniger Personal durchführen möchte. Gewöhnlich erarbeiten diese Firmen nicht nur Vorschläge und Pläne, sondern nehmen an deren Durchführung zusammen mit dem Kunden teil. Auch geben sie eine gewisse Garantie der Ergebnisse durch ein späteres Audit und/oder Monitoring.
3) Kleinere und meist lokale Beratungsfirmen, sehr oft wohl eingeführt und mit gutem Ruf. Sie operieren gewöhnlich nicht mit einer festen Methodik, sondern passen die Beratung ganz den Wünschen ihrer Kunden an. Die Verrechnung des geleisteten Einsatzes erfolgt oft in Form einer Skala, je nach Qualifikation und Lohnstufe der eingesetzten Mitarbeiter.

Während meiner langen beruflichen Karriere – die letzten zwanzig Jahre als CEO von mittelgroßen Unternehmen (zwischen 200 und 1.250 Mitarbeiter) – habe ich sehr häufig mit Beratungsfirmen zusammengearbeitet und auch Wettbewerbe zwischen Beraterfirmen durchgeführt. Nicht unerwartet habe ich jedes Mal wieder Berater der zweiten Gruppe ausgewählt, und dies aus folgenden Gesichtspunkten:

- Für die ganz großen Beraterfirmen war unser Unternehmen zu klein, um wirklich interessant zu sein. Auch habe ich selbst nie Rat für Managementstil und erfolgsorientierte Strategie gebraucht, denn ich war immer Verfechter der „informierten Alleinherrschaft".
- Die lokalen Berater waren häufig nicht sehr brauchbar für die Art internationaler Geschäftstätigkeit unseres Unternehmens. Zudem waren sie auch zu stark von den lokalen Gepflogenheiten (Stärke der Gewerkschaften, Mitbestimmung der Mitarbeiter usw.) geprägt. Es passierte sehr oft, dass sie Probleme vorhersagten, bevor die Arbeit wirklich angegangen wurde.
- Zu meinem Führungsstil und der Größe/Struktur der Unternehmen passten daher die Berater mit einer methodischen Vorgangsweise. Es war auch so, dass ich in beiden Fällen den Gewinn des Unternehmens nur durch Rationalisierung verbessern konnte. Eine Verbesserung durch erhöhte Produktion war leider nicht möglich.

Basierend auf diesen Erfahrungen, möchte ich folgende Schlussfolgerungen und Empfehlungen formulieren:

a) Eine externe Beraterfirma ist einem internen Rationalisierungsteam klar vorzuziehen. Das eigene Team wird immer „befangen" sein, während externe Berater „auf der grünen Wiese" operieren können.
b) Für den Einsatz einer Beratungsfirma benötigt man eine „Critical Mass", d. h. einen gewissen Personalbestand, um wirklich bedeutende Einsparungen zu erreichen. Die untere Schwelle kann bei zwei-, drei- oder auch vierhundert Personen liegen.
c) Die meisten Beraterfirmen machen eine Voranalyse entweder gratis oder zum halben Preis. Eine solche Initialinvestierung ist auf jeden Fall wertvoll. Die meisten Berater werden nach einem Vorprojekt nur ein komplettes Projekt vorschlagen, wenn sie wirklich größere Einsparungsmöglichkeiten dokumentieren können.
d) Die Projektleitung, d. h. die Verantwortung beim Kunden für die Durchführung des

Projekts, ist so hoch wie möglich in der Hierarchie anzusiedeln. Gewöhnlich habe ich als CEO selbst die Verantwortung übernommen oder aber (im Falle von reinen Produktionsbetrieben) an den technischen Di-rektor übertragen.

e) Die Verantwortung beim Kunden darf absolut nicht an den Personalchef delegiert werden.
f) Die Beratung bringt kein „Manna vom Himmel". Wohl kann sie Vorschläge zur Personalreduktion vorlegen, jedoch ist die Durchführung von Veränderungen im Personalbestand wie z. B. Entlassungen, vorzeitige Pensionierungen etc. die klare Aufgabe des Kunden.
g) Die Projektleitung beim Kunden muss eng mit der Teamleitung des Beraters zusammenarbeiten. Falls die Chemie nicht stimmt, muss schnellstens eine Veränderung in der Teamleitung verlangt werden. Es ist immer die Verantwortung des Kunden, einen guten Ablauf zu sichern und eventuell den nötigen Druck auf die Beratungsfirma auszuüben.
h) Man muss von Anfang an die Leute informieren und instruieren. Ein Kontakt mit eventuellen Gewerkschaften ist bereits sehr früh zu suchen. Diese haben im Grunde die gleiche Zielsetzung wie die Geschäftleitung, nämlich die Erhaltung der Arbeitsplätze, die nur ermöglicht wird, wenn die Firma gesund ist. Die Beziehung zu den Gewerkschaften verträgt erstaunlicherweise eine relativ starke Belastung. In einem Falle habe ich sogar gedroht, eine Anlage zu schließen, falls die Gewerkschaften nicht mitmachen, und alles ging gut.
i) Es ist auch außerordentlich wichtig, dass die Beratungsfirma gut informiert und die nötige Ausbildung durchführt. Dabei ist speziell die Bedeutung der Ausbildung der Schichtführer und Produktionschefs hervorzuheben. Deren Stellung und Einfluss wird oft nicht richtig eingeschätzt; ihnen geht es oft wie Unteroffizieren in der Armee – sie sind die Haupt-Leidtragenden. Eine spezielle Ausbildung stärkt ihr Ego und ihre Position und unterstützt das Projekt erheblich.
j) Es ist angezeigt, dass man bei messbaren Zielsetzungen, wie z. B. in der Produktion, die Resultate sichtbar aufzeigt, unter anderem durch die Führung von Notiztafeln, Plakaten usw. Die Betroffenen können sich auf diese Art mit der Zielsetzung und den Resultaten identifizieren.
k) Es ist auch mit der Beratungsfirma ein Plan für die Kontrolle und Resultatsmessung nach Durchführung des Projekts zu vereinbaren.

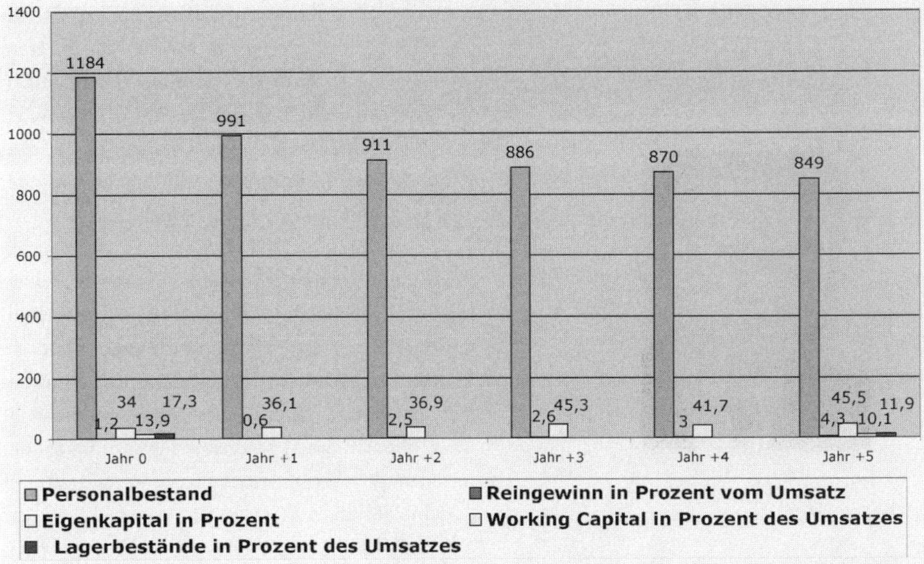

Wenn man die oben angeführten Gesichtspunkte in genügendem Ausmaß berücksichtigt, sollte eine positive und beständige Reorganisation und Rationalisierung eines Betriebes möglich sein. Meine Tätigkeit fand lange Zeit in so genannten sozialistischen Staaten statt, und ich habe nie erlebt, dass die Gewerkschaften sich quer gestellt oder sogar manifestiert hätten. Alles geschah in Ruhe und abseits der Öffentlichkeit. Differenzen wurde intern im Hause geregelt. Auch heute noch soll ein Chef die gesamte Verantwortung übernehmen sowie nötigenfalls durchgreifen können.

Aber er hat ja gar nichts an!

Vorwort für UnternehmerInnen

Dr. Hans-Georg Kantner
KSV, Leiter Insolvenz
Basel-II-Beauftragter

Oft sind es Außenseiter, die uns die Augen öffnen. Und nicht immer müssen sie von unserem eigenen Geschäft mehr verstehen als wir selbst. Betriebsblindheit nennen das die Wirtschaftspsychologen. Das ist eine Erfahrungstatsache, ganz normaler Hausverstand. Common Sense. Als Gegenstück zum Common Nonsense.

Was klein anfängt und vielleicht einer persönlichen Vorliebe des Unternehmers entspringt, einer Marotte oder schlichter Bequemlichkeit, kann rasch zu einem Defizit des Unternehmens führen. Kaum ein mittelständischer Unternehmer, der sich einen Hofnarren leisten kann, der ihm sagt, was wo nicht passt und wann er „nichts anhat".

Es gibt keine Patentrezepte, weder für den Erfolg noch für den Misserfolg. Es sind nur beim Misserfolg die Erkennungsmuster scheinbar immer die gleichen. Aus Überforderung vernachlässigen die Unternehmer die so genannte Back-office-Arbeit. Wer interessiert sich schon für das Back-office, das ja oft genug einem Besenkammerl ähnlicher sieht als einem echten Büro.

Aber in diesem Besenkammerl entstehen so wichtige Dinge wie Planungsdaten, Liquiditätsrechnungen, Soll-Ist-Vergleiche, Trendanalysen und so fort. Alles keine Hexerei: Das wird auf der Wirtschaftsuni und auf Fachhochschulen unterrichtet, und Handelsakademiker haben das auch irgendwie drauf.

Warum sagt er uns das?
Hier geht es doch um die hehre Unternehmensberatung – das Kon-Sal-Ting.

Eine Umfrage unter Managern, die eine Insolvenz mit ihrem Unternehmen erlebt haben, wird dem Ergebnis der regelmäßigen Ursachenanalyse des KSV gegenüber gestellt. Das konträre Bild ergibt sich aus dem mangelnden strategischen Verständnis der befragten Unternehmer.

Denn sich, kurz gesagt, als „Opfer widriger Umstände" zu fühlen heißt ja genau, die Konkurrenz, die Marktentwicklung, die Zinsentwicklung und so fort als widrigen Umstand zu bewerten. Aus meinem Verständnis ist jedoch genau dies der strategische Auftrag an den Unternehmensleiter – zu erkennen und zu erheben, was hinter dem Horizont passiert.

Hier geht es um das tägliche Brot der Unternehmer, ihre eigentliche Aufgabe als Firmenchefs. Die leider viel zu oft immer den Kürzeren zieht. Weil Unternehmer vor allem des Mittelstands zu viel Zeit in der Produktion und der Kundenakquisition verbringen. Natürlich verdient das Unternehmen dort Geld. Aber die Zeiten, wo gute Feldherren ihren Soldaten vorangeritten sind, sind passé. Heute muss ein guter Feldherr auch in der Etappe gut sein. Ein guter Stratege sein. Gute Information haben. Über das eigene Unternehmen und über die Konkurrenten. Das ist auch die zentrale Botschaft von Basel II an den mittelständischen Unternehmer.

Versierte Unternehmensberater bestätigen immer wieder: Zumeist sind es einfache Instrumente und Vorgänge, die den Unternehmern fehlen. Es sind Standardinstallationen, die oft Wunder wirken können. Einkaufs- und Lagerverwaltung; Debitorenprüfung und Forderungseinzug; Planungs- und Liquiditätsrechnungen. Die Investitionen können sich innerhalb weniger Monate hereinspielen.

„It is not important to do the things right, but to do the right things" (Peter Drucker).

Das erfordert Überwindung: Überlassen Sie Ihre angestammten Lieblingstätigkeiten den Mitarbeitern im Unternehmen, und packen Sie die Probleme und die schwierigen Dinge an.

Und dabei nehmen Sie auch einmal Hilfe an. Die Hilfe ist nicht kostenlos, und sie kommt nicht allein bei der Türe hereinspaziert. Vielleicht bietet Ihnen dieses Buch den Anstoss, selbst aktiv zu werden. Agieren Sie! Es ist immer ein Zeichen von Stärke.

Notizen:

Managementberatung 7

- 7.1 Aufbruch aus dem Tal der Tränen von Dr. Harald Heidegger und Dkfm. Ulrich Grothe, Trust Value
- 7.2 Ein Unternehmen blickt durch von Harald R. Preyer, Eucusa GmbH
- 7.3 Selling in Hard Times von Mag. Andreas Wurst, Czipin & Proudfoot Consulting
- 7.4 Value Management und Sanierung von Prof. Manfred Kunze, Value Management Services GmbH
- 7.5 Die globale Produktivitätsstudie 2002 von Mag. Andreas Wurst, Czipin & Proudfoot Consulting

Aufbruch aus dem Tal der Tränen – mit neuen Geschäftssystemen die Krise meistern

Dipl.-Kfm. Ulrich Grothe
MAB Consulting St. Gallen

Mag. Dr. Harald Heidegger, MBA
Trust Value Management Consult

Insolvenzen, Entlassungen, abstürzende Börsenkurse – die Schreckensbotschaften nehmen kein Ende. Allerdings, trotz des schwierigen Umfelds eilen einzelne Unternehmen von Erfolg zu Erfolg. Diese Unternehmen setzen sich über die Regeln ihrer Branche bewusst hinweg, denken in Geschäftssystemen und verfügen über die Fähigkeit, ihre Systeme produktiv zu halten und laufend anzupassen. Die meisten Organisationen, so die Erfahrung der Autoren, verfügen zwar über die Potenziale, sich trotz schwieriger Branchensituation neu zu positionieren, vermögen diese aber nicht zu erschließen.

Das Tal der Tränen. Im Jahr 2002 wurden in Deutschland insgesamt 82.400 Unternehmensinsolvenzen registriert, 66,4 Prozent mehr als im ebenfalls schon konjunkturgeschüttelten Vorjahr. In Österreich beträgt die Zunahme laut KSV zwar „nur" zwei Prozent (5.281 Insolvenzen), es sind jedoch auch zunehmend größere Unternehmen von Krisensituationen betroffen. Es gibt Wege aus dem Tal der Tränen. Während wir täglich von Massenentlassungen, Ausstieg aus Geschäftsfeldern, Restrukturierung etc. hören, trotzen einige Unternehmen erfolgreich der negativen gesamtwirtschaftlichen Entwicklung. Einige von ihnen schaffen es gar, in besonders schwer betroffenen Branchen Umsatzzuwächse zu realisieren. Als Beispiele seien hier Dell Deutschland, Puma, Ryanair, Medion oder Miele genannt.

Was haben diese und andere erfolgreiche Unternehmen gemeinsam? Dell wird für sein internetbasiertes Bestellsystem gerühmt, Puma für seine modische Kompetenz. Medion hat über die Zusammenarbeit mit Discountern wie Aldi und Tchibo eine neue Vertriebsschiene für Hardware wie DVD-Player, Fernseher und Computer aufgebaut.

Allerdings setzen inzwischen auch die Konkurrenten der erfolgreichen Unternehmen auf vergleichbare Strategien. IBM und Compaq bieten nun ähnlich strukturierte Bestellprozesse wie Dell an. Die etablierten Fluglinien starten mit eigenen Billigangeboten nach dem Modell von Raynair, und auch zu Miele gibt es viele Alternativen. Die harte Konkurrenz scheint das Geschäft der erfolgreichen Anbieter nur zu beleben. Es muss demnach davon ausgegangen werden, dass der Geschäftserfolg dieser besonders erfolgreichen Unternehmen Wurzeln hat, die tiefer reichen als von der Wirtschaftspresse dargestellt.

Der richtige Weg aus dem Tal der Tränen. Die erfolgreichen Unternehmen nutzen die Schwächen der etablierten Anbieter konsequent. Die internetbasierten Bestellprozesse von IBM oder Compaq konkurrieren mit den klassischen Vertriebsstrukturen. Der Konflikt der Vertriebswege sorgt für Reibungsverluste in der gesamten Organisation. Ein Billigflieger der Lufthansa, Swiss oder Austrian Airlines würde die Erträge dieser Unternehmen im Kerngeschäft bedrohen. Um aus dem Tal zu finden, ist es häufig erforderlich, sich und seine Leistungen in Frage zu stellen.

Die erfolgreichen Anbieter differenzieren sich nicht nur im Bereich der klar erkennbaren Strategie. Häufig kombinieren sie eine einzigartige Marktsegmentierung mit speziellen Kundenservices, mit einzigartiger Nutzung von Ressourcen, intelligenten Kooperationen etc. Sie verfügen über Geschäftssysteme, die in sich konsistent sind und in denen die einzelnen Komponenten sich wechselseitig verstärken. Die kreativen Nachahmer beißen bei solchen Unternehmen auf Granit. Die über die Erfolgsgeschichten weit hinausgehende Komplexität und eigene Identität der Geschäftssysteme verleiht ihnen bestmöglichen Kopierschutz.

Gleichfalls wesentlicher Erfolgsbestandteil ist der produktive Einsatz von Ressourcen. Durch die optimale Ausbalancierung von Leistungsstandards in Prozessen und Strukturen, ein durchgängig proaktives Führungsverhalten in der Organisation sowie kurzfristig steuerungswirksame Managementsysteme erhalten sich Unternehmen den Handlungsspielraum, um Anpassungen des Geschäftssystems vornehmen zu können.

Im Unternehmen sind die Wege aus dem Tal bekannt. Auch wenn die Berater von sich behaupten, den Weg aus dem Tal zu kennen, so tun Unternehmen doch gut daran, sich auf ihre eigenen Stärken zu besinnen. Die Zeit, den Berater mit der spezifischen Situation des Unternehmens vertraut zu machen, Studien durchzuführen, lange über mögliche Alternativen zu diskutieren etc. steht nicht zur Verfügung. Niemand verfügt über Kenntnisse wie das Unternehmen selbst.

Die Herausforderung besteht darin, die im Unternehmen verfügbaren Kenntnisse und Erfahrungen in den Entscheidungsprozess einzubringen. Hierzu bieten sich moderierte Konzeptmeetings an. Im Rahmen dieser maximal drei Tage dauernden Veranstaltungen wird nicht weitschweifig über Strategie philosophiert, vielmehr werden die relevanten Elemente des Geschäftssystems auf der Basis einer eigens entwickelten Systematik herausgearbeitet und im Hinblick auf Differenzierungsmöglichkeiten untersucht.

Beim „Neuerfinden" bestehender Geschäfte beginnen die Workshops mit der Nutzenkalkulation der Kunden. Es wird unter anderem hinterfragt, ob alle Aspekte, die für den Kunden mit der Nutzung eines Produkts oder einer Dienstleistung verbunden sind, bei der Bereitstellung des bestehenden Angebots berücksichtigt wurden. Im Falle von Produkten geht es dabei um die Fragen, was der Kunde „durchmachen muss", bevor er das Produkt erwerben kann, was ihn die Lagerung oder die Aktualisierung des Produkts kostet, wie schnell und wie langfristig er Ersatzteile erhält, wie der Kauf seine Liquidität beeinflusst, welchen Kundendienst er erwarten kann, was die Entsorgung des Produkts oder von Abfällen aus dem Produktionsprozess kostet.

Geht es nicht nur um die Neuerfindung bestehender Geschäfte, sondern auch um den möglichen Einstieg in neue Märkte, so steht die Diskussion der Kernkompetenzen des Unternehmens und dessen strategischer Assets im Vordergrund. Wenn Caterpillar seinen exzellenten weltweiten Service im Bereich der Ersatzteilversorgung ausgründet und zum eigenen Unternehmen macht, dessen Dienste auch von dritten Unternehmen genutzt werden können, so werden Kernkompetenzen in anderen Branchen zum Einsatz gebracht. Tchibo zeigt mit seinem erfolgreichen Verkauf von verschiedensten Produkten – von der Bratpfanne bis zum Handtuch –, welche Potenziale in strategischen Assets wie Läden in Innenstadtlage stecken können. Der Umsatz aus der Vermarktung dieser „fremden" Produkte übertrifft inzwischen den aus dem Kaffeeverkauf bei weitem.

Handlungsspielraum schaffen durch produktives Arbeiten

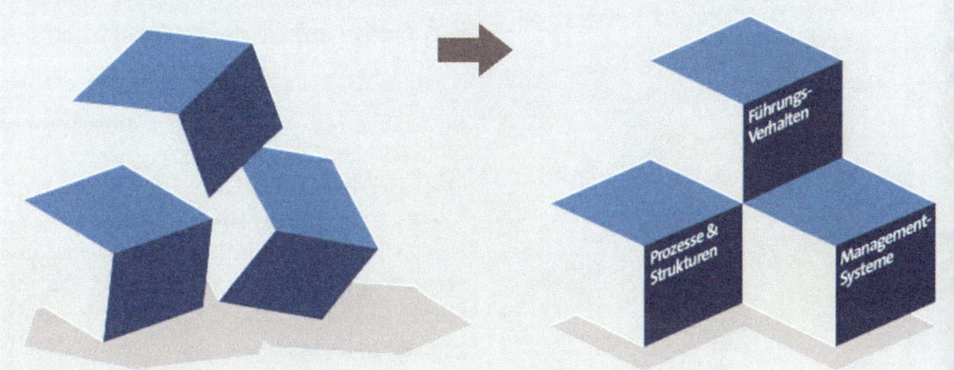

Den Weg konsequent beschreiten. Konsequent heißt nicht blindwütig. Im Rahmen der Geschäftssystemdefinition werden Annahmen getroffen. Auf dem Weg gilt es, diese laufend und in regelmäßigen Abständen zu prüfen. Gerade hier hat das systematische Vorgehen einen Vorzug gegenüber dem „Genieansatz". Das Vorgehen eines Nixdorf, Branson, Schmidt oder Sixt ist nicht revisionsfähig. Erforderliche Kurskorrekturen unterbleiben, da die Prämissen nicht explizit definiert wurden und somit auch nicht überprüfbar sind. Wo immer möglich, gilt es über Prototypen oder Testmärkte Erfahrungen zu sammeln. Die Sirenen der Marktforschung hingegen sollte man besser überhören. Wenn wirklich neue Wege betreten werden, ist ihr Rat so oft falsch wie richtig und damit von keinem wirklichen Wert.

„Neuerfinden bestehender Geschäfte als Weg aus dem Tal der Tränen."

„Systematisches Vorgehen anstelle Genieansatz."

Ein Unternehmen blickt durch

Harald R. Preyer,
Geschäftsführer EUCUSA

Die Erfolgsstory eines führenden Unternehmens in einem der umstrittensten Märkte. Wie Essilor innerhalb von drei Jahren durch gelebte Partnerschaft zum Marktführer für optische Gläser in Österreich wurde. Ein Gespräch mit Geschäftsführer Thomas Beier.

Essilor International S.A., Charenton-Paris, ist weltweit der größte Brillen-glashersteller. In Österreich besteht das Unternehmen seit 1969. Seit 1995 ist Essilor Austria eine hundertprozentige Tochter von Essilor International und betreut neben dem österreichischen Markt auch Filialen in Polen, Ungarn, Slowenien, Kroatien, Rumänien, Tschechien und der Slowakei.

Erfolgreiches Wachstum zum Marktführer
Trotz des starken Wettbewerbs hat es das Unternehmen geschafft, kontinuierlich zu wachsen und Marktanteile zu gewinnen. Heute beschäftigt die Nummer eins am österreichischen Markt mehr als 150 Mitarbeiter. Während sich andere Glashersteller wie Zeiss und Rodenstock mit ihrer Produktion aus Österreich zurückgezogen haben, hat Essilor in Wiener Neudorf auf einer Fläche von 5.400 Quadratmetern, davon knapp die Hälfte Produktion, eine der modernsten Brillenglasfertigungen Europas aufgebaut.

Einfache Antworten
Wie ist solch ein nachhaltiger Erfolg möglich, und was kann man daraus lernen? Diese Frage stellen sich viele Unternehmen, die in einem ähnlich harten Marktumfeld arbeiten. Thomas Beier, Geschäftsführer von ESSILOR Österreich, hat dazu ein paar ganz einfache Antworten. .

Gelebte Partnerschaft
Seit Jahren setzen wir darauf, dass nachhaltiger Erfolg aus gelebter Partnerschaft entsteht. Wir meinen damit eine Kultur zwischen unseren Eigentümern, Mitarbeitern und Kunden, die allen Gewinne bringt. Wenn wir von unseren Kunden als Partner gesehen werden und eben nicht nur als Lieferant, dann werden sie uns treu bleiben. Wenn unsere Muttergesellschaft entsprechende Gewinne aus unserer Arbeit erhält, dann können wir autonom entscheiden und unsere Strategien verfolgen. Wenn unsere Mitarbeiter wirklich zufrieden sind, dann spüren das unsere Kunden. Diese Positivspirale wollen wir am Leben halten. Ich denke, das ist jedem Unternehmensleiter klar.

Zufriedenheit messen und Potenziale erschließen
Zusätzlich zu den täglichen Informationen unserer Kunden haben wir 1998 und 2001 Kundenbefragungen durchgeführt und unsere Situation am Markt genau analysiert. Dank der Auswertungen von EUCUSA konnten wir klar unsere Verbesserungspotenziale erkennen. Wir wissen heute ganz genau, was unseren Kunden besonders wichtig ist und mit welchen Aspekten sie wie zufrieden sind. Besonders wertvoll für mich war dabei die Erkenntnis, dass die Inszenierung einer Befragung mehr ist als nur Fragebögen zu versenden. Unsere Kunden haben schon den Kontakt mit EUCUSA als Wertschätzung erlebt. Das erkennen wir auch daran, dass die Rücklaufquote im Jahr 2001 auf 42 Prozent gestiegen ist. Wir haben viel Lob bekommen, und das hat die gesamte Mannschaft bei ESSILOR sehr motiviert.

Die Zufriedenheit unserer Kunden ist aber nach unserem Verständnis nur die eine Seite der Medaille. Noch wichtiger ist für uns, dass sich die Mitarbeiter wohl fühlen und jeder das macht, was er am besten kann. Dass in der Produktqualität Essilor heute den Maßstab setzt, ist dabei sehr hilfreich.

Verbesserungspotenziale in der Mitarbeiterzufriedenheit entdecken
Gerade haben wir unsere zweite Mitarbeiterbefragung abgeschlossen, und nun ist jedem im Unternehmen klar, dass es noch reichlich Verbesserungspotenzial gibt. In Aktionsworkshops mit EUCUSA werden wir die Potenziale lokalisieren und konkrete Massnahmen ableiten. Schon die Anwesenheit bei diesen Workshops zeigt den Menschen unsere Wertschätzung und verändert die Wirklichkeit.

Fortschritt bedeutet nun einmal stetige Veränderung, und dazu stehen wir. Auch unseren Mitarbeitern fällt es schwer, die wachsenden Ansprüche vom Markt zu verstehen und zu erfüllen. Heute wollen unsere Kunden ein technisch perfektes Gleitsichtglas zu einem Preis, der vor wenigen Jahren noch für ein ganz normales Glas ausgegeben wurde. Das bedeutet steigende Stückzahlen bei gleicher Mannschaft. Wenn hier nicht permanent die Prozesse angepasst werden, kommt es zur Überlastung, und die Qualität leidet. Das können und wollen wir uns nicht leisten. Ideen generieren wir im Unternehmen und versuchen von anderen zu lernen.

Erreichbarkeit benchmarken

Nehmen wir als Beispiel das Thema Erreichbarkeit. Für unsere Kunden etwas besonders Wichtiges, und da haben wir noch Verbesserungspotenziale. Was liegt näher, als sich mit Unternehmen zu vergleichen, die aus einer ganz anderen Branche kommen und dennoch die gleiche Herausforderung bewältigen müssen. Auch hier unterstützt uns unser Partner EUCUSA. Die haben eine umfangreiche Benchmarkingdatenbank und wissen genau, wer in welchem Gebiet wie gut ist. So werden wir im ersten Schritt von Bosch und wahrscheinlich von HP Österreich lernen. Die sind richtig gut erreichbar. Aber wir werden das Thema weiter bearbeiten, denn wir wollen die Besten werden. So sehen wir uns schon heute nach weiteren Benchmarkingpartnern aus den Bereichen Banken und Versicherungen, dem Handel und der Dienstleistungswirtschaft um. Wenn es uns gelingt, das Gelernte aus drei oder vier Branchen zu kombinieren, werden wir erstklassig sein. Dazu benötigen wir die professionelle Hilfe von EUCUSA.

Der Beitrag von EUCUSA

Den Erfolgsweg von Essilor dürfen wir mit unseren Leistungen seit 1998 begleiten. Am Anfang stand die erste Kundenbefragung von Essilor. In Ziel- und Planungsworkshops mit der Geschäftsleitung wurde die Bedeutung des Projekts klar, und ein valider Fragebogen in der Sprache der Kunden entstand. Die Befragung sollte so aufgebaut sein, dass sich Essilor nachher mit anderen EUCUSA-Kunden benchmarken konnte. Die Kundenbefragung wurde schriftlich und mit persönlichen Tiefeninterviews durchgeführt. Schon dieses erste Projekt machte die hohe Wertschätzung für Kunden und Mitarbeiter spürbar.

1999 und 2000 arbeiteten wir intensiv an den Marketingstrategien und Konditionenmodellen von Essilor und hielten Impulsvorträge

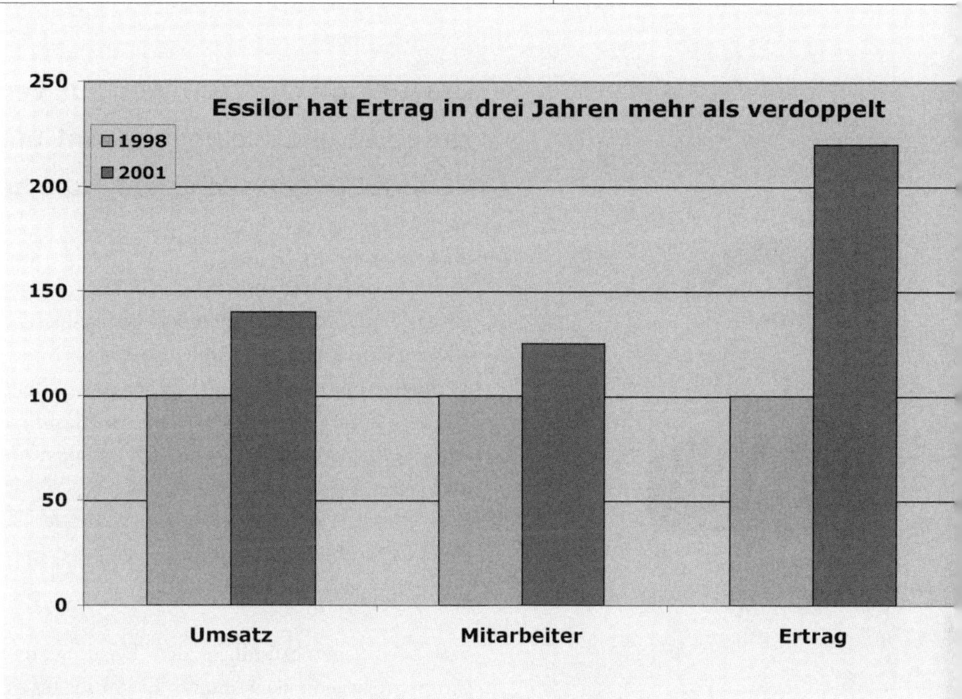

über Erfolgsstrategien und Kundenbindungsmodelle für die Kunden – die Fachoptiker des Landes.

2001 wurde die Kundenbefragung wiederholt. Dabei konnte die Rücklaufquote auf 42 Prozent gesteigert werden. Gleichzeitig erhielten alle Mitarbeiter den Kundenfragebogen mit der Bitte, ihn so auszufüllen, wie sie annehmen würden, dass die Kunden antworten. Aus dieser Spiegelbefragung entstehen Erkenntnisse über Selbst- und Fremdbild für die Arbeit an Visionen und Strategien.

Schließlich wurden wir eingeladen, die Mitarbeiterbefragung für Essilor durchzuführen. Die Resultate wurden mit früheren Ergebnissen verglichen. In Aktionsworkshops mit den betroffenen Menschen entstanden wirksame Maßnahmen zur Nutzung aller erkannten Potenziale. Wir freuen uns, dass Essilor die Partnerschaft mit EUCUSA langfristig fortsetzen will und danken für Vertrauen und Wertschätzung.

Weitere Informationen gern bei
EUCUSA GmbH
Tivoligasse 70, A-1120 Wien
Harald R. Preyer, Tel: +43/1/817 40 20-0

harald.preyer@eucusa.org
www.eucusa.org

Selling in hard times

Mag. Andreas Wurst
Czipin & Proudfood Consulting

Unsystematische Lösungen zur Verbesserung der Verkaufsergebnisse sind einfacher und weniger riskant umzusetzen, doch wer grundlegendende Verbesserungen sucht, sollte die gesamte Wertschöpfungskette prüfen.

Hauptaufgabe jedes Vertriebsleiters ist es, das Verkaufsergebnis zu verbessern. Und es gibt unzählige Unternehmen, die Lösungen anbieten, oft zu beträchtlichen Kosten. Schulungsunternehmen, Anreizprogramme, CRM- und andere Software – mit jeder dieser „Lösungen" können Verbesserungen erzielt werden. Der Haken an der Sache: Der Grad der Verbesserung ist oft recht gering, besteht oft nur kurze Zeit oder ist bei einer harten Überprüfung der Kosten praktisch nicht mehr wahrnehmbar.

Wer nach einer grundlegenden Leistungssteigerung sucht – die nach meiner Erfahrung bis zu 40 Prozent ausmachen kann –, dessen einzige Möglichkeit ist ein echter Neuanfang: eine umfassende Überprüfung jedes Aspekts der Wertschöpfungskette. Die Anforderungen an diesen weitreichenden Ansatz werden oft unterschätzt. Wir haben herausgefunden, dass die meisten Unternehmen mit zumeist weniger als sechzig Prozent ihrer tatsächlichen Potenziale operieren – ganz gleich, ob der Verkauf durch die Firma selbst, durch den Händler, über den Einzelhandel oder übers Telefon abgewickelt wird. Die Frage lautet daher: Wie kann das brachliegende Potenzial gehoben werden?

Eine solche Lücke kann nicht durch Verkaufstraining allein überwunden werden. Ein Training wird nicht die breite Vielzahl an Methoden und Werkzeugen zur Verfügung stellen können, die das Verkaufspersonal benötigt, um nachhaltig effizienter zu werden. Isolierte Investitionen in automatisierte Vertriebssysteme (CRM etc.) können auch dazu führen, dass ohne eingehende Untersuchung, Überarbeitung und Neuausrichtung der Systeme lediglich ein Durcheinander automatisiert wird.

Es gibt drei Schlüsselelemente zur Gestaltung eines abgestimmten Umsatzsteigerungsprojekts. Zuerst werden Vertrieb und verkaufsunterstützende Prozesse einer detaillierten Analyse unterzogen. Wie werden Anfragen bearbeitet und weiter verfolgt? Gibt es ein unternehmensweites System, dass dem Kundennutzen oberste Priorität einräumt? Konzentrieren Sie Ihre Aktivitäten auf Ihre profitablen Kunden sowie auf diejenigen, die mit wenig Aufwand in diese Kategorie fallen könnten? Zweitens: Identifizieren und managen Sie Key-Performance-Indikatoren. Etwa: Wie viele Verkaufsgespräche könnten Sie bewältigen, und wie viele sind es in der Praxis? Wie hoch ist die Umsetzungsquote aus diesen Gesprächen? Wo wird Zeit auf Aktivitäten verwendet, die nicht zur Wertschöpfung beitragen? Der dritte Punkt betrifft die Verhaltensänderung – effektives Training ist entscheidend. Achtzig Prozent der Verkaufsgespräche, die von den Verkäufern eines großen Lieferanten aus der Automobilbranche geführt wurden, waren in Wirklichkeit Servicegespräche. Wenige in dieser Firma fühlten sich beim Verkaufen wohl. Dieses Verhalten nachhaltig zu ändern und neu aufzusetzen ist die entscheidende Herausforderung und erfordert oft radikales Umdenken sowie Training on the Job, um sicherzustellen, dass die Fähigkeiten, die im Schulungsraum gelernt wurden, in realen Verkaufssituationen praktisch trainiert und angewendet werden. Nach meiner Erfahrung geben hier die meisten Organisationen an der falschen Stelle Geld aus.

Das Unternehmen Rogers AT&T, ein großer Lieferant aus der Telekomindustrie, konnte nach einem gemeinsamen Projekt einen Zuwachs seines Profits um vierzig Mio. Dollar innerhalb eines Jahres erzielen. Ein international führendes Finanz- und Versicherungsunternehmen, das mit Vertragshändlern aus der Automobilbranche zusammenarbeitet, konnte einen zehnfachen Zuwachs der Performance im Vertrieb erzielen. In beiden Fällen war diesen erstaunlichen Resultate das Ergebnis eines umfassenden Analyse- und Umsetzungsprojekts.

Um ähnliche Ergebnisse zu erzielen, müssen die Führungskräfte die bestehende Arbeitsweise in Frage stellen: indem man jeden Aspekt der Vertriebsplattform mit einbezieht, überprüft und von der Strategie bis zur Umsetzung verbessert. Fehlt zum Erfolg nur noch das richtige Managementsystem und proaktives Führungsverhalten.

Value Management und Sanierung – ein Überblick

Dr. Manfred J. Kunze
Value Management Services GmbH

Value Management (VM) ist eine Managementmethode, die abzielt auf die Motivation von Menschen, die Entwicklung von Fähigkeiten, das Heben von Synergien sowie die Förderung von Innovation – das alles mit dem Ziel, die Gesamtleistungsfähigkeit einer Organisation zu maximieren.

Der Pionier des VM war Lawrence D. Miles, der Mitte des zwanzigsten Jahrhunderts die Technik der Wertanalyse entwickelte, um den Wert bestehender Produkte zu verbessern. Ursprünglich wurde die Wertanalyse angewendet, um unnötige Kosten zu identifizieren und dann zu eliminieren. Diese Methode ist aber auch geeignet, Leistung zu steigern und andere Ressourcen als Kosten entsprechend zu beleuchten.

Soll ein Unternehmen, das in Schieflage geraten ist, überleben, muss rasch und entschlossen gehandelt werden. Ungenützt verstreichende Zeit ist der schlimmste Feind einer Unternehmenssanierung. Die zweite große Herausforderung ist die grundlegende Neuorientierung im Management: Weg von der Wertvernichtung, hin zur Werterhaltung und dann zur Wertsteigerung.

Das Konzept des Value Management ist gut geeignet als Richtschnur für die notwendigen Schritte im Rahmen einer Unternehmenssanierung.

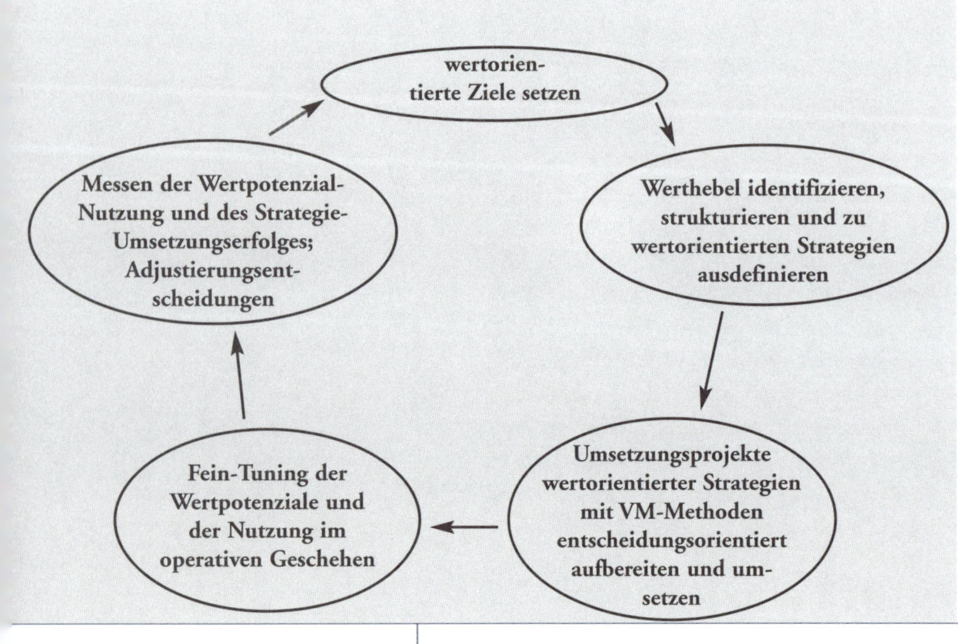

Der VM-Ansatz basiert auf drei Grundprinzipien:

- der fortgesetzten Beobachtung des Werts, der Messung oder Schätzung des Werts sowie dessen Veränderung über die Zeit;
- der Konzentration auf Ziele vor der Suche nach Lösungen;
- der Konzentration auf Funktionen, um den Schlüssel für innovative und praktikable Resultate zu finden.

Der „Wert“

Es geht um das Verhältnis zwischen der Befriedigung vieler voneinander abweichender Bedürfnisse und den dafür notwendigen Ressourcen. Alle am Prozess beteiligten (intern und extern) können verschiedene Ansichten darüber haben, was Wert darstellt. Das Ziel von VM ist es, diese Differenzen miteinander in Einklang zu bringen. Damit wird eine Organisation in die Lage versetzt, den größten Schritt in Richtung der gesetzten Ziele zu machen – mit einem möglichst geringen Einsatz an Ressourcen. Es ist wichtig zu verstehen, dass „Wert“ sich ausschließlich auf das Verhältnis zwischen Bedürfnisbefriedigung und Ressourceneinsatz bezieht.

Das Prinzip

VM unterscheidet sich von anderen Managementmethoden, weil es in einem System Elemente einschließt, die üblicherweise nicht gemeinsam vorkommen:

- Managementstil,
- positive zwischenmenschliche Dynamik,
- Einbeziehung des externen und internen Umfelds,
- effektive Nutzung von Methoden und Werkzeugen.

Der Managementstil

- Betonung von Teamwork und Kommunikation
- Schwerpunkt auf Funktion (was tun Dinge, nicht: was sind Dinge)

- Klima, das Kreativität und Innovation fördert
- Konzentration auf Kundenbedürfnisse
- Bewertung von Optionen auch in qualitativer Hinsicht, um belastbare Vergleiche zu machen.

Die positive Dynamik
- Teamarbeit als Ermutigung, zusammen an gemeinsamen Lösungen zu arbeiten
- Anerkennung von Leistung
- Kommunikation: Menschen zusammenbringen lassen
- Unterstützung des verbindenden Verständnisses von Gruppenentscheidungen
- Ermunterung zur Veränderung durch Infragestellen des Status quo
- Übernehmen von Verantwortung für VM-Projekte in der Umsetzung.

Die Einbeziehung des externen und internen Umfelds
- Anerkennung und Einbeziehung interner und externer Gegebenheiten, die nicht oder kaum beeinflusst werden können
- Bewertung der internen und externen Beschränkungen durch Bestimmung der Freiheitsgrade.

Die effektive Nutzung von Methoden und Werkzeugen
- Methoden und Werkzeuge sind nur Mittel zur Zielerreichung.

Der Nutzen
- bessere Geschäftsentscheidungen durch eine solide Entscheidungsbasis u. höhere Transparenz,
- verbesserte Produkte und Leistungen für externe Kunden aufgrund eines klaren Verständnisses der Bedürfnisse und deren gebührender Beachtung,
- gesteigerte Wettbewerbsfähigkeit durch Förderung technischer und organisatorischer Innovation,
- gemeinsame Wertekultur, die allen Mitarbeitern ein besseres Verständnis für die Ziele der Organisation ermöglicht,
- verbesserte interne Kommunikation und Effizienz durch multidisziplinäre und simultane Aufgabenerledigung (Multitasking) in Teamarbeit,

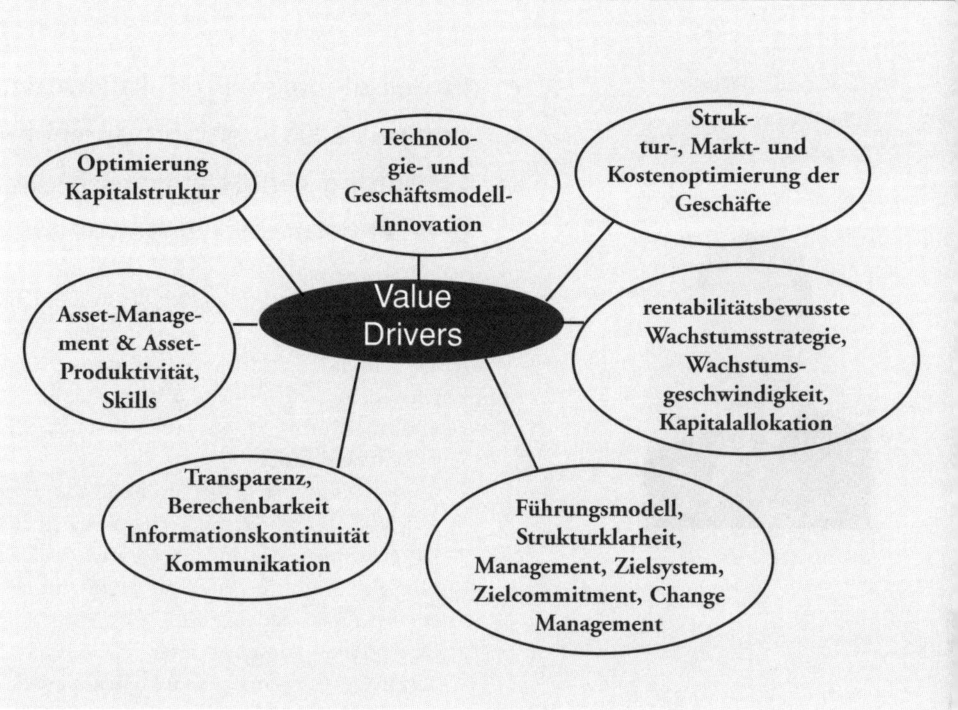

- Entscheidungen, die von allen Beteiligten (Stakeholders) getragen werden.

Zusammenfassung

Die Tauglichkeit des Ansatzes Value Management ist heute allgemein anerkannt und wird auch im Bereich der Unternehmenssanierung und -restrukturierung zunehmend und mit steigendem Erfolg eingesetzt.

Im Sanierungsfall kommt es besonders darauf an, die wesentlichen Stellschrauben rasch zu identifizieren (Value Drivers) und diese dann umsetzungsorientiert miteinander zu verknüpfen. Die grafische Darstellung des Value-Management-Systems bildet einen wertorientierten Regelkreis schematisch ab. Ausgangspunkt ist die häufig anzutreffende Situation, dass ein Unternehmen erhebliche Leistungsdefizite aufweist – bei Sanierungsfällen ist das ja immer der Fall. Es ist daher rasch und durchgängig ein entsprechender Managementprozess in Gang zu setzen. Es muss gelingen, diesen Prozess konsequent und nachhaltig zu installieren, nur dann kann sich die erforderliche Eigendynamik im Unternehmen entwickeln. Ziel ist es, ein Karussell durchgreifender Erneuerung und qualitativen sowie quantitativen Wachstums in allen Unternehmensbereichen anzuwerfen.

Die globale Produktivitätsstudie 2002 von Czipin & Proudfoot Consulting

Mag. Andreas Wurst
Czipin & Proudfoot
Consulting

In der globalen Produktivitätsstudie, die erstmals 1992 in Österreich und seit 2001 weltweit durchgeführt wird, erhebt Czipin & Proudfoot Consulting GmbH alljährlich die Entwicklung der Produktivität in sieben Ländern aus vier Kontinenten.

Die globale Produktivitätsstudie ermöglicht dabei die Ermittlung international vergleichbarer Produktivitätskennziffern. Produktive Tätigkeiten sind jene, die direkt der Wertschöpfungskette zuzurechnen sind. Die Studie basiert traditionell auf zwei Erhebungen:

1. Ausweitung von Einzelstudien, die von Czipin-&-Proudfoot-Experten weltweit in Unternehmen durchgeführt werden. Der heurigen Studie liegen rund 1.400 Einzelstudien zugrunde.
2. Eine Meinungsumfrage unter 2.100 Topmanagern zum Thema „Produktivitätsentwicklung im Unternehmen".

Globale Produktivitätsstudie 2002 verzeichnet leichten Aufwärtstrend

Die Produktivitätsstudie 2002 wurde in Österreich, den USA, Deutschland, Frankreich, Australien, England und Südafrika durchgeführt. Die gute Nachricht: Der internationale Trend zeigt leicht aufwärts. Wurden nämlich im globalen Vergleich 2001 durchschnittlich noch 96 Tage unproduktiv am Arbeitsplatz verbracht, so sind es 2002 nur noch 92 Arbeitstage. Das bedeutet eine weltweite Produktivitätssteigerung um vier Tage bzw. rund 1,8 Prozent. Am produktivsten sind demnach – wie im letzten Jahr – die Deutschen mit 63 Prozent „produktiver" Arbeitszeit. Auf Platz zwei liegen ex aequo Österreich und die USA mit einer Produktivitätsrate von 62 Prozent. Damit liegt Österreich um drei Prozent über dem internationalen Durchschnitt von 59 Prozent.

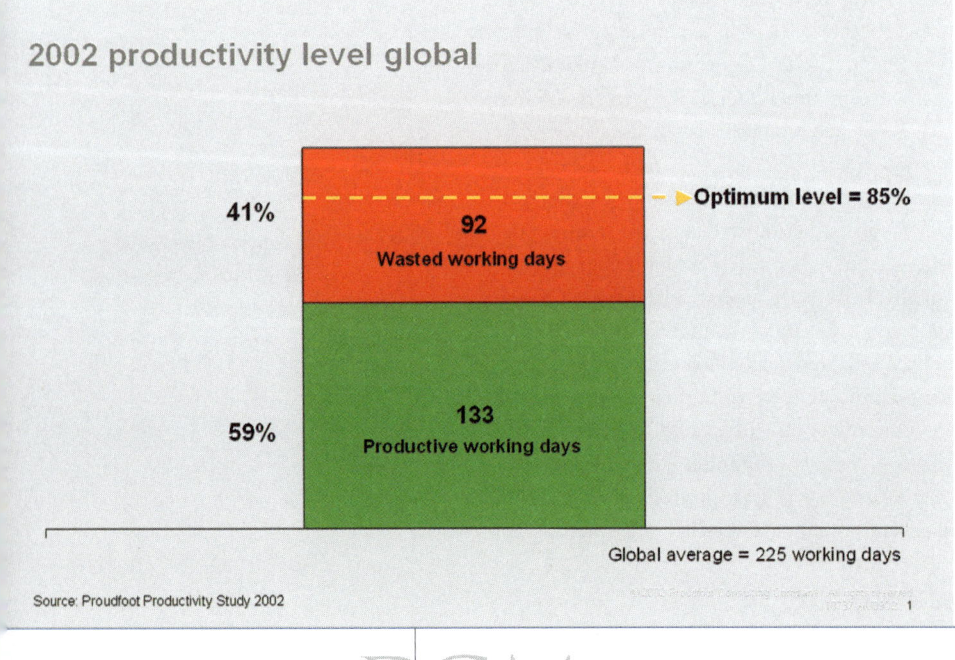

Die Produktivitätssteigerung, die im vergangenen Jahr zu verzeichnen war, kann als ein vorsichtiges Signal für einen kommenden Wirtschaftsaufschwung gewertet werden – vorausgesetzt, dass keine weiteren wirtschaftlichen oder politischen Irritationen die Entwicklung der Weltwirtschaft negativ beeinflussen. Die Kennziffern der Produktivität sind nämlich oft ein verlässlicher Vorbote für die kommenden wirtschaftlichen Entwicklungen, wie die langjährigen Erfahrungen von Czipin & Proudfoot im Daily Business mit den Klienten immer wieder gezeigt haben. Demnach dürften auch viele heimische Unternehmen die Notwendigkeit zur Strukturbereinigung und zu produktivitätssteigernden Maßnahmen erkannt und diese auch gesetzt haben. Doch Jubelmeldungen sind nach wie vor nicht angebracht. Entscheidend für die Unternehmen im Jahr 2003 ist, die begonnene Arbeit konsequent fortzusetzen. Die wichtigsten Punkte sind:

- Kosteneffizienz. Genaue Prüfung aller Ausgaben auf Sinnhaftigkeit / Rentabilität.
- Arbeitsabläufe. Die Firmenstruktur und alle Arbeitsabläufe sollten auf absolute Schlüssigkeit hin überprüft werden.
- Implementierung transparenter Managementsysteme zur Planung, Steuerung und Kontrolle.
- Klare Ziele für alle Mitarbeiter.
- Know-how. Eine Bestandsaufnahme des in der Firma vorhandenen Kow-how legt oft verschüttetes Potenzial dar.
- Proaktives Beiziehen externer Beratung zur Aufdeckung von Produktivitätsfallen.

Die Ergebnisse der globalen Produktivitätsstudie im Detail

Die globale Produktivitätsstudie geht zur besseren Vergleichbarkeit von durchschnittlich 225

Arbeitstagen im Jahr aus. Im internationalen Durchschnitt wurden im Jahr 2002 41 Prozent der Arbeitszeit oder 92 Jahresarbeitstage unproduktiv verbracht. 2001 wurden weltweit 43 Prozent der Arbeitszeit bzw. 96 Arbeitstage Unproduktivität festgestellt.

Im Sieben-Länder-Vergleich sind heuer drei „Produktivitätsklassen" zu erkennen:

- Deutschland – mit 37 Prozent unproduktiver Arbeitszeit auf Platz eins, Österreich und die USA mit je 38 Prozent ex aequo auf Platz zwei.
- Frankreich und Australien liegen mit 43 und 40 Prozent im Mittelfeld.
- Südafrika und Großbritannien bilden mit 54 und 49 Prozent die Schlusslichter.

Die Gründe für die Unproduktivität in österreichischen Unternehmen schlüsseln sich in folgende Bereiche auf:

1. Mangelnde Planung und Steuerung – 47 % (40,4 Tage)
2. Mangelnde Führung und Aufsicht – 14 % (12 Tage)
3. Mangelnde Arbeitsmoral – 15 % (13 Tage)
4. EDV-Probleme – 10 % (8,6 Tage)
5. Mangelnde Kommunikation – 9 % (7,7 Tage)
6. Mangelnde Qualifikation – 5 % (4,3 Tage)

Den größten Produktivitätsvorteil erzielen österreichische Unternehmen im internationalen Vergleich durch gutes Management. International gehen mehr als 21 Jahresarbeitstage durch schlechtes Management verloren. In Österreich sind es lediglich 12. IT-Probleme, Kommunikation und Motivation verringern die Produktivität der heimischen Unternehmen jedoch um insgesamt etwas mehr als 29 Tage und liegt damit weit über dem internationalen Durchschnitt:

- IT-Probleme: 8,6 Tage
- Mangelnde Kommunikation: 7,7 Tage
- Mangelnde Arbeitsmoral: 13 Tage

International besteht in diesen Bereichen mit nur rund 25 Tagen deutlich größere Produktivität:

- IT-Probleme: 7,4 Tage
- Mangelnde Kommunikation: 6,4 Tage
- Mangelnde Arbeitsmoral: 11 Tage

Lediglich vier von 62 Prozent der verlorenen Produktivität sind auf mangelnde Qualifikation zurückzuführen. Damit liegt Österreich unter dem internationalen Schnitt und hat sich auch zum Vorjahr um ein Prozent weiter verbessert.

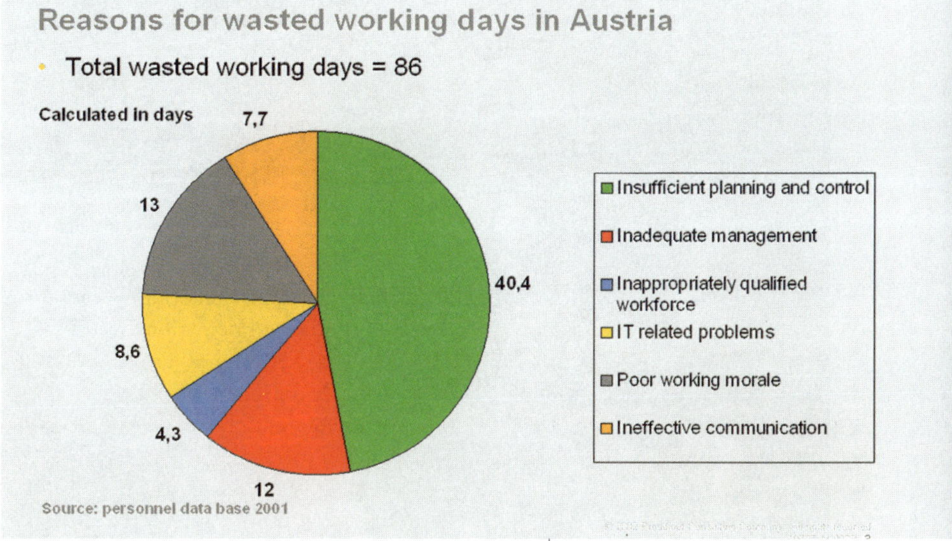

Meinungsumfrage: Manager sind aufgrund wirtschaftlicher und politischer Instabilität verunsichert

Aus der Meinungsumfrage, die unter 2.100 Topmanagern aus sieben Ländern durchgeführt wurde, können zwei wesentliche Schlussfolgerungen gezogen werden. Erstens: Weltweit sind Manager aufgrund der labilen wirtschaftlichen, aber auch politischen Situation verunsichert. Daher fällt die „erwartete Produktivitätssteigerung" für das Jahr 2002 relativ bescheiden aus. Und zweitens: Die beträchtliche Produktivitätsverringerung vom Jahr 2000 auf 2001 wird sich voraussichtlich 2002 nicht wiederholen. Die meisten Länder können auf eine Stabilisierung oder sogar geringfügige Erhöhung der Produktivitätssteigerung hoffen. Auch hier kann eine vorsichtige Trendumkehr erkannt werden. Konnte die Produktivität nach Meinung der Manager in Österreich im Jahr 2000 um 3,9 Prozent und im Jahr 2001 immer noch um 2,7 Prozent gesteigert werden, so erwarten die Manager für 2002 lediglich eine Steigerung um 2,1 Prozent. Das maximale Potenzial für weitere Produktivitätszuwächse sehen Österreichs Manager bei 8,6 Prozent. Die langjährige Erfahrung von Czipin & Proudfoot zeigt jedoch, dass in Wirklichkeit in österreichischen Unternehmen ein durchschnittliches Produktivitätspotenzial von 23 Prozent schlummert. Was den heimischen Unternehmen also fehlt, ist, mit mehr Mut und Engagement an produktivitätssteigernde Maßnahmen heranzugehen. Hier besteht noch großer Handlungsbedarf, wenn die heimischen Unternehmen nach dem hoffentlich baldigen Ende der Wirtschaftskrise neu durchstarten möchten.

Manager sind aufgrund wirtschaftlicher und politischer Instabilität verunsichert.

Den größten Produktivitätsvorteil erzielen österreichische Unternehmen im internationalen Vergleich durch gutes Management.

Das maximale Potenzial für weitere Produktivitätszuwächse sehen Österreichs Manager bei 8,6 Prozent.

Informationstechnologie 8

„Die Software für das digitale Jahrzehnt muss kosteneffizient und sicher sein!"

Mag. Paul Stritter
Manager Enterprise and
Partner Group, Microsoft

Berater müssen heute kontinuierlich über die aktuellen Trends und Gegebenheiten Bescheid wissen: Neueste Technologien sind hier besonders wichtig! Als führendes Technologie-Unternehmen ist es für Microsoft ein großes Anliegen, mit kompetenten Beratungspartnern zusammenzuarbeiten, die die Microsoft-Technologien beim Anwender professionell umsetzen können. Nur so ist sichergestellt, dass das Beratungsprojekt für den Kunden zum gewünschten Erfolg führt.

In den letzten zehn Jahren sind Computer und Netzwerke im Geschäfts- und im Alltagsleben zum festen Bestandteil geworden. Im „Digitalen Jahrzehnt", das nun vor uns steht, werden Milliarden von intelligenten Geräten mit dem Internet verbunden sein. Diese folgenreiche Entwicklung birgt große Möglichkeiten, bringt aber auch neue, sich kontinuierlich verändernde Herausforderungen mit sich. Computer ermöglichen die Entwicklung des E-Commerce, eröffnen neue und schnellere Wege der Kommunikation und steigern insgesamt die Produktivität. Doch um dieses Potenzial auszuschöpfen, muss sich Rentabilität und Sicherheit der angebotenen Produkte und Services drastisch verbessern.

Nur effiziente IT-Investitionen mit entsprechender Kostentransparenz haben Zukunft

Die Kosteneffizienz – der Return on Investment (ROI) der eingesetzten IT-Lösung – steht in wirtschaftlich schwierigen Zeiten für die Entscheidungsträger noch stärker im Vordergrund. So werden laut einer aktuellen IDC-Erhebung deutsche CEOs zur Zeit besonders häufig damit konfrontiert, dass ihre IT-Abteilungen zu hohe Kosten verursachen und entsprechende Kostentransparenz fehlt. Laut einer Erhebung der Econet AG bei deutschen Unternehmen planen derzeit bereits 74 Prozent der befragten Manager, zumindest für Teile ihrer IT-Investitionen in Zukunft eine genauere wirtschaftliche Nutzenkontrolle durchzuführen.

Für Microsoft ist es ein Schwerpunkt, seine Kunden und Partner mit kosteneffizienten und innovativen Produkten und Services zu unterstützen. Das dynamische Wirtschaftssystem von Microsoft umfasst weltweit über 800.000 Partner, die am indirekten Vertriebsmodell entsprechend partizipieren. Die Spannweite der am Markt erhältlichen Lösungen ist auf der Microsoft-Plattform einzigartig. Microsoft ist damit eines der wenigen IT-Unternehmen am Markt, das ein umfassendes Softwareportfolio an Unternehmen jeder Größenordnung liefern kann.

Kunden – egal von welcher Plattform sie kommen – sehen immer deutlicher, dass sie mit unserer Produkt- und Dienstleistungspalette Kosten sparen. Aus internen Analysen können wir heute festhalten, dass ein prozentuell einstelliger Microsoft-Anteil am gesamten IT-Budget eines Unternehmens im Regelfall zu Einsparungen weit im zweistelligen Prozentbereich führt.

Microsoft-Plattform bei Rentabilität und Kosteneffizienz eindeutig überlegen

Laut einer aktuellen IDC-Studie zu Windows 2000 ist die Microsoft-Plattform selbst Produkten, die als „kostenlos" gelten, in den Bereichen Rentabilität und Kosteneffizienz eindeutig überlegen. So ergeben sich laut IDC in den für Unternehmen besonders wichtigen Einsatzbereichen Netzwerkinfrastruktur, Print Serving, File Serving und Sicherheitsanwendungen signifikante Kostenvorteile für Windows. Über einen Zeitraum von fünf Jahren konnten um 11 bis 22 Prozent geringere Kosten bestätigt werden. Das liegt vor allem an deutlich geminderten Arbeitskosten bei Windows – einer der größten Einzelkomponenten bei IT-Kosten.

Das Ziel von Microsoft besteht aber auch darin, Produkte zu entwickeln, die Innovation, Rentabilität und Vertrauenswürdigkeit optimal in sich vereinen. Um dieses Ziel zu erreichen, konzentrieren wir uns besonders auf die vier Bereiche Sicherheit, Datenschutz, Zuverlässigkeit und Integrität von Geschäftsvorgängen.

Trustworthy Computing: Der PC soll so sicher und zuverlässig sein wie der Strom

Vor einem Jahr hat Bill Gates, Chairman und Chief Software Architect der Microsoft Corporation, die 50.000 Mitarbeiter von Microsoft aufgefordert, mit der Initiative Trustworthy Computing für unsere Kunden eine Computerumgebung zu schaffen, der sie noch stärker vertrauen können. Der Computer, so lautete die Botschaft damals, soll genauso sicher und zuverlässig sein wie der elektrische Strom, der heute – wie selbstverständlich – die Energie für unsere Wohnungen und Unternehmen liefert.

Im Laufe des vergangenen Jahres haben wir neue Produktentwicklungsmethoden, neue Programmierungsansätze, neue Testverfahren, neue Richtlinien für den Umgang mit Sicherheitsproblemen und neue Prozesse für den Produktsupport geschaffen. Sie alle erfüllen die Vorgaben von Trustworthy Computing, unseres neuen Sicherheits-Frameworks.

Auch nach diesen großen Anstrengungen, mit denen wir für unsere Kunden bereits viel erreichen konnten, gibt es noch viel zu tun – für Microsoft wie auch für die gesamte Softwarebranche. Wir haben im Jahr 2002 mehr als 200 Millionen Euro investiert, um Windows sicherer zu machen, und noch mehr Geld für andere Produkte ausgegeben. Auch in diesem Jahr werden wir unsere Zusammenarbeit mit Kunden, Regierungsvertretern und Partnern aus der Branche fortsetzen. Gleichzeitig werden wir noch sicherere Produkte bereit stellen und unsere Erkenntnisse und unser Wissen über Sicherheit untereinander austauschen.

Eine uneingeschränkte Vertrauenswürdigkeit muss für alle weit verbreiteten Technologien erst noch geschaffen werden. Elektrische Systeme schwanken oder versagen manchmal immer noch, Telefonleitungen brechen gelegentlich zusammen. Dennoch haben sie sich unser Vertrauen erworben, denn zumeist funktionieren sie genau so, wie wir es wünschen. Das gleiche Vertrauen gegenüber der Computertechnik aufzubauen ist eine komplexe Aufgabe. Aber Microsoft und die Branche insgesamt müssen diese Aufgabe erfolgreich bewältigen, damit das Potenzial dieser großartigen Technologie voll und ganz ausgeschöpft werden kann.

„Über einen Zeitraum von fünf Jahren konnten um elf bis 22 Prozent geringere Kosten bestätigt werden."

Zum Unternehmen:

Microsoft (Nasdaq: „MSFT") wurde 1975 gegründet. Das Unternehmen ist der weltweit führende Anbieter von Software, Services und Internettechnologien für die private und geschäftliche Nutzung. Microsoft bietet eine breite Palette an Produkten und Diensten an, die alle das Ziel haben, Menschen mit Software zu unterstützen – jederzeit, überall und auf jedem Gerät.

Ein gutes Customer Interaction Center (CIC) ist wie eine Garantie für zufriedene Kunden

Mag. Reinhard Paul
PIDAS Österreich

Es gibt Dinge, von denen jeder spricht – und die doch keiner kennt. In diese Kategorie gehören Customer Interaction Center, kurz CIC. Sie sind eigentlich die Nachfolger der Call Center, allerdings reicht die Bedeutung der CIC wesentlich weiter: Es geht nämlich nicht mehr nur um die Beziehung zum Kunden via Telefon für Service- oder Verkaufszwecke, sondern um die umfassende Betreuung sämtlicher Kundenanliegen im gesamten Buying Cycle, also von der Information, Beratung, Verkaufsabwicklung bis zur Betreuung nach dem Kauf.

Das CIC ist Dreh- und Angelpunkt für alle Interaktionen zwischen Kunde und Unternehmen – unabhängig davon, ob diese vom Unternehmen oder vom Kunden initiiert werden. Ein CIC unterscheidet sich in einem wesentlichen Punkt vom herkömmlichen Call Center, und zwar in der Multimediafähigkeit. Das bedeutet, der Kunde kann über alle Kanäle – sei es über E-Mail, Fax oder Brief – mit dem Unternehmen in Kontakt treten oder kontaktiert werden und bekommt überall denselben Service.

Das CIC ist ein Unternehmen im Dienste des Kunden innerhalb des Unternehmens. Das Dienstleistungsspektrum ist dabei groß: Von der Auftragsannahme über die Auftragsabwicklung, von Garantie- und Reklamationsfragen bis zu Auskunfts- und Beratungsdienstleistungen, aber auch als Ansprechpartner vonseiten des Marketing für die Umsetzung von Direktmarketing-Kampagnen ist das CIC der Single Point of Contact. Hier fließt das gesamte für den Kunden relevante Unternehmenswissen zusammen, und die Komplexität der Unternehmensorganisation wird von ihm abgeschirmt. Im CIC steht er im Mittelpunkt, und die Mitarbeiter verstehen sich als seine internen Anwälte: Anregungen und Wünsche des Kunden fließen in einen permanenten Verbesserungsprozess von Produkten und Dienstleistungen des Unternehmens ein. Das CIC schafft die Voraussetzung für den professionellen Dialog mit dem Kunden, und die konsequente Nutzung der aus diesem Dialog entstehenden Informationen ermöglicht die Individualisierung von Produkten und Dienstleistungen.

Intern gesehen ist das CIC die zentrale Drehscheibe, bei der sämtliche Informationen konsolidiert werden und wo ein vollständiges Kundenbild entsteht. Alle Informationen über den Kunden und sämtliche Kontakte des Unternehmens zum Kunden werden hier erfasst. Damit das Kundenbild wirklich vollständig ist, müssen natürlich alle Fäden im CIC zusammenlaufen, und es muss gewährleistet sein, dass den Mitarbeitern alle relevanten Informationen aus Verkauf, Innen- und Außendienst, Kundendienst, Marketing, Produktmanagement, Forschung und Entwicklung, sowie Management jederzeit und in korrekter Form zur Verfügung stehen. Dies erfordert neben einer informationstechnologischen Infrastruktur eine prozessorientierte Organisation. An die Stelle einer funktionsorientierten Struktur muss eine Organisationsform treten, die alle Einheiten unternehmensweit vereint. Das heißt zum Beispiel, dass Produktmanager, die bis dahin eher im Hintergrund gearbeitet haben, stärker in die Prozesse der Kundeninteraktion mit einbezogen werden und so ihre Produkte sehr viel näher am Kunden und seinen Bedürfnissen entwickeln und vermarkten können.

Ein CIC erfüllt Funktionen aus den Bereichen Marketing, Verkauf und Kundendienst und tut dies über den gesamten Lebens- oder Kaufzyklus (Buying Cycle) des Kunden. Es steht in seinem Dienst, wenn es darum geht, den Kunden in der Informationsphase mit den gewünschten Prospekten zu versorgen, in der Evaluationsphase den Kunden von einer umfassenden und kompetenten Beratung profitieren zu lassen, den Verkauf in der Abwicklungsphase sicher und rasch im Sinne des Kunden auszuführen und ihn in der After-Sales-Phase dabei zu unterstützen, das Produkt möglichst optimal nutzen zu können. Auf der anderen Seite erfüllt es wichtige unternehmerische Aufgaben bei der gezielten Identifikation von profitablen bestehenden und neuen Kunden, der effizienten Gewinnung von Neukunden, der Sicherung von bestehenden Kunden sowie bei der Lancierung von Cross- und Up-Selling-Maßnahmen.

Kompetenzgruppen

Ein CIC organisiert sich in verschiedenen Kompetenzgruppen, so genannten Levels: CIC-Agents sind die ersten Ansprechpartner der Kunden und kümmern sich um seine Anliegen im First Level. Sie bearbeiten Anfragen, die über Telefon, Internet, Fax, Brief etc. ins Unternehmen gelangen. Diese Mitarbeiter haben ein breites, aber nicht sehr tiefes Wissen. Sie müssen über eine ausgesprochene Dienstleistungsmentalität und psychologisches Fingerspitzengefühl verfügen und stark in Stress- und Konfliktbewältigung sein. Ein Mitarbeiter dieser Stufe wird im Tag rund dreißig Calls entgegennehmen und rund siebzig Prozent davon abschließen können.

Ist eine Anfrage zu speziell oder ist die Beantwortung mit größerem Zeitaufwand verbunden (zum Beispiel die Erstellung einer Offerte), wird sie einer Spezialistengruppe, die über spezifische Kompetenzen verfügt, auf den so genannten Second Level eskaliert. Die entsprechenden Mitarbeiter verfügen über ein tieferes Fachwissen und werden im allgemeinen neunzig Prozent aller Anfragen beantworten können. Pro Tag kann ein Mitarbeiter dieser Stufe rund zehn Fälle lösen.

Die Kompetenzgruppen in einem CIC werden in der Regel von Teamleitern geführt, die für fünf bis zwölf Agenten zuständig sind. Ein Supervisor ist verantwortlich für das Tagesgeschäft des gesamten CICs und dient als Eskalations- und Anlaufstelle bei Sachfragen. Dieser Supervisor übernimmt in der Regel auch die Einsatzplanung und stellt Teams für Spezialaktionen zusammen, wie zum Beispiel die Abwicklung einer Direktmarketingkampagne, bei der es darum geht, Neukunden aufgrund einer Mailing-Aktion zu gewinnen oder Kundenzufriedenheitsbefragungen durchzuführen.

Das Modell einer idealen Service-Organisation: Mensch – Organisation – Technik

In einem gut aufgebauten und geführten CIC müssen die drei Gestaltungsbereiche Mensch, Organisation und Technik in einer ausgewogenen Gesamtlösung aufgehen. Der Einsatz der besten technischen Hilfsmittel kann die Arbeit der Agents wesentlich erleichtern.

Technische Voraussetzung sind ein Netzwerk, ein PC mit Internetanschluss und eine Telefonanlage. Die Kanäle Telefon und Internet sind im Sinne des Multimedia- oder Multichannelgedankens miteinander zu verlinken: Ein „call-me-button" im Internet lässt den Kunden etwa auf den Kanal Telefon wechseln. Im Zentrum steht sodann eine Datenbank, die sämtliche Kundeninformationen und -interaktionen enthält.

Diese basale Infrastruktur wird zunehmend durch ausgeklügelte, speziell für CIC entwickelte Software oder ganze Suiten wie trueAct ergänzt. Ein Ticketing-Werkzeug beispielsweise ermöglicht das Weiterleiten und Verfolgen der Anfragen. So genannte E-Worker (Atavare) werden auf den Webpages eingesetzt und übernehmen Standardanfragen. Sie entlasten so die Agenten und ermöglichen es ihnen, sich qualitativ anspruchsvolleren Fragen zu widmen.

Moderne Call Center sind weit mehr als reine Telefonanlagen.

Die Investitionskosten für ein CIC mit dreißig Mitarbeitern belaufen sich auf rund 1,15 Millionen Euro, inklusive Hardware (Telefonie, Client-/Server-Infrastruktur), spezialisierte Software, integrierte Internet-Plattform, Rekrutierung und Ausbildung der Mitarbeiter sowie Consulting. Für die Betriebskosten muss mit rund zwei Millionen Euro pro Jahr gerechnet werden.

Das Zusammenspiel von Mensch und Technik.

Das sind vergleichsweise geringe Summen, hält man sich zwei Tatsachen vor Augen: Erstens ist ein gutes CIC eine höchst effektive Maßnahme, um Kunden zu binden und zu behalten. Neue Kunden zu gewinnen ist im Allgemeinen um Faktoren teurer. Eine jüngere Studie belegt, dass selbst günstig operierende Dotcoms im Business-to-Customer-Bereich durchschnittlich 135 Euro für einen Neukunden ausgeben müssen. Zweitens ermöglicht die zentrale Datenbank des CIC Marketingmaßnahmen, die sehr viel zielgerichteter sind und dementsprechend ein besseres Kosten-Nutzen-Verhältnis erzielen. Beispielsweise lässt sich mit einem Data-Mining der Kundendaten das Potenzial für

Cross-Selling-Maßnahmen eruieren und Kunden gezielt angehen.

Ein PIDAS-Projekt beim Schweizer Fernsehen hat exemplarische Dimensionen.

Das Contact Center Schweizer Fernsehen DRS

Planerische Flexibilität

Die Kernprozesse und damit der Verlauf der Informationsströme sind von Kunde zu Kunde verschieden. Jede Aufgabe ist zudem mit besonderen Erwartungen des Endabnehmers verbunden. Besonders trifft dies auf einen Fernsehsender zu: Wie kaum ein anderes Dienstleistungsunternehmen steht er im Licht der öffentlichen Aufmerksamkeit und kann sich keine Fehlertoleranz erlauben. Der hohe Aktualitätsbezug des Fernsehens schafft überdies beim Publikum die Erwartung eines schnellen Service. Das Projekt des Schweizer Fernsehens DRS, im Bereich Kommunikation mit einem Contact Center (CC) die Zuschauerbetreuung zu intensivieren und eine höhere Zufriedenheit des Publikums zu erreichen, stellt an einen externen Partner daher große Anforderungen. Der Aufgabenumfang ist beträchtlich: Im CC von SF DRS ist pro Jahr mit mehr als zweihunderttausend Anfragen über Telefon, E-Mail, Brief und Fax mit einem Zeitaufwand von durchschnittlich zehn Minuten für jeden einzelnen Fall zu rechnen.

Mehrstufiger Prozess

Bei der Zusammenarbeit mit dem Schweizer Fernsehen DRS bringt die PIDAS ihren bewährten mehrstufigen Konzipierungsprozess zur Anwendung. In mehreren aufeinander abgestimmten Phasen gewinnt das Projekt zusehends an Gestalt. In einem ersten Schritt, einem Visions- und Strategie-Workshop zwischen vier Vertreterinnen und Vertretern des Schweizer Fernsehens DRS und drei PIDAS-Spezialisten, wurde das Bild des künftigen Zustands entworfen und der Realisierungsweg aufgezeichnet. Ein Vergleich der Vision mit dem Ist-Zustand ermöglicht es dabei, den Verbesserungsbedarf abzuschätzen und im Einzelnen festzulegen.

Abgestimmte Schritte

Insgesamt sind sechs Projektphasen vorgesehen:
- Erarbeiten von Vision und Strategie
- Analyse des Potenzials in den Bereichen Mensch – Organisation – Technik
- Gestaltung der zukünftigen Organisation
- Prototyping der Technik
- Entwicklung der produktiven Technik
- Einführung von Technik und Organisation

Zu den übergeordneten Zielen Vision und Strategie gehört es, eine interne Informationsdrehscheibe zu etablieren, das Contact Center also in einen Single Point of Information (SPOI) umzuwandeln. Dazu sind unter anderem die Telefonzentrale, der Kundendienst, die Internetsite von SF Online, das Merchandising sowie das Front-/Backoffice miteinander zu verknüpfen. Als neu zu schaffender Informationskanal soll ein Management-Informations-System (MIS) die Funktion eines Informationsservice für interne Stellen übernehmen und über Anfragen, Reklamationen oder Zuschauerreaktionen rapportieren. Das MIS wird somit zur Basis für ständige Verbesserungen und zum Signalfaktor für eine bedürfnisgerechte Programmgestaltung.

Die Ziele des Projekts, zusammengefasst

- Telefonzentrale und Kundendienst zum Single Point of Information (SPOI) verbinden
- Harmonisierung und Professionalisierung der Kommunikations- und Distributionskanäle
- Schaffung und Erhaltung einer lernenden Organisation (KM)
- Schaffung eines Informationssystems als Spie-

gelung von Zuschauer- und Kundenverhalten (MIS)
- Entlastung von Standardanfragen durch ein Angebot zur Selbsthilfe (virtueller Kundendienst)

Paralleles Vorgehen
Bei der Lösung ist hohes Abstraktionsvermögen ebenso gefragt wie genaue Detailkenntnis. Vier verschiedene Funktionsbereiche innerhalb von SF DRS sind in Einklang zu bringen: die Entgegennahme der an den Sender gerichteten Zuschauerwünsche, die entsprechenden Abwicklungsprozesse, die nach außen gerichteten Informationen sowie die Qualitätssicherung. Das Planungsverfahren hat strengen Kriterien zu genügen. Parallel zur Potenzialanalyse, der Konzeptphase und den organisatorischen Veränderungen müssen das Prototyping sowie die Entwicklung und Einführung der produktiven Technik erfolgen. Die Analyse des Potenzials in den Bereichen Mensch, Organisation und Technik hilft mit, die einzelnen organisatorischen Maßnahmen zu konkretisieren und die Technik daran anzupassen.

Der Faktor Mensch
Zentrale Bedeutung in dem Projekt hat der Faktor Mensch. Die organisatorischen und technischen Strukturen sollen sich an ihn anpassen – und nicht umgekehrt. Die Begründung ergibt sich von selbst: Nur zufriedene MitarbeiterInnen erbringen Leistungen, die auch den Kunden zufrieden stellen. Wenn moderne technische Hilfsmittel – konkret elektronische Berater im Internet – die Mitarbeiter im Contact Center von Routineaufgaben entlasten, steigt die Zufriedenheit und damit die Arbeitsqualität, da die Mitarbeitenden von repetitiven Aufgaben entlastet werden. Bedingung für den Erfolg ist es ferner, die Tragweite der anvisierten Veränderungsprozesse zu erkennen. Nur ein ganzheitlicher Ansatz, der bei der Geschäftsleitung volle Unterstützung findet, führt zum Ziel: Bei ungenügender Rückendeckung und fehlender Kommunikation gegenüber den Beteiligten können die hergebrachten Abläufe zum Behinderungsfaktor werden.

Transparenz
Durch die Aufteilung in klar abgegrenzte Einzelschritte gewinnt das Projekt an Transparenz.

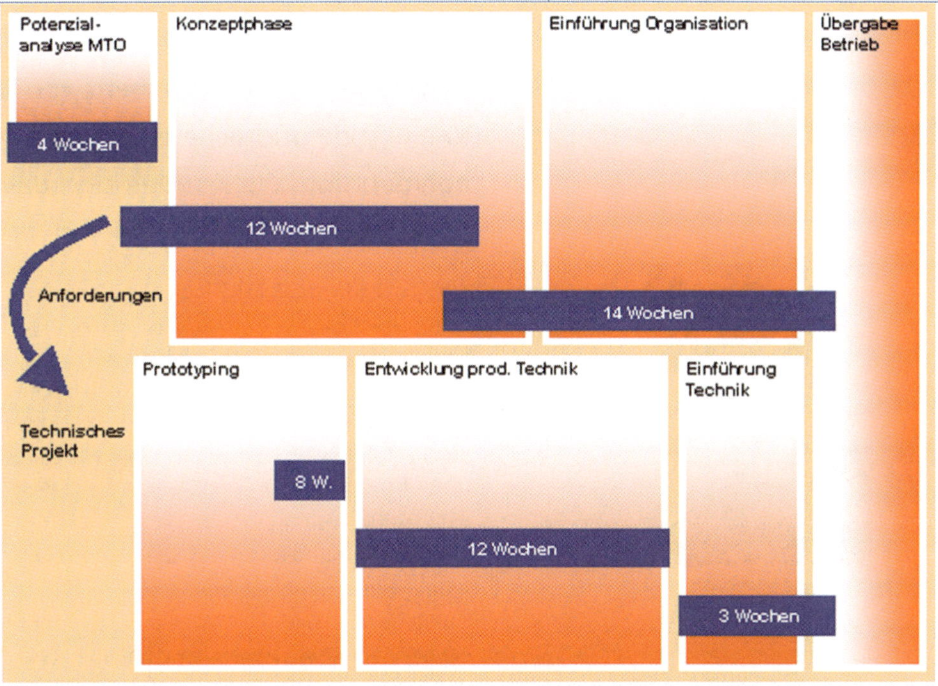

Klar definierte Einzelschritte: Das PIDAS-Projektkonzept beim Schweizer Fernsehen DRS bringt Mensch, Organisation und Technik in Einklang.

Der Finanzbedarf lässt sich so für jede Phase genau bestimmen. Zusätzlich kann den individuellen Gegebenheiten des Kunden besser Rechnung getragen werden. Gerade hier zeigt sich, dass mit einem schematischen Planungsvorgehen kein durchschlagender Wettbewerbsvorteil erzielt werden kann. Erst wenn die Planung auf die immer wieder verschiedenen Kernprozesse des Kunden einzugehen imstande ist, ergeben sich Optimalresultate.

Bei ihrer Arbeit an dem Projekt kann die PIDAS von ihrer mehr als zehnjährigen Erfahrung bei der Konzipierung von Service Centers profitieren. Bereits beim ersten Workshop mit den Vertreterinnen und Vertretern von SF DRS ergab sich eine gute Zusammenarbeit. Insbesondere die PIDAS-Methodik mit ihren aufeinander abgestimmten Arbeits- und Kreativitätsphasen erwies sich als Grundlage für rasche und gute erste Resultate. „Die Unterstützung durch die PIDAS hat sich als sehr wertvoll erwiesen", erklärt Florenz Schaffner, Projektverantwortlicher SF DRS, nach dem Visions- und Strategie-Workshop. „Die PIDAS hat gezeigt, dass sie nicht nur ausgeprägte betriebswirtschaftliche, sondern auch starke soziale Kompetenz besitzt und solcherart eine professionelle und zuverlässige Partnerin ist."

Die PIDAS – ein kompetenter und zuverlässiger Partner.

Software-Qualität: Eine unternehmerische Existenzfrage

Josef Widl
SQS Österreich

Sicherung und Management von Softwarequalität „made by SQS". Funktionierende und sichere Software – alle unsere Lebensbereiche, alle Unternehmen und alle Kunden sind davon abhängig. Aber sind Sicherheit und Funktionalität wirklich so selbstverständlich, wie wir annehmen?

Eine „Sicherheitsgarantie" kann kein Unternehmen ausstellen – wie auch eine unabhängige Studie aus dem Jahr 2001 bestätigt: Alle Befragten einer im letzten Jahr unter 75 deutschen groß- und mittelständischen Unternehmen durchgeführten Untersuchung (Studie „Aspect Consulting 2001 unter 75 IT-Managern deutscher groß- und mittelständischer Unternehmen") gaben an, schon mindestens einmal Software getestet zu haben bzw. getestet haben zu lassen. Jedoch sind sich alle befragten Unternehmen einig, dass vor allem Finanzsoftware und eigenentwickelte Software ebenso wie kunden- und internetbasierende Applikationen auf jeden Fall getestet werden sollten.

Software-Testen: notwendiges Übel oder „erfolgskritisch"?

Software-Testen oder professionelle Prüfverfahren werden von den meisten Unternehmen als notwendiges Übel gesehen, da es als zeit-, kosten- und ressourcenaufwändig gilt. Daher wenden die befragten Unternehmen im Durchschnitt auch nur 11–25 Prozent des IT-Budgets für Software-Tests auf, wobei als wichtigster Benefit das Funktionieren der Software gesehen wird. Der Gefahr der enormen Kosten bei Systemfehlern oder -ausfällen sind sich jedoch nur wenige bewusst, wiewohl viele Manager angeben, dass die IT eine erfolgskritische Größe in ihrem Unternehmen darstellt.

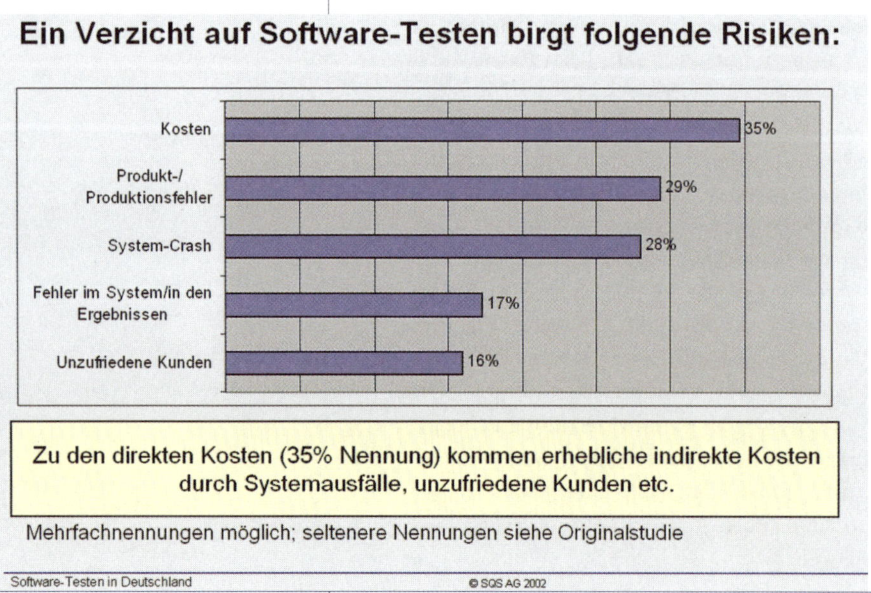

Enorme Kosten als Folge von Software-Systemausfällen

Das Nichttesten von Software hat zur Folge, dass die eingesetzte Software häufig Fehler und auch komplette Systemausfälle aufweist und dadurch enorme Kosten, vor allem durch Geschäftsentgang, verursacht. Effizientere und erfolgreichere IT-Projekte mit professionellem Software-Qualitätsmanagement: 43 % aller IT-Projekte (Aspect Studie 2001) werden nie oder zu 40 % zu spät fertiggestellt und sind dann auch noch um 35 % teurer als ursprünglich geplant. Diese konkreten finanziellen und betriebswirtschaftlichen Auswirkungen können ein Unternehmen nachhaltig negativ beeinflussen. Professionelles Softwaretesten kann solche Zeitverzögerungen und Verteuerungen reduzieren, in dem darauf spezialisierte Dienstleister wie SQS Software Quality Systems in jeder Phase einer Software-Entwicklung oder -Implementierung eingebunden werden.

Das Einmaleins der Software-Qualität

- Testvorbereitungen bereits in der Anforderungs-/Spezifikationsphase starten und damit schon funktionale Fehler aufdecken,
- Reviews nach Anforderungen, Design, Implementierung einbauen,
- regelmäßige und automatisierte Tests nach jeder Phase standardisiert einführen.

Für Unternehmen, die nicht über die internen Ressourcen und das Know-how für diesen Prozess verfügen, stehen spezialisierte Dienstleister wie SQS Software Quality Systems als Experten zur Verfügung, die sich ausschließlich auf die Sicherung und das Management von Software-Qualität durch Software-Testen konzentrieren.

SQS – europaweit führendes IT-Consulting-Unternehmen für Software-Qualität

SQS Software Quality Systems bietet Dienstleistungen und Produkte für Software-Qualitätssicherung, Software-Qualitätsmanagement und Software-Testen an und ist mit rund 630 Mitarbeitern klar an der Spitze der Software-Test- und Qualitätsmanagement-Dienstleister in Europa.

Gegründet 1982 in Köln, ist SQS heute mit Beratungsleistungen, Produkten und Seminaren erfolgreich in den Geschäftsfeldern Finanzdienstleister, Telekommunikation, E-Business, Handel, öffentliche Verwaltung, Industrie und Engineering tätig. Die SQS-Gruppe erzielte im Jahr 2001 in Deutschland, Österreich, UK, Spanien, Portugal und den Niederlanden einen Gruppenumsatz von 64 Mio. Euro.

In **Österreich** ist SQS seit 2000 mit einer eigenen Tochtergesellschaft, die von Geschäftsführer Josef Widl geleitet wird, präsent. SQS verfolgt in Österreich das Ziel, bis Ende 2003 größtes Consultinghaus im Qualitätssicherungs- und Testbereich zu werden.

Kundenbenefits durch Branchenkompetenz und Methodenführerschaft

Die wesentlichsten Stärken des SQS-Beratungsprofils sind Branchenkompetenz und Methodenführerschaft, mit denen SQS das Spektrum von Software-Testen und Qualitätsmanagement umfassend abdeckt. Gelebte Vorgehensweisen in der Qualitätssicherung und im Qualitätsmanagement zu bewerten, neue Benchmarks zu setzen und zu verbessern sind wichtige Leistungen der SQS-Berater. Durch Konzeption und Einführung von Qualitätsmanagementsystemen schaffen die SQS-Berater hervorragende Voraussetzungen für die kostengünstige Entwicklung und erfolgreiche Implementierung von Software-Systemen.

Die Qualität der Projektergebnisse wird durch ein Beraterteam mit strukturierten Tests effizient sichergestellt, indem Testverfahren und -tools wirtschaftlich und transparent eingesetzt werden. Als unabhängiges Beratungshaus kann SQS daher den Kunden die jeweils individuell zugeschnittene und optimalste Lösung anbieten. SQS bietet neben kundenspezifischen Lösungen auch standardisierte Lösungen für Tests für SAP-Software sowie Testsysteme für die umfassende Automatisierung des Testprozesses an.

Testen vor Ort und im Labor

Beim Testen von Software geht SQS unterschiedliche Wege – je nach Komplexität und Größe der Aufgabenstellung. Bei sehr komplexen Projekten sind SQS-Berater vor Ort beim Kunden tätig und überprüfen die Software in ihrer tatsächlichen IT-Umgebung. Bei weniger komplexen Fragestellungen kann das komplette Testverfahren auch im SQS-eigenen TestLAB durchgeführt werden. Diese Möglichkeit nutzen Kunden von SQS beispielsweise, um ein neues Release einer Software zu testen, ohne den laufenden IT-Betrieb zu stören. Darüber hinaus bietet SQS auch so genannte TestSuites an. Das sind Produkte, die ein automatisiertes Testen erlauben und mit denen der Kunde seine Software selbst unter die Lupe nehmen kann.

Internationale Großkunden aus Finanzbranche, Industrie und Handel

Zu den Kunden von SQS zählen heute in Deutschland jedes zweite DAX-Unternehmen und zahlreiche internationale Firmen. So arbeitet SQS beispielsweise für die Deutsche Bank, die Dresdener Bank, die Deutsche Telekom, Alcatel SEL, DaimlerChrysler, das Bundesverwaltungsamt, den Axel Springer Verlag oder den Neckermann Versand.

In Österreich verweist SQS auf ein wichtiges Kundenportfolio mit so renommierten Namen wie etwa Henkel, Kreditschutzverband, Österreichische Lotterien, RAISA, Spardat, Wiener Gebietskrankenkasse etc.

uptime Systemlösungen GmbH

Nikolaus Kimla
uptime Systemlösungen GmbH

uptime ist ein Systemhaus mit mehr als zehn Jahren Erfahrung. Seit 1994 vertreibt und entwickelt uptime Software und liefert Applikationen, die individuell und nach den Anforderungen des Kunden zusammengestellt und implementiert werden.

Seit 1998 hat sich uptime darauf spezialisiert, diese individuellen Lösungen auf der Grundlage von Open-Source-Software (OS) zu entwickeln und nutzt bei der Produktauswahl eine Reihe von Vorteilen, die OS-Komponenten gegenüber traditioneller Software haben:

- geringere Kosten,
- höhere Sicherheit (bei der Infrastruktur),
- mehr Flexibilität und Interoperabilität,
- höhere Zugänglichkeit,
- mehr Transparenz und
- technologische Unabhängigkeit.

Gerade für die Entwicklung maßgeschneiderter Kundenlösungen und deren Integration in bestehende Systeme (auch solche mit proprietärer Software) sind dies bedeutende Aspekte. Proprietäre Software – wie die Betriebssysteme Windows oder Mac OS X –, aber auch Applikations- und Systemsoftware – wie die von Oracle, SAP oder Microsoft – sind auf die typischen Bedürfnisse einer breiten Basis von Anwendern optimiert, vergleichbar dem Angebot einer Konfektionsabteilung in der Bekleidungsindustrie. Wie in der Konfektionsabteilung steht auch bei den meisten Closed-Source-Softwareanbietern (CS) eine „Verdurchschnittlichung" im Vordergrund. Hinzu kommt, dass CS-Software auf eine große Anzahl von Anwendungsszenarien abgestimmt sein muss und im Regelfall wesentlich mehr Funktionalitäten beinhaltet, als der einzelne Anwender tatsächlich benötigt. Daraus resultieren im Allgemeinen eine gewisse sperrige Handhabung, die Verschwendung von Hardware-Ressourcen und somit höhere Kosten.

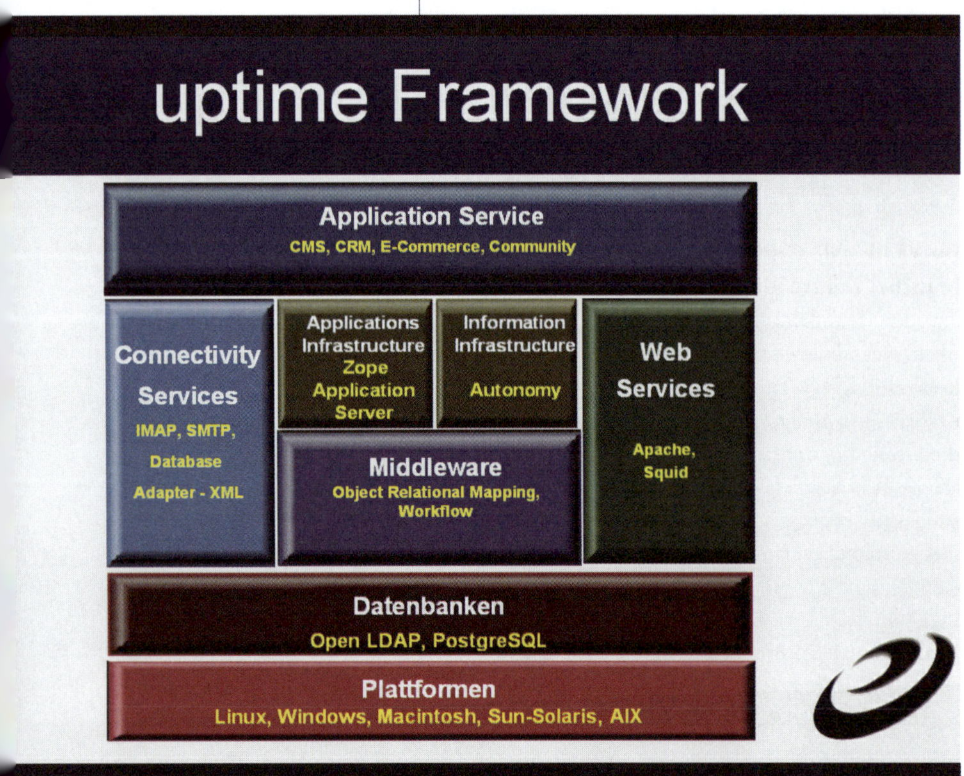

uptime bietet Projekt- und Consultingleistungen an, die auf Erfahrungen und der Expertise vorangegangener Projekte basieren. Um die erfolgreiche Herstellung einer qualitativ hochwertigen Website zu gewährleisten, etablierte uptime Methoden und Prozesse, die dem State of the Art der Softwarebranche entsprechen. Diese bilden durch vereinbarte Abläufe, Schnittstellen und Kommunikationsmittel den Grundstein für eine erfolgreiche Zusammenarbeit in den interdisziplinären Projektteams. uptime bevorzugt den agilen Ansatz bei der Abwicklung von E-Business-Projekten.

Agile Methoden ermöglichen frühe und häufige Releases von geschäftskritischer Software an Kernusergruppen, die jederzeit eingesetzt werden können. uptime „schneidert" seinen Kunden einen „Maßanzug". Konkret bedeutet dies die Anpassung der Softwarelösung an den Betrieb, an Abläufe und an individuelle Vorstellungen. Die gesamte Funktionalität beschränkt sich so auf das tatsächlich Nötige.

Unterstützend im Rahmen der Produktentwicklung erfolgt das Schulen von Mitarbeitern des Kunden. Das gewährleistet größtmöglichen Nutzen der gelieferten Software im praktischen Alltag; diese Software kann im Haus des Kunden selbst weiterentwickelt und betreut werden.

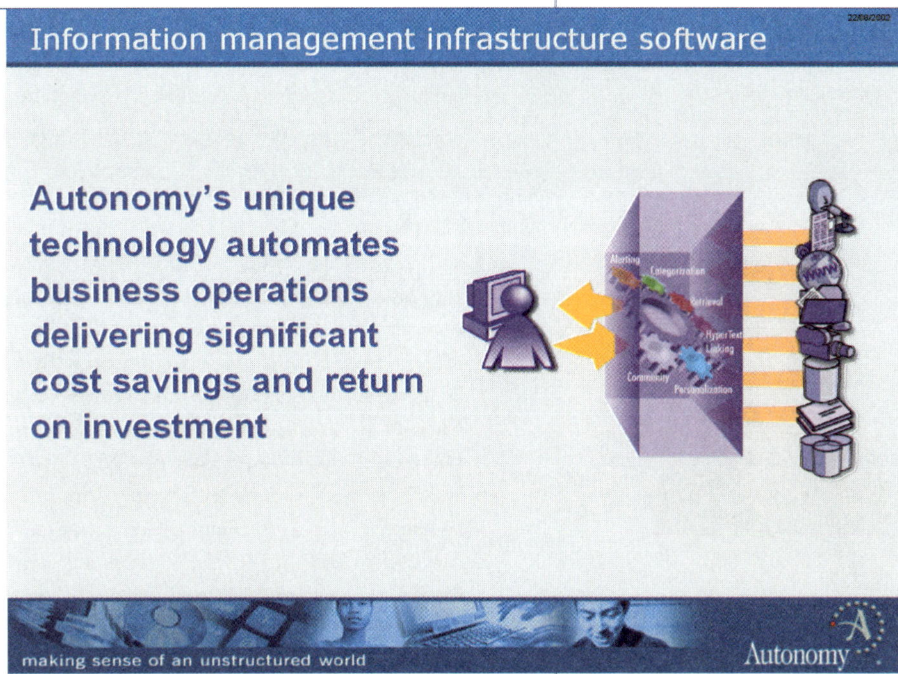

Ein Kernanliegen ist die Minimierung von Projektrisiken. Um rasch Resultate zu schaffen, verwendet uptime einen iterativen Ansatz. Das Gesamtkonzept wird in Etappen erstellt, die Anforderungen des Kunden stehen im Mittelpunkt, die Produktentwicklung beginnt – wann immer möglich – überlappend mit der Entwicklung und Verfeinerung des Konzepts. Hohe Wiederverwendbarkeit wird durch die moderne objektorientierte und komponentenbasierte Softwarearchitektur von Zope erreicht. uptime greift auf eine Vielzahl von bewährten Komponenten zu, die die Geschwindigkeit der Entwicklung erhöhen und das Risiko minimieren.

Dem Kunden wird auf diesem Wege so rasch wie möglich eine erste operative Version zur Verfügung gestellt, die laufend adaptiert und ergänzt wird. Damit fließen schon sehr früh gewonnene Erkenntnisse in die Weiterentwicklung ein. Die Integration bereits existierender und bewährter Software in neu eingesetzte Open-Source-Komponenten ist problemlos möglich.

Zope & Autonomy, Best-of-Breed im Sinne des Kunden

Das uptime-Framework ermöglicht das Erstellen von schlagkräftigen Content-Management-Systemen, Community-Systemen, E-Business-Lösungen sowie aller Intranet- und Internet-Infrastrukturen. Zunehmend wird allerdings nicht nur das Management des Content immer wichtiger, sondern auch das Bereitstellen desselben.

Das Erstellen von Inhalten ist eine im Regelfall sehr aufwändige und kostspielige Angelegenheit. Selbst wenn im Fundus des Unternehmens große Mengen interessanter Daten in Archiven, Datenbanken oder Mailsystemen lagern, ist der Aufwand zu deren Urbarmachung nicht zu unterschätzen: Experten müssen diesen Rohcontent bewerten, klassifizieren und beschlagworten, um ihn zur weiteren Nutzung vorzubereiten.

Einige Softwarehersteller haben diese Herausforderung erkannt und adressieren sie mit den unterschiedlichsten Verfahren und Ansätzen – oftmals unter den Stichworten Content Management, Document Management, Knowledge Management, Topic Map, Taxonomie, Enterprise Information Portal oder auch nur mittels einer mehr oder weniger schlichten Retrievalfunktionalität.

Autonomy liefert einen fundamental anderen Ansatz. Der Ansatz von Autonomy basiert darauf, die Kernaussagen – „Konzepte“ in der Autonomy-Terminologie – in Dokumenten mit Hilfe eines einzigartigen mathematischen Verfahrens zu erkennen. Einzigartig ist dieses Verfahren deshalb, weil es ohne manuelle Eingriffe „out of the box“ einsetzbar ist, egal welche Art von Dokumenten, Sprachen, Alphabeten oder Datenquellen zugrunde liegen.

uptime hat diesen Missing Link in sein Framework integriert und ermöglicht so das Erstellen von End-to-End-Lösungen. Bereits durch den Einsatz von Open-Source-Software für die Infrastrukturkomponenten können erhebliche Einsparungen erzielt werden. Autonomy ist im Gegensatz dazu zwar Lizenzsoftware, bietet jedoch im operativen Bereich durch sein hundertprozentig automatisches Arbeiten wesentliche Einsparungen an Personal und Ressourcen.

Die Kombination dieser beiden Technologien mit dem individuellen Projektansatz von uptime garantiert dem Kunden Krisensicherheit und wirtschaftlichen Erfolg durch eine schlagkräftige IT-Infrastruktur.

Was ist von Internetconsulting zu erwarten?

Viktoria Postnykh

Heutzutage kann eine Unternehmenswebseite einen wichtigen Wettbewerbsvorteil bedeuten. Die Webseite wird aber nur dann zu einem Vorteil , wenn sie folgende Kriterien erfüllt:

- **Zeitgemäßes Design**
  Das Design von Webseiten unterliegt dem zyklischen Modetrend, der alle drei bis vier Jahre angepasst oder geändert wird. Dabei geht es um viele „Kleinigkeiten" wie Farbenfülle, allgemeinen Style, Schriftgröße und verwendbare Schriftarten, Navigationstyp und Position der Navigationsverknüpfungen im Browserfenster.
- **Die technische Komplexität der Webseite**
  In diesen Zyklen von drei bis vier Jahren erlauben die neuen allgemein verbreiteten Standards (wie Flash und erhöhte Bandbreite) den Einsatz neuer, komplexer grafischer und personalisierender Komponenten. Die dynamisch generierte und an den aktuellen Benutzer angepasste Information bringt nicht nur Marketingvorteile für das Unternehmen, sondern auch optimalen Informationsinhalt für den Benutzer.
- **Die Minimierung des Administrationsaufwands**
  Um den Kunden möglichst viel Information auf der Webseite anzubieten, müssen mehrere Redakteure aus verschiedenen Abteilungen die Artikel verfassen und schnell online publizieren. Ein solcher Administrationsaufwand kann nur von leistbaren Webmastern erledigt werden. Deswegen muss die Webseite für durchschnittliche Mitarbeiter leicht und ohne technische Vorkenntnisse editierbar sein.

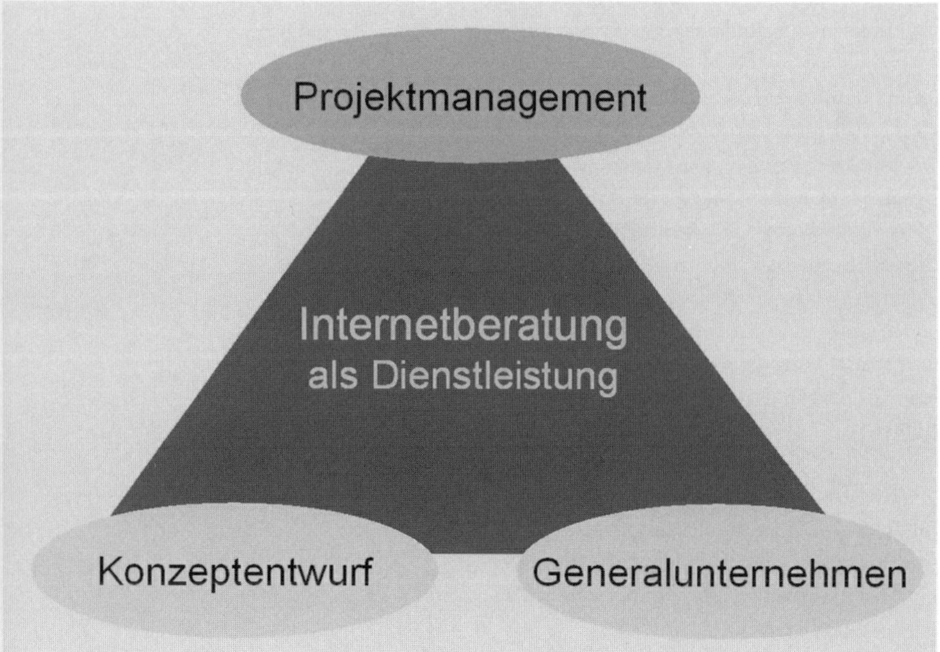

Eine Minimierung des Administrationsaufwands und der technischen Komplexität kann nur mit Informationsmanagementsystemen (CMS oder Content Management Systems) erreicht werden. Das sind Applikationen, die die Webseiten dynamisch aus den Datenbanken generieren, einfache Benutzeroberflächen für Eintragung und Pflege der Information zur Verfügung stellen sowie einige Personalisierungsdienste für die Portalbenutzer anbieten. Aus der enormen Anzahl der auf dem Markt existierenden Lösungen muss eine für das Unternehmen passende ausgewählt werden.

Deshalb erfordert jedes Websiteprojekt den Einsatz von Internetberatern, die einen Überblick über die Markttrends der zugrunde liegenden Internettechnologie und Benutzeranforderungen an die Webseiten haben. Internetberatung ist nur eine der möglichen Bezeichnungen für jenen Typus von Beratungsfirmen, die den Konzeptentwurf und die Implementierung von Internetportalen übernehmen. Aufgrund der Beschäftigung mit dem Informationsdesign und der Verwendung der unternehmensinternen Webseiten als Informationsplattform werden für solche Firmen auch die Begriffe Informationsberatung, Informationsmanagement oder Wissensmanagementberatung verwendet, die auch von Marketingabteilungen besser verkauft werden.

Um eine Webseite erfolgreich zu starten, müssen folgende Aufgaben bewältigt werden:

1. Eine Benchmarkanalyse oder der Vergleich vorhandener Portale aus vergleichbaren Branchen. Dabei werden die besten Ideen in anderen Portalen bei der späteren Konzepterstellung verwendet.
2. Eine Anforderungsanalyse, bei dem die Kunden des Unternehmens und deren Erwartungen an das zukünftige Portal untersucht werden. Die Kundenanforderungen werden mit den Anforderungen des Unternehmens abgeglichen.

3. Makrokonzept: Hier werden die Ergebnisse der Benchmark- und Anforderungsanalyse im konkreten Konzept umgesetzt. Das Konzept enthält die Beschreibung der Portalstruktur, der Navigationsarchitektur, der auf dem Portal angebotenen Information, der zugrunde liegenden Technologie, ein Datenmodell, die Kompetenzverteilung in der Organisation von Wartung und Zusammenfassung der Information. Zum Schluss wird entschieden, welche Technologie als Grundlage für das Portal dienen wird.
4. Das Mikrokonzept ist ein technisches Konzept. Es basiert auf dem Makrokonzept und vervollständigt dieses mit der gesamten notwendigen Information für die Programmierung und Implementierung des Portal.
5. Das Design wird von professionellen Designern entworfen. Ergebnisse dieser Phase sind mehrere Grafiken, die detailliert zeigen, wie das Portal samt Elementen aussehen wird. In einer beigelegten Beschreibung werden zusätzlich alle Elemente spezifiziert (welche Farben werden verwendet, wie groß sind die Elemente in Pixel und dergleichen).
6. Programmierung: Hier werden die Designvorlagen laut technischer Beschreibung im Mikrokonzept für die ausgewählte Technologie in Schablonen umprogrammiert.
7. Implementierung: Die Schablonen aus der Programmierungsphase werden in das Content Management System eingebunden.
8. Test und Abnahme: Das neue Portal wird auf Fehler überprüft und vom Unternehmen übernommen. Vorher werden die Mitarbeiter eingeschult.

Alle Aufgaben können nur sehr selten von einem einzigen Beratungsunternehmen durchgeführt werden. Meistens werden mehrere Dienstleister herangezogen:

1. Konzeptentwurfsteam
2. Designteam
3. Programmierungsteam
4. Implementierungsteam

Um die Aufgabenverteilung und die Aufsicht zu bewältigen, sind folgende Kompetenzen erforderlich, die auch als Hauptdienstleistungen vom Internetberatungsunternehmen angeboten werden:

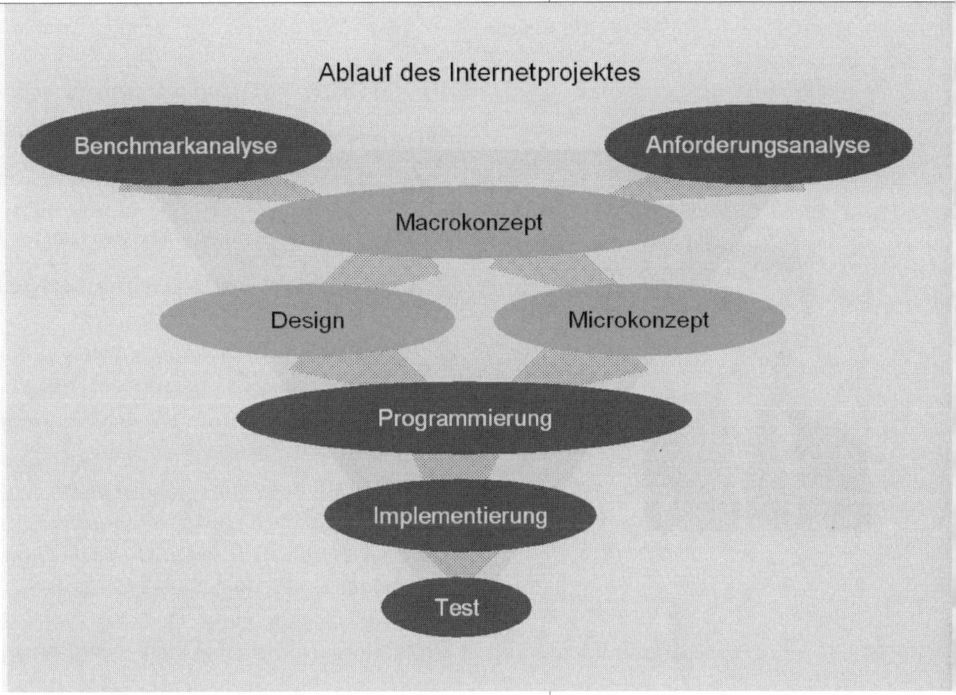

- **Projektmanagement**
  Jeder Berater muss Mindesterfahrungen in Projektmanagementtechniken haben. Der Projektmanager führt die Aufgabenverteilung im Projektteam durch, ist für die Einhaltung der Termine, Kosten und der Qualität verantwortlich.
- **Konzeptentwurf**
  Makro- wie Mikrokonzept wird normalerweise vom Beratungsunternehmen selbst erarbeitet. Dabei kommt den Mitarbeiter die Erfahrung aus früheren Projekten zustatten.
- Agieren als ein Generalunternehmen bei der Auswahl von Design-, Programmierungs- und Implementierungsunternehmen.

Um diese Dienstleistungen anzubieten, ist kein großes Team notwendig. Meistens reichen drei bis fünf Personen in Rahmen einer Abteilung des Beratungsgiganten oder als vollständiges Kollektiv des Unternehmens. Ein solches Team kann Websiteprojekte mit einer Durchschnittsdauer von acht Monaten und Kosten von 500.000 Euro bewältigen.

„Eine Minimierung des Administrationsaufwands und der technischen Komplexität kann nur mit Informationsmanagementsystemen erreicht werden."

Wie kann Software den laufenden Unternehmensbedürfnissen angepasst werden?

Oliver Krizek
NAVIConsult EDV
Systemlösungen AG

Die Gründe für den Wechsel einer Enterprise-Resource-Planning-Lösung sind vielschichtig, in den seltensten Fällen ist das funktionelle Ende der Software erreicht. Es geht eher um die Frage, ob das Altsystem modernisiert oder abgelöst und gegen eine neue Individual- oder auch Standardlösung ausgetauscht werden soll.

Die Unternehmens-IT gehört zu den wettbewerbsentscheidenden Erfolgsfaktoren eines erfolgreichen Unternehmens. Die Ablöse eines ERP-Systems bedeutet daher weitaus mehr, als sich von den schon reichlich ausgetretenen, aber doch lieb gewonnenen Hosen zu trennen. Denn in aller Regel nehmen die alten Hosen auch die gut funktionierende Abbildung der Prozesse mit in die Altkleidersammlung. Doch was hilft es? Irgendwann ist immer der Punkt erreicht, an dem das Abschiednehmen zumindest Anlass und Thema einer ernsthaften Diskussion ist.

Gründe für den Umstieg sind einerseits rein technischer oder gesetzlicher Natur – wie Umstellung des Unternehmensnetzwerks auf neue Server und Betriebssysteme – oder aber wie die vor Jahren schon stattgefunde Umstellung aufgrund der y2k-Thematik. Andere Anwenderanforderungen wie der Wunsch nach grafischen Oberflächen, Integration in die Office-Welt, das Internet und das Mailprogramm sind weitere Gründe hierfür.

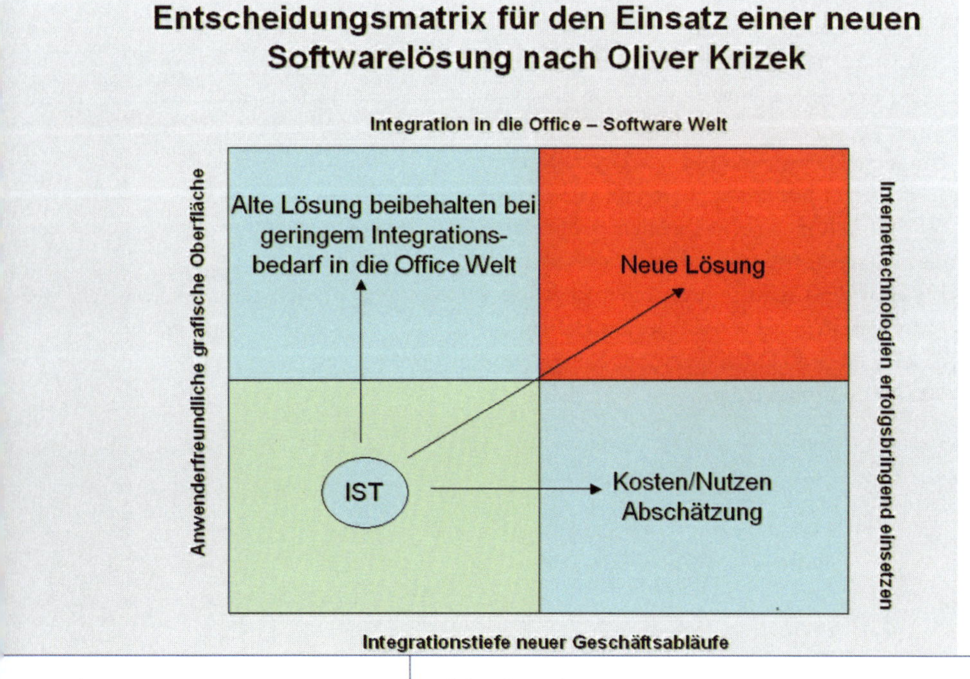

Zwei alternative Lösungswege

Aus dieser Situation heraus führen grundsätzlich zwei Wege:

a) Modernisierung und Adaptierung der bestehenden Lösung

b) Die Einführung einer neuen Software.

Beide angeführten Varianten haben Vor- und Nachteile. Variante a) hat den Vorteil der lauffähigen Lösung, aber in den meisten Fällen keine Wachstums- und nur beschränkte Neuerungsmöglichkeiten mit der aktuellen Technologie. Variante b) bedeutet zwar aufwendige Umstellungsszenarien, aber dafür den Einsatz von zukünftig neuer, gewinnbringender Technologie in Ihrem Unternehmen.

Auf alle Fälle sind die jeweiligen Ziele, Projektlaufzeiten und Kosten beider Alternativen vor einer Entscheidung einander gegenüberzustellen.

Neues GUI – und alles andere bleibt beim Alten

Am unteren Ende aller Modernisierungsschritte steht die Einführung einer grafischen Anwenderoberfläche bei HOST-basierenden Anwendungen. Dabei wird auf den textbasierten Datenstrom eine grafische Oberfläche aufgesetzt und die Maus als zusätzliches Interface für den Anwender eingebracht. Der Vorteil ist „Altes in neuem Gewand" – gleichbleibende Performance bei geringen Migrationskosten. Dafür ausschlaggebend sind rasche Entwicklungs- und Implementierungszeiten parallel zum Normalbetrieb.

Schwieriger gestaltet es sich, wenn die Software auch inhaltlich angepasst werden soll. Oft sind, insbesondere bei älteren Entwicklungen, Spezialisten nur noch in geringer Anzahl und zu hohen Kosten verfügbar. Außerdem sind Anpassungen bei älteren Softwarepaketen mit einem nicht vernachlässigbaren großen Aufwand verbunden.

Auf in neue Welten
Alternative zwei ist neben der Modernisierung bestehender Applikationen der Aufbau völlig neuer Lösungen. Hier ist sehr früh zu entscheiden, ob man eine individuelle oder eine Standardlösung bevorzugt. Ein heute sehr häufig eingeschlagener Weg ist die Einführung einer Standardlösung mit individueller Zusatzadaptierung. ERP-Systeme der neuen Generation (etwa Navision, AXAPTA) stellen in die Software integrierte moderne Entwicklungswerkzeuge zur Verfügung.

Somit können hochkomplexe Geschäftsprozesse auf lange Sicht integriert werden. Die Entwicklungszeiten sind sehr kurz, und Softwareumstellungen auf neue Versionen stellen sich in der Regel als einfach dar.

Bei den neuen Softwarepaketen unterscheiden wir 2-tier oder 3-tier Environments. Dabei ist im ersten Fall lediglich das Frontend vom Server getrennt, im zweiten auch die Applikation von der Datenhaltung. Das ist nicht nur die sauberere, sondern auch die zukunftssicherere Möglichkeit der Modernisierung von bestehenden Systemen. Ein Blick zurück zeigt nämlich, dass sich die Standards und Technologien für Benutzeroberflächen in den letzten zwanzig Jahren mehr als ein Dutzend Mal geändert haben. Den Anfang machten die Terminals, dann folgten die DOS-Ära mit den PC sowie die unterschiedlichen Varianten von MS Windows bis hin zu modernen Terminalemulationen. Heute sprechen wir längst von HTML und XML – in ihren verschiedensten Ausprägungen.

Wer mit solchen x-tier-Modellen arbeitet, hat es in der Zukunft wesentlich einfacher. Ist die Geschäftslogik von der Oberfläche (der Präsentationslogik) getrennt, können jederzeit mehrsprachige Oberflächen entwickelt und mit jedem Standard verwendet werden.

Entscheidung nach Kosten/Nutzen-Gesichtspunkten
Software modernisieren oder neu einführen? Nur im Einzelfall und nach Abwägung aller Pros und Cons kann dies entschieden werden. Oliver Krizek, Vorstand der NAVIConsult EDV Systemlösungen AG, die mit ihren Produkten und Services beide Wege begleitet, rät zur Abwägung nach dem Kosten/Nutzen-Prinzip: „Denn viele der Altsysteme sind individueller Natur. Oft unkontrolliert gewachsen, tun sich diese Softwaresysteme schwer, die neuen Anforderungen unserer modernen E-Business-Gesellschaft zu unterstützen. Andererseits stehen diese Lösungen für den Erfolg Ihres Unternehmens der letzten Jahre."

Wer die Wahl hat, hat die Qual
Schnell eine neue Oberfläche auf die alte Lösung „poppen", lässt die Anwender kurzfristig zufrieden weiterarbeiten. D. h. aber auch, dass die vorhandenen Arbeitsprozesse im Unternehmen erhalten bleiben müssen. Geht Ihr Unternehmen aber mehr den Weg des „Web your Business", müssen neue Arbeitsabläufe gestaltet und somit auch in Ihre Softwarelösung integriert werden. Dies bedeutet nicht nur einen tiefen Eingriff in Ihre Organisationsstruktur und Arbeitsabläufe, sondern auch in allerletzter Konsequenz die Abbildung dieser beiden in Ihre Unternehmenslösung (ERP-System). Die wichtigste Frage ist damit, ob neue Geschäftsmodelle abgebildet werden müssen – und in der Konsequenz, wie wichtig E-Business für den Erhalt der Wettbewerbsfähigkeit ist. Dem Anwender stehen dann alle Möglichkeiten offen. Was ihm bleibt, ist die Qual der Wahl, die sich jedoch durch die nüchtern-sachliche Prüfung von Gegebenheiten und Zielen merklich lindern lässt.

Geben Sie Ihrem Wissen neuen Wert!

Dieter Rappold
Knallgrau New Media
Solutions GmbH

Informationen, Wissen und Know-how sind Wertanlagen, die einen hohen Stellenwert in unserer heutigen Informationsgesellschaft einnehmen und für ein Unternehmen einen deutlichen Nutzen bieten können – vorausgesetzt, sie werden richtig und effizient eingesetzt. Doch was versteht man eigentlich unter „richtig und effizient einsetzen"? Zwei Schlagwörter, die sich hierbei im IT-Umfeld herauskristallisiert haben, sind Content Management und Content-Management-Systeme. Was man darunter versteht und welchen Nutzen sie bieten, wird nachfolgend erklärt.

Content Management
Für eine langfristig gewinnbringende Internetpräsenz ist Content der Erfolgsfaktor Nummer eins. Content bedeutet Inhalt, doch fällt unter diesen Begriff weit mehr als bloß der Inhalt. Man bezeichnet damit auch Bedeutung, Umfang und Gehalt einer Information. Um die vorhandenen Informationen, das Wissen und Know-how in einem Unternehmen gewinnbrin gend zu nützen, ist ein professionelles Management dieser Inhalte erforderlich. „Informationen sind ein schnell wachsender Rohstoff mit kurzem Verfallsdatum" – das heißt, flexibles, schnelles Agieren ist notwendig, denn eines muss immer bedacht werden: Aktualität und Qualität der Inhalte entscheiden über Erfolg und Misserfolg. Es ist wichtig, ein einfach zu bedienendes Werkzeug zu haben, das sich um die Aktualisierung und Pflege der Inhalte sowie um die Verteilung der Verantwortlichkeiten kümmert. Dieses Werkzeug ist ein Content Management System (CMS).

Content Management Systeme
Content Management Systeme (Autorensysteme) sind Systeme, die die Erstellung, Bearbeitung, Verwaltung, Publikation und Archivierung von Inhalten für Intranet, Extranet und Internetseiten erleichtern und Arbeitsprozesse beschleunigen. Sie entwickelten sich aus der Notwendigkeit, im ständig wachsenden Medium Internet kommerzielle Seiten mit geringem Aufwand aktuell zu halten und alle für das Unternehmen relevanten Inhalte in einheitlicher Weise zur Verfügung zu stellen. Durch den Einsatz eines CMS wird die Kontrolle über die Inhalte einer Website komplett in die Hände der Websitebesitzer zurückgegeben, der Umweg über eine New Media Agentur wird dadurch überflüssig. Mit den Möglichkeiten eines Content Management Systems ist ein Unternehmen in der Lage, das Internet zu einem hocheffizienten Informations- und Kommunikationskanal auszubauen. Es ermöglicht dem Unternehmen, Kunden individualisiert mit notwendigen Informationen zu versorgen, Kundenbeziehungen aufzubauen und zu pflegen, Informationen systematisch aufzubereiten, die Informationslogistik zu beschleunigen, Geschäftsprozesse zu unterstützen, um folglich eine enorme Zeit- und Kostenersparnis zu erreichen.

Weiters wird durch den Einsatz eines CMS effizientes Wissensmanagement ermöglicht. Unternehmen erkennen immer stärker die Notwendigkeit, ihre Mitarbeiter mit den richtigen Informationen zu versorgen und den Austausch untereinander sinnvoll zu fördern. Das in den Abteilungen und bei den Mitarbeitern vorhandene Know-how kann somit einfach erschlos-

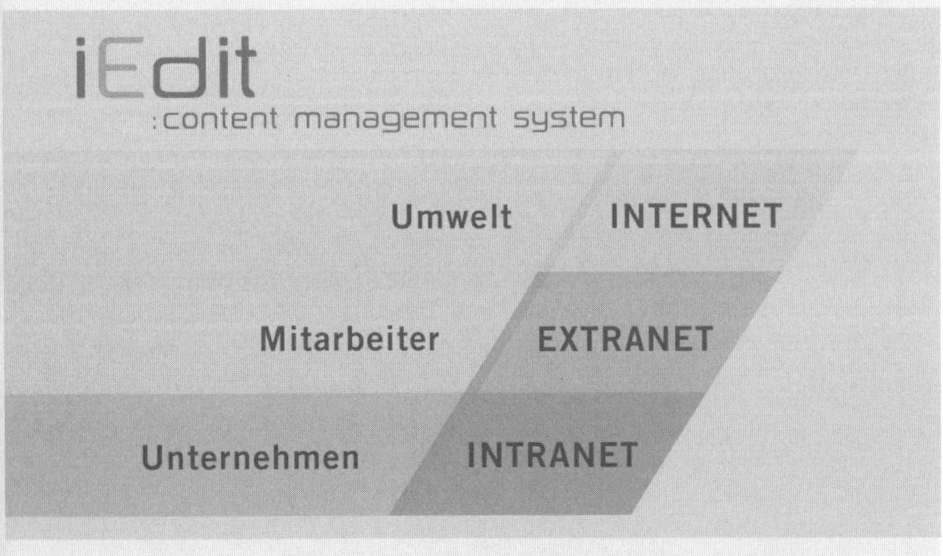

Ein CMS optimiert ihre Kommunikationskanäle auf drei (unterschiedlichen) **Ebenen.**

sen, zentral verwaltet und den anderen Mitarbeitern nutzbringend zur Verfügung gestellt werden. Hier bieten sich Intranets auf Basis eines CMS an, die es jedem Mitarbeiter ermöglichen, Informationen zu konsumieren, wenn es die Zeit erlaubt.

Ein CMS beruht auf dem Prinzip der Trennung von Struktur, Inhalt und Layout, wodurch effizienteres Arbeiten und eine Cross-Media-Nutzung der Inhalte gewährleistet wird. User benötigen weder Programmierkenntnisse noch Designausbildung. Der klassische Webmaster als logischer Flaschenhals – es gibt nur wenige qualifizierte Mitarbeiter, die mit den erforderlichen Technologien umgehen können und daher für nahezu den gesamten Produktionsprozess verantwortlich sind – kann überwunden werden. Jeder Mitarbeiter kann sich somit auf seine Kernkompetenzen konzentrieren.

Durch die Automatisierung des Workflow können Arbeitsprozesse schneller abgewickelt und stärker auf Kundenbedürfnisse eingegangen werden. Außerdem wird die Zeit, die benötigt wird, um Inhalte ins Web zu stellen, enorm verkürzt. Durch diese schnellere Wertschöpfung kann das Unternehmen rascher auf Veränderungen im Markt reagieren und wiederum Kosten sparen.

Das Qualitätsmanagement wird automatisch durchgeführt, das heißt, nur vorher kontrollierte Inhalte werden veröffentlicht, und es wird klar definiert, welcher Redakteur welche Rechte hat. Die dezentrale Bearbeitung ermöglicht es, dass Mitarbeiter von verschiedenen Standorten aus Informationen einbringen oder abrufen können.

Ein weiteres Hauptziel von CMS ist es, die Qualität des Business Reporting zu verbessern (gängige Standards zu unterstützen und Reporting als Prozess zu vereinfachen). Berichte können leichter vorbereitet, geändert und weiter verwendet werden. Es vereinfacht das Schema der Verarbeitung und Veröffentlichung von Unternehmensdaten.

Man sieht also, dass der Einsatz eines CMS enorme Vorteile und einen hohen Nutzen für ein Unternehmen bietet. Eines steht auf jeden Fall fest: In Zukunft wird kein Unternehmen auf CMS verzichten können.

iEdit als zukunftsweisende CMS-Lösung

iEdit ist ein von Knallgrau New Media Solutions entwickeltes Web Content Management System. Die Applikation basiert zu 100 Prozent auf Java, verfügt über eine XML-Schnittstelle und einen modularen Aufbau und kann daher optimal in bestehende IT-Infrastrukturen integriert werden. Sowohl ERP-Systeme (z. B. SAP) als auch CRM-Systeme können Aufgaben und Leistungen nahtlos in iEdit integrieren und für eine effiziente Internetlösung sorgen. Der besondere USP von iEdit liegt im User Interface. Die Usability eines CMS ist einer der zentralen Faktoren für niedrige Total Cost of Ownership. Auch die Akzeptanz innerhalb des Unternehmens ist primär von der Bedienbarkeit des Systems abhängig. iEdit orientiert sich in seinem User Interface an gängiger Office-Software und gibt dem User somit die Sicherheit eines vertrauten Systems. Ein „What You See Is What You Get"-Editor (WYSIWYG) ermöglicht intuitives Arbeiten ohne Spezialkenntnisse. Durch zahlreiche Analogien mit bekannten Desktopprogrammen sind die Einschulungszeiten in iEdit besonders gering. Dadurch kann das System rasch produktiv eingesetzt und der Return on Investment frühzeitig erreicht werden.

iEdit basiert auf derselben technischen Plattform wie zahlreiche Kanäle des ORF-ON-Netzwerks. Diese Tatsache garantiert Ihnen eine Lösung, die höchste Ansprüche im Enterprise-CMS-Markt befriedigen kann. Das CMS iEdit wurde bereits in Projekten aller Größenordnungen erfolgreich eingesetzt und erweist sich vor allem als die Lösung mit dem besten Preis-Leistungs-Verhältnis. iEdit kann auf einem eigenen Server betrieben oder im Rahmen eines ASP-Service gemietet werden.

Weitere Informationen zu diesem Produkt finden Sie unter www.iEdit.at

Knallgrau New Media Solutions GmbH
Lindengasse 56/5
A-1070 Wien
www.knallgrau.at
E-Mail: office@knallgrau.at
Tel.: +43/1/522 76 37
Fax: +43/1/522 76 38

„In Zukunft wird kein Unternehmen auf CMS verzichten können."

HR-Beratung

Internet-Recruiting

Auswirkungen auf die Personal- und Jobsuche

Mag. Peter R. Gröbl
jobpilot Austria

Am Beginn jeder Personalsuche steht die Planung und Abstimmung. Denn der Rekrutierungsprozess gestaltet sich teuer und zeitaufwändig. Daher bestand die Notwendigkeit, sich kostengünstige Alternativen zu den bisherigen Auswahlprozessen zu überlegen. Sehr rasch wurde klar, auf welches Medium man zu setzen hatte – das Internet. Schnell, kostengünstig und effizient. Mit einem Wort: ökonomisch.

Genau dieser Ökonomie verschrieb sich jobpilot Austria vor mittlerweile fast fünf Jahren. Als Pionier in Sachen Online-Recruiting wurden Kernservices entwickelt, die heute von allen Keyplayern in abgewandelter Form benutzt werden: die elektronische Stellenanzeige, Bewerberpools und nicht zuletzt moderne Auswahlverfahren wie Assessment Center oder Direct Selection. Einzigartig ist die Recruiting-Software „workflow", die den gesamten Rekrutierungsprozess unterstützt.

Die ersten, die diesen eklatanten Wettbewerbsvorsprung der webgestützten Werkzeuge gegenüber dem herkömmlichen Recruiting-Prozedere erkannten, waren die Personalberater. Bereits 1998 benutzte fast die Hälfte das Internet parallel zur klassischen Anzeigensuche in den Printmedien. Und jene, die sich diesem Medium bis dato verschlossen haben, werden in den nächsten Jahren auf den rasant rollenden Zug aufspringen müssen oder ihm nachwinken dürfen. Erfolgreich werden somit nur jene sein, die ihre traditionellen und oft fest eingefahrenen Personalmarketingaktivitäten um eine webbasierte Strategie erweitern. Ziel: Vor allem die so genannten High-Potentials sollen optimal betreut werden – vom Studium bis hin zum womöglich mehrmaligen Jobwechsel. „Vor wenigen Jahren hat man das Internet als Möglichkeit für die Personalsuche noch in die Kategorie ‚ganz lieb' eingeordnet. Mittlerweile besteht aber in allen Unternehmen nicht der geringste Zweifel, dass das Web DIE moderne und kostengünstige Lösung im Recruiting ist!", meint Mag. Peter Rudolf Gröbl, Country Manager Austria der jobpilot Austria Gmbh.

Das Zeitverhältnis der Abwicklung von Online-Bewerbungen gegenüber dem bisherigen Weg beträgt etwa eins zu acht. Wenn die Suche nach einem Mitarbeiter durch Schaltung eines Inserats in einer Tageszeitung über die Bühne geht, dann läuft der Prozess wie folgt ab: Schaltung des Inserats; am darauffolgenden Wochenende erscheint die Zeitung; am Dienstag darauf langen die ersten Bewerbungen ein; Kontaktaufnahme; erstes Gespräch, ... Dauer bis zur Unterschrift unter dem Dienstvertrag: zumindest zwanzig Tage! Von der Schaltung im Netz bis zur Unterschrift gibt es genügend Fälle, in denen innerhalb von drei Tagen die Suche erfolgreich war. „Heute hat bei der Jobsuche – dank Internet – jeder Wochentag die gleiche Bedeutung für Arbeitssuchende, weil täglich, ja sogar stündlich, neue Jobs ins Internet gestellt werden", freut sich Gröbl.

Der Online-Stellenmarkt entwickelt sich noch dazu weg vom reinen Job-Bereitsteller hin zur funktionellen Interaktionsplattform, bei der sich Stellensuchende und -anbieter das erste Mal virtuell begegnen. Entsprechend hoch sind natürlich die Anforderungen an die Betreiber von Internet-Stellenmärkten – sowohl an Qualität als auch an Aussagekraft und Performance. Wie aktuell sind die Angebote? Wie kompetent das Personal? Verfügt die Site über ein zeitgemäßes Erscheinungsbild und ein intuitiv zu bedienendes Handling? Attribute wie international, modern und dynamisch können von den Besuchern unmittelbar unter die Lupe genommen werden. Verschleiert werden kann nichts, und das ist gut so.

Die Funktionalität des Rekrutierungs-Instruments Internet wird zusätzlich noch bestimmt von der Stärke und der Qualität des Traffic. Je attraktiver die Site, desto mehr Besucher und Profile. Eine einfache Formel, die sich aber aufgrund der wie Pilze aus dem Boden schießenden Jobbörsen immer schwieriger berechnen lässt. „Umso wichtiger ist es, bei Page-Impressions nicht auf die Eigenangaben der Betreiber zu vertrauen. Ich würde empfehlen, nur auf Werte zu achten, die von einer offiziellen Stelle zertifiziert wurden. Solche Reports erstellen beispielsweise ABCinteractive oder die ÖWA", empfiehlt Peter Gröbl.

Bewerberpools – die Chance für den Einzelnen
Interessierte Berater und Firmen können sich heute, sofern sie dies möchten, ständig über verfügbares Personal auf dem Laufenden halten. Und dies tagesaktuell, gegliedert nach Branchen, Qualifikationen, Regionen und Gehaltsvorstellungen. Leisten können dies nur modernste Datenbanksysteme, wenn möglich noch international vernetzt und rund um die Uhr verfügbar. Bei jobpilot wurden mittlerweile mehr als zehn Länder zu einer europaweiten Serverplattform verlinkt. Stellenanbieter oder Beratungsunternehmen können so von der eigenen länderspezifischen jobpilot-Seite auf alle verfügbaren Profile zugreifen und potenzielle Mitarbeiter rekrutieren.

Die Funktionsweise ist rasch erklärt. Interessierte Stellensuchende tragen sich online in Datenbanken ein und warten entspannt auf Antworten interessierter Unternehmer. Das lästige Suchen in den oftmals unübersichtlichen Print-Stellenmärkten entfällt. Dabei spezifizieren Sie für sich alle relevanten Punkte mittels standardisierter Masken und Kurzbewerbungstexte (Branche, Berufsfeld usw.). Das Prozedere zum Nulltarif dauert zwar einige Minuten, erhöht die Chance, angestellt zu werden, aber enorm.

Auf der anderen Seite verläuft der Vorgang ähnlich. Auch das Unternehmen gibt detaillierte Anforderungskriterien bekannt. Die Datenbank durchforstet den Bewerberpool dann auf Überschneidungen. Stimmen die Profile überein, erscheinen die Bewerber anonym auf einer Liste – direkt auf dem Schirm des Personalisten.

Somit gewinnen diese Profile, gespeichert in leistungsfähigen Datenbanken, immer mehr an Bedeutung. Ja, man kann sogar sagen: Qualitativ hochwertige Profile sind bares Geld. Die Anzahl der hinterlegten Gesuche sowie deren Qualität wird also in Zukunft der Maßstab sein, an dem sich die Anbieter messen lassen müssen.

HR-Software entlastet spürbar
Mit neuen modularen Softwarelösungen (etwa „jobpilot workflow"), die sich auch speziell auf Personalberaterwünsche anpassen lassen, gestaltet sich das Recruiting noch effizienter. Mit individuell einstellbaren Filtern und Fragen können die Bewerber bereits im Vorfeld nach ihren Qualifikationen eingeteilt werden. Die Koordination der Bewerbungsgespräche und die Einladung kann unter Einbeziehung aller Zuständigen erfolgen. Durch umfassende Reportingmöglichkeiten erhält man Informationen über den aktuellen Rekrutierungsstatus und Feedback über noch offene oder schon vergebene Positionen.

Alle einlangenden Internetbewerbungen werden direkt in das System integriert, und die Bewerber erhalten per E-Mail eine automatische und individuell formulierbare Eingangsbestätigung. Selbst Bewerbungen, die auf dem klassischen Postweg eingehen, können problemlos in das System eingegeben werden. Diese automatischen Funktionen entlasten die Verwaltung eines Unternehmens entscheidend. Selbst KMUs, die keine eigene Personalabteilung haben, können von einer derartigen Software profitieren. Auch hier kann das Management die Personalsuche viel effektiver und kostensparender planen und durchführen.

Abschließend bleibt noch festzuhalten, dass die meisten Online-Stellenmärkten nicht nur Jobs, sondern auch branchenrelevante News zu bestimmten Thematiken anbieten. Strategische Partnerschaften mit anderen Content-Anbietern machen dies möglich. In Karriere-Journalen oder Channels werden themenspezifische Informationen gebündelt und dem interessierten User zugänglich gemacht. Reinschauen lohnt sich!

Management Appraisal – Evaluierung von Humankapital

Mag. Jörg Bürger
und Dr. Joachim Kappel
Egon Zehnder International

Eine entscheidende, wenn nicht sogar die wichtigste Herausforderung, mit der sich Führungskräfte heute befassen müssen, ist die Identifikation, die Entwicklung und der richtige Einsatz sowie letztendlich auch die langfristige Bindung von Talenten und Leistungsträgern an das bzw. im Unternehmen.

Obwohl das Management von Humankapital über den Erfolg bzw. Mißerfolg von Unternehmen wesentlich entscheidet, stellt sich bestenfalls ein Drittel der Personalentscheidungen, die Unternehmen treffen, als langfristig richtig heraus. Diese Problematik unterstreicht die strategische Priorität der Thematik für Führungskräfte, die sich durch den prognostizierten zukünftigen Mangel an hoch qualifizierten Mitarbeitern in der westlichen Welt noch verstärken wird.

Egon Zehnder International hat diesen Trend schon frühzeitig erkannt und entwickelte als eine der ersten Unternehmensberatungen eine neuartige Dienstleistung, um die aus dieser Entwicklung notwendigen Bedürfnisse bestmöglich zu befriedigen.

Das Ergebnis der intensiven Auseinandersetzung und die Einbindung des immensen Wissens aus der jahrzehntelangen Tätigkeit im Executive Search führte zur Entwicklung des Management Appraisal, einem Prozeß zur Erhebung und Bewertung von Humankapital sowohl für das Individuum als auch die Organisation als ganzer. Zielsetzung jedes Management Appraisal ist es, Unternehmen eine umfassende, an den Marktbedingungen objektivierte Analyse ihrer Managementressourcen und Entscheidungsgrundlagen hinsichtlich des zukünftigen Entwicklungsbedarfs und optimalen Einsatzes ihres Managementpotenzials zu geben.

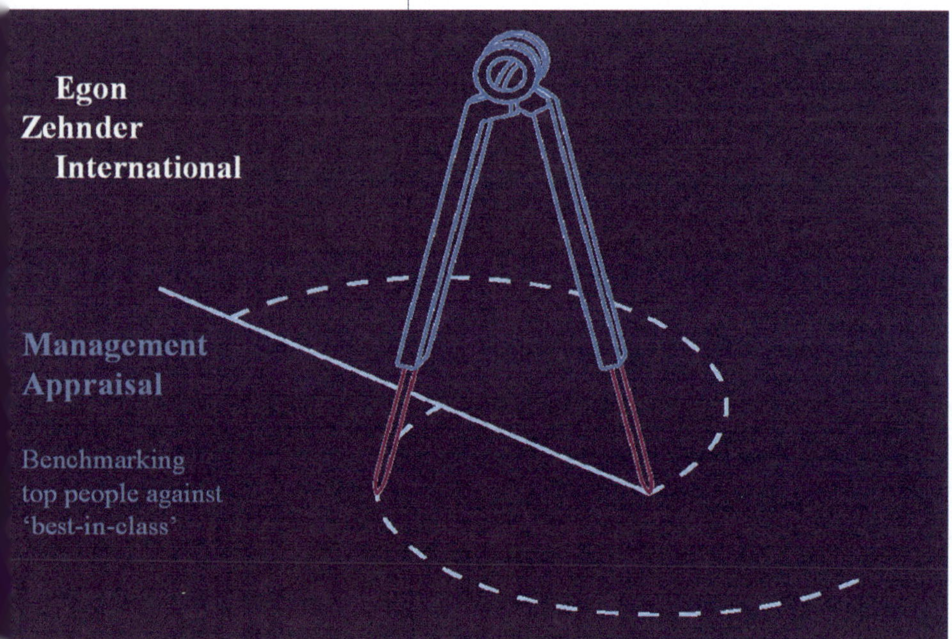

Jedes Management Appraisal beruht auf einer höchst effizienten und langjährig erprobten Methode; Kriterien und Parameter werden auf die spezifische Situation des Klienten zugeschnitten.

In der ersten Phase entwerfen die Berater mit dem Auftraggeber die Rahmenbedingungen – das individuelle Kompetenzmuster, das die Grundlage für die Evaluierung darstellt. Dieses Kompetenzmuster wird entsprechend den strategischen Notwendigkeiten und taktischen Zielen des Unternehmens bzw. Geschäftszweiges gemeinsam mit dem Auftraggeber erarbeitet, wobei Egon Zehnder International sein umfassendes Wissen aus den mehr als zehntausend Management Appraisals einbringt. Das außerordentliche Verständnis der Erfolgsfaktoren von Topmanagementpersönlichkeiten im Verein mit der Kenntnis der erfolgreichsten Unternehmensstrukturen ermöglicht ein Benchmarking auf höchstem Niveau.

In der zweiten Phase werden die Einschätzungen der jeweiligen Führungskraft auf drei Ebenen gewonnen: Zuerst erfolgt eine Analyse seines akademischen wie auch professionellen Hintergrunds; zweitens führen zwei Berater ein strukturiertes mehrstündiges Interview mit dem Kandidaten, das dann drittens um eine 360-Grad-Referenzprüfung ergänzt wird. Diese Referenzprüfung wird in Form von Gesprächen mit Vorgesetzten, Kollegen und Mitarbeitern sowie, wo notwendig, externen Referenzgebern

Egon Zehnder International

von den Beratern durchgeführt. Die Ergebnisse der Evaluation werden in Form eines übersichtlichen und entscheidungsrelevanten Berichtsformats dem Auftraggeber in kompakter Form präsentiert. Begleitend findet eine mündliche Präsentation der wesentlichen Erkenntnisse für die Organisation, basierend auf dem breiten Wissen und der Erfahrung von Egon Zehnder International, statt.

Intensives und klares Feedback an den Manager schließt den Prozeß als ein wichtiges Element ab, sodass auch der Teilnehmer bestmöglichen Nutzen aus dem Management Appraisal ziehen kann. Dieses Feedback wird in den meisten Fällen von Egon Zehnder International durchgeführt und in seiner Form sowohl vom Auftraggeber als auch von Managern sehr geschätzt.

Die langjährig erprobte Methode besticht durch eine besonders hohe Aussagekraft betreffend der Leistungskraft von Einzelpersonen. Durch die Objektivität wie auch das weitflächige und vertiefte Wissen von Egon Zehnder International bezüglich der lokalen und auch globalen heutigen sowie zukünftigen Anforderungen an Unternehmen und Manager kann ein hoch qualitativer und messbarer Vergleich mit den Besten geschaffen werden. Der gesamtheitliche Beratungsansatz konzentriert sich auf die einzelne Führungskraft, sieht aber auch die Organisation als ganze, wodurch auch Schwachpunkte in der Unternehmensstruktur aufgezeigt werden.

Das Management Appraisal ist eine Methode, mit der man in kürzester Zeit – Projekte von zirka fünfzig bis sechzig Managern lassen sich in wenigen Wochen fertig stellen – ein objektives Bild des bestehenden Humankapitals eines Unternehmens erhält. Die Einsatzmöglichkeiten sind breit gestreut, wenn auch die klassischen Anwendungsfälle Reorganisationen, Fusionen und Zusammenschlüsse wie auch strategische Neuausrichtungen sind.

Abschließend darf nicht vergessen werden, dass mit dem intensiven Feedback an die Führungskraft neben einer Standortbestimmung für das Individuum auch eine Personalentwicklung stattfindet, die den zukünftigen Erfolg der Führungskraft wesentlich mitentscheiden kann.

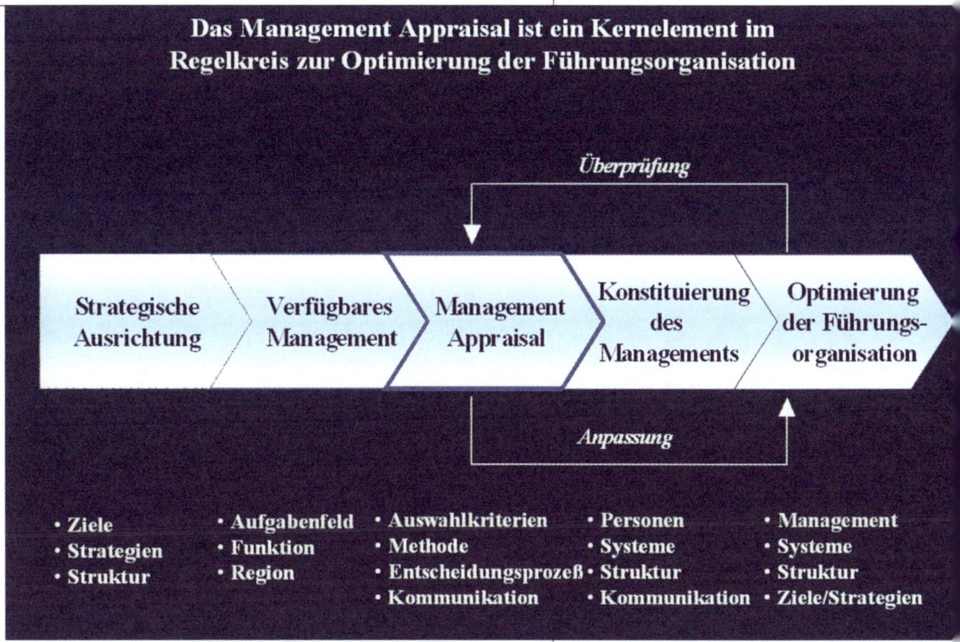

Egon Zehnder International wurde 1964 in Zürich gegründet und ist heute eine der weltweit führenden Unternehmensberatungen. Das Unternehmen hat sich darauf spezialisiert, seine Klienten bei der Optimierung von Führungsstrukturen und bei der Besetzung oberer Führungspositionen zu unterstützen.

In 59 Büros in 35 Ländern stehen rund 340 Berater mit ihrer Erfahrung in den jeweiligen Märkten zur Verfügung.

Unser Prinzip der gleichberechtigten, globalen Partnerschaft gewährleistet, dass jeder Berater bei der Lösung der vom Klienten übertragenen Aufgabe auf sämtliche Ressourcen unseres Unternehmens zurückgreifen kann. Mit der Auftragsannahme garantieren wir, bis zur Lösung des Problems tätig zu bleiben.

„Management Appraisal beruht auf einer höchst effizienten und langjährig erprobten Methode; Kriterien und Parameter werden auf die spezifische Situation des Klienten zugeschnitten."

International Business – Interkulturelles Management

Martin Abraham
Geschäftsführer
abraham & abraham

abraham & abraham ist seit 1997 als Consulting- und Trainingsinstitut im Bereich Interkulturelles Management spezialisiert. Im Rahmen unseres internationalen Netzwerks konzipieren und implementieren wir Programme zur Interkulturellen Organisationsentwicklung sowie Schulungs- und Trainingsmaßnahmen zu Interkultureller Kommunikation.

abraham & abraham
gallmeyergasse 1
A-1190 vienna
tel +43/1/367 91 00
fax +43/1/367 91 00-20
office@abraham.at
www.abraham.at

Der Umgang mit internationalen Märkten, KlientInnen und MitarbeiterInnen bringt neben den gewünschten Resultaten Neues, Unerwartetes und stetige Veränderung.

Veränderung bedeutet in diesem Zusammenhang meist organisatorischen Wandel und die Herausforderung, diesen zu gestalten. „Wie verändert unsere neue Niederlassung unsere Organisation, und wie wirkt sie sich auf Strukturen und Individuen aus?" „Wie laufen Kommunikationsprozesse zwischen Headquarters und Affiliates? Sprechen wir dieselbe Sprache, und verstehen wir einander?" – um nur zwei Beispiele zu nennen. Internationalität bedeutet Chancen, aber auch Risiken und Investitionen. Investitionen auch in Hinblick auf Organisationskultur und die soziale Realität in der Organisation. Interkulturelles Management findet auf mehreren Ebenen statt:

Individuum und Team

- Wie stellen wir sicher, dass MitarbeiterInnen den Herausforderungen im internationalen, interkulturellen Umfeld gewachsen sind?
- Sind MitarbeiterInnen international einsetzbar?
- Wie können internationale MitarbeiterInnen in Organisation, Abteilung, Team etc. integriert werden?
- Wie erzielen wir Kooperation und Teamwork über kulturelle Grenzen hinweg?

Organisation

- Wie definieren wir unsere Organisationsstrategie unter veränderten Bedingungen?
- Wie stellen wir Synergien in diesem internationalen, interkulturellen Umfeld her, und wie erhalten wir sie?
- Wie wird aus unserer Organisation eine Interkulturelle Organisation?

Interkulturelle Organisation

Die Auseinandersetzung mit anderen Ländern und Kulturen sowie deren Wirtschafts- und Sozialsystemen hat die Weiterentwicklung Ihres Unternehmens zur interkulturellen Organisation zur Folge. Also einer Organisation, die die Anforderungen und Potenziale kultureller Diversität erkennt und vorausblickend, aktiv und langfristig in ihre Unternehmensplanung und -entwicklung einbezieht.

Was tun?

Im Veränderungsprozess zu einer Interkulturellen Organisation sind unter anderem folgende Maßnahmen zu empfehlen:

- Auseinandersetzung mit der eigenen (Organisations-)Kultur und -Struktur
- Definition und Kommunikation eines Kulturleitbildes der Organisation(en)
- Wissen um Wünsche, Bedürfnisse, Anforderungen und Erwartungen internationaler KundInnen und PartnerInnen
- Entwicklungs- und Trainingsprogramme zu Interkultureller Kompetenz wie Culture Awareness Training, Team Training, New Hire Integration, Predeparture Training und Reintegration of Expatriates etc.

Fazit:

Organisationen, die vorausschauend interkulturell denken und planen, gelingt es besser, Schwierigkeiten zeitgerecht und vorbereitet zu begegnen, Reibungsverluste weitestgehend zu vermeiden und Potenziale, die in der kulturellen Vielfalt begründet sind, zu nutzen. Interkulturelles Management und damit die Auseinandersetzung mit der eigenen (Organisations-)Kultur und dem Umgang mit anderen Kulturen kann so der entscheidende Wettbewerbsvorteil werden.

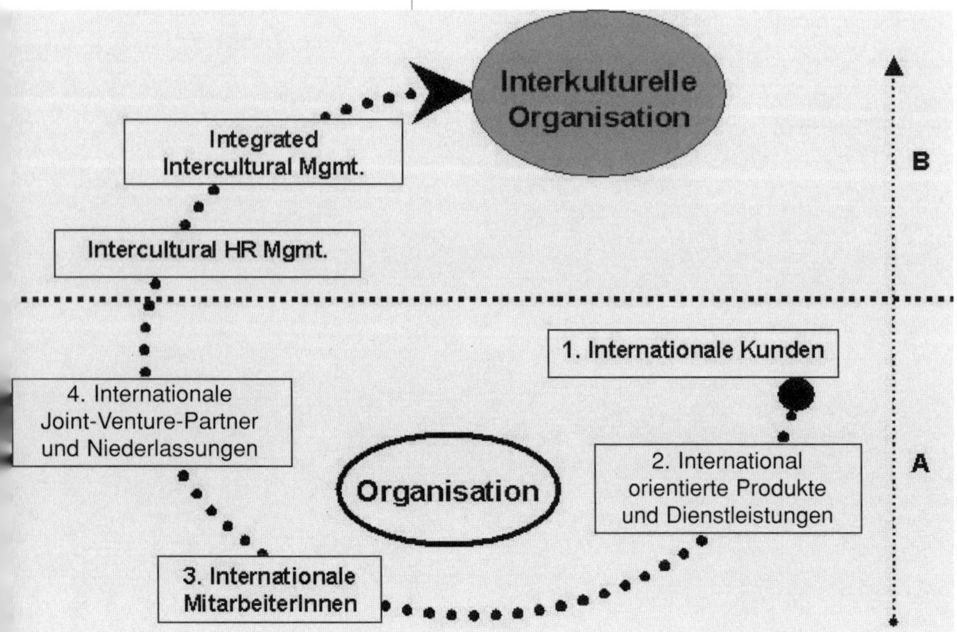

Erfolg durch Partnerschaft

Dr. Peter Pendl
Dr. Pendl & Dr. Piswanger GmbH

Die Pendl-&-Piswanger Partnergruppe ist seit über zwanzig Jahren ein Garant für hochwertige Lösungen in allen Bereichen des Human Resources Management mit Schwerpunkt Personalsuche und -auswahl. P&P bietet aber auch zum Beispiel Strategiegespräche mit einem internationalen Experten auf dem Gebiet des strategischen Personal- und Chancenmanagements an.

Rund ein Drittel der siebzig Mitarbeiter in Österreich sind P&P-Partner und Branchenspezialisten mit hohem Insiderwissen sowie individueller Fachkompetenz. „Diese starke unternehmerische und partnerschaftliche Ausrichtung ist das Geheimnis der Kundenzufriedenheit", meinen die beiden Geschäftsführer Peter Pendl und Karl Piswanger.

P&P wurde im Herbst 2002 anlässlich der Annual-Report-Award-Evaluierung als Juror geladen, um die Kommunikation und HR-Qualität der Geschäftsberichte österreichischer Unternehmen zu bewerten.

P&P-Partner arbeiten mittlerweile flächendeckend in Osteuropa. Über achtzig Personalsuchprojekte wurden allein in den letzten beiden Jahren grenzüberschreitend abgewickelt. Kunden sind sowohl Konzerne als auch KMUs, die von der Osterweiterung profitieren wollen. Der osteuropäische Markt wächst mehr als doppelt so stark als der westeuropäische – P&P leisten für ihre Kunden einen wesentlichen Beitrag zum Erfolg durch wertvolle Marktinformationen und die Suche, Auswahl und Weiterbildung von Managern und Topspezialisten. Im Jahr 2002 waren sowohl in Osteuropa als auch in Österreich Gruppen- und Individual-Assessments als Personalentwicklungsmaßnahmen und Outplacement Services intensiv gefragt.

Die P&P-Consultinggruppe – das zweite Standbein des Unternehmens – verfügt mit P&P Management Cockpit über ein Consultingprogramm, das die Stärken und den Handlungsbedarf eines Unternehmens exakt und nach Prioritäten gereiht darstellt. Ist nicht jeder Manager daran interessiert, die Abläufe im Unternehmen effizient zu gestalten und damit die Wettbewerbsfähigkeit auf einen optimalen Standard zu bringen? Von außen eingebrachte Veränderungen gehen nicht immer an die Wurzel, und häufig fehlt die Akzeptanz der im Betrieb involvierten Mitarbeiter.

Daher wird in das P&P Management Cockpit das Managementteam von Start an eingebunden und bewertet mittels einer auf die verschiedenen Bereiche des Unternehmens ausgerichteten und von erfolgreichen Geschäftsführern entwickelten Checkliste die Ist- und die Soll-Situation des Unternehmens. Dieses Prozedere ist sehr zeitökonomisch, der laufende Betrieb wird nicht gestört, und jeder Manager beurteilt sowohl den eigenen Verantwortungsbereich als auch die Bereiche seiner Kollegen. Die vertiefende Analyse einzelner Themen sowie die Umsetzung gemeinsam erarbeiteter Maßnahmen erfolgt durch Manager auf Zeit oder durch Begleitung von Beratern bzw. Coaches, die ebenfalls lizenzierte P&P-Partner sind.

Nähere Informationen:

Dr. Peter Pendl
Dr. Pendl & Dr. Piswanger GmbH,
Bartensteingasse 5, 1010 Wien
Tel.: +43/1/402 76 08-17, Fax: -31,
E-Mail: p.pendl@pendlpiswanger.co.at,
www.pendlpiswanger.co.at

HR-Consulting im Lichte der EU-Osterweiterung

Ing. Mag. Markus Brenner
Geschäftsführer CATRO
Personalsuche und -auswahl

Als ganzheitliches Beraterhaus steht die CATRO-Unternehmensgruppe ihren Kunden nicht nur in allen Fragen des Personalmanagements mit fachlicher Kompetenz und modernsten Tools zur Seite, sondern bietet auch maßgeschneiderte Lösungen für die Erreichung von nationalen und internationalen Geschäftszielen. Ein Erfolgskonzept, das sich im Hinblick auf die wirtschaftliche Entwicklung in Europa und die zunehmende Mobilisierung der Arbeitswelt bereits vielfach bewährt hat und in seiner Fokussierung weit über den heimischen Markt hinausgeht.

Um auch in der Region Mittel- und Osteuropa – wo bereits die Mehrzahl der österreichischen Groß- und Mittelbetriebe in der einen oder anderen Form engagiert ist und lokaler Support den entscheidenden Wettbewerbsvorteil bringen kann – die gewohnt hohe Servicequalität zu bieten, hat CATRO nach Polen, Tschechien, Ungarn und Russland im Vorjahr auch in der Slowakei eine Niederlassung gegründet. Bis Ende 2003 wird CATRO im gesamten CEE-Raum flächendeckend vertreten sein.

Darüber hinaus bestehen durch die Einbindung in das weit verzweigte Netzwerk der International Search Group (ISG) auch am westlichen Markt beste Verbindungen. Mit kleinen, wendigen Partnereinheiten kann CATRO flexibler agieren als große Konzerne und ist doch mit derselben Kapazität stets schlagkräftig vor Ort vertreten. Was umso wichtiger ist, als Beteiligungen, Akquisitionen und Unternehmensfusionen zunehmend an Bedeutung gewinnen und ein wachsender Bedarf an der fachkundigen Evaluierung von Humankapital besteht.

Als ideales und vielseitig einsetzbares Instrument steht österreichischen und internationalen Kunden mit dem CATRO Human Capital Audit (kurz CHUCA) ein innovatives Erfolgsprodukt zur Verfügung. CHUCA entspricht höchsten internationalen Standards, berücksichtigt gleichzeitig aber auch länderspezifische und unternehmensinterne Besonderheiten. Neben den augenscheinlichen kulturellen und gesetzlichen Unterschieden gehören dazu auch die Art der Personalauswahl und -entlohnung, die Methoden der Personalentwicklung und schließlich die Personalführung im engeren Sinn. Kompetente HR-Entscheidungen können hier zum kritischen Erfolgsfaktor werden (siehe auch Tabelle).

Koordiniert und durchgeführt wird CHUCA derzeit von einem dreiköpfigen Team in Wien, das eng mit den CATRO-Niederlassungen oder Kooperationspartnern im jeweiligen Land zusammen arbeitet. Die wichtigsten Zielgruppen sind neben Mittelbetrieben vor allem Großkonzerne, die in einer Region Tochtergesellschaften erworben haben und innerhalb der neu entstandenen Personalstrukturen Potenzial und Fähigkeiten analysieren lassen wollen. Im Gegensatz zum reinen Management-Audit werden auf Wunsch des Kunden alle Unternehmensebenen mit einbezogen.

Mit speziellen Interviewtechniken und verhaltensorientierten psychologischen Tests in der jeweiligen Landessprache werden die Mitarbeiter einzeln geprüft, um deren persönliche wie fachliche Eignung für bestimmte Unternehmensfunktionen zu erkennen. Auf Basis der daraus resultierenden Ist-Analysen können Probleme im Personalbereich aufgezeigt, Entscheidungsgrundlagen geliefert und zielgerichtete Selektions- und Förderprozesse in Gang gesetzt werden. Die Angebotspalette reicht von individuellen über Team- bis hin zu organisatorischen Entwicklungsmaßnahmen. Ein den Change- bzw. Post-Merger-Prozess begleitendes Coaching rundet den ganzheitlichen Ansatz im Sinne höchstmöglicher Synergiennutzung ab.

Welche Bedeutung CHUCA in der aktuellen Wirtschaftssituation für den HR-Bereich hat, zeigt eine jüngste IMAS-Studie, nach der allein in Österreich im Jahr 2002 knapp 200 Mittel- und Großbetriebe von Fusionen oder Übernahmen im In- oder Ausland betroffen waren. In einer groß angelegten Befragung wurden die betrieblichen Auswirkung erhoben (siehe Tabelle). Zunächst konnte dabei festgestellt werden, dass in der Mehrheit der

Betriebe viele Aspekte unverändert geblieben sind – allem voran das Angebot an Sozialleistungen, das Gehaltsniveau und die Bemühungen um das Halten von Arbeitsplätzen. Sofern Veränderungen eingetreten sind, handelte es sich in der Mehrheit um eine Zunahme, die positiv zu bewerten war.

Die größte Veränderung ergab sich im wirtschaftlichen Erfolg der Unternehmen, in einem Anstieg des Gewinns und der Arbeitsproduktivität. Häufige Steigerungen waren im Niveau von Aus- und Weiterbildung, der Motivation der Mitarbeiter, der Qualität der Arbeitsplätze, der generellen Zufriedenheit der Mitarbeiter und der Gewinnausschüttung an die Mitarbeiter zu verzeichnen. Was die Personalkosten und die Sorge der Mitarbeiter um die Arbeitsplätze betrifft, so findet man sowohl positive als auch ungünstige Effekte.

Auswirkungen der Fusion auf betriebliche Gegebenheiten

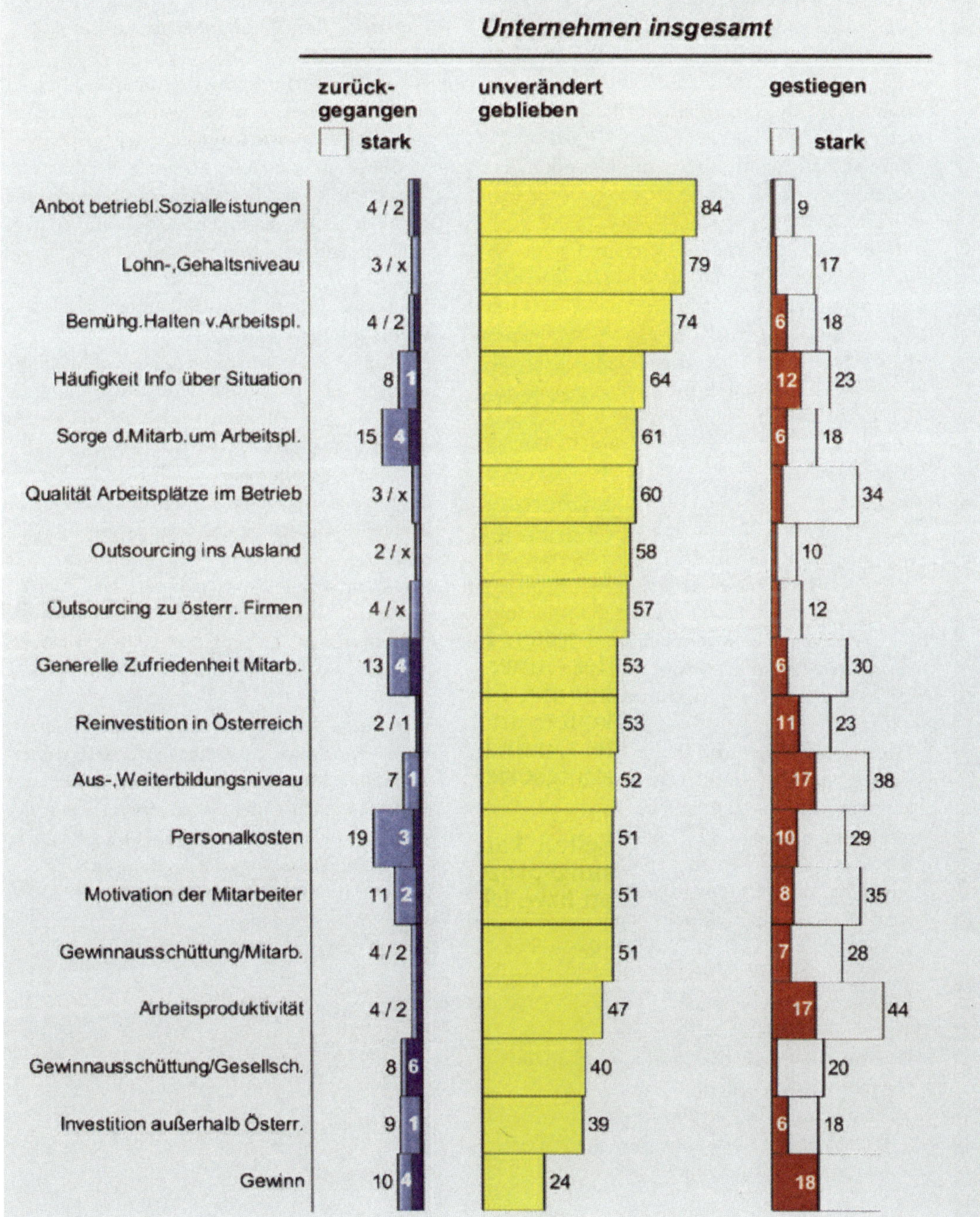

ṠAKADEMIE

Aus- und Weiterbildung der Österreichischen Sparkassen

Dr. Stefan Götz
Österreichische Sparkassenakademie

Die qualifizierte Aus- und Weiterbildung der Mitarbeiter der Österreichischen Sparkassen ist – neben der besonderen regionalen Verankerung – seit Jahrzehnten eines der Erfolgsgeheimnisse dieser Gruppe von Finanzdienstleistern.

Die österreichische Sparkassengruppe
Die Sparkassengruppe besteht aus der Erste Bank der Österreichischen Sparkassen AG als der sektoralen Leadbank, den 61 Bundesländersparkassen und ihren Tochterunternehmen (Verbundpartnern). Die Erste Bank als zweitgrößte Bank des Landes und die regionalen Sparkassen bieten ein flächendeckendes Netz von ungefähr 1.100 Geschäftsstellen in allen Bundesländern. Der Marktanteil der Sparkassengruppe 2001 lag bei zirka 17 Prozent, 25 Prozent der Österreicher sind Hauptkunden einer Sparkasse.

Sparkassen unterscheiden sich in Österreich von anderen Sektoren der Kreditwirtschaft durch ihre Verankerung in der regionalen Wirtschaft, vor allem bei Klein- und Mittelbetrieben, sowie durch ihre enge Bindung an die Gemeinden und durch ihr hohes Engagement bei freien Berufen sowie Privatkunden, unter anderem bei der Finanzierung von Wohnvorhaben.

Als Dienstleister für die Sparkassen selbst stehen vor allem der Österreichische Sparkassenverband als Interessenvertretung der Sparkassen, die Sparkassenakademie für die Aus- und Weiterbildung der Mitarbeiter seit 2001, der Sparkassen-Prüfungsverband und die GESCO als sektorale Marketingagentur zur Verfügung.

Gemeinsame Aus- und Weiterbildung
Zielsetzung des Vereins Österreichische Sparkassenakademie – Zentrum für Aus- und Weiterbildung ist es, ein Aus- und Weiterbildungsangebot für alle Mitarbeiter der Österreichischen Sparkassengruppe (Erste Bank und Sparkassen) zur Verfügung zu stellen. Strategisch wird hier der Grundsatz verfolgt: „Zentral entwickeln und produzieren, dezentral die Märkte und die Kunden betreuen."

Zwecke, die durch die Sparkassenakademie erreicht werden sollen:
1. Etablierung von verursachergerechten und transparenten Kosten der Aus- und Weiterbildung für die gesamte Sparkassengruppe,
2. kostengünstigeres Aus- und Weiterbildungsangebot für alle Mitarbeiter (zirka fünfzehntausend),
3. Unterstützung der gemeinsamen Entwicklung und Gestaltung von Produkten und Beratungshilfsmitteln für die Mitarbeiter im Vertrieb durch eine adäquate Aus- und Weiterbildung.
4. Aus Mitarbeitern, die ihre Identifikation in der jeweiligen Sparkasse finden, sollen zusätzlich bewusste Mitglieder der Sparkassengruppe werden. Die regionale Verankerung und die dadurch entstehende Kundennähe sollen sich immer intensiver mit einem Gruppenbewußtsein verbinden.

Nach zwei Jahren kann folgende Bilanz gezogen werden:
Die Integration unterschiedlicher Lehrinhalte und verschiedener didaktischer Konzeptionen ist bisher gut gelungen und wird unhaltsam fortgeführt. Höchste Transparenz zwingt zu intensiven Bemühungen, anfallende Kosten in der Sparkassenakademie nicht nur im Auge zu behalten, sondern sie – wo immer dies möglich und zweckdienlich ist – zu reduzieren. Wie jedes der Mitgliedsunternehmen der Österreichischen Sparkassenakademie sich ständig die Kostenfrage zu stellen hat, muss dies selbstverständlich auch die gemeinsame Tochter tun.

Der Markt hat immer und wird in Zukunft noch stärker nach bestens aus- und weitergebildeten Mitarbeitern rufen, die in der Lage sind, den wachsenden Herausforderungen flexibel, motiviert und erfolgreich zu begegnen. Der erfolgreiche Weg der Sparkassenakademie in Zukunft ist damit vorgezeichnet.

Evoking Shakespeare

Wege aus der Beziehungskrise zwischen Unternehmen und Mitarbeitern

Sabine Nöbel
Human Capital Consulting

Was macht den Unterschied zwischen der Zeitung von gestern und einem vor hundert Jahren geschriebenen Stück von Shakespeare? Warum interessiert uns die Zeitung nicht mehr, und warum ist der alte Dichter nicht „out of date"? Was macht den Unterschied, ob Unternehmen florieren oder Bankrott gehen, Krisen überstehen oder am Wandel zerbrechen? Im Wesentlichen die Fähigkeiten der handelnden Personen. Diese Fähigkeiten herauszufinden, zu entwickeln, mehrdimensional einzusetzen und zu adaptieren ist eine nie endende Herausforderung, gerade in Krisenzeiten.

Die Bühne des Lebens

Erfolgreiche Unternehmen brauchen nicht nur erfolgreiche Produkte, sondern vor allem erfolgreiche Mitarbeiter. Spitzenkräfte sind in ihrem Bewusstsein und in ihrem Ausdruck heute verschiedener denn je. Sie sind Individualisten. Differenzierung auch im Umgang mit Mitarbeitern ist geboten. Mitarbeiter sind Individuen, die nicht mit Incentives zur Treue verlockt und an die Firma gebunden werden wollen, sondern die ihr Arbeitsumfeld als Teil ihrer Lebensgestaltung sehen, die in ihrer individuellen Persönlichkeit und Lebenssituation respektiert werden möchten. Mitarbeiter wollen nicht nur Geld für ihre Arbeit, sondern darüber hinaus Freiheit. Das verlangt, einhergehend mit einer geänderten Führungs- und Unternehmenskultur, neue Benefitkonzepte und ermöglicht gleichzeitig, aus dem Wettbewerb hoher Gehälter auszusteigen.

Verbindungen und Resonanzen

Wie schaffen Sie es, in Krisenzeiten Mitarbeiter zu motivieren? Wie bringen Sie Mitarbeiter dazu, sich gerade jetzt in hohem Ausmaß mit Veränderungsprozessen zu beschäftigen, Erfahrungen einzubringen, sich Wissen anzueignen und zu transferieren, neue Ziele anzupeilen? Kommunikative Kompetenz. Diese muss eine der wichtigsten Anforderungen im Unternehmen sein. Kommunikation von unten nach oben, nach innen und außen, vernetzt in alle Bereiche. Abhängig von Inhalten, ist auf die richtige Wahl von Kommunikationsmethoden und -wegen zu achten. Und auf die Kommunikationsbedürfnisse und -fähigkeiten aller. Die Maslowsche Pyramide gilt in unserer Businesswelt heute nur mehr bedingt. Trotz oder gerade wegen des angespannten Arbeitsmarktes bestimmen Werte über Loyalität und Motivation des Mitarbeiters. Werte stiften Sinn und schaffen Gemeinsames. Unschärfe im Wertesystem macht Unternehmen unglaubwürdig, verunsichert Kunden wie Mitarbeiter, demotiviert. Verwöhnen Sie zum Beispiel Ihre Mitarbeiter so, wie Sie Ihre Kunden verwöhnen?

Kultur im Unternehmen

Das Verbindende schafft die Begeisterung, die Unterschiedlichkeit der Mitarbeiter prägt die Einzigartigkeit des Unternehmens. Kultur ist nicht artifiziell und kann ein reale Variante individueller Personalentwicklung sein. Bei allem Respekt: Wenn jeder die Rolle des Hamlet spielt, wird es schnell langweilig. Fördern Sie die Vielseitigkeit Ihrer Mitarbeiter. Neue Anknüpfungspunkte stellen Verbindungen her und schaffen Wissen und Kreativität. Wir wollen hier keine Diskussion über den Begriff „Kultur" vom Zaun brechen, sondern überlassen es Ihnen und Ihren Mitarbeitern. Entdecken Sie zum Beispiel Shakespeare. (Und die Vorteile des Community Building lassen sich auch hervorragend intern nutzen!)

„Mitarbeiter wollen nicht nur Geld für ihre Arbeit, sondern darüber hinaus Freiheit."

In eigener Sache

Der Fokus auf die Kernkompetenzen eines Unternehmens ist wichtig. Noch wichtiger ist die Konzentration auf die Kernkompetenzträger, und daher ist Human Resources Management erfolgskritisch. Als HR-Spezialisten sind wir Ihr Partner für die Performance-Optimierung Ihrer Organisation. Innovative Personalentwikklung, Task-Management im HR-Bereich und Coaching sind Hebel, über die Sie dieses Ziel erreichen.

Reengineering, Umstrukturierungen – Symptombehandlung statt effektiver Veränderung?

Mag. Robert Korp
Dale Carnegie, Österreich

Im ihrem Bestreben, die jeweils aktuell gültige und neu definierte Antwort auf die seit Generationen gleiche Frage zu erhalten, nämlich „Wie gelingt es mir / meinem Unternehmen, weiterhin erfolgreich zu sein?", setzen Unternehmen und ihre Berater hauptsächlich auf Veränderungen in der Struktur. Prozesse wie Reengineering, Outsourcing, Lean Management werden gestartet, evaluiert, verändert, neu definiert, Unternehmen zusammengeführt, Konzerne aufgelöst. Veränderte Organisationsformen haben eine immer kürzere Halbwertszeit bis zur neuerlichen Umstrukturierung.

Die Geschwindigkeit dieser Prozesse bringt häufig mit sich, dass Mitarbeiter, die mit ihrer Energie die Strukturen mit Leben erfüllen und die Produktivität steigern sollen, die Anpassung – wenn überhaupt – zeitversetzt vollziehen. Das zeitliche Delta ist umso größer und die Effektivität bzw. Produktivität in dieser Zeit umso geringer, je tiefgreifender die Strukturreform angesetzt ist und je weniger die Betroffenen zu Beteiligten gemacht werden. Das hat weniger mit der Beharrungstendenz der Menschen zu tun als viel mehr mit dem mehr oder weniger offen erkennbaren Mangel an Kommunikationsfähigkeit, -bereitschaft und auch den strukturellen Voraussetzungen für offene und wertschätzende Kommunikation.

Befragt nach den größten betriebsinternen Herausforderungen, geben acht von zehn Managern „Kommunikation" an: zwischen einzelnen Abteilungen, zwischen den Hierarchieebenen und (hinter vorgehaltener Hand) oft auch zwischen einzelnen Mitgliedern der Geschäftsleitung. Wenn interne Prozesse suboptimal laufen, strahlt das in der Regel auch nach außen in Richtung Kunden, meist nicht gleich mit dramatischen, sofort erkennbaren Folgen. Es beginnt eher mit einem schleichenden Erosionsprozess, der sich in wachsender Frustration, Stagnation, Umsatzrückgang oder auch in dem Phänomen zeigt, dass für dasselbe Ergebnis größerer Aufwand erforderlich ist. Schnell werden dafür alle möglichen – meist in der Außenwelt liegenden – Faktoren als Ursache benannt, und es wird Kosmetik, also oberflächliche Symptombehandlung, betrieben. Ein wenig erinnert das an den alten Witz vom Grafen Bobby, der in einer dunklen Straße seinen Schlüssel verloren hat: Er zieht es vor, weiter weg unter der Laterne zu suchen, „weil da ist mehr Licht ..." Und das wieder erinnert an den Satz von Peter Drucker: „Kaum etwas ist so gefährlich für Unternehmen wie die richtige Lösung zum falschen Problem." Der weitaus stärkste Hemmfaktor sind innere, oft verborgene Strukturen, die den Energiefluss blockieren und offene Kommunikation verhindern: Angst davor, etwas Falsches zu sagen, „Betonierermentalität" bei den Führungskräften, mangelnde Wertschätzung untereinander, zu enges Denken („Das geht mich ja nichts an", „Da kann ich ohnehin nichts ändern", „Das ist nicht mein Bereich" ...) Wenn es also gelingt, an der richtigen Stelle anzusetzen und die kommunikativen Potenziale in den Unternehmen zu wecken, wechselseitiges Vertrauen durch geeignetes Training und begleitendes Coaching entscheidend zu erhöhen, schaffen Unternehmen von sich aus den inneren Turnaround.

Mit dem spezielle Ansatz von Dale Carnegie Training® ist es gerade in größeren, hierarchieübergreifenden Gruppen möglich, mit hervorragenden Ergebnissen zu trainieren, weil dadurch individuelle Energien und Erfahrungen der Teilnehmer untereinander in konstruktive und produktive Beziehung gebracht werden. Hemmschwellen („Wie verhalte ich mich, wenn der Chef dabei ist?") werden durch Anerkennung und stärkenorientiertes Coaching leicht überwindbar – und das Ergebnis lässt sich durchaus auch in Kennzahlen darstellen. Die Sehnsucht nach diesen Fähigkeiten ist ja weitgehend bereits vorhanden: In einer 2002 – unter dem Schock des Enron-Skandals – durchgeführten Studie hat die Graduate School of Business Administration in Zürich festgestellt, dass der Faktor „Werte" (Integrität, Moral, Ethik) ganz oben in der (erwünschten) Kompetenzskala der Führungskräfte steht, danach kommt der Faktor

Dale Carnegie® Training

„Analysefähigkeit" und gleich danach folgen wieder kommunikative Fähigkeiten wie „Zuhören" und „Feedback geben".

Bei diesen Dingen ist es in besonderem Maße entscheidend, das Wissen von der Theorie auf alltägliche Handlungen umzulegen. Es reicht einfach nicht mehr, nur um die Zusammenhänge zu wissen, kluge Bücher zu lesen und dann und wann ein Seminar zu besuchen. Umso weniger, als das Angebot an Wissen (Seminar-Ansätzen der diversesten Schulen) schier unübersichtlich geworden ist. Das Einzige, was zählt, ist das nachhaltige Umsetzen in die Praxis. Um dieses Ziel zu erreichen, ist zweierlei erforderlich: Zeit und begleitendes Coaching. Dank effizienter Methodik ist es möglich, sehr viel in sehr kurzer Zeit umzusetzen, daher haben sich in der Praxis mehrere kleinere Einheiten – durchgeführt in zeitlichen Intervallen – bestens bewährt. Dazwischen findet Coaching statt, mit dem Ziel, in den Unternehmen sehr rasch eine autarke und gelebte Coachingkultur zu etablieren.
Wirkungsvolles Leadership steht in unmittelbarem Verhältnis zur Fähigkeit des (künftigen) Managers, wirkungsvoll zu kommunizieren. Ist die Basis wertschätzend, wird es auch leichter gelingen, in unerwarteten Situationen unter Druck zu bestehen. Wer ein ausgeprägtes Stärkenbewusstsein hat, das deutlich über die „Ich bin der Größte"-Platitüde hinausgeht, wer genau weiß, wo die eigenen Stärken, diejenigen der Mitarbeiter bzw. der ganzen Firma liegen, und dazu noch in der Lage ist, diese in einer gewinnenden Weise zu kommunizieren, hat gute Karten selbst im globalen Wettbewerb. Nicht von ungefähr beginnen jetzt schon Schulen und Universitäten damit, Basic Skills im Bereich des freien Sprechens und Präsentierens zu vermitteln, denn auch in diesem Bereich beginnt sich langsam die Erkenntnis durchzusetzen, dass diese Fähigkeiten zu gesteigertem Selbstvertrauen – Grundlage für Leadership – führen.
Heutzutage immer mehr gefordert ist das Standing und die Fähigkeit, besonders in Situationen unter Druck zu bestehen: Jobwerber im Assessment, Interviews beim Vorstand, die entscheidende Präsentation beim Kunden und die dann folgenden stressigen Frage-Antwort-Perioden. Jetzt zeigt sich, wie stark die Fähigkeit beim Einzelnen ausgeprägt ist, komplexe Dinge auch einfach auf den Punkt zu bringen, und wie sehr das

Dale Carnegie Team Österreich v. l.: Toni Ehardt, Irene Moser-Fuchshuber, Gudrun Killmeyer, Werner Killmeyer, Robert Korp

Nutzdenken aus der Perspektive des Gegenübers vorhanden ist. Wer gelernt hat, in anschaulichen Bildern und Beispielen zu sprechen, hat bereits die halbe Überzeugungsarbeit geleistet. Der Rest ist Persönlichkeit, Ausstrahlung, die Fähigkeit, Resonanz beim anderen zu erzeugen.

Damit Menschen ihre Potenziale stärker entfalten als bisher, braucht es gewisse Voraussetzungen:

1. Wertschätzender, respektvoller Umgang miteinander – nur unter dieser Voraussetzung sind Menschen bereit, konstruktive Kritik anzunehmen, nur dann ist offene Kommunikation möglich.
2. Authentizität an erster Stelle – die falsche Person am falschen Platz bringt keine positiven Veränderungen, im besten Fall verwaltet sie den Status quo.
3. Freude am Tun – die Begeisterungsfähigkeit ist noch immer der stärkste Motor für beste Ergebnisse. Spaß an der Arbeit darf sein!
4. Fehlerfreudigkeit – es muss erlaubt sein, Fehler zu machen, dann ist Analyse und Veränderung, dann ist Neues möglich (no risk, no fun!).
5. Die Bereitschaft, Bewährtes in Frage zu stellen und neu auf seine Tauglichkeit hin zu überprüfen – was gestern optimal war, muss heute nicht mehr stimmen!

Wer bereit ist, sowohl sein persönliches Handeln als auch die Kultur im Unternehmen auf diese Aspekte hin ständig neu zu hinterfragen, kann guten Mutes sein, gestärkt aus jeder Krise herauszugehen und für die Zukunft bestens gerüstet zu sein.

Factbook
Beteiligungskapital in Österreich

Das „Who's who" der Finanzszene in Österreich

Dr. Walter Springer

Das „Factbook Beteiligungskapital in Österreich" ist das einzige unabhängige Directory für marktorientierte Finanzdienstleistungen in Österreich, was insbesondere im Zusammenhang mit den Auswirkungen von Basel II von strategischer Bedeutung ist. Es erscheint jährlich neu und umfasst rund 500 Seiten.

Die übersichtliche Darstellung des Angebots im „Factbook" schafft die notwendige Markttransparenz, verbessert den Transfer von Kapitalmarktwissen und erleichtert das Matching der Marktteilnehmer.

Das „Factbook Beteiligungskapital in Österreich" vereint praxisorientiert Daten, Fakten und Namen aller Anbieter moderner Unternehmensfinanzierung und von deren Beratern. Das „Factbook" wendet sich an kapitalsuchende Unternehmer vom Gründer bis zum Großkonzern: Es erleichtert KMUs und innovativen Start-ups den Zugang zu Marktkapital und ermöglicht eine wesentliche Eigenkapitalstärkung. Für etablierte Unternehmen steht die Optimierung der Kapital- bzw. Eigentümerstruktur im Mittelpunkt des Interesses.

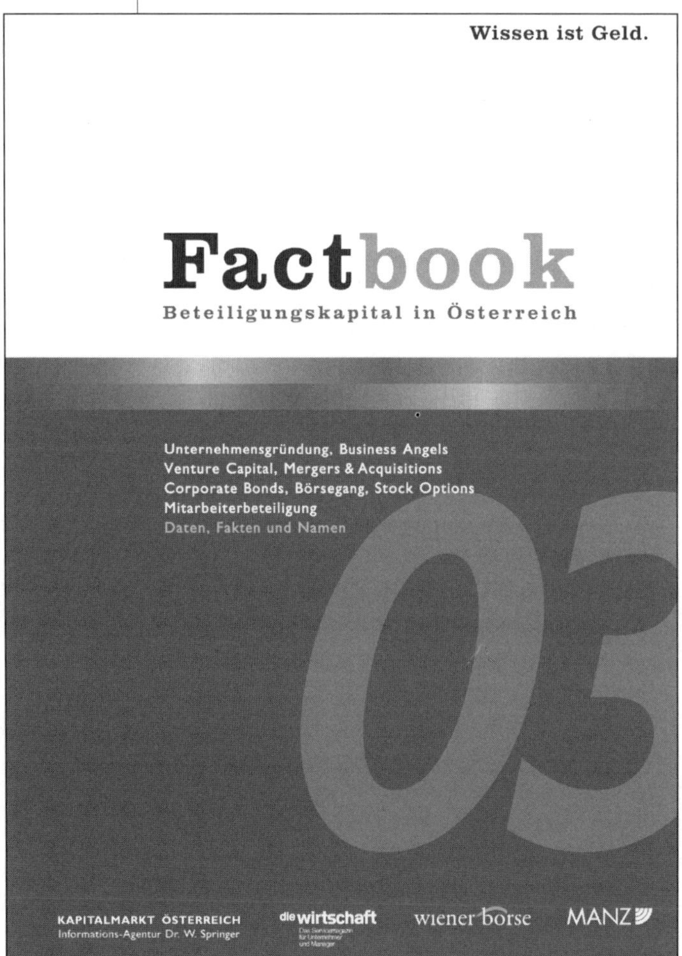

Inhalt

Gründung und Wachstum:

- Unternehmensgründung – alle Initiativen, auch im universitären Bereich
- Eigenkapitalgarantien der österreichischen Förderinstitutionen
- Business Angels – aktuelle Situation in Österreich
- Venture Capital und Private Equity – 128 Gesellschaften, 55 in Österreich

Optimierung der Eigentümer-/Kapitalstruktur:

- Mergers & Acquisitions – 40 M-&-A-Gesellschaften
- Börsengänge – alle österreichischen Gesellschaften, inkl. Corporate-Bond-Emissionen
- Mitarbeiterbeteiligung und Stock-Options-Pläne österreichischer Gesellschaften

Ergänzt wird diese Darstellung durch eine Auflistung der jeweils spezialisierten 80 Rechtsanwaltskanzleien und 250 Wirtschaftstreuhänder.

Das „Factbook" ist einzigartig im EU-Raum

Das „Factbook" bezieht sich in seiner Zielsetzung direkt auf die richtungsweisende Mitteilung der EU-Kommission „Aktionsplan Risikokapital als Schlüssel zur Schaffung von Arbeitsplätzen in der EU". Dieses Thema steht im Zentrum des Interesses der Europäischen Union. Damit gewinnt das Wissen um die verstärkte Nutzung marktorientierter Finanzdienstleistungen – und damit das „Factbook" – mehr und mehr an Bedeutung. Das „Factbook" stärkt den Unternehmergeist in Österreich.

Der Herausgeber des „Factbooks", Dr. Walter Springer, ist Jurist und Absolvent der Columbia Business School, New York. Nach langjähriger Tätigkeit in einer österreichischen Großbank und als Geschäftsführer des Aktienforums übt er seit 1996 erfolgreich eine selbständige Tätigkeit als Info-Broker für den österreichischen Finanzmarkt aus.

„Factbook Beteiligungskapital in Österreich 2003", Preis: 178 Euro (zzgl. Versandspesen und USt)
Tel.: +43/1/586 66 67-11
Fax +43/1/586 66 67-13
welcome@kmoe.at
www.factbook.at

Corporate Finance

10

Österreich ist Hauptgewinner der EU-Erweiterung

Dr. Werner Albeseder
SOT Süd-Ost Treuhand
Wirtschafts- und Unternehmensberatung GmbH

In etwas mehr als einem Jahr wird die EU voraussichtlich nicht mehr 15, sondern 25 Mitglieder haben. Die Zahl der EU-Bürger wird von 370 auf 445 Millionen Menschen steigen. Von den zehn Beitrittskandidatenländern sind acht so genannte Reformstaaten. Vier dieser acht sind unmittelbare Nachbarländer Österreichs. Von den bisherigen EU-Mitgliedsländern haben nur Deutschland (mit Polen und Tschechien) und Italien (mit Slowenien) gemeinsame Grenzen mit Beitrittskandidatenländern. Schon diese geographische Betrachtung macht klar, dass Österreich auch innerhalb der EU im Mittelpunkt der Aufmerksamkeit steht, wenn es um die EU-Osterweiterung geht. Kein anderer EU-Mitgliedsstaat wird so unmittelbar betroffen sein wie Österreich. Kein anderer Staat hat aber auch solche Chancen zu erwarten wie Österreich. Österreich rückt vom östlichen Rand der EU ins Zentrum eines nunmehr vereinten Europas.

Entwicklung seit der Wende in Ostmitteleuropa

Mehr als ein Jahrzehnt ist seit der politischen Wende in den ehemals kommunistischen Ländern Mittel- und Osteuropas (MOEL) vergangen, und österreichische Unternehmen haben ihre Chancen im Wesentlichen zu nutzen gewußt. Bei ausländischen Direktinvestitionen (FDI) in den MOEL nimmt Österreich in vielen Ländern eine Spitzenposition ein. In Slowenien, Kroatien und Bosnien-Herzegowina nehmen Österreicher überhaupt die führende Rolle bei den FDI ein. Die MOEL sind als Gruppe zum zweitwichtigsten Handelspartner Österreichs geworden. Bereits 17 Prozent aller österreichischen Exporte (EU-Schnitt: fünf Prozent) gehen in Richtung MOEL – Tendenz: steigend. Erstmals in der Nachkriegszeit erreichte Österreich einen Handelsbilanzüberschuss. Ohne die zweistelligen Zuwächse im Export in die MOEL wäre dies nicht gelungen. In letzter Zeit hat allerdings auch die Sparsamkeit von Konsumenten und Unternehmern zu einer Verringerung der Importe und damit zur Erreichung eines Handelsbilanzüberschusses beigetragen. Als Folge der Ostöffnung wurden in Österreich bisher netto 40.000 bis 45.000 neue Arbeitsplätze geschaffen. Profitiert hat auch eine der wichtigsten Säulen der österreichischen Wirtschaft, der Fremdenverkehr: In den Jahren 1998 bis 2000 machten 2,2 Millionen Menschen aus Ungarn, Tschechien und Polen in Österreich Urlaub und gaben dabei 440 Millionen Euro aus. Das Einkommensniveau in den Grenzregionen zu den Beitrittskandidatenländern (zum Beispiel im Waldviertel, im Mühlviertel und im Burgenland) hat sich regional um bis zu fast zehn Prozent verbessert.

Chancen und Risiken der EU-Osterweiterung

Im Wesentlichen werden immer zwei Bedrohungspotenziale genannt, die durch die EU-Osterweiterung auf Österreich zukommen: die Migration unzähliger Menschen aus den neuen Mitgliedsländern nach Österreich und die verstärkte Billigkonkurrenz sowohl auf dem Arbeitsmarkt als auch für die Produkte und Dienstleistungen österreichischer Unternehmer. Bei näherer Betrachtung relativiert sich aber das Bedrohungspotenzial entscheidend: Die sich verbessernden Lebensbedingungen in den Beitrittskandidatenländern werden den Ansporn zur Migration in die alten EU-Länder deutlich verringern. Vermutlich werden wesentlich weniger Menschen nach Österreich kommen, als Österreich zur Aufrechterhaltung seines Lebensstandards aufgrund der zunehmenden Überalterung der Bevölkerung benötigen würde. Der Verände-

rungsdruck in unserer Volkswirtschaft wird allerdings steigen. Produktionsverlagerung wird bei steigendem Lohnniveau in den neuen EU-Ländern vermutlich nicht mehr das große Thema für Österreichs Unternehmer sein – es gibt wesentlich kostengünstigere Alternativen als die neuen EU-Länder. Auf dem Arbeitsmarkt ist eine Auswirkung des geringeren Lohnniveaus in den Beitrittskandidatenländern auf die österreichische Wirtschaft allerdings schon jetzt festzustellen – vor allem durch die De-facto-Durchmischung des heimischen Arbeitsmarkts mit Arbeitskräften aus Beitrittskandidatenländern, etwa in der Bauwirtschaft und im Fremdenverkehr. Das Angebot an Arbeitskräften wird, wie in den letzten Jahren, weniger durch Immigranten als durch Pendler erhöht. Die bis zu sieben Jahre bestehende Beschränkung des Arbeitsmarktzugangs wird den notwendigen Anpassungsprozess erleichtern. Wenn wir wollen, dass immer mehr Menschen aus den genannten Ländern bei uns Urlaub machen und unsere Waren kaufen, müssen wir ihnen aber auch die Chance geben, das dafür notwendige Geld zu verdienen. Wir müssen sie also letztlich bei uns arbeiten lassen und ihre Waren und Dienstleistungen kaufen.

Insgesamt werden die Chancen die Risiken bei weitem übertreffen: Die österreichische Wirtschaft wird allein wegen der EU-Osterweiterung um zirka 0,15 Prozent per annum zusätzlich wachsen, österreichische Exporte in die neuen EU-Länder werden weiter steigen, die stärker werdenden Volkswirtschaften in unserer unmittelbaren Nachbarschaft bringen uns ungeahnte Möglichkeiten und nachhaltiges Wachstum erhöhten Wohlstand. Die neuen Länder werden unter anderem riesige Beträge in die Verbesserung ihrer Umweltstandards investieren müssen. Österreichische Unternehmen haben auf diesem Gebiet viel anzubieten und können daher zu den Hauptnutznießern des absehbaren Investitionsschubs gehören. Für Österreich als Land folgt daraus zusätzlich ein ökologischer Vorteil – durch die Befolgung höherer Standards in unserer Nachbarschaft.

Win-Win-Situation

Die EU-Osterweiterung stellt eine Win-Win-Situation sowohl für die Beitrittskandidatenländer als auch für die alten EU-Länder – insbesondere für Österreich – dar. Die neuen Mitgliedsländer erhalten vollkommenen Marktzugang zur EU und werden von den Transferzahlungen aus den so genannten Strukturfonds über Jahre profitieren. Den alten EU-Ländern eröffnet sich ein ungehinderter Zugang zu neuen Märkten. Der entstehende Veränderungsdruck wird letztlich sehr heilsam sein, weil ohnehin notwendige Strukturanpassungen rascher durchgeführt werden. Österreich steht aufgrund seiner geographischen Lage im Zentrum dieser Entwicklung und wird daher auch, wie schon im letzten Jahrzehnt von der Ostöffnung, auch in Zukunft von der EU-Erweiterung am meisten profitieren. Last but not least macht der EU-Beitritt von zehn weiteren Staaten Europa zu einer Zone dauerhaften Friedens.

Erstveröffentlicht in der Zeitschrift „New Business“ / Dezember 2002

„Österreich rückt vom östlichen Rand der EU ins Zentrum eines nunmehr vereinten Europas.“

Deloitte & Touche

Buy-outs in Österreich Entwicklung im Jahr 2001

Dr. Paul Pömerl
Deloitte & Touche Corporate
Finance Advisory GmbH

Nach einem Rekordhoch im Jahr 2000 ging die Anzahl von größeren Management-Buy-outs in Österreich von elf auf nur noch sieben im Jahr 2001 zurück. Der Transaktionswert aller Buy-outs fiel von 724 Mio. auf 47 Mio. Euro. Das zeigt die Studie des Center of Management Buy-out Research (CMBOR) im Auftrag des Wirtschafts- und Steuerberatungsunternehmens Deloitte & Touche. Damit ist Österreich bei Management-Buy-outs auf dem niedrigsten Wert seit Mitte der Achtzigerjahre angelangt.

Der von Deloitte & Touche beratene Buy-out der Steco International Plastic Logistics Systems aus der Insolvenz der Steiner Industries AG war mit 20 Mio. Euro die größte Transaktion im Jahr 2001. Der durchschnittliche Transaktionswert in Österreich fiel von 66 auf 7 Mio. Euro in 2001. Über sechzig Prozent aller Transaktionen waren das Ergebnis eines Divestments. Die sieben Buy-outs waren über mehrere Industriebranchen verteilt.

Im Jahr 2001 fanden zwei Exits von Buy-outs statt, wovon die bekanntere Transaktion der Börsengang der Andritz AG war. Neben dem Buy-out der Steco International Plastics Logistics Systems fanden 2001 folgende Transaktionen statt:

Buy-out-Verkäufer
- Steyr Engineering Centre/Steyr Motors GmbH Magna Steyr
- Cubit IT Solutions Masseverwalter
- Plaut Personalberatung GmbH Plaut Austria GmbH
- Sägewerk Gusswerk GmbH Österreichische Bundesforste
- Format Werk GmbH & Co Herlitz AG
- Unterland Flexible Packaging AG TVK Holding

Anzahl und Wert der Buy-outs/Buy-ins in Österreich

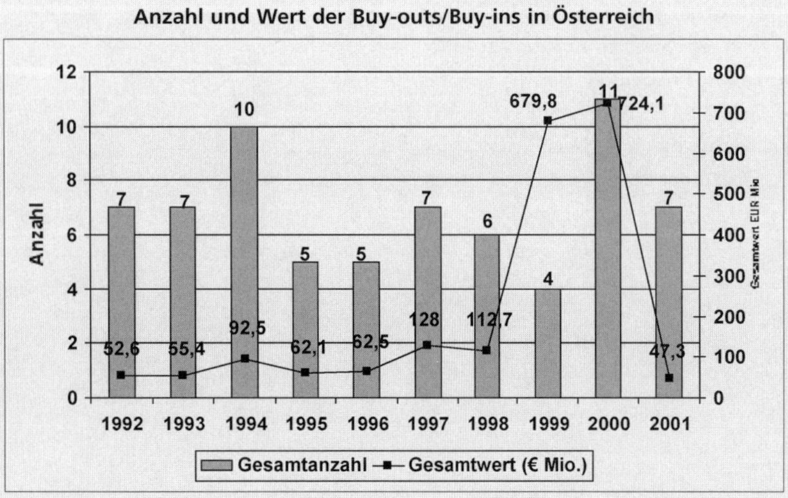

Die Ursachen des Rückgangs spiegeln die allgemeine wirtschaftliche Entwicklung, die Unsicherheit auf den internationalen Börsen sowie den Rückgang von Unternehmenskäufen und -verkäufen wider. In Kontinentaleuropa fiel der Transaktionswert aller Buy-outs von rund 36,2 Mrd. im Jahr 2000 auf knapp 31,6 Mrd. Euro.

Um das Wissen über Buy-outs zu fördern, hat Deloitte & Touche einen Leitfaden für Buy-outs entwickelt, in dem die wesentlichen Aspekte einer Übernahme durch das eigene Management und Finanzinvestoren dargelegt werden.

Vier Kriterien zeichnen ein erfolgreiches Buy-out aus:
1. Ein zuverlässiges und ausgewogenes Managementteam.
2. Das Unternehmen sollte als selbständiger Betrieb wirtschaftlich lebensfähig sein.
3. Es muss einen verhandlungsbereiten Verkäufer mit realistischen Preisvorstellungen geben.
4. Das Unternehmen muss ausreichende operative Cashflows erwirtschaftet, um die im Zusammenhang mit dem Buy-out aufgenommenen Fremdmittel zu bedienen.

Treasury Management zur Finanzoptimierung – auch für mittelgroße Unternehmen?

Theodor Saverschel
TRESCO
Unternehmensberatung

Die Wichtigkeit der Disposition von Finanzmitteln findet bei vielen Unternehmen eine immer stärkere Beachtung. Etliche Stolpersteine beim Cashflow lassen sich durch ein ausgefeiltes Risikomanagement aus dem Weg räumen. Die Branche kämpft allerdings mit einem mangelnden Nachwuchs an Treasury-Spezialisten.

Die Analyse des Cashflow und der Bilanz eines Unternehmens gewinnt in Zeiten schrumpfender Unternehmensgewinne und rückläufiger Umsätze immer mehr an Bedeutung. Nicht nur von Großunternehmen verlangen Investoren, Banken, Finanzanalytiker und Wirtschaftsjournalisten detaillierte Liquiditäts- und Finanzierungskennzahlen, auch mittelgroße Firmen müssen über die finanziellen Risiken informieren. Generierung und Verplanung von flüssigen Mitteln werden wieder wichtiger als Umsatz und Gewinn. Die jederzeitige Zahlungsfähigkeit ist das oberste Ziel der Disposition der Finanzmittel (Treasury Management). Das Treasury Management erfüllt demnach eine zentrale Funktion, die für das Überleben einer Firma entscheidend sein könnte. Zudem werden heutzutage detailliertere Angaben zur Bewirtschaftung von operativen Risiken verlangt. Großunternehmen haben sich diesen veränderten Anforderungen bereits größtenteils angepasst. Aber auch mittelgroße Firmen legen vermehrt Gewicht auf ein professionelles Treasury Management.

Die meisten Unternehmen lenken das Devisenmanagement zentral. Nur wenige sichern die Fremdwährungsrisiken auf Bilanzpositionen ab, wogegen die große Mehrheit die Fremdwährungsrisiken aus der Erfolgsrechnung bearbeitet. Viele Unternehmen leiten ihre Risiken vom Budget ab, wobei jedoch bei einigen Firmen ein systematisches Vorgehen zur Erkennung der finanziellen Risiken fehlt. Oft werden die so genannten Exposures nicht gemanagt, sondern lediglich abgesichert. Risiken zu managen bedeutet jedoch nicht nur das Absichern („Hedgen") von Positionen; vielmehr sollten die systematisch erkannten und analysierten Risiken vermieden, reduziert, bewusst offen gelassen oder eben mittels Kontrakten abgesichert werden. Dafür werden so genannte Devisenterminkontrakte und einfache Währungsoptionen verwendet. Ein geringer Teil von Firmen betreibt das Zinsmanagement aktiv. Etliche Unternehmen entscheiden bei größeren Transaktionen von Fall zu Fall, ob das Zinsexposure abgesichert werden soll. Eine einheitliche Absicherungspolitik wird bei den wenigsten Unternehmen angewandt.

Das Assetmanagement wird bei den meisten Unternehmen „inhouse" geführt. Es handelt sich dabei um firmeneigene Assets und nicht um Pensionskassengelder. Nur wenige vertrauen ihre Assets Banken, Versicherungen oder anderen Vermögensverwaltern an. Diese niedrige Rate wird zum Teil dadurch erklärt, dass nur wenige Unternehmen über genügend mittel- und langfristige Assets verfügen. Die meisten jener, die hohe Beträge investieren können, haben aufgrund des nicht zu unterschätzenden Zeitaufwands das Assetmanagement ausgelagert.

Ein in Treasury Management ausgebildeter Finanzspezialist kann den Chief Financial Officer (CFO) bei komplexen Transaktionen unterstützen oder gar in Eigenregie die gesamte Verantwortung dafür übernehmen. Wirkliche Treasury-Spezialisten jedoch sind auf dem Arbeitsmarkt knapp. Es gibt genug Firmen, die sich der Notwendigkeit geordneter Treasury-Maßnahmen noch nicht voll bewusst sind. Auch im Hinblick auf neue gesetzliche Richtlinien zu unternehmerischen Risiken wird das Treasury Management in Zukunft an Beachtung gewinnen.

Die Treasury-Bedürfnisse einzelner Unternehmen variieren stark. Bei einem rasch wachsenden Unternehmen haben Liquiditätsplanung und Bankkredit,anagement eine wesentlich höhere Priorität als bei einem Unternehmen, das sich in der Konsolidierungsphase befindet. Dort will man vor allem die bestehenden Prozesse optimieren und dadurch Einsparungen erzielen. Für die große Mehrheit der Unternehmen ist und bleibt Treasury Management jedoch lediglich eine Nebensache – wenn auch eine wichtige, die es professionell zu managen gilt.

Österreich: eine ideale Business Location

Dr. René Siegl
Austrian Business Agency

Für internationale Investoren bietet die Austrian Business Agency (ABA) nicht nur alle relevanten Informationen über den Wirtschaftsstandort, sondern unterstützt Unternehmen auch rasch, unbürokratisch und völlig kostenfrei bei der Betriebsansiedlung in Österreich.

Österreich zählt nicht nur zu den zehn reichsten Ländern der Welt, sondern steht auch bezüglich Attraktivität des Wirtschaftsstandorts an dreizehnter Stelle und belegt darüber hinaus noch zahlreiche andere Spitzenplätze in internationalen Rankings. Im World Competitiveness Yearbook 2002 des Schweizer Managementinstituts IMD ist Österreich Weltspitze – unter anderem bei Energieinfrastruktur, Sicherheit für die Person und das Eigentum, Lebensqualität und Gesundheitsinfrastruktur. Beim wichtigsten Kapital eines Unternehmens, den Mitarbeitern, kann Österreich ebenfalls ausgezeichnet punkten: Platz zwei bei der Arbeitsmotivation und Platz drei bei der Verfügbarkeit von qualifizierten Arbeitskräften, dem Ausbildungssystem und den Arbeitsbeziehungen. Bei der Produktivität gehört Österreich weltweit zu den führenden Nationen. Laut OECD lag der Produktivitätszuwachs zwischen 1991 und 2001 bei 62 Prozent. Damit liegt Österreich deutlich vor den USA, Deutschland und Frankreich. Die Lohnstückkosten sanken im gleichen Zeitraum um 11,8 Prozent.

Ausländische Investitionen in Österreich

- Zwischen 1991 und 2001 vervierfachten sich die Direktinvestitionen ausländischer Firmen in der Alpenrepublik von 8,9 Milliarden Euro auf 38,6 Milliarden Euro.
- Die deutschen Investitionen in Österreich betrugen im Jahr 2001 1,3 Milliarden Euro.
- Große internationale Unternehmen haben globale und europäische Headquarters, Kompetenzzentren, Forschungs- und Produktionsstätten in Österreich errichtet bzw. erweitert.

Auswahl bedeutender multinationaler Investitionsprojekte (2000–2002):

- BMW, 500 Millionen Euro: Ausbau der Motorenproduktion und Dieselmotorenentwicklung
- Infineon, 300 Millionen Euro: Erhöhung der Chipproduktion
- Opel Austria Powertrain, 300 Millionen Euro: Produktion eines neuen Sechsganggetriebes
- Magna International, 250 Millionen Euro: Produktionsstätte für den neuen BMW X3
- Baxter, 205 Millionen Euro: neue Produktionsstätte für Impfstoffe
- Novartis, 168 Millionen Euro: Produktion von Biopharmazeutika
- MAN, 120 Millionen Euro: Verlagerung der Light-Trucks-Produktion
- Sony, über 75 Millionen Euro: Ausbau der DVD-Produktion
- Boehringer Ingelheim, 68 Millionen Euro: Ausbau der Krebsforschungsinstitute

Multinationale Konzerne produzieren in Österreich

Diese Vorteile haben multinationale Konzerne überzeugt, dass gerade Österreich der ideale Produktionsstandort im Herzen Europas ist: Zwei Drittel aller BMW-Motoren weltweit sind „made in Austria". Die unvergleichlichen Walzerklänge von Johann Strauss haben nicht nur ihren geistigen Ursprung in Österreich, sondern werden hier nach den neuesten Hightech-Methoden gefertigt. Sony hat die weltgrößte CD-Fabrik in Salzburg angesiedelt und Siemens das größte Halbleiterwerk in Villach, um nur einige Beispiele zu nennen.

Osteuropa-Headquarters

Mehr als tausend internationale Unternehmen koordinieren ihre Osteuropa-Aktivitäten von Österreich aus, darunter Firmen wie Alcatel, Coca-Cola, Hewlett-Packard, McDonald's, 3M, Dresdner Bank und Master Foods. Das traditionell gewachsene Osteuropa-Know-how – beispielsweise der wirtschaftsnahen Dienstleister wie Banken und Steuerberater – sichert den hier ansässigen Osteuropa-Headquarters einen eindeutigen Wettbewerbsvorteil.

Standortfaktor Steuer

- Einheitlicher Körperschaftsteuersatz von 34 %
- Vermögensteuer oder Gewerbesteuer existieren in Österreich nicht

- Einfache Verwertung von Inlands- und Auslandsverlusten
- Abzugsmöglichkeiten und großzügige Freibetragsregelungen für Investitionen in Forschung und Bildung, neue Technologien sowie Start-ups
- Erhöhung des Forschungsfreibetrags von zehn auf 15 Prozent
- Bildungsfreibetrag 20 Prozent

Qualität des Bildungssystems
Österreichs öffentliche Schulen werden von internationalen Führungskräften für die weltweit besten gehalten. Dies ergab der Global Competitiveness Report, der seit 1979 jährlich vom Schweizer Weltwirtschaftsforum erstellt wird. Bei den öffentlichen und privaten Bildungsausgaben in Prozent des BIP liegt Österreich gemäß OECD-Studie 2002 mit 6,3 Prozent deutlich über dem Durchschnitt der OECD-Mitgliedsstaaten (5,5 Prozent). Insgesamt absolvieren über drei Viertel der Österreicher eine Allgemein Bildende, Technische oder Berufsbildende Höhere Schule. Auch der PISA-Studie zufolge schloss Österreich in allen Bereichen über dem OECD-Durchschnitt und als bestes Land im deutschsprachigen Raum ab.

Reformen und Liberalisierung
In den vergangenen Jahren wurden zahlreiche Reformen und Liberalisierungsschritte eingeleitet bzw. vollzogen. So wurden

- die Arbeitszeiten flexibilisiert,
- die Ladenschlusszeiten liberalisiert,
- ein umfassendes Privatisierungsprogramm gestartet,
- die Genehmigungsverfahren für Betriebsgründungen massiv verkürzt: 80 % aller Verfahren werden innerhalb von drei Monaten erledigt.

Kompetente Betreuung bei der Betriebsansiedlung
Die ABA ist die erste Adresse für internationale Investoren in Österreich. 25 qualifizierte Mitarbeiter bieten einen maßgeschneiderten Service, der präzise und rasch auf die individuellen Bedürfnisse der gründungswilligen Firmen abgestellt ist.

Was dürfen Unternehmer im Detail erwarten?

- Die Austrian Business Agency liefert allgemeine und spezifische Informationen zum Wirtschaftsstandort Österreich, über Branchen, Technologien und Märkte sowie zu politischen und wirtschaftlichen Rahmenbedingungen.
- Bei der Standortwahl berät die ABA außerdem bei arbeits- und steuerrechtlichen Fragen, Förderungen, Immobilienpreisen und vielen anderen Anliegen.
- Hilfestellend greift die ABA auch bei der Abwicklung von Formalitäten wie Förderansuchen oder Betriebsanlagengenehmigungen ein. Die Mitarbeiter der Austrian Business Agency unterstützen in Kooperation mit den jeweiligen Betriebsansiedlungsgesellschaften auf Regionalebene.
- Auch nach Projektrealisierung steht die ABA für Erweiterungsinvestitionen als Servicestelle zur Verfügung.
- Das internationale Netzwerk durch Kooperation mit eigenen Büros in New York und Tokio sowie den Außenhandelsstellen der Wirtschaftskammer Österreich steht den Investoren ebenfalls zur Verfügung.

Seit November 2002 steht zusätzlich eine europaweit einmalige Standortdatenbank bereit. Ein Geografisches Informationssystem (GIS) ermöglicht es, relevante Informationen mit einem Klick aus dem Internet abzurufen. Das GIS enthält sowohl geografische als auch wirtschaftliche Eckdaten. Der Unternehmer kann einen eigenen Kriterienkatalog erstellen – wie etwa „Ausbildung" oder „Kaufkraft der Bevölkerung" beziehungsweise „Arbeitslosigkeit" – und erhält dann Vorschläge, welche österreichische Region sich für seine Firma eignen würde. In den einzelnen Regionen können dann konkrete Immobilienangebote abgerufen werden.

Im Laufe des Jahres 2001 haben 120 Unternehmen mit Hilfe der ABA eine Niederlassung in Österreich gegründet und insgesamt 590,95 Millionen Euro investiert sowie 5.100 neue Arbeitsplätze geschaffen. Insgesamt wurden mit Unterstützung der ABA seit ihrer Gründung 1982 Investitionen in Höhe von knapp 2.500 Millionen Euro nach Österreich gebracht sowie rund 26.600 Arbeitsplätze geschaffen. Derzeit betreut die ABA 312 Unternehmen, die sich für den Wirtschaftsstandort Österreich näher interessieren.

Erfolg durch Kompetenz

Beratung in- und ausländischer Unternehmen auf höchstem Niveau

„Für große Mandate mit komplexen juristischen Problemen maßgeschneiderte Lösungen finden", so lautet die Philosophie von Binder Grösswang Rechtsanwälte, einer der erfolgreichsten national und international tätigen Wirtschaftskanzleien Österreichs. Neben dem Wiener Büro bietet die Niederlassung in Innsbruck für Westösterreich diese Form der professionellen Rechtsberatung.

„Heutzutage besteht der Anspruch, dem Wirtschaftsklienten in allen Bereichen, die er benötigt, ein Gesamtkonzept zu bieten", fasst Dr. Michael Binder, ein Seniorpartner von Binder Grösswang Rechtsanwälte, die Ansprüche an eine Wirtschaftskanzlei des 21. Jahrhunderts zusammen.

Zu diesem Gesamtkonzept zählen unter anderem der schnelle, kreative und flexible Umgang mit komplexen Aufgaben aus den verschiedensten wirtschaftsrechtlichen Bereichen. Genau hier sieht Dr. Michael Binder, für den „Neues ein Muss" ist, den stetig wachsenden Erfolg von Binder Grösswang Rechtsanwälte. „Wenn man statisch ist und nicht neue Herausforderungen annimmt, dann erreicht man nie die höchste Stufe." Mit Experten in allen Gebieten des Wirtschafts- und Unternehmensrechts, Bank- und Kapitalmarktrechts sowie strukturierter Finanzierungen berät die Kanzlei österreichische und multinationale Unternehmen aus allen Bereichen der Wirtschaft. Viele davon zählen zu den Top 500, und häufig stehen dabei komplexe, grenzüberschreitende Transaktionen im Zentrum der Rechtsanwaltstätigkeit.

Der Rechtsanwalt als Dienstleister und Problemlöser

Die Tätigkeit von Wirtschaftskanzleien vollzieht sich immer stärker im Umfeld von Wirtschaft und Politik. Das geht auch aus der Studie „Die Einstellung zur Amerikanisierung aus der Sicht von Unternehmen" hervor, die Binder Grösswang Rechtsanwälte aus Anlass ihres vierzigjährigen Bestehens bei Karmasin Motivforschung in Auftrag gegeben hatte. Wirtschaftskanzleien setzen nicht bloß Entscheidungen ihrer Klienten rechtlich um. Sie sind heute in viel stärkerem Maße in wirtschaftliche Entscheidungsprozesse eingebunden. Bei bedeutenden österreichischen Aktivitäten werden sie den angloamerikanischen Kollegen vorgezogen. Es wird ihnen eine bessere Kenntnis der österreichischen Rechtslage und der lokalen Verhältnisse, gute Betreuung und Erfahrung attestiert.

„Vor zwanzig Jahren war den österreichischen Wirtschaftskanzleien der Begriff Due Diligence, wie er in den USA und dem angelsächsischen Raum bereits zu damaliger Zeit gang und gäbe war, unbekannt", bringt Dr. Michael Kutschera, ebenfalls Seniorpartner, ein Bei-

spiel für die Entwicklungen der letzten Jahre. Heute ist die rechtliche und wirtschaftliche Überprüfung von Unternehmen, die Gegenstand einer Transaktion sind, auch für österreichische Wirtschaftskanzleien Routine. Datenräume mit Informationen über die Zielgesellschaft werden eingerichtet, und die involvierten Wirtschaftskanzleien überprüfen die aufliegenden Informationen auf Herz und Nieren.

Dr. Michael Kutschera, der im Herbst 2002 zum Chairman des Banking Law Commitee der International Bar Association gewählt wurde, sieht diese Entwicklungen sehr positiv: „Es ist gelungen, die Professionalität der angloamerikanischen Vorbilder zu erreichen, ohne Identität zu verlieren."

Bedeutende M&A-Transaktionen
Bei Binder Grösswang Rechtsanwälte steht das transaktionsbezogene Geschäft – wie die Betreuung von Konzernen und Unternehmen bei ihren oft internationalen Aktivitäten – an erster Stelle. Dazu zählen insbesondere Unternehmenskäufe, Restrukturierungen und Privatisierungen.

Die Experten führen die rechtliche Due Diligence durch, bringen ihre Erfahrungen zur optimalen Strukturierung von Transaktionen ein, erstellen die erforderlichen Verträge und Dokumente und unterstützen die Mandanten bei den Vertragsverhandlungen. Die profunden Kenntnisse des Übernahmerechts wurden bereits bei zahlreichen Transaktionen erfolgreich eingebracht: BGR war bei den meisten großen Merger-&-Acquisition-Projekten im Bankenbereich der letzten sechs Jahre federführend beteiligt.

Die Expertenteams fungierten in den vergangenen Jahren als Berater der HypoVereinsbank beim Erwerb der Bank Austria, bei der Privatisierung des Bundesanteils an der Bank Austria, beim Verkauf der Creditanstalt-Bankverein, beim Börsengang der Telekom Austria sowie bei der Privatisierung des Dorotheums. In der Telekombranche wurden schiedsgerichtliche Entscheidungen mit einem Gesamtstreitwert von 1,5 Milliarden Euro für die Klienten entschieden.

Im Jahr 2002 zählten der Erwerb von 49 Prozent der Energiewerke der Grazer Stadtwerke durch die Stadt Graz oder der Verkauf von Aktien der Telecom Italia an der Telekom Austria zu den großen Transaktionen in den Bereichen M&A sowie Finanz- und Kapitalmarkt. Im Bereich Cross-Border-Leasing ist die Kanzlei mit ihren internationalen Transaktionen führend.

Karriere bei Binder Grösswang Rechtsanwälte
Die Kanzlei ist seit ihrer Gründung im Jahr 1962 stark international ausgerichtet und nimmt an einem angloamerikanischen Standard Maß, dem für Wirtschaftskanzleien während der letzten zwanzig bis 25 Jahre Vorbildcharakter zukam.

Hochspezifisches Fachwissen, gepaart mit lösungsorientiertem Arbeiten und dem Blick für das Wesentliche, wird den Nachwuchsjuristen vermittelt, denen eine Karriere bis zur Partnerschaft offen steht. Da die Kanzlei in verschiedensten, sich neu entwickelnden Rechtsbereichen aktiv ist, können Mitarbeiter interessante und zukunftsträchtige Materien kennen lernen. Fremdsprachen sind wichtig, wobei Englisch dominiert. Internationale Erfahrung durch einschlägige Tätigkeit oder postgraduale Ausbildung im Ausland ist erwünscht.

„Wenn man statisch ist und nicht neue Herausforderungen annimmt, dann erreicht man nie die höchste Stufe."

„Es ist gelungen, die Professionalität der angloamerikanischen Vorbilder zu erreichen, ohne Identität zu verlieren."

Kaufen Sie nichts ohne Ihren Anwalt!

Dr. Robert Nicolas Bachner,
LL.M. (NYU)
Junior Partner bei
Schönherr Rechtsanwälte

Der Kauf einer anderen Gesellschaft oder wichtiger Betriebsteile ist eines der zentralen Instrumente bei der Expansion eines Unternehmens. Durch kaum einen anderen Schritt kann ein Unternehmen schneller seine strategischen Ziele verwirklichen (oder – wenn es falsch gemacht wird – auch verfehlen) als durch eine solche Akquisition.

M&A als Chefsache

Aus diesen Gründen wird M-&-A-Projekten auch regelmäßig besondere Bedeutung beigemessen und in größeren Unternehmen meist von eigenen Akquisitionsabteilungen betreut. Für den Berater bedeutet dies, dass man bei einem M-&-A-Projekt grundsätzlich in direktem Kontakt mit Stabstellen und der Führungsebene des Klienten steht. Im Gegensatz zu den einfachen Darstellungen auf einem Flipchart ist die Umsetzung von Akquisitionen aber regelmäßig mit erheblichen Detailfragen und vermeintlichen Hindernissen verbunden. Diese möglichst lückenlos zu identifizieren und in weiterer Folge ihre Bedeutung für die anstehende Transaktion zu bewerten, ist Aufgabe der Due Diligence. Dabei stehen wirtschaftliche und rechtliche Berater regelmäßig vor den gleichen Hürden: knapper Zeitrahmen, Einsicht in nur unzureichende oder aus dem Zusammenhang gerissene Unterlagen und keine oder nur verzögerte Antworten auf wichtige Fragen (ganz zu schweigen vom schlechten Kaffee und den regelmäßig fehlenden Steckdosen für Notebooks in den Datenräumen). Nach der Due Diligence Review gilt es, die wichtigsten Problemfelder für den Klienten herauszuarbeiten.

Diese können von bislang nicht offen gelegten Rechten Dritter an wesentlichen Vermögenswerten, Zustimmungserfordernissen Dritter über regulatorische Minenfelder (wie die Übertragbarkeit von Konzessionen und Bewilligungen) bis zu drohenden Haftungen für Verletzungen von Verträgen oder gesetzlichen Vorschriften reichen. Nur selten ist ein Käufer begeistert, wenn er nach dem Kauf etwa eines Stahlhandelsunternehmens herausfindet, dass er zu seinem Betriebsgelände nur mit einer Schubkarre zufahren darf, weil die einzige Straße über ein Privatgrundstück der Verkäufer führt und dieser Umstand (und damit das notwendige Wegerecht für Lkw und ähnliche Fahrzeuge) übersehen wurde.

Eindeutige Entscheidungsgrundlagen für den Klienten

So wichtig es einerseits auch ist, all diese Probleme in all ihrer Vielfalt und Tiefe genau zu analysieren, um spätere böse Überraschungen zu vermeiden, so wichtig ist es andererseits, die Fülle dieser Informationen dem Klienten in einer kurzen und präzisen Darstellung zu präsentieren. Die wichtigste Aufgabe der Beraters ist es in solchen Fällen, dem Klienten eine präzise und verständliche Entscheidungsgrundlage zu geben, die die zentralen transaktionsrelevanten Probleme auch für Nichtjuristen in verständlicher Form darstellt. Hat der Klient dann eine solche Darstellung, die ihm idealerweise nicht nur die gefundenen Probleme, sondern auch deren mögliche rechtliche und finanzielle Konsequenzen deutlich macht, kann er auf deren Basis die Kaufentscheidung treffen und verfügt über das notwendige Werkzeug für etwaige weitere Verhandlungen sowohl (und insbesondere) über den Kaufpreis als auch die detaillierte Vertragsgestaltung.

Die Stunde der Berater

Treten die Vertragsparteien danach in die Verhandlungen über den Kaufvertrag ein, schlägt die wichtigste Stunde der rechtlichen Berater, nämlich die lückenlose Umsetzung der im Rahmen der Due Diligence gewonnenen Erkenntnisse sowie der wirtschaftlichen Vereinbarungen zwischen den Parteien. Klingt einfach, ist es aber nicht. Denn was nützt dem Klienten die schärfste Gewährleistung, wenn der Verkäufer danach in Konkurs oder über alle Berge geht. Auch bei der Struktur ist es daher wichtig, den jeweils richtigen Mix zwischen Kaufpreisanpassungsmechanismen und Sicherheitsleistungen zu finden, der dem Klienten die größte Sicherheit bietet und zugleich dem Verkäufer nicht jegliche Motivation zum Verkauf nimmt. Wie in allen Phasen einer Transaktion gilt auch hier die bei Beratern beliebte Anweisung: „Bitte keine Probleme, nur Lösungen." So abgedroschen es auch klingt, aber dafür sind Berater eben da.

An alle Firmeninhaber, Geschäftsführer und Direktoren, die in letzter Zeit etwas zu viel gearbeitet haben:

Ihre besten MitarbeiterInnen finden Sie schnell und günstig mit einer Stellenanzeige auf derStandard.at/Karriere.
Für Rückfragen stehen wir Ihnen gerne unter (01) 531 70 DW 442 oder inserate@derStandard.at zur Verfügung.

derStandard.at/Karriere

Mergers und Acquisitions: das Kaufen und Verkaufen von Unternehmen – kurz M&A

Mag. Richard Belcredi
Geschäftsführer
Belcredi & Partner

Im Zyklus eines Unternehmens kommt es immer wieder vor, dass eine Entscheidung, das eigene Unternehmen zu verkaufen oder ein anderes Unternehmen zu kaufen, ansteht. In der Regel wird der Entschluss, ein Unternehmen zu verkaufen, dann getroffen werden, wenn die Eigentümer ihre Erwartungshaltung über die Zukunft geändert haben. Die Käufer werden Akquisitionen durchführen, wenn sie zur Umsetzung ihrer Strategien dienen (1+1=3).

Was versteht man heute unter M&A?
Unter M&A-Transaktionen versteht man heute im engeren Sinn das Kaufen und Verkaufen von Unternehmen, Restrukturierungen, Management-Buy-outs und Management-Buy-ins. Sehr wohl werden auch Kooperationen, Joint Ventures, Sanierungen und Going public, Going private etc. hierunter verstanden.

Den Markt für M&A gibt es, seit es Unternehmen gibt. Die Etabliertheit dieses Geschäfts hat in den letzten Jahrzehnten eine bis dato noch nicht gekannte Entwicklung genommen.

Die angelsächsischen Länder haben schon mehrere M&A-Wellen hinter sich gebracht (USA: 7, UK: 4), in den deutschsprachigen Ländern gab es erst eine, in der Periode von 1990 bis 2000. Jede Welle hat ihre entsprechenden Auslöser gehabt, die letzte hatte ihren Höhepunkt im Jahr 2000. Insgesamt betrug der Gesamtwert der weltweit angekündigten Transaktionen in diesem Jahr 3,5 Milliarden Dollar, wobei Nordamerika 50, Europa 34 und der Rest der Welt 16 Prozemt des Marktes darstellten. Im Vergleich dazu: Im Jahr 1995 hatte Europa nur einen Anteil von rund 28, im Jahr 2002 bereits einen Anteil von rund 40 Prozent am gesamten M&A-Markt.

In Österreich finden pro Jahr drei- bis vierhundert Transaktionen statt, wovon nur rund zwanzig Prozent von M&A-Beratern begleitet werden. Aus diesen Kennzahlen ist ablesbar, dass die europäische M&A-Branche langfristig ein gutes Wachstumspotenzial hat, auch wenn derzeit eine „Sauregurkenzeit" herrscht.

Die Gründe für M&A-Transaktionen
Es ist unmöglich, die Beweggründe für M&A-Transaktionen umfassend anzuführen, speziell, wenn man die psychologischen mit berücksichtigt. Das Kaufen von Unternehmen oder Unternehmensteilen erfolgt in der Regel, weil man eine Politik des Wachstums damit verfolgt. Dieser generelle Begriff kann noch weiter verfeinert werden, wie – positiv gesprochen – der Erwerb von Marktanteilen, die Erschließung neuer Märkte und Technologien, Bildung von Synergien auf der gesamten Wertschöpfungskette eines Unternehmens. Auch können so genannte „weiche" Faktoren wie Personal, Management, Steuern, Erhöhung des Shareholder-Value etc. mit ein Beweggrund sein. Aus negativer Sicht kann es die Verteidigung der eigenen Stellung bis zur Übernahme eines sich in einem Hostile Takeover befindlichen Unternehmens sein.

Das Verkaufen von Unternehmen dagegen ist einfacher. Unternehmen kommen zu dem Schluss, sich auf ihre „Kernkompetenz" zu konzentrieren; Privatisierungen und – speziell im Mittelstand – die fehlende Nachfolge bei Privatunternehmen oder auch die Notwendigkeit, dem Unternehmen frisches Kapital zuzuführen, sind Auslöser für den Verkauf. Auch können externe Einflüsse wie gemeinsamer Markt, Ostöffnung, Entwicklungen in der jeweiligen Branche, politische Entscheidungen, der Kapitalmarkt etc. Auslöser für M&A-Transaktionen sein.

Die M&A-Transaktion „Kauf"
Grundsätzlich ist die Übernahme eines Unternehmens eine Investition und muss daher mit der entsprechenden Sorgfalt durchgeführt werden. Diverse Studien haben belegt, dass bei mehr als der Hälfte der Akquisitionen von Unternehmen nicht der Wertzuwachs erbracht worden ist. Die Gründe für dieses schlechte Ergebnis sind oftmals eine mangelhafte Durchführung der Akquisition, viel öfter jedoch scheitern die Käufer an der Integration des gekauften Unternehmens. Die Integration eines Unternehmens beginnt aber bereits, nachdem man den Startschuss für eine Transaktion gegeben hat.

Die Akquisition stellt sicher die Investitionsentscheidung mit dem höchsten Komplexitätsgrad dar und verlangt daher eine Vielzahl von Spezialisten. Schon bei Akquisitionen von mittelständischen Unternehmen findet man Teams von bis zu zehn Personen, bestehend aus den eigenen Mitarbeitern, externen M&A-Beratern, Wirtschaftsprüfern, Rechtsanwälten, gegebenenfalls noch Umwelt-, EDV-, Strategieberatern etc. vor.

Daher ist es aus der Sicht des Käufers von entscheidender Bedeutung, dass der Kauf projektmäßig aufgesetzt und geführt wird. Die Erfahrung hat gezeigt, dass man „bei gutem Wind" mindestens sechs Monate bis zum Abschluss benötigt (**siehe Abb. 1**).

Der Prozess bis zur Unterschrift des Kaufvertrages ist aus der Sicht des M&A-Professionals ebenfalls ein strukturierter. Ausgehend von der sorgfältigen und objektiven Analyse des eigenen Unternehmens und seines Umfeldes, wird eine Akquisitionsstrategie formuliert. Dies stellt einen integralen Bestandteil der Gesamtstrategie dar. Ebenfalls sollten in dieser Phase die Themen Integration, Management und Finanzierung mit berücksichtigt werden.

Sollte noch kein entsprechendes Target identifiziert worden sein, wird nun eine Analyse des Umfeldes durchgeführt, mit dem Ziel, geeignete Kandidaten zu entdecken. Dabei bedient man sich der öffentlich zugänglichen Information.

Die Ansprache der ausgewählten Kandidaten kann zuerst anonym oder auch direkt erfolgen. Die Entscheidung dazu muss von Fall zu Fall überlegt werden. Der Prozess ist um vieles einfacher, wenn der Verkäufer bereits hier eine entsprechende Entscheidung über den Verkauf seines Unternehmens getroffen hat und einen M&A-Professional beigezogen hat (siehe Verkauf).

Nach der Erstansprache und der Etablierung einer entsprechenden „Atmosphäre" werden erste Dokumente und Informationen ausgetauscht, die dem potenziellen Käufer ermöglichen sollten, eine erste Einschätzung vorzunehmen. Hierbei werden die Erfolgsfaktoren dieser Akquisition stark im Vordergrund stehen. Diese Erfolgsfaktoren sind vielfältig, aber auf zwei Kernfragen zu reduzieren:

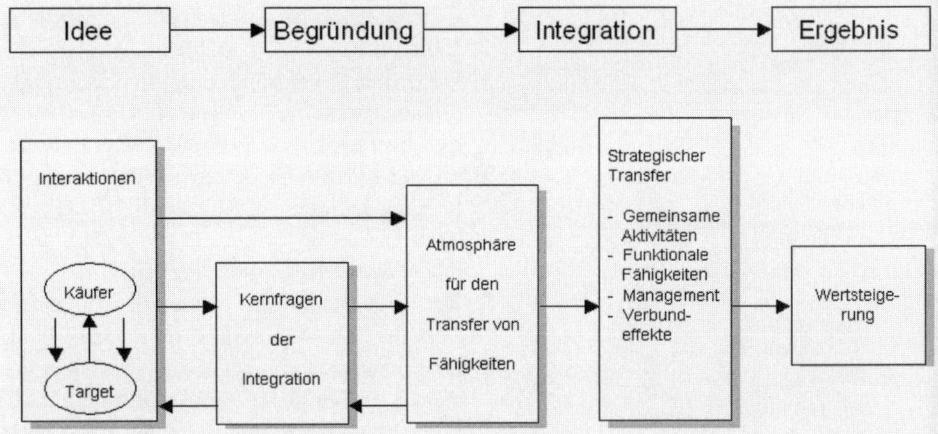

Abb. 1

- Was und wie passt das Target in unsere Strategie?
- Welchen Wert hat das Target für uns, welchen Preis können wir bezahlen?

Hinter der Beantwortung dieser Fragen steckt eine Vielzahl von Details, durch die permanente Diskussion der einzelnen Komponenten kommt man zu einer klaren Akquisitionsstrategie.

In der Folge verständigen sich Käufer und Verkäufer auf ein Übernahmemodell, auf den Preis, die damit zusammenhängenden Konditionen und sonstige Verpflichtungen.

Diese Vereinbarung wird in der Regel in Form einer Absichtserklärung – Letter of Intent – festgehalten. Die danach durchgeführte Due Diligence – die eingehende Prüfung des Kaufobjekts – stellt für alle Beteiligten die größte Herausforderung dar. Für den Verkäufer, weil sich fremde Personen über mehrere Wochen im Unternehmen aufhalten und sich im Unternehmen vermehrt Gerüchte verbreiten; für den Käufer, weil jetzt entsprechende Ressourcen eingesetzt werden. Die ebenfalls nun beginnenden Vertragsverhandlungen stellen vor allem eine psychische, aber auch eine physische Herausforderung für die Beteiligten dar. Alle stehen unter Zeit- und Erfolgsdruck, und die Gefahr des Abbruchs ist bis zum letzten Tag – dem Tag der Vertragsunterzeichnung – gegeben. Zwischen dem „signing" und dem „closing" (dem Tag, an dem die Transaktion effektiv wird – zum Beispiel: Genehmigung durch Kartellbehörde) können ebenfalls noch Wochen der Unsicherheit liegen (Honeywell-

Das Kaufen von Unternehmen oder Unternehmensteilen erfolgt in der Regel, weil man damit eine Politik des Wachstums verfolgt.

Für international tätige börsennotierte Unternehmen gehören Akquisitionen, aber auch der Verkauf von Sparten/Töchtern zum Tagesgeschäft.

General Electric). Die tatsächliche Arbeit beginnt am Tag der Unterschrift und stellt sicher die größte Herausforderung für jede Organisation dar. Bei der Integration von Unternehmen werden heute vermehrt Berater hinzugezogen, die bei der Umsetzung unterstützende Leistungen erbringen.

Die M&A-Transaktion „Verkauf"

Der Verkauf des Unternehmens läuft – aus der Sicht des M&A-Professionals – in vielen Punkten genau so ab wie der Kauf eines Unternehmens. Der Unterschied im Ablauf findet in der Vorbereitungsphase und in der Suchphase statt. Auch der Verkäufer eines Unternehmens hat im Rahmen der Strategiefindung über die Zukunft des eigenen Unternehmens hier die Entscheidungen zu treffen. Bei Konzernen ist es ein äquivalenter Prozess wie beim Kauf. Anders verhält es sich bei Familienunternehmen. Hier sind Fragen der Marktveränderungen, der Fortführung, die schlechte Ertragslage, Insolvenzgefahr und viele psychologische Gründe anzuführen. Grundsätzlich ist es das naheliegende Interesse des Verkäufers, einen zufrieden stellenden Kaufpreis zu bekommen. Und naturgemäß sind hier die Vorstellungen von Verkäufer und Käufer unterschiedlich.

Der Verkäufer muss daher in seinem Handeln auf Kaufpreismaximierung ausgelegt sein, alle vorbereitenden Handlungen haben dies zum obersten Ziel. Etwas unterschiedlich kann es bei Privatisierungen oder beim Nichtschließen von Unternehmen sein.

Der Prozess beginnt mit einer sorgfältigen und objektiven Analyse des eigenen Unternehmens unter genauer Beobachtung des Umfeldes, in dem das Unternehmen tätig ist. Neben den direkten Konkurrenten untersucht man hier auch horizontal (angrenzende Aktivitäten im Vergleich zu den eigenen) positionierte Unternehmen sowie vertikal (entlang der gesamten Wertschöpfungskette) positionierte Unternehmen. Darauf aufbauend wird die Verkaufsstrategie (Auktion, limitierte Auktion, mehrstufiges Verfahren, Preferred Buyer etc.) formuliert. Die wesentlichen Daten und Fakten über das Unternehmen werden in einem Informationsmemorandum zusammengestellt. Da sowohl Verkäufer als auch Käufer ein Interesse daran haben, dass keine Informationen und Gerüchte der Öffentlichkeit (oder auch im eigenen Unternehmen) zu früh bekannt werden, sind hier entsprechende Vertraulichkeitsverpflichtungen notwendig. Die nun ausgesuchten Unternehmen werden angesprochen und zur Abgabe eines unverbindlichen Angebots eingeladen. Dies dient dazu, die Spreu vom Weizen zu trennen. In der Folge wird/werden dann der/die präferierte/n Interessent/en zu Verhandlungen eingeladen. In der Regel werden die ausgesuchten Interessenten zum Besuch eines Datenraumes eingeladen. Hier werden sie mit weiteren Details und Informationen versorgt, damit ein konkretisiertes Angebot abgegeben werden kann. Nach der Auswahl des Bestbieters wird der Prozess wie oben beschrieben durchgeführt.

Konzerne haben heute speziell ausgebildete Mitarbeiter, die sich mit dieser Tätigkeit beschäftigen. Für international tätige börsennotierte Unternehmen gehören Akquisitionen, aber auch der Verkauf von Sparten/Töchtern zum Tagesgeschäft. Für den Mittelstand ist das Kaufen von Unternehmen oftmals eine einmalige Tätigkeit, die in der Folge ebenfalls zur Routine werden kann.

Der Verkauf eines Familienunternehmens stellt oft einen Bruch mit der Geschichte dar und hat ein hohes Maß an Emotionalität.

Unabhängig von der Größe und Marktstellung des Unternehmens stellt es hohe Anforderungen an die betroffenen Personen. Daher werden bei börsennotierten Unternehmen fast immer M&A-Professionals beigezogen, bei privaten Transaktionen im vermehrten Ausmaß.

Marketing & PR

Der „Human Touch" – über das Menschliche in der Berater-Kunden-Beziehung

Andrea Rosam
geschäftsf. Gesellschafter
kommunikation Public Relations
& Publications GmbH

„You never get a second chance to win a first impression" – dieser von Dale Carnegie geprägte Ausspruch ist gerade auch in der Consulting-Branche ein unwidersprochenes Postulat, wenn es darum geht, im Erstgespräch einen potenziellen Kunden davon zu überzeugen, der beste Berater für ihn zu sein.

Der persönliche Eindruck ist es, der bei der Wahl des Beraters ausschlaggebend ist – das untermauern auch die Ergebnisse der in diesem Yearbook veröffentlichten OGM-Analyse über die Anforderungen österreichischer Unternehmen an die Beratung. Der persönliche Eindruck (52 Prozent) fällt mehr ins Gewicht als die Kriterien Branchenkenntnisse (50 Prozent), Beratungskonzept (41 Prozent), Kosten (40 Prozent) und Referenzen (36 Prozent). Berater also, die meinen, sich beim ersten Kennenlernen eher in Szene setzen, eher ihre Bedeutung und Kompetenz als Berater herausstreichen zu müssen – und das vielleicht noch mit einer gewissen Überheblichkeit –, als auf ihr Gegenüber, den potenziellen Kunden, einzugehen, werden wenig Chancen haben. Es ist das Zwischenmenschliche, der Sympathiefaktor, der so genannte „Human Touch", der zählt und die Basis für eine zukünftige, erfolgreiche Zusammenarbeit bildet.

In seinem Buch „Customers Are People" schreibt John McKean, Executive Director des Center for Information Based Competition, dass siebzig Prozent unserer Kaufentscheidungen davon beeinflusst werden, wie wir uns als Mensch behandelt fühlen, wie gut bzw. wie schlecht das Zwischenmenschliche zwischen potenziellem Käufer und Verkäufer abläuft. Produkte können einander sehr oft ähneln, was dann aber nachhaltig im Gedächtnis haften bleibt, ist die menschliche Note eines Gesprächs oder einer Präsentation.

Dies alles gilt eins zu eins für den Consultingbereich. Gerade in einer Branche, in der man als Berater in einem Großteil der Fälle mit den tiefsten Firmeninterna konfrontiert wird, muss die Zusammenarbeit zwischen Berater und Kunden auf starkem gegenseitigen Vertrauen basieren. Dieses Vertrauen kann aber nur aufgebaut werden, wenn sich der Kunde als Mensch anerkannt fühlt, wenn er merkt, dass er und seine Bedürfnisse vom Berater respektiert werden. Dann hat er das Gefühl, bei seinem Berater in den besten Händen zu sein.

Die „Kunst des Zuhörens"

Ein wesentlicher Faktor für den Aufbau einer Vertrauensbasis ist auch die Kunst des Zuhörens. Doch wie viele beherrschen diese? Berater machen oft den Fehler, den Kunden mit einem Redeschwall zu „überrollen", und zwar in dem Irrglauben, dadurch Kompetenz zu signalisieren. Ein derartiges Verhalten jedoch ist ein „Schuss ins eigene Knie".

Einfühlsames Zuhören ist nicht nur wichtig, um sich soviel wie möglich an Wissen und Informationen über den Kunden und dessen Bedürfnisse anzueignen, einfühlsames Zuhören kommuniziert dem Gesprächspartner: „Ich respektiere und verstehe dich". Um den so wichtigen „Human Touch" in einem Beratungsgespräch zu generieren, spielen sowohl die verbale als auch die nonverbale Kommunikation eine wesentliche Rolle.

Der Wunsch nach dem „Human Touch" kristallisiert sich auch bei der Client Study 2002 der Wirtschaftskammer Österreich / Fachverband Werbung heraus. Befragt wurden 620 der wichtigsten Auftraggeber Österreichs. Und auf die Frage „Was wäre Ihnen bei Beratern wichtig?" lautete bei rund 84 Prozent der Befragten die Antwort: „Ein persönliches Vertrauensverhältnis zum Berater/zur Beraterin." Wenn der Kunde auch nur in geringster Weise das Gefühl hat, der Berater sitze ihm mental im Geldbörsel und versuche nur, so hohe Beratungshonorare wie möglich zu lukrieren, dann wird das Betreuungsverhältnis von nicht langer Dauer sein beziehungsweise erst gar nicht zustande kommen.

Maßgeschneidertes Outfit für das perfekte Image

Das Management ist sich anfangs zumeist sicher: – „Unser Unternehmen verfügt über das beste Produkt". Dies ist ein wichtiger Aspekt für den Unternehmenserfolg. Doch entscheidend ist, dass diese Botschaft auch die potenziellen Kunden erreicht. Dem ist leider oft nicht so.

Nicht selten haben in der Vergangenheit Unternehmen mit einzigartigem Angebot am Markt stagniert. Die Umsätze erzielten nicht die entsprechenden Erfolge – ohne Umsätze keine Profite. Das Management rätselt über das geringe Kundeninteresse für das „beste Produkt", verhängt als Folge zumeist sofortige Einsparungen bei Marketing und PR und begeht damit einen „Kardinalfehler".

Image– der Schlüssel zum Erfolg
Kunden ist es wichtig, dass das beratende Unternehmen eine hohe Reputation aufweist. Das Beratungsunternehmen soll bekannt und imageträchtig sein. 56 Prozent der österreichischen Entscheidungsträger geben im Rahmen einer OGM-Managerbefragung an, Berater engagiert zu haben, die ihnen entweder von Geschäftsfreunden empfohlen wurden oder am Markt über einen hohen Bekanntheitsgrad verfügen. Es zeigt sich ganz deutlich, dass Beratung sehr stark über persönliche Beziehungen bzw. das Image des Beratungsunternehmens verkauft wird. Bekanntheit und Image erlangt ein Beratungsunternehmen durch erstklassige Auftragserfüllung, kontinuierliches Marketing und PR.

Image – durch intelligentes Marketing und PR

1. Allgemeines Bewusstsein schaffen
   In heutiger Zeit gibt es kaum noch einen Markt, der nicht von mehreren Anbietern bedient wird. Es ist wichtig, sich in deutlicher Form von der Konkurrenz abzuheben und den U.S.P. (Unique Selling Point) an die potenziellen Kunden zu vermitteln. Das geschieht zumeist mit Hilfe von klassischen PR-Maßnahmen wie Studien, Pressekonferenzen, Presseaussendungen und Presseauftritten. Verstärkte Medienpräsenz gewährleistet die Erhöhung des Bekanntheitsgrades.
2. Zielgruppenspezifisches Bewusstsein schaffen
   Es wird zunehmend schwieriger, direkt mit den Entscheidungsträgern in persönlichen Kontakt zu treten. Klassische Verkaufsveranstaltungen mit tollem Buffet locken in heutiger Zeit nur wenige Entscheidungsträger an. Topmanager erhalten ständig Einladungen und entscheiden sich spontan für eine sie interessierende Veranstaltung. Durch das verbesserte Image erhöht das Unternehmen die Wahrscheinlichkeit, dass sich der potenzielle Kunde gerade für seine Veranstaltung entscheidet. Als Sprecher und Mitglied in diversen Klubs und Interessensvereinigungen schafft sich der Anbieter die Möglichkeit, zielgruppenspezifisch mit seinen potentiellen Kunden in Kontakt zu treten. Das Initiieren marketingunterstützter Plattformen kann ein Netzwerk aus potenziellen Kunden generieren – der Imagegewinn ist garantiert und führt zum Erfolg.

Marketing und PR sind wesentliche Eckpfeiler für den Unternehmenserfolg und garantieren den unaufhaltsamen Imagegewinn, der sich schlussendlich im Shareholder Value widerspiegelt.

CREATE CONNECTIONS

Create Connections
Networking & Lobbying GmbH
E-Mail: office@create-connections.com
Homepage: www.create-connections.com

4e - Der kreative Partner für Ihren Erfolg

Daniel Fuchs
4e Event Entertainment GmbH

Die 4e Event Entertainment GmbH ist eine international tätige Event-, Marketing- und Vermarktungsagentur.

Wir schaffen Ihnen Möglichkeiten und Rahmenbedingungen für die erfolgreiche Investition von Marketingbudgets. Als Partner in der Umsetzung sorgen wir dafür, dass sich Ihre Investition rentiert und Ihren Kunden das gewünschte Image Ihres Unternehmens übermittelt wird.

Wir bieten Ihnen unser Know-how für Werbe- und Sponsoring-Schaltungen im Profisport sowie für Groß- und VIP-Veranstaltungen mit rentablen, aber vor allem wirksamen Ergebnissen.

Unsere Kundensegmente umfassen Unternehmen von österreichischen und internationalen Profiklubs über gewachsene Mittelbetriebe bis hin zu Multinationalen Konzernen.

Der Kunde und seine Wünsche stehen bei uns im Mittelpunkt

Im Veranstaltungs- und Entertainmentbereich haben wir uns durch langjährige Erfahrung auf die Organisation und Durchführung von Exklusiv- und Großveranstaltungen, unterstützt durch „State of the Art"-Entertainment, sowie die dazu passenden und effizienten Marketinglösungen, spezialisiert.

Für unsere Kunden im VIP-Bereich bieten wir dank unserer internationalen Kontakte eine breite Auswahl an hochkarätigen Sport-, Kultur-, Lifestyle- und Business-Events mit maßgeschneidertem Rahmenprogramm an.

Wir entwickeln die für Sie passenden Lösungen

Von der konzeptionellen Entwicklung einer auf Ihre Bedürfnisse optimierten Strategie im Event- oder Sponsoringbereich bis hin zu deren tatsächlicher Umsetzung, samt notwendiger Planung und Steuerung, stehen wir Ihnen mit Rat und Tat zur Seite.

Kontakt:

4e Event Entertainment GmbH
Ferdinandstraße 2/1/39
A-1020 Wien
Tel.: +43/1/955 14 66
+43/1/955 14 67
Fax: +43/1/955 14 68
office@4-e.at
www.4-e.at

www.4-e.at

4e ist eine Full Service Agentur und stellt Ihnen folgende Leistungen zur Verfügung:

- Planung / Steuerung / Kontrolle des Event Management
- Event Consulting
- Event Marketingplanung (mit Spezialisierung auf Networking & Sales Events)
- Event Entertainment Management (für Exklusiv- & Großveranstaltungen)
- Event Entertainment Consulting
- Project Management & Controlling
- International Executive Events (Kunden- & Firmen-Incentives auf Topniveau)
- Entwicklung & Umsetzung von Sponsoringstrategien (in Wirtschaft, Kultur & Spitzensport)
- Werbeschaltungen im Profisportbereich (TV-Werbung, Video Walls und lokal)
- Sportmarketing für Profiklubs
- Outsourcing Services

Nachhaltige Partnerschaften zwischen Berater und Kunde

Ronny Hollenstein
und Matthias Strolz
Geschäftsführer ic2

„70 Prozent der Kundenbeziehung werden durch die Interaktion, nur 30 Prozent durch Produkt und Preis der Ware oder Dienstleistung bestimmt", weiß John McKean, einer der führenden Managementberater in den USA. Was sagt das uns – als Unternehmens- und Kommunikationsberater, die wir engagiert werden, Kommunikations- und Interaktionsmuster in Unternehmen zu etablieren?

Unsere Antwort: Wir müssen uns darauf konzentrieren, was in Partnerschaften wirklich wichtig ist! Keine Beziehung hält, wenn man sich nicht gegenseitig respektiert und vertraut. Und keine Beziehung wird als gut angesehen, wenn sie nicht auch in Krisen (Sonderwünsche, Beschwerden u. ä.) funktioniert. Jede Floskel („Guten Tag, mein Name ist Hase. Was kann ich für Sie tun?") wird als solche entlarvt, schafft es die Führungskraft und/oder der Mitarbeiter nicht, seine „Mit-teilung" mit situativer Glaubwürdigkeit zu füllen. Voraussetzung dafür ist ein solides Verständnis für die Situation und das Gegenüber. In unseren Trainings und Coachings werden Inhalte nicht gepredigt, sondern verständlich und nachvollziehbar gemacht. Erst wenn einem Mitarbeiter/einer Mitarbeiterin klar ist, warum eine bestimmte Verhaltensweise Sinn macht, wird er/sie sich daran halten.

„Wer neue Antworten will, muss andere Fragen stellen", betitelt VW seine neueste Imagebroschüre. Unternehmer sind gewohnt, Antworten zu geben. Wir von der ic2 consulting GmbH unterstützen Sie dabei, in den Bereichen der Personal-, Team- und Organisationsentwicklung die richtigen Fragen zu stellen und die passenden Antworten zu finden.

Wir „verkaufen" unsere Dienstleistungen nicht „von der Stange". Eine Personalentwicklung, die beispielsweise quer über alle Mitarbeiter/innen Rhetorik- und Motivationsseminare stülpt, wird wahrscheinlich nur noch dem allgemeinen Trend gerecht, „auch in diese Richtung was zu machen". Und OE-Interventionen, die dumpf nach standardisierten Schemata ablaufen, mögen mancherorts in der Branche nett verpackt serviert werden, aber den nachhaltigen Kundennutzen hatte man dabei nicht im Fokus. Unser Commitment: Unserere Dienstleistungen sind ausnahmslos maßgeschneidert!

Wir stellen bei Einzelcoachings und -trainings die individuelle Persönlichkeit und Ihr spezifisches Umfeld in den Blickpunkt. Analog dazu fokussieren wir bei Team- und Organisationssettings auf die jeweils einzigartige Situation und Befindlichkeit. Wir referieren keine Standardlösungen für individuelle Herausforderungen und keine Patentrezepte für spezifische Probleme!

Wir bieten ambitionierte Entwicklungspartnerschaften unter Berücksichtigung Ihres Umfeldes, Ihres Lernverhaltens und Ihres Wohlbefindens. Unsere Erfolgskriterien sind nachhaltiger Kundennutzen und Ergebnisorientierung. Diese Standards erreichen wir auch durch gut vorbereitete Follow-ups und detaillierte Dokumentationen.

Am Beginn einer Zusammenarbeit steht bei uns eine gemeinsame Bedarfs- und Zielanalyse. Nach dieser legen wir Ihnen ein speziell auf Sie ausgerichtetes Angebot. In unserer Arbeit bauen wir auf ein Netzwerk von bewährten Experten. Der Coach oder Trainer als Einzelunternehmer hat zwar den Markt erobert, der Kunde liefert sich dadurch aber allzu oft nur einer Person aus. In unserem Netzwerk bleiben Sie nicht allein, sondern haben jederzeit die Möglichkeit, mit einem Dritten über die Fortschritte zu sprechen und gegebenenfalls weitere Experten zu konsultieren.

Aus Freude an Verantwortung!

Ihr ic2-Team

Innovative Communication Center
ic2 consulting GmbH || Hollenstein & Strolz
1010 Wien, Museumstraße 4/8
Tel.: +43/1/585 38 96-12
Fax: +43/1/585 38 96-90
www.ic2.at || info@ic2.at

INFOSCREEN – die Vision

Doris Trummer
INFOSCREEN
your city channel

Die Menschheit ist beweglich wie nie zuvor. Junge, mobile Zielgruppen erfordern innovative, neue Werbeformen. Und Medien, die genauso flexibel sind wie ihr Publikum.

Bewegung steht bei INFOSCREEN im Mittelpunkt. Denn in einer Gesellschaft, in der Mobilität ständig an Bedeutung gewinnt, muss auch die Kommunikation neue Wege gehen. Und wo könnte man eine besonders mobile Zielgruppe besser erreichen als an den Orten, an denen sie sich bewegt? INFOSCREEN informiert und unterhält seine Zuseher mit Bildflächen im öffentlichen Raum in reizarmer Umgebung: in der U-Bahn-Station, in den U-Bahn-Zügen der Linie U3 und an stauanfälligen Verkehrsknotenpunkten. INFOSCREEN verkürzt nicht nur die Wartezeit seiner Zuseher, INFOSCREEN gestaltet und nützt sie.

Was kommuniziert INFOSCREEN?

Das INFOSCREEN-Erfolgsgeheimnis heißt Infotainment + Commercials, ein bunter Mix aus Information und Unterhaltung, kombiniert mit kommerzieller Werbung. Neuigkeiten, Wissenswertes und Tipps für verschiedene Interessensgruppen dürfen genauso wenig fehlen wie tagesaktuelle News und Wetterberichte. Aber auch die Unterhaltung kommt bei INFOSCREEN nicht zu kurz: Interaktive SMS-Votings, täglich neue Cartoons und witzige Kurzfilmchen zaubern den Zusehern ein Lächeln ins Gesicht. Kein Wunder, dass Werbung in diesem Umfeld höchste Gefälligkeitswerte erreicht. Das Redaktionsteam arbeitet rund um die Uhr und aktualisiert das Programm bei Bedarf alle fünf Minuten, um den wartenden Zusehern beste Unterhaltung und topaktuelle News zu bieten.

Wo kommuniziert INFOSCREEN? Media in motion

INFOSCREEN ist überall dort, wo unvermeidliche Wartezeiten entstehen. Denn Wartende sind immer dankbar für ein wenig Unterhaltung und natürlich besonders aufnahmebereit für Werbebotschaften.

station-INFOSCREEN

Der Klassiker! Wie Lebensadern durchzieht die U-Bahn die pulsierende Stadt und zieht täglich hunderttausende Menschen an. Egal ob zur Schule, zu Terminen oder während der Freizeit, an den 33 Bildwänden in den frequentiertesten U-Bahn-Stationen kommt keiner vorbei.

train-INFOSCREEN

Auch während der Fahrt herrscht Langeweile. Daher bietet INFOSCREEN seinem Wiener Publikum auch in den Zügen bewährtes INFOSCREEN-Infotainment auf Bildwänden in Fernsehergröße. Derzeit stehen den Werbetreibenden 48 Screens zur Verfügung, an einem weiteren Ausbau wird gearbeitet.

street-INFOSCREEN

Die verkehrsreichsten und stauanfälligsten Verkehrsknotenpunkte Wiens sind die Standorte der street-INFOSCREENs – der mobilen LED-Bildflächen, die Autofahrer im Stau informie-

ren. Durch ihre ausgefeilte Technik bieten die street-INFOSCREENs ihren Zusehern annähernd Fernsehqualität. So macht INFOSCREEN die Baustelle zur Schaustelle. Parallel zu der auf dem Screen gezeigten Kampagne bietet INFOSCREEN auch Samplingaktionen am „Point of Advertising" an, die durch die direkte Transformation des visuell Aufgenommenen ins aktiv Erlebte optimale Synergieeffekte erzeugen.

Mit wem kommuniziert INFOSCREEN? Wir haben die Zuschauer – quantitative Effizienz von INFOSCREEN

Nur ein Medium, das so urban, jung und beweglich ist wie die Zielgruppe selbst, kann sie auch effizient erreichen. Und die Zahlen sprechen für sich (bzw. für INFOSCREEN).

Die Basic Facts von „INFOSCREEN your city channel" (Quelle: MA 2001):

- Gesamtreichweite: 1.008.000 Personen pro Woche
- 3 Mio. Kontaktchancen
- 54 Prozent Wochenreichweite in Wien/ 15 Prozent Reichweite in Österreich
  Weiter reichend können Sie Ihre Werbung nicht platzieren. Unglaubliche 54 Prozent Wochenreichweite allein in Wien – und sogar coole 73 Prozent in der jungen Zielgruppe der 14- bis 24-Jährigen machen INFOSCREEN mit einer Affinität von 117 in der Zielgruppe der Kauffreudigen als Werbemedium geradezu ideal. Besonders beliebt ist das informative Programm in den oberen Bildungsschichten. Die INFOSCREEN-Reichweite von 65,5 Prozent bei Akademikern und 61,9 Prozent bei Maturanten in Wien transportiert ihre Werbebotschaft direkt zu den Entscheidern von morgen. Optimale Wirkung für Ihre Werbung, und das zu konkurrenzlos niedrigen Preisen.
- Konkurrenzloser TKP von nur 2,50 Euro (auf Basis eines Zehn-Sekunden-Spots mit einer Kampagnendauer von sieben Tagen und hundert Wiederholungen pro Tag; Quelle: MA 2001). Der TKP (Preis, um tausend Personen zu erreichen) spiegelt die Input-Output-Relation beziehungsweise die Effizienz eines Mediums wider. Und dabei ist INFOSCREEN die Nummer eins.

Wie kommuniziert INFOSCREEN?

INFOSCREEN ist nicht nur in absoluten Zahlen das werbeeffizienteste Medium, sondern auch in qualitativer Hinsicht. Die aktuelle Sujetstudie von „Focus" bestätigt, dass INFOSCREEN im Vergleich mit anderen Medien am gefälligsten erlebt wird. Der Konsument empfindet INFOSCREEN nicht nur sympathischer, informativer und verständlicher als TV, sondern auch als die anderen Werbemedien wie Hörfunk, Print oder Prospekt (vgl. „Focus"-Ausgabe August 2002).

INFOSCREEN-Tipp

Die Werbewirkungsforschung besagt, dass die Werbeerinnerung der Konsumenten durch eine langfristige Kampagne kontinuierlich zunimmt und die Inhalte dadurch im Vergleich zu einer intensiven Kampagne deutlich stärker und länger erinnert werden. Deshalb empfiehlt INFOSCREEN langfristige Maßnahmen, um über eine Million INFOSCREEN-Zuseher nachhaltig für ihre Produkte und Themen zu sensibilisieren.

INFOSCRREN your city channel – Wir haben die Zuschauer.

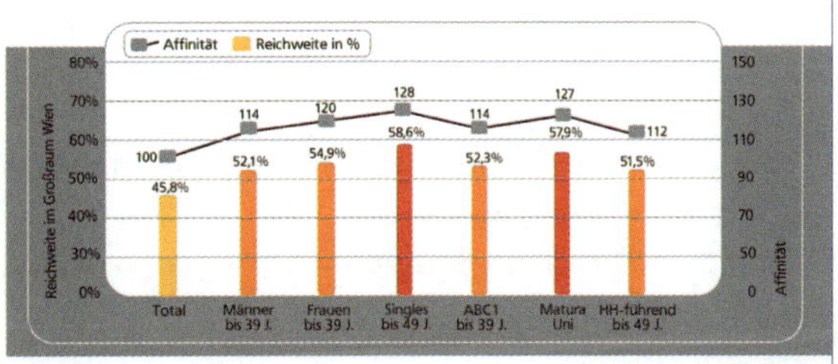

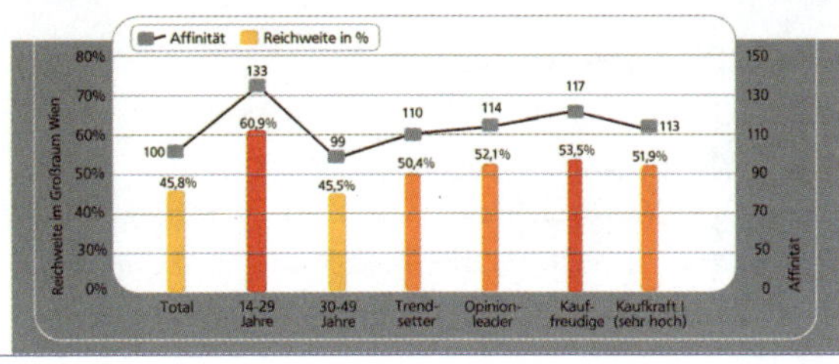

INFOSCRREN your city channel – Wir haben die Zuschauer

Rechtsanwälte als Designer von Marken?

Prof. Dr. Guido Kucsko
Schönherr Rechtsanwälte

Er ist kaum fünf Jahre alt. Zielsicher visiert er bei Stadtausflügen das feine Restaurant mit dem großen gelben M an. Noch bevor er in die Schule kommt, weiß er, dass er mit Adidas-Schuhen ein Superkicker sein wird, erfolgreiche Kämpfe auf der X-Box ihm Ruhm unter seinesgleichen bringen und Haribo nicht nur ihn, sondern auch Erwachsene froh machen würde. Unbestechlich in seinem Konsumverhalten, orientiert er sich an Bildern, Farben, Formen und Namen.

Geschützte Verführer

In der Fülle nahezu identer miteinander konkurrierender Produkte ist die Marke das eindeutige Erkennungszeichen, das unterscheidbar macht. Wie würden Sie ein T-Shirt von einem anderen unterscheiden, wenn es nicht das ganz spezielle kleine Erkennungszeichen des bekannten Mode-artikelherstellers tragen würde? Die Marke ist aber noch mehr. Sie dient als Signal an den Verbraucher. Sie (ver-)führt ihn zur Ware oder Leistung. Aufgeladen mit einem ganz bestimmten Markenimage, verleiht sie der Ware oder Dienstleistung einen Mehrwert. Sie vermittelt als Icon wichtige Informationen über das Produkt und dessen Image (Jugendlichkeit, Sicherheit, besondere Qualität, internationales Flair, Bodenständigkeit, Tradition oder Zukunftsorientierung).

Ein bekanntes Kennzeichen hat nicht nur ideellen, sondern auch großen materiellen Wert. Es bedarf daher der Absicherung gegen Markenpiraten, die Produktfälschungen auf den Markt bringen. Es bedarf aber auch des Schutzes vor Rufausbeutung und Schädigung des Markenimages, etwa durch Übertragung der bekannten Marke auf ein branchenfremdes Produkt. Die Durchsetzung von Markenrechten vor Gericht ist eine Tätigkeit, die zwanglos in den Aufgabenbereich der Rechtsanwälte fällt. Wie aber verhält es sich mit der Phase der Markenkreation – ein Jurist als Berater beim Markendesign?

Risikoreiche Register

Tatsächlich erfordern Markenkreation und -design eine enge Teamarbeit zwischen kreativen Werbefachleuten und Juristen. Es gilt einerseits, nach Marketinggesichtspunkten einen aussage- und zugkräftigen Markennamen bzw. ein Logo zu schaffen, andererseits aber im Vorfeld zu klären, welche rechtlichen Kollisionen drohen könnten. Dazu werden bei den nationalen und internationalen Patentämtern Recherchen nach gleichartigen älteren Marken durchgeführt. Diese Rechercheergebnisse sind dann entsprechend zu würdigen. Weitere Nachforschungen in Firmenbüchern, Webrecherchen, Recherchen in Telefonverzeichnissen etc. können dies ergänzen, um festzustellen, ob der Markenname allenfalls bereits als Firmenschlagwort, Produktbezeichnung, Domain-Name etc. für jemanden anderen geschützt ist.

Ein Restrisiko wird immer bleiben. In Österreich, wie in vielen anderen Ländern, sind nämlich auch nicht registrierte Zeichen, wenn sie Verkehrsgeltung erlangt haben, geschützt. Derartige Zeichen kennt am ehesten der Auftragsgeber aufgrund seiner Marktkenntnisse selbst, aus Registern sind sie nicht zu ersehen. Dazu kommt, dass die Register zumeist nicht völlig aktuell sind.

Strategien des Schutzes

Die zweite zentrale Frage ist, ob die aus vielen Ideen selektierten Vorschläge überhaupt registerfähig sind. Hier ist zu prüfen, ob absolute oder relative Registrierungshindernisse bestehen, insbesondere ob das Zeichen lediglich eine beschreibende Angabe ist („Tele Aid“ für Pannenhilfe), ob es zur Irreführung geeignet ist („Seidentraum“ für Kunstfaserprodukte), ob ihm Freizeichencharakter zukommt und Ähnliches mehr. Letztlich sind Detailfragen wie etwa die genaue Formulierung des Waren- und Dienstleistungsverzeichnisses, die Frage, ob und unter welchen Voraussetzungen eine Farbregistrierung, eine dreidimensionale Marke oder eine Wort-Bild-Kombination ratsam ist, zu klären. Es ist strategisch abzuwägen, ob ein nationaler, internationaler oder gemeinschaftsweiter Markenschutz erforderlich und in Relation zu den damit verbundenen Kosten sinnvoll ist. Es sind die Nahtbereiche zwischen den Schutzrechten abzuklären.

So kann etwa eine Bildmarke auch urheberrechtlich geschützt sein, eine dreidimensionale Marke käme vielleicht auch für den Musterschutz in Betracht, oder die Verwendung eines Namens könnte in den zivilrechtlichen Namensschutz eingreifen.

Für mich ist dieser Dialog, der kreative juristische Prozess, in dem jene Vorschläge gekeltert werden, die letztlich als registerfähig in die engste Wahl kommen, jedes Mal aufs Neue faszinierend.

2001 wurden beim Patentamt 8.771 nationale Markenanmeldungen (davon 7.544 von Anmeldern mit Sitz in Österreich) und 1.041 Anträge auf internationale Registrierung eingebracht.

Zum Stichtag 31. 12. 2001 gab es in Österreich 101.075 geschützte (registrierte) nationale Marken und weitere 244.393 internationale Marken mit Schutzbereich Österreich.

Schönherr betreut für seine Mandanten mehr als 20.000 Marken in 190 Ländern.

Networking auf allen Ebenen AICC – Networking auf höchstem Niveau

Ronny Ungar-Klein
Mag. Jakob Pietsch
Österreichisch Israelische
Handelskammer – AICC

Mangel an Vitamin B manifestiert sich beim Menschen durch folgende Symptome: Schwäche, Erschöpfungserscheinungen und Depressionen. So wie beim einzelnen Menschen ein Manko zu elementaren Mangelerscheinungen führt, können auch bei Unternehmen ähnliche „Erkrankungen" auftreten, deren Ursachen in Defiziten wurzeln. Das B steht hier allerdings nicht für die Bezeichnung eines Vitamins, sondern für Beziehungen. In der Wirtschaft ist davon vieles abhängig. Denn der Zugang zu den richtigen Kontakten öffnet oftmals Türen zu potenziellen Kunden, Kooperationen, Partnerschaften, neuen Geschäftsfeldern oder -ideen und Investoren.

Netzwerke sind oftmals mehr als nur die Summe der Kontakte. Sie bilden die unumgängliche Basis für einen effizienten Informationsaustausch und einer wirksamen Kommunikation. Sie schaffen die Möglichkeit, gemeinsam das wirtschaftliche und gesellschaftliche Lobbying in seiner Effizienz zu steigern.

Die AICC. Mehrschichtiges Networking.
Die Österreichisch Israelische Handelkammer setzt seit ihrem Bestehen voll auf Networking und Lobbying mit der Absicht die Volkswirtschaften beider Länder einander näher zu bringen. In der Funktion als bilaterale Handelskammer finden diese Aktivitäten grundsätzlich auf zwei unterschiedlichen Ebenen statt, die zueinander in Verbindung stehen und dadurch eine einzigartige Symbiose bilden.

Abschlussgala von Create IT, 4 Dezember 2001

Lorenz Fritz, IV

Wolfgang Bachmayer, OGM

Die Sieger Cornelia Kührer und Reinhard Prügl

Aufgrund unseres Aufgabenkerns – die Förderung der bilateralen Wirtschaftsbeziehungen zwischen Österreich und Israel – verfügt die AICC über ein grenzüberschreitendes Beziehungsnetz, das die Basis unserer länderübergreifenden Tätigkeiten darstellt. Ziel ist es, die äußerst kargen Außenhandelsbeziehungen zwischen beiden Ländern durch gezielte Maßnahmen anzukurbeln. Ergänzend zu diesen bilateralen Verbindungen verfügt die AICC angesichts ihres Dachverbandes, der Federation of Israeli Bi-National Chambers of Commerce and Industry (kurz: FIBCCI) über weltumspannende Kontakte.

Nachdem sich der Sitz unseres Generalsekretariates in Wien befindet, findet auch der Großteil unserer Netzwerkaktivitäten auf nationaler Ebene statt. Mit diesen Aktionen will die AICC durch maßgeschneiderte Veranstaltungen auf die wirtschaftlichen Potentiale in Israel und Österreich hinweisen und auch gleichzeitig unseren Mitgliedern die Gelegenheit bieten innerhalb der österreichischen Wirtschaft ihre eigenen Networking Aktivitäten zu verfolgen.

Die AICC. Einzigartiges Netzwerk.
Die AICC hat sich seit ihrer Gründung im Jahre 1991 zu einer einzigartigen Plattform entwickelt. Was das „Networking made by AICC" auszeichnet ist sowohl ihre Mitgliederstruktur, bestehend aus namhaften Unternehmen der

verschiedensten Branchen, aber auch die hochkarätige Besetzung des Präsidiums, das sich für die Qualität der Handelskammer verbürgt.

Der Erfolg eines funktionierenden Netzwerkes wird maßgeblich von der Intensität der Aktivitäten bestimmt. Networking bedeutet nämlich nicht nur, dass ein Beziehungsnetzwerk aufgebaut und etabliert werden muss, sondern darüber hinaus müssen diese Beziehungen aktiv gepflegt werden. Die AICC ist sich dieser Anforderung bewusst und versucht durch unterschiedlichste Initiativen und Serviceleistungen den Ansprüchen ihrer Mitglieder gerecht zu werden.

Der Erfolg gibt der Qualität unserer Netzwerkaktivitäten recht. Immer mehr Top-Executives und Entscheidungsträger aus Wirtschaft, Wissenschaft und Kultur erkennen die bestehenden Potentiale und wollen die Networking- und Lobbyingplattform der AICC zur Intensivierung und Erweiterung ihrer externen Netzwerke nutzen. Alleine in den Jahren 2000 bis 2002 konnte die Mitgliederzahl um fast 60% auf beinahe 250 erhöht werden.

Die Motive für den Beitritt der Unternehmen zur AICC sind von unterschiedlichster Natur. So wurzelt beispielsweise der naheliegendste Grund für eine AICC Mitgliedschaft in einer bestehenden oder erwünschten Geschäftsbeziehung des Unternehmens zu Israel. Allerdings beschränken sich unsere Mitgliedsunternehmen nicht nur auf diese spezifische Gruppe. Eine Vielzahl der Mitglieder verstehen die AICC als verlängerten Arm ihrer eigenen Netzwerke, den sie zum Aufbau und nachhaltigen Pflege von Image, Bekanntheitsgrad, Ansehen nützen. Nachdem sich die AICC als Dienstleister versteht, wird neben den Netzwerkaktivitäten insbesondere auch unser breites Serviceangebot in Anspruch genommen. Wieder ein weiterer Teil unserer Mitglieder unterstützen unsere Absichten zur Förderung der bilateralen Wirtschaftbeziehung und nutzen die AICC als Informationsplattform.

Die AICC. Maßgeschneidertes Networking.
Aufgrund der unterschiedlichen Zielsetzungen unserer Veranstaltungen sind auch die Formate der Events auf die jeweils verfolgte Absicht ausgerichtet. Die Chronik der AICC weist einige

Joan-Miró-Ausstellung, 23. Mai 2001

einzigartige Erfolge auf. Prominenteste Beispiele unserer Aktivitäten sind der Ideengenerierungswettebewerb „Create IT" und das Network – Projekt „Be Consultant... for a day"

„Create-IT" hat sich binnen kürzester Zeit zu der bedeutendsten Veranstaltung dieser Art entwickelt. Im Mittelpunkt dieses Wettbewerbes stand nicht einfach nur den Wirtschaftsstandort Israel zu analysieren, sondern bewusst nach Kooperationen zwischen österreichischen und israelischen Unternehmen zu suchen und Businesspläne auszuarbeiten.

„Be Consultant...for a Day", wurde von der AICC gemeinsam mit dem Mitgliedsunternehmen Czipin&Proudfoot Consulting und Uni Managementclub initiiert. Networking zwischen High Potentials und Top – Executives war das Motto dieser Veranstaltung. Für zwei bisher durchgeführte „Be Consultant"-Events wurden Preise im Wert von nahezu Euro 70.000,- an die erfolgreichen Teilnehmer vergeben. Unter den Hauptpreisen befand sich jeweils eine Reise ins „Silicon Valley des Nahen Ostens" – nach Israel.

Zur Abrundung der stark wirtschaftsorientierten Veranstaltungen organisiert und arrangiert die AICC gemeinsam mit ihren Partnern auch kulturelle Events. So lud die AICC, gemeinsam mit ihrem Mitgliedsunternehmen Bank Austria, Top-Unternehmer und Entscheidungsträger aus Österreichs Wirtschaft zu einem Cocktail-Empfang und einer anschließenden Führung durch die Joan Miró – Ausstellung ein. Der in Barcelona geborene Joan Miró (1893-1983) gehört zu den populärsten Künstlern des 20. Jahrhunderts.

Die AICC. Informationsoffensive 2003
Aufgrund der außerordentlichen Erfolge der Veranstaltungen in der Vergangenheit, holt die AICC dieses Jahr zu einer neuen Großoffensive aus – und zwar mit dem Projekt „Informationsoffensive Exportmarkt 2003". Die Österreichisch Israelische Handelskammer zielt mit dieser Initiative darauf ab, ein Bewusstsein der österreichischen Exportbetriebe für den Wirtschaftstandort Israel zu schaffen. Das Fundament dieser ganzjährigen Aktion bildet die Neuauflage der OGM Studie „Bild über Wirtschaftstandort Israel". Diese Vergleichsstudie, die bereits im selben Format 2001 durchgeführt wurde, wird sich wie ein „roter Faden" durch weitere Veranstaltungen des Informationsoffensive ziehen, wie beispielsweise beim Ideengenerierungswettbewerb „Create-IT II" und diversesten Presse- und Mitgliederaktivitäten. Erstmals werden unsere Veranstaltungen auch auf bundesweiter Ebene stattfinden.

Die AICC. Networking für Mitglieder.
Im Mittelpunkt unserer Aktivitäten stehen unsere Mitglieder. Auf besondere Anfrage organisiert, plant und setzt die AICC, speziell für unsere AICC – Mitgliedsunternehmen, eigens ausgerichtete Veranstaltungen um.

Für das AICC Mitglied, Global One, wurde der „Network Power Circle – NPC" ausgerichtet. Zum Thema „Welche Technologien im Sprech- und Datenbereich bestimmen nachhaltig, jetzt und in Zukunft das nationale und internationale Business", wurden für rund 100 Teilnehmer ein hochkarätiges Podium von der AICC zusammengestellt.

Einen weiteren Toperfolg konnte die AICC für ihr Unternehmensmitglied Rad Data Communication verzeichnen. Im Rahmen der Promotion Aktivitäten der Österreichisch Israelischen Handelskammer für das größte israelische Hightech Konglomerat wurde durch die AICC ein Abkommen mit der österreichischen Siemens Leasing GmbH initiiert. Ziel des Vertrages ist das Verleasen von Rad Produkten über das Netzwerk der Siemens Leasing. Die AICC begleitete die Verhandlungen vom Zeitpunkt der Initiierung bis hin zur erfolgreichen Vertragsgestaltung.

Auf Wunsch unserer Mitglieder wird die AICC auch in diesem Jahr wieder spezielle Netzwerkveranstaltung dieser Art individuell umsetzen.

Die AICC. Silicon Valley in Israel.
Aus tiefster Überzeugung über die Wichtigkeit einer florierenden Wirtschaftsbeziehung zwischen Österreich und Israel wird die AICC in Zukunft ihre Kernaufgabe – die Förderung der Wirtschaftsbeziehungen zwischen Österreich und Israel – noch intensiver im Rahmen ihrer Veranstaltungen, Pressearbeiten und Serviceleistungen vorantreiben.

Israels wichtigster Handelspartner ist die EU. Von den gesamten Importen Israels entfielen in den letzten Jahren jeweils knapp 50% auf EU-Staaten. Schlusslicht im Ranking der außenwirtschaftlichen Beziehungen mit Israel bildet Portugal gemeinsam mit Österreich, wenngleich insbesondere in den letzten zehn Jahren ein deutlicher Trend zur Steigerung des Handelsvolumens ersichtlich wurde. Und trotzdem: Eine wirtschaftliche Chancenauswertung findet kaum statt.

Organigramm der AICC – Österreichisch Israelische Handelskammer

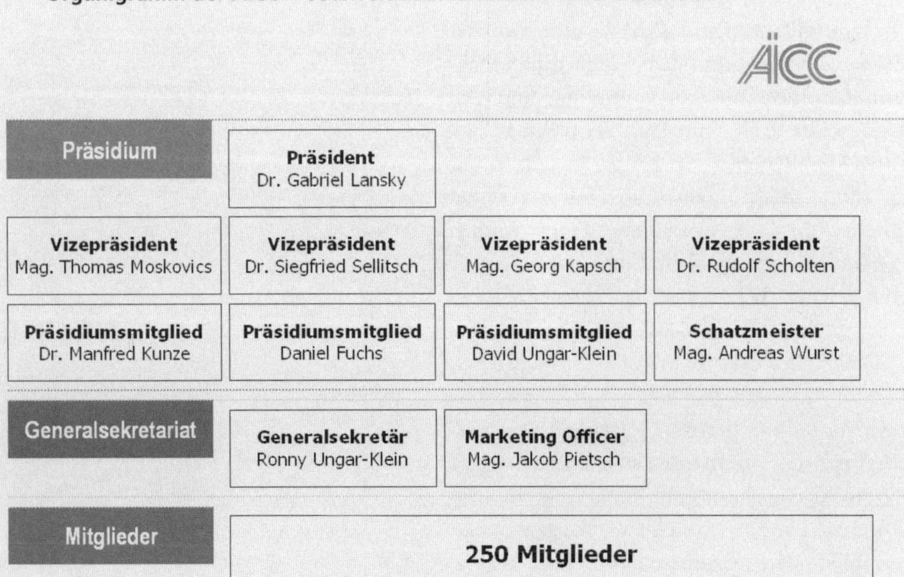

Nur eine Minderheit der heimischen Top-Executives wissen über wirtschaftlichen Potentiale in Israel Bescheid. Eine Mitte 2001 von der AICC gemeinsam mit Dkfm. Lorenz Fritz und Wolfgang Bachmayer lancierte und mit der Unterstützung der Bank Austria realisierte OGM Studie „Bild über den Wirtschaftsstandort Israel" („Wie sehen die österreichischen Entscheidungsträger die israelische Wirtschaft?") deckte große Informationsdefizite diesbezüglich auf. So wird beispielsweise Israels Wirtschaft immer noch sehr stark mit landwirtschaftlicher Produktion – Stichwort Jaffa Orangen – assoziiert, obwohl Israel sich in den letzten 15 Jahren zum „Silicon Valley des Nahen Ostens" entwickelt hat.

Die folgenden Wirtschaftsindikatoren unterstreichen diesen Wandel. Etwa 15% des weltweiten Gesamtumsatzes an Kommunikationssystemen und –Produkten wird in Israel generiert. Annähernd 140 israelische Unternehmen notieren an den New Yorker Börsen. Mit 140 Wissenschaftlern und Technikern pro 10.000 Arbeitskräften verfügt Israel heute weltweit über bestqualifizierte Human Ressourcen. Diese Entwicklung veranlasste eine Vielzahl an namhaften internationalen Konzernen wie beispielsweise Lucent Technologis, Intel, SAP, American Online, GE Medical und Texas Instruments in Israel zu investieren. Neben US-amerikanischen Unternehmen haben auch etliche europäische Firmen in Israel investiert, wie zum Beispiel Siemens, Daimler Chrysler, Volvo, Cable & Wireless, Volkswagen, Deutsche Telekom, British Telecom, L´Oreal, Danone und Unilever.

Die AICC versucht, mit Initiativen zum Kennenlernen der israelischen Wirtschaftsstruktur, die österreichischen Wirtschaftstreibende auf das große Potential in Israel aufmerksam zu machen. In Zukunft wollen wir weiterhin eine Reihe von Aktivitäten, die auf eine Verbesserung der Geschäftsbeziehungen abzielen, veranstalten.

Die AICC. Erweitert den Aktionsradius.
Die kommenden Jahre stellen für uns eine außerordentlich spannende Herausforderung dar. Wir wollen weitere Unternehmen jeder Größe und Branche einladen Mitglied der AICC zu werden. Mit dieser Initiative wollen wir österreichischen Unternehmen die Möglichkeit bieten Teil unserer einzigartigen Plattform zu werden und ihnen somit den Zugang zu unserem Beziehungsnetzwerk zu ermöglichen.

Gleichzeitig streben wir diese Erweiterung auch im Sinne unserer bestehenden Mitglieder an. Denn je größer wir werden, umso breiter wird das Spektrum an Möglichkeiten für gezielte Lobbying – und Networking Aktivitäten.

Falls Sie Teil unseres Netzwerkes werden wollen bzw. Informationen über die AICC oder Israels Wirtschaft benötigen, kontaktieren Sie bitte unser Generalsekretariat, und wir werden uns umgehend Ihrem Anliegen widmen. Wir beraten Sie gerne!

Handelsvolumen (Import und Export) der EU-Staaten mit Israel 2001 (EU gesamt = 100 %)

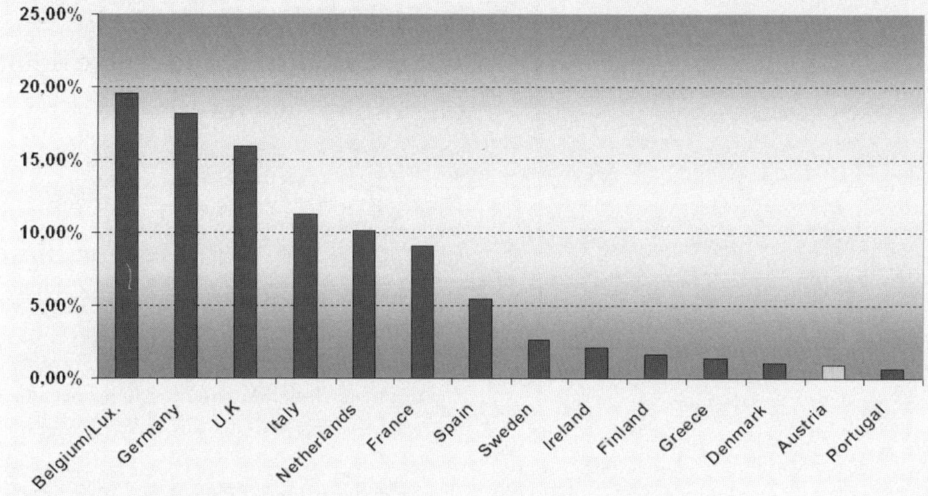

Quelle: Economy at a Glance 2002

Österreichisch Israelische Handelskammer
AICC
Obere Donaustr. 63/III/19
1020 Wien
Tel. und Fax: +43/1/961 53 64
E-Mail: office@aicc.at
Internet: www.aicc.at

Mit Elite zur Top-Elite: Models und Management

Peter Huber
Elite Österreich

Die Gesichter von morgen heute finden

In einer Welt, wo Imitation die höflichste Form von Schmeichelei darstellt, hat Elite Model Look beinahe zwei Jahrzehnte damit verbracht, die Inspiration für alle Nachahmer zu sein. Aber nicht so wie die anderen: Elite Model Look hat es geschafft, die Linie von der reinen Modelsuche zu einem gewaltigen internationalen Medienevent zu überschreiten – und ist auf diesem Weg der größte und meistrespektierte Modelsearch der Welt geworden.

Elite Model Look wurde im Jahr 1983 gegründet, um neue Gesichter rund um den Erdball zu entdecken.

Die Liste der früheren Teilnehmerinnen, deren Karriere mit Elite Model Look begann, liest sich wie das „Who's who" der Modelszene. Angesichts der täglichen Covergirls – wie Natalia Semanova, Yfke Sturm, Alessandra Ambrosia, Raica Oliveria, Irina Bondarenko und Gisele Bundchen – bis hin zu den Supermodels der Achtzigerjahre – wie Cindy Crawford, Stephanie Seymour, Tatjana Patitz, Nadja Auermann, Hunter Reno, Meghan Douglas, Elaine Irwin und Karen Mulder – ist folgende Frage wohl zur meistgestellten in der Modeindustrie geworden: „Wer war nicht beim Elite Model Look?" (statt der Frage „Wer war ...?)". Elite Model Look ist zum Synonym für das Scouten und Managen von Karrieren aktiver Models geworden. Durch Erfahrung und Wissen übertrifft Elite Model Look kontinuierlich die Erwartungen der Pressevertreter und Modeinsider, die den Wettbewerb genauestens verfolgen.

Jedes Jahr verzeichnet Elite Model Look nahezu 400.000 Bewerbungen weltweit und führt nach den regionalen Bewerben nationale Galafinale in über fünfzig Ländern durch. Jeder nationale Event erhält intensive Pressereichweite im lokalen, regionalen und nationalen Bereich. Von Radiostationen über Magazine zu Fernsehen und Internet hat der Elite-Model-Look-Wettbewerb großes Medienaufsehen in der ganzen Welt. Die Gewinnerin jedes nationalen Finales fährt zum internationalen Abschlussevent, einem zweiwöchigen Medienmagneten, bestehend aus Laufstegtraining, Fotoshootings, Interviews mit Managern der 24 internationalen Elite-Büros und einem im Fernsehen ausgestrahlten Galafinale sowie Live-Internet-Auftritt mit einer Jury aus berühmten Models, weltbekannten Fotografen, internationalen Designern und anderen Professionalisten der Szene. Von den sechzig Teilnehmerinnen am internationalen Finale werden mehr als die Hälfte in das Elite-Netzwerk aufgenommen, von denen wiederum die fünfzehn internationalen Finalistinnen garantierte Zweijahresverträge über eine Summe von mehr als 1 Million Dollar pro Jahr bekommen.

In der Modelszene haben wenige Agenturen die Bekanntheit, den Respekt und den Ruf des Elite-Model-Managements. Zweifelsohne steht Elite an der Spitze der Industrie, nicht nur in Namen und Presseaufsehen, sondern auch was Bookings und Management betrifft.

Und mit gutem Grund ...

Unter der Direktion von Elite-Vorsitzenden und -Präsidenten Gerald Marie und dem finanziellen Direktor Alain Kittler hat sich Elite mehr denn je als eine Agentur positioniert, die auf einem festen Fundament aus Geschichte und Erfahrung besteht, als eine Plattform, die seiner Belegschaft zu erneuern, zu kreieren und zu managen erlaubt – in einer sich ständig wandelnden Industrie. Teamwork, Technik und Kommunikation sind die Basis dieser Firmenphilosophie.

In Hinblick auf unsere Models ist die Strategie von Elite einfach und klar:

Sorgfältig ausgewählte und talentierte Models, gekoppelt mit dem höchsten Level an Management und Service. Das Resultat sind lang anhaltende Karrieren – im Gegensatz zu Kurzzeiterfolgen. Einige der bekanntesten Namen und Gesichter, die jemals die Modelszene bereichert haben, begannen ihre Karrieren in der „Elite-

Familie". Von täglichen Covergirls wie Maggie Rizer, Karen Elson, Adriana Lima, Elsa Benitez, Gisele Bundchen, Oluchi, Natalia Semanova, Liberty Ross und Josie Maran zu Industriegrößen wie Paulina Porizkova, Iman, Linda Evangelista, Cindy Crawford, Naomi Campbell, Claudia Schiffer, Tyra Banks besteht eine endlose Liste weiterer Models. Elite hat mehr Modelgrößen herausgebracht und Karrieren geschaffen als irgendeine andere Agentur der Welt. Elite-Berühmtheiten, angeführt von der Szenelegende Monique Pillard, repräsentieren Toptalente wie Ashley Judd, Brooke Shields, Isabella Rossellini, Monica Bellucci, Iman Ahn Duong und Drew Barrymore.

Eines ist sicher:
Das neue Elite-Model wird in die Fußstapfen einer sehr prestigereichen, stark selektierten und historischen Nachfolge der weltbesten Models treten. Für ein junges Model mit der Chance, ein Star zu werden, kann kein Platz besser sein.

Aller Anfang ist schwer
Unsere Tätigkeit erstreckt sich nicht nur auf die Vermittlung von nationalen und internationalen Topmodels. Einerseits beraten wir junge Leute, die den Beruf des Fotomodel in Erwägung ziehen: Nach der Klärung, ob die körperlichen Vorraussetzungen für ein Model gegeben sind, wird in einem längeren Gespräch der Beruf des Fotomodels erklärt. Wurde die oder der Anwärter als geeignet empfunden, beginnt der schwierige und komplizierte Lern- und Erfahrungsprozess, in dieser Branche Fuß zu fassen. Nach den zu Beginn nicht so leichten Testshootings wird der erste Auslandsaufenthalt, meist Mailand, fixiert. Wer die harte Schule dort übersteht, hat es schon sehr weit gebracht.

Man könnte den Werdegang eines Fotomodels auch Lehrberuf bezeichnen
Im ersten Jahr erhält man Einweisungen in die grundlegenden Begriffe des Modelbusiness. Hat man dieses erfolgreich und gern absolviert, kommt die zweite Phase, die Wanderjahre des Gesellen: Für ein Model kommen, je nach Typ, viele Länder und Städte wie etwa Mailand, Paris, New York, Miami, Cape Town und der asiatische Raum in Betracht. Nicht nur, dass ein junger Mensch die einmalige Chance hat, kostenlos die Welt zu bereisen, ist die extrem überdurchschnittliche Bezahlung die Anstrengungen und Entbehrungen – vor allem im privaten Bereich – wert.

Dienstleistungen für die Werbewirtschaft
In Österreich betätigen wir uns seit zwanzig Jahren als Berater der Werbebranche, das weltweit 32 Agenturen umfassende Elite-Netzwerk seit mehr als 32 Jahren. Unsere Kunden, Fotografen, Werbeagenturen, Filmgesellschaften und alle im Print- und TV-Bereich werbenden Unternehmen, beraten wir über den Typ und Einsatzmöglichkeiten unserer (Top-)Modelle. Nicht so erfahrene, aber dafür umso neuere, interessante Gesichter werden für Kampagnen mit kleinerem Budget, aber großem Impact empfohlen, Topmodels wie Claudia Schiffer und Naomi Campbell für imageträchtige Großkampagnen. Es ist sehr wichtig und setzt großes Vertrauen in die beratende Tätigkeit voraus, dass die richtigen Modelle zur Erreichung des Werbeziels gebucht werden. Wir stehen Ihnen mit unserem Know-how zur Verfügung.

Networking is our Success!

Mag. Martin Ohneberg
Bundesvorsitzender
der Jungen Industrie

Die Junge Industrie, die Jugendorganisation der Industriellenvereinigung, ist die österreichische Interessenvertretung für Jungunternehmer und Führungskräfte aus der Industrie bzw. aus der industrienahen Dienstleistung. Die Junge Industrie versteht sich als unabhängige Non-Profit-Organisation, die es sich zum Ziel gemacht hat, unternehmerisch denkende junge Menschen zusammenzuführen und so den Grundstein für die Verwirklichung gemeinsamer Ziele zu legen.

Networking-Plattform

Als Jugendorganisation der Industriellenvereinigung ist die Junge Industrie mit etwa tausend Mitgliedern die größte österreichische Networking-Plattform für industrienahe Jungunternehmer, junge Führungskräfte und Manager. Einerseits bietet diese Plattform ihren Mitgliedern anhand von Seminaren, Vorträgen oder auch gesellschaftlichen Events die Möglichkeit, private und berufliche Kontakte zu knüpfen, andererseits setzen sich die JI-Landesgruppen und die JI-Bundesorganisation dafür ein, dass Jungunternehmerinteressen in Österreich auch politisch umgesetzt werden.

Anliegen der JI

Unter dem Motto „Eigenverantwortung, Wahlfreiheit, Wettbewerb" wirtschafts- und gesellschaftspolitische Rahmenbedingungen konstruktiv mitgestalten, politisch vordenken, Unternehmertum in Österreich fördern bzw. Unternehmerbewusstsein in den österreichischen Schulen zu schaffen oder auch das Eintreten für die europäische Erweiterung und einen Staat Europa sind wesentliche Anliegen der Jungen Industrie. Die Junge Industrie startete zusammen mit der Industriellenvereinigung Ende 2002 an österreichischen Schulen die Informationskampagne „Europa wächst zusammen". Mitglieder sprechen mit Lehrern und vor allem Schülern über Europa und wollen auf diesem Weg eine positive Einstellung, basierend auf konkreten Fakten und eigener Erfahrung, zur europäischen Erweiterung vermitteln.

Für 2003 hat sich der Bundesvorsitzende der Jungen Industrie, Martin Ohneberg, Geschäftsführer des Dorotheum, einiges vorgenommen. Zu den Zielen zählen für den gebürtigen Vorarlberger vor allem die verstärkte Internationalisierung der Jungen Industrie Österreich, die Stärkung der privaten Vorsorge (dritte Säule) und die Arbeitszeitenflexibilisierung unter dem Motto „Vorrang einvernehmlicher innerbetrieblicher Regelungen". Abgesehen davon wird es für die nächsten Jahre wesentlich sein, Österreich als eine Region in der Europäischen Union fit für die bevorstehenden Aufgaben zu machen, darum wird die Bundestagung der Jungen Industrie 2003 sich auch um das Thema „Benchmark der Regionen im europäischen Konnex" drehen.

Neue Perspektiven bzw. Lösungsansätze zu finden sieht die Junge Industrie im Rahmen ihrer jährlichen Bundestagung als eine ihrer Hauptaufgaben. Dazu werden in den jeweiligen Landesgruppen Arbeitskreise zum Thema der Tagung eingerichtet, die Ergebnisse dann im Rahmen der Tagung präsentiert und mit namhaften Referenten aus Politik und Wirtschaft diskutiert.

Erfolge der JI

In den vergangenen Jahren wurden seitens der Politik zahlreiche Reformen und Liberalisierungen durchgeführt, die schlussendlich auch auf die Junge Industrie zurückzuführen sind, wie zum Beispiel die Wirtschaftskammerreform oder das One-Stop-Shop-Prinzip bei Unternehmensgründungen.

Vernetzen – unternehmen – vorausdenken – bewirken

gruppe1031

Mag. Nadja Frischen-schlager-Gowayed
Bundesgeschäftsführerin
Junge Industrie
Geschäftsführerin gruppe1031

Die gruppe1031 ist eine unabhängige Networking-Plattform junger Unternehmer und Führungskräfte, deren ca. achtzig Mitglieder in den verschiedensten Branchen erfolgreich tätig sind. Die gruppe1031 sieht sich als Plattform für wirtschafts- und gesellschaftspolitische Fragestellungen im Rahmen einer offenen, leistungs- und zukunftsorientierten Marktwirtschaft – als Partner der Industriellenvereinigung (IV) und der Young Entrepreneurs for Europe (YES) auf österreichischer und europäischer Ebene.

gruppe1031 und Europa
Die gruppe1031 ist Teil des Netzwerkes der YES, der größten europäischen Dachorganisation junger Unternehmer, die ca. 35.000 Mitglieder umfasst. Da Österreich auch in den nächsten Jahren eine aktive Rolle in der EU-Erweiterung einnehmen wird, ist die internationale Kooperation ein Muss für die gruppe1031.

Vision + Aktion
Vernetzen Die gruppe1031 vernetzt Menschen mit ähnlichen Zielsetzungen und Ideen, darüber hinaus stellt diese Plattform Kontakte zu nationalen und internationalen Organisationen her. Die Klubabende, die einmal im Monat stattfinden, bieten nicht nur die Möglichkeit, mit interessanten Referenten aus Politik, Wirtschaft und Kultur zu einem bestimmten Thema zu diskutieren und sich in Form von Workshops oder Seminaren weiteres Know-how zu holen, sondern auch die Möglichkeit zu Kontakten beim internen Networking.

Unternehmen Im Business agieren (denken/handeln) die Mitglieder der gruppe1031 unternehmerisch, sowohl als Unternehmer als auch als Führungskräfte. In der Freizeit heißt das Motto „Kunstgenuss, Sportevent oder Bildungsoffensive".

Vorausdenken Unternehmerisch agieren bedeutet für den Partner der IV vorausdenken. Als unternehmerischer „Trendscout" ist die gruppe1031 offen für neue Ideen, analysiert deren Auswirkungen und entwickelt Strategien für die Zukunft.

Bewirken Die gruppe1031 bewirkt, das heißt, sie verändert, bestätigt, übt Toleranz aus, reibt sich und erweitert somit ihre Sicht.

Netzwerk = Erfolg
Die gruppe1031, das Netzwerk junger Unternehmer und Führungskräfte, sieht den Austausch von Wissen und Erfahrung zum gegenseitigen Vorteil als eine ihrer größten Chancen und Herausforderungen. Gemeinsam mit der Jungen Industrie, der Jugendorganisation der Industriellenvereinigung, beschäftigte sich die gruppe1031 2002 mit dem Thema „Staat Europa" mit speziellem Fokus auf „Die europäische Identität" (mehr unter: **www.gruppe 1031.at**). Für 2003 plant die Networking-Plattform in Zusammenarbeit mit der YES zum Thema „The Entrepreneurship in a New Europe", sich den Herausforderungen des neuen erweiterten Europas für Unternehmer zu stellen und vor allem die Rolle Österreichs in diesem neuen erweiterten Europa zu durchleuchten, um auch weiterhin einen Schritt voraus sein zu können.

Zu den Themen „Financing" und „Working models" wird vor allem dieses Jahr im Rahmen der monatlichen YES-Meetings gearbeitet werden.

Unser zusätzlicher Web-Tipp: **www.yes.be**

Kunst schärft den Blick. Fördert die Sinne. Inspiriert, bereichert.

hasenlechner baur —— artconsult

Mag. Anja Hasenlechner,
Herbert Baur, lic. oec. HSG
Geschäftsführer artconsult

„Die einzig revolutionäre Kraft ist die Kraft der menschlichen Kreativität.“
Joseph Beuys

Kunst ist eine maßgebliche Investition in die Zukunft jedes Unternehmens sowie ein Ausdruck gehobener Unternehmenskultur. Sie dient hier als vielseitiges Instrument zur Imagedifferenzierung und zur Kommunikation mit relevanten Zielgruppen. Kunst schärft den Blick. Fördert die Sinne. Inspiriert und bereichert. Durch das Fördern von künstlerischen Ideen, kulturellen Veranstaltungen oder Institutionen erhalten Unternehmen die Möglichkeit, selbst Position zu beziehen und mit kreativen Potenzialen zu interagieren.

Kunst bedeutet Kommunikation
Kunst fördert Kommunikation. Mit dem von hasenlechner baur – artconsult entwickelten Instrument der integrierten Kunstkommunikation werden neue Wege der Kunstberatung beschritten. Bisher waren die Kernaufgaben und die Betätigungsfelder von Artconsultants klar definiert: Ihre Aufgabe ist es, beim Kunstkauf oder -leasing für Büroräumlichkeiten zu beraten, Druckgrafik-Editionen als Key-Account-Geschenke zu produzieren, Ausstellungen in Firmenfoyers zu konzipieren, beim Aufbau von Kunstsammlungen zu unterstützen, Sponsoringkonzepte zu entwickeln und Kunstvermittlungsseminare oder -reisen anzubieten. Wir gehen einen Schritt weiter.

It takes art to make a company great
Beim Konzept der integrierten Kunstkommunikation wird die Motivation des Kunstengagements aus der Marken- und Unternehmensidentität definiert, sämtliche Kunstaktivitäten werden mit PR, klassischer Werbung, Eventmarketing und Produktgestaltung verknüpft. Durch die Verbindung von Top-Know-how im internationalen zeitgenössischen Kunst- und Marktgeschehen mit der Umsetzung individueller Kommunikationsstrategien wird eine produktive und effiziente Form der Kunst-Kommunikation erreicht, wobei bei Zielgruppen-, Image- und Bekanntheitszielen die maximale Aufmerksamkeit für das Unternehmen gewährleistet ist.

Kunst ist Erkenntnis
Sie erschließt neue Dimensionen des Lebens. Kunst ist immer ein Abbild des kulturellen Geistes, der in einem Unternehmen gelebt wird. Die allgemeine Unternehmenskultur gewinnt intern wie extern an Bedeutung, Kommunikation mit wichtigen Entscheidungsträgern erfordert geeignete intellektuelle Plattformen der Herausforderung: Zeitgenössische Kunst kann sie bieten und jeden Einzelnen fordern.

Mag. Anja Hasenlechner, Kunsthistorikern (Universität Wien, University of Berkeley und Harvard), Spezialgebiet zeitgenössische Kunst, Publizistin des viel beachteten Buches „Vorbilder & Nachbilder. Positionen österreichischer Künstlerinnen zu neuen Medien.“ Unter anderem Interviews mit den Künstlerinnen Uli Aigner, Gudrun Bielz, Carola Dertnig, Valie Export, Elke Krystufek, Christine Meierhofer, Constanze Ruhm, Romana Scheffknecht, Ruth Schnell, Triton Verlag. Auslandserfahrung in New York bei 303 Gallery. Nach ihrer dreijährigen Tätigkeit als Assistentin von MAK-Direktor Peter Noever war Anja Hasenlechner selbständig als Artconsultant tätig.

Mag. Herbert Baur war bereits während seines Studiums der internationalen Betriebswirtschaftslehre an der Hochschule St. Gallen wie auch nach dem Abschluss bei der Werbeagentur Young & Rubicam für internationale Marken und Consumer Products wie Milka, Suchard, Café Hag und Ericsson Mobile Phones tätig. Parallel dazu startete er sein Studium der Kunstgeschichte an der Universität Wien und war als selbständiger Fundraising-Berater für zahlreiche österreichische Institutionen wie Vereinigte Bühnen Wien, ORF (Radiosymphonie Orchester RSO Wien), Musicalfestival Bruck an der Leitha et cetera tätig.

HPW Marketing Solutions

Mag. Martin Hofbauer
HPW Marketing Solutions

HPW Marketing Solutions konzentriert sich in seiner Tätigkeit ausschließlich auf das Thema Vermarktung, akademisch auch Marketing & Sales genannt.

Wir beraten und unterstützen unsere Kunden in allen Phasen des Vermarktungszyklus, insbesondere hinsichtlich der Inhalte, die üblicherweise im Unternehmen selbst wahrgenommen werden. (siehe Abbildung 1)

Zielsetzung unserer Arbeit ist die **Optimierung der Vermarktungsleistung** eines Unternehmens.

Erfolgsprinzip

Der Erfolg von HPW Marketing Solutions beruht auf einem ausgewogenen Verhältnis eines

- funktionalen Ansatzes, basierend auf führenden akademischen Konzepten und Best Practice

sowie

- einer individuellen und adäquaten Transformation und Implementierung, die auf die spezifischen Wünsche, Anforderungen und das aktuelle Stadium der Kundenorganisation fokussiert.

Die Geschäftsleitung von HPW Marketing Solutions verfügt über langjährige Erfahrung in Managementpositionen. Deshalb wird bei allen Projekten auf die praktische Realisierbarkeit und auf eine entsprechend rechtzeitige Einbindung aller an der Umsetzung Beteiligten besonderer Wert gelegt.

Kundenstruktur

Unter den aktuellen Kunden von HPW Marketing Solutions finden sich

- Weltmarktführer,
- nationale Marktführer,
- multinationale Konzerne und
- Marktinnovatoren

aus den verschiedensten Branchen, aber auch Klein- und Mittelbetriebe, die auf eine umfassende und professionelle Betreuung Wert legen.

Referenzprojekte (Auswahl)

- globale Marktevaluierung und -segmentierung – Verpackungsindustrie
- Entwicklung einer Marketingstrategie – Kultur und Tourismus
- Vermarktungs- und Akquisitionskonzept – Gastronomie
- Überarbeitung von Planungs- und Budgetierungsstrukturen in Verkauf und Marketing – Personalberatung
- Prozessdesign für CRM – Kfz – Handel
- Gestaltung des Verkaufsprozesses für neue Produktkategorie – technische Dienstleistungen
- Aufbau und Administration einer Trainingsakademie – Convenience Retailing
- Trainingsbedarfserhebung mittels Trainings-ScoreCard – Baustoffindustrie

Kontakt:
HPW Marketing Solutions
Schönbrunner Straße 289
1120 Wien
+43/1/810 90 99
office@hpw-solutions.at
www.hpw-solutions.at

Abbildung 1: Vermarktungszyklus

Management Club – Beratung zwischen den Zeilen

Mag. Paul Hysek
Management Club

Wer könnte wohl – außer einem Beratungsunternehmen – als Berater fungieren? Wer bringt Erfahrung aus unterschiedlichsten Bereichen ein und kann das zusammenführen? Von wem kann man Hinweise annehmen, ohne dass darüber ein ausgefeilter Vertrag besteht? Ein Netzwerk bietet viele Vorteile, die genauso den Nutzen einer Beratung stiften können. Der Management Club ist die größte Vereinigung von Führungskräften aus Wirtschaft, Verwaltung und Kultur in Österreich. Die Mitglieder des Management Clubs sind Unternehmer und Führungskräfte aus allen Bereichen der Wirtschaft und des öffentlichen Bereichs. Ein solches Netzwerk an Persönlichkeiten ist aber nicht nur eine Sammlung von Erfahrung und Wissen, sondern immer auch ein Ort, an dem Auftraggeber und Auftragnehmer aufeinander treffen.

Am Puls ...

Wirtschaftlicher Erfolg erfordert mehr denn je Innovationskraft, Flexibilität, Risikomanagement und den laufenden Informationsvorsprung. Der Management Club greift zukunftsentscheidende Entwicklungen auf, damit Manager und Unternehmer aus Veränderungen Chancen machen können. Als Kompetenzzentrum für alle Experten, die sich mit Fachthemen aus Politik und Wirtschaft beschäftigen, bieten Dokumentationen und die Ergebnisse von Studien des Management Clubs zu aktuellen Themen erstklassige Hintergrundinformation und Expertise für Führungskräfte. Regelmäßige Befragungen und Evaluierungen sichern uns den notwendigen Informationsvorsprung über Trends und Meinungen unter Führungskräften. In der öffentlichen Kommunikation und der Weitergabe an die Entscheidungsträger aus Politik, Wirtschaft und Gesellschaft wird der Management Club damit zum Sprachrohr der Führungskräfte Österreichs.

... auch vor Entscheidungen

Als Zukunftslobby bringt der Management Club Wirtschafts-Know-how in alle Bereiche der Verwaltung und Politik ein und forciert Reformen. Der seit langem bestehende enge Kontakt zu Spitzenpolitikern zeigt, dass der Management Club als Meinungsbildungsplattform von der Politik geschätzt wird. Die Unabhängigkeit des MC ist dafür nicht nur für uns selbst, sondern auch für die Politik von entscheidender Bedeutung, denn wirklich neue Impulse kommen immer nur von außen. Der direkte Draht in Ministerien und das Parlament sichert dabei auch die Umsetzung innovativer Ideen, die im MC entwickelt und vorgestellt wurden.

Ihre Plattform

In regelmäßigen und exklusiven Vorträgen, Symposien, Betriebsbesichtigungen, Seminaren und Kongressen vermittelt der Management Club seinen Mitgliedern die Zukunftsthemen von Wirtschaft und Politik – von Wirtschaftspolitik über Management, Kapitalmarkt und Banken bis zu Kommunikation und Ausbildung. Das ist Wirtschaft am Puls der Zeit. Der Management Club ist beinahe in ganz Österreich aktiv. In Wien bietet er seinen Mitgliedern in der Kärntner Straße 8 ein exklusives Business Center. Unsere Mitglieder können in den Klubräumlichkeiten Konferenzen, Präsentationen und Veranstaltungen abhalten. Als Mitglied profitieren Sie nicht nur von Inhalten, Informationen und Kontakten, Sie können auch die Infrastruktur mitten im Zentrum von Wien nutzen.
www.managementclub.at

Berater von morgen 12

Berater von morgen

Univ.-Prof. Dr. Gerhard Speckbacher
Institut für Unternehmensführung
WU Wien

Zentrale Elemente der Ausbildung zukünftiger Berater

In den vergangenen Jahren hat sich eine Karriere im Consulting immer stärker als zentraler Berufswunsch vieler Studierender herauskristallisiert. Am Institut für Unternehmensführung/ Abteilung für Unternehmensführung, Controlling und Beratung der Wirtschaftsuniversität Wien kann dieser Trend anhand der Datenbank des Absolventenvereins POINT MANAGEMENT und der „Top55"-Lebenslaufsammlung eindrucksvoll abgelesen werden. Dabei zeigt sich immer stärker die breite Repräsentanz der Absolventen des Instituts bei allen renommierten internationalen und regionalen Beratungsunternehmen. Für ein Universitätsinstitut stellt sich somit die Frage nach den zentralen Anforderungen an die Ausbildung des Beratungsnachwuchses und nach den Erfolgsfaktoren für einen erfolgreichen Einstieg in die Beratungsbranche. Als Kernelemente der Ausbildung betrachten wir (siehe auch Abbildung 1):

- eine fundierte theoretische Ausbildung,
- Projekterfahrung im Zuge des Studiums und damit verbunden
- den Aufbau von Soft Skills (Präsentation etc.)
- sowie Consulting-spezifische Lehrveranstaltungen und damit Wissen über den Markt und die zukünftige Tätigkeit.

Wesentliche Voraussetzung eines erfolgreichen Einstiegs in die Beratungsbranche ist zunächst eine breite und fundierte theoretische Ausbildung. Dabei erscheint ein allzu eingeschränkter Fokus als nicht angebracht. Wer in Zukunft in der Beratung seine/n Mann/Frau stehen will, muss zunächst ein flächendeckendes Wissen aufbauen, das ein breites Spektrum von der strategischen Unternehmensführung bis zum operativen Controlling umfasst. Gerade für Berater ist es häufig unerlässlich, einerseits die zukünftige strategische Stoßrichtung eines Unternehmens entscheidend mitzugestalten, andererseits auch die Auswirkungen vorgeschlagener Maßnahmen auf den Erfolg eines Unternehmens in konkrete Zahlen fassen zu können. Dazu ist bereits innerhalb der Ausbildung sicherzustellen, dass die zentralen Werkzeuge der strategischen und operativen Unternehmensführung als Basis einer erfolgreichen Praxistätigkeit beherrscht wer-

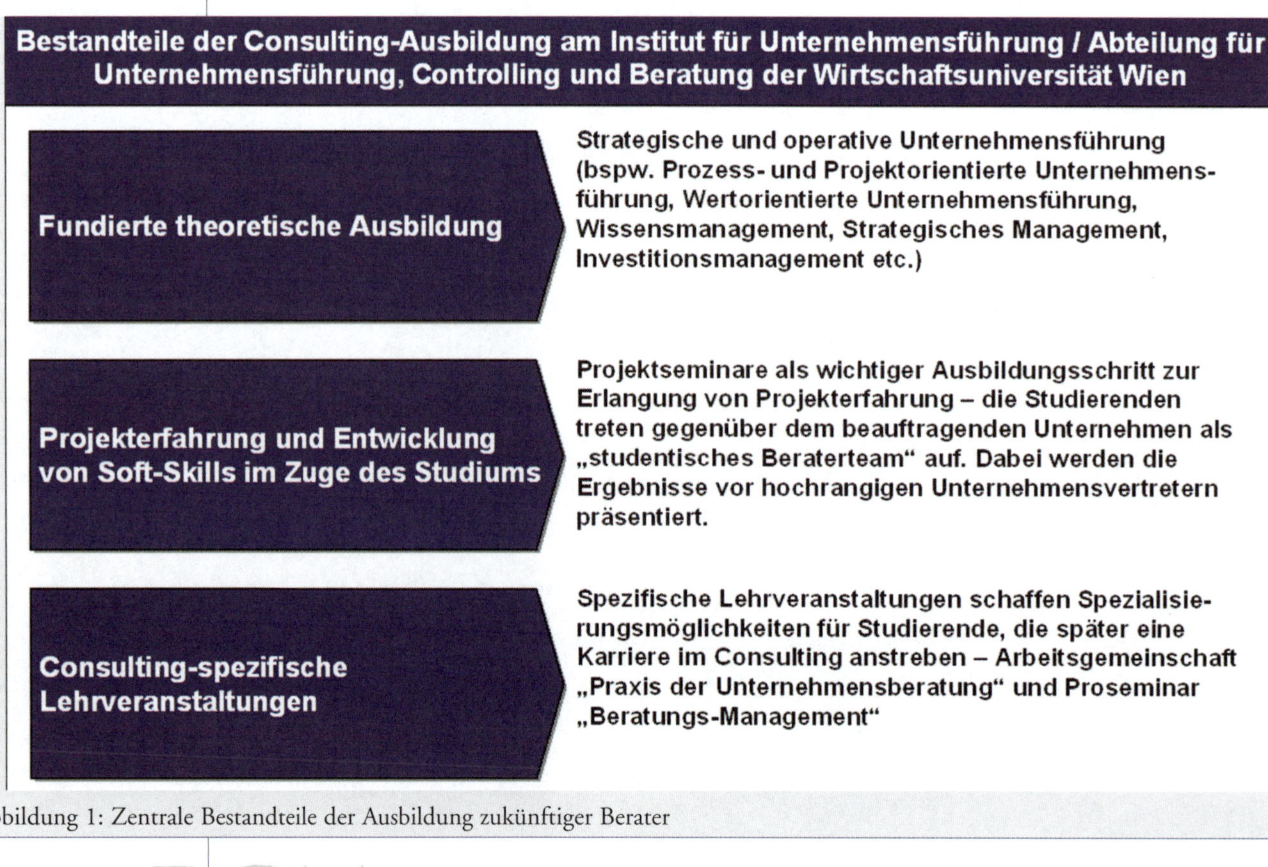

Abbildung 1: Zentrale Bestandteile der Ausbildung zukünftiger Berater

den. Hinzu kommen Kenntnisse in verschiedenen anderen spezifischen Teilbereichen, wie beispielsweise in der prozessorientierten Unternehmensführung (mit den gebräuchlichsten Instrumenten wie Prozesskostenrechnung, Target Costing, Benchmarking etc.) und in der Investitionsrechnung. Insbesondere Methoden zur Quantifizierung und Abbildung der Erfolgswirkungen konkreter Strategien auf die zentrale Steuerungsgröße einer modernen Unternehmensführung, den Shareholder Value, zählen mit zum Wichtigsten, das Berater in ihrem „Werkzeugkasten" dabei haben müssen. Neben guten analytischen Fähigkeiten gehört allerdings auch ein umfassendes Verständnis für strategische Unternehmensführung zu den Schwerpunkten der Ausbildung und wird den Studierenden am Institut für Unternehmensführung in verschiedenen Lehrveranstaltungen vermittelt. Nur wenn die Balance zwischen der Vermittlung qualitativer Kenntnisse im Bereich der strategischen Unternehmensführung und dem quantitativen Fokus von Methoden der Strategieimplementierung und der operativen Unternehmensführung stimmt, sind Absolventen wirklich gut gerüstet für einen erfolgreichen Einstieg in die Beratungsbranche.

Ein weiterer wesentlicher Erfolgsfaktor ist das Sammeln von Erfahrung im Zuge der Durchführung von Projekten. Gerade diesem Umstand ist durch entsprechende Lehrveranstaltungen Rechnung zu tragen. Dies geschieht am Institut für Unternehmensführung durch die Abhaltung von Projektseminaren, in denen die Aufgabenstellung durch ein Unternehmen vorgegeben und durch die Studierenden in enger Kooperation mit Vertretern des beauftragenden Unternehmens unter der Leitung von Mitarbeitern des Instituts weitestgehend eigenständig koordiniert und bearbeitet wird. Derartige Projektseminare wurden in den vergangenen Jahren beispielsweise mit den folgenden Unternehmen und Aufgabenstellungen abgehalten:

- AXA Nordstern Colonia: „Balanced Scorecard Update bei AXA Nordstern Colonia"
- Austrian Airlines: „Performance Management bei Austrian Airlines"
- Unilever: „Integrationsmanagement im Fall von Knorr und Kuner in Österreich"
- OMV: „Post-Merger-Integration in Osteuropa"

Dabei steht insbesondere die Koordination des Projektseminars durch die Studierenden selbst im Vordergrund und führt so zur praktischen Anwendung und Vertiefung moderner Projektmanagementinstrumente. Hinzu kommt die praxisnahe Atmosphäre, beispielsweise in zahlreichen Präsentationen, in denen die Studierenden vor hochrangigen Vertretern der beauftragenden Unternehmen ihre Ergebnisse vorzustellen haben. Gerade die Kommunikation erarbeiteter Lösungen und vorgeschlagener Maßnahmenpakete zählt zu einer der wichtigsten Qualifikationen eines zukünftigen Beraters. Die Fähigkeit, Vorschläge an die führenden Vertreter eines Unternehmens effektiv, überzeugend und mit konkreten Zahlen argumentativ untermauert zu kommunizieren, ist neben der fundierten theoretischen Ausbildung der zweite Eckpfeiler einer erfolgreichen Karriere im Consulting. Projektseminare helfen den Studierenden dabei, die entsprechenden Fähigkeiten für einen souveränen Umgang mit Führungskräften aufzubauen, und haben sich bei vielen unserer Absolventen als überaus wertvolles Asset während ihrer Laufbahn erwiesen. Wer erfolgreich im Team arbeiten will, braucht auch Erfahrung in Bereichen wie Teamdynamik, Führung und Kommunikationsprozesse. All dies ist theoretisch nur schwer vermittelbar, was konkrete Projekterfahrung zu einem wichtigen Element in der Ausbildung zukünftiger Berater macht – sei es im Zuge von Praktika oder im Rahmen von Projektseminaren.

Für zukünftige Berater ist es auch entscheidend, sich bereits möglichst früh mit dem Berateralltag vertraut zu machen. Dabei stehen zwei Entscheidungen für Absolventen an. Einerseits müssen sich Studierende festlegen, ob das Tätigkeitsprofil eines Beraters den persönlichen Präferenzen und der eigenen Lebensplanung entspricht. Nur wer die damit verbundenen hohen Ansprüche hinsichtlich Mobilität und Flexibilität erfüllen kann und will, ist auch tatsächlich für eine Karriere bei einem internationalen Beratungsunternehmen geeignet. In einem weiteren Schritt ist es häufig notwendig, eine Entscheidung zwischen einem der vielen im Markt tätigen Unternehmen zu treffen. Dabei gilt es vor allem auch, die kulturellen Unterschiede zwischen verschiedenen Beratungsunternehmen kennen zu lernen und mit den eigenen

Präferenzen abzugleichen. Gerade hier ist das Potenzial zum Abbau von Reibungsverlusten im Recruitingprozess sehr groß. Gefordert sind dabei jedoch nicht nur die Beratungsunternehmen, sich im Zuge von Unternehmenspräsentationen eingehend vorzustellen, sondern auch die Studierenden. Nur wer sich bereits im Vorfeld einer Bewerbung ausreichend informiert und unterschiedliche Unternehmen kennen lernt, kann auch später für sich selbst die richtige Entscheidung treffen. Fragen, die einen zukünftigen Berater dabei in erste Linie interessieren, sind:

- Arbeitsgebiete: Welche Aufgaben sind später im Job zu erfüllen, und welche spezifischen Anforderungen hinsichtlich fachlicher und sozialer/persönlicher Qualifikationen sind dazu notwendig?
- Aktionsradius des Unternehmens: Welche Anforderungen lassen sich daraus an die persönliche Mobilität ableiten?
- Unternehmenskultur: Welche kulturellen Spezifika weist das Unternehmen auf?

Zum Abbau dieser Informationsasymmetrien und der damit verbundenen Reibungsverluste wurde vor zwei Jahren die Arbeitsgemeinschaft „Praxis der Unternehmensberatung" im Rahmen eines Consulting-Partnermodells am Institut für Unternehmensführung ins Leben gerufen. Dabei wird Beratungsunternehmen die Möglichkeit geboten,
- ihr Unternehmen,
- ihren spezifischen Beratungsansatz und auch
- ihre kulturellen Besonderheiten

den Studierenden näher zu bringen. Hinzu kommt die Vorstellung einer Fallstudie, die im Anschluss durch die Studierenden über einen Zeitraum von ein bis zwei Wochen auszuarbei-

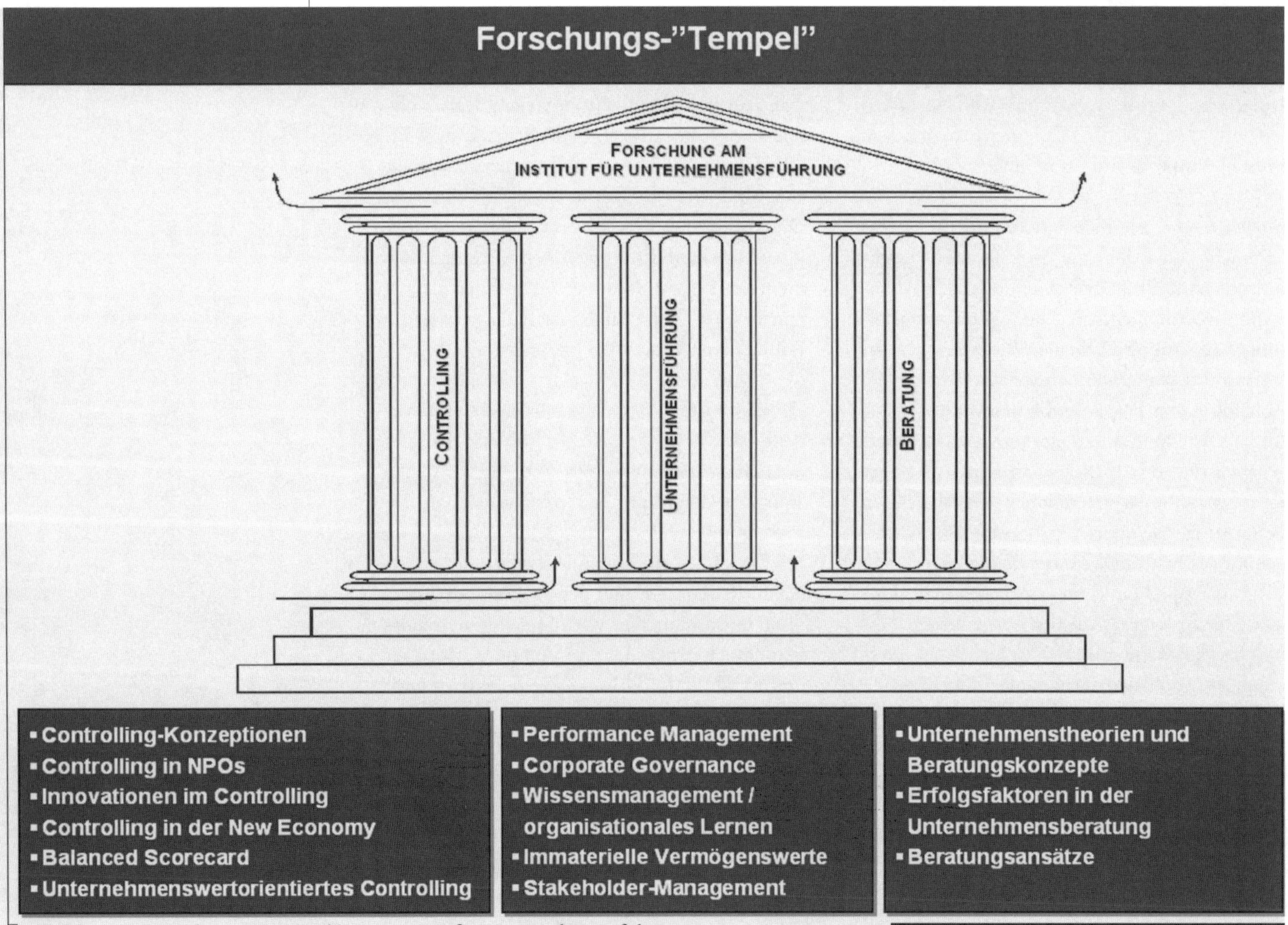

Abbildung 2: Forschungs-„Tempel" am Institut für Unternehmensführung

ten ist. In einer weiteren Einheit werden die von den Studierenden erarbeiteten Lösungen vorgestellt, wobei die Vertreter des Beratungsunternehmens in die Rolle des beauftragenden Vorstands schlüpfen und somit eine praxisnahe Atmosphäre schaffen.

Der Erfolg dieser Art von Lehrveranstaltung zeigt sich im positiven Feedback sowohl vonseiten der Unternehmen als auch der Studierenden. In den vergangenen Jahren hat sich gezeigt, dass die Teilnahme an der Lehrveranstaltung wesentlich zur Entscheidungsfindung bei den Studierenden beigetragen hat.

Auch für Unternehmen ist es keineswegs das alleinige Ziel, dass sich vorab möglichst viele Studierende für eine Karriere im Consulting entscheiden und bewerben. Vielmehr ist ausschlaggebend, dass sich bereits möglichst früh die richtigen Kandidaten bei den passenden Unternehmen bewerben – dies senkt Reibungsverluste auf beiden Seiten und wird als wichtige Erleichterung im Recruitingprozess wahrgenommen. Zentral ist dabei für die Studierenden in erster Linie die Beantwortung der oben angeführten Fragen. Nur so können sie für sich selbst die richtige Entscheidung treffen und sich für das richtige Beratungsunternehmen entscheiden.

Die praxisnahe Atmosphäre bei der Präsentation der Ergebnisse schafft aber auch die Möglichkeit, Verbesserungspotenziale wahrzunehmen. Die umfassenden Feedbackrunden seitens der Unternehmensvertreter eröffnen Möglichkeiten zur Verbesserung individueller Fähigkeiten in den Bereichen Präsentation und Kommunikation. Dabei geben die Berater insbesondere wertvolles Wissen über die schlimmsten Pitfalls bei Präsentationen vor Kunden an die Studierenden weiter. Diese Standortbestimmung hilft aber auch, eventuellen Schwächen entgegenzuwirken und beispielsweise durch zusätzliches Training bestimmte Defizite bis zu einem Bewerbungsgespräch abzubauen.

Die frühzeitige Kontaktaufnahme zwischen Studierenden und Unternehmen trägt überdies dazu bei, dass sich beiden Seiten die Möglichkeit zum Aufbau eines Netzwerks eröffnet. Studierende können Kontakte zu Unternehmen knüpfen, die ihnen bei einer späteren Bewerbung als wertvolles Asset zur Verfügung stehen. Auf der anderen Seite können aber auch Unternehmen Kontakte zu High Potentials aufbauen und diese über einen längeren Zeitraum während ihres Studiums beobachten.

Zusammenfassend können die zentralen Erfolgsfaktoren für die Ausbildung zukünftiger Berater in zwei Kategorien eingeteilt werden. Einerseits sind dies die persönlichen Fähigkeiten in Form eines breitgefächerten Fachwissens und Kenntnisse hinsichtlich Projektplanung und -controlling, Teamdynamik und -führung – insbesondere Projekterfahrung. Auf der anderen Seite stehen aber auch die wichtigen nach außen gerichteten Fähigkeiten, wie Kommunikation, Social Skills im Umgang mit Teammitgliedern und vor allem der Aufbau eines Netzwerks zu einer Reihe von Unternehmen. Hinzu kommt eine gute Kenntnis des Beratungsmarktes, der für eine zukünftige Karriere interessanten Player und vor allem der wesentlichen Unterschiede zwischen diesen.

Der Bereich Unternehmensberatung hat sich in den vergangenen Jahren zu einem integralen Bestandteil von Lehre und Forschung am Institut für Unternehmensführung entwickelt und birgt für die kommenden Jahre noch zahlreiche Herausforderungen. Einerseits gilt es im Rahmen der Ausbildung entsprechend sensibel gegenüber den laufenden Veränderungen hinsichtlich der Anforderungen an zukünftige Berater zu bleiben und flexibel darauf zu reagieren. Andererseits eröffnet die Unternehmensberatung aber auch interessante und in weiten Bereichen noch nicht erschlossene Forschungsfelder. Die dritte Säule im Forschungs-"Tempel" am Institut für Unternehmensführung (siehe Abbildung 2) wird damit in den kommenden Jahren noch laufend an Bedeutung gewinnen.

Kooperationspartner waren in den vergangenen Jahren: Accenture, ASP Consulting, AT Kearney, Cap Gemini Ernst & Young, Contrast Management Consulting, Czipin & Proudfoot, Deloitte Consulting, Mercer Management Consulting, Monitor Company, Stern Stewart & Co, The Boston Consulting Group

Beratung – Wunschjob Nr. 1

63 Prozent der angehenden Uniabsolventen bewarben sich 2002 bei Beratern

David Ungar-Klein

Etwa 40.000 heimische Berater zählen die Datenbanken der entsprechen den Fachgruppen der Wirtschaftskammer Österreich. Jährlich bewirbt sich österreichweit die Mehrzahl aller angehenden Absolventen in einer der zahlreichen Beratungssparten um die Position eines Junior Consultant. Die Menge und die hohe Vielfalt des Angebots macht es für angehende Berater zunehmend schwieriger, die für ihre Ausbildung optimalen Berater auszuwählen.

68 Prozent der befragten angehenden Absolventen beklagten sich über die mangelnde Transparenz des Beratermarkts. Dies belegt eine für das „Yearbook Consulting 03" in Auftrag gegebene Studie zum Thema „Wie sehen die angehenden Junior Consultants den Beratermarkt?" unter knapp 600 Befragten. Die Imagestudie wurde in Kooperation mit jobpilot in Österreich durchgeführt. Ziel dieser Studie war die Messung von Zufriedenheit und Image des Beratermarkts aus Sicht der zukünftigen Junior Consultants (siehe Grafik 1).

Dieses Resultat ist erschütternd, denn die Berater – als zukünftige Arbeitgeber – unternehmen dem Anschein nach zu wenig, um den zukünftigen Consultants das breite und weit gefächerte Angebot an Beratungsleistungen zu kommunizieren. Ungeachtet dessen ist der Weg in die Beratung Wunschjob Nummer eins bei den Studierenden. 63 Prozent aller heimischen Absolventen haben sich in den letzten sechs Monaten bei Beratungsunternehmen beworben; und das ungeachtet des weltweiten Wirtschaftseinbruchs im zweiten Halbjahr 2002, der sich eklatant auf den Beratermarkt niederschlug. An erster Stelle steht für Studierende der Wunsch, bei einem Personalberater einen Job zu finden, denn 62 Prozent der angehenden Berater streben in diese Sparte und adressierten ein Bewerbungsschreiben an Unternehmen, die sich mit Personalberatung (Recruiting, Coaching, Personalauswahl, Training u. a.) auseinander setzen. Finanzberatung scheint die Studierenden weniger zu reizen, denn nur acht Prozent begeistern sich dafür (siehe Grafik 2).

Beratung lockt nicht mehr nur die klassischen Wirtschaftsstudenten an, obwohl 54 Prozent der befragten angehenden Absolventen aus dem wirtschaftlichen Bereich stammen; Technik: 18 Prozent, Geisteswissenschaften: 13 Prozent, Jus: 4 Prozent.

Der Beratungsschwerpunkt des Beratungsunternehmens ist den Bewerbern wesentlichstes Kriterium für die Bewerbung. 31 Prozent der befragten Bewerber gab an, dass dieses Hauptkriterium ausschlaggebend für die Auswahl war. Für 17 Prozent war es die Reputation des Beratungsunternehmens, gefolgt von Bürostandort und Aufstiegschancen (elf Prozent), Internationalität, Weiterbildungsmöglichkeiten und Gehalt (sechs Prozent). Betriebsklima und Unternehmensgröße spielen für die Bewerber mit jeweils zwei Prozent eine sehr geringe Rolle.

Erschreckend hier die Einstellung der Bewerber im Bezug auf Internationalität und Bürostandort. Für Beratungsunternehmen ist Flexibilität und Reisebereitschaft des/der Bewerbers /in eines der entscheidenden Kriterien zur Jobvergabe. Der Beruf des Beraters ist in einem hohen Maß mit Geschäftsreisen – mitunter ins Ausland – verbunden. Daher ein plausibles K.-o.-Kriterium bei der Bewerbung. Diese geringe Neigung zur Mobilität kann jedoch auch als Indiz dafür gewertet werden, dass viele Bewerber eigentlich gar nicht wissen, wie der Tagesablauf eines Beraters aussieht und worin dessen Aufgaben bestehen. Dem Image des Beratungsunternehmens kommt aus der Sicht der Bewerber in jedem Fall eine sehr bedeutende Rolle zu (siehe Grafik 3).

Im zweiten Halbjahr 2002 wurden fünfzig Prozent aller Bewerber von den Beratern zu einem persönlichen Gespräch eingeladen. Jedoch kein einziger Bewerber wurde in Folge des Gesprächs zu einem Assessement Center eingeladen. 26

Prozent erhielten eine Absage aufgrund der schriftlichen Bewerbung. Dieses Resultat spiegelt wohl die derzeitige Krise am Beratermarkt wider. Die Personalabteilungen führen zwar weiterhin laufend Bewerbungsgespräche, jedoch sind die Jobaussichten gering. Beratungsunternehmen kämpfen derzeit selbst um Aufträge, um den eigenen Beraterstab mit Arbeit auszufüllen. Bemerkenswert ist allerdings die Tatsache, dass 17 Prozent der Bewerber weder telefonisch noch schriftlich Feedback von den Beratern erhielten (siehe Grafik 4).

Conclusio:

- Beratung ist Wunschjob Nummer eins unter den Studierenden.
- Der Beratermarkt ist aus der Sicht der Absolventen nicht genügend transparent.
- Personalberatung ist der Studierenden „liebstes Kind".
- Die Bedeutung von Internationalität ist den Studierenden zu wenig bewusst.
- Dem Image des Beratungsunternehmens kommt aus der Sicht der Bewerber eine sehr bedeutende Rolle zu.

Wie transparent ist der Beratermarkt – hat man sofort einen Überblick, welche Unternehmen welche Beratung anbieten?

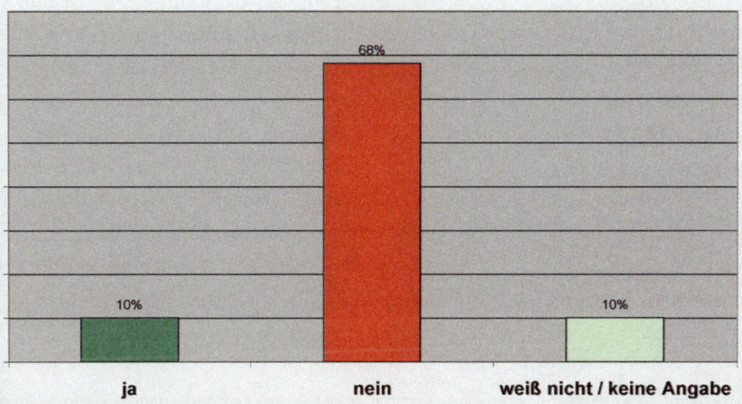

Grafik 1; Quelle: jobpilot / Yearbook Consulting (2002)

Bei welchen Beratungsunternehmen haben Sie sich beworben?

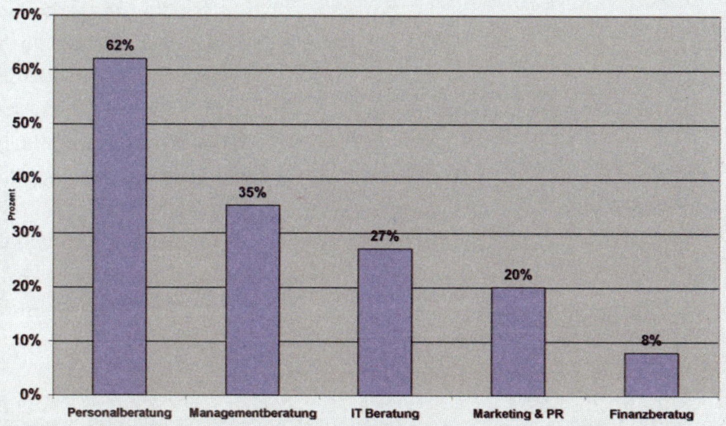

Grafik 2; Quelle: jobpilot / Yearbook Consulting (2002)

Welche Kriterien haben Sie dazu bewogen, sich bei den ausgewählten Beratern zu bewerben?

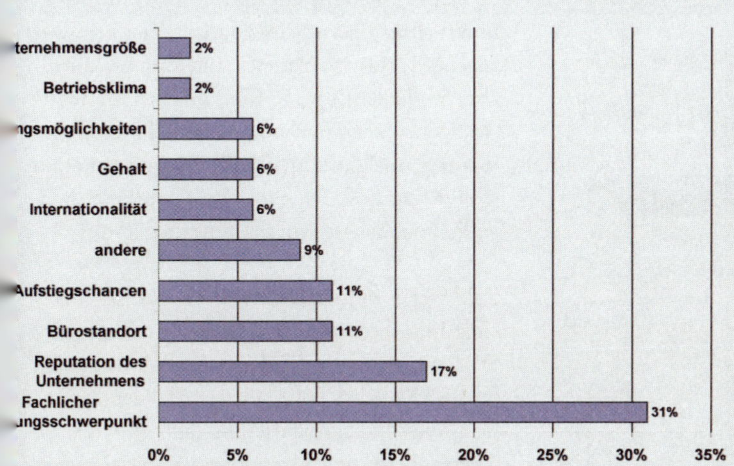

Grafik 3; Quelle: jobpilot / Yearbook Consulting (2002)

Wie wurden Ihre Bewerbungen beantwortet?

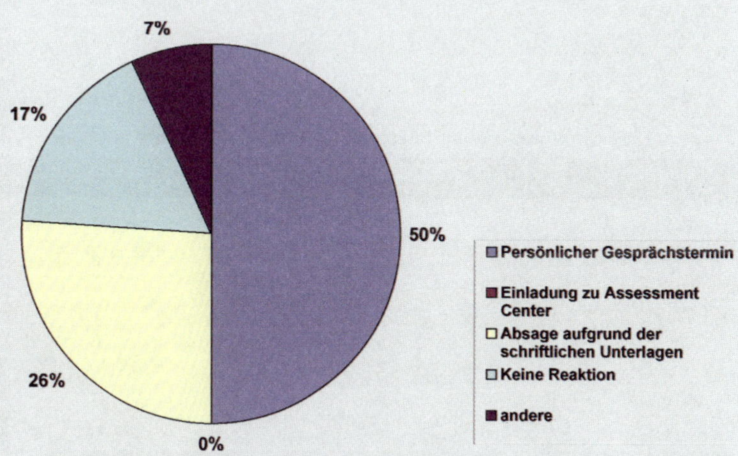

Grafik 4; Quelle: jobpilot / Yearbook Consulting (2002)
* Einladung zu Assessment Center = 0 %

Consulting – die Nummer eins bei Bewerbern

Mag. Ursula Axmann
Zentrum für Berufsplanung

Bei Absolventen eines Wirtschaftsstudiums zählen in den vergangenen Jahren Firmen im Bereich der Unternehmensberatung als Toppräferenz beim Berufseinstieg.

Mehr als die Hälfte aller WU-Absolventen streben zum Zeitpunkt des Studienabschlusses einen Einstieg in die Unternehmensberatung an; unter den sechs bevorzugten Einsatzgebieten nennen im Zentrum für Berufsplanung über fünfzig Prozent der WU-Abgänger Consulting als Berufswunsch. Etwa gleich viele Wirtschaftsabsolventen streben ins Marketing, alle anderen Einsatzbereiche folgen im Ranking weit hinten.

Die „Universum Graduate Survey" erfasst jährlich und europaweit die Berufswünsche von Wirtschafts- und Technikabsolventen kurz vor Studienende. Selbst im Jahr 2002, bei stark rückgängigem Recruitierungsbedarf in der Branche, geben in der Universum-Studie Studenten einem Berufseinstieg im Consulting den Vorzug. Die Befragung von Studenten an 58 europäischen Wirtschafts- und Technikuniversitäten zeigt folgendes Bild: Unter den sechs begehrtesten Arbeitgebern wurden von Wirtschaftsstudenten vier Beratungsunternehmen genannt, die Plätze eins und zwei liegen in den letzten Jahren fest in den Händen von Consultingunternehmen. Bei Technikstudenten wurde unter den zehn beliebtesten Arbeitgebern an sechster Stelle ein Beratungsunternehmen mit Fokus im IT-Bereich genannt. Im europäischen Vergleich zeigt sich, dass bei der gezielten Erfassung der Berufswünsche von Wirtschaftsabsolventen beim Thema Consulting in erster Linie an Management- und Strategieberatung gedacht wird. Personalberatung, IT-Beratung oder Beratung im Corporate Finance sowie Steuerberatung oder Marketingberatung werden häufig als zusätzliche Einsatzgebiete betrachtet oder gar nicht primär mit dem Begriff des Consulting in Verbindung gebracht.

Top ranking employers among Business students

Company	Ranking 2002	Preferred by	Ranking 2001	Preferred by
McKinsey	1	15,86 %	1	20,75 %
The Boston Consulting Group	2	13,11 %	2	17,21 %
Goldman Sachs	3	11,88 %	4	15,35 %
Accenture	4	11,72 %	3	16,42 %
L'Oréal	5	11,32 %	9	12,30 %
PricewaterhouseCoopers	6	10,31 %	5	10,25 %
BMW	7	9,64 %	20	6,47 %
Nokia	8	8,71 %	8	8,96 %
Coca-Cola	9	8,43 %	15	7,16 %
Procter&Gamble	10	7,99 %	14	7,51 %

Top ranking employers among Engineering & Science students

Company	Ranking 2002	Preferred by	Ranking 2001	Preferred by
BMW	1	14,71 %	5	10,70 %
Nokia	2	10,59 %	2	11,13 %
Siemens	3	10,18 %	4	10,83 %
IBM	4	9,10 %	1	11,70 %
Sony	5	8,10 %	6	7,65 %
Ferrari	6	7,66 %	31	3,44 %
Accenture	7	7,22 %	3	11,00 %
Microsoft	8	6,56 %	10	6,61 %
EADS	9	5,96 %	23	4,66 %
HP	10	5,96 %	15	5,59 %

Die Vorstellungen über das konkrete Berufsbild sind überraschenderweise oftmals äußerst vage: Absolventen ohne studienbegleitende Erfahrung in der Beratung stehen vor der Schwierigkeit, den beruflichen Alltag eines Unternehmensberaters konkret zu fassen und eine klare Vorstellung über das Berufsbild zu haben. Absolventen, die parallel zum Studium bereits im Consulting tätig waren, sind mit dem Problem konfrontiert, die Tätigkeitsbereiche verschiedener Beratungsunternehmen zu differenzieren.

Die Beratungsbranche bietet einen breit gespannten Bogen an Einsatzbereichen, der aus Sicht eines einzelnen Absolventen kaum überschaubar ist. Entsprechend unterscheidet sich auch das Anforderungsprofil der unterschiedlichen Beratungsunternehmen an Bewerber erheblich: Einerseits werden von Consultingunternehmen gern Selektionskriterien herangezogen wie ausgezeichnetes, überdurchschnittliches Studienergebnis in Kombination mit regelmäßigen, qualitativ hochwertigen Praktika, relevante Auslandsaufenthalte sowie außergewöhnliches Engagement in weiteren Bereichen, völlig unabhängig von der Studienrichtung.

Zahlreiche andere Unternehmen in der Beratungsbranche wiederum setzen ganz konkrete Studienrichtungen und Studienschwerpunkte voraus. So wird etwa im Bereich der Steuerberatung die Spezialisierung auf einschlägige Themenbereiche im Studium vorausgesetzt, in der Personalberatung ein entsprechender Fokus während der Ausbildung, während in der Strategieberatung oft vom Fachbereich unabhängige „Exzellenzkriterien" beim einzelnen Bewerber im Mittelpunkt stehen.

In direktem Zusammenhang damit steht das Problem angehender Consultants, sich einerseits im Studium und andererseits in der Bewerbungsphase zielgerichtet zu positionieren, um nach der Sponsion für den gewählten Bereich optimal vorbereitet zu sein. Mehr Transparenz im Beratungsbereich würde helfen, dass Studenten ihre Berufsziele klarer definieren und ihre Ausbildung darauf abstimmen können. Eine gezielte Ausbildung in theoretischer und praktischer Hinsicht ist Voraussetzung für die Qualifizierung im Recruitingprozess, sie ist die Eintrittskarte für eine Einladung zum Interviewgespräch.

Die breite Streuung der Consultingschwerpunkte macht es in diesem Rahmen unmöglich, umfassende Empfehlungen für eine „perfekte Bewerbungsmappe" für Universitätsabgänger zu geben. Je nach Teilgebiet sind unterschiedliche Schwerpunkte relevant.

Jenen Studenten und Absolventen, die sich für ihren ersten Job im Consulting bewerben, möchte ich an dieser Stelle generell hilfreiche Tipps mit auf den Weg geben:

- Nutzen Sie bereits während des Studiums die Möglichkeit, im Rahmen von Praktika, Workshops und Firmenpräsentationen unterschiedliche Beratungsunternehmen kennenzulernen.
- Ihre Bewerbungsunterlagen müssen ganz gezielt für das konkrete Unternehmen erstellt werden, versenden Sie keine „Serienbriefe".
- Ihre Bewerbungsmappe muss – besonders in diesem Bereich – professionell gestaltet sein.
- Tragen Sie auf Ihrem Bewerbungsphoto angemessene Kleidung.
- Betonen Sie Ihr außeruniversitäres Engagement (zum Beispiel besondere Leistungen im Sport oder im sozialen Bereich).
- Heben Sie Bereiche hervor, in denen Sie bereits erste Projekterfahrung sammeln konnten.

Sobald Sie zu einem Erstgespräch eingeladen sind:

- Bereiten Sie sich eingehend auf das bevorstehende Interviewgespräch vor: Studieren Sie die Homepage des Unternehmens und übersehen Sie dabei nicht, auch Informationen über konkurrierende Unternehmen einzuholen
- Ziehen Sie Literatur zum Themenbereich Consulting-Interview/Fallstudien im Consulting zur Vorbereitung heran. Einschlägige deutsch- und englischsprachige Lektüre macht transparent, was vom Bewerber bei „Case-Interviews" erwartet wird, welche Arten von Fallbeispielen häufig verwendet werden und wie man sich idealerweise darauf vorbereitet. Trainieren Sie das Lösen von Cases nicht erst beim Unternehmen, sondern üben Sie vorher!

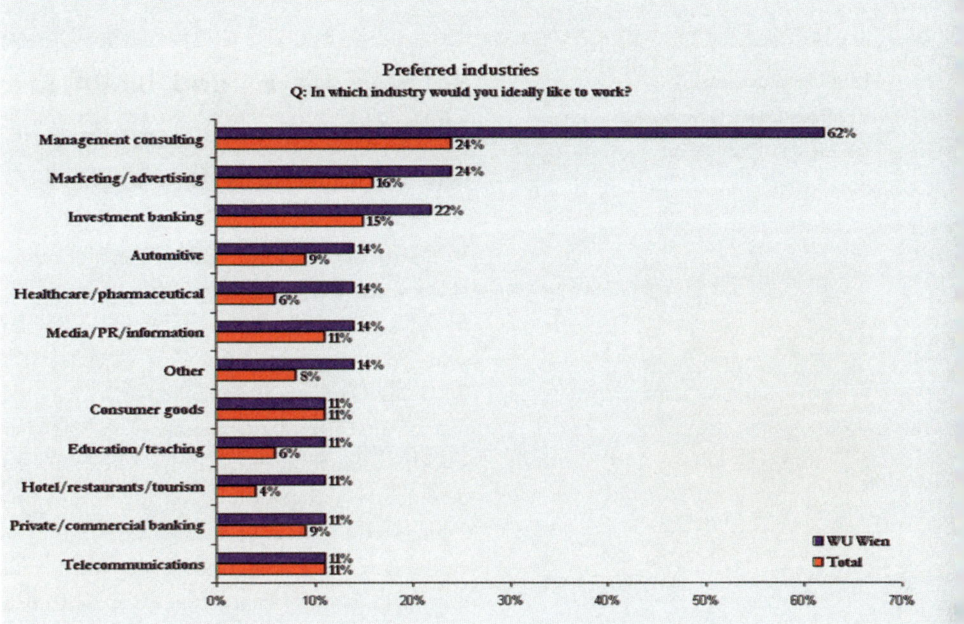

Das Zentrum für Berufsplanung bietet jedes Semester zahlreichen Consultingunternehmen eine Plattform, sich direkt an der Universität interessierten Wirtschaftsstudenten und -absolventen zu präsentieren, im Rahmen von Firmenpräsentationen oder bei der zBp-Wirtschaftsmesse, der größten On-Campus-Recruitingmesse im deutschsprachigen Raum. Künftige Mitarbeiter und spätere potenzielle Kunden erhalten hier einen umfassenden Einblick in das breite Feld der Unternehmensberatung, in die konkreten Berufsbilder und in die Anforderungen unterschiedlicher Beratungsunternehmen an Bewerber.

Grafiken

Quelle: „The Universum Graduate Survey 2002", Pan-European Edition

Chancen in der Consulting-Szene

Paul Christian Jezek
Chefredakteur „New Business“
erschienen 07/2002 im
„career.zbp“

Rat und Tat ist und bleibt in der Wirtschaft immer gefragt. Trotz schlechter Stimmung sind daher die Jobaussichten auch 2003 nach wie vor durchaus attraktiv.

Wie sich der Beratungsbedarf künftig entwickeln wird, wie teuer guter Rat sein darf, wo neue Kunden zu finden und wie alte zu binden sind – das wurde im Rahmen des Beratertages 2002 im Oktober in München von den drei deutschsprachigen Unternehmensverbänden besprochen. Einhelliges Fazit: Im Gegensatz zu den meisten anderen Branchen gibt es im Consultingmarkt immer noch Wachstum. „Im Securitybereich allgemein und bei den klein- und mittelständischen Unternehmen herrscht noch großer Beratungsbedarf im Zusammenhang mit der EU-Erweiterung, fehlenden E-Business-Lösungen und der Vorbereitung auf Basel II“, meint der Obmann des Fachverbands Unternehmensberatung und Informationstechnologie der Wirtschaftskammer Österreich, Hans-Jürgen Pollirer, im „Hauptberuf“ geschäftsführender Gesellschafter der Secur-Data-Betriebsberatungsgesellschaft.

„Man sollte die Branche der Unternehmensberater nicht krankjammern. Zwar kann man sich von der allgemeinen Konjunktur nicht abkoppeln, aber mit der nötigen Flexibilität findet sich genügend Arbeit, die zu tun ist.“ Firmenübernahme, Familienfreundlichkeit, Väterkarenz und Weiterbildung sind Schwerpunkte, die nach Vorstellung der Consultingprofis künftige Wachstumsmärkte darstellen könnten. „Wir suchen MitarbeiterInnen, die in neuen Kategorien denken. Unser Angebot an Sie ist, vom Bewährten und Genormten Abstand zu nehmen“, wirbt daher beispielsweise eine Wiener Consultingfirma (Mummert+Partner GmbH) um Nachwuchs. „Eine Aufforderung an Sie, Ihr Berufsleben selbst aktiv zu gestalten – in einer Unternehmensberatung, die Ihnen den nötigen Spielraum dafür lässt. Sowohl im technischen als auch im betriebswirtschaftlichen Bereich suchen wir erfahrene Berater, Young Professionals und Absolventen.“

Immerhin rund 23 Milliarden Euro erreichte der Jahresumsatz der etwa 130.000 in Europa tätigen Unternehmensberater zur Jahrtausendwende; noch vor zehn Jahren erwirtschaftete dieser Geschäftszweig „nur“ sechs Milliarden Euro pro Jahr. Die ganz großen Wachstumsraten werden allerdings wohl nicht mehr zu erzielen sein. Europaweit sagt der Dachverband European Federation of Management Consultation Association (FEACO) aber immer noch Zuwächse von jährlich rund vier Prozent voraus. FEACO-Präsident Rémi Redley, zugleich auch Präsident des deutschen Beraterverbands, nimmt es mit Humor: „Wenn ich jetzt durch die Tiefgarage eines Beratungsunternehmens gehe, habe ich nicht mehr das Gefühl, auf einer Automobilausstellung zu sein. Auch die Einstiegsgehälter haben sich normalisiert.“

„Überall, wo Umstrukturierungen, Unternehmenszusammenschlüsse oder Übernahmen an der Tagesordnung sind, blüht der Beratermarkt“, bleibt Frank Boos von der seit 1980 im deutschsprachigen Raum aktiven Beratergruppe Neuwaldegg optimistisch.

Einen wesentlichen Teil zum Wachstum trägt das E-Business- respektive IT-Consulting bei. Rund vierzig Prozent der Beratungserträge werden bereits via IT-Consulting erwirtschaftet, schon bald soll die Hälfte der Beratungstätigkeit im IT-Sektor erfolgen. Mit 15 Prozent Anteil ist die strategische Beratung das zweitwichtigste Geschäftsfeld der Consulter. Dieses Volumen hat sich allerdings in den vergangenen Jahren leicht reduziert. Leonhard Fopp, Präsident der Association of Management Consultants Switzerland: „Die Kunden kaufen jetzt gezielter ein. Resultate sind gefragt, nicht superintelligente Analysen. 08/15-Beratung und ein bisschen mitschwimmen funktioniert nicht mehr.“ Ebenso ist Fopp davon überzeugt, dass sich Erfolgshonorare durchsetzen werden. Einen deutlichen Hoffnungsschimmer am nahen Horizont sieht David Ungar-Klein von Czipin & Proudfoot Consulting: „Im Moment ist ganz sicher ein Einbruch konstatierbar, aber 2003 wird sich der

Markt wieder erfangen.“ Allerdings sei die Jobsituation derzeit schon deswegen nicht so rosig, weil ja in den vergangenen Monaten durchaus auch sehr viele gute Leute ihre Arbeit verloren hatten und auf Stellensuche sind. Ungar-Klein: „Viele Beratungsunternehmen machen gerade einen beachtlichen Wandel durch.“ In Zukunft werden laut Frank Boos zunehmend auch die Change-Management-Beratung und die Arbeit in und mit unterschiedlichen Kulturen „in Zeiten der Globalisierung“ nachgefragt. Hohen Beratungsbedarf ortet er auch beim Aufbau von Organisationen mit „dynamischer Stabilität“. „Solche Unternehmen haben grundsätzlich flexible Strukturen, die mit vielen kontinuierlichen Veränderungsschritten aufgebaut werden müssen und selten mit einem großen Sprung zu bewältigen sind.“

Diese Entwicklung im Zusammenhang mit der steigenden Flexibilität vor allem auch der jüngeren bzw. hoch qualifizierten Arbeitskräfte führt zu einem hohen Bedarf an Human Resource Consulting. Die Kundenstruktur sollte sich in den nächsten Jahren kaum ändern. Zu 42 Prozent nehmen Dienstleistungsunternehmen Consulter-Services in Anspruch. Während dieser Sektor auf 48 Prozent steigen wird, werden sich die Kunden aus dem Produktionsbereich von rund dreißig Prozent auf etwa ein Viertel reduzieren.

Dr. Manfred Reichl von Roland Berger & Partner verweist im Gespräch mit „career.zbp“ auf das Multi Channel Management als eine „ganz wesentliche Sache“, weil im dritten Jahrtausend „potenzielle neue Kunden nicht mehr berechenbar“ seien, sowie auf die „ganz neuen Tendenzen im Finanzbereich“: Banken und Versicherungen sind demnach für die Consulterbranche eine bedeutende Hoffnungszielgruppe. Allerdings: „Der Markt in Österreich wird zusehends enger, vor allem weil die großen Kunden nicht zuletzt wegen der verschiedenen Fusionen und Übernahmen immer weniger werden.“ Vice versa sei es natürlich schön, dass auch die heimischen Unternehmen wie z. B. Frantschach oder OMV im Ausland zukaufen. „Wir haben außerdem in Österreich

Topconsulter (v. l. o. n. r.):
Dr. Christoph Rauch von A. T. Kearney,
Martina Pitterle von Accenture,
Klaus Hölbling von Booz Allen Hamilton,
Dr. Manfred Reichl von Roland Berger & Partner,
David Ungar-Klein von Czipin & Proudfoot Consulting

das Problem, dass der Markt mühsamer und preissensitiver ist als der deutsche und dass die Budgets um etwa zehn bis 15 Prozent unter jenen des Nachbarn liegen“, bedauert Reichl. „Leider verdienen die Consultants in beiden Fällen etwa gleich viel …“ Pro Jahr stellen Roland Berger & Partner in Österreich etwa zehn neue MitarbeiterInnen ein. „Wir konzentrieren uns auf Persönlichkeiten, und das können auch schon 23- oder 24-Jährige sein“, meint Reichl. „Erst vor kurzem haben wir eine Juristin engagiert, die vom Deckungsbeitrag keine Ahnung hatte. Unsere MitarbeiterInnen brauchen Feuer in den Augen und Pfeffer im Hintern.“

„Die Chancen und Möglichkeiten für erstklassige Persönlichkeiten in der Topmanagement-Consulting-Branche sind nach wie vor hoch“, sagt auch Dr. Christoph Rauch von A. T. Kearney. „Die veränderten Rahmenbedingungen vieler Unternehmen erfordern eine rasche und konsequente Bewertung der Strategie-Sets und Umsetzung von erforderlichen Anpassungen bzw. Neuausrichtungen von Strategien.“ Das wichtigste Asset einer Unternehmensberatung ist laut Rauch neben einer umfassenden Know-how-Basis die Existenz hervorragender Berater mit außergewöhnlichem Lebenslauf. „Wir freuen uns über jede Bewerbung von interessanten Kandidaten, die zu den Top-Zehn-Prozent des Studienjahres gehören und erste Berufs- und/oder Auslandserfahrungen gesammelt haben.“

Auch die nach Eigenangaben „weltweit führende Unternehmensberatung für Management und Technologie" Accenture sieht sich als „interessanten Arbeitgeber, der seinen MitarbeiterInnen ein vielfältiges Aufgabengebiet und die Chance, die Zukunft seiner Klienten mitzugestalten" bietet. Martina Pitterle: „Ein Karriereeinstieg bei Accenture ist als erfahrener Mitarbeiter, Hochschulabsolvent oder Praktikant möglich. Grundvoraussetzung ist ein sehr guter Studienabschluss (idealerweise ein Doppelstudium Wirtschaft/Technik), eine große Affinität zur Informationstechnologie, Flexibilität und Mobilität." Accenture-MitarbeiterInnen werden bei ihrer Arbeit in internationalen Projekten und Teams tatkräftig unterstützt. „Dafür sorgt nicht nur unser globales Trainingsprogramm, sondern auch unser Mentorensystem, das den MitarbeiterInnen von Anfang an erfahrene Kollegen zur Seite stellt", erklärt Pitterle.

„In Zeiten wie diesen trennt sich die Spreu vom Weizen", meint Senior Consultant Bernd Postai von der Bregenzer GCN GmbH. „Wir legen besonderen Wert auf hoch qualifizierte MitarbeiterInnen. Neben intellektuellen Fähigkeiten sind Führungskraft, Sozialkompetenz und überdurchschnittlicher Leistungswille gefragt." Darüber hinaus sollten zukünftige GCN-MitarbeiterInnen „ins Team passen" und sich nicht dem zweifelhaften Mythos hingeben, als Consulter „alles besser zu wissen", rät Postai, der sich ein Freud-Zitat als Maxime gewählt hat: „Die Stimme der Vernunft ist leise."

„Aus meiner Sicht ist internationale Topmanagementberatung ein idealer Einstiegsjob für junge Universitätsabsolventen, die intellektuelle Herausforderungen suchen", lockt Klaus Hölbling, Senior Associate bei Booz Allen Hamilton. „Die Projektarbeit bietet die Möglichkeit, mit hervorragenden Kollegen in Teams zusammenzuarbeiten, von Anfang an große Verantwortung zu übernehmen und in unterschiedlichsten Aufgabenstellungen viel zu lernen. Insbesondere im Zuge des Ausbaus unseres jungen Wiener Teams bieten wir hervorragenden Kandidaten ausgezeichnete Einstiegs- und Entwicklungsmöglichkeiten."

Dass die Aufnahmesituation derzeit allerdings eine härtere und strengere ist, bestätigt auch Dr. Karin Stumpf von Deloitte Consulting im Gespräch mit „career.zbp": „Wichtig sind uns mehrere Abschlüsse, Reisebereitschaft und auch die Möglichkeit, dass man jemanden Kunden gegenüber sofort ‚verkaufen' kann."

Ausgezeichnete Brancheneinblicke bieten auf alle Fälle die zBp-Recruitingforen und die zBp-Wirtschaftsmesseplus, wo regelmäßig Top-Consulting-Unternehmen nach qualifizierten BewerberInnen Ausschau halten. Das zBp holt darüber hinaus regelmäßig renommierte Berater im Rahmen von Firmenpräsentationen an die WU; so stellten sich beispielsweise im vergangenen Semester McKinsey und die BCG vor.

Austro-Überblick

Im vergangenen Jahr wurden in Österreich von 3.800 Consulting-Unternehmen mit etwa 4.900 Beschäftigten rund 530 Millionen Euro erwirtschaftet.

Die geringeren Umsatzerwartungen für das Jahr 2002 erklären sich aus der Zurückhaltung der auftraggebenden Wirtschaft. Auch in der Politik werden Beraterhonorare eingespart, die Aufträge aus dem öffentlichen Bereich lassen derzeit zu wünschen übrig. Durch die steigende Zahl der Beratungsunternehmen ist zwar der Konkurrenzkampf (noch) härter geworden, wegen der kleinbetrieblichen Struktur in Österreich können aber stagnierende Umsätze leichter abgefedert werden. Immerhin rund 85 Prozent der heimischen Unternehmen sind Einzelberater.

zBp – Zentrum für Berufsplanung
1090 Wien
Augasse 2–6
Tel.: +43/1/313 36-49 68
Fax: +43/1/310 05 88
www.zbp.at
office@zbp.at

Der klassische Arbeitsablauf einer klassischen Werbeagentur

LOWE GGK

Thomas Plötzeneder
Lowe GGK

Kunde brieft Kundenberatung, Kundenberatung brieft Kreation.
Kreation zieht sich mit Briefing zurück. Denkt Tage (oder Wochen) nach und kommt dann mit kreativem TV-Spot oder kreativer Anzeige oder kreativem Plakat zurück. Kundenberatung geht damit zum Kunden und hofft, dass Kunde Okay gibt und letztendlich zahlt. Manchmal ist auch eine Promotion dabei oder ein Deckenhänger und ab und zu sogar ein Flagship Store oder ein Nummer-1-Hit im Radio.

So war das vor fünfzig Jahren. Damals waren nur ein paar Kreative im Stande, gute Sätze in schönen Buchstaben auf einem Blatt Papier abzusetzen oder Fotos in Layouts zu kleben.

Und so waren die, die es geschafft haben, den Vorteil eines Produkts in einen Zwei-Minuten-Spot zu bringen, automatisch die, die Kompetenz in dem hatten, was sie taten – Werbung erfinden.

Konsumenten waren irgendwie unkomplizierter, und das Angebot an Produkten war geringer.

Heute stehen Kunden unter ganz anderem Druck.
Sie haben gelernt, dass Werbung zwingender Bestandteil einer erfolgreichen Marketingstrategie ist, und sind auch bereit, ihr Geld in Werbung zu investieren – obwohl sie es oft eher als Ausgabe denn als Investition sehen.

Also nehmen sie sich eine Agentur.
Der schildern sie dann ihr Problem, und die Agentur hört gut zu und erzählt dem Kunden dann, wo das Problem liegt oder warum es nicht klappt mit dem glücklichen Konsumenten am anderen Ende der Leitung. Also schick sie einen Vertrag mit Honorarvorschlag und Preisliste und will ein schriftliches Briefing. Und dann zieht sie sich zurück. Und denkt nach. Nach drei Wochen (oder so) kommt sie zurück. In schwarzem Anzug und mit Laptop und Beamer. Sie hat lange nachgedacht und recherchiert. Die Nächte wurden durchgearbeitet, die Mitbewerberkommunikation wurde genau unter die Lupe genommen. Dank Research und Focus Group wissen sie jetzt auch mehr über den Konsumenten, und obwohl das Werbebudget eigentlich nicht groß genug ist, um etwas wirklich Tolles, Weltbewegendes zu machen, haben sie DIE Idee: ein TV-Spot (bitte dreißig Sekunden), dazu ein paar Anzeigen und für den Sommer ein Plakat. Weil die Agentur aber etwas moderner denkt, kann man sich die Spots auch im Internet downloaden und dabei etwas gewinnen. Diese neue Kampagne wird übrigens nicht im nächsten Monat die Umsätze nach oben schrauben, aber sie ist sooo nett und sympathisch und macht das Produkt zu einer Art Freund. Das sagen alle, die sie bis jetzt schon gesehen haben. Und wenn man nur konsequent genug bei der Kampagne bleibt, dann wird sie auch verkaufen. Das kann man auch belegen, nicht gleich mit Umsatz, aber vielleicht mit Bekanntheit und Frequenzmessung.

Jetzt ist die Agentur also glücklich und der Kunde notgedrungen auch.
Und wenn der Kunde ein Gremium ist, dann fängt er trozdem an, an der Kampagne zu zupfen. Denn jeder hat so seine Vorstellung von guter Werbung und erfolgreichem Verkaufen.

Er zupft also. So, dass sich dann die Agentur vielleicht nicht mehr ganz so wohl fühlt, der Kunde (der ja zahlt) aber dafür umso mehr.

Und so gibt's in der Werbung zwar theoretisch immer den gleichen Ablauf, aber die unterschiedlichsten Kunden mit den verschiedensten Produkten oder Dienstleistungen. Und das macht jeden Arbeitstag aufs Neue spannend.

Vom PR-Berater zum High Level Consultant

Mag. Christian Gehrer
ECC Publico Public Relations
& Lobbying

Neue Medien, Globalisierung, zunehmende Deregulierung und härterer Wettbewerb, verbunden mit abnehmender Markenbindung: In diesem Umfeld operieren heute Unternehmen, Organisationen und öffentliche Institutionen. PR-Berater haben sich dabei von „ersetzbaren" Schreibbüros zu wichtigen High Level Consultants entwickelt.

Nur wenige Berufsbilder waren in den letzten dreißig bis vierzig Jahren einem so starken Wandel unterzogen wie jenes des PR-Beraters. Die Anforderungen, die heute an die PR-Branche gestellt werden, haben sich grundlegend und weit über die seinerzeitige Definition von Öffentlichkeitsarbeit bzw. Public Relations hinaus gewandelt. Die einfache Formel: „Nimm eine Botschaft und transportiere sie über ein geeignetes Medium von Absender zu Empfänger" funktioniert nicht mehr. Längst vorbei sind die Zeiten, in denen von Unternehmensseite dann und wann ein PR-Arbeiter kontaktiert wurde, um einen Text, eine Presseaussendung, eine Pressemappe zu schreiben oder um eine Pressekonferenz zu organisieren. Und für diejenigen, die in der PR-Branche arbeiten, genügt es schon lange nicht mehr, einen Text verfassen zu können und ein paar „Journalistenfreunde" zu haben.

Denn nicht nur Unternehmen, sondern auch die Gesellschaft allgemein und damit jedes Individuum, alle bewegen sich in einem zunehmend undurchdringlichen Geflecht aus Werbeimpulsen, PR-Botschaften und anderen mehr oder weniger designten Informationen. Den Absendern von Botschaften stellt sich daher heute oft die Frage: Wer soll wann welche Informationen erhalten? Die korrekte Beantwortung dieser Frage, verbunden mit der Erkenntnis, dass unterschiedliche Zielgruppen mit individuell maßgeschneiderten Botschaften bedient werden müssen, kann in unserer Informationsgesellschaft von entscheidender Bedeutung für den Erfolg oder Misserfolg eines Projekts sein.

Den einzelnen Empfängern wiederum fällt es immer schwerer, die an sie gerichtete Botschaft dieser Informationsflut herauszufiltern. Sie sehnen sich nach professioneller Information, die ihren Bedürfnissen entsprechend aufbereitet wurde – und die auch erhältlich ist. Denn was nützt die beste Botschaft, wenn sie von den gewünschten Zielpersonen nicht wahrgenommen wird? Die entsprechenden Informationen müssen also mit größter Sorgfalt in jenen Kanälen transportiert werden, die von den Zielpersonen auch tatsächlich konsumiert oder besser „empfangen" werden.

Die Kommunikation ist heute keine Nebendisziplin mehr, sondern zentraler Bestandteil des strategischen Handelns von Unternehmen, Institutionen und Organisationen. PR-Berater haben sich somit von gelegentlich benötigten Schreibbüros zu High Level Consultants und höchsten Vertrauensträgern der Unternehmen und Institutionen entwickelt. Wer heute in der PR-Branche erfolgreich sein will, zeichnet sich vor allem durch zwei Eigenschaften aus: Professionalität und Flexibilität.

Professionelle PR-Berater beweisen sich im dynamischen Wettbewerb in erster Linie durch disziplinübergreifende Problemlösungskompetenz, Verständnis der Funktionsweisen der unterschiedlichen Märkte, schnelle Aufnahmefähigkeit und rasche Antizipation veränderter Rahmenbedingungen. Nicht zuletzt ist neben der fachlichen auch die soziale Kompetenz unverzichtbar, um das Vertrauen aller am Kommunikationsprozess Beteiligten zu gewinnen, zu erhalten und verantwortungsbewusst mit diesem Vertrauen umzugehen.

Die rasanten Entwicklungen in Gesellschaft und Wirtschaft verlangen von PR-Beratern darüber hinaus ein überdurchschnittlich hohes Maß an Flexibilität und permanenter Lernbereitschaft. Denn wer als PR-Berater im Umfeld von Globalisierung, neuen Medien und zunehmender kommunikativer Vernetzung erfolgreich sein will, muss lernen, Veränderungen als neue Chancen zu begreifen – und diese Chancen auch professionell wahrzunehmen.

Ein Tag im Leben eines Beraters

HPW Marketing Solutions

Dr. Anton Platt
HPW Marketing Solutions

Der Berufsstand der Berater ist mit vielen Vorurteilen behaftet. In maßgeschneiderten Designeranzügen und feinem Schuhwerk durcheilen sie die Flughäfen dieser Welt und jetten von einem Kunden zum anderen, wo sie hinter dicken Türen von dunkel getäfelten Boardrooms gemeinsam mit den CEOs der Topunternehmen Strategien aushecken, die die (Geschäfts-)Welt verändern.

Sicher, das gibt es. Für den Berater in einem inhabergeführten mittelständischen Consultingunternehmen sieht der Alltag aber doch recht anders aus. Natürlich ist gepflegtes Auftreten wichtig, und kein Profi wird sich beim Kunden hier eine Blöße geben. Ein wenig Farbe ist im Alltag aber durchaus erlaubt, und dann sollte man auch daran denken, dass die meisten Kunden einen Berater, keinen Dressman bestellt haben und sich nicht nur bei fashionablen Designern ausstatten.

Am nächsten an der Wirklichkeit ist wahrscheinlich die Vorstellung des von Termin zu Termin eilenden Consulters. Die Vielfalt der Aufgaben- und Themenstellungen erfordert nicht nur terminliche, sondern auch geistige Flexibilität. Von strategischen Überlegungen bis hin zu der Beschäftigung mit Datenbankdetails reicht die Aufgabenliste, die es abzuarbeiten gilt. Ein Umfeld, das den meisten Kunden nicht unbekannt sein dürfte.

Ein weiterer Unterschied zum Klischee: Der mittelständische Berater verbringt klarerweise viel Zeit beim Kunden oder mit Projektarbeit für Kunden. Da es die hierarchische Trennung über mehrere Ebenen vom Principal über den mehr oder weniger Senior Consultant bis zum Project Assistant in diesen Unternehmen nicht gibt, muss er dabei innerhalb eines Tages auf unterschiedlichen professionellen Ebenen tätig werden.

Dabei darf nicht übersehen werden, dass das eigene Unternehmen des Beraters ebenso zu führen ist. Gerade die Doppelfunktion als analytisch-distanziert arbeitender Berater und operativer Chef der eigenen Firma schafft Verständnis für die Situation und die realistischen Umsetzungsmöglichkeiten in den Kundenorganisationen.

Gerade im Consulting ist die strategische und betriebswirtschaftliche Führung, die Corporate Identity, das Marketing des eigenen Unternehmens sicherlich auch abhängig von der Fachrichtung des Beraters, ein wesentliches Kommunikationselement im Auftritt des Beraters. Oft verrät das Unternehmen des Beraters mehr über die Kompetenz als die Hochglanzbroschüre oder der nach allen Regeln der Kunst gestaltete Hightech-Webauftritt.

Die vielfältigen Anforderungen, das rasche Einstellen auf unterschiedliche Kundenanforderungen, das Arbeiten auf unterschiedlichen Ebenen und an inhaltlich verschiedenen Themen – vom Topmanagement bis zum Workfloor – machen den Tag des Consultants spannend und zur Herausforderung. Manche nennen es belastend, ich nenne es belebend.

Der Tag eines Beraters: Beruf(ung) Berater

Mag. Tília Stingl
de Vasconcelos

Wenn Sie die verfaulten Tomaten aus Ihrem Garten „Ausschuss" nennen oder sich nackt fühlen, wenn Ihr Laptop nicht an Ihrer Schulter hängt, wenn Sie denken, nur halbtags gearbeitet zu haben, weil Sie einmal schon um 21 Uhr im Hotel sind, wenn Sie sich am Freitagabend ärgern, weil Sie zu Hause auf Ihrem Polster keine Schokomünzen vorfinden, dann, ja dann sind Sie schon zu lange Berater.

Dieses besonders im englischsprachigen Raum bekannte Bonmot listet die Anzeichen dafür auf, dass jemand schon zu lange Zeit das Leben eines Beraters geführt hat. Der Witz geht weiter mit lustigen und „tragischen" Bemerkungen, die das Beraterleben sehr treffend beschreiben. Aber so traurig es auch ist, etwa feststellen zu müssen, dass man als Berater den Freundeskreis verliert – dieser Beruf kann, ist man einmal mit vollem Herzen dabei, zur Sucht werden. Der enge Kontakt zu interessanten Führungskräften, die tiefen Einblicke in spezielle Firmenprozesse, das Kennenlernen verschiedener Produkte und deren Erzeugung, all das macht das Leben eines Beraters sehr aufregend.

Ich wurde einmal gefragt, wie es denn so sei in meinem Beruf, was ich den ganzen Tag mache und unter welchen Bedingungen ich arbeite. Ich erzählte begeistert vom Kontakt mit den Kunden in Meetings und Workshops, über das Fliegen, über Teamarbeit und -konflikte, über Überstunden und vieles mehr. Als ich fertig war, schaute mich mein Gegenüber mit weit aufgerissenen Augen an, sagte erschüttert: „Das ist ja unmenschlich!" und fügte so etwas Ähnliches wie „Beraterunternehmen nützen die Naivität und die Arbeitswut mancher junger Berater aus" und verhielten sich „wie Sklavenhalter" hinzu. Das regte mich zum Nachdenken an. Ich hatte nie gedacht, bezüglich meiner Karriere jemals „naiv" gewesen zu sein.

Schließlich ist Naivität in der Beratungsbranche wenig angebracht. Wenn jemand Berater werden will, sollte er sich vorher genauestens erkundigen, was dieser Beruf mit sich bringt. Hat er es nicht getan, dann sind die ersten Arbeitsmonate mehr als ausreichend, um sich darüber klar zu werden, ob dieser Beruf für ihn auch Berufung ist. Ich jedenfalls habe noch keinen Job kennen gelernt – vom Fließbandarbeiter bis zum Vorstand einer großen AG –, den ich lieber machen würde als den eines Beraters. Zur gleichen Erkenntnis sind bisher alle meine Kollegen gekommen, die ich vor diese fiktive Wahl gestellt habe.

Doch trotz der Liebe zum Beruf wechseln viele Kollegen nach einigen Jahren Beratertätigkeit in andere Branchen. Die Strapazen des ständigen Reisens, das häufige Wechseln der Arbeitsumgebung und der Arbeitskollegen sowie die Schwierigkeiten, gleichzeitig ein Familienleben zu führen, sind häufig Gründe, einen anderen Job anzunehmen. Schließlich sind „Ex-Berater" in anderen Unternehmen sehr willkommen. Die Tatsache, dass sie bei unterschiedlichen Firmen analysierend und problemlösend tätig gewesen sind, und die daraus resultierende Erfahrung eröffnen ihnen und dem gewählten Unternehmen oft ganz neue Perspektiven.

Dann haben Sie einen neuen Job: Sie sind Manager, Controller, Geschäftsführer oder Selbständiger. Wahrscheinlich machen Sie weiterhin Überstunden, reisen umher und arbeiten gern im Team. Ein paar Feinheiten wie Ihr eigenes Büro oder mehr Zeit für Freunde und Familie oder sogar Ihr eigenes Sekretariat werden die kleinen, angenehmen Unterschiede zu Ihrem früheren Leben ausmachen. Ansonsten sind Sie weiterhin nichts Anderes als ein Berater.

Und wenn Sie auch in diesem Job zu einer prosperierenden Wirtschaft beitragen, indem Sie Erfahrungen austauschen, Fehler vermeiden und die Kommunikation fördern, wenn dabei Prozesse unter anderem auch im Sinne der Umwelt und der Mitarbeiter optimiert werden, wenn Ihre Frühwarnsysteme Pleiten abwenden helfen, dann, ja dann können Sie nie zu lange beratend tätig sein.

Gut beraten ...

Andrea Proprentner arbeitet seit rund einem Jahr im Consulting: Für sie ist die Branche spannend und abwechslungsreich.

Andrea Proprentner arbeitet vor allem im Bereich der Non-Profit-Organisationen erschienen 07/2002 im „career.zbp“

Sie ist 25 Jahre jung, hat Internationale Wirtschaftswissenschaften studiert und steht seit rund einem Jahr beruflich ihre Frau: Andrea Proprentner ist bei Focus Management Consulting als Junior Consultant im Einsatz. Das Unternehmen unterstützt seine KlientInnen bei der Wachstums- und Ertragssteigerung, der Reorganisation und Kostensenkung und bei Internationalisierungs- und Kooperationsstrategien.

Für die junge Kärntnerin bietet Focus Management Consulting jedenfalls einen spannenden, abwechslungsreichen und interessanten Job, der ihr so ganz nebenbei auch Spaß macht, obwohl es für sie nicht unbedingt ein Herzenswunsch war, nach dem Studium in die Consulting-Branche einzusteigen. Ihre zehn Semester an der Uni Innsbruck hat Proprentner auch genutzt, um sich beruflich zu orientieren. „Meine Ferienjobs habe ich eigentlich nie des Geldes wegen gemacht“, sagt sie und kann auf eine ganze Palette an interessanten Tätigkeiten verweisen: Beispielsweise war sie bei der Raiffeisenlandesbank in Klagenfurt tätig, absolvierte ein Praktikum bei einer Werbeagentur, verschaffte sich Einblick in die Wirtschaftskammer und sammelte Erfahrungen bei der österreichischen Außenhandelsstelle in Santiago de Chile. Das Studium selbst betrachtete die Neomanagerin als „Mittel zum Zweck“, um endlich das tun zu können, was sie eigentlich will: arbeiten und dabei möglichst etwas bewegen. Daher rät sie all jenen, die noch in den Hörsälen schwitzen müssen, das Studium möglichst flott und ohne Verzögerungen abzuschließen, „sonst verliert man irgendwann die Lust“.

Nachdem sie ihren Abschluss an der Uni Innsbruck in der Tasche hatte, begann sie über das zBp mit der Jobsuche. Für acht Jobs bewarb sie sich, acht Erstgespräche hatte sie zu absolvieren – eine Phase, die sie heute als sehr stressig beschreibt. Auf ihren jetzigen Arbeitgeber, Focus Management Consulting, stieß sie, da das Anforderungsprofil nahezu exakt zu ihrem Lebenslauf passte. Ihre Bewerbung verlief dann in drei Phasen: Zuerst gab es ein lockeres, ganz allgemeines Gespräch, dann ein Interview im Unternehmen, und abschließend hatte sie ein Fallbeispiel zu lösen, mit dem ihre Fähigkeiten abgecheckt wurden. Im Job ging es dann von 0 auf 100: Focus Management Consulting besteht aus einem kleinen Team, bei dem nicht viel Zeit für Schulungen vorhanden ist. Hier ist mehr „learning by doing“ angesagt, und Proprentner übernahm bereits nach einem halben Jahr die operative Verantwortung für ein eigenes Projekt. Heute arbeitet sie vor allem im Bereich Non-Profit-Organisationen/öffentliche Verwaltung. Dieser Themenbereich wird ihr wahrscheinlich nicht so bald langweilig – „in diesem Sektor wird oft aus Unwissen heraus sehr unprofessionell gearbeitet“ –, und ihr geht es schließlich darum, „Informationen effizient und effektiv aufzubereiten und damit die Managementprozesse für den Kunden zu verbessern“. Dabei kann und muss man sich einen tiefen Einblick in die Organisationen verschaffen: „Ich bin beispielsweise schon einmal bei einer Operation in einem OP in voller Montur dabei gewesen, um Prozesse zu beobachten und um die Kommunikation optimieren zu können“. Proprentner ist also keine reine Schreibtischtäterin, dafür ist sie auch viel zu neugierig auf den Rest der Welt: Kein Wunder, dass Sprachen, Reisen und fremde Kulturen zu ihren Leidenschaften zählen.

Ein Tag aus dem Leben eines Personalberaters

Mag. Doris Furthmayr,
Senior Consultant bei einem
Global Executive Search

Während ich meinen Mantel ablege, gehe ich in Gedanken das Ergebnis der letzten jobpilot-Umfrage durch: 63 Prozent der Befragten haben sich in den letzten sechs Monaten bei einer Personalberatung beworben. Ich frage mich, ob alle genau wissen, was sie dort erwartet.

Mein erster Blick fällt auf den Anrufbeantworter: sieben neue Nachrichten seit gestern Abend. Ich überprüfe meine E-Mails: 48 neue Bewerbungen – die Erfindung dieses Mediums hat unseren Tagesablauf noch schneller werden lassen. Ich verschaffe mir einen Überblick über den heutigen Tag: vier Kandidateninterviews, ein Kundentermin, eine Abendveranstaltung.

Und nun geht der „Run" gegen die Zeit los. Ich starte die Rückrufe, parallel kommen neue Anrufe von Bewerbern herein.

Höchste Aufmerksamkeit und viel Fingerspitzengefühl sind im Allgemeinen für den Personalberater von oberster Priorität. Einmal eine Telefonnummer falsch zu notieren oder bei vertraulichen Anrufen seinen Firmennamen zu nennen, das kann unangenehme und inakzeptable Folgen haben.

Es folgen vier Interviews. Hier gilt es, in optimaler Zeit so viel Informationen wie möglich von den Kandidaten zu erhalten, um am Ende des Gesprächs einen runden, umfassenden Überblick über folgende Fähigkeiten zu haben: Auftreten und Erscheinung, Persönlichkeit, Charaktereigenschaften, fachliches Know-how, privates Umfeld.

Routinemäßig frage ich nach Referenzen und hole diese auch prompt ein. Noch bevor ich zum Hörer greife, gehe ich im Geist nochmals die Fragen durch, die ich besonders abgeklärt haben möchte. Eine kompetente und professionelle Gesprächsführung ist bei der Referenzeinholung von besonderer Wichtigkeit, gilt es doch, dem Referenzgeber wesentliche Informationen zu entlocken. Dies wird besonders dann delikat, wenn ein/e Kandidat/in nicht ausschließlich in positiver Erinnerung geblieben ist. Da es offiziell verboten ist, eine negative Auskunft über ehemalige Mitarbeiter zu geben, gilt es bei diesen Telefonaten ganz besonders, seine Antennen auszufahren und zwischen den Zeilen zu lesen.

Ich kontaktiere vier ehemalige Vorgesetzte, um mein Bild über die einzelnen Kandidaten abzurunden. Ich erreiche einen, die anderen drei werde ich später nochmals anrufen – dranbleiben ist die stete Devise in der Personalberatung.

Ich mache mich auf den Weg ins Café Landmann. Diplomatie und Verhandlungsgeschick werden bei dem folgenden Gespräch von besonderer Wichtigkeit sein. Ich treffe mich heute mit dem Vorstand eines international tätigen Industrieunternehmens. Vor einem Monat war ich vom Eigentümer beauftragt worden, einen neuen Spartenleiter zu suchen, mit dem die ehrgeizigen Expansionsziele umgesetzt werden sollen. Der bekannt visionäre Eigentümer möchte frisches Blut in das bestehende Team bringen. Der Vorstand wiederum hat diese Position intern schon einem langjährigen Mitarbeiter seines Vertrauens zugesagt. Hier gilt es divergierende Meinungen zusammenzuführen.

Mein Kunde trifft ein, die präsentierten Kandidaten werden vertraulich besprochen: Dieser ist in den Augen des Vorstands etwas zu teuer, jener bringt noch nicht genügend Führungserfahrung mit. Die Situation ist schwierig. Ich verstehe den Vorstand und dessen Interessen, bin aber klar vom Eigentümer beauftragt. Ich muss eine Lösung finden, mit der beide Teile leben können. Ich unterbreite meinem Kunden folgenden Vorschlag: Ich führe mit dem internen Kandidaten ein identes Interview und speise ihn in die Suche ein. Unser gemeinsames Ziel sollte doch sein, dass der beste Kandidat der zukünftige Positionsinhaber wird. Mein Kunde zeigt sich erfreut, zufrieden verabschieden wir uns voneinander.

Für den heutigen Abend habe ich eine Einladung zum Cocktail der amerikanischen Handelskammer. Ich freue mich immer wieder aufs Neue, in informellem Rahmen bzw. bei interessanten Gesprächen neue Leute kennenzulernen und Ideen auszutauschen.

Ein Tag im Leben eines Beraters

Franz J. Heidinger, LL.M. (Virginia)

Alix Frank Rechtsanwälte KEG, Partner

ALIX FRANK
Rechtsanwälte KEG

Alix Frank Rechtsanwälte KEG
Schottengasse 10
1010 Wien
Tel.: +43/1/523 27 27
Fax: +43/1/523 33 15
austrolaw@alix-frank.co.at
www.alix-frank.co.at
www.lexandtax.at

7.30 Uhr
Kinder in die Schule bringen

8 Uhr
Besprechung mit dem Sekretariat

9 Uhr
Aufsichtsratssitzung

12 Uhr
Powerlunch

14 Uhr
Recherche zur Vorbereitung

15 Uhr
Strategiebesprechung

17.45 Uhr
Klientenbesprechung

18.10 Uhr
Aufarbeitung der Post

19 Uhr
Partnerbesprechung

20 Uhr
Terminkoord. für den nächsten Tag

Ein Studium allein ist noch keine Eintrittskarte auf das Beraterparkett

Mag. Cornelia Kührer

Gegen Ende des Studiums stellt sich für jeden Studenten die unausweichliche Frage: Was tun mit dem mühevoll angeeigneten Wissen? Wie es erfolgreich einsetzen? Der Großteil der Absolventen träumt von einer Zukunft im Consulting. Es ist nicht nur das überdurchschnittliche Gehalt, sondern der Wunsch nach einem abwechslungsreichen Beruf, wo einem die Welt offen zu stehen scheint.

Um in solch eine Position als Berater zu gelangen, gilt es jedoch, seinen zukünftigen Arbeitgeber von sich und seinen Begabungen zu überzeugen. Zu diesem Zeitpunkt sollte man sich bereits darüber im Klaren sein, welches Beratungsunternehmen für einen selbst in Frage kommt. Dazu benötigt man ausreichende Informationen, welcher Berater welche Art von Beratung anbietet. Denn allzu oft kommt es vor, dass aufgrund mangelnder Informationen die Bewerbung eines angehenden Managementberaters am Schreibtisch des Personalchefs einer IT-Beratung landet.

Tatsache ist, dass ein Großteil der Bewerber gar nicht weiß, welche Beratungsunternehmen in Österreich tätig sind. Zugegeben, die größten und bekanntesten – genannt Top Ten – kennt man bald einmal, aber was ist mit den vielen anderen, die vielleicht nicht in aller Munde sind? Bei diesen könnte sich vielleicht gerade der Job finden, den man schon so lange gesucht hat oder von dem man schon immer geträumt hat, oder?

Jemand, der in der heutigen Zeit glaubt, den richtigen Job über Stelleninserate aus diversen Tageszeitungen zu finden, befindet sich auf dem Holzweg. Interessante Stellen für AbsolventInnen und JungmanagerInnen werden bekanntlich nicht über Inserate in Tageszeitungen ausgeschrieben. Netzwerke und persönliche Kontakte sind nicht nur Schlagworte unserer Zeit, sondern unumgänglicher Nährboden für denjenigen, der nicht einer unter vielen Stellensuchenden sein will, sondern den optimalen Einstieg ins Berufsleben schaffen möchte.

Als Doppelabsolventin der Rechts- und Wirtschaftswissenschaften steuere ich geradewegs auf den Beratungsberuf zu. Zur Zeit bin ich zwar noch mit meinem Gerichtsjahr beschäftigt, jedoch schon bald werde wohl auch ich mich in der Beratung wiederfinden. Sei es die Rechtsberatung oder das, was man gemeinhin unter Consulting versteht.

Neben dem Studium arbeitete ich in einer Wirtschaftsprüfungskanzlei, um die allseits geforderte Praxiserfahrung auch tatsächlich nachweisen zu können. Allgemeinwissen und ganzheitliches Denken war mir immer genauso wichtig wie die Spezialisierung auf ein Teilgebiet – eigentlich fast noch wichtiger. Dadurch habe ich mir auch meine Flexibilität für zukünftige Arbeitgeber bewahrt und kann mich je nach Jobangebot und Interesse sowohl auf dem juristischen als auch auf dem wirtschaftswissenschaftlichen Parkett bewegen.

Neben Universität und Praxis habe ich mehrmals an diversen High-Potential-Wettbewerben teilgenommen. Ausschlaggebend war nicht nur, dass ich gewinnen wollte.

Die Case Study Competition „Be Consultant for a Day" im Jahr 2001 gewährte mir einen Tag lang Einblick in den Beraterallltag. Die Aufgabe bestand darin, eine Case Study eines imaginären maroden Unternehmens zu bearbeiten, Produktivitätspotenziale zu erarbeiten und die Sanierungsvorschläge einer zehnköpfigen Jury – bestehend aus Topmanagern der österreichischen Wirtschaft – zu präsentieren. Der Wettbewerb hat mir einerseits geholfen, Praxis hautnah zu erleben, andererseits konnte ich Entscheidungsträger und potenzielle Arbeitgeber kennen lernen.

Als Siegerin von „Create-IT", Österreichs größtem Ideengenierungswettbewerb im Jahr 2001, konnte ich mein Projekt, meine Ideen und Visionen vor mehr als 300 österreichischen Entscheidungsträgern aus Wirtschaft, Medien und Politik präsentieren. Es war ein unbeschreibliches Gefühl, vor dem Wirtschaftsminister zu referieren und anschließend die Siegerurkunde vom Generalsekretär der Industriellenvereinigung überreicht zu bekommen.

Vereine und Organisationen wie zum Beispiel Rotaract oder andere, wo junge Menschen zusammenkommen, um gemeinsam zu diskutieren und Spaß zu haben, gewähren einem angehenden Absolventen die Möglichkeit, seine Zeit sinnvoll – im Sinne der Kontaktpflege – zu nutzen.

Wie ich immer wieder aus eigenen Erfahrungen gelernt beziehungsweise von Freunden erfahren habe, sind es heute natürlich immer noch neben der Qualifikation in großem Maße einerseits die Art und Weise, wie man sich präsentiert, andererseits aber auch die Kontakte und Bekanntschaften zu Kollegen und Managern, die man bereits während der Studienzeit aufgebaut und gepflegt hat.

Was nützt es einem Absolventen, wenn er zwar hoch qualifiziert ist, es aber andere (Konkurrenten) gibt, die zwar ebenso qualifiziert sind, jedoch einem insofern etwas voraus haben, als nämlich persönlicher Kontakt zum Wunschunternehmen – in welcher Form auch immer – bereits besteht? Es ist vielmehr so, dass Personalchefs den Job lieber an Absolventen vergeben, die bereits in irgendeiner Form dem Unternehmen bekannt und daher eher einzuschätzen sind, als solchen, die als unbeschriebenes Blatt gelten und mit denen man ein gewisses Risiko eingeht. Absolventen haben derzeit mit Sicherheit keinen leichten Einstieg ins Berufsleben; aber der feste Wille, es zu schaffen, die Fähigkeit und das Wissen darüber, welche Möglichkeiten auszuschöpfen sind, und Ratgeber wie das „Yearbook Consulting" erleichtern den Einstieg ebenso wie der persönliche Kontakt zu denjenigen, die es bereits geschafft haben.

„Create IT": Mag. Cornelia Kührer bei der Präsentation ihres Businessplans.

Allen denjenigen, die wie ich am Anfang des Berufslebens stehen und für die unter all den Jobangeboten vielleicht auch noch nicht ganz das Richtige dabei war, wünsche ich viel Erfolg.

Curriculum Vitae

Ausbildung:
- Studium der Rechtswissenschaften
- Studium der Wirtschaftswissenschaften
- Gerichtsjahr

Praxiserfahrung:
- Wirtschaftsprüfungskanzlei-Assistenz
- Projektmanagement
- Praktika in Rechtsanwaltskanzleien

studienbegleitende Aktivitäten
- Siegerin des Ideengenerierungswettbewerbes „Create IT", Dezember 2001
- Preisträgerin „Be Consultant for a Day", Mai 2001

Traumjob Consulting
The Way to Success

Mag. Philipp M. Polterauer

Die Beratungsindustrie ist von wirtschaftszyklischen Schwankungen betroffen wie kaum eine andere Dienstleistungsbranche. Paradox, mag man denken, bräuchten Firmen doch genau in schlechten Zeiten guten Rat. „Guter Rat ist teuer" heißt es, und das ist auch der simple Grund dafür, dass man an allen Ecken und Enden sparen muss. Geld für Beratungsunternehmen ist da meist nicht mehr viel übrig.

Doch nicht nur die Berater bekommen das zu spüren, sondern auch Absolventen von Universitäten, die gern in diese reizvolle Branche einsteigen wollten, sind davon betroffen und haben Schwierigkeiten, eine Anstellung zu finden. Diese Zeit des Übergangs bietet einem aber auch große Chancen.

Sie bietet die Möglichkeit, Dinge zu erledigen, für die man neben dem Studium oder den Praktika keine Zeit hatte. Hier ein paar Tipps für Absolventen, die sich in einer ähnlichen Situation befinden wie ich derzeit.

Jeder sollte sich klar werden, was denn seine Ziele sind. Firmenpräsentationen, so genannte Workshops und natürlich Praktika bieten eine gute Möglichkeit, sich ein Bild davon zu machen, was und wie Beratung tatsächlich ist.

Ein weiterer Schritt ist die Identifizierung der richtigen Unternehmen. IT-, PR-, Finanz- oder Unternehmensberatung, Strategie oder Implementierung, international, regional, welche Branchen, Unternehmensphilosophie, Gehalt, Größe, Standort, Kunden etc. sind Facetten, die Beratungsunternehmen voneinander unterscheiden. Das vorliegende „Yearbook Consulting" gibt Absolventen erstmals die Möglichkeit, sich zu orientieren, und wird bei der Unternehmenswahl eine große Hilfe sein.

Weiters sollte man die Zeit nutzen, sich mit Hilfe von Kursen weiterzubilden, Lücken zu füllen, die die Universität noch offen gelassen hat, wie zum Beispiel Sprachen, EDV, Recht, Kultur, BWL – oder andere Aspekte, die einen wirklich interessieren, auch wenn die Sachbereiche nichts mit dem ursprünglichen Studium zu tun haben. Auch eine Dissertation ist eine Variante, diese Zeit zu überbrücken, sich in einem Gebiet zu spezialisieren.

Weiterbildung muss jedoch nicht immer akademisch gemeint sein. Reisen sind eine zwar nicht immer günstige Art, dazuzulernen, aber besonders wertvolle Erfahrungen, für die während des Berufiebens dann meist eher wenig Zeit bleibt.

Als letzten, aber äußerst wichtigen Punkt sehe ich die Identifizierung des eigenen Netzwerks an. Man kontaktiert zum Beispiel Kollegen von Praktika, Professoren, Berater, Freunde, andere Studenten, Jobvermittler auf der Uni, Alumni etc. Diese Personen haben oft hilfreiche Tipps, wissen über die Lage in Unternehmen Bescheid, können einem vielleicht ein Praktikum vermitteln oder suchen sogar selbst Mitarbeiter.

Mit diesem Artikel möchte ich allen Absolventen Mut machen, die Zeit zwischen Abschluss und Berufseinstieg möglichst sinnvoll zu nutzen, bis wieder bessere Zeiten anbrechen.

Alles Gute mit diesem Buch, das mit rund 200 gelisteten Unternehmen eine breit gefächerte Auswahl bietet, einen Arbeitgeber zu finden.

The Way to Success

Ausbildung:
- Abschluss BWL – Studium an der Wirtschaftsuniversität Wien
- Diplomarbeit über „Erfolgsfaktoren mobiler Anwendungen"
- zusätzliche Seminare in Harvard, University of North Carolina, Wake Forest University, Oxford International Business English Certificate

Erfahrung:
- Praktika im In- und Ausland bei ADL, PwC Consulting, Merrill Lynch, Ogilvy, Mobilkom Austria, Young & Rubicam und anderen

zusätzliche Aktivitäten
- Preisträger mehrerer Managementwettbewerbe
- Marathonläufer, Golf Hcp 4, Skifahren, Fitness

Sprung ins kalte Wasser

Strategien für einen erfolgreichen Berufseinstieg in die Beratung

Zorica Damjanovic
angehende Absolventin der Betriebswirtschaftslehre

„63 Prozent der Studenten haben sich in den letzten sechs Monaten bei Beratungsunternehmen beworben." Das ist das Ergebnis einer breit angelegten Studie, die von jobpilot durchgeführt wurde. Nun, zu diesen 63 Prozent darf ich mich wohl auch zählen.

Erfreulich einerseits, dass dermaßen viele Kollegen ihre Interessen mit mir teilen und ihre berufliche Zukunft in derselben Sparte sehen wie ich.

Bedenklich andererseits, dass gemäß dem oben angeführten Anteil nahezu drei Viertel meiner Studienkollegen direkte Konkurrenten in Bezug auf die begehrten Arbeitsplätze bei Unternehmensberatungen darstellen. So mag es nämlich bei oberflächlicher Betrachtung aussehen. Durch Gespräche mit Kollegen bewahrheitet sich jedoch immer wieder die Tatsache, dass sich das breite Spektrum an Schwerpunkten und Dienstleistungen innerhalb der Consultingunternehmen in den Interessen und Schwerpunkten der Studierenden widerspiegelt. Folglich gilt es also den perfekten Match zwischen den eigenen Kenntnissen und Fertigkeiten und den spezifischen Ansprüchen der Dienstgeber herzustellen. Denn erst dann kann das Arbeitsverhältnis für beide Seiten zufrieden stellend sein. Aus diesem Bewusstsein heraus ergibt sich klarerweise das Bedürfnis nach adäquater und akkurater Information.

Während Kollegen, die ihre berufliche Zukunft bei einem der Big Player im Beratermarkt (BCG, A. T. Kearney, Cap Gemini Ernst & Young, McKinsey etc.) sehen, relativ einfach an Informationen über ihre Wunscharbeitgeber kommen, haben es jene, die ihre Jobperspektive auf die kleineren spezialisierten Unternehmensberatungen ausrichten, ungleich schwerer, an relevante Daten zu kommen. Erstere werden unter anderem mit regelmäßigen Firmenpräsentationen, Vorträgen und Workshops auf der Uni bedient, während letztere nur mit viel Recherchearbeit und Zeitaufwand eruieren können, ob ein Unternehmen als potenzieller Arbeitgeber in Frage kommt. Und dies alles trotz Internet und der Tatsache, dass de facto alle Unternehmen mit einem Webauftritt vertreten sind. Das Problem liegt vielmehr in den uneinheitlichen Präsentationen der Unternehmen, genauer der unterschiedlichen Breite und Tiefe des Informationsangebots auf den jeweiligen Homepages, was jeglichen Vergleich unterbindet. Nichtsdestotrotz erhält man auch über die Art, wie sich ein Unternehmen im Netz präsentiert, wichtige Eindrücke.

Trotz der eben gezeigten Problematik muss der Start in die Beraterlaufbahn nicht einem Sprung ins kalte Wasser gleichen. Intensives Networking erweist sich hier als probates Mittel, durch viele persönliche Kontakte nicht nur relevante Informationen zu generieren, sondern auch gleich Einstiegsbarrieren abzubauen. Wie im alltäglichen Leben profitiert man auch im Berufsleben von persönlichen Kontakten, wenn man sie rechtzeitig hegt und pflegt. Hiezu sind offizielle Recruitingveranstaltungen wie zum Beispiel die zBp-Wirtschaftsmesse an der WU geeignet, insbesondere aber auch Gruppen wie das Center of Excellence an der WU-Wien. Als ständige Einrichtung für Studenten mit überdurchschnittlichen universitären Leistungen bietet das CoE seinen Teilnehmerinnen und Teilnehmern Gelegenheit, vielfältige Kontaktnetze innerhalb und ausserhalb des CoE zu spinnen und Einblicke in diverse Unternehmen zu gewinnen.

Abseits von offiziellen und inoffiziellen Kontaktbörsen für die Consultingbranche muss jeder Studierende reflektieren, in welchem Bereich genau seine Stärken, Fähigkeiten und Interessenschwerpunkte liegen. Erst dann kann er überlegen, bei welcher Unternehmensberatung er diese verwirklichen will, und anschließend gezielt Öffentlichkeitsarbeit für sich selbst betreiben.

So ist es für die Unternehmen durchaus von Vorteil, ihre exakten Betätigungsfelder und Anforderungen an die Bewerber dermaßen transparent darzulegen, dass den Jobsuchenden die Identifizierung des potenziellen Arbeitgebers mit Sicherheit gelingt.

Auf dem Weg zum Traumjob

Wer suchet, der findet? Beratungsunternehmen und ihr Image aus studentischer Sicht

Barbara Nothegger

Eine aktuelle Umfrage unter Studierenden der Wirtschaftsuniversität Wien zeigt, dass Management Consulting ungebrochen den ersten Platz der Branchen einnimmt, in denen Studenten am liebsten arbeiten möchten. Ein erster Platz, der mit deutlichem Abstand vor den anderen Branchen liegt.

Universum Communications (Schweden) führt jährlich Umfragen an allen europäischen Wirtschaftsuniversitäten, unter denen auch die WU Wien vertreten ist, durch. Wunschunternehmen Nummer eins in Österreich – wie auch in Gesamteuropa – ist gemäß dieser Studie McKinsey, sowohl im Jahr 2002 als auch im Jahr zuvor. Und unter den ersten sechs Rängen befinden sich sogar vier internationale Beratungsunternehmen.

Was aber gilt es nun zu tun, um auch wirklich zu dem Beruf zu kommen, den man gern ausüben möchte, nämlich den des Unternehmensberaters? Die Hard Skills erlernen und sich Soft Skills aneignen. Sich für ein wirtschaftliches Studium entscheiden und eine einschlägige Spezialisierung im Laufe des Studiums wählen. Das breite Angebot an Gesprächsrunden und Firmenpräsentationen der Uni nutzen. Praktika bei potenziellen Arbeitgebern absolvieren. Auslandserfahrung in Form von Auslandsstudium und Praktika im Ausland machen. Kontakte knüpfen. Networken. Und sich Fähigkeiten wie soziale Kompetenz, sicheres Auftreten, Kommunikationsfähigkeit und kulturelle Kompetenz aneignen. Die Liste ist lang, allerorts bekannt und kann natürlich nach Belieben erweitert werden. Und doch gibt es viele Studenten, die sich durch eine kurze Studienzeit, gute Erfolge während des Studiums, viel Erfahrung durch Praktika und Auslandsaufenthalte plus zusätzliche Qualifikationen wie das Beherrschen mehrerer Sprachen, durch Kommunikationstalent und soziale Kompetenzen auszeichnen. Trotzdem scheint für die meisten Studierenden der Einstieg in die Consultingbranche schwierig zu sein.

Beratungsunternehmen haben bei Studierenden ein gutes Image. Und das, obwohl in den letzten Jahren die Beraterbranche durch Skandale in die Schlagzeilen geraten ist. Das beweist zweifelsohne der anhaltende Wunsch vieler Studenten, im Consulting tätig zu werden. Die Vorstellung von einem hohen Gehalt, herausfordernden Aufgaben und einer internationalen Karriere lässt das Herz der meisten Wirtschaftsstudenten höher schlagen.

Und der Beruf des Beraters scheint diese Erwartungen zu erfüllen. Doch auf dem Weg zum Einstieg in ein Beratungsunternehmen wird sich jeder Studierende früher oder später Fragen stellen: Wird die Profession des Beraters meinen beruflichen Zielen gerecht? Entsprechen meine eigenen Fähigkeiten den Anforderungen der Realität? Kann ich meine persönlichen Ziele mit der Arbeit als Berater vereinbaren? Und: Kommt dieses bestimmte Beratungsunternehmen für mich in Frage? Ein gutes Image allein liefert keine Antworten.

Vielmehr wird deutlich, dass es an konkreter Information über Consultingfirmen fehlt. Bei der Suche und Auswahl eines zukünftigen Arbeitgebers ist ein gutes Firmenimage durchaus ein Grund, sich bei einem bestimmten Unternehmen zu bewerben. Trotzdem ist es für viele Arbeitssuchende weitaus wichtiger zu wissen, in welchen Beratungsfeldern das Unternehmen tätig ist, welche Entlohnungsformen angeboten werden, wie gearbeitet wird und welche Unternehmenskultur das Unternehmen hat, um eine Entscheidung treffen zu können. Dazu kommt, dass sich Beratungsleistungen auf so viele verschiedene Segmente beziehen und oftmals der Pfad der Spezialisierung eingeschlagen wurde. Es sollte daher einen viel besseren Überblick über bestehende Consultingfirmen geben und der Kontakt zu Studenten vertieft werden, sodass Studierende Kenntnisse über den Status quo und die Perspektiven in der Branche haben. Dies gilt besonders für kleine und mittlere Betriebe, die doch einen Großteil der in Österreich tätigen Unternehmensberater ausmachen und dennoch in der (studentischen) Öffentlichkeit fast nicht präsent sind.

Notizen:

Unternehmensprofile

13

DCM

4e Event Entertainment GmbH

EXECUTIVE . EVENT . ENTERTAINMENT . ENTERPRISE

Ferdinandstraße 2/39
1020 Wien

Ansprechpartner:
Daniel Fuchs

Geschäftsführung:
Daniel Fuchs
David Junger

Gründungsjahr:
2002

Verbandszugehörigkeiten:
WKÖ

Tel.: +43/1/955 14 66
+43/1/955 14 67
Fax: +43/1/955 14 68
E-Mail:
ofice@4-e.at
daniel.fuchs@4-e.at
david.junger@4-e.at
Homepage:
www.4-e.at

Mitarbeiter gesamt: 8
davon Partner: 2
davon Consultants: 2

Operativ tätig in den Staaten
Österreich
Deutschland
Schweiz
andere europ. Staaten
USA
Südamerika

Niederlassungen
Österreich

Tätig in folgenden Branchen
Energiewirtschaft
Verkehr/Transport
Nahrungsmittel/Getränke
Chemie/Pharma
Gesundheitswesen
Finanzdienstleistungen
Tourismus
Telekommunikation
Informationstechnologie
Elektronik
Handel
Non-Profit-Organisationen
öffentlicher Sektor
Medien/Unterhaltung
sonstige

Marketing/PR
Marketingstrategie
Marketingkonzepte
Onlinemarketing
Databasemarketing
Direktmarketing
PR-Beratung
Lobbying/Networking
Sponsoring
Publikationen/Firmenzeitschr.
Multimedia
Werbung
sonstiges

Anzahl der eingestellten Berater pro Jahr
2

Voraussetzungen für eine Bewerbung
Matura mit mehrjähriger Praxiserfahrung, Fachhochschule, Wirtschaftsstudium

Einstiegsgehalt für Berater
k. A.

Leistungsprofil
- Event Management & Marketing
- Event Consulting
- Event Entertainment (Management & Consulting)
- Sponsoring & Werbung (in Kultur, Spitzensport und Wirtschaft)
- Entwicklung & Umsetzung von Sponsoringstrategien
- International Executive Events (VIP Incentives)
- diverse Outsourcing Services

Referenzen
Mittel- und Großunternehmen (Top 500),
Profi-Sportklubs & Verbände;
siehe www.4-e.at

AUSTRIAN BUSINESS AGENCY
Österreichs offizieller Ansiedlungsberater

Austrian Business Agency

Opernring 3
1010 Wien

Ansprechpartner:
Dr. René Siegl

Geschäftsführung:
Dr. René Siegl

Gründungsjahr:
1982

Tel.: +43/1/588 58-0
Fax: +43/1/586 86 59
E-Mail:
office@aba.gv.at
Homepage:
www.aba.gv.at

Mitarbeiter gesamt: 25

Operativ tätig in den Staaten
Deutschland
Schweiz
andere europ. Staaten
USA
Asien

Niederlassungen
USA
Asien

Tätig in folgenden Branchen
Non-Profit-Organisationen

Leistungsprofil
Die Austrian Business Agency (ABA) ist in Österreich die erste Adresse für ausländische Investoren. Die im Eigentum der Republik Österreich stehende Gesellschaft für Betriebsansiedlung berät internationale Investoren bei allen standortrelevanten Fragen, informiert über den Wirtschaftsstandort Österreich und spricht aktiv potenzielle Investoren an.

ABBV GmbH

Mariahilfer Straße 77–79/7
1060 Wien

Ansprechpartner:
Ing. Peter Bach

Geschäftsführung:
Alfred Bach

Gründungsjahr:
1982

Verbandszugehörigkeiten:
UITP

Tel.: +43/1/894 34 98
Fax: +43/1/894 34 98-19
E-Mail:
office@abbv.at
Homepage:
www.abbv.at

Mitarbeiter gesamt: 10
davon Consultants: 4

Operativ tätig in den Staaten
Österreich

Niederlassungen
Österreich

Tätig in folgenden Branchen
Verkehr/Transport
öffentlicher Sektor

Managementberatung
Sanierung

Informationstechnologie
Datenbanken
Internet/Intranet

Leistungsprofil
Unternehmensberatung im Bereich Personen- und Güterbeförderung: Fahrplanung, Wageneinsatzplanung, Dienstplanung, Kosten-Nutzen-Analyse
Verkehrsplanung: Planungen im öffentlichen Personennahverkehr (ÖPNV) für Verkehrsverbünde, Länder, Gemeinden, Unternehmen

abraham & abraham
your partner for intercultural competence

abraham & abraham, your partner for intercultural competence

Gallmeyergasse 1
1190 Wien

Ansprechpartner:
Martin Avi Abraham

Geschäftsführung:
Mag. Priya Abraham,
Martin Avi Abraham

Gründungsjahr:
1997

Verbandszugehörigkeiten:
WKOE, AICC, OEAGG, IACCM

Tel.: +43/1/367 91 00-0
Fax: +43/1/367 91 00-20
E-Mail:
office@abraham.at
Homepage:
www.abraham.at

Mitarbeiter gesamt: 15
davon Partner: 2
davon Consultants: 15

Operativ tätig in den Staaten
Österreich
Deutschland
Schweiz

Tätig in folgenden Branchen
Energiewirtschaft
Verkehr/Transport
Maschinenbau
Nahrungsmittel/Getränke
Chemie/Pharma
Gesundheitswesen
Finanzdienstleistung
Tourismus
sonstige Dienstleistungen
Telekommunikation
Informationstechnologie
Elektronik
Non-Profit-Organisationen
Medien/Unterhaltung
sonstige

Managementberatung
Organisationsberatung
Change Management
sonstiges

Human Resources
Assessment Center
Personalentwicklung
Coaching
Managementtraining
Seminare/Workshops
Moderation/Mediation

Leistungsprofil

Das Unternehmen Abraham & Abraham ist seit 1997 als Consulting- und Trainingsinstitut im Bereich Interkulturelles Management spezialisiert. Im Rahmen unseres internationalen Netzwerkes konzipieren und implementieren wir Programme zur Interkulturellen Organisationsentwicklung sowie Schulungs- und Trainingsmaßnahmen zu Interkultureller Kommunikation. Zu unseren Klienten zählen internationale sowie international orientierte österreichische Unternehmen. Darüber hinaus halten wir Lehraufträge an nationalen Akademien und Fachhochschul-Studiengängen.

accenture

Innovation delivered.

Börsegebäude,
Schottenring 16
1010 Wien

Ansprechpartner:
Geschäftsführung

Geschäftsführung:
DDr. Ayad Al-Ani
Wolfgang Gattermeyer
Dr. Friedrich Huber
Mag. Klaus Malle
DI Mag. Roland Smertnig
Dr. Gregor Wick

Seniorpartner:
diverse mit unterschiedlichen Branchen- und Themenschwerpunkten

Gründungsjahr:
1989

Verbandszugehörigkeiten:
k. A.

Tel.: +43/1/205 02-0
Fax: +43/1/205 02-1
E-Mail:
info-at@accenture.com
Homepage:
www.accenture.at
www.accenture.com

Mitarbeiter gesamt:
ca. 75.000 weltweit
davon Partner:
ca. 2.700 weltweit

Honorarumsatz:
11,57 Mrd. US-Dollar weltweit

Operativ tätig in den Staaten
Österreich
Deutschland
Schweiz
andere europ. Staaten
Weltweit

Niederlassungen
Österreich
Deutschland
Schweiz
andere europ. Staaten
USA
Südamerika
Asien
Afrika
Australien

Tätig in folgenden Branchen
Energiewirtschaft
Verkehr/Transport
Maschinenbau
Nahrungsmittel/Getränke
Chemie/Pharma
Gesundheitswesen
Finanzdienstleistung
Tourismus
Telekommunikation
Informationstechnologie
Elektronik
Handel
Non-Profit-Organisationen
öffentlicher Sektor
Medien/Unterhaltung

Managementberatung
Strategieberatung
Organisationsberatung
Technologie- und Innovationsb.
Operative Beratung
Prozessoptimierung
Change Management
Produktivitätssteigerung
Logistik
Controllingsysteme
Informationsmanagement
Managementsysteme
Outsourcing
Interimsmanagement
Reorganisation/Restruktur.
Sanierung

Informationstechnologie
IT-Strategien
Informationsmanagement
Managementinformationssyst.
Workflow Management/Systeme
Datenbanken
Data Warehouse
E-Commerce
Internet/Intranet
Systemevaluierung
Multimedia
Netzwerkkonzepte/Lösungen
Client/Server
Programmierung
Softwareentwicklung
IT-Outsourcing
IT-Sicherheit
SAP-Beratung/-Einführung

Human Resources
Personalmanagementsysteme
Vergütungssysteme
Outsourcing

Corporate Finance
Strategische Allianzen
Fusionen
Due Diligence
Ausgliederungen
Businesspläne
Finanzierungskonzepte

Anzahl der eingestellten Berater pro Jahr
bedarfsabhängig bis zu mehreren Tausend weltweit

Voraussetzungen für eine Bewerbung
bedarfsabhängig

Einstiegsgehalt für Berater
abhängig von Ausbildung und ggf. Berufserfahrung

Leistungsprofil
Accenture ist der weltweit führende Management- und Technologie-Dienstleister. Mit dem Ziel, Innovationen umzusetzen, arbeitet Accenture zusammen mit seinen Kunden an der Realisierung von Visionen, um damit eine spürbare Wertsteigerung zu erzielen. Umfassendes Branchenwissen, international zusammengestellte Teams und erwiesene Erfahrung im Beratungs- und Outsourcinggeschäft versetzen Accenture in die Lage, die richtigen Mitarbeiter, Fähigkeiten, Allianzen und Technologien zusammenzubringen. Mit über 75.000 Mitarbeitern in 47 Ländern erwirtschaftete das Unternehmen im vergangenen Fiskaljahr (zum 31. August 2002) einen Nettoumsatz von 11,57 Milliarden US-Dollar.

Referenzen
Accenture arbeitet weltweit für 84 Unternehmen der „Fortune Global 100“, im deutschsprachigen Raum u. a. für Bank Austria Creditanstalt, BASF, Bayer, BMW Williams F1, DaimlerChrysler, Degussa, Deutsche Bahn, Deutsche Telekom, Deutsche BM für Finanzen, Dresdner Bank, Erste Bank, Henkel, HypoVereinsbank, LBK Hamburg, Metro C&C

ACS Vienna / ACS Moschner & Co GmbH

Operativ tätig in den Staaten
Österreich
Deutschland
Schweiz
andere europ. Staaten
USA
Südamerika
Asien
Australien

Niederlassungen
Österreich
Deutschland
Schweiz
andere europ. Staaten
USA
Südamerika
Asien
Australien

Tätig in folgenden Branchen
Verkehr/Transport
Maschinenbau
Nahrungsmittel/Getränke
Chemie/Pharma
Finanzdienstleistung
Tourismus
sonstige Dienstleistungen
Telekommunikation
Informationstechnologie
Elektronik
Handel
sonstige

Managementberatung
Strategieberatung
Reorganisation/Restruktur.
Sanierung

Corporate Finance
Strategische Allianzen
Unternehmenskauf und -verkauf
Joint Ventures
Beteiligungen
Fusionen
Due Diligence
Ausgliederungen
Unternehmensnachfolge
MBO/MBI
Businesspläne
Finanzierungskonzepte
Investorensuche
Verhandlungsführung
sonstiges

Anzahl der eingestellten Berater pro Jahr
ACS gesamt: 2–3
Gruppe gesamt: 15–20

Voraussetzungen für eine Bewerbung
mehrjährige Erfahrung in Industrie, vorzugsweise in leitender Funktion, Qualifikation als Unternehmensberater oder Vergleichbares

Wiesingerstraße 6/7
1010 Wien

Ansprechpartner:
DDr. Manfred Moschner

Geschäftsführung:
DDr. Manfred Moschner

Gründungsjahr:
1989

Verbandszugehörigkeiten:
WHK Wiener Handelskammer

Tel.: +43/1/513 88 50
Fax: +43/1/513 78 56
E-Mail:
acs@acsvienna.com
Homepage:
www.acsvienna.com

Mitarbeiter gesamt:
Wien: 8
ACS gesamt: 40
Gruppe insgesamt: ca. 600
davon Partner:
ACS Wien: 3
ACS gesamt: 16
Gruppe gesamt: 280
davon Consultants:
ACS Wien: 3
ACS gesamt: 23
Gruppe gesamt: ca. 380

Leistungsprofil
Beratung bei Kauf und Verkauf von Unternehmen, Betrieben und Beteiligungen, Strategische Planung, insb. von Akquisitionen, Implementierungsberatung, Post-Merger-Integration, Eigenkapitalaufbringung / Fund Raising für Unternehmen von Seed Capital bis Pre-IPO, Venture Capital and Private Equity, Sanierungsmanagement, Portfoliobewertung und Management für außerbörsliche Beteiligungen

ACUBATE Information Technology GmbH

Stuckgasse 9/1
1070 Wien

Ansprechpartner:
Alessandro Grimaldi

Geschäftsführung:
Alessandro Grimaldi,
Norbert Presslaber

Gründungsjahr:
2001

Verbandszugehörigkeiten:
WKO

Tel.: +43/1/524 53 03-22
Fax: +43/1/524 53 03-99
E-Mail:
office@acubate.com
Homepage:
www.acubate.com

Mitarbeiter gesamt: 25
davon Consultants: 5

Operativ tätig in den Staaten
Österreich
Deutschland
Schweiz
andere europ. Staaten

Niederlassungen
Österreich
andere europ. Staaten

Tätig in folgenden Branchen
Energiewirtschaft
Verkehr/Transport
Maschinenbau
Chemie/Pharma
Gesundheitswesen
Finanzdienstleistung
sonstige Dienstleistungen
Telekommunikation
Informationstechnologie
Elektronik
Handel
öffentlicher Sektor
Medien/Unterhaltung
sonstige

Managementberatung
Technologie- und Innovationsb.
Informationsmanagement

Informationstechnologie
IT-Strategien
Informationsmanagement
Managementinformationssyst.
Workflow Management/Systeme
Datenbanken
Data Warehouse
E-Commerce
Internet/Intranet
Systemevaluierung
Netzwerkkonzepte/Lösungen
Programmierung
Softwareentwicklung
IT-Outsourcing
sonstiges

Anzahl der eingestellten Berater pro Jahr
dynamisch

Voraussetzungen für eine Bewerbung
Pioniergeist, Kundenorientierung, Lösungskompetenz, Erfahrung & Kreativität, zwei Ausbildungen

Einstiegsgehalt für Berater
individuell

Leistungsprofil
ACUBATE ist ein unabhängiges Kompetenzzentrum für Informationstechnologie. Im Auftrag unserer Kunden erforschen, entwerfen, prüfen und bewerten wir innovative Produktideen und Systemlösungen. Dabei betrachten wir Relevanz, Stichhaltigkeit und Potenzial dieser Lösungen. Darüber hinaus bieten wir:
- Forschung & Entwicklung von Informationstechnologie
- Testlabor für Software, Datenbanken und Servertechnologie
- Implementierung & Zusammenführung heterogener Systeme
- Produktentwicklung, Produktmanagement

Referenzen
Bayer – Testsysteme
Bosch – DOKUworld (DMS)
EU-Copernicus 708
IAEA (UNO) – MedicView
Oracle – DB Betatest (8i)
Philips – Zeitkontrollsystem
Shell – Warenwirtschaft
Telekom Slowenien – IMF
RedHat – Beta Test (Office)

Ad-Consulting – Peter Burian

Operativ tätig in den Staaten
Österreich
Deutschland
andere europ. Staaten

Tätig in folgenden Branchen
sonstige Dienstleistungen
sonstige

Managementberatung
Interimsmanagement
Sanierung

Marketing/PR
Marketingstrategie
Marketingkonzepte
Corporate Identity/Design
Marktforschung
Imageanalysen
Direktmarketing
Standortanalyse
PR Beratung
Lobbying/Networking
Publikationen/Firmenzeitschr.
Werbung

Wollzeile 33
1010 Wien

Ansprechpartner:
Peter Burian

Geschäftsführung:
Peter Burian

Gründungsjahr:
1992

Verbandszugehörigkeiten:
VMÖ, IAA

Tel.: +43/1/513 91 74
Fax: +43/1/512 24 82
E-Mail:
peter.burian@t-online.at

Mitarbeiter gesamt:
Einzelunternehmen

Leistungsprofil
Ad-Consulting / Peter Burian hat sich zur Aufgabe gemacht, die Beratung für die Bereiche Werbung, Marketing und Kommunikation – mit 15 Jahren Erfahrung in diesem Markt in West- und zehn Jahren in Osteuropa – als Full-Service-Angebot abzudecken. Besonderes Augenmerk lege ich auf die Unterstützung von Unternehmen und deren Marketingaufgaben und Bemühungen in Zentral- und Osteuropa (CEE). Hier vor allem in der Region der zehn neuen Mitglieder der EU. Unterscheidung zu anderen Consultern ist, dass ich aktiv an der operativen Umsetzung der Pläne als Change Manager mitarbeite.

Referenzen
b|com3 global operation Zürich, Leo Burnett Budapest, D'Arcy Avenue Budapest, Lowe & Partners Frankfurt, GM/LB Zagreb, MUV Bratislava

Arthur D. Little Austria GmbHAG Media GmbH

Arthur D Little

Kärntner Straße 51
1015 Wien

Ansprechpartner:
Dr. Christian Weigel

Geschäftsführung:
Dr. Gerrit Seidel

Gründungsjahr:
1886

Tel.: +43/1/515 41-0
Fax: +43/1/515 41-23
E-Mail:
ADLittle.Vienna@adlittle.com
Homepage:
www.adl.com

Mitarbeiter gesamt: 280

Honorarumsatz:
85 Mio. Euro

Operativ tätig in den Staaten
weltweit

Niederlassungen
weltweit

Tätig in folgenden Branchen
Energiewirtschaft
Verkehr/Transport
Maschinenbau
Nahrungsmittel/Getränke
Chemie/Pharma
Gesundheitswesen
Finanzdienstleistung
Tourismus
Telekommunikation
Informationstechnologie
Elektronik
Handel
öffentlicher Sektor
Medien/Unterhaltung

Managementberatung
Strategieberatung
Organisationsberatung
Technologie- und Innovationsb.
Operative Beratung
Prozessoptimierung
Change Management
Produktivitätssteigerung
Logistik
Controllingsysteme
Informationsmanagement
Managementsysteme
Outsourcing
Reorganisation/Restruktur.
Sanierung
sonstiges

Informationstechnologie
IT-Strategien
Informationsmanagement
Managementinformationssyst.
E-Commerce
Internet/Intranet
Systemevaluierung
IT-Sicherheit
sonstiges

Corporate Finance
Strategische Allianzen
Unternehmenskauf und -verkauf
Joint Ventures
Beteiligungen
Fusionen
Due Diligence
Ausgliederungen
Unternehmensgründung
MBO/MBI
Businesspläne
Finanzierungskonzepte
Investorensuche
Verhandlungsführung

Marketing/PR
Marketingstrategie
Marketingkonzepte
Standortanalyse
Vertriebssteuerung

Anzahl der eingestellten Berater pro Jahr
Auskunft auf Anfrage:
careers.germany@adlittle.com

Voraussetzungen für eine Bewerbung
- erstklassiger Hochschulabschluss
- fließend Deutsch und Englisch
- analytische und konzeptionelle Fähigkeiten
- Teamfähigkeit

Einstiegsgehalt für Berater
Verhandlungssache

Leistungsprofil
Arthur D. Little verbindet globale Präsenz mit einer starken Position im deutschsprachigen Raum. Als klassische Managementberatung bieten wir unsere Leistungen weltweit an. Wir arbeiten umsetzungsorientiert und unterstützen unsere Klienten in der Implementierungsphase aktiv. Vor ihrem Eintritt bei Arthur D. Little haben 75 Prozent der Berater bereits in der Industrie gearbeitet. Arthur D. Little ist seit Mai 2002 Mitglied im Altran Verbund, einem weltweiten Netzwerk von ca. 200 Technologieunternehmen mit mehr als 17.000 Mitarbeitern weltweit. Unsere Klienten sind uns treu: Mehr als 85 Prozent des Umsatzes im deutschsprachigen Raum werden mit bestehenden Kunden gemacht.

AG Media GmbH

Operativ tätig in den Staaten
Österreich
Deutschland
Schweiz
andere europ. Staaten
USA

Niederlassungen
Österreich

Tätig in folgenden Branchen
Dienstleistungen
Informationstechnologie
Medien/Unterhaltung
sonstige

Managementberatung
sonstiges

Informationstechnologie
IT-Strategien
Workflow Management/Systeme
Datenbanken
Data Warehouse
E-Commerce
Internet/Intranet
Multimedia
Programmierung

Marketing/PR
Marketingstrategie
Marketingkonzepte
Corportate Identity/Design
Onlinemarketing
Databasemarketing
Webdesign
Grafik
Direktmarketing
Publikationen/Firmenzeitschr.
Multimedia
Werbung

Halbgasse 25/1–4
1070 Wien

Ansprechpartner:
Oswald Gstöttner

Geschäftsführung:
Oswald Gstöttner

Gründungsjahr:
1994

Verbandszugehörigkeiten:
keine

Tel.: +43/1/522 16 41-0
Fax: +43/1/522 16 41-15
E-Mail:
office@agmedia.at
Homepage:
www.agmedia.at

Mitarbeiter gesamt: 10
davon Consultants: 2

Leistungsprofil
Advertising: Konzeption, Kreation, Umsetzung
Communications: Consulting, Media Content, Online Services
Production: Multimedia, Druckvorstufe, Print

Referenzen
AMIS Asset Management Investment Services, ANK Verlag, Annette Betz Verlag, cyberlab, DDG Stephan & Hilger OEG, Ernst & Young, Europa Treuhand Ernst & Young, Gammadata, Global 2000, Global Home, Hübner & Hübner

Österreichisch Israelische Handelskammer AICC

Obere Donaustraße 63/III/19
1020 Wien

Ansprechpartner:
Ronny Ungar-Klein
Mag. Jakob Pitsch

Geschäftsführung:
Ronny Ungar-Klein

Seniorpartner:
Mag. Jakob Pitsch

Gründungsjahr:
1991

Verbandszugehörigkeiten:
Non-Profit-Organisation – Verein

Tel.: +43/1/961 53 64
Fax: +43/1/961 53 64
E-Mail:
office@aicc.at
Homepage:
www.aicc.at

Mitarbeiter gesamt: 2
davon Consultants: 2

Operativ tätig in den Staaten
Österreich
Israel

Niederlassungen
Österreich

Tätig in folgenden Branchen
Energiewirtschaft
Verkehr/Transport
Maschinenbau
Nahrungsmittel/Getränke
Chemie/Pharma
Gesundheitswesen
Finanzdienstleistung
Tourismus
sonstige Dienstleistungen
Telekommunikation
Informationstechnologie
Elektronik
Handel
Non-Profit-Organisationen
öffentlicher Sektor
Medien/Unterhaltung
sonstige

Marketing/PR
Marketingstrategie
Marketingkonzepte
Marktforschung
Onlinemarketing
Direktmarketing
Standortanalyse
PR Beratung
Lobbying/Networking
Sponsoring
Publikationen/Firmenzeitschr.
Werbung

Anzahl der eingestellten Berater pro Jahr
1

Voraussetzungen für eine Bewerbung
Absolventen mit starker Ausprägung im Marketing. Organisationstalente für Events und Sponsoring.

Einstiegsgehalt für Berater
k. A.

Leistungsprofil
Im Rahmen der Vereinsaktivitäten werden die wirtschaftlichen Beziehungen zwischen Israel und Österreich, und zwar in beide Richtungen, gefördert. Eine der wichtigsten Aufgaben der AICC ist die Aufklärung über Israels Wirtschaft und über bestehende Wirtschaftsabkommen zwischen Österreich und Israel. Die AICC ist für die Beschaffung von Auskünften über die wirtschaftlichen Verhältnisse beider Länder zuständig und verfolgt keine parteipolitischen Ziele. Als Mittel zur Erreichung der Ziele dienen das Herstellen von Kontakten zwischen österreichischen und israelischen Unternehmen, Interessenverbänden und Behörden; Veranstaltungen, Diskussionsabende und Herausgabe der „AICC News".

Referenzen
- Mittel- und Großunternehmen (Top 500)
- Bank Austria
- Kapsch AG
- Wiener Städtische Versicherung
- Siemens
- AVL

AiGNER PR Communication Services

Operativ tätig in den Staaten
Österreich
andere europ. Staaten

Niederlassungen
Österreich

Tätig in folgenden Branchen
Verkehr/Transport
Nahrungsmittel/Getränke
Telekommunikation
Informationstechnologie
Non-Profit-Organisationen
Medien/Unterhaltung

Marketing/PR
Marketingstrategie
Corporate Identity/Design
Databasemarketing
PR-Beratung
Lobbying/Networking
Publikationen/Firmenzeitschr.
Werbung

Anzahl der eingestellten Berater pro Jahr
1–2

Voraussetzungen für eine Bewerbung
PR- und Marketingkenntnisse

Stanislausgasse 7–9
1030 Wien

Ansprechpartner:
Peter Aigner

Geschäftsführung:
Peter Aigner

Gründungsjahr:
1996

Verbandszugehörigkeiten:
IAA-Young Chapter, PRVA

Tel.: +43/1/718 28 00
Fax: +43/1/712 14 79
E-Mail:
office@aigner-pr.at
Homepage:
www.aigner-pr.at

Mitarbeiter gesamt: 6
davon Consultants: 3

Leistungsprofil
PR-Events – Werbung – Internet

Referenzen
ActiveAgent, Bio.k., Cretacolor, eProjects, Forstinger, In-night Express, Jobpilot, Kolping Österreich, Königlich Thailändische Botschaft, PR Kolleg Berlin, Stock Austria, Vitacan, Wachauer Messe, Starbucks Coffee Österreich

ALIX FRANK
Rechtsanwälte KEG

Schottengasse 10
1010 Wien

Ansprechpartner:
MMag. Franz J. Heidinger, LL.M

Geschäftsführung:
Dr. Alix Frank-Thomasser,
MMag. Franz J. Heidinger,
Dr. Wolfgang Punz,
Mag. Stephan Novotny

Seniorpartner:
Dr. Alix Frank-Thomasser

Gründungsjahr:
1995

Verbandszugehörigkeiten:
Rechtsanwaltskammer Wien,
MSI Legal & Accounting Network Worldwide,
EuréseaU

Tel.: +43/1/523 27 27
Fax: + 43/1/523 33 15
E-Mail:
austrolaw@alix-frank.co.at
Homepage:
www.alix-frank.co.at

Mitarbeiter gesamt: 20
davon Partner: 4
davon Consultants: 10

Operativ tätig in den Staaten
Österreich
andere europ. Staaten

Niederlassungen
Österreich
über MSI weltweit tätig

Tätig in folgenden Branchen
Maschinenbau
Nahrungsmittel/Getränke
Chemie/Pharma
Gesundheitswesen
Finanzdienstleistung
Tourismus
sonstige Dienstleistungen
Telekommunikation
Informationstechnologie
Elektronik
Handel
Non-Profit-Organisationen
öffentlicher Sektor
Medien/Unterhaltung

Anzahl der eingestellten Berater pro Jahr
2–4

Voraussetzungen für eine Bewerbung
juristische Ausbildung, abgeschlossenes Studium der Rechtswissenschaften, Fremdsprachen

Einstiegsgehalt für Berater
nach Vereinbarung

Leistungsprofil
Alix Frank ist eine Wirtschaftskanzlei, die nationale und internationale Unternehmen in allen Bereichen des Wirtschaftsrechts und speziell im Bereich Mergers and Acquisitions berät. Wir unterstützen unsere Klienten bei Gesellschaftsgründungen und Vertragserrichtungen und begleiten sie rechtlich bei Unternehmenskooperationen und grenzüberschreitenden Akquisitionen. Weitere Schwerpunkte der Kanzlei liegen im Bereich des Handelsrechts, des Wettbewerbs- und Urheberrechts, des Mietrechts und der Vertretung vor Gerichten und Behörden im jeweiligen Rechtsbereich. Mitglied von MSI Legal & Accounting Network Worldwide.

Anite Consulting

Anite Consulting GmbH

Operativ tätig in den Staaten
Österreich
Deutschland
andere europ. Staaten

Niederlassungen
Österreich
Deutschland
andere europ. Staaten
USA
Asien
Australien

Tätig in folgenden Branchen
Informationstechnologie

Managementberatung
Strategieberatung
Organisationsberatung
Technologie- und Innovationsb.
Operative Beratung
Prozessoptimierung
Change Management
Informationsmanagement
Managementsysteme
Outsourcing
Interimsmanagement
Reorganisation/Restruktur.

Informationstechnologie
IT-Strategien
Informationsmanagement
Workflow-Management/-Systeme
Datenbanken
Data Warehouse
E-Commerce
Internet/Intranet
Systemevaluierung
Client/Server
Programmierung
Softwareentwicklung
IT-Sicherheit
SAP-Beratung/-Einführung

Human Resources
Coaching
Moderation/Mediation

Anzahl der eingestellten Berater pro Jahr
4

Voraussetzungen für eine Bewerbung
fundierte IT-Ausbildung

Einstiegsgehalt für Berater
nach Vereinbahrung

Donau-City-Straße 11
1220 Wien

Ansprechpartner:
Dipl. Ing. Johann Beck

Geschäftsführung:
Dipl. Ing. Johann Beck
Peter Petsch

Gründungsjahr:
1987

Verbandszugehörigkeiten:
Wirtschaftskammer

Tel.: +43/1/513 94 90-0
Fax: +43/1/513 94 90-88
E-Mail:
mailbox@anite-consulting.at
Homepage:
www.anite-consulting.at

Mitarbeiter gesamt:
Österreich 38
davon Consultants:
Österreich 36
europaweit 750
International 2.400

Honorarumsatz:
Österreich:
5,9 Mio. Euro
Europa:
Consulting 122,2 Mio. Euro
Anite plc gesamt:
316,9 Mio. Euro

Leistungsprofil
- Strategie- und Managementberatung
- Organisationsberatung
- IT-Beratung und Entwicklung

im Finanz-, Telekom- und weiteren Dienstleistungsbereichen sowie in der öffentlichen Verwaltung und bei Verlage/Medien

Referenzen
- Bank Austria Creditanstalt
- ERSTE Bank
- RZB
- Dresdner Bank
- Generali
- Basler Versicherung
- Gerling
- Telekom Austria
- ÖBB und Deutsche Bahn
- Deutsche Post

A-NULL EDV GmbH

Straußengasse 16
1050 Wien

Ansprechpartner:
Marcus Paulus

Geschäftsführung:
Peter Prischl

Gründungsjahr:
1987

Verbandszugehörigkeiten:
ÖVI, FMA, Fachnormenausschuss 240 Facility Management des Österreichischen Normungsinstituts, Österreichische Gesellschaft für Architektur (Architekturstiftung Österreich)

Tel.: +43/1/586 86 10
Fax: +43/1/586 86 10-22
E-Mail:
info@a-null.com
Homepage:
www.a-null.com

Mitarbeiter gesamt: 60
davon Consultants: 30

Honorarumsatz:
2,4 Mio. Euro

Operativ tätig in den Staaten
Österreich
Deutschland
Schweiz
andere europ. Staaten

Niederlassungen
Österreich
Deutschland

Tätig in folgenden Branchen
Energiewirtschaft
Verkehr/Transport
Maschinenbau
Chemie/Pharma
Gesundheitswesen
Finanzdienstleistung
Telekommunikation
Informationstechnologie
Elektronik
Handel
Non-Profit-Organisationen
öffentlicher Sektor
Medien/Unterhaltung

Managementberatung
Strategieberatung
Organisationsberatung
Operative Beratung
Prozessoptimierung
Change Management
Produktivitätssteigerung
Controllingsysteme
Informationsmanagement
Outsourcing

Informationstechnologie
IT-Strategien
Informationsmanagement
Managementinformationssyst.
Workflow Management/Systeme
Datenbanken
Data Warehouse
E-Commerce
Internet/Intranet
Softwareentwicklung
SAP-Beratung/-Einführung
sonstiges

Anzahl der eingestellten Berater pro Jahr
2–5

Voraussetzungen für eine Bewerbung
Abgeschlossenes einschlägiges Studium und Spezialkenntnisse in Bau und Immobilien, insbesondere in Facility und Immobilienmanagement sowie in IT-Unterstützung für diese Bereiche

Einstiegsgehalt für Berater
29.000 Euro

Leistungsprofil
Kompetenz in der Zusammenschau von Facility und Immobilienmanagement und der IT-Unterstützung dafür.

APAC GesmbH

Operativ tätig in den Staaten
Österreich
Deutschland
Schweiz
andere europ. Staaten

Niederlassungen
Österreich

Tätig in folgenden Branchen
Verkehr/Transport
sonstige Dienstleistungen
Telekommunikation
Informationstechnologie
Elektronik
öffentlicher Sektor
sonstige

Managementberatung
Technologie- und Innovationsb.
Operative Beratung
Change Management
Produktivitätssteigerung
Informationsmanagement
Managementsysteme
Sanierung
sonstiges

Informationstechnologie
IT-Strategien
Informationsmanagement
Workflow Management/Systeme
Datenbanken
Systemevaluierung
Programmierung
Softwareentwicklung
IT-Sicherheit
sonstiges

Anzahl der eingestellten Berater pro Jahr
1

2154 Unterstinkenbrunn 78

Ansprechpartner:
S. Lanzerstorfer

Geschäftsführung:
U. Breuer, H. Scherzer,
S. Lanzerstorfer

Gründungsjahr:
1994

Verbandszugehörigkeiten:
Elektronische Datenverarbeitung, Unternehmensberatung

Tel.: +43/676/334 11 65
Fax: +43/25 26/201 62
E-Mail:
laz@apac.at
Homepage:
www.apac.at

Mitarbeiter gesamt: 12
davon Partner: 3
davon Consultants: 6

Honorarumsatz:
2 Mio. Euro

Leistungsprofil
APAC has implemented and maintains a Quality Assurance System conforming to ISO 9001 certified by ÖQS in 1994, 1997 and 2000. APAC is a registered consultant of Wifi (promotion and training network of the Austrian Chamber of Commerce)

ARBOR Management Consulting GmbH

Triester Straße 72a/1
1100 Wien

Ansprechpartner:
MMag. Wolfgang Minarik

Geschäftsführung:
MMag. Wolfgang Minarik

Gründungsjahr:
2001

Verbandszugehörigkeiten:
Fachgruppe Unternehmensberatung WK

Tel.: +43/1/607 26 09-0
Fax: +43/1/607 26 09-14
E-Mail:
office@arbor.co.at
Homepage:
www.arbor.co.at

Mitarbeiter gesamt: 6
davon Consultants: 6

Operativ tätig in den Staaten
Österreich
Deutschland

Niederlassungen
Österreich

Tätig in folgenden Branchen
Verkehr/Transport
Nahrungsmittel/Getränke
Gesundheitswesen
Telekommunikation
Informationstechnologie
Handel
öffentlicher Sektor

Managementberatung
Strategieberatung
Organisationsberatung
Prozessoptimierung
Change Management
Produktivitätssteigerung
Logistik
Informationsmanagement
Outsourcing
Interimsmanagement
Reorganisation/Restruktur.

Informationstechnologie
Informationsmanagement
Systemevaluierung

Anzahl der eingestellten Berater pro Jahr
k. A.

Voraussetzungen für eine Bewerbung
k. A.

Einstiegsgehalt für Berater
33.000 bis 36.000 Euro

Leistungsprofil
Wir verstehen Beratung als ganzheitlichen Optimierungsansatz.
Kontrollierte Projekte: Projektmanagement, erfolgsabhängige Honorarkomponente, Interne QS; Wertgesicherte Ergebnisse: Messung des Projektnutzens anhand monetärer Kriterien; Nachprüfbare Fachexpertise: Verbindung von aktuellstem Fachwissen und dessen praktischer Anwendung;
Integration Systemischer Methoden: Systemische Auftragsklärung, Abstimmung Kommunikation auf Stake-Holder-Analyse; Orientierung an nachhaltigen Projekterfolgen: keine kosmetischen Einmaleffekte, sondern dauerhafte Prozessverbesserungen; Hohe Einsatzbereitschaft für die Erreichung der Projektziele: eine selbstverständliche Voraussetzung

Referenzen
Atoss AG, bauMaxAG, BM für Bildung, Wissenschaft und Kultu
Johann Kotanyi GmbH,
Mobilkom Austria AG,
Wirtschaftskammer Wien,
Wozabal Textilservice GmbH
u. a. m.

ASP.

www.asp-consulting.com

ASP. Consulting

Operativ tätig in den Staaten
Österreich
Deutschland
andere europ. Staaten
USA

Niederlassungen
Österreich
Deutschland
andere europ. Staaten
USA

Tätig in folgenden Branchen
Nahrungsmittel/Getränke
Chemie/Pharma
Gesundheitswesen
Finanzdienstleistung
sonstige Dienstleistungen
Telekommunikation
Informationstechnologie
Elektronik
Handel
Non-Profit-Organisationen
öffentlicher Sektor

Managementberatung
Strategieberatung
Organisationsberatung
Prozessoptimierung
Change Management
Produktivitätssteigerung
Informationsmanagement
Managementsysteme
Reorganisation/Restruktur.

Informationstechnologie
Managementinformationssyst.

Human Resources
Potenzialanalysen
Management Audits
Personalmanagementsysteme
Personalentwicklung
Managementtraining
Seminare/Workshops

Corporate Finance
Unternehmenskauf und -verkauf
Beteiligungen
Due Diligence

Anzahl der eingestellten Berater pro Jahr
5–10

Voraussetzungen für eine Bewerbung
ausgezeichnete Englischkenntnisse, Reisebereitschaft, Flexibilität, Eigeninitiative, mindestens drei Jahre einschlägige Berufserfahrung

Einstiegsgehalt für Berater
k. A.

Rudolfinergasse 1
1190 Wien

Ansprechpartner:
Mag. Andreas Eckerl

Geschäftsführung:
Alon Shklarek

Gründungsjahr:
1991

Verbandszugehörigkeiten:
Fachgruppe für Unternehmensberatung und Datenverarbeitung

Tel.: +43/1/360 73-0
Fax: +43/1/360 73-40
E-Mail:
office.austria@asp-consulting.com
Homepage:
www.asp-consulting.com

Mitarbeiter gesamt: 60
davon Partner: 6
davon Consultants: 52

Leistungsprofil
Ihre Leistung ist unser Ziel!
Unabhängig von den jeweiligen Trends und Schlagwörtern konzentrieren wir uns auf das Wesentliche: Leistung messen, managen und verbessern. Ob es sich um Strategieumsetzung, basierend auf einem umfassenden und ausgewogenen Leistungsmess-System handelt oder um Maßnahmen zur Qualitäts- und Produktivitätssteigerung, gesteuert durch modernste Instrumente des Prozessmanagement und unterstützt durch Personalentwicklung – IHRE Leistung ist es, die uns am Herzen liegt.

Referenzen
ABB, Bank Austria, Coty, Daimler Chrysler Aerospace, Dräger Aerospace, Framatome Connectors Int., Intersport Eybl, JTI – Japan Tabacco International, P.S.K., Solvay, Vetropack u. a.

Asset Management GmbH (AMG)

Asset Management

Vermögensverwaltungsgesellschaft

Obere Donaustraße 19
1020 Wien

Ansprechpartner:
Dr. Franz Himmer

Geschäftsführung:
DDr. Werner Kretschmer,
Nikolaus Hetfleisch,
Mag. Alfred Simon,
Helmut Sobotka

Gründungsjahr:
1998

Verbandszugehörigkeiten:
Verband österreichischer Banken und Bankiers

Tel.: +43/1/331 47-55 00
Fax: +43/1/331 47-69 09
E-Mail:
franz.himmer@amg.co.at

Mitarbeiter gesamt: 83
davon Consultants: 26

Honorarumsatz:
k. A.

Operativ tätig in den Staaten
Österreich

Niederlassungen
Österreich

Tätig in folgenden Branchen
Finanzdienstleistung

Managementberatung
sonstiges

Anzahl der eingestellten Berater pro Jahr
ca. 3–5

Voraussetzungen für eine Bewerbung
fachliche Qualifikation als Vermögensmanager

Einstiegsgehalt für Berater
k. A.

Leistungsprofil
Die AMG ist die Vermögensverwaltungsgesellschaft der Bank Austria Creditanstalt Gruppe. Sie ist auf folgende Finanzdienstleistungen spezialisiert: Vermögensmanagement, Fonds-Vermögensmanagement, kapitalgarantiertes Vermögensmanagement, Brokerage, Research sowie Spezialprodukte. Die AMG nimmt darüber hinaus wichtige Konzernfunktionen für die Gruppe im Wertpapiergeschäft wahr (Vertriebsbetreuung, Produktmanagement, Produktentwicklung, eigene Emissionen, CEE, sowie WP-Steuern/Recht/Reporting).

ATKEARNEY
an EDS company

A. T. Kearney Österreich GesmbH

Operativ tätig in den Staaten
weltweit

Niederlassungen
weltweit

Tätig in folgenden Branchen
Energiewirtschaft
Verkehr/Transport
Maschinenbau
Nahrungsmittel/Getränke
Chemie/Pharma
Gesundheitswesen
Finanzdienstleistung
sonstige Dienstleistungen
Telekommunikation
Informationstechnologie
Elektronik
Handel
öffentlicher Sektor
Medien/Unterhaltung
sonstige

Managementberatung
Strategieberatung
Organisationsberatung
Technologie- und Innovationsb.
Operative Beratung
Prozessoptimierung
Change Management
Produktivitätssteigerung
Logistik
Controllingsysteme
Informationsmanagement
Managementsysteme
Outsourcing
Interimsmanagement
Reorganisation/Restruktur.
Sanierung

Informationstechnologie
IT-Strategien
Informationsmanagement
Managementinformationssyst.
Workflow-Management/-Systeme
E-Commerce
IT-Outsourcing

Human Resources
Assessment Center
Management Audits
Personalmanagementsysteme
Personalinformationssysteme
Vergütungssysteme

Corporate Finance
Strategische Allianzen
Unternehmenskauf und -verkauf
Joint Ventures
Beteiligungen
Fusionen
Due Diligence
Ausgliederungen
Businesspläne
Investorensuche
Verhandlungsführung

Marketing/PR
Marketingstrategie
Marketingkonzepte
Imageanalysen
Standortanalyse
Vertriebssteuerung

Anzahl der eingestellten Berater pro Jahr
durchschnittlich 5

Voraussetzungen für eine Bewerbung
Top Uni-Abschluss,
Fremdsprachen,
Praxis wünschenswert

Trattnerhof 1
1010 Wien

Ansprechpartner:
Dr. Robert Kremlicka
Dr. Florian Haslauer

Geschäftsführung:
Dr. Robert Kremlicka

Gründungsjahr:
1998

Verbandszugehörigkeiten:
n. a.

Tel.: +43/1/53 667-0
Fax: +43/1/535 79 67
E-Mail:
vienna_office@atkearney.com
Homepage:
www.atkearney.at

Mitarbeiter gesamt: 40
(weltweit 4.500)
davon Consultants:
weltweit 2.800

Honorarumsatz:
weltweit 1,2 Mrd. US-Dollar

Leistungsprofil
A. T. Kearney wurde 1926 in den USA gegründet und ist heute mit rund 4.500 Mitarbeitern, davon 2.800 Berater, sowie 60 Büros in 35 Ländern das weltweit zweitgrößte Topmanagement-Beratungsunternehmen. Im Jahr 2002 lag der konsolidierte Umsatz bei 1,2 Mrd. US-Dollar. Seit 1995 ist A. T. Kearney in eine strategische Allianz mit EDS – dem weltweit größten herstellerunabhängigen IT-Konzern – eingebunden. A. T. Kearney deckt dabei die gesamte Bandbreite der Unternehmensberatung ab: Strategie, Organisation, Shareholder Value, Restrukturierung, Privatisierung, Business Transformation, Reengineering, Change Management, Strategic Sourcing, E-Business-Solutions und viele Bereiche mehr.

Referenzen
Nationale und internationale Topunternehmen aus den Bereichen Maschinenbau und Fahrzeugindustrie, Anlagenbau, Telekommunikation, Energiewirtschaft, Transport, Chemie, Papier und Konsumgüter, Handel und öffentliche Verwaltung

AUSTROCONSULT

Zieglergasse 7
1070 Wien

Ansprechpartner:
Dr. Stefanie Nierlich

Geschäftsführung:
Dr. Stefanie Nierlich
Dipl.-Ing. Dr. Michael Schussek

Senior Partner:
Dr. Hanns Sobotka

Gründungsjahr:
1976

Verbandszugehörigkeiten:
Wirtschaftskammer
FIDIC

Tel.: +43/1/527 30
Fax: +43/1/527 30
E-Mail:
office@austroconsult.at
Homepage:
www.austroconsult.at

Mitarbeiter gesamt: 70
davon Consultants: 52

Honorarumsatz:
10 Mio. Euro

Operativ tätig in den Staaten
Österreich
Deutschland
andere europ. Staaten
Asien
Afrika

Niederlassungen
Asien

Tätig in folgenden Branchen
Energiewirtschaft
Verkehr/Transport
Maschinenbau
Telekommunikation
Informationstechnologie

Managementberatung
Technologie- und Innovationsb.

Informationstechnologie
IT-Strategien
Multimedia
Netzwerkkonzepte/Lösungen

Anzahl der eingestellten Berater pro Jahr
5

Voraussetzungen für eine Bewerbung
abgeschlossenes Studium der Elektro- und Nachrichtentechnik

BA-CA Private Equity GmbH

Operativ tätig in den Staaten
Österreich

Niederlassungen
Österreich

Tätig in folgenden Branchen
Finanzdienstleistung

Managementberatung
Controllingsysteme

Corporate Finance
Strategische Allianzen
Unternehmenskauf und -verkauf
Joint Ventures
Beteiligungen
Fusionen
Due Diligence

Operngasse 6
1010 Wien

Ansprechpartner:
Mag. Christian Künzl

Geschäftsführung:
Dkfm. Klaus Haberzettl
Mag. Erhard Lausegger

Gründungsjahr: 2001

Verbandszugehörigkeiten:
European Venture Capital Association, Austrian Venture Capital Organisation

Tel.: +43/1/513 22 01-11
Fax: +43/1/513 22 01-15

E-Mail:
office@privateequity.at
Homepage:
www.privateequity.at

Mitarbeiter gesamt: 6
davon Consultants: 3

Leistungsprofil
Die BA-CA Private Equity ist für das Geschäftsfeld Beteiligungs- und Mezzaninkapital der Bank Austria Creditanstalt AG verantwortlich und fungiert als Beratungsgesellschaft für die Risikokapitalgesellschaften Gründerfonds, EK Mittelstandsfinanzierungs AG, UBF und Mezzanin Finanzierungs AG. Die Leistungen beinhalten die Bereiche Controlling, Marketing, Deal Flow und Fundraising für die Fondsgesellschaften.
Institutionellen Investoren bietet die BA-CA Private Equity ab einer Mio. Euro Beteiligungen an den Fondsgesellschaften.
Größenordnung der Fondsinvestments: 0,3 bis 6 Mio. Euro Private Equity.

BCG THE BOSTON CONSULTING GROUP

Am Hof 8
1010 Wien

Ansprechpartner:
DI Hannes Pichler (Recruiting)
Mag. Susanne Riedler
(Marketing/Presse)

Geschäftsführung:
Dr. Antonella Mei-Pochtler,
Dr. Rainer Reich

Gründungsjahr:
1963 (USA), seit 1997
in Österreich

Tel.: +43/1/537 56-80
Fax: +43/1/537 56-81 10
E-Mail:
recruiting.at@bcg.com
marketing.at@bcg.com
Homepage:
www.bcg.at

Mitarbeiter gesamt: k. A.
davon Consultants: 590
(Deutschland u. Österreich)

Honorarumsatz:
258 Mio. Euro
(Deutschland und Österreich)

Operativ tätig in den Staaten
Österreich
Deutschland
Schweiz
andere europ. Staaten
USA
Südamerika
Asien
Australien

Niederlassungen
Österreich
Deutschland
Schweiz
andere europ. Staaten
USA
Südamerika
Asien
Australien

Tätig in folgenden Branchen
Energiewirtschaft
Verkehr/Transport
Maschinenbau
Nahrungsmittel/Getränke
Chemie/Pharma
Gesundheitswesen
Finanzdienstleistung
Tourismus
Telekommunikation
Informationstechnologie
Elektronik
Handel
Non-Profit-Organisationen
öffentlicher Sektor
Medien/Unterhaltung

Managementberatung
Strategieberatung
Organisationsberatung
Prozessoptimierung
Change Management
Produktivitätssteigerung
Controllingsysteme
Managementsysteme
Reorganisation/Restruktur.

Informationstechnologie
IT-Strategien
Managementinformationssyst.

Human Resources
Vergütungssysteme

Corporate Finance
Strategische Allianzen
Unternehmenskauf und -verkauf
Fusionen

Marketing/PR
Marketingstrategie
Marketingkonzepte

Anzahl der eingestellten Berater pro Jahr
2003: > 100 (Deutschland und Österreich)

Voraussetzungen für eine Bewerbung
Wir erwarten, dass Sie Ihre universitäre Ausbildung mit ausgezeichneten Noten abschließen werden oder abgeschlossen haben. Dabei spielt die Fachrichtung eine untergeordnete Rolle. Ihr Interesse an wirtschaftsrelevanten Fragen haben Sie idealerweise durch Praktika unter Beweis gestellt. Sie haben ein oder mehrere Semester im Ausland studiert oder längere Zeit dort gearbeitet und verfügen über sehr gute Kenntnisse der deutschen und der englischen Sprache. Sie haben Eigeninitiative und Engagement auch neben Ihrem Studium gezeigt, zum Beispiel durch Arbeit in Jugendgruppen, in sozialen oder politischen Organisationen oder im sportlichen Bereich.

Leistungsprofil
The Boston Consulting Group ist die weltweit führende Unternehmensberatung. Wir entwickeln mit unseren Kunden innovative Strategien, die ihnen spürbare Wettbewerbsvorteile verschaffen und das Unternehmensergebnis nachhaltig verbessern. Unser Beratungsansatz basiert auf maßgeschneiderten Konzepten, die wir in sichtbare Veränderung umsetzen. Weitere Informationen finden Sie auf unserer Website www.bcg.at.

BEKO Ing. P. Kotauczek GmbH

Operativ tätig in den Staaten
Österreich

Tätig in folgenden Branchen
Informationstechnologie

Informationstechnologie
IT-Strategien
Informationsmanagement
Managementinformationssyst.
Workflow Management/Systeme
Datenbanken
Data Warehouse
E-Commerce
Internet/Intranet
Systemevaluierung
Multimedia
Netzwerkkonzepte/Lösungen
Client/Server
Programmierung
Softwareentwicklung
IT-Outsourcing
IT-Sicherheit
SAP-Beratung/-Einführung

Modecenterstraße 22/A1
1030 Wien

Ansprechpartner:
Dr. Max Höfferer

Geschäftsführung:
KR Paul Michal,
Peter Fritsch

Gründungsjahr:
1978

Verbandszugehörigkeiten:
Kammer der Gewerblichen Wirtschaft, VÖSI, ADV, OCG, Fachverband Unternehmensberatung und Informationstechnologie, Technische Büros und Ingenieursbüros

Tel.: +43/1/797 50-263
Fax: +43/1/797 50-80 01
E-Mail:
marketing@beko.at
Homepage:
www.beko.at

Mitarbeiter gesamt: 800
davon Consultants: 100

Honorarumsatz:
(2001) 71 Mio. Euro

Leistungsprofil
Beko Informatik positioniert sich als IT-Service-Provider mit den Schwerpunkten Projektmanagement, Geschäftsprozessorganisation, Mainframe/Midrange, Microsoft, Objektorientierung, Oracle/SAP, IT-Security, IT-Solutions, Consulting, Systemmanagement und -wartung. Beko Engineering bietet Services in den Bereichen Planung und Konstruktion, Projektmanagement, Beratung, technische Informatik und CAE-Beratung an.

Referenzen
BA, Erste, OMV, OeNB, MAN, ' T Mobile, voest alpine, One, ARZ, Bosch, Elan, VA Tech, Liebherr, Andritz, Hella, AVL List, Roche Diagnostice, Böhler Uddeholm, TCG Unitech, Bene

Belcredi & Partner Corporate Finance Beratung GmbH

Belcredi & Partner

Schwarzenbergstraße 1–3
1010 Wien

Ansprechpartner:
Mag. Richard A. Belcredi

Geschäftsführung:
Mag. Richard A. Belcredi

Gründungsjahr:
1999

Verbandszugehörigkeiten:
WKÖ

Tel.: +43/1/518 10-0
Fax: +43/1/518 10-955
E-Mail:
corporate.finance@czipin-proudfoot.com

Mitarbeiter gesamt: 100
davon Consultants: 60
(mit Czipin & Proudfoot Consulting GmbH)

Operativ tätig in den Staaten

Österreich
Deutschland
andere europ. Staaten

Niederlassungen

Österreich
Deutschland
andere europ. Staaten
USA
Afrika
Australien

Tätig in folgenden Branchen

Verkehr/Transport
Maschinenbau
Nahrungsmittel/Getränke
Chemie/Pharma
Finanzdienstleistung
Telekommunikation
Handel
Medien/Unterhaltung
sonstige

Corporate Finance

Strategische Allianzen
Unternehmenskauf und -verkauf
Beteiligungen
Fusionen
Due Diligence
Ausgliederungen
Unternehmensnachfolge
Businesspläne
Finanzierungskonzepte
Investorensuche
Verhandlungsführung
sonstiges

Leistungsprofil

B&P ist ein Beratungsunternehmen, spezialisiert auf die Beratung beim Kauf und Verkauf von Unternehmen (M&A), Eigen- und Fremdkapitalfragen und Unternehmensstrukturierungen

Better Business Information Services GmbH

Operativ tätig in den Staaten
Österreich

Informationstechnologie
Informationsmanagement
Managementinformationssyst.
Datenbanken
E-Commerce
Internet/Intranet

Matznergasse 17
1141 Wien

Ansprechpartner:
Dr. Gustav Raynoschek

Geschäftsführung:
Dr. Gustav Raynoschek

Gründungsjahr:
1992

Tel.: +43/1/981 16-300
Fax: +43/1/981 16-333
E-Mail:
gustav.raynoschek@hfdata.at

Mitarbeiter gesamt: 3
davon Consultants: 2

Leistungsprofil
Firmeninformationsmodule für Konzernintranets, Direktmarketing

Binder Grösswang Rechtsanwälte

BINDER GRÖSSWANG RECHTSANWÄLTE

Sterngasse 13
1010 Wien

Ansprechpartner:
bg@bgnet.at

Geschäftsführung:
Binder Grösswang
Rechtsanwälte

Gründungsjahr:
1962

Tel.: +43/1/534 80-0
Fax: +43/1/534 80-8
E-Mail:
bg@bgnet.at
Homepage:
www.bgnet.at

Mitarbeiter gesamt: 70
davon Consultants: 42

Operativ tätig in den Staaten
Österreich

Niederlassungen
Österreich

Tätig in folgenden Branchen
sonstige Dienstleistungen

Managementberatung
Strategieberatung
Operative Beratung
Reorganisation/Restruktur.

Corporate Finance
Strategische Allianzen
Unternehmenskauf und -verkauf
Joint Ventures
Beteiligungen
Fusionen
Due Diligence
Ausgliederungen
Unternehmensgründung
Unternehmensnachfolge
IPO
MBO/MBI
Businesspläne
Finanzierungskonzepte
Verhandlungsführung
sonstiges

BMD Systemhaus GmbH

Operativ tätig in den Staaten
Österreich
Deutschland
Schweiz
andere europ. Staaten

Niederlassungen
Österreich
Deutschland
Schweiz
andere europ. Staaten

Tätig in folgenden Branchen
sonstige Dienstleistungen
sonstige

Managementberatung
Organisationsberatung
Prozessoptimierung
Controllingsysteme
Informationsmanagement
Managementsysteme

Informationstechnologie
Informationsmanagement
Managementinformationssyst.
Datenbanken
E-Commerce
Internet/Intranet
Netzwerkkonzepte/Lösungen
Client/Server
Programmierung
Softwareentwicklung

Human Resources
Personalmanagementsysteme
Seminare/Workshops

Sierninger Straße 190
4400 Steyr

Ansprechpartner:
Mag. Monika Hold

Geschäftsführung:
KR Ferdinand Wieser

Gründungsjahr:
1972

Tel.: +43/72 52/883-0
Fax: +43/72 52/883-66
E-Mail:
bmd@bmd.com
Homepage:
www.bmd.at

Mitarbeiter gesamt: 150

Brandstetter OEG

Uchatiusgasse 5
1030 Wien

Ansprechpartner:
Harald Brandstetter

Geschäftsführung:
Harald Brandstetter

Gründungsjahr:
1992

Verbandszugehörigkeiten:
Werbung, PR,
EDV-Dienstleistungen

Tel.: +43/1/713 64 25
Fax: +43/1/713 75 08
E-Mail:
harald.brandstetter@bsccomm.at
Homepage:
www.bsc.at

Mitarbeiter gesamt: 4
davon Partner: 2
davon Consultants: 2

Operativ tätig in den Staaten
Österreich
Schweiz
andere europ. Staaten

Tätig in folgenden Branchen
Informationstechnologie
Medien/Unterhaltung

Informationstechnologie
Informationsmanagement
Internet/Intranet
Multimedia
Netzwerkkonzepte/-lösungen
Softwareentwicklung

Marketing/PR
Marktforschung
Onlinemarketing
Databasemarketing
Webdesign
Multimedia
Werbung

Anzahl der eingestellten Berater pro Jahr
keine

Einstiegsgehalt für Berater
k. A.

Leistungsprofil
Communication Consulting zu Klassischer Werbung, Strategie, Optimierung und Accountability; Sales & Communication Consulting für Medien und Medienvermarkter; maßgeschneiderte Internet/Intranet-Content-Managmentsysteme mit Schwerpunkt Onlinemarketing; Software für Media-Entscheider, -Planer und -Einkäufer; IT-Konzepte, integrierte Hard- und Software-Lösungen für SME

BURGER KING GMBH

Operativ tätig in den Staaten
Österreich
Deutschland
Schweiz
andere europ. Staaten
USA
Südamerika
Asien
Australien

Niederlassungen
Österreich
Deutschland
Schweiz
andere europ. Staaten
USA
Südamerika
Asien
Australien

Tätig in folgenden Branchen
sonstige Dienstleistungen

Ignaz-Köck-Strasse 8/3
1210 Wien

Ansprechpartner:
Wilhelm Odwarka

Geschäftsführung:
Jaap Schalken –
GM Central Europe

Gründungsjahr:
1954 Miami

Verbandszugehörigkeiten:
Österreichischer Franchise Verband

Tel.: +43/1/272 65 79-502
Fax: +43/1/272 65 79-59
E-Mail:
wodwarka@whopper.com
Homepage:
www.burgerking.at
www.burgerking.de

Mitarbeiter gesamt:
ca. 550 in Österreich
davon Partner: 8 Franchisees

Leistungsprofil

BURGER KING ist eines der erfolgreichsten Franchisesysteme im Fastfood-Markt. Dieser Erfolg beruht auf klaren Unternehmensgrundsätzen, Flexibilität, der Aufgeschlossenheit gegenüber neuen Geschäftschancen und dem Fokus auf Franchising. Das BURGER-KING-Franchisesystem ist ein weltweit bewährtes System, das jedem Franchisenehmer die Möglichkeit bietet, Eigentümer seines Restaurants zu bleiben und somit Kontrolle über sein Vermögen zu wahren. BURGER KING bietet seinen Gästen beste Qualität an Produkten, Service und Sauberkeit. Kontinuierliche Innovationen und stetiges Wachstum bringen das Unternehmen weltweit zum Erfolg.

C.P.A.
Corporate Finance & Consulting GmbH

Denkstraße 49
4030 Linz

Ansprechpartner:
Johann Pointner

Geschäftsführung:
Johann Pointner

Gründungsjahr:
1999

Tel.: +43/732/30 38 53-0
Fax: +43/732/30 38 53-31
E-Mail:
johann.pointner@tu-linz.at

Mitarbeiter gesamt: 1
davon Consultants: 1

Operativ tätig in den Staaten
Österreich
Deutschland

Niederlassungen
Österreich
Deutschland

Corporate Finance
Unternehmenskauf und -verkauf
Beteiligungen
Fusionen
Due Diligence
Ausgliederungen
Unternehmensgründung
Unternehmensnachfolge
IPO
MBO/MBI
Finanzierungskonzepte
Investorensuche
Verhandlungsführung

Leistungsprofil
Corporate Finance von der M&A-Beratung über Strategieberatung bis zur Going-Public-Beratung

Cap Gemini Ernst & Young Consulting Österreich AG

Aspernbrückengasse 2
1020 Wien

Ansprechpartner:
Mag. Marianna Kornfeind

Vorstandsvorsitz:
Mag. Peter F. Laggner

Gründungsjahr:
1988

Tel.: +43/1/211 63-0
Fax: +43/1/211 63-50 00
E-Mail:
contact.at@cgey.com
Homepage:
www.at.cgey.com

Mitarbeiter gesamt: 170
davon Consultants: 145

Honorarumsatz:
30 Mio. Euro (in Österreich)

Operativ tätig in den Staaten

Österreich
Deutschland
Schweiz
andere europ. Staaten
USA
Südamerika
Asien
Afrika
Australien

Niederlassungen

Österreich
Deutschland
Schweiz
andere europ. Staaten
USA
Südamerika
Asien
Afrika
Australien

Tätig in folgenden Branchen

Energiewirtschaft
Verkehr/Transport
Maschinenbau
Nahrungsmittel/Getränke
Chemie/Pharma
Gesundheitswesen
Finanzdienstleistung
sonstige Dienstleistungen
Telekommunikation
Informationstechnologie
Handel
Non-Profit-Organisationen
öffentlicher Sektor
Medien/Unterhaltung
sonstige

Managementberatung

Strategieberatung
Organisationsberatung
Technologie- und Innovationsb.
Operative Beratung
Prozessoptimierung
Change Management
Produktivitätssteigerung
Logistik
Controllingsysteme
Informationsmanagement
Managementsysteme
Outsourcing
Interimsmanagement
Reorganisation/Restruktur.
Sanierung
sonstiges

Informationstechnologie

IT-Strategien
Informationsmanagement
Managementinformationssysteme
Workflow-Management/-Systeme
Datenbanken
Data Warehouse
E-Commerce
Internet/Intranet
Systemevaluierung
Netzwerkkonzepte/Lösungen
Client/Server
Programmierung
Softwareentwicklung
IT-Outsourcing
IT-Sicherheit
SAP-Beratung/Einführung
sonstiges

Corporate Finance

Strategische Allianzen
Unternehmenskauf und -verkauf
Joint Ventures
Beteiligungen
Fusionen
Due Diligence
Ausgliederungen
Unternehmensgründung
Businesspläne
Finanzierungskonzepte
Investorensuche
Verhandlungsführung

Voraussetzungen für eine Bewerbung

abgeschlossenes Studium bzw. HAK-/HTL-Abschluss und mehrjährige Berufs- oder Beratungserfahrung

Einstiegsgehalt für Berater

nach Vereinbarung

Leistungsprofil

Cap Gemini Ernst & Young ist einer der weltweit größten Dienstleister für Management- und IT-Beratung, Technologie sowie Outsourcing. Als größte Unternehmensberatung mit europäischem Ursprung beraten wir Kunden bei der Entwicklung und Umsetzung von Wachstumsstrategien sowie dem Einsatz neuer Technologien. Cap Gemini Ernst & Young beschäftigt weltweit rund 53.000 Mitarbeiter und erzielte 2002 einen Umsatz von 7,047 Milliarden Euro. Am österreichischen Markt nimmt Cap Gemini Ernst & Young die führende Position ein. Wien ist zudem verantwortlich für Tschechien und Slowakei und ist Competence Center für die Aktivitäten in Kroatien und Slowenien.

Referenzen

In mehr als 300 Büros sind wir weltweit für unsere Kunden vor Ort. Mit fast allen Topunternehmen haben wir erfolgreiche Projekte umgesetzt. In Österreich unter anderem für Kapsch, Eduscho, Frantschach, voestalpine, OMV, Coca-Cola, Atomic, Bank Austria Creditanstalt, Erste Bank, Raiffeisen Gruppe, Generali, Skandia.

CATRO
Personalsuche und -auswahl

CATRO

Trautsongasse 6
1080 Wien

Ansprechpartner:
Ing. Mag. Markus Brenner

Geschäftsführung:
Ing. Mag. Markus Brenner

Gründungsjahr:
1980

Verbandszugehörigkeiten:
International Search Group

Tel.: +43/1/408 25 11
Fax: +43/1/408 30 08
E-Mail:
office@catro.com
Homepage:
www.catro.com

Mitarbeiter gesamt:
25 in Österreich
davon Consultants: 15

Operativ tätig in den Staaten
Österreich
andere europ. Staaten

Niederlassungen
Österreich
andere europ. Staaten

Tätig in folgenden Branchen
Energiewirtschaft
Verkehr/Transport
Maschinenbau
Nahrungsmittel/Getränke
Chemie/Pharma
Gesundheitswesen
Finanzdienstleistung
sonstige Dienstleistungen
Telekommunikation
Informationstechnologie
Elektronik
Handel
Non-Profit-Organisationen
öffentlicher Sektor
Medien/Unterhaltung

Human Resources
Executive Search
Management Search
Office Support Search
Assessment Center
Potenzialanalysen
Management Audits
Personalentwicklung
Seminare/Workshops

Anzahl der eingestellten Berater pro Jahr
1–2

Voraussetzungen für eine Bewerbung
spezielle Branchenkenntnisse, Berufserfahrung in ähnlichen Tätigkeiten, exzellente Umgangsformen

Leistungsprofil
Personalberatung im In- und Ausland mit dem Schwerpunkt der Suche von Managementpersonal erster und zweiter Ebene, sowohl inseratgestützte Suche als auch Direct-Search-Evaluierung von Management-potenzialen im Rahmen von Management-Audits
CHUCA – CATRO Human Capital Audit: Analyse und Entwicklungsmaßnahmen für Problembereiche im Zusammenhang mit Personalentwicklung, Fluktuation, Änderungen von Verantwortlichkeiten und/oder Arbeitsbedingungen et cetera

CREATE CONNECTIONS

Create Connections Networking & Lobbying GmbH

Operativ tätig in den Staaten
Österreich
Deutschland
andere europ. Staaten

Niederlassungen
Österreich

Tätig in folgenden Branchen
Verkehr/Transport
Finanzdienstleistung
Tourismus
Sonstige Dienstleistungen
Telekommunikation
Informationstechnologie
Elektronik
Non-Profit-Organisationen
Öffentlicher Sektor
Medien/Unterhaltung
sonstige

Managementberatung
Strategieberatung

Human Resources
Managementtraining

Marketing/PR
Marketingstrategie
Marketingkonzepte
Corporate Identity/Design
Marktforschung
Imageanalysen
Onlinemarketing
Investor Relations
Databasemarketing
Webdesign
Grafik
Direktmarketing
Standortanalyse
Vertriebssteuerung
PR-Beratung
Lobbying/Networking
Sponsoring
Publikationen/Firmenzeitschr.
Multimedia
Werbung

Anzahl der eingestellten Berater pro Jahr
2

Voraussetzungen für eine Bewerbung
Absolventen mit starker Ausprägung im Marketing und PR-Organisationstalente für Events.

Einstiegsgehalt für Berater
k. A.

Ybbsstr. 24/22
1020 Wien

Ansprechpartner:
Ronny Ungar-Klein

Geschäftsführung:
Ronny Ungar-Klein

Gründungsjahr:
2003

Verbandszugehörigkeiten:
WKÖ

Tel.: +43/1/218 37 30
E-Mail:
office@create-connections.com
Homepage:
www.create-connections.com

Mitarbeiter gesamt: 2
davon Partner: 2

Honorarumsatz:
k. A.

Leistungsprofil
Entwicklung und Etablierung von massgeschneiderten Kommunikationsinstrumenten für Imageaufbau und -pflege. Zielsetzung ist das Generieren und Erhöhen des Bekanntheitsgrades für den Klienten und von dessen Produkten bzw. Dienstleistungen. Neben den klassischen PR-Instrumenten, wie Presseauftritten, Medienarbeit und Studien werden verstärkt zielgruppenspezifische Marketing-Tools eingesetzt, die den Klienten direkt mit den potentiellen Kunden in Verbindung bringen; dazu zählen unter anderem die Errichtung massgeschneiderter Plattformen und Netzwerke.

Referenzen
- Mittel- und Großunternehmen (Top 500)
- Yearbook Consulting 03
- Corporate Consulting Club
- Beratungsunternehmen
- Dienstleistungsunternehmen

CCM Management GmbH

Concept Consulting Management

Moserstraße 42
5020 Salzburg

Ansprechpartner:
Mag. Manfred Schmidbauer

Geschäftsführung:
Mag. Manfred Schmidbauer

Gründungsjahr:
1998

Verbandszugehörigkeiten:
Fachgruppe
Unternehmensberatung

Tel.: +43/662/83 10 72
Fax: +43/662/83 54 70-33
E-Mail:
office@ccm-group.com
Homepage:
www.ccm-group.com

Mitarbeiter gesamt: 1

Operativ tätig in den Staaten
Österreich
Deutschland
Schweiz

Tätig in folgenden Branchen
Energiewirtschaft
Verkehr/Transport
Maschinenbau
Nahrungsmittel/Getränke
Chemie/Pharma
Gesundheitswesen
Finanzdienstleistung
Tourismus
sonstige Dienstleistungen
Telekommunikation
Informationstechnologie
Elektronik
Handel
öffentlicher Sektor
Medien/Unterhaltung
sonstige

Managementberatung
Strategieberatung
Organisationsberatung
Technologie- und Innovationsb.
Operative Beratung
Prozessoptimierung
Change Management
Produktivitätssteigerung
Logistik
Controllingsysteme
Informationsmanagement
Managementsysteme
Outsourcing
Interimsmanagement
Reorganisation/Restruktur.
Sanierung
sonstiges

Human Resources
Coaching
Managementtraining
Seminare/Workshops
Moderation/Mediation

Corporate Finance
Strategische Allianzen
Unternehmenskauf und -verkauf
Joint Ventures
Beteiligungen
Fusionen
Due Diligence
Ausgliederungen
Unternehmensgründung
Unternehmensnachfolge
MBO/MBI
Businesspläne
Finanzierungskonzepte
Investorensuche
Verhandlungsführung
sonstiges

Leistungsprofil

Unsere Firma fungiert primär als Beratungsbroker für unsere Kunden. Die CCM-Group besteht aus erfahrenen und ausgewählten Unternehmensberatern mit Branchenkenntnissen und einem entsprechenden Track Record. Neben der fachlichen Qualifikation steht der ganzheitliche Beratungsansatz im Vordergrund. Das beinhaltet neben der Beratung vor allem die Umsetzung. Zusätzlich verstehen sich unsere Berater als Wirtschaftscoaches, die den menschlichen Touch in die Beratung einfließen lassen. Als Lizenznehmer einer Beratungsgruppe, die unter EUCONS im deutschsprachigen Raum firmiert, werden Spezialisten im Bereich Unternehmensführung, Restrukturierung und Management auf Zeit bereitgestellt. Wir unterstützen damit unsere Kunden in allen wesentlichen Beratungsfeldern.

ccmt-consulting. coaching.moderation. training

Operativ tätig in den Staaten
Österreich

Managementberatung
Organisationsberatung
Change Management
sonstiges

Human Resources
Coaching
Managementtraining
Seminare/Workshops
Moderation/Mediation

Marketing/PR
Marketingstrategie
Marketingkonzepte
Corporate Identity/Design
PR-Beratung
Publikationen/Firmenzeitschriften

Alpenstraße 48a
5020 Salzburg

Ansprechpartner:
Dr. Elfy Walch

Geschäftsführung:
Dr. Elfy Walch

Gründungsjahr:
2002

Verbandszugehörigkeiten:
PRVA

Tel.: +43/699/10 66 32 51
E-Mail:
e.walch@ccmt.at
Homepage:
www.ccmt.at

Mitarbeiter gesamt: 2
Consultants: 1

Leistungsprofil
Consulting, Coaching, Moderation, Trainings

Client Vela

Plinganserstraße150
81369 München
Deutschland

Ansprechpartner:
Sonja Haubelt

Geschäftsführung:
Jan Boluminski

Seniorpartner:
Susanne Leitsch

Gründungsjahr:
2001

Tel.: +49/89/74 21 71 53
Fax: +49/89/74 21 75 90
E-Mail:
info@clientvela.com
Homepage:
www.clientvela.com

Mitarbeiter gesamt: 17
davon Partner: 4
davon Consultants: 13

Honorarumsatz:
3 Mio. Euro

Operativ tätig in den Staaten
Österreich
Deutschland
Schweiz

Tätig in folgenden Branchen
Energiewirtschaft
Finanzdienstleistung
sonstige Dienstleistungen
Telekommunikation
Handel
öffentlicher Sektor

Managementberatung
Strategieberatung
Organisationsberatung
Operative Beratung
Prozessoptimierung
Change Management
Produktivitätssteigerung
Controllingsysteme
Informationsmanagement
Managementsysteme
sonstiges

Informationstechnologie
IT-Strategien
Informationsmanagement
Datenbanken
Softwareentwicklung

Marketing/PR
Marketingstrategie
Marketingkonzepte
Database-Marketing
Direktmarketing
Vertriebssteuerung

Anzahl der eingestellten Berater pro Jahr
k. A.

Voraussetzungen für eine Bewerbung
abgeschlossenes Hochschulstudium, ausgezeichnete analytische und konzeptionelle sowie kommunikative Fähigkeiten, kritik- und lernfähig, idealerweise Erfahrungen im Bereich CRM / Kundenbindung / Prozessmanagement und/oder Consultin

Einstiegsgehalt für Berater
k. A.

Leistungsprofil
Schwerpunkte der Beratung liegen in den Bereichen Kundenbindung und Prozessmanagement. Außerdem entwickelt und vertreibt Client Vela Softwarelösungen für Bonussysteme und Prozessoptimierung. Client Vela übernimmt sowohl die Strategie- und Prozessberatung als auch die Umsetzung der Projekte und die Erfolgskontrolle der Beratungsleistung. Das Client-Vela-Team stützt sich dabei auf eine Kombination aus fundiertem betriebswirtschaftlichen sowie technischen Wissen und verbindet operative Linienerfahrung mit strategischem Beratungshintergrund.

Referenzen
Infineon, Tchibo, Allianz, T-Systems, T-Online, Euro Kartensysteme, CommuniGate, Kaiser's Tengelmann, Webmiles, Ecohalte

COC – Communication Organisation Consulting GmbH

Operativ tätig in den Staaten
Österreich
Deutschland
andere europ. Staaten

Niederlassungen
Österreich
andere europ. Staaten

Tätig in folgenden Branchen
sonstige Dienstleistungen

Managementberatung
Strategieberatung

Informationstechnologie
sonstiges

Human Resources
sonstiges

Corporate Finance
Beteiligungen

Marketing/PR
Marketingstrategie
Marketingkonzepte
Corportate Identity/Design
Marktforschung
Imageanalysen
Investor Relations
Grafik
Standortanalyse
PR-Beratung
Lobbying/Networking
Sponsoring
Publikationen/Firmenzeitschr.
Werbung
sonstiges

Aumannplatz 2
1180 Wien

Ansprechpartner:
Dr. Elisabeth Czerwenka-Kulmon

Geschäftsführung:
Dr. Elisabeth Czerwenka-Kulmon

Gründungsjahr:
1991

Verbandszugehörigkeiten:
PRVA, MC, WdF, PR-Forum d. WKO, VIKOM

Tel.: +43/1/479 80 85
Fax: +43/1/479 80 86
E-Mail:
coc@nextra.at
Homepage:
www.coc.or.at

Mitarbeiter gesamt: 7

Leistungsprofil
Siehe Homepage www.coc.or.at

Referenzen
Siehe Homepage www.coc.or.at

Compass-Verlag GmbH

Information für Ihren Vorteil
Compass-Gruppe

Matznergasse 17
1141 Wien

Ansprechpartner:
Hermann Futter

Geschäftsführung:
Hermann Futter
Mag. Nikolaus Futter
Werner Futter

Gründungsjahr:
1867

Verbandszugehörigkeiten:
ÖAVV, EADP, VIW, ÖZV

Tel.: +43/1/981 16
Fax: +43/1/981 16-111
E-Mail:
office@compass.at
Homepage:
www.compass.at

Mitarbeiter gesamt: 50
davon Consultants: 15

Operativ tätig in den Staaten
Österreich

Tätig in folgenden Branchen
Informationstechnologie

Informationstechnologie
Informationsmanagement
Managementinformationssyst.
Datenbanken
E-Commerce
Internet/Intranet

Marketing/PR
Onlinemarketing
Investor Relations
Databasemarketing
Direktmarketing
Multimedia
Standortanalyse

Leistungsprofil
Unternehmensinformation, Firmendatenbanken, Einkaufsführer, Internetportale

Conzept F Tourismusberatung GmbH & Co. KG

Operativ tätig in den Staaten
Österreich
Deutschland
andere europ. Staaten

Niederlassungen
Österreich
Deutschland

Tätig in folgenden Branchen
Finanzdienstleistung
Tourismus
Non-Profit-Organisationen

Managementberatung
Strategieberatung
Operative Beratung

Informationstechnologie
Managementinformationssyst.

Corporate Finance
Unternehmensgründung
Unternehmensnachfolge
Businesspläne
Finanzierungskonzepte

Marketing/PR
Marketingstrategie
Marketingkonzepte
Corportate Identity/Design
Direktmarketing

Schwarzseestraße 14
6370 Kitzbühel

Ansprechpartner:
Mag. Isa Tsöch

Geschäftsführung:
Dkfm. L. Hinterholzer

Gründungsjahr:
1986

Tel.: +43/53 56/750 00
Fax: +43/53 56/750 00-4
E-Mail:
conzept@aon.at

Mitarbeiter gesamt: 7
davon Partner: 3
davon Consultants: 5

Leistungsprofil
Tourismusberatung

CONECTA Unternehmens-und Organisations-beratung

C/O/N/E/C/T/A
Unternehmens- und Organisationsberatung

Sieveringer Straße 36
1190 Wien

Ansprechpartner:
Hanni Jordis

Geschäftsführung:
Dr. Martin Carmann,
Dr. Gerardo Drossos,
DI Dr. Alfred Janes,
Hanni Jordis,
Dr. Ingrid Kreuzer,
Dr. Susanne Mingers,
DI Karl Prammer,
Mag. Ferdinand Schmid-Schmidsfelden,
Mag. Herbert Schober,
Mag. Michael Schulte-Derne,
Dr. Monika Veith,
Mag. Mathias Weyrer

Seniorpartner:
wie oben

Gründungsjahr:
1966

Verbandszugehörigkeiten:
Wiener Schule der Organisationsberatung

Tel.: +43/1/320 82 87
Fax: +43/1/320 81 79
E-Mail:
conecta@conecta.com
Homepage:
www.conecta.com

Mitarbeiter gesamt: 17
davon Partner: 12
davon Consultants: 12

Honorarumsatz:
k. A.

Operativ tätig in den Staaten
Österreich
Deutschland
Schweiz
andere europ. Staaten

Tätig in folgenden Branchen
Energiewirtschaft
Verkehr/Transport
Maschinenbau
Nahrungsmittel/Getränke
Chemie/Pharma
Gesundheitswesen
Finanzdienstleistung
sonstige Dienstleistungen
Telekommunikation
Informationstechnologie
Elektronik
Handel
Non-Profit-Organisationen
öffentlicher Sektor
Medien/Unterhaltung
sonstige

Managementberatung
Strategieberatung
Organisationsberatung
Technologie- und Innovationsb.
Prozessoptimierung
Change Management
Produktivitätssteigerung
Controllingsysteme
Informationsmanagement
Managementsysteme
Outsourcing
Interimsmanagement
Reorganisation/Restruktur.
Sanierung

Informationstechnologie
Managementinformationssyst.
IT-Outsourcing

Human Resources
Potenzialanalysen
Personalmanagementsysteme
Vergütungssysteme
Personalentwicklung
Coaching
Managementtraining
Seminare/Workshops
Moderation/Mediation
Outsourcing
sonstiges

Corporate Finance:
Strategische Allianzen
Unternehmenskauf
Joint Ventures
Beteiligungen
Fusionen
Due Diligence
Ausgliederungen
Unternehmensgründungen
Unternehmensnachfolge
Investorensuche
Verhandlungsführung

Marketing/PR
Marketingstrategie
Corporate Identity
Standortanalyse
sonstiges

Anzahl der eingestellten Berater pro Jahr
nach Bedarf

Voraussetzungen für eine Bewerbung
abgeschlossene Ausbildung als Prozess- und FachberaterIn, praktische Erfahrung in der Anwendung systemischer, gruppendynamischer und tiefenpsychologischer Konzepte in Beratung, Training und Coaching

Einstiegsgehalt für Berater
k. A.

Leistungsprofil

C/O/N/E/C/T/A ist seit 26 Jahren tätig in der Unternehmens- und Organisationsberatung. C/O/N/E/C/T/A hat ihren Sitz in Wien und arbeitet branchenübergreifend im deutschsprachigen Raum. Wir verstehen uns als ein Team von vernetzt arbeitenden Spezialisten für die Gestaltung und Begleitung anspruchsvoller Veränderungsvorhaben zur Organisations-, Team- und Personalentwicklung. Wir stehen für nachhaltig wirksame Veränderungen und für Beteiligung und permanente Integration im Unternehmen. Gemeinsam mit den Angestellten und einem internationalen Kooperationspartner-Netzwerk umfaßt C/O/N/E/C/T/A heute einen aktiven Berater/TrainerInnen-Staff von fünfzig Personen.

Referenzen

AKH Linz, Austrian Research Centers, AXA, Bank Austria, BASF AG, Baxter Vaccine, Brau Beteiligungs-AG, BUWOG, Daimler Chrysler, DBV-Winterthur AG, Deutsche Pos AG, Deutsche Telekom AG, Erste Bank, Generali Versicherungs AG, Hernstein Institute, AK OÖ, OMV AG, Polyfelt GmbH, Siemens AG Österreich, voestalpine etc.

CONSENT Personal- und Managementberatungs GmbH

Operativ tätig in den Staaten
Österreich
Deutschland
andere europ. Staaten

Niederlassungen
Österreich
andere europ. Staaten

Tätig in folgenden Branchen
Energiewirtschaft
Verkehr/Transport
Maschinenbau
Nahrungsmittel/Getränke
Chemie/Pharma
Gesundheitswesen
Finanzdienstleistung
sonstige Dienstleistungen
Elektronik
Handel
öffentlicher Sektor
Medien/Unterhaltung

Human Resources
Executive Search
Management Search
Office Support Search
Assessment Center
Potenzialanalysen
Management Audits
Personalmanagementsysteme
Vergütungssysteme
Personalentwicklung
Coaching
Managementtraining
Seminare/Workshops
Moderation/Mediation

Marketing/PR
Marktforschung
Imageanalysen

Anzahl der eingestellten Berater pro Jahr
gleichbleibende Anzahl von Consultants

Voraussetzungen für eine Bewerbung
akademische Ausbildung (Jus, WU, Psychologie) und mehrjährige einschlägige Praxis im Recruitingbereich eines großen Unternehmens oder bei einem Personalberater

Einstiegsgehalt für Berater
je nach Kompetenz

Dommayergasse 4
1130 Wien

Ansprechpartner:
siehe Geschäftsführung

Geschäftsführung:
Wolfgang Anzenberger,
Dr. Gerhard Schrei,
Dr. Walter Schwarz

Senior Partner:
Dr. Regina Gatterer,
Dr. Toni Günkel,
Dr. Dieter Pfandlbauer,
Mag. Andreas Sogerer
Marktforschung:
Mag. Hans Wenzek

Gründungsjahr:
1974

Tel.: +43/1/877 30 03-0
Fax: +43/1/876 47 04
E-Mail:
consult@consent.at
Homepage:
www.consent.at

Mitarbeiter gesamt: 12
davon Partner: 8
davon Consultants: 8

Leistungsprofil
Das erfahrenste Personalberaterteam Österreichs: Dreißig Jahre für erfolgreiches Personal!
Gegründet 1974, zählt die CONSENT mit Sitz in Wien-Hietzing zu den am längsten in Österreich tätigen Personalberatungsunternehmen. Mit der jahrzehntelangen Recruitingkompetenz jedes Einzelnen unserer BeraterInnen sowie dem in dreißigjähriger Tätigkeit erworbenen Brancheninsiderwissen bieten wir Kunden wie Bewerbern Österreichs breitesten Erfahrungshintergrund im Personal- und Managementberatungsbereich.

Referenzen
müssen vertraulich behandelt werden

Contrast Management – Consulting GmbH

contrast MANAGEMENT - CONSULTING

Billrothstraße 4
1190 Wien

Ansprechpartner:
Univ.-Doz. Dr. Werner H. Hoffmann

Geschäftsführung:
Univ.-Doz. Dr. Werner H. Hoffmann,
o. Univ.-Prof. Dr. Rolf Eschenbach,
Dr. Christian Horak,
Mag. Bernd Kadic,
Dr. Rita Niedermayer-Kruse,
Mag. Martin Unger

Gründungsjahr:
1991

Verbandszugehörigkeiten:
Fachverband der Unternehmensberater

Tel.: +43/1/368 68 88
Fax: +43/1/368 68 88-888
E-Mail:
beratung@contrast.at
Homepage:
www.contrast.at

Mitarbeiter gesamt: 60
davon Partner: 7
davon Consultants: 40

Honorarumsatz:
8 Mio. Euro

Operativ tätig in den Staaten
Österreich
Deutschland
andere europ. Staaten

Niederlassungen
Österreich

Tätig in folgenden Branchen
Energiewirtschaft
Verkehr/Transport
Maschinenbau
Nahrungsmittel/Getränke
Chemie/Pharma
Gesundheitswesen
Finanzdienstleistung
Tourismus
sonstige Dienstleistungen
Telekommunikation
Informationstechnologie
Elektronik
Handel
Non-Profit-Organisationen
öffentlicher Sektor
Medien/Unterhaltung
sonstige

Managementberatung
Strategieberatung
Organisationsberatung
Prozessoptimierung
Change Management
Controllingsysteme
Informationsmanagement
Managementsysteme
Reorganisation/Restruktur.
Sanierung
sonstiges

Informationstechnologie
Informationsmanagement
Managementinformationssyst.
Data Warehouse
E-Commerce
SAP-Beratung/-Einführung

Human Resources
Vergütungssysteme
Personalentwicklung
Managementtraining
Seminare/Workshops

Corporate Finance
Strategische Allianzen
Unternehmenskauf und -verkauf
Joint Ventures
Beteiligungen
Fusionen
Due Diligence
Ausgliederungen
Unternehmensgründung
Unternehmensnachfolge
Businesspläne
Finanzierungskonzepte
Verhandlungsführung
sonstiges

Marketing/PR
Marketingstrategie
Marketingkonzepte
Standortanalyse
Vertriebssteuerung

Anzahl der eingestellten Berater pro Jahr
7

Voraussetzungen für eine Bewerbung
abgeschlossenes Studium (Wirtschaftswissenschaften, Wirtschaftsinformatik, wirtschaftliche Fachhochschulen)

Einstiegsgehalt für Berater
nach Vereinbarung

Leistungsprofil
Beratung in den Bereichen/Themenfeldern:
Strategie- und Change Management, Non-Profit- und Public Management, Controlling und Finance, Prozessmanagement

Referenzen
Bramac, Brauerei Zwettl, BMLFUW, Gewista, Gorenje, Hopfen- und Malz Holding AG, Niederösterreichisches Volkshilfe Center, Österreichische Bundesforste AG, Österreichische Elektrizitätswirtschafts AG, Österreichische Fußball-Bundesliga, OMV AG, Wien Energie

Copernicus Consulting (Trademark-Agency)

Operativ tätig in den Staaten
Österreich
Deutschland
Schweiz
andere europ. Staaten
USA
Südamerika
Asien
Afrika

Niederlassungen
Österreich

Tätig in folgenden Branchen
Energiewirtschaft
Nahrungsmittel/Getränke
Gesundheitswesen
sonstige Dienstleistungen
Handel
sonstige

Managementberatung
sonstiges

Marketing/PR
Marketingkonzepte
Corportate Identity/Design
Grafik
Werbung
sonstiges

Anton-Baumgartner-Straße 43
1230 Wien

Ansprechpartner:
Erich Auer, MAS

Geschäftsführung:
Erich Auer, MAS

Gründungsjahr:
2001

Verbandszugehörigkeiten:
Unternehmensberatung,
GRUR

Tel.: +43/699/10 91 10-00
Fax: +43/1/913 37 08
E-Mail:
info@copernicus.net
Homepage:
www.copernicus.net

Mitarbeiter gesamt: 3
davon Partner: 2
davon Consultants: 1

Leistungsprofil
Wir sind eine Spezialmarkenagentur. Unsere Services beinhalten alle Dienstleistungen rund um Marken (Trademarks): internationale Markenservices, Markenrecherchen, Markenanmeldungen, Markenüberwachungen, Markenverkauf (Vorratsmarken), Markenvermittlung, Markenverteidigungen, Markenbewertung, Markenverwertung, Markenkreation

CreaTeam Werbeagentur GmbH

Spittelwiese 5+8
4020 Linz

Ansprechpartner:
Hans Reifetzhammer

Geschäftsführung:
Hans Reifetzhammer
Erwin Schmölzer

Gründungsjahr:
1976

Verbandszugehörigkeiten:
Wirtschaftskammer Österreich (Fachgruppe Werbung)
account.planning.group.
deutschland

Tel.: +43/732/77 02 77-0
Fax: +43/732/77 10 71
E-Mail:
agentur@createam.co.at
Homepage:
www.createam.at

Mitarbeiter gesamt: 40
davon Partner: 2

Honorarumsatz:
25 Mio. Euro

Operativ tätig in den Staaten
Österreich
Deutschland

Tätig in folgenden Branchen
Verkehr/Transport
Finanzdienstleistung
Tourismus
sonstige Dienstleistungen
Handel
Non-Profit-Organisationen
öffentlicher Sektor
Medien/Unterhaltung
sonstige

Marketing/PR
Marketingstrategie
Corporate Identity/Design
Webdesign
Werbung

Leistungsprofil
Kreative Kommunikation auf strategischer Basis;
klassische Werbung (Full Service), Internet, Strategic Planning

Referenzen
bellaflora, 118899. Alles Auskunft, Domino Haarkosmetik, Entrium Direktbank Austria, Gruber + Schlager, Land OÖ, Life Radio, Linz Linien, Nah&Frisch, OÖ Versicherung, OÖ Tourismus, PlusCity, Poschacher DonauPark Mauthausen, Staudinger, Trodat, Vereinigung Österr. Kessellieferanten, VKB-Bank, WK OÖ

Yearbook Consulting 04

DCM

So können Sie Ihr Unternehmen im nächsten **Yearbook Consulting** bewerben.

Werbemöglichkeiten für das **Yearbook Consulting** 04

Zusätzlich zur **kostenfreien Standardeintragung Ihres Unternehmensprofils** haben Sie folgende Möglichkeiten einer weitergehenden Darstellung Ihres Unternehmens:

Partnership Package I

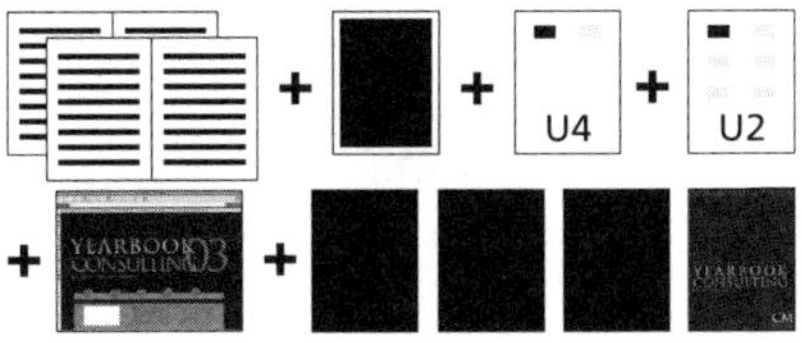

- 4 Seiten redaktioneller Beitrag
- 1 Seite Inserat, 4c
- Logo, 4c auf der Rückseite (U4)
- Logo, 4c auf dem Logoblatt (U2)
- Website Logo/Link
- Nennung in der Pressemappe
- Rabatte auf weitere Bestellungen
- 4 Stück **Yearbook Consulting**

Partnership Package II

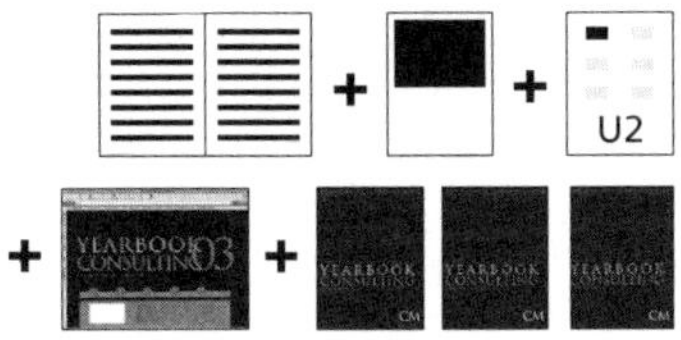

- 2 Seiten redaktioneller Beitrag
- 1/2 Seite Inserat, 4c
- Logo, 4c auf dem Logoblatt (U2)
- Website Logo/Link
- Nennung in der Pressemappe
- Rabatte auf weitere Bestellungen
- 3 Stück **Yearbook Consulting**

Logo-Platzierung

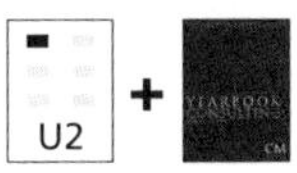

Platzierung Ihres Logos (4c) auf dem Logoblatt (U2), inkl. 1 Stück **Yearbook Consulting**

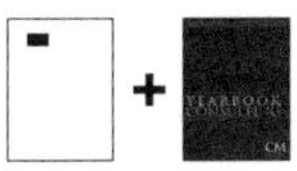

Platzierung Ihres Logos (1c) beim Unternehmensprofil, inkl. 1 Stück **Yearbook Consulting**

Redaktioneller Beitrag

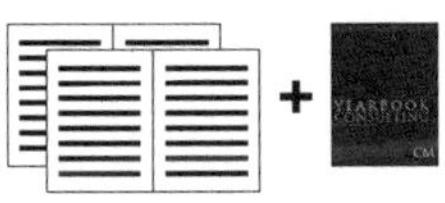

4 Seiten redaktioneller Beitrag, inkl. 1 Stück **Yearbook Consulting** sowie Rabatte auf weitere Bestellungen

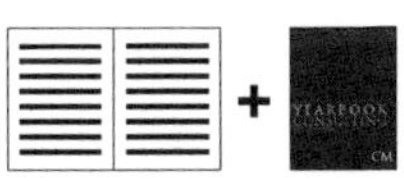

2 Seiten redaktioneller Beitrag, inkl. 1 Stück **Yearbook Consulting** sowie Rabatte auf weitere Bestellungen

Schaltung eines Inserates

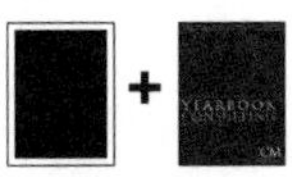

1 Seite Inserat, 4c; inkl. 1 Stück **Yearbook Consulting** sowie Rabatte auf weitere Bestellungen

1/2 Seite Inserat, 4c; inkl. 1 Stück **Yearbook Consulting** sowie Rabatte auf weitere Bestellungen

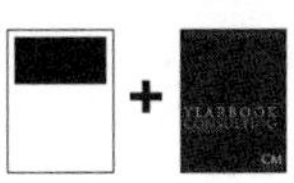

1/3 Seite Inserat, 4c; inkl. 1 Stück **Yearbook Consulting** sowie Rabatte auf weitere Bestellungen

Für weitere Fragen wenden Sie sich bitte an:

Yearbook Consulting c/o Create Connections Networking & Lobbying GmbH

Tel/Fax: 0043/1/218 37 30, Internet: www.yearbook-consulting.com, E-Mail: office@yearbook-consulting.com

CSC Austria AG

Millennium Tower
Handelskai 94–96
1200 Wien

Ansprechpartner:
Ulrike Dietmeier

Geschäftsführung:
Mag. Manfred Prinz
Dr. Peter Sturz
DI Rudolf Schnedl

Gründungsjahr:
1989

Verbandszugehörigkeiten:
VÖSI, ADV, OCG

Tel.: +43/1/207 77-0
Fax: +43/1/207 77-10 90
E-Mail:
info_austria@csc.at
Homepage:
www.at.csc.com

Mitarbeiter gesamt: 480
davon Consultants: 450

Operativ tätig in den Staaten
Österreich
Deutschland
Schweiz
andere europ. Staaten
USA
Südamerika
Asien
Australien

Niederlassungen
Österreich
Deutschland
Schweiz
andere europ. Staaten
USA
Südamerika
Asien
Australien

Tätig in folgenden Branchen
Energiewirtschaft
Verkehr/Transport
Chemie/Pharma
Gesundheitswesen
Finanzdienstleistung
sonstige Dienstleistungen
Telekommunikation
Informationstechnologie
Handel
öffentlicher Sektor
Medien/Unterhaltung

Managementberatung
Strategieberatung
Organisationsberatung
Technologie- und Innovationsb.
Operative Beratung
Prozessoptimierung
Change Management
Produktivitätssteigerung
Logistik
Controllingsysteme
Informationsmanagement
Managementsysteme
Outsourcing

Informationstechnologie
IT-Strategien
Informationsmanagement
Managementinformationssysteme
Workflow-Management/-Systeme
Datenbanken
Data Warehouse
E-Commerce
Internet/Intranet
Systemevaluierung
Multimedia
Netzwerkkonzepte/Lösungen
Client/Server
Programmierung
Softwareentwicklung
IT-Outsourcing
IT-Sicherheit
SAP-Beratung/Einführung

Human Resources
Coaching
Managementtraining

Leistungsprofil
Consulting – Systemintegration – Outsourcing

Weitere Niederlassungen in Osteuropa
- Ungarn
- Polen
- Tschechien
- Slowakei

czipin & proudfoot consulting

Czipin & Proudfoot

Operativ tätig in den Staaten
Österreich
Deutschland
Schweiz
andere europ. Staaten
USA
Südamerika
Asien
Afrika
Australien

Niederlassungen
Österreich
Deutschland
Schweiz
andere europ. Staaten
USA
Südamerika
Asien
Afrika
Australien

Tätig in folgenden Branchen
Energiewirtschaft
Verkehr/Transport
Maschinenbau
Nahrungsmittel/Getränke
Chemie/Pharma
Gesundheitswesen
Finanzdienstleistung
sonstige Dienstleistungen
Telekommunikation
Informationstechnologie
Elektronik
Handel
öffentlicher Sektor
Medien/Unterhaltung
sonstige

Managementberatung
Strategieberatung
Organisationsberatung
Technologie- und Innovationsb.
Operative Beratung
Prozessoptimierung
Change Management
Produktivitätssteigerung
Logistik
Controllingsysteme
Informationsmanagement
Managementsysteme
Outsourcing
Interimsmanagement
Reorganisation/Restruktur.
Sanierung
sonstiges

Schwarzenbergstraße 1–3
1010 Wien

Ansprechpartner:
Hr. Mag. Richard A. Belcredi

Geschäftsführung:
Hr. Mag. Richard A. Belcredi

Gründungsjahr:
1985

Verbandszugehörigkeiten:
Unternehmensberater

Tel.: +43/1/518 00
Fax: +43/1/518 00-999
E-Mail:
rbelcredi@czipin-proudfoot.com
Homepage:
www.czipin.com

Mitarbeiter gesamt:
weltweit 700
davon Consultants:
weltweit 500

Honorarumsatz:
weltweit 180 Mio. Euro

Leistungsprofil
Czipin & Proudfoot Consulting hat sich auf die Implementierung nachhaltiger Verbesserungen im operativen Bereich spezialisiert. Die Umsetzung durch uns kostet weniger, als sie unseren Klienten bereits im ersten Jahr an Einsparung bringt. Czipin & Proudfoot Consulting agiert global und ist mit Büros auf fünf Kontinenten vertreten. In den letzten fünfzig Jahren konnten wir weltweit über 15.000 Projekte erfolgreich abwickeln.

Referenzen
in Österreich:
Telekom Austria
austriamicrosystems
ABB
Datakom
Agrana
Teufelberger
voestalpine
MAB Anlagenbau Austria
Bug-AluTechnic

Dale Carnegie Training Österreich

DALE CARNEGIE® TRAINING

Breitenseerstraße 21
1140 Wien

Ansprechpartner:
Mag. Robert Korp

Geschäftsführung:
Dkfm. Gudrun Killmeyer
DI Werner Killmeyer

Seniorpartner:
Dkfm. Gudrun Killmeyer
DI Werner Killmeyer

Gründungsjahr:
1992

Verbandszugehörigkeiten:
keine

Tel.: +43/1/985 05 23-0
Fax: +43/1/985 05 23-33
E-Mail:
office@dale-carnegie.at
Homepage:
http://www.dale-carnegie.at

Mitarbeiter gesamt: 6
davon Consultants: 5

Operativ tätig in den Staaten
Österreich
Deutschland

Niederlassungen
Österreich

Tätig in folgenden Branchen
Verkehr/Transport
Maschinenbau
Gesundheitswesen
Finanzdienstleistung
sonstige Dienstleistungen
Telekommunikation
Informationstechnologie
Elektronik
Handel
Non-Profit-Organisationen
sonstige

Human Resources
Personalentwicklung
Coaching
Managementtraining
Seminare/Workshops
Moderation/Mediation
sonstiges

Leistungsprofil

Dale Carnegie Training ist weltweit ein führender Partner für Organisationsentwicklung durch hocheffiziente Persönlichkeitstrainings und Coaching in den Bereichen Kommunikation, Management, Verkauf, Präsentation, Teambuilding, Service etc. Wir führen diese Trainings öffentlich und firmenintern mit speziell ausgebildeten und zertifizierten Trainern durch. Besondere Qualitätsmerkmale:

- nachhaltiges, interaktives Trainieren gemäß dem Prinzip „Stärken stärken"
- Energie durch präzise Anerkennung und konstruktive Kritik
- wertschätzendes und stärkenorientiertes Real-Time-Coaching
- Einzel- und Gruppenpotenzial erschließen durch Multilevel-Learning
- laufende Qualitätssicherung

Referenzen

Fragen Sie uns nach spezifischen Referenzen aus Ihrer Branche!

DORDA BRUGGER & JORDIS
RECHTSANWÄLTE

DORDA BRUGGER & JORDIS Rechtsanwälte GmbH

Operativ tätig in den Staaten
Österreich
Deutschland
Schweiz
andere europ. Staaten
USA
Südamerika
Asien

Niederlassungen
Österreich
Südamerika

Managementberatung
Reorganisation/Restruktur.
sonstiges

Corporate Finance
Unternehmenskauf und -verkauf
Joint Ventures
Beteiligungen
Fusionen
Due Diligence
Ausgliederungen
Unternehmensgründung
Unternehmensnachfolge
IPO
sonstiges

Anzahl der eingestellten Berater pro Jahr
10–15

Voraussetzungen für eine Bewerbung
abgeschlossenes Studium der Rechtswissenschaften

Einstiegsgehalt für Berater
k. A.

Dr.-Karl-Lueger-Ring 12
1010 Wien

Ansprechpartner:
Dr. Winfried Schwarz, LL.M.

Geschäftsführung:
Dr. Christian Dorda

Seniorpartner:
Dr. Christian Dorda

Gründungsjahr:
1976

Verbandszugehörigkeiten:
IBA, UIA

Tel.: +43/1/533 47 95-0
Fax: +43/1/533 47 97
E-Mail:
office@dbj.at
Homepage:
www.dbj.at

Mitarbeiter gesamt: 100
davon Partner: 10
davon Consultants: 55

Honorarumsatz:
k. A.

Leistungsprofil
DORDA BRUGGER & JORDIS gehört zu den führenden Wirtschaftrechtskanzleien in Österreich. Wir beschäftigen uns mit allen Bereichen des Wirtschaftsrechts, besonders auch mit Gesellschaftsrecht, Bank- und Kapitalmarktrecht, Steuerrecht und M&A. Seit der Gründung 1976 haben wir uns stetig vergrößert. Durch effiziente Strukturen können wir auch weiterhin Klientenwünsche rasch und flexibel realisieren. Wir kooperieren seit Jahren mit ausländischen Anwaltskanzleien und Steuerberatungsgesellschaften. Durch dieses qualifizierte Netzwerk können wir genauso fachlich oder geografisch grenzüberschreitende Probleme unserer Klienten lösen.

Deloitte & Touche Corporate Finance Advisory GmbH

Deloitte & Touche

Teinfaltstrasse 8
1010 Wien

Ansprechpartner:
Dr. Paul Pömerl

Geschäftsführung:
Dr. Paul Pömerl,
Dr. Alexander Hohendanner,
Mag. Albert Hannak,
Michael Kövesi

Gründungsjahr:
2000

Verbandszugehörigkeiten:
Kammer der Wirtschaftstreuhänder

Tel.: +43/1/531 33-450
Fax: +43/1/533 19-59
E-Mail:
ppoemerl@deloitte.at
Homepage:
www.deloitte.at
www.deloitte.com

Mitarbeiter gesamt:
Österreich: 16,
Europa: 866,
weltweit: 1.350 (nur Corporate-Finance-Beratung)
davon Partner: 4
davon Consultants: 11

Operativ tätig in den Staaten
Österreich
Deutschland
Schweiz
andere europ. Staaten
USA
Südamerika
Asien
Australien

Niederlassungen
Österreich
Deutschland
Schweiz
andere europ. Staaten
USA
Südamerika
Asien
Australien

Tätig in folgenden Branchen
Energiewirtschaft
Verkehr/Transport
Maschinenbau
Nahrungsmittel/Getränke
Chemie/Pharma
Gesundheitswesen
Finanzdienstleistung
Tourismus
Telekommunikation
Informationstechnologie
Elektronik
Handel
öffentlicher Sektor
Medien/Unterhaltung
sonstige

Managementberatung
Reorganisation/Restruktur.

Corporate Finance
Strategische Allianzen
Unternehmenskauf und -verkauf
Joint Ventures
Beteiligungen
Fusionen
Due Diligence
Ausgliederungen
Unternehmensgründung
Unternehmensnachfolge
IPO
MBO/MBI
Businesspläne
Finanzierungskonzepte
Investorensuche
Verhandlungsführung
sonstiges

Anzahl der eingestellten Berater pro Jahr
2–4

Voraussetzungen für eine Bewerbung
k. A.

Einstiegsgehalt für Berater
k. A.

Leistungsprofil

- Mergers & Acquisitions: Beratung bei Kauf und Verkauf von Unternehmen, Aufnahme von Wachstumskapital, Nachfolgeregelungen
- Management Buy-outs, Management Buy-ins
- Strukturierte Finanzierungen (optimale Kombination von Eigenkapitalfinanzierung, Fremdfinanzierung und Sonderprodukten)
- Restrukturierungs- und Sanierungsberatung
- Unternehmensbewertung
- Due Diligence
- Subventions- und Förderungsberatung
- Immobilienberatung

Referenzen

Im Jahr 2001 hat Deloitte & Touche europaweit über 500 Transaktionen mit einem Gesamtvolumen von 78,9 Milliarden Euro beratend begleitet. Gern zeigen wir Ihnen unsere Referenzen in Ihrer Branche.

Deloitte & Touche Unternehmensberatung FSI GmbH

Operativ tätig in den Staaten
Österreich
Deutschland
Schweiz
andere europ. Staaten
USA

Niederlassungen
Österreich

Tätig in folgenden Branchen
Finanzdienstleistung

Managementberatung
Strategieberatung
Organisationsberatung
Technologie- und Innovationsb.
Operative Beratung
Prozessoptimierung
Change Management
Produktivitätssteigerung
Controllingsysteme
Informationsmanagement
Managementsysteme
Outsourcing
Reorganisation/Restruktur.
sonstiges

Informationstechnologie
Informationsmanagement
Managementinformationssyst.
IT-Sicherheit

Human Resources
Seminare/Workshops

Corporate Finance
Strategische Allianzen
Unternehmenskauf und -verkauf
Joint Ventures
Due Diligence
Ausgliederungen
Unternehmensgründung
Businesspläne
Finanzierungskonzepte
Investorensuche
Verhandlungsführung

Anzahl der eingestellten Berater pro Jahr
1–2

Voraussetzungen für eine Bewerbung
- überdurchschnittlich guter Hochschulabschluss in den Studienfächern BWL, HW, IWW oder Jus
- Interesse an und Vorkenntnisse über die Finanzdienstleistungsbranche
- sehr gute Englisch- und EDV-Kenntnisse
- Engagement, Teamgeist, Flexibilität, Durchsetzungsvermögen, Belastbarkeit, Lernfähigkeit

Einstiegsgehalt für Berater
etwa 30.000 Euro

Akademiehof
Friedrichstraße 10
1015 Wien

Ansprechpartner:
MMag. Dominik Damm

Geschäftsführung:
Univ.-Doz. Dr. Philip Göth,
Mag. Erich Kandler

Gründungsjahr:
2001

Verbandszugehörigkeiten:
Unternehmensberatung

Tel.: +43/1/588 54-54 44
Fax: +43/1/588 54-54 99
E-Mail:
ddamm@deloitte.at
Homepage:
www.deloitte.at

Mitarbeiter gesamt: 5
davon Partner: 2
davon Consultants: 3

Honorarumsatz:
650.000 Euro

Leistungsprofil
Die Deloitte & Touche Unternehmensberatung gehört mit Wirtschaftsprüfung und Steuerberatung zu den wichtigsten Service Lines von Deloitte & Touche und verfügt über vier Beratungssäulen.
Die D & T Unternehmensberatung Financial Services Industry bietet kundenorientierte Problemlösungen in den Bereichen Kreditrisiko-Management, Treasury und Asset Liability Managament, operationelles Risikomanagement sowie fundierte Fachberatung bei Bankengründungen, Bankenplanung und -steuerung.
Die drei weiteren Beratungssäulen sind: D & T Management Solutions, D & T Corporate Finance, D & T Wentner Havranek.

Referenzen
BA-CA, BA-CA-Leasing, Erste Bank, Erste Sparinvest, RZB, ÖVAG, Raiffeisen Wohnbausparen, AÖB, Österreichische Bundesfinanzierungsagentur, Immorent, Vakif Bank, Meinl Bank, Skandia, Österreichische Hagelversicherung

Deloitte & Touche Management Solutions GmbH

Akademiehof, Friedrichstr. 10
1015 Wien

Ansprechpartner:
Dipl.-Ing. Gerhard Feuchtmüller

Geschäftsführung:
Dipl.-Ing. Gerhard Feuchtmüller,
Mag. Wolfgang Mayer

Seniorpartner:
Dipl.-Ing. Gerhard Feuchtmüller,
Mag. Wolfgang Mayer

Gründungsjahr:
1998

Verbandszugehörigkeiten:
Unternehmensberatung und Datenverarbeitung

Tel.: +43/1/531 33-480,
+43/1/588 54-25 00
Fax: +43/1/531 33-499,
+43/1/588 54-25 99
E-Mail:
gfeuchtmueller@deloitte.at,
wmayer@deloitte.at
Homepage:
www.solutions.deloitte.at

Mitarbeiter gesamt: 25
davon Partner: 2
davon Consultants: 20

Honorarumsatz:
3.000.000 Euro

Operativ tätig in den Staaten
Österreich
Deutschland
Schweiz
andere europ. Staaten
USA
Südamerika
Asien
Afrika
Australien

Niederlassungen
Österreich
Deutschland
Schweiz
andere europ. Staaten
USA
Südamerika
Asien
Afrika
Australien

Tätig in folgenden Branchen
Energiewirtschaft
Verkehr/Transport
Maschinenbau
Nahrungsmittel/Getränke
Chemie/Pharma
Gesundheitswesen
Finanzdienstleistung
Tourismus
Telekommunikation
Informationstechnologie
Elektronik
Handel
Non-Profit-Organisationen
öffentlicher Sektor
Medien/Unterhaltung

Managementberatung
Strategieberatung
Organisationsberatung
Technologie- und Innovationsb.
Operative Beratung
Prozessoptimierung
Change Management
Produktivitätssteigerung
Logistik
Controllingsysteme
Informationsmanagement
Managementsysteme
Outsourcing
Interimsmanagement
Reorganisation/Restruktur.
Sanierung

Informationstechnologie
IT-Strategien
Informationsmanagement
Managementinformationssyst.
Workflow Management/Systeme
Data Warehouse
E-Commerce
Internet/Intranet
Systemevaluierung
IT-Outsourcing
IT-Sicherheit

Human Resources
Personalentwicklung
Coaching
Seminare/Workshops
Moderation/Mediation

Corporate Finance
Strategische Allianzen
Joint Ventures
Ausgliederungen
Businesspläne
Finanzierungskonzepte

Marketing/PR
Marketingstrategie
Marketingkonzepte
Marktforschung
Vertriebssteuerung

Anzahl der eingestellten Berater pro Jahr
3–5

Leistungsprofil

Deloitte & Touche Unternehmensberatung gehört mit Wirtschaftsprüfung und Steuerberatung zu den wichtigsten Service Lines von Deloitte & Touche. In Österreich zählen Deloitte am Akademiehof und die Auditorgruppe zu Deloitte & Touche.

Referenzen

Austria Card, Austro Control, Bewag, Boehringer, Bösendorfer, Constantia Privatbank, div. Bundesministerien, Elin, Innsbrucker Kommunalbetriebe, Jenbacher, Kapsch, Kelag, Leiner, Licona, Liebherr, Morawa, Münze Österreich

Delphi Software GmbH

Operativ tätig in den Staaten
Österreich
Deutschland

Niederlassungen
Österreich
Deutschland

Tätig in folgenden Branchen
Informationstechnologie

Informationstechnologie
IT-Strategien
Informationsmanagement
Managementinformationssyst.
Datenbanken
Data Warehouse
IT-Outsourcing

Anzahl der eingestellten Berater pro Jahr
variabel

Voraussetzungen für eine Bewerbung
HTL, Fachrichtung EDV, Studium der Informatik, der Wirtschaftsinformatik oder ähnliche Studien

Einstiegsgehalt für Berater
k. A.

Vivenotgasse 48
1120 Wien

Ansprechpartner:
Mag. Heike Trapichler

Geschäftsführung:
Richard Allum

Gründungsjahr:
1993

Tel.: +43/1/815 14 56-0
Fax: +43/1/815 14 56-21
E-Mail:
office@delphi.at
Homepage:
www.delphi.at

Mitarbeiter gesamt: 44
davon Partner: 4
davon Consultants: 32

Leistungsprofil
Delphi bietet ein Beratungs- und Dienstleistungsportfolio rund um Datenbanken an. Oracle und Microsoft setzen die meisten unserer Kunden als Plattform ein, doch sind wir auf Teradata und DB2 genauso zu Hause. Das Portfolio reicht von der Applikationsentwicklung über Business Intelligence und Data-Warehouse-Lösungen bis zu Enterprise Application Integration und Systemmanagement. Die notwendige Kompetenz für ein so breitgefächertes Portfolio erreicht Delphi durch die enge Zusammenarbeit mit den Partnerunternehmen Delphi Software West, Aprioris IT-Consulting und Sphinx IT-Consulting. Wir unterhalten derzeit Standorte in Wien, Linz und Schwabach b. Nürnberg.

Referenzen
Alukönigstahl, Bawag, Billa, Greiner Verpackungen, GIS, Haribo, Hödlmayr, Mediaprint, Mobilkom, Neusiedler. ÖAG, ÖBB, ORF, ONE, OMV, RZB, Skidata, Sony, Teich, Telekom, Teufelberger, UTA, Verbund, VOEST, Wienerberger u. v. a.

diamond:dogs web-consulting gesmbh

Porzellangasse 3
1090 Wien

Ansprechpartner:
Ulf Deecke

Geschäftsführung:
Gerhard Handler,
Nathalie Kohn

Gründungsjahr:
1999

Verbandszugehörigkeiten:
DMVÖ, IWK

Tel.: +43/1/315 67 21
Fax: +43/1/315 67 21-15
E-Mail:
office@diamonddogs.cc
Homepage:
www.diamonddogs.cc

Mitarbeiter gesamt: 42
davon Partner: 7
davon Consultants: 9

Honorarumsatz:
4.500.000 Euro

Operativ tätig in den Staaten
Österreich
Deutschland
Schweiz

Niederlassungen
Österreich

Tätig in folgenden Branchen
Energiewirtschaft
Verkehr/Transport
Maschinenbau
Nahrungsmittel/Getränke
Finanzdienstleistung
Telekommunikation
Handel
Non-Profit-Organisationen
öffentlicher Sektor
Medien/Unterhaltung

Managementberatung
Strategieberatung
Organisationsberatung
Technologie- und Innovationsb.
Operative Beratung
Prozessoptimierung
Informationsmanagement

Informationstechnologie
IT-Strategien
Informationsmanagement
Workflow Management/Systeme
Datenbanken
E-Commerce
Internet/Intranet
Systemevaluierung
Multimedia
Netzwerkkonzepte/Lösungen
Programmierung
Softwareentwicklung

Human Resources
Personalentwicklung
Coaching
Seminare/Workshops

Corporate Finance
Strategische Allianzen
Businesspläne

Marketing/PR
Marketingstrategie
Marketingkonzepte
Corportate Identity/Design
Marktforschung
Onlinemarketing
Investor Relations
Database-Marketing
Webdesign
Grafik
Direktmarketing
PR-Beratung
Publikationen/Firmenzeitschr.
Multimedia
Werbung

Anzahl der eingestellten Berater pro Jahr
2–3

Voraussetzungen für eine Bewerbung
mehrjährige Erfahrung im Bereich Internet, hohe soziale Kompetenz, ausgeprägte Problemlösungs- und Konzeptionskompetenz

Einstiegsgehalt für Berater
ca. 25.000 Euro netto

Leistungsprofil
diamond:dogs entwickelt ganzheitliche Lösungen auf Basis der wachsenden Einsatzmöglichkeiten des Internet in Business-Prozessen. Wir bieten die Konzeption, das Design, die Implementierung und Vermarktung webbasierender Dialog- und Transaktionslösungen an.

Referenzen
Hutchison Whampoa, Wiener Stadtwerke, Verband Wiener Volksbildung, Wiengas, Wiener Linien, Bene Büromöbel, VA-Tech, Lenzing AG, OVB, Kammer der Wirtschaftstreuhänder, My Electric, Verbund

Dieter Strametz & Partner GmbH
Human Resources Management · CEE Consulting Group

Dieter Strametz & Partner GmbH

Operativ tätig in den Staaten
Österreich
Deutschland
Schweiz
andere europ. Staaten

Niederlassungen
Österreich
Deutschland
andere europ. Staaten

Tätig in folgenden Branchen
Energiewirtschaft
Verkehr/Transport
Maschinenbau
Nahrungsmittel/Getränke
Chemie/Pharma
Finanzdienstleistung
Tourismus
sonstige Dienstleistungen
Telekommunikation
Informationstechnologie
Handel
Non-Profit-Organisationen
öffentlicher Sektor
Medien/Unterhaltung

Managementberatung
Organisationsberatung
Operative Beratung
Prozessoptimierung
Change Management
Outsourcing
Interimsmanagement
Reorganisation/Restruktur.

Human Resources
Executive Search
Management Search
Assessment Center
Potenzialanalysen
Management Audits
Personalmanagementsysteme
Personalinformationssysteme
Vergütungssysteme
Personalentwicklung
Coaching
Managementtraining
Seminare/Workshops
Moderation/Mediation
Outsourcing
sonstiges

Anzahl der eingestellten Berater pro Jahr
2–3

Voraussetzungen für eine Bewerbung
Psychologiestudium, BWL-Studium, Coaching-Zertifikat, akadem. geprüfte PE- & OE-Entwicklung

Einstiegsgehalt für Berater
2.200 Euro

Bartensteingasse 2
1010 Wien

Ansprechpartner:
Sören Buschmann

Geschäftsführung:
Sören Buschmann

Seniorpartner:
Dieter Strametz

Gründungsjahr:
1978/2000

Verbandszugehörigkeiten:
Deutsche Handelskammer / Wirtschaftskammer Österreich

Tel.: +43/1/310 01 73-0
Fax: +43/1/310 01 73-409
E-Mail:
info@dspartner.at
Homepage:
www.dspartner.at

Mitarbeiter gesamt: 50 / 15
davon Partner: 6 / 2
davon Consultants: 40 / 12

Honorarumsatz:
6 Mio. Euro / 1,6 Mio. Euro

Leistungsprofil
Der Human-Resources-Beratung wird ein integrativer Beratungsansatz zugrunde gelegt. Mit der Entwicklung der HR-Strategie, Recruiting, Potenzialevaluierung und Mitarbeitertrainings – bis hin zur Begleitung von organisatorischen Veränderungen – erhalten Unternehmen methodenorientierte Prozessberatung. Personalspezifisches Know-how und das Wissen um branchenspezifische Erfolgsfaktoren bieten tiefreichende Ergebnisqualität. Unter Berücksichtigung der Human Resources werden Kulturen, Strukturen und Prozesse in Organisationen analysiert, firmenspezifische Lösungen geliefert und die Umsetzung sowie die aktive Problembewältigung in Unternehmen begleitet.

Referenzen
Accenture, BDO Auxilia Treuhand, Commerzbank, Dresdner Bank, EDS, Europäische Zentralbank, Hirtenberger, KPMG CEE, Nestlé, PricewaterhouseCoopers

Dr. Günther G. Morawetz Geprüfter Unternehmensberater

Ignaz-Rieder-Kai 7
5020 Salzburg

Ansprechpartner:
Dr. Günther G. Morawetz

Geschäftsführung:
Dr. G. Morawetz

Gründungsjahr:
1987

Verbandszugehörigkeiten:
WKÖ Fachverband Unternehmensberatung

Tel.: +43/662/62 90 17
Fax: +43/662/62 13 13
E-Mail:
morawetz@beratersalzburg.com
Homepage:
www.beratersalzburg.com

Mitarbeiter gesamt: 5
davon Consultants: 3

Operativ tätig in den Staaten
Österreich
Deutschland

Niederlassungen
Österreich
Deutschland

Managementberatung
Strategieberatung
Organisationsberatung
Change Management
Reorganisation/Restruktur.
sonstiges

Human Resources
Personalentwicklung
Coaching
Managementtraining
Seminare/Workshops
Moderation/Mediation
sonstiges

Einstiegsgehalt für Berater
nach Vereinbarung, abgestimmt auf die Themenstellung

Leistungsprofil
Entwicklung und Betreuung zielorientierter lernender Organisationen, Installieren des Betriebssystems für eine ausbalancierte kundenorientierte Organisation auf allen Ebenen;
CRM-orientierte Organisation als Basis für gelebtes Kundenbeziehungsmanagement, Open Space Organisation

Dr. Thomas Prader

Operativ tätig in den Staaten
Österreich
Deutschland
Schweiz

Tätig in folgenden Branchen
Verkehr/Transport
sonstige Dienstleistungen
Non-Profit-Organisationen
öffentlicher Sektor
sonstige

Managementberatung
Strategieberatung
Informationsmanagement
sonstiges

Human Resources
Moderation/Mediation

Marketing/PR
PR-Beratung

Seidengasse 28
1070 Wien

Ansprechpartner:
Dr. Thomas Prader

Geschäftsführung:
Dr. Thomas Prader

Gründungsjahr:
1987

Verbandszugehörigkeiten:
RAK Wien, ÖBM u. a.

Tel.: +43/676/551 16 43,
+43/1/526 30 31
Fax: +43/1/524 06 79
E-Mail:
office@kanzlei-prader.at
Homepage:
www.kanzlei-prader.at

Mitarbeiter gesamt: 5

Leistungsprofil
Rechtsanwalt, Konfliktmanagement, Mediation, strategische und politische Beratung

Referenzen
www.kanzlei-prader.at
www.vie-mediation.at

ECC Publico Public Relations & Lobbying

ECC PUBLICO
PUBLIC RELATIONS & LOBBYING

Neulinggasse 37
1030 Wien

Ansprechpartner:
Mag. Markus Schindler

Geschäftsführung:
Wolfgang M. Rosam
Mag. Markus Schindler

Gründungsjahr:
1965

Verbandszugehörigkeiten:
PRVA, APRVA,
PR Group Austria

Tel.: +43/1/717 86-0
Fax: +43/1/717 86-60
E-Mail:
office@ecc-publico.com
Homepage:
www.ecc-publico.com
www.legend.at

Mitarbeiter gesamt: 55
davon Consultants: 15

Operativ tätig in den Staaten
Österreich
Deutschland
Schweiz
andere europ. Staaten
USA

Niederlassungen
Österreich
andere europ. Staaten

Tätig in folgenden Branchen
Energiewirtschaft
Verkehr/Transport
Maschinenbau
Nahrungsmittel/Getränke
Chemie/Pharma
Gesundheitswesen
Finanzdienstleistung
Tourismus
sonstige Dienstleistungen
Telekommunikation
Informationstechnologie
Elektronik
Handel
Non-Profit-Organisationen
öffentlicher Sektor
Medien/Unterhaltung

Managementberatung
Change Management

Marketing/PR
Marketingstrategie
Marketingkonzepte
Corporate Identity/Design
Marktforschung
Imageanalysen
Onlinemarketing
Investor Relations
Database-Marketing
Webdesign
Grafik
Direktmarketing
Standortanalyse
Vertriebssteuerung
PR-Beratung
Lobbying/Networking
Sponsoring
Publikationen/Firmenzeitschr.
Multimedia
Werbung
sonstiges

Voraussetzungen für eine Bewerbung
Wir suchen Menschen, die Einsatzbereitschaft, Kreativität und Know-how in unser Unternehmen einbringen.

Leistungsprofil
ECC Publico ist Österreichs größte und älteste PR-Agentur sowie die Einzige mit einem österreichweiten Agenturnetz. Darüber hinaus sind wir in der ECC Group der Partner von ECC Kohtes Klewes, mit der wir auch das ECC Public Affairs Office in Brüssel betreiben. Als PR-Pionier in Österreich, ausgezeichnet mit drei PR-Staatspreisen, dem European PR-Award und einem Golden World Award, ist es unsere Verpflichtung, Standards zu setzen: im strategischen Kommunikations-Consulting, im Lobbying und Networking, in den Bereichen Investor Relations, Krisenkommunikation und Internationalisierung sowie über unsere Consulting-Tochter legend im Bereich Strategieberatung.

Referenzen
Andritz AG, Allg. Unfallversicherungsanstalt (AUVA), Erste Bank der oester. Sparkassen AG, Head Gruppe, McDonald's, Microsoft, Novartis Austria, Pharmig, Statistik Austria, T-Mobile

Egon Zehnder International

Egon Zehnder International

Operativ tätig in den Staaten
Österreich
Deutschland
Schweiz
andere europ. Staaten
USA
Südamerika
Asien
Afrika
Australien

Niederlassungen
Österreich
Deutschland
Schweiz
andere europ. Staaten
USA
Südamerika
Asien
Australien

Tätig in folgenden Branchen
Energiewirtschaft
Verkehr/Transport
Maschinenbau
Nahrungsmittel/Getränke
Chemie/Pharma
Gesundheitswesen
Finanzdienstleistung
Tourismus
sonstige Dienstleistungen
Telekommunikation
Informationstechnologie
Elektronik
Handel
Non-Profit-Organisationen
öffentlicher Sektor
Medien/Unterhaltung

Managementberatung
Reorganisation/Restruktur.

Human Resources
Executive Search
Management Search
Potenzialanalysen
Managements Audits
Personalentwicklung

Anzahl der eingestellten Berater pro Jahr
ca. 1 Berater bzw. 1 Researcher

Voraussetzungen für eine Bewerbung
Berater: zwei Universitätsabschlüsse, internationale Erfahrung und mehrjährige berufliche Laufbahn und Führungserfahrung; Research: Studienabschluss und idealerweise erste berufliche Erfahrungen im Personalbereich

Einstiegsgehalt für Berater
k. A.

Bauernmarkt 2
1010 Wien

Ansprechpartner:
Dr. Joachim A. Kappel

Geschäftsführung:
Dr. Joachim A. Kappel

Seniorpartner:
Dr. Joachim A. Kappel,
Dr. Raimund Steiner,
Dr. Philipp Harmer

Gründungsjahr:
1964 international
1989 Büro in Wien

Tel.: +43/1/531 72
Fax: +43/1/531 72-40
E-Mail:
ezivienna@ezi.net
Homepage:
www.zehnder.com

Mitarbeiter gesamt: 20
davon Partner: 3
davon Consultants: 4

Honorarumsatz:
k. A.

Leistungsprofil
Die Kernkompetenz von Egon Zehnder International liegt in der Bewertung von Managementpotenzial und der Beratung hinsichtlich dessen optimalen Einsatzes. Die daraus abgeleiteten Dienstleistungen sind: • Executive Search • Management Appraisal • Board Search • Venture Engine. Die Wertschöpfung für unsere Klienten steht an erster Stelle. Durch globale Partnerschaft in unserem Unternehmen wird der freie Informationsfluß zwischen den Büros sichergestellt und ein international gleich hoher Qualitätsstandard gewährleistet. 1964 in Zürich gegründet, gehört Egon Zehnder International heute mit mehr als 300 Beratern in 57 Büros auf vier Kontinenten zu den weltweit führenden Management-Consultants.

Referenzen
jederzeit gern auf Anfrage

EHGARTNER CONSULTING

EHGARTNER CONSULTING
Unternehmensberatung für Marketing

Franz-Schubert-Straße 3
8530 Deutschlandsberg

Ansprechpartner:
Ing. Christian Ehgartner

Geschäftsführung:
Ing. Christian Ehgartner

Gründungsjahr:
2000

Verbandszugehörigkeiten:
Fachgruppe Unternehmensberatung & Informationstechnologie

Tel.: +43/34 62/303 61
Fax: +43/34 62/303 66
E-Mail:
ehgartner.consult@utanet.at

Mitarbeiter gesamt: 2
davon Partner: 1
davon Consultants: 1

Operativ tätig in den Staaten
Österreich
andere europ. Staaten

Tätig in folgenden Branchen
Nahrungsmittel/Getränke
sonstige Dienstleistungen
Telekommunikation
Informationstechnologie
Elektronik
öffentlicher Sektor
sonstige

Managementberatung
Strategieberatung
Organisationsberatung
Technologie- und Innovationsb.
Operative Beratung
Informationsmanagement
Outsourcing
sonstiges

Informationstechnologie
IT-Strategien
Informationsmanagement
Managementinformationssyst.

Human Resources
Coaching
Seminare/Workshops
Moderation/Mediation
Outsourcing

Marketing/PR
Marketingstrategie
Marketingkonzepte
Marktforschung
Imageanalysen
Onlinemarketing
Database-Marketing
Direktmarketing
Standortanalyse
Vertriebssteuerung
PR-Beratung
sonstiges

Leistungsprofil
Unternehmensberatung für Marketing, Verkaufspsychologieberatung, Produkteinführungen in der Investitionsgüterbranche, Beziehungsmarketing, Marktanalysen – Konzepte – Strategien, Präsentationen, Coaching, Schulungen, Seminare

Leistungsprofil
Training – Coaching – Consulting
Marketing, Vertrieb
Pharma, Gesundheitswesen, Handel

Mag. Wolfgang A. Engel – Training – Coaching – Consulting

Operativ tätig in den Staaten
Österreich
Deutschland

Tätig in folgenden Branchen
Chemie/Pharma
Gesundheitswesen
sonstige Dienstleistungen
Handel
Non-Profit-Organisationen
öffentlicher Sektor

Managementberatung
Strategieberatung
Technologie- und Innovationsb.
Operative Beratung
Logistik
Managementsysteme
Outsourcing
Interimsmanagement

Human Resources
Coaching
Managementtraining
Seminare/Workshops
Moderation/Mediation

Marketing/PR
Marketingstrategie
Marketingkonzepte
Marktforschung
Onlinemarketing
Vertriebssteuerung
Werbung

Anzahl der eingestellten Berater pro Jahr
0

Tulpenweg 8
2380 Perchtoldsdorf

Ansprechpartner:
Mag. Wolfgang A. Engel

Geschäftsführung:
Mag. Wolfgang A. Engel

Gründungsjahr:
2002

Tel.: +43/699/13 00 00 73
Fax: +43/1/869 12 77
E-Mail:
wolfgang.a.engel@aon.at
Homepage:
www.members.aon.at/
kundencoaching

Mitarbeiter gesamt: 3
davon Partner: 1
davon Consultants: 1

ENTWICKLUNG DURCH ERFAHRUNG

Köllnerhofgasse 6/5
1010 Wien

Ansprechpartner:
Mag. Gabriele Gerhardter

Geschäftsführung:
Mag. Gabriele Gerhardter

Gründungsjahr:
2001

Verbandszugehörigkeiten:
keine (Forschung und Beratung)

Tel.: +43/1/925 24 83
E-Mail:
gerhardter@entwicklung-durcherfahrung.at
Homepage:
www.entwicklungdurch-erfahrung.at

Mitarbeiter gesamt: 2
davon Consultants: 1

Operativ tätig in den Staaten
Österreich
Deutschland
andere europ. Staaten

Niederlassungen
Österreich

Tätig in folgenden Branchen
Non-Profit-Organisationen
öffentlicher Sektor

Managementberatung
Strategieberatung
Organisationsberatung
sonstiges

Marketing/PR
Lobbying/Networking

Anzahl der eingestellten Berater pro Jahr
Netzwerk selbständiger BeraterInnen

Voraussetzungen für eine Bewerbung
Erfahrung an der Schnittstelle von Forschung und Beratung mit Spezialisierung auf Wissens- und Netzwerkmanagement. Selbständige Projektakquisition und -abwicklung mit entsprechen dem AuftraggeberInnen- und KooperationspartnerInnenprofil.

Leistungsprofil
Erfahrung an der Schnittstelle von Forschung- und Beratung mit Spezialisierung auf Wissens- und Netzwerkmanagement. Selbständige Projektakquisition und -abwicklung mit entsprechendem AuftraggeberInnen- und KooperationspartnerInnenprofil.

Referenzen
Netzwerk selbständiger BeraterInnen

Esprit Public Relations Ges.m.b.H.

Operativ tätig in den Staaten
Österreich
Deutschland
Schweiz
andere europ. Staaten

Niederlassungen
Österreich

Tätig in folgenden Branchen
Verkehr/Transport
Nahrungsmittel/Getränke
Gesundheitswesen
Finanzdienstleistung
Tourismus
sonstige Dienstleistungen
Non-Profit-Organisationen
Medien/Unterhaltung
sonstige

Managementberatung
Strategieberatung

Human Resources
Coaching
Managementtraining
Seminare/Workshops
Moderation/Mediation

Corporate Finance
Strategische Allianzen
IPO
Verhandlungsführung

Marketing/PR
Marktforschung
Imageanalysen
Investor Relations
Grafik
PR-Beratung
Lobbying/Networking
Sponsoring
Publikationen/Firmenzeitschr.
sonstiges

Anzahl der eingestellten Berater pro Jahr
0–1

Wambachergasse 4
1130 Wien

Ansprechpartner:
Julia Lubec, Stefan B. Szalachy

Geschäftsführung:
Stefan B. Szalachy

Seniorpartner:
Geschäftsleiterin: Julia Lubec

Gründungsjahr:
1987

Verbandszugehörigkeiten:
PRVA, PR Group Austria

Tel.: +43/1/876 48 47
Fax: +43/1/876 48 47-15
E-Mail:
j.lubec@esprit-pr.at
Homepage:
www.esprit-pr.at

Mitarbeiter gesamt: 6
davon Partner: 2
davon Consultants: 2

Honorarumsatz:
400.000 Euro

Leistungsprofil
Esprit ist eine Full-Service-Agentur für strategische Markt- und Medienkommunikation. Neben den klassischen PR-Leistungen steht Esprit für das professionelle Management von interdisziplinären Kommunikationsaufgaben.

Referenzen
derzeitige Kunden: American Express, ASP. Consulting, Binder Grösswang Rechtsanwälte, Global Mail (Austria), Inzersdorfer, Man Investment Products, Pizza Hut, Excelsior, SHS Unternehmensberatung, Fachverband Stein & Keramik, Skrein, Schubert & Franzke

EUCUSA Gesellschaft für Mitarbeiter- und Kundenorientierung GmbH.

Tivoligasse 70
1120 Wien

Ansprechpartner:
Nicole Bock

Geschäftsführung:
Harald R. Preyer

Senior Partner:
Mag. Mario Filoxenidis
Dipl.-Ing. Martin T. Carbon
Dipl.-Ing. Carl-Hans Neweklowsky

Gründungsjahr:
1998

Verbandszugehörigkeiten:
Wirtschaftskammer, WdF, DHK

Tel.: +43/1/817 40 20-0
Fax: +43/1/817 40 20-20
E-Mail:
office@eucusa.org
Homepage:
www.eucusa.org

Mitarbeiter gesamt: 7
davon Partner: 4
davon Consultants: 4

Honorarumsatz:
1.000.000 Euro

Operativ tätig in den Staaten
Österreich
Deutschland

Niederlassungen
Österreich
Deutschland

Tätig in folgenden Branchen
Energiewirtschaft
Verkehr/Transport
Maschinenbau
Nahrungsmittel/Getränke
Chemie/Pharma
Gesundheitswesen
Finanzdienstleistung
Tourismus
sonstige Dienstleistungen
Telekommunikation
Informationstechnologie
Elektronik
Handel
Non-Profit-Organisationen
öffentlicher Sektor
Medien/Unterhaltung
sonstige

Managementberatung
Strategieberatung
Organisationsberatung
sonstiges

Human Resources
Potenzialanalysen
Personalmanagementsysteme
Seminare/Workshops
Moderation/Mediation
sonstiges

Marketing/PR
Marketingstrategie
Marktforschung
Imageanalysen
Onlinemarketing
sonstiges

Anzahl der eingestellten Berater pro Jahr
1

Voraussetzungen für eine Bewerbung
profundes Know-how und Praxis in Organisationsentwicklung, Moderation, Marketing, gutes Auftreten, positive Ausstrahlung

Einstiegsgehalt für Berater
70.000 Euro

Leistungsprofil
Mitarbeiter- und Kundenbefragungen mit Begleitung der Umsetzung, Visions- und Strategieentwicklung

Referenzen
Generali, Robert Bosch, Essilor, Stadt Wien, Stadt Graz, Deutsche Post, Wüstenrot

euroSearch Informations-management GmbH

Operativ tätig in den Staaten
Österreich
Deutschland
andere europ. Staaten

Niederlassungen
Österreich
andere europ. Staaten

Tätig in folgenden Branchen
sonstige Dienstleistungen

Managementberatung
Strategieberatung
Operative Beratung
Prozessoptimierung
Change Management
Produktivitätssteigerung
Informationsmanagement
Managementsysteme
Reorganisation/Restruktur.

Human Resources
Management Search
Potenzialanalysen
Management Audits
Personalmanagementsysteme
Personalinformationssysteme
Personalentwicklung
Coaching
Managementtraining
Seminare/Workshops
Moderation/Mediation

Marketing/PR
Marketingstrategie
Marketingkonzepte
Corporate Identity/Design
Marktforschung
Imageanalysen
Standortanalyse
PR Beratung
Lobbying/Networking
Publikationen/Firmenzeitschr.

Kaulbachstraße 12
1120 Wien

Ansprechpartner:
Reinhold W. Henke

Geschäftsführung:
Reinhold W. Henke

Seniorpartner:
Mag. Barbara Wietasch,
Dkfm. Heimo Huber,
Dr. Gabriele Walsch,
Dr. Norbert Artaker

Gründungsjahr:
1991

Tel.: +43/1/802 21 60
Fax: +43/1/802 21 60-25
E-Mail:
company@eurosearch.at
Homepage:
www.eurosearch.at

Mitarbeiter gesamt: 9
davon Partner: 5
davon Consultants: 9

Leistungsprofil
Strategy Coaching, Corporate Positioning, Managementtraining, Research, Human Resources, Lobbying

Exact Software

Davidgasse 85–89
1100 Wien

Ansprechpartner:
Jutta Perfahl

Geschäftsführung:
Roland Rott,
Clemens Riedl

Gründungsjahr:
1984

Tel.: +43/1/602 21 11-0
Fax: +43/1/602 21 11-22
E-Mail:
info@austria.exactsoftware.com
Homepage:
www.exact.at

Mitarbeiter gesamt: 40
(2.200 weltweit)
davon Consultants: 7
(400 weltweit)

Operativ tätig in den Staaten

Österreich
Deutschland
Schweiz
andere europ. Staaten
USA
Südamerika
Asien
Afrika
Australien

Niederlassungen

Österreich
Deutschland
Schweiz
andere europ. Staaten
USA
Südamerika
Asien
Afrika
Australien

Tätig in folgenden Branchen

Energiewirtschaft
Verkehr/Transport
Maschinenbau
Nahrungsmittel/Getränke
Chemie/Pharma
Gesundheitswesen
Finanzdienstleistung
Tourismus
sonstige Dienstleistungen
Telekommunikation
Informationstechnologie
Elektronik
Handel
Non-Profit-Organisationen
öffentlicher Sektor
Medien/Unterhaltung
sonstige

Informationstechnologie

Informationsmanagement
Managementinformationssyst.
Workflow-Management/-Systeme
E-Commerce
Internet/Intranet

Human Resources

Personalmanagementsysteme
Personalinformationssysteme

Anzahl der eingestellten Berater pro Jahr

bis zu 3 (in Österreich)

Voraussetzungen für eine Bewerbung

Ausbildung im Bereich BWL und IT, einschlägige Erfahrung

Einstiegsgehalt für Berater

auf Anfrage

Leistungsprofil

Exact Software ist einer der größten internationalen Hersteller integrierter Business-Software und betreut über 500.000 Anwender in 120 Ländern weltweit. International agierende Unternehmen wissen die Mehrsprachigkeit und lokale Funktionalität der Exact-Business-Lösungen besonders zu schätzen: Eine global verfügbare Standardproduktpalette, vollständige Integration sämtlicher betriebswirtschaftlicher Software Lösungen, ein direktes weltweites Betreuungsmodell und schnelle Implementierung unterstützen vor allem international agierende Unternehmen.

Referenzen

auf Anfrage

Operativ tätig in den Staaten
Österreich
andere europ. Staaten

Niederlassungen
Österreich

Tätig in folgenden Branchen
sonstige Dienstleistungen
Telekommunikation
Non-Profit-Organisationen
öffentlicher Sektor

Managementberatung
Strategieberatung
Organisationsberatung
Operative Beratung
Prozessoptimierung
Change Management
Logistik
Managementsysteme
Reorganisation/Restruktur.

Informationstechnologie
Informationsmanagement
Managementinformationssyst.
Internet/Intranet
Netzwerkkonzepte/Lösungen
Client/Server
Programmierung

Human Resources
Personalentwicklung
Coaching
Managementtraining
Seminare/Workshops
Moderation/Mediation

Corporate Finance
Ausgliederungen
Unternehmensgründung
Businesspläne
Verhandlungsführung

Marketing/PR
Marketingstrategie
Marketingkonzepte
Corporate Identity/Design
Webdesign
Vertriebssteuerung
Lobbying/Networking
Sponsoring
Multimedia

Anzahl der eingestellten Berater pro Jahr
2

Voraussetzungen für eine Bewerbung
Referenzen,
fünf Jahre Erfahrung

Einstiegsgehalt für Berater
35.000 Euro

Reisnerstraße 40
1030 Wien

Ansprechpartner:
Mag. Judith Feichtinger

Geschäftsführung:
Dieter Hampel,
Dr. Dieter-Johannes Biron

Gründungsjahr:
1993

Verbandszugehörigkeiten:
ANKÖ

Tel.: +43/1/714 94 03
Fax: +43/1/714 94 05
E-Mail:
office@faa.at
Homepage:
www.faa.at

Mitarbeiter gesamt: 20
davon Partner: 2
davon Consultants: 6

Honorarumsatz:
4 Mio. Euro

Leistungsprofil
Change Management
Projektmanagement
Personalentwicklung
Organisationsentwicklung
Finanz- und Kostenmanagement
Führung
Kommunikation

Referenzen
Wiener Stadtwerke,
Bundesministerien,
Europäische Kommission,
Europäisches Patentamt,
Industriellenvereinigung

FACT Consulting Unternehmens- beratung GmbH

Hietzinger Hauptstraße 35/2
1130 Wien

Ansprechpartner:
Mag. Susanne Mierl

Geschäftsführung:
Dr. Franz-Peter Walder
Dr. Alexander Woidich
Mag. Renate Außerdorfer

Gründungsjahr:
1996

Verbandszugehörigkeiten:
Fachverband Unternehmensberatung und IT (UBIT)

Tel.: +43/1/877 11 30
Fax: +43/1/877 11 30-40
E-Mail:
office@fact-consulting.com
Homepage:
www.fact-consulting.com

Mitarbeiter gesamt: 12
davon Partner: 3
davon Consultants: 8

Operativ tätig in den Staaten
Österreich
Deutschland
andere europ. Staaten

Niederlassungen
Österreich

Tätig in folgenden Branchen
Verkehr/Transport
Maschinenbau
Nahrungsmittel/Getränke
Chemie/Pharma
Gesundheitswesen
sonstige Dienstleistungen
Telekommunikation
Informationstechnologie
Elektronik
Handel
Non-Profit-Organisationen
öffentlicher Sektor

Managementberatung
Strategieberatung
Organisationsberatung
Technologie- und Innovationsb.
Operative Beratung
Prozessoptimierung
Change Management
Logistik
Controllingsysteme
Informationsmanagement
Managementsysteme

Anzahl der eingestellten Berater pro Jahr
2

Voraussetzungen für eine Bewerbung
akademische Ausbildung (Betriebswirte, Wirtschaftsingenieure)

Leistungsprofil
Die FACT Consulting ist ein Beratungsunternehmen mit den Schwerpunkten Prozess- und Projektmanagement, Strategisches Management, Controlling und Integriertes Kommunikationsmanagement. Wir unterstützen Unternehmen bei der konsequenten Ausrichtung von Strukturen, Prozessen und Systemen entsprechend den strategischen Zielsetzungen.

Referenzen
Funder Industrie GmbH, Lenzir AG, Mayr-Melnhof Packaging Europe GmbH, VCÖ, Vöslauer Heilquellenverwertung AG, Berglandmilch reg.Gen.m.b.H., AMS Österreich, BA-CA, MIBA Gruppe, Tyrolit Schleifmittelwer Swarovski KG

FCB

FCB Gruppe

Operativ tätig in den Staaten
Österreich
Deutschland
andere europ. Staaten

Niederlassungen
weltweit

Tätig in folgenden Branchen
Energiewirtschaft
Verkehr/Transport
Nahrungsmittel/Getränke
Chemie/Pharma
Gesundheitswesen
Finanzdienstleistung
sonstige Dienstleistungen
Telekommunikation
Informationstechnologie
Elektronik
Non-Profit-Organisationen
Handel
Medien/Unterhaltung
sonstige

Managementberatung
Strategieberatung
Change Management

Informationstechnologie
IT-Strategien
Informationsmanagement
Datenbanken
Data Warehouse
E-Commerce
Internet/Intranet
Multimedia

Marketing/PR
Marketingstrategie
Marketingkonzepte
Corporate Identity/Design
Marktforschung
Imageanalysen
Onlinemarketing
Investor Relations
Databasemarketing
Webdesign
Grafik
Direktmarketing
PR Beratung
Lobbying/Networking
Multimedia
Werbung
sonstige

Schottenfeldgasse 20
1070 Wien

Ansprechpartner:
Rudolf Kobza

Geschäftsführung:
Rudolf Kobza

Gründungsjahr: 1995

Verbandszugehörigkeiten:
Interpublic Group

Tel.: +43/1/379 11-0
Fax: +43/1/379 11-30

E-Mail:
office@fcb.at
Homepage:
www.fcb.at

Mitarbeiter gesamt: ca. 90
davon Partner: 5
davon Consultants: 27

Honorarumsatz:
9,9 Mio. Euro

Leistungsprofil
- FCB Kobza Werbeagentur GmbH - die inhabergeführte Full-Service Kreativ-Agentur
- FCB Events&PR - die Spezialagentur für Veranstaltungsmarketing und PR
- FCB Retail Österreich - die erste Handelsmarketing-Agentur Österreichs
- FCBi - die Spezialagentur für Direct- und Interactivemarketing

FOCUS Management Consulting

FOCUS MC

Mariahilfer Straße 81
1060 Wien

Ansprechpartner:
Dr. Rudolf Zinell,
Mag. Michael Liedler

Geschäftsführung:
Dr. Rudolf Zinell,
Mag. Michael Liedler

Gründungsjahr:
1996

Verbandszugehörigkeiten:
FV für Unternehmensberatung

Tel.: +43/1/503 55-55
Fax: +43/1/503 55-77
E-Mail:
office@focusmc.co.at
Homepage:
www.focusmc.co.at

Mitarbeiter gesamt: 10
davon Consultants: 8

Operativ tätig in den Staaten
Österreich
Deutschland

Tätig in folgenden Branchen
Energiewirtschaft
Verkehr/Transport
Gesundheitswesen
Tourismus
sonstige Dienstleistungen
Handel
Non-Profit-Organisationen
öffentlicher Sektor

Managementberatung
Strategieberatung
Organisationsberatung
Operative Beratung
Prozessoptimierung
Change Management
Produktivitätssteigerung
Controllingsysteme
Managementsysteme
Reorganisation/Restruktur.
Sanierung

Corporate Finance
Strategische Allianzen
Unternehmenskauf und -verkauf
Ausgliederungen
Unternehmensnachfolge
Businesspläne
Finanzierungskonzepte
Investorensuche

Marketing/PR
Marketingstrategie
Marketingkonzepte
Corportate Identity/Design
Marktforschung
Direktmarketing
Standortanalyse
Vertriebssteuerung
Lobbying/Networking

Anzahl der eingestellten Berater pro Jahr
1–2

Voraussetzungen für eine Bewerbung
KandidatInnen mit internationalem Hintergrund, selbständige, eigenmotivierte Persönlichkeiten mit ausgeprägtem Verantwortungsbewußtsein

Einstiegsgehalt für Berater
n. V.

Leistungsprofil
Unterstützung des Managements in der aktiven Unternehmensgestaltung durch kosten- und termintreue, professionelle Dienstleistungsqualität

Referenzen
auf Anfrage

Dr. Fried Thomas

Operativ tätig in den Staaten
Österreich

Tätig in folgenden Branchen
sonstige Dienstleistungen

Gonzagagasse 11
1010 Wien

Ansprechpartner:
Dr. Thomas Fried

Geschäftsführung:
Dr. Thomas Fried

Gründungsjahr:
1986

Verbandszugehörigkeiten:
RAK

Tel.: +43/1/533 04 33
Fax: +43/1/535 02 98
E-Mail:
thomas.fried@aon.at

Mitarbeiter gesamt: 1

Leistungsprofil
Erbrecht, Familienrecht, Schadenersatzrecht

G. & P. – Dr. Gaulhofer & Partner GmbH

Glacisstraße 31
8010 Graz

Ansprechpartner:
Mag. Antal Braunecker

Geschäftsführung:
Dr. Manfred Gaulhofer

Seniorpartner:
Mag. Antal Braunecker

Gründungsjahr:
1992

Verbandszugehörigkeiten:
WKÖ-UBDV

Tel.: +43/316/37 38 36
Fax: +43/316/37 38 37
E-Mail:
mailto@gaulhofer-partner.com
Homepage:
www.gaulhofer-partner.com

Mitarbeiter gesamt: 10
davon Partner: 2
davon Consultants: 5

Operativ tätig in den Staaten
Österreich
Deutschland
andere europ. Staaten

Niederlassungen
Österreich
Deutschland
andere europ. Staaten

Tätig in folgenden Branchen
Maschinenbau
Nahrungsmittel/Getränke
sonstige Dienstleistungen
Handel
Non-Profit-Organisationen
öffentlicher Sektor

Managementberatung
Strategieberatung
Operative Beratung
Change Management

Human Resources
Managementtraining
Moderation/Mediation

Corporate Finance
Strategische Allianzen
Unternehmenskauf und -verkauf
Joint Ventures
Beteiligungen
Fusionen
Due Diligence
Unternehmensgründung
Unternehmensnachfolge
Businesspläne
Investorensuche
Verhandlungsführung

Marketing/PR
Marketingstrategie
Marketingkonzepte
Marktforschung
Vertriebssteuerung
Lobbying/Networking

Anzahl der eingestellten Berater pro Jahr
durchschn. 1

Voraussetzungen für eine Bewerbung
Abschluss Wirtschaftsstudium, internationale Erfahrung, mindestens zwei Fremdsprachen (Englisch/Russisch ideal)

Einstiegsgehalt für Berater
35.000 Euro

Leistungsprofil
Spezialisiert auf Beratung von KMU in grenzüberschreitender Tätigkeit – besondere Erfahrung GUS / Osteuropa
Unternehmensführung / Managementberatung
1. Strategieentwicklung, Unternehmensanalyse (Schwachstellenanalyse), Entwicklung und Anpassung von Unternehmenskonzeptionen, Strategische Unternehmensplanung 2. Betriebswirtschaftliche und organisatorische Beratung bei Unternehmensgründungen, -umwandlungen, -nachfolgen, -übernahmen und -liquidationen 3. Kooperationen/Joint Ventures, Bewertung von Unternehmen, Feasibility Studies, Due-Diligence-Überprüfungen 4. Mergers & Acquisitions Consulting

Referenzen
auf Anfrage

G3 Unternehmensberatung GmbH

Operativ tätig in den Staaten
Österreich
Schweiz
andere europ. Staaten

Niederlassungen
Österreich
Schweiz

Tätig in folgenden Branchen
Nahrungsmittel/Getränke
Telekommunikation
Informationstechnologie
Elektronik
Handel
sonstige

Managementberatung
Strategieberatung
Organisationsberatung
Operative Beratung
Informationsmanagement
Interimsmanagement

Human Resources
Potenzialanalysen
Personalentwicklung
Coaching
Managementtraining
Seminare/Workshops
Moderation/Mediation

Marketing/PR
Marketingstrategie
Marketingkonzepte
Corporate Identity/Design
Marktforschung
Imageanalysen
Standortanalyse
Vertriebssteuerung

Penzinger Straße 90/5
1140 Wien

Ansprechpartner:
Claudia Glaser

Geschäftsführung:
Jochen Glanznig,
Dr. Bernd Gschwandtner,
Mag. Friedrich Mehl,
Mag. Elisabeth Stöllinger

Gründungsjahr:
1999

Tel.: +43/1/876 51 72-0
Fax: +43/1/877 33 43
E-Mail:
office.wien@g-3.at
Homepage:
www.g-3.at

Mitarbeiter gesamt: 17
davon Partner: 4
davon Consultants: 7

Leistungsprofil
Verkaufs- und Vertriebsoptimierung, Kundenbindungskonzepte, Markteinführungen, Marktstrategien, Marketingberatung, Produkteinführung, Kommunikationsmanagement, Imageanalysen, Potenzialanalysen, Market Screening, Mystery Shopping, Mystery Calls, strategische und operative Marketingkonzeption, Mikro-Marketing, Kundenbindungskonzepte, Motivations- und Fortbildungskonzepte, strategische und operative Vertriebskonzepte, Vertriebsoptimierung, Vertriebscoaching und Sales Management, Produkttrainings, Verkaufstrainings, Verhaltenstrainings

Referenzen
T-Mobile, Nokia, Renault, HP, Niedermeyer, Microsoft, Brauunion, Porsche, Ford, Kapsch, Johnson & Johnson, Wifi Wien

GfP Gesellschaft für Personalentwicklung GmbH

Valentingasse 16
1230 Wien

Ansprechpartner:
MMag. Anneliese Zobl

Geschäftsführung:
Dr. Leopold Stieger

Senior Partner:
Mag. Clemens Stieger

Gründungsjahr:
1972

Tel.: +43/1/888 55 34
Fax: +43/1/889 29 88
E-Mail:
info@gfp.at
Homepage:
www.gfp.at

Mitarbeiter gesamt: 10
davon Consultants: 35

Operativ tätig in den Staaten
Österreich
Deutschland
Schweiz

Niederlassungen
Österreich

Tätig in folgenden Branchen
Energiewirtschaft
Nahrungsmittel/Getränke
Chemie/Pharma
Gesundheitswesen
Finanzdienstleistung
Telekommunikation
Informationstechnologie
Handel
Non-Profit-Organisationen
öffentlicher Sektor
Medien/Unterhaltung

Managementberatung
Strategieberatung
Organisationsberatung
Change Management
Managementsysteme
Outsourcing
Reorganisation/Restruktur.

Informationstechnologie
Informationsmanagement

Human Resources
Assessment Center
Potenzialanalysen
Management Audits
Personalentwicklung
Coaching
Managementtraining
Seminare/Workshops
Moderation/Mediation
Outsourcing

Anzahl der eingestellten Berater pro Jahr
1–3

Voraussetzungen für eine Bewerbung
ausgeprägtes Trainerprofil und erste Erfahrungen

Leistungsprofil
Personalentwicklung, Führungskräfteentwicklung, Unternehmensentwicklung, Strategieworkshops, Individualentwicklung, Moderations- und Methoden-Know-how

Referenzen
MIBA Gleitlager, Böhler Uddeholm, Philips, Vivatis, Pag[illegible] Brau Union, Österreichische Pos[illegible] Deutsche Post, Österreichische Lotterien, Allianz Versicherung, BASF, EVN, Immorent, SOS Kinderdorf International, Carita[illegible]

Operativ tätig in den Staaten
Österreich
Deutschland

Tätig in folgenden Branchen
Energiewirtschaft
Chemie/Pharma
Finanzdienstleistung
sonstige Dienstleistungen
Handel

Human Resources
Potenzialanalysen
Personalmanagementsysteme
Personalentwicklung
Coaching
Managementtraining
Moderation/Mediation

Erndtgasse 9
1180 Wien

Ansprechpartner:
Harald R. Gindl

Geschäftsführung:
Harald R. Gindl

Gründungsjahr:
1990

Tel.: +43/1/368 69 01
Fax: +43/1/368 69 02
E-Mail:
personalentwicklung@aon.at

Mitarbeiter gesamt: 5

Leistungsprofil

Personalentwicklung & Beratung: • Potenzialanalysen • Teamdiagnostische Instrumente • Personalentwicklungs-Expertensysteme • Coaching von Einzelpersonen • Training am Arbeitsplatz
Seminare mit Aktivität und Bewegung: • Professionelles Verkaufen • Der gute Draht • Mitarbeiter fördern durch Fordern • Konflikt als Chance • Verhandlungsführung • webbasierende Befragungssysteme

global spanking industries Werbeagentur GmbH

GLOBAL SPANKING INDUSTRIES

Neubaugasse 12–14/25–26
1070 Wien

Ansprechpartner:
Antonia Tritthart

Geschäftsführung:
George Moringer,
Antonia Tritthart

Gründungsjahr:
1997

Tel.: +43/1/523 86 02
Fax: +43/1/523 86 02-200
E-Mail:
office@global-spanking.com
Homepage:
www.global-spanking.com

Mitarbeiter gesamt: 12
davon Consultants: 3

Operativ tätig in den Staaten
Österreich
Deutschland

Niederlassungen
Österreich

Tätig in folgenden Branchen
Medien/Unterhaltung

Marketing/PR
Marketingstrategie & -konzepte
Corportate Identity/Design
Onlinemarketing
Webdesign
Werbung

Leistungsprofil
Full-Service-Werbeagentur, eigene Filmproduktion „global spanking productions“

Referenzen
McDonald’s Österreich, Red Bull
TU Wien / Fakultät für Elektrotechnik und Informationstechnik
Mobilkom Austria, Kapsch

Globe Personalservice GmbH

Operativ tätig in den Staaten
Österreich

Niederlassungen
Österreich

Tätig in folgenden Branchen
sonstige Dienstleistungen

Human Resources
Executive Search
Seminare/Workshops
Outsourcing
sonstiges

Anzahl der eingestellten Berater pro Jahr
1–2

Voraussetzungen für eine Bewerbung
einschlägige Branchenerfahrung und/oder Studium, Rekruting- und/oder Außendiensterfahrung

Einstiegsgehalt für Berater
28.490 Euro exkl. Sachbezüge

Ahornergasse 5/DG
1070 Wien

Ansprechpartner:
Manuela Werny

Geschäftsführung:
Manuela Werny

Seniorpartner:
Amro Beteiligungs GmbH,
Manuela Werny

Gründungsjahr:
1998

Verbandszugehörigkeiten:
Arbeitskräfteüberlassung

Tel.: +43/1/522 51 44-0
Fax: +43/1/522 51 44-24
E-Mail:
office@globe.at
Homepage:
www.globe.at

Mitarbeiter gesamt: 7 intern
davon Partner: 1
davon Consultants: 4

Honorarumsatz:
2.000.000 Euro

Leistungsprofil
Angebotene Services:
Personalbereitstellung (aus Bereitstellung wird Dauerstelle), Personal auf Payroll (langfristige Bereitstellung), Headhunting, Inserationen, individuelles Personalservice

Referenzen
Referenzliste auf Anfrage!

GO-PUBLIC.COM Internet Relations GmbH

Weilburgstraße 4
2500 Baden

Ansprechpartner:
Bianca Dittberner

Geschäftsführung:
Thomas Schwabe

Gründungsjahr:
1989

Tel.: +43/22 52/49 01-00
Fax: +43/22 52/49 01-5
E-Mail:
office@go-public.com
Homepage:
www.go-public.com

Mitarbeiter gesamt: 5
davon Consultants: 3

Operativ tätig in den Staaten
Österreich
Deutschland

Niederlassungen
Österreich

Tätig in folgenden Branchen
Telekommunikation
Informationstechnologie
Medien/Unterhaltung
sonstige Dienstleistungen

Managementberatung
Strategieberatung
Technologie- und Innovationsb.
Informationsmanagement

Informationstechnologie
IT-Strategien
Informationsmanagement
Managementinformationssyst.
Datenbanken
E-Commerce
Internet/Intranet
Systemevaluierung
Multimedia
Programmierung
Softwareentwicklung
IT-Outsourcing

Marketing/PR
Marketingstrategie
Marketingkonzepte
Corportate Identity/Design
Onlinemarketing
Investor Relations
Webdesign
Grafik
PR-Beratung
Multimedia
Werbung

Leistungsprofil
GO-PUBLIC.COM bietet Planung, Design und Realisation menschenorientierter Internetlösungen.
Als Full-Service Web-Agentur betreuen wir führende österreichische und international tätige Unternehmen bei ihrem Web-Engagement.

Gosch Consulting GmbH

Operativ tätig in den Staaten
Österreich

Niederlassungen
Österreich

Tätig in folgenden Branchen
Energiewirtschaft
Maschinenbau
Chemie/Pharma
Finanzdienstleistung
sonstige Dienstleistungen
Telekommunikation
Informationstechnologie
Elektronik
Non-Profit-Organisationen
öffentlicher Sektor
Medien/Unterhaltung
sonstige

Managementberatung
Strategieberatung
Organisationsberatung
Technologie- und Innovationsb.
Operative Beratung
Prozessoptimierung
Change Management
Informationsmanagement
Managementsysteme
Outsourcing
Reorganisation/Restruktur.
sonstiges

Informationstechnologie
IT-Strategien
Informationsmanagement
Managementinformationssyst.
Workflow Management/Systeme
Datenbanken
Data Warehouse
E-Commerce
Internet/Intranet
Systemevaluierung
Programmierung
Softwareentwicklung
IT-Outsourcing
sonstiges

Schützenhofgasse 8
8010 Graz

Ansprechpartner:
DI Bernhard Scherdoner
DI Karin Bruhnsen, MBE

Geschäftsführung:
DI Carola Gosch, MBE

Gründungsjahr:
1994

Tel.: +43/316/84 31 57-0
Fax: +43/316/84 31 57-8
E-Mail:
office@gosch.com
Homepage:
www.gosch.com

Mitarbeiter gesamt: 30

gruppe1031

Schwarzenbergplatz 4
1031 Wien

Assistenz:
Doris Hirt

Geschäftsführung:
Mag. Nadja Frischenschlager-Gowayed

Gründungsjahr:
Siebzigerjahre

Tel.: +43/1/711 35-23 04
Fax: +43/1/711 35-29 17
E-Mail:
office@gruppe1031.at
Homepage:
www.gruppe1031.at

Mitarbeiter gesamt: 2

Operativ tätig in den Staaten
Österreich
andere europ. Staaten

Niederlassungen
Österreich
andere europ. Staaten

Tätig in folgenden Branchen
Energiewirtschaft
Verkehr/Transport
Maschinenbau
Nahrungsmittel/Getränke
Chemie/Pharma
Gesundheitswesen
Finanzdienstleistung
Tourismus
sonstige Dienstleistungen
Telekommunikation
Informationstechnologie
Elektronik
Handel
öffentlicher Sektor
Medien/Unterhaltung
sonstige

Marketing/PR
Marketingkonzepte
Corportate Identity/Design
Onlinemarketing
Direktmarketing
Lobbying/Networking
Publikationen/Firmenzeitschr.
sonstiges

Leistungsprofil
- unabhängige Networking-Plattform junger Unternehmer und Führungskräfte
- Vision + Aktion: vernetzen, unternehmen, vorausdenken, bewirken
- Partner der Industriellenvereinigung (IV) auf österreichischer Ebene
- Mitglied der Young Entrepreneurs for Europe

Referenzen
ehemalige Mitglieder:
Präs. DI Peter Mitterbauer (Miba AG), Präs. Dkfm. Dr. Werner Tessmar-Pfohl (Sattler AG), Mentalcoach Mag. Ferry Fischer

hasenlechner baur — artconsult

hasenlechner baur — artconsult

Operativ tätig in den Staaten
Österreich
Deutschland
Schweiz

Niederlassungen
Österreich

Marketing/PR
Marketingstrategie
Marketingkonzepte
Corportate Identity/Design
Marktforschung
Imageanalysen
Onlinemarketing
Investor Relations
Databasemarketing
Webdesign
Grafik
Direktmarketing
Standortanalyse
Vertriebssteuerung
PR Beratung
Lobbying/Networking
Sponsoring
Publikationen/Firmenzeitschr.
Multimedia
Werbung
sonstiges

Anzahl der eingestellten Berater pro Jahr
1

Voraussetzungen für eine Bewerbung
akademischer Abschluss
Kunstgeschichte bzw. Marketing

Einstiegsgehalt für Berater
k. A.

Am Heumarkt 7/42
1030 Wien

Ansprechpartner:
Katrin Draxl

Geschäftsführung:
Mag. Anja Hasenlechner
Herbert Baur, lic. oec. HSG

Gründungsjahr:
2000

Verbandszugehörigkeiten:
keine

Tel.: +43/1/402 25 24
Fax: +43/1/402 54 86
E-Mail:
office@artconsult.at
Homepage:
www.artconsult.at

Mitarbeiter gesamt: 5
davon Partner: 2
davon Consultants: 2

Leistungsprofil
hasenlechner baur – artconsult berät Unternehmen, Privatpersonen sowie Institutionen in ihrem Kunst-Engagement. Das einzigartige Konzept verbindet dabei Top-Know-how im internationalen zeitgenössischen Kunst- und Marktgeschehen mit der Umsetzung individueller Kommunikationsstrategien in den Bereichen:

- Erstellung und Optimierung von Kunstsponsoring-Aktivitäten
- Konzeption von Kunst-am-Bau-Projekten
- Produktion von Kunsteditionen als Key-Account-Geschenke
- Kunstvermittlung mit Künstlern und Kunstexperten im Rahmen von Seminaren und Workshops und vieles mehr

Heidrick & Struggles Unternehmensberatung

Trattnerhof 1
1010 Wien

Ansprechpartner:
Mag. Gerhard Resch-Fingerlos, MBA

Geschäftsführung:
Mag. Gerhard Resch-Fingerlos, MBA

Gründungsjahr:
1999

Tel.: +43/1/533 10 07-0
Fax: +43/1/533 10 07-77
E-Mail:
vienna@heidrick.at
Homepage:
www.heidrick.com

Mitarbeiter gesamt: 10
davon Partner: 2
davon Consultants: 1

Operativ tätig in den Staaten
Österreich
Deutschland
Schweiz
andere europ. Staaten
USA
Südamerika
Asien
Afrika
Australien

Niederlassungen
Österreich
Deutschland
Schweiz
andere europ. Staaten
USA
Südamerika
Asien
Afrika
Australien

Tätig in folgenden Branchen
Energiewirtschaft
Verkehr/Transport
Maschinenbau
Nahrungsmittel/Getränke
Chemie/Pharma
Gesundheitswesen
Finanzdienstleistung
sonstige Dienstleistungen
Telekommunikation
Informationstechnologie
Elektronik
Handel
Non-Profit-Organisationen
öffentlicher Sektor
Medien/Unterhaltung

Managementberatung
Interimsmanagement
sonstiges

Human Resources
Executive Search
Potenzialanalysen
Management Audits
Coaching

Operativ tätig in den Staaten
Österreich
Deutschland
Schweiz
andere europ. Staaten
Australien

Niederlassungen
Österreich
Deutschland
andere europ. Staaten
Australien

Tätig in folgenden Branchen
sonstige Dienstleistungen

Managementberatung
Strategieberatung
Organisationsberatung

Human Resources
Management Search
Office Support Search
Assessment Center
Potenzialanalysen
Managements Audits
Vergütungssysteme
Personalentwicklung
Coaching
Managementtraining
Seminare/Workshops
Moderation/Mediation

Einstiegsgehalt für Berater
nach Vereinbarung

Fasangasse 20
1030 Wien

Ansprechpartner:
Elisabeth Leyser

Geschäftsführung:
Dr. Othmar Hill

Gründungsjahr:
1975

Verbandszugehörigkeiten:
BÖP

Tel.: +43/1/796 97 98
Fax: +43/1/796 97 98-12
E-Mail:
hill@hill.co.at
Homepage:
www.hill-international.com

Mitarbeiter gesamt: 200
davon Consultants: 80

Leistungsprofil
Humanressourcen-Gesamtanbieter (Suche & Auswahl, Personalentwicklung, Organisationsentwicklung);
Schwerpunkt Zentral-, Ost- und Südosteuropa (36 Büros);
wirtschaftspsychologische Methodik, z. B. Kompetenzanalyse, innovative Online-Screening-Verfahren

Referenzen
auf Anfrage: größte internationale Konzerne aus verschiedensten Branchen

Homan & Statzer Personalberatungs GmbH

Alser Straße 25
1080 Wien

Ansprechpartner:
Mag. Karina Homan

Geschäftsführung:
Mag. Karina Homan,
Dr. Doris Statzer

Gründungsjahr:
1996

Verbandszugehörigkeiten:
Wirtschaftskammer /
Fachgruppe
Unternehmensberatung

Tel.: +43/1/403 31 17-0
Fax: +43/1/403 31 17-90
E-Mail:
office@homan-statzer.com
Homepage:
www.homan-statzer.com

Mitarbeiter gesamt: 7
davon Consultants: 3

Operativ tätig in den Staaten
Österreich

Niederlassungen
Österreich

Tätig in folgenden Branchen
Energiewirtschaft
Verkehr/Transport
Maschinenbau
Nahrungsmittel/Getränke
Chemie/Pharma
Gesundheitswesen
Finanzdienstleistung
Tourismus
sonstige Dienstleistungen
Telekommunikation
Informationstechnologie
Elektronik
Handel
Non-Profit-Organisationen
öffentlicher Sektor
Medien/Unterhaltung
sonstige

Human Resources
Executive Search
Management Search
Office Support Search
Coaching
sonstiges

Leistungsprofil
Direktsuche und Auswahl von Führungskräften und Spezialisten, Coaching, Outplacement

Verlag Hoppenstedt & Co, Wirtschaftsverlag Gesellschaft m.b.H.

Operativ tätig in den Staaten
Österreich

Tätig in folgenden Branchen
Informationstechnologie

Informationstechnologie
Informationsmanagement
Managementinformationssyst.
Datenbanken
E-Commerce
Internet/Intranet

Marketing/PR
Onlinemarketing
Investor Relations
Databasemarketing
Direktmarketing
Multimedia
Standortanalyse

Matznergasse 17
1141 Wien

Ansprechpartner:
Hermann Futter

Geschäftsführung:
Hermann Futter,
Mag. Nikolaus Futter,
Werner Futter

Gründungsjahr:
1964

Tel.: +43/1/876 37 00-600
Fax: +43/1/876 37 00-666
E-Mail:
office@hoppenstedt.at
Homepage:
www.hoppenstedt.at

Mitarbeiter gesamt: 6

Leistungsprofil
Managementinformation, Unternehmensinformation

Hofbauer, Platt & Wismek Marketing- und Management- beratungs Ges. m.b.H.

HPW Marketing Solutions

Schönbrunner Straße 289
1120 Wien

Ansprechpartner:
Mag. Martin Hofbauer
Dr. Anton Platt
Andreas Wismek

Geschäftsführung:
Mag. Martin Hofbauer
Dr. Anton Platt
Andreas Wismek

Gründungsjahr:
2000

Verbandszugehörigkeiten:
WKÖ

Tel.: +43/1/810 90 99
Fax: +43/1/810 90 99-99
E-Mail:
office@hpw-solutions.at
Homepage:
www.hpw-solutions.at

Mitarbeiter gesamt: 9
davon Partner: 3
davon Consultants: 3

Operativ tätig in den Staaten
Österreich
Deutschland
andere europ. Staaten

Niederlassungen
Österreich

Tätig in folgenden Branchen
Energiewirtschaft
Verkehr/Transport
Nahrungsmittel/Getränke
Tourismus
sonstige Dienstleistungen
Telekommunikation
Handel
Non-Profit-Organisationen
sonstige

Managementberatung
Strategieberatung

Human Resources
Personalentwicklung
Coaching
Managementtraining
Seminare/Workshops
Moderation/Mediation

Marketing/PR
Marketingstrategie
Marketingkonzepte
Onlinemarketing
Vertriebssteuerung

Anzahl der eingestellten Berater pro Jahr
2

Voraussetzungen für eine Bewerbung
abgeschlossen Universitäts- oder FH-Ausbildung mit Schwerpunkt Marketing

Leistungsprofil
Consulting und Training zu allen Themenbereichen des Marketing- und Verkaufsprozesses

Referenzen
OMV AG, Schloss Schönbrunn Kultur- und Betriebs Ges.m.b.H., SAAB Austria, KSV, Airest, Reed Messe, Murexin, Fritz Friedrich, BP, ENI Petroli, STATOIL, Stambouli EDC Sofia

Human Capital Consulting

Operativ tätig in den Staaten
Österreich
Deutschland

Niederlassungen
Österreich

Tätig in folgenden Branchen
Verkehr/Transport
Nahrungsmittel/Getränke
sonstige Dienstleistungen
Telekommunikation
Informationstechnologie
Handel
Medien/Unterhaltung

Human Resources
Executive Search
Management Search
Potenzialanalysen
Management Audits
Vergütungssysteme
Personalentwicklung
Coaching
Managementtraining
Seminare/Workshops
Moderation/Mediation
Outsourcing
sonstiges

Marketing/PR
sonstiges

Lerchenfelder Straße 76
1080 Wien

Ansprechpartner:
Sabine Nöbel

Geschäftsführung:
Sabine Nöbel

Gründungsjahr:
2003

Tel.: +43/699/12 73 16 81
Fax: +43/1/12 73 16 81
E-Mail:
hcc@chello.at

Mitarbeiter gesamt: 2
(+ 6 Netzwerk)
davon Consultants: 6
(Netzwerk)

Leistungsprofil
Als Outsourcingpartner und HR-Spezialisten liefern wir Ergebnisse in folgenden Bereichen:
Human Resources Services – Task-Management – Personalmanagement auf Zeit – Personalmarketing – Recruiting – Integration;
Performance Consulting – Personalentwicklung – Klimaanalysen – Gestaltung von HR-Prozessen;
Coaching – Beratung auf systemtheoretischer Basis für Mitarbeiter und Führungskräfte

ic2 consulting GmbH

Museumstraße 4/8
1010 Wien

Ansprechpartner:
Ronny Hollenstein

Geschäftsführung:
Ronny Hollenstein,
Mag. Matthias Strolz

Gründungsjahr:
2001

Verbandszugehörigkeiten:
FG Unternehmensberater

Tel.: +43/1/585 38 96-0
Fax: +43/1/585 38 96-90
E-Mail:
info@ic2.at
Homepage:
www.ic2.at

Mitarbeiter gesamt: 4
davon Partner: 2
davon Consultants: 3

Operativ tätig in den Staaten
Österreich

Niederlassungen
Österreich

Tätig in folgenden Branchen
Verkehr/Transport
Finanzdienstleistung
sonstige Dienstleistungen
Telekommunikation
Handel
Non-Profit-Organisationen
öffentlicher Sektor
Medien/Unterhaltung
sonstige

Managementberatung
Strategieberatung
Organisationsberatung
Change Management
Informationsmanagement

Human Resources
Personalentwicklung
Coaching
Managementtraining
Seminare/Workshops
Moderation/Mediation

Marketing/PR
Lobbying/Networking

Voraussetzungen für eine Bewerbung
aussagekräftiges Motivationsschreiben, Beschreibung bisheriger Referenzaufträge, Lebenslauf

Leistungsprofil
Maßgeschneiderte Bildungsmaßnahmen für Einzel- und Firmenkunden. Aus einem Netzwerk an Experten wird für den Kunden nach einer genauen Bedarfsanalyse der passende Coach gefunden, die nachhaltig wirkende Bildungsmaßnahme oder der richtige Vortrag konzipiert.

Referenzen
Zürich VersicherungsAG, Wirtschaftskammern (Österreich, Niederösterreich), Österreichischer Wirtschaftsbund, Industriellenvereinigung, Kapsch Holding AG, BMW Group Austria AG, ACP Handels GmbH, Würth Handels GmbH u. v. m.

imPlus Unternehmensentwicklung GmbH

Operativ tätig in den Staaten
Österreich
Deutschland
Schweiz

Niederlassungen
Österreich
Deutschland
Schweiz

Tätig in folgenden Branchen
Maschinenbau
Nahrungsmittel/Getränke
Finanzdienstleistung
Telekommunikation
Informationstechnologie
Handel
Non-Profit-Organisationen
öffentlicher Sektor
Medien/Unterhaltung

Managementberatung
Strategieberatung
Organisationsberatung
Technologie- und Innovationsb.
Change Management
Informationsmanagement
Managementsysteme
Reorganisation/Restruktur.
Sanierung

Informationstechnologie
IT-Strategien
Informationsmanagement
Managementinformationssysteme
Workflow Management/Systeme
E-Commerce
Internet/Intranet
SAP-Beratung/-Einführung

Human Ressources
Managementtraining
Seminare/Workshops

Corporate Finance
Strategische Allianzen
Unternehmenskauf und -verkauf
Joint Ventures
Unternehmensgründung
Unternehmensnachfolge
IPO
MBO/MBI
Businesspläne
Finanzierungskonzepte
Investorensuche

Marketing/PR
Marketingstrategie
Marketingkonzepte
Lobbying/Networking

Mittersteig 24
1050 Wien

Ansprechpartner:
Mag. Barbara Micko

Geschäftsführung:
Dr. Thomas Böckle, CMC

Gründungsjahr:
1995

Verbandszugehörigkeiten:
Unternehmensberatung

Tel.: +43/1/369 47 99
Fax: +43/1/369 47 99-19
E-Mail:
info@implus.at
Homepage:
www.imPlus.at

Mitarbeiter gesamt: 20
davon Partner: 3
davon Consultants: 15

Leistungsprofil
imPlus ist in vier Geschäftsfeldern organisiert, Details dazu unter www.imPlus.at

Referenzen
Frantschach, Neusiedler, Frequentis, Stadt Wien, Verwaltungsakademie des Bundes, Technische Universität Wien, Medizinische Universität Wien, Medizinische Universität Graz, Medizinische Universität Innsbruck, Bundesministerium für Öffentliche Leistung und Sport, Bundesministerium für Finanzen, Bundesministerium für Inneres

infor austria software GmbH

Industriezeile 54
5280 Braunau/Inn

Ansprechpartner:
Frau Kolinsky-Ecker

Geschäftsführung:
Wilhelm Fellner

Gründungsjahr:
1996

Verbandszugehörigkeiten:
Handel mit Maschinen, Computersystemen, technischem u. industriellem Bedarf, Unternehmensberatung und Informationstechnologie

Tel.: +43/77 22/673 50 82-25
Fax: +43/77 22/673 50 82-26
E-Mail:
kolinsky@infor.at
Homepage:
www.infor.at

Mitarbeiter gesamt: 15
davon Consultants: 10

Operativ tätig in den Staaten
Österreich
Deutschland
Schweiz
andere europ. Staaten

Niederlassungen
Österreich
Deutschland
Schweiz
andere europ. Staaten

Tätig in folgenden Branchen
Maschinenbau
Chemie/Pharma
sonstige Dienstleistungen
Informationstechnologie
Handel

Managementberatung
Strategieberatung
Organisationsberatung
Operative Beratung
Produktivitätssteigerung
Logistik
Managementsysteme

Informationstechnologie
IT-Strategien
Informationsmanagement
Managementinformationssyst.
Workflow Management/Systeme
Datenbanken
Data Warehouse
E-Commerce
Internet/Intranet
Netzwerkkonzepte/Lösungen
Client/Server
Programmierung
Softwareentwicklung

Anzahl der eingestellten Berater pro Jahr
2

Voraussetzungen für eine Bewerbung
Sie führen unsere Kundenprojekte eigenverantwortlich und unterstützen die Anwender bei der Implementierung unserer Software. Hierfür sind Erfahrungen im Projektmanagement und bei der Einführung von komplexen Softwaresystemen erforderlich.

Leistungsprofil
Sie führen unsere Kundenprojekte eigenverantwortlich und unterstützen die Anwender bei der Implementierung unserer Software. Hierfür sind Erfahrungen im Projektmanagement und bei der Einführung von komplexen Softwaresystemen erforderlich. Aufgrund der int

ICG Infora Consulting Group GmbH

Operativ tätig in den Staaten
Österreich
Deutschland
Schweiz
andere europ. Staaten

Niederlassungen
Österreich
Deutschland
andere europ. Staaten

Tätig in folgenden Branchen
Energiewirtschaft
Verkehr/Transport
Maschinenbau
Nahrungsmittel/Getränke
Chemie/Pharma
Gesundheitswesen
Finanzdienstleistung
Tourismus
sonstige Dienstleistungen
Telekommunikation
Informationstechnologie
Elektronik
Handel
Non-Profit-Organisationen
öffentlicher Sektor
Medien/Unterhaltung
sonstige

Managementberatung
Strategieberatung
Organisationsberatung
Prozessoptimierung
Change Management
Produktivitätssteigerung
Logistik
Controllingsysteme
Managementsysteme
Outsourcing
Reorganisation/Restruktur.
sonstiges

Informationstechnologie
IT-Strategien
sonstiges

Human Resources
Assessment Center
Potenzialanalysen
Management Audits
Personalentwicklung
Coaching
Managementtraining
Seminare/Workshops
Moderation/Mediation
sonstiges

Corporate Finance
Ausgliederungen
Businesspläne

Marketing/PR
Marketingstrategie
Vertriebssteuerung
sonstiges

Anzahl der eingestellten Berater pro Jahr
4

Voraussetzungen für eine Bewerbung
akademische Ausbildung mit wirtschaftlichem Hintergrund

Entenplatz 1a
8020 Graz

Ansprechpartner:
Mag. Norbert Herbst

Geschäftsführung:
Mag. Günter Kradischnig
Mag. Norbert Herbst
Mag. Hubert Dolleschall
DI Dr. Harald Heber
Mag. Manfred Höfler

Seniorpartner:
Mag. Günter Kradischnig
Mag. Norbert Herbst
DI Dr. Harald Heber
Mag. Georg Brandner
Mag. Bruno Burkart
DI Dietmar Bodingbauer
Mag. Hubert Dolleschall
Mag. Kurt Grünwald
Dr. Peter Tavolato
Mag. Manfred Höfler
Mag. Norbert Quinz
Dkfm. Peter Vermeulen

Gründungsjahr:
1983

Tel.: +43/316/71 89 40-0
Fax: +43/316/71 89 40-40
E-Mail:
office@icg.eu.com
Homepage:
icg.eu.com

Mitarbeiter gesamt: 51
davon Partner: 12
davon Consultants: 40

Honorarumsatz:
5,6 Mio. Euro

Leistungsprofil
Infora Consulting Group ist eines der größten österreichischen Managementberatungsunternehmen mit Standorten in Graz, Wien, Budapest und Krefeld. Wir beraten Unternehmen und Non-Profit-Organisationen beim Change Management. Unsere Kompetenzfelder liegen insbesondere in den Bereichen Strategie, Organisation, Controlling und Personalentwicklung.

INFOSCREEN Austria Gesellschaft für Stadtinformationsanlagen GmbH

INFOSCREEN
your city channel

Hainburger Straße 11
1030 Wien

Ansprechpartner:
Franz Solta (Marketingleiter),
Mag. (FH) Peter Bono,
Brigitte Ernszt,
Mag. Oliver Grohar,
Katharina Neuhauser

Geschäftsführung:
Andreas Barth

Gründungsjahr:
1997

Tel.: +43/1/710 52 00
Fax: +43/1/710 52 00-17
E-Mail:
info@infoscreen.at
Homepage:
www.infoscreen.at

Mitarbeiter gesamt: 31
davon Consultants: 4

Operativ tätig in den Staaten
Österreich
andere europ. Staaten

Niederlassungen
Österreich

Tätig in folgenden Branchen
Medien/Unterhaltung

Leistungsprofil
Infoscreen ist überall dort, wo Wartezeiten entstehen. Denn Wartende sind natürlich besonders aufnahmebereit für Werbebotschaften. Infoscreen informiert und unterhält seine Zuseher mit Bildflächen im öffentlichen Raum in einzigartiger Umgebung: in der U-Bahn Station, in den U-Bahn-Zügen der Linie U3 und an stauanfälligen Verkehrsknotenpunkten.
Einzigartiges elektronisches Medium; effiziente Werbung im reizarmen Infoscreen-Umfeld; Interaktion über tagesaktuelle Themen via SMS-Votings; Beratung von Mediaagenturen für Schaltpläne mit optimalem Mitteleinsatz

Referenzen
American Express, Bank Austria Creditanstalt, Boehringer Ingelheim, Burger King, Chrysler Vikings, Coca-Cola, Danone, Erste Bank, Henkel, Kunsthalle Wien, Kurier, Lufthansa, Lotterien, Marktamt, Masterfoods, Merck, Mischek Bau, Mobilkom, Museumsquartier, Premiere World, Procter & Gamble, Radio Wien, Reed Messe, Roche, Sammlung Essl, Saturn, Siemens, Sony Playstation, Steffl/Gerngross

Ing. Peter Pokorny

Operativ tätig in den Staaten
Österreich
Deutschland
andere europ. Staaten

Tätig in folgenden Branchen
Verkehr/Transport
Maschinenbau
sonstige Dienstleistungen
Handel
öffentlicher Sektor
Medien/Unterhaltung

Managementberatung
Strategieberatung
Operative Beratung
Informationsmanagement
sonstiges

Human Resources
Seminare/Workshops

Corporate Finance
sonstiges

Marketing/PR
Marktforschung

Wallnerstraße 2
1010 Wien

Ansprechpartner:
Ing. Peter Pokorny

Geschäftsführung:
Ing. Peter Pokorny

Gründungsjahr:
1992

Verbandszugehörigkeiten:
ÖDV

Tel.: +43/1/533 61 45
Fax: +43/1/532 07 68
E-Mail:
berufsdetektiv.pokorny@aon.at
Homepage:
www.beweis.at

Mitarbeiter gesamt: 4
davon Consultants: 1

Honorarumsatz:
300.000 Euro

Leistungsprofil
Erstellung von Sicherheitsanalysen; Umsetzung von Sicherheitskonzepten; Sicherheitsberatung; Personalsicherheitsüberprüfung; Krisenmanagement; Beratung und operative Dienstleistungen im Falle von Erpressung, Produkterpressung, Entführung, Diebstahl etc.

Institut für Unternehmensführung / Abteilung für Unternehmensführung, Controlling und Beratung der WU Wien

Augasse 2–6
1090 Wien

Ansprechpartner:
Univ.-Prof. Dr. Gerhard Speckbacher

Tel.: ++43/1/313 36-45 69
Fax: ++43/1/31336-723
E-Mail:
unternehmens.fuehrung@wu-wien.ac.at
Homepage:
http://www.wu-wien.ac.at/ifu

Mitarbeiter gesamt: 13

Operativ tätig in den Staaten
Österreich

Niederlassungen
Österreich

Tätig in folgenden Branchen
Energiewirtschaft
Verkehr/Transport
Maschinenbau
Nahrungsmittel/Getränke
Chemie/Pharma
Finanzdienstleistung
Tourismus
sonstige Dienstleistungen
Telekommunikation
Informationstechnologie
Elektronik
Handel
öffentlicher Sektor
Medien/Unterhaltung
sonstige

Managementberatung
Strategieberatung
Prozessoptimierung
Controlling Systeme
Informationsmanagement

Human Resources
Vergütungssysteme
Seminare/Workshops

Corporate Finance
Strategische Allianzen
Unternehmensgründung
Unternehmensnachfolge
IPO

Marketing/PR
Marketingstrategie
Investor Relations

Leistungsprofil
Ziel im Rahmen der Ausbildung ist es, Führungsnachwuchskräfte für die Wirtschaft und die Aufgaben des Managements vorzubereiten. Praxisorientierte Ausbildung und Kooperationen mit der Wirtschaft stehen dabei im Vordergrund:
- Projektseminare
- Consulting-Partnermodell
- Meisterklasse Osteuropa

Referenzen
Projektseminare wurden mit folgenden Unternehmen durchgeführt: Telekom Austria, Unilever, Österreichische Nationalbank, The Boston Consulting Group, A.T. Kearney, Austrian Airlines, Philips etc.

INLINE Consulting GmbH & Co KEG

Operativ tätig in den Staaten
Österreich
Deutschland

Tätig in folgenden Branchen
sonstige

Managementberatung
Strategieberatung
Organisationsberatung
Technologie- und Innovationsb.
Operative Beratung
Prozessoptimierung
Change Management
Produktivitätssteigerung
Controllingsysteme
Informationsmanagement
Managementsysteme
Reorganisation/Restruktur.
Sanierung
sonstiges

Informationstechnologie
Datenbanken
Internet/Intranet
Systemevaluierung
Netzwerkkonzepte/Lösungen
Programmierung
Softwareentwicklung

Human Resources
Assessment Center
Potenzialanalysen
Personalentwicklung
Coaching
Managementtraining
Seminare/Workshops
Moderation/Mediation

Corporate Finance
Unternehmensgründung
Unternehmensnachfolge
Businesspläne

Marketing/PR
Marketingstrategie
Marketingkonzepte
Corportate Identity/Design
Marktforschung
Imageanalysen
Onlinemarketing
Webdesign
Grafik
Direktmarketing
Standortanalyse
Werbung

Wiesensteig 49
9500 Villach

Ansprechpartner:
Guido Peternell

Geschäftsführung:
Guido Peternell

Gründungsjahr:
1993

Verbandszugehörigkeiten:
Unternehmensberatung & Informationstechnologie

Tel.: +43/42 42/516 51
Fax: +43/42 42/516 51-15
E-Mail:
inlineoffice@aon.at
Homepage:
www.inline.at

Mitarbeiter gesamt: 7
davon Consultants: 4

Leistungsprofil
Unternehmensberatung für Fahrschulen; ganzheitliche Beratung und Betreuung durch Branchenprofis; Unternehmer- und Mitarbeitercoaching; Marktforschung in der Fahrschulbranche; Produkte: Superlearning – das Original für Fahrschulen; Smily ... das intelligente Lernsystem; INLINE Kunden-Monitor; Werbemittelpool; Kampagnen und Konzepte. Dienstleistungen: ganzheitliche Beratung und Betreuung; branchenspezifische Aus- und Weiterbildung für Unternehmer und Mitarbeiter; Organisation und Durchführung von Seminaren und Kongressen, Installierung und Durchführung von Monitoring; Moderation von Netzwerken; Inhouse-Coachings; Mystery- und Callshopping

Institut für Humanistisches Management

Fasangasse 20
1030 Wien

Ansprechpartner:
Mag. Sabine Joanowitsch

Geschäftsführung:
Dr. Othmar E. Hill

Gründungsjahr:
1997

Verbandszugehörigkeiten:
Wirtschaftspsychologen

Tel.: +43/1/796 37 98
Fax: +43/1/796 97 98-12
E-Mail:
admin@human.or.at
Homepage:
www.human.or.at

Mitarbeiter gesamt: 4
davon Consultants: 3

Honorarumsatz:
250.000 Euro

Operativ tätig in den Staaten
Österreich
andere europ. Staaten

Niederlassungen
Österreich
andere europ. Staaten

Tätig in folgenden Branchen
Gesundheitswesen
sonstige Dienstleistungen
Non-Profit-Organisationen
öffentlicher Sektor

Managementberatung
Strategieberatung
Organisationsberatung

Human Resources
Managements Audits
Personalentwicklung
Coaching
Managementtraining
Seminare/Workshops
Moderation/Mediation

Voraussetzungen für eine Bewerbung
von Projekt- bzw. Bereichstätigkeit abhängig

Einstiegsgehalt für Berater
wird individuell vereinbart

Leistungsprofil
Humanistisches Management macht bewusst, dass der Faktor Mensch in Unternehmen nicht nur als Kostenfaktor, sondern als das eigentliche Potenzial der Wertschöpfung anerkannt wird. Humanistisches Management weist den menschengerechten Arbeitsbedingungen in Unternehmen den realen Wert zu. Humanistisches Management zeigt auf, dass die MitarbeiterInnen die Träger der gesamten Qualitätsstandards für Produkte/ Dienstleistungen sind. Sie sichern durch ihre Lernprozesse die Innovationskraft und damit die Wettbewerbsfähigkeit des Unternehmens.

Referenzen
Bank Austria, Wirtschaftskammer Österreich, Bene-Büromöbel, McDonald's Austria, Shell Austria, Hill International …

internic GmbH

Operativ tätig in den Staaten
Österreich
Deutschland
Schweiz

Niederlassungen
Österreich

Tätig in folgenden Branchen
Telekommunikation
Informationstechnologie

Informationstechnologie
Internet/Intranet

Voraussetzungen für eine Bewerbung
Lebenslauf

Donau-City-Straße 1
1220 Wien

Ansprechpartner:
Naseem Bhatti

Geschäftsführung:
Naseem Bhatti

Gründungsjahr:
1999

Tel.: +43/1/403 96 85
Fax: +43/1/403 96 86
E-Mail:
naseem@internic.at

Mitarbeiter gesamt: 7
davon Consultants: 0

Leistungsprofil
Internet-Service-Provider, Domainregistrierung, Webdienstleistungen

iot Doppel und Rischawy OEG

Taubstummengasse 5/12
1040 Wien

Ansprechpartner:
Lena Doppel

Geschäftsführung:
Lena Doppel,
Christian Rischawy

Senior Partner:
Lena Doppel,
Christian Rischawy

Gründungsjahr:
1997

Verbandszugehörigkeiten:
WKÖ Fachgruppe ubit

Tel.: +43/1/503 86 20
Fax: +43/1/503 86 20-21
E-Mail:
office@iot.at
Homepage:
www.iot.at/

Mitarbeiter gesamt: 10
davon Partner: 2
davon Consultants: 5

Honorarumsatz:
330.000 Euro

Operativ tätig in den Staaten
Österreich
andere europ. Staaten

Niederlassungen
Österreich

Tätig in folgenden Branchen
Informationstechnologie
Elektronik
Non-Profit-Organisationen
öffentlicher Sektor
Medien/Unterhaltung

Managementberatung
Strategieberatung
Organisationsberatung
Technologie- und Innovationsb.
Prozessoptimierung
Change Management
Informationsmanagement

Informationstechnologie
IT-Strategien
Informationsmanagement
Workflow Management/Systeme
Internet/Intranet

Human Resources
Assessment Center
Potenzialanalysen
Coaching
Managementtraining
Seminare/Workshops
Moderation/Mediation

Leistungsprofil
Technologieberatung, Training, Consulting. Wir sind spezialisiert auf die Optimierung und Einführung der Nutzung von Informationstechnologien am Arbeitsplatz. Besuchen Sie unsere Website, um sich näher über uns zu informieren.

ITO Individuum Team Organisation Personalmanagement GmbH

Am Gestade 1
1010 Wien

Ansprechpartner:
Rosemarie Sempelmann

Geschäftsführung:
Dr. Kurt Durnwalder

Gründungsjahr:
1993

Verbandszugehörigkeiten:
keine

Tel.: +43/1/533 08 55-0
Fax: +43/1/533 08 55-19
E-Mail:
office@ito.co.at
Homepage:
www.ito.co.at

Mitarbeiter gesamt: 15
Consultants: 100 selbständig

Operativ tätig in den Staaten
Österreich
Deutschland
Schweiz

Niederlassungen
Österreich
Deutschland
andere europ. Staaten

Tätig in folgenden Branchen
Energiewirtschaft
Verkehr/Transport
Gesundheitswesen
Tourismus
sonstige Dienstleistungen
Telekommunikation
Informationstechnologie
Elektronik
Handel
Non-Profit-Organisationen
öffentlicher Sektor
sonstige

Managementberatung
Organisationsberatung
Prozessoptimierung
Change Management
Managementsysteme
Interimsmanagement

Informationstechnologie
Informationsmanagement
Managementinformationssyst.
Softwareentwicklung
sonstiges

Human Resources
Assessment Center
Potenzialanalysen
Management Audits
Personalmanagementsysteme
Vergütungssysteme
Personalentwicklung
Coaching
Managementtraining
Seminare/Workshops
Moderation/Mediation

Marketing/PR
Marketingstrategie
Marketingkonzepte

Anzahl der eingestellten Berater pro Jahr
5

Voraussetzungen für eine Bewerbung
qualitativ hochwertige Trainer, Berater, Coaches

Leistungsprofil
Von Potenzialanalysen über Trainings und Coachings bis hin zu Beratungsprojekten werden konkrete und individuell für unsere Kunden entwickelte Change-Schritte konzipiert und umgesetzt.
Die Ergebnisse werden durch gezieltes Entwicklungscontrolling sichtbar gemacht.
ITO sichert ergebnisorientierte Entwicklungsumsetzung in den Bereichen Management, Service, Vertrieb, Personal und Organisation mittels der Methoden Personaldiagnostik, individualisierte Trainings und Coachings, Lehrgänge, Prozessbegleitung und Organisationsentwicklung.

Referenzen
AUA Austrian Airlines, Austrian Energy, Baumax AG, Julius Blum GmbH, BMWA, BRZ GmbH, Creditanstalt, OMV AG, Österreichische Post AG, Telekom Austria AG

Jenewein & Partner GmbH

Schmidgasse 3
1080 Wien

Ansprechpartner:
Mag. Andreas Landgrebe
Mag. Doris Furthmayr

Geschäftsführung:
Mag. Günther Tengel

Gründungsjahr:
1977

Verbandszugehörigkeiten:
AESC

Tel.: +43/1/403 08 28
Fax: +43/1/403 08 28-93
E-Mail:
office@jenewein.at
Homepage:
www.jenewein.at

Mitarbeiter gesamt: 16
davon Partner: 3
davon Consultants: 5

Honorarumsatz:
3 Mio. Euro

Operativ tätig in den Staaten
Österreich
Deutschland
Schweiz
andere europ. Staaten
USA
Südamerika
Asien
Australien

Niederlassungen
Österreich
Deutschland
Schweiz
andere europ. Staaten
USA
Südamerika
Asien
Australien

Tätig in folgenden Branchen
Energiewirtschaft
Maschinenbau
Nahrungsmittel/Getränke
Gesundheitswesen
Finanzdienstleistung
Tourismus
sonstige Dienstleistungen
Telekommunikation
Informationstechnologie
Elektronik
Handel
Non-Profit-Organisationen
öffentlicher Sektor
Medien/Unterhaltung

Managementberatung
Strategieberatung
Organisationsberatung

Human Resources
Executive Search
Management Search
Assessment Center
Potenzialanalysen
Management Audits
Coaching

Anzahl der eingestellten Berater pro Jahr
1–2

Voraussetzungen für eine Bewerbung
betriebswirtschaftlicher Abschluss,
Kenntnis mehrerer Sprachen,
mind. ein Jahr Berufserfahrung

Einstiegsgehalt für Berater
30.000 Euro

Leistungsprofil
Direktansprache / Direct Approach / Executive Search
datenbankgestützte Suche / Data Base Search
inseratengestützte Suche / Advertised Selection
Potenzialanalyse, Assessment Center, Management Audits,
Personal- und Organisationsberatung,
Strategische Unternehmensberatung

jobpilot.at

jobpilot Austria GmbH

Operativ tätig in den Staaten
Österreich
Deutschland
Schweiz
andere europ. Staaten

Niederlassungen
Österreich
Deutschland
Schweiz
andere europ. Staaten

Tätig in folgenden Branchen
Energiewirtschaft
Verkehr/Transport
Maschinenbau
Nahrungsmittel/Getränke
Chemie/Pharma
Gesundheitswesen
Finanzdienstleistung
Tourismus
sonstige Dienstleistungen
Telekommunikation
Informationstechnologie
Elektronik
Handel
Non-Profit-Organisationen
öffentlicher Sektor
Medien/Unterhaltung
sonstige

Managementberatung
Operative Beratung
Prozessoptimierung
Informationsmanagement

Informationstechnologie
IT-Strategien
Informationsmanagement
Workflow-Management/-Systeme
Datenbanken
E-Commerce
Internet/Intranet
Multimedia
Softwareentwicklung

Human Resources
Management Search
Office Support Search
Personalmanagementsysteme
Personalinformationssysteme
Seminare/Workshops

Marketing/PR
Onlinemarketing
Webdesign
Grafik
Multimedia
Werbung

Salztorgasse 2
1010 Wien

Ansprechpartner:
Mag. Peter Rudolf Gröbl,
Country Manager

Gründungsjahr:
1998

Verbandszugehörigkeiten:
jobaustria.at – Verband Österreichischer Online-Stellenmärkte

Tel.: +43/1/532 12 31-0
Fax: +43/1/532 12 31-31
E-Mail:
info@jobpilot.at
Homepage:
www.jobpilot.at

Mitarbeiter gesamt: 28
davon Consultants: 2

Leistungsprofil
Das Dienstleistungsspektrum von jobpilot umfasst neben der Veröffentlichung von Stellenanzeigen und Lebensläufen noch weitere innovative Dienstleistungen: Rekrutierungs-Software, Direct-Selection und HR-Consulting etc. Mit seinem branchenübergreifenden Angebot verzeichnet jobpilot monatlich rund 40 Millionen Page-Impressions.

Josef Eisner, Unternehmensberatung

Lindenhofstraße 7/9
5162 Obertrum

Ansprechpartner:
Josef Eisner

Geschäftsführung:
Josef Eisner

Gründungsjahr:
1998

Verbandszugehörigkeiten:
Unternehmensberater, ÖVS

Tel.: +43/62 19/200 72
Fax: +43/62 19/200 72
E-Mail:
eisner.josef@t-online.at
Homepage:
www.noa.or.at
www.home.t-online.at/home/eisner.josef

Mitarbeiter gesamt: 1
davon Consultants: 1

Operativ tätig in den Staaten
Österreich

Niederlassungen
Österreich

Tätig in folgenden Branchen
Maschinenbau
Handel
Non-Profit-Organisationen

Managementberatung
Organisationsberatung
Change Management

Human Resources
Assessment Center
Potenzialanalysen
Personalentwicklung
Coaching
Managementtraining
Seminare/Workshops
Moderation/Mediation

Einstiegsgehalt für Berater
gemäß Richtlinien der UB und nach Vereinbarung

Leistungsprofil
Supervision und Coaching, Moderation, Organisationsaufstellungen, Entwicklung von Lohn- und Gehaltssystemen, Implementierungsberatung bei Organisationsneugestaltungen, Großgruppenveranstaltungen

Referenzen
Personalentwickler bei Spar AG, HR-Manager und Personalentwicklung Palfinger Produktionstechnik GmbH

JV JUNGE INDUSTRIE

Junge Industrie

Operativ tätig in den Staaten
Österreich

Niederlassungen
Österreich

Tätig in folgenden Branchen
Verkehr/Transport
Maschinenbau
Nahrungsmittel/Getränke
Chemie/Pharma
Gesundheitswesen
Finanzdienstleistung
Tourismus
sonstige Dienstleistungen
Telekommunikation
Informationstechnologie
Elektronik
Handel
öffentlicher Sektor
Medien/Unterhaltung
sonstige

Marketing/PR
Marketingkonzepte
Corportate Identity/Design
Onlinemarketing
Direktmarketing
Lobbying/Networking
Publikationen/Firmenzeitschr.
sonstiges

Schwarzenbergplatz 4
1031 Wien

Assistenz:
Doris Hirt

Geschäftsführung:
Mag. Nadja Frischenschlager-Gowayed

Gründungsjahr:
1947

Tel.: +43/1/711 35-23 04
Fax: +43/1/711 35-29 17
E-Mail:
ji@iv-net.at
Homepage:
www.junge-industrie.at

Mitarbeiter gesamt: 10

Leistungsprofil
- Jugendorganisation der Industriellenvereinigung
- Interessenvertretung für Jungunternehmer, Manager und Studenten (ca. 1.000 Mitglieder)
- nationales / internationales Netzwerk
- Informations- und Erfahrungsaustausch
- Vordenken und neue Lösungsansätze

Referenzen
ehemalige JI-Mitglieder: Bundesminister Dr. Martin Bartenstein, WKÖ-Präsident Dr. Christoph Leitl, Bauunternehmer Hanno Soravia

KANZIAN ENGINEERING & CONSULTING GmbH

Heinestraße 2/12
1020 Wien

Ansprechpartner:
DI Dr. Rudolf Kanzian

Geschäftsführung:
DI Dr. Rudolf Kanzian

Gründungsjahr:
1997

Verbandszugehörigkeiten:
WKÖ

Tel.: +43/1/218 03 83
Fax: +43/1/218 03 82

E-Mail:
office@kec.at
Homepage:
www.kec.at

Mitarbeiter gesamt: 9
davon Consultants: 6

Operativ tätig in den Staaten
Österreich
Deutschland

Niederlassungen
Österreich

Tätig in folgenden Branchen
sonstige Dienstleistungen

Managementberatung
Strategieberatung
Prozessoptimierung
Change Management
Produktivitätssteigerung
Managementsysteme

Informationstechnologie
Datenbanken

Human Resources
Management Audits
Coaching
Managementtraining
Seminare/Workshops

Leistungsprofil

Durchführung von Beratungen im Bereich Umwelt-, Qualitäts-, Sicherheits- und Gesundheitsmanagementsysteme; Umwelttechnik; Fragen zur Abfallwirtschaft; Umweltrecht. Unterstützung bei der Konsolidierung von Genehmigungsbescheiden.

Durchführung von Inhouse- und externen Seminaren zu den Themen Managementsysteme, Abfallwirtschaft und Konsolidierung. Erstellung von firmenspezifischen EDV-Lösungen (z. B. Auflagenverwaltung).

Karmasin
Marktforschung
Österr. Gallup Institut

Österreichisches Gallup Institut Dr. Karmasin Marktforschung

Operativ tätig in den Staaten
Österreich
Deutschland
Schweiz
andere europ. Staaten

Niederlassungen
Deutschland
andere europ. Staaten

Tätig in folgenden Branchen
Energiewirtschaft
Verkehr/Transport
Nahrungsmittel/Getränke
Chemie/Pharma
Gesundheitswesen
Finanzdienstleistung
Tourismus
sonstige Dienstleistungen
Telekommunikation
Informationstechnologie
Elektronik
Handel
Non-Profit-Organisationen
öffentlicher Sektor
Medien/Unterhaltung
sonstige

Marketing/PR
Marktforschung
Imageanalysen
Standortanalyse

Anzahl der eingestellten Berater pro Jahr
0

Anastasius-Grün-Gasse 32
1180 Wien

Ansprechpartner:
Univ.-Prof. Dr. Fritz Karmasin,
Prok. Roswitha Hasslinger,
Dr. Sophie Karmasin

Geschäftsführung:
Univ.-Prof. Dr. Fritz Karmasin

Gründungsjahr:
1949

Verbandszugehörigkeiten:
VMÖ, ESOMAR

Tel.: +43/1/470 47 24
Fax: +43/1/470 47 24-19
E-Mail:
f.karmasin@gallup.at
Homepage:
www.karmasin.at

Mitarbeiter gesamt: 50
davon Consultants: 500
Interviewer

Kienbaum Beratung Wien GmbH

Tuchlauben 8
1010 Wien

Ansprechpartner:
Dr. Conrad Pramböck

Geschäftsführung:
Dkfm. Wolfgang Reinermann

Gründungsjahr:
1967

Verbandszugehörigkeiten:
Wirtschaftskammer Wien

Tel.: +43/1/533 51 88
Fax: +43/1/533 32 65
E-Mail:
vienna@kienbaum.com
Homepage:
www.kienbaum.at

Mitarbeiter gesamt: 600
davon Consultants: 400

Operativ tätig in den Staaten
Österreich
Deutschland
Schweiz
andere europ. Staaten
Südamerika
Asien

Niederlassungen
Österreich
Deutschland
Schweiz
andere europ. Staaten
Südamerika
Asien

Tätig in folgenden Branchen
Energiewirtschaft
Verkehr/Transport
Maschinenbau
Nahrungsmittel/Getränke
Chemie/Pharma
Finanzdienstleistung
sonstige Dienstleistungen
Telekommunikation
Informationstechnologie
Elektronik
Handel
öffentlicher Sektor
Medien/Unterhaltung

Managementberatung
Strategieberatung
Organisationsberatung
Technologie- und Innovationsb.
Prozessoptimierung
Change Management
Produktivitätssteigerung
Controllingsysteme
Informationsmanagement
Managementsysteme
Outsourcing
Interimsmanagement
Reorganisation/Restruktur.

Informationstechnologie
IT-Strategien
Informationsmanagement
Systemevaluierung
Netzwerkkonzepte/Lösungen
IT-Outsourcing

Human Resources
Executive Search
Management Search
Office Support Search
Assessment Center
Potenzialanalysen
Management Audits
Personalmanagementsysteme
Vergütungssysteme
Personalentwicklung
Coaching
Managementtraining
Seminare/Workshops
Moderation/Mediation
Outsourcing

Leistungsprofil
Kienbaum ist das führende deutsche Beratungsunternehmen in den Bereichen Executive Search, Compensation Consulting und Human Resource Management. Gegründet 1945 verfügt Kienbaum heute über 600 Mitarbeiter weltweit. In Österreich ist Kienbaum seit 1967 tätig.

Kier & Partner Management Consulting GmbH

Operativ tätig in den Staaten
Österreich
Deutschland
Schweiz
andere europ. Staaten
USA

Niederlassungen
Österreich

Tätig in folgenden Branchen
Energiewirtschaft
Nahrungsmittel/Getränke
sonstige Dienstleistungen
Informationstechnologie
Non-Profit-Organisationen
öffentlicher Sektor
Medien/Unterhaltung
sonstige

Managementberatung
Strategieberatung
Organisationsberatung
Operative Beratung
Change Management
Informationsmanagement
Reorganisation/Restruktur.
Sanierung

Informationstechnologie
Internet/Intranet

Human Resources
Executive Search
Personalentwicklung
Coaching
Moderation/Mediation

Corporate Finance
Strategische Allianzen
Unternehmenskauf und -verkauf
Joint Ventures
Beteiligungen
Fusionen
Ausgliederungen
Unternehmensgründung
Unternehmensnachfolge
MBO/MBI
Investorensuche
Verhandlungsführung

Marketing/PR
Marketingstrategie
Marketingkonzepte
Corporate Identity/Design
Marktforschung
Imageanalysen
PR Beratung
Lobbying/Networking
Sponsoring

Mariahilfer Straße 1d/13
1060 Wien

Ansprechpartner:
Dr. Volker Kier

Geschäftsführung:
Dr. Volker Kier
Ursula Seethaler

Gründungsjahr:
1978

Verbandszugehörigkeiten:
Wirtschaftskammer Österreich
Fachverband Unternehmensberatung & Informationstechnologie

Tel.: +43/1/587 41 68
Fax: +43/1/587 41 68-99
E-Mail:
office@kier-partner.at
Homepage:
www.kier-partner.at

Mitarbeiter gesamt: 6
davon Partner: 1
davon Consultants: 3

Leistungsprofil
klassische Unternehmensberatung

Knallgrau New Media Solutions GmbH

knallgrau :new media solutions gmbh

Lindengasse 56/5
1070 Wien

Ansprechpartner:
Matthias Platzer

Geschäftsführung:
Matthias Platzer
Alexander Ostleitner

Seniorpartner:
DI Michael Platzer
Dieter Rappold

Gründungsjahr:
2001j3

Verbandszugehörigkeiten:
Fachverband für Unternehmensberatung und Datenverarbeitung

Tel.: +43/1/522 76 37
Fax: +43/1/522 76 38
E-Mail:
office@knallgrau.at
Homepage:
http://www.knallgrau.at/

Mitarbeiter gesamt: 8
davon Partner: 4
davon Consultants: 4

Operativ tätig in den Staaten
Österreich

Niederlassungen
Österreich

Tätig in folgenden Branchen
Informationstechnologie

Managementberatung
Strategieberatung
Technologie- und Innovationsb.
Prozessoptimierung
Informationsmanagement
Managementsysteme

Informationstechnologie
IT-Strategien
Informationsmanagement
Managementinformationssyst.
Workflow-Management/-Systeme
Datenbanken
Data Warehouse
E-Commerce
Internet/Intranet
Systemevaluierung
Programmierung
Softwareentwicklung

Marketing/PR
Marketingstrategie
Marketingkonzepte
Corporate Identity/Design
Onlinemarketing
Webdesign
Grafik
Werbung

Anzahl der eingestellten Berater pro Jahr
1

Voraussetzungen für eine Bewerbung
abgeschlossenes Universitätsstudium oder vergleichbare Ausbildung, fundierte Branchenerfahrung, außergewöhnliche Persönlichkeit, Teamfähigkeit, Interdisziplinarität, Belastbarkeit, Innovationskraft und unternehmerisches Denken

Einstiegsgehalt für Berater
leistungsorientiert, nach individueller Vereinbarung

Leistungsprofil
Knallgrau ist Ihr Partner, um die Möglichkeiten des Internet für Ihren wirtschaftlichen Erfolg auszuschöpfen. Wir nutzen das Web für die Erhaltung und den Ausbau Ihrer Wettbewerbsstärken. Unser umfassender interdisziplinärer Zugang garantiert Ihnen Lösungen, die allen Aspekten einer zukunftsweisenden Internetlösung gerecht werden. Als Full-Service-New-Media-Agentur bietet Ihnen Knallgrau die Sicherheit, professionelle Dienstleistungen und Produkte zu erhalten. Besonderer Schwerpunkt sind Content-Management-Systeme zur Etablierung des Internet als Informations-, Kommunikations- und Transaktionsmedium. Weitere Informationen dazu unter www.iEdit.at

Referenzen
TU Wien, Fachverband der Seilbahnen Österreichs, Marketingberatung International AG, Scholdan & Company, Post AG, Mayr Melnhof Konzern SIC Consulting, Lateinamerika-institut, Manova NetBusiness Solutions

kommunikation©
PUBLIC RELATIONS & PUBLICATIONS GMBH

kommunikation Public Relations & Publications GmbH

Operativ tätig in den Staaten
Österreich
Deutschland

Marketing/PR
Marketingstrategie
Grafik
PR-Beratung
Lobbying/Networking
Publikationen/Firmenzeitschr.

Gusshausstraße 2/2
1040 Wien

Ansprechpartner:
Andrea Rosam

Geschäftsführung:
Andrea Rosam

Gründungsjahr:
1991

Verbandszugehörigkeiten:
PRVA, ViKOM Austria, Feiea

Tel.: +43/1/877 48 04
Fax: +43/1/877 48 04-14
E-Mail:
office@kommunikationpr.at
Homepage:
www.kommunikationpr.at

Mitarbeiter gesamt: 5
davon Consultants: 4

Leistungsprofil
Konzeption der Gesamtkommunikation, Medienarbeit, interne Kommunikation, Events, Corporate Identity, Lobbying & Public Affairs

Referenzen
Agrarmarkt Austria Marketing GmbH, Austria Glas Recycling GmbH, Allianz, Bundespressedienst, Glasforum, Schenker & Co AG, Shopping City Süd, Vetropack Austria, Vossen AG, Weitzer Parkett

Kolingasse 19
1090 Wien

Ansprechpartner:
Regina Böker, Personalleiterin

Geschäftsführung:
Mag. Liane Karner, Partner
Personalentwicklung
Dr. Gottwald Kranebitter,
Partner Corporate Finance

Gründungsjahr:
1946

Verbandszugehörigkeiten:
Kammer der
Wirtschaftstreuhänder

Tel.: +43/1/313 32-0
Fax: +43/1/313 32-5
E-Mail:
atw@kpmg.at
Homepage:
www.kpmg.at

Mitarbeiter gesamt: 1.100
davon Partner: 60
davon Consultants: 750

Honorarumsatz:
112 Mio. Euro

Operativ tätig in den Staaten
Österreich
Deutschland
Schweiz
andere europ. Staaten
USA
Südamerika
Asien
Afrika
Australien

Niederlassungen
Österreich
Deutschland
Schweiz
andere europ. Staaten
USA
Südamerika
Asien
Afrika
Australien

Tätig in folgenden Branchen
Energiewirtschaft
Verkehr/Transport
Maschinenbau
Nahrungsmittel/Getränke
Chemie/Pharma
Gesundheitswesen
Finanzdienstleistung
Tourismus
Telekommunikation
Informationstechnologie
Elektronik
Handel
Non-Profit-Organisationen
öffentlicher Sektor
Medien/Unterhaltung

Managementberatung
Strategieberatung
Organisationsberatung
Controllingsysteme
Reorganisation/Restruktur.

Corporate Finance
Strategische Allianzen
Unternehmenskauf und -verkauf
Joint Ventures
Beteiligungen
Fusionen
Due Diligence
Ausgliederungen
Unternehmensgründung
Unternehmensnachfolge
IPO
MBO/MBI
Businesspläne
Finanzierungskonzepte
Investorensuche
Verhandlungsführung

Anzahl der eingestellten Berater pro Jahr
ca. 50

Voraussetzungen für eine Bewerbung
abgeschlossenes Hochschulstudium, Praktikum oder Auslandserfahrung erwünscht

Einstiegsgehalt für Berater
ca. 27.500 Euro

Leistungsprofil
KPMG ist mit rund 1.100 Mitarbeiterinnen und Mitarbeitern die größte Wirtschaftsprüfungs- und Steuerberatungsgruppe in Österreich und betreut sowohl Großunternehmen als auch Klein- und Mittelbetriebe. Die KPMG-Beratungsphilosophie: Den Klienten stehen bei der Lösung von wirtschaftlichen Fragen Berater aus den Bereichen Wirtschaftsprüfung, Steuerberatung, Unternehmensberatung und aus spezialisierten Fachbereichen zur Seite, die einander sinnvoll ergänzen. KPMG ist in allen Landeshauptstädten Österreichs mit selbständigen Gesellschaften vertreten. Der Vorteil für den Klienten liegt auf der Hand: Er genießt lokale Beratung und die Erfahrung in einem internationalen Netzwerk.

kraftWerk | Agentur für neue Kommunikation GmbH

Operativ tätig in den Staaten
Österreich

Niederlassungen
Österreich
Asien

Tätig in folgenden Branchen
sonstige Dienstleistungen

Marketing/PR
Marketingstrategie
Marketingkonzepte
Corporate Identity/Design
Onlinemarketing
Webdesign
Grafik
Direktmarketing
Werbung

Auerspergstraße 4
1010 Wien

Ansprechpartner:
Mag. Julia Granser

Geschäftsführung:
Mag. Heimo Hammer,
Michael Hinterkörner

Gründungsjahr:
1990

Tel.: +43/1/409 36 30
Fax: +43/1/409 36 30-30
E-Mail:
feelgood@kraftwerk.co.at
Homepage:
www.kraftwerk.co.at

Mitarbeiter gesamt: 20

Leistungsprofil
Klassische Kommunikation, vernetzt mit neuen Medien (auf Grundlage marketingorientierter Strategieentwicklung), Konzeption und Realisierung gesamtheitlicher Markt- und Markenkommunikation; Schwerpunktprojekte im Bereich Web, CD-Rom und Multimedia

Referenzen
AV-Verlag, Entrium, Gewista, Grazer Wechselseitige Versicherungs AG, Hali Büromöbel, Haus der Musik, Infoscreen, Lkw Walter International, Neusiedler AG, ÖBf AG, Österreichische Kontrollbank AG, Österreichische Rechtsanwälte, One, ORF Snowboard Community, Raiffeisen

KwGrafik

Matteottiplatz 5
1160 Wien

Ansprechpartner:
Kurt Wenzel

Geschäftsführung:
Kurt Wenzel

Gründungsjahr:
1999

Verbandszugehörigkeiten:
Werbung &
Marktkommunikation

Tel.: +43/1/486 61 12
Fax: +43/1/486 61 12
E-Mail:
grafikkw@aon.at
Homepage:
members.aon.at/wenzel

Marketing/PR
Webdesign
Grafik
Multimedia
Werbung
sonstiges

Leistungsprofil
Atelier für Infografik, Unternehmenspräsentationen
und Werbemittelgestaltung.
Konzept, Layout und Produktion

Unternehmensberatung Mag. Dr. Siegfried LACHMAIR

Operativ tätig in den Staaten
Österreich
Deutschland
Schweiz
andere europ. Staaten

Niederlassungen
Österreich

Tätig in folgenden Branchen
Maschinenbau
Gesundheitswesen
Finanzdienstleistung
Informationstechnologie
Non-Profit-Organisationen
öffentlicher Sektor

Managementberatung
Strategieberatung
Operative Beratung
Outsourcing

Human Ressources
Coaching
Managementtraining
Seminare/Workshops
Moderation/Mediation

Corporate Finance
Ausgliederungen
Unternehmensgründung
Unternehmensnachfolge
Businesspläne
Verhandlungsführung

Altomontestraße 5
4040 Linz

Ansprechpartner:
Mag. Dr. Siegfried Lachmair

Geschäftsführung:
Mag. Dr. Siegfried Lachmair

Gründungsjahr:
2002

Verbandszugehörigkeiten:
WK OÖ – Fachgruppe Unternehmensberater

Tel.: +43/676/597 76 52
Fax: +43/732/71 69 15
E-Mail:
s.lachmair@utanet.at

Mitarbeiter gesamt: 1

Leistungsprofil
Unternehmens-/Vereinsgründung, Unternehmensnachfolge/-übernahme, Unternehmensanalyse, -planung und -strategie, Projektbegleitung und Führungskräftecoaching, Finance & Investmet für KMUs, Vorbereitung auf Basel II, EU-Osterweiterung

Referenzen
Formenbau Lachmair, Agrargroßbetrieb in Ungarn, ebner tec, TÜV Österreich Akademie, Inst. Finanzdienstleister u. a.

LBG Consulting GmbH

Boerhaavegasse 6
1030 Wien

Ansprechpartner:
Mag. Gernot Essl

Geschäftsführung:
Mag. Heinz Harb
Mag. Erhard Lausegger

Gründungsjahr:
1991

Verbandszugehörigkeiten:
WKÖ

Tel.: +43/1/531 05-0
Fax: +43/1/531 05-599

E-Mail:
consulting@lbg.at
Homepage:
www.lbg.at

Mitarbeiter gesamt: 400
(LBG Wirtschaftstreuhand
+ LBG Consulting)
davon Consultants: 20

Operativ tätig in den Staaten
Österreich

Niederlassungen
Österreich

Tätig in folgenden Branchen
Sonstige Dienstleistungen
Handel
Non-Profit-Organisationen
sonstige

Managementberatung
Organisationsberatung
Operative Beratung
Produktivitätssteigerung
Controllingsysteme
Informationsmanagement
Sanierung

Corporate Finance
Unternehmenskauf und -verkauf
Due Dilligence
Unternehmensgründung
Unternehmensnachfolge
Businesspläne

Leistungsprofil
Rechnungswesen im Internet: LBG online, Due-Diligence-Prüfung, Unternehmensbewertung, Sanierungs- und Insolvenzberatung, Kostenrechnung, Berichtswesen, Rechnungswesen Systeme, Beratung zur Erlös- und Aufwandsstruktur, Kalkulation, Finanzierungsstruktur und Vorbereitung auf Basel II, Planung, Businessplan, Investitionsrechnung, Organisationsberatung.

Logic4BIZ Informationstechnologie GmbH

Operativ tätig in den Staaten
Österreich

Niederlassungen
Österreich

Tätig in folgenden Branchen
Verkehr/Transport
Maschinenbau
Nahrungsmittel/Getränke
Chemie/Pharma
Gesundheitswesen
sonstige Dienstleistungen
Telekommunikation
Informationstechnologie
Elektronik
Handel
Non-Profit-Organisationen
öffentlicher Sektor

Managementberatung
Controllingsysteme
Informationsmanagement
Managementsysteme

Informationstechnologie
IT-Strategien
Informationsmanagement
Managementinformationssyst.
Datenbanken
Internet/Intranet
Systemevaluierung
Netzwerkkonzepte/Lösungen
Programmierung
Softwareentwicklung
IT-Sicherheit

Hietzinger Hauptstraße 35/2
1130 Wien

Ansprechpartner:
Mag. Susanne Mierl

Geschäftsführung:
DI Christian Rehnelt
Dr. Alexander Woidich

Gründungsjahr:
2002

Verbandszugehörigkeiten:
UBIT – Fachverband Unternehmensberatung u. IT

Tel.: +43/1/877 11 30-23
Fax: +43/1/877 11 30-40
E-Mail:
office@logic4biz.com
Homepage:
www.logic4biz.com

Mitarbeiter gesamt: 6
davon Consultants: 5

Leistungsprofil
Die Logic4BIZ ist Anbieter webbasierter Businesslösungen mit den Schwerpunkten Prozessorientierung und integrierte Managementsysteme.

Referenzen
Austrian Foundation for Quality Management (AFQM), FACT Consulting Unternehmensberatung GmbH, HABAU Hoch- u.Tiefbaugesellschaft mbH, Maschinenfabrik KBA-Mödling AG, Mayer & Co Beschläge GmbH, Österreichische Vereinigung für Qualitätssicherung (ÖVQ)

Lowe GGK Werbeagentur GesmbH

LOWE GGK

Linzer Straße 375
1140 Wien

Ansprechpartner:
Elisabeth Dürbeck

Geschäftsführung:
Mag. Christoph Klingler,
Mag. Thomas Plötzeneder,
Mag. Gerhard Riedler

Gründungsjahr:
1972

Verbandszugehörigkeiten:
IAA, Management Club,
Marketing Club

Tel.: +43/1/910 10-0
Fax: +43/1/910 10-477
E-Mail:
office@loweggk.at
Homepage:
www.loweggk.at

Mitarbeiter gesamt: 90
davon Consultants: 30

Operativ tätig in den Staaten
Österreich
andere europ. Staaten

Tätig in folgenden Branchen
sonstige Dienstleistungen

Marketing/PR
Marketingstrategie
Marketingkonzepte
Corporate Identity/Design
Marktforschung
Imageanalysen
Online Marketing
Webdesign
Grafik
Direktmarketing
PR Beratung
Lobbying/Networking
Sponsoring
Publikationen/Firmenzeitschr.
Multimedia
Werbung

Anzahl der eingestellten Berater pro Jahr
3

Einstiegsgehalt für Berater
25.200 Euro

Leistungsprofil
Lowe GGK macht kreative Kommunikation, die besonders erfolgreich ist. Lowe GGK macht erfolgreiche Kommunikation, die besonders kreativ ist. Diese grundsätzliche Überzeugung und vielfältige Erfahrung, dass Kreativität – also die Macht der Ideen – das beste Erfolgsrezept zur Profilierung und Differenzierung von Marken und Unternehmen ist, hat uns und unsere Kunden groß gemacht.
Dabei ergänzen sich “reduce to the max” als klassisches GGK-Prinzip und “radical, but relevant” als konsequentes Lowe-Prinzip kongenial zum mittlerweile international gültigen Network-Slogan “creativity pays”.

Loyaltix Consulting

Operativ tätig in den Staaten
Österreich
Deutschland
andere europ. Staaten

Niederlassungen
Österreich

Tätig in folgenden Branchen
Energiewirtschaft
Verkehr/Transport
Maschinenbau
Nahrungsmittel/Getränke
Chemie/Pharma
Gesundheitswesen
Finanzdienstleistung
Tourismus
sonstige Dienstleistungen
Telekommunikation
Informationstechnologie
Elektronik
Handel
Medien/Unterhaltung
sonstige

Managementberatung
Strategieberatung
Technologie- und Innovationsb.
Informationsmanagement
Managementsysteme
Interimsmanagement

Informationstechnologie
IT-Strategien
Informationsmanagement
Managementinformationssyst.
E-Commerce

Marketing/PR
Marketingstrategie
Marketingkonzepte

Anzahl der eingestellten Berater pro Jahr
1

Voraussetzungen für eine Bewerbung
abgeschlossenes Studium, mindestens zwei Jahre Consultingtätigkeit in Unternehmensberatung

Linzer Straße 16
4470 Enns

Ansprechpartner:
Mag. Thomas Elssenwenger

Geschäftsführung:
Mag. Thomas Elssenwenger

Gründungsjahr:
1992

Verbandszugehörigkeiten:
UB

Tel.: +43/72 23/849 39-0
Fax: +43/72 23/849 39-29
E-Mail:
info@loyaltix.at
Homepage:
www.loyaltix.at

Mitarbeiter gesamt: 3
davon Partner: 1
davon Consultants: 2

Leistungsprofil
LOYALTIX Consulting ist spezialisiert auf Kundenbindung und Loyalität und bietet mit LOYALTIX® eine flexible Software zur Ermittlung des Customer Lifetime Value (CLV). Nutzen:

- Ertrags- und zukunftsorientierte Kundensegmentierung
- Berechnung des CLV, Zielvorgaben und Soll-/Ist-Vergleiche.
- Bewertung von Marketingmaßnahmen zur Steigerung des Kundenwertes.
- Integration der KPIs in die Kundenperspektive der Balanced Scorecard.

"If you can't measure it, you can't manage it!"

LOYALTIX® wird über ausgewählte zertifizierte Unternehmensberater vertrieben.

Institut für Systemische Marktforschung MAFOS GmbH

Währinger Straße 18 /
Berggasse 1
1090 Wien

Ansprechpartner:
Dr. Werner Weißmann, MBA

Geschäftsführung:
Dr. Werner Weißmann, MBA

Gründungsjahr:
1999

Verbandszugehörigkeiten:
VMÖ, ESOMAR

Tel.: +43/1/479 02 11-10
Fax: +43/1/479 02 11-20
E-Mail:
office@mafos.at
Homepage:
www.mafos.at

Mitarbeiter gesamt: 3
davon Partner: 1
davon Consultants: 1

Operativ tätig in den Staaten
Österreich
Deutschland
Schweiz
andere europ. Staaten

Niederlassungen
Österreich

Tätig in folgenden Branchen
Energiewirtschaft
Nahrungsmittel/Getränke
Chemie/Pharma
Finanzdienstleistung
Tourismus
sonstige Dienstleistungen
Telekommunikation
Informationstechnologie
Non-Profit-Organisationen
öffentlicher Sektor
Medien/Unterhaltung
sonstige

Human Resources
sonstiges

Marketing/PR
Marktforschung
Imageanalysen

Anzahl der eingestellten Berater pro Jahr
max. 1

Voraussetzungen für eine Bewerbung
abgeschlossenes Psychologie-Studium in Kombination mit einer wirtschaftlichen Zusatzausbildung (Wirtschaftsstudium oder Hochschullehrgang für Markt- und Meinungsforschung)

Einstiegsgehalt für Berater
nach Vereinbarung

Leistungsprofil
Qualitative / psychologische Marktforschung

Erhebungsinstrumente: Customers – Kundenzufriedenheitsanalysen; Employees – Mitarbeiterzufriedenheitsanalysen; Positions – Positionierungs- und Imageanalysen; Segments – Marktsegmentierungsanalysen; Concepts – Konzept- und Produktanalysen; Values – Analysen von Markenpersönlichkeiten; Cultures – Unternehmenskulturanalysen; Methoden: Gruppendiskussionen, Online-Fokusgruppen, Tiefeninterviews, Einzelinterviews, Studiointerviews, Telefoninterviews, B-to-B-Interviews, Delphi-Studien, Datamining

Referenzen
auf Anfrage

management club

Operativ tätig in den Staaten
Österreich

Niederlassungen
Österreich

Tätig in folgenden Branchen
Verkehr/Transport
Maschinenbau
Nahrungsmittel/Getränke
Chemie/Pharma
Gesundheitswesen
Finanzdienstleistung
Tourismus
sonstige Dienstleistungen
Telekommunikation
Informationstechnologie
Elektronik
Handel
öffentlicher Sektor
Medien/Unterhaltung
sonstige

Marketing/PR
Marketingkonzepte
Corportate Identity/Design
Onlinemarketing
Direktmarketing
Lobbying/Networking
Publikationen/Firmenzeitschr.
sonstiges

Kärntner Straße 8
1010 Wien

Ansprechpartner:
Paul Hysek

Geschäftsführung:
Mag. Martin Schwarz

Gründungsjahr:
1970

Tel.: +43/1/512 79 35
Fax: +43/1/513 98 14
E-Mail:
info@managementclub.at

Mitarbeiter gesamt: 4
davon Consultants: 1

Leistungsprofil
Der Management Club bietet Führungskräften/Leistungsträgern im gesamten Bundesgebiet eine überparteiliche Plattform der Information, der Begegnung und des Austauschs. Als etablierte Schnittstelle zwischen Wirtschaft und Politik versteht sich der MC auch wesentlich als Impulsgeber und Think Tank.

Referenzen
im Vorstand:
Dr. Erhard Busek, Dr. Hans-Jörg Schelling (Möbel Lutz), Bundeskanzler Dr. Wolfgang Schüssel, Dr. Christian Sedlnitzky (Raiffeisen-Versicherung, MC-Obmann), Univ.-Prof. Dr. Christian Smekal (Universität Innsbruck)

Management Factory IT- und Unternehmensberatung AG

MANAGEMENT FACTORY

Burggasse 116/14
1070 Wien

Ansprechpartner:
Bauer Karina

Geschäftsführung:
Dr. Gerhard Wüest,
Dkfm. Thomas Tschol,
DI Manuel Möser

Gründungsjahr:
2001

Verbandszugehörigkeiten:
Wirtschaftskammer Wien

Tel.: +43/1/525 20-450
Fax: +43/1/525 20-480
E-Mail:
office@mf.ag
Homepage:
www.mf.ag

Mitarbeiter gesamt: 15
davon Partner: 3
davon Consultants: 11

Operativ tätig in den Staaten
Österreich
Deutschland
Schweiz

Niederlassungen
Österreich

Tätig in folgenden Branchen
Energiewirtschaft
Verkehr/Transport
Maschinenbau
Nahrungsmittel/Getränke
Chemie/Pharma
Gesundheitswesen
Finanzdienstleistung
sonstige Dienstleistungen
Telekommunikation
Informationstechnologie
Elektronik
Handel
Medien/Unterhaltung
sonstige

Managementberatung
Strategieberatung
Organisationsberatung
Operative Beratung
Prozessoptimierung
Produktivitätssteigerung
Logistik
Controllingsysteme
Informationsmanagement
Managementsysteme
Outsourcing
Interimsmanagement
Reorganisation/Restruktur.
sonstiges

Informationstechnologie
IT-Strategien
Informationsmanagement
Managementinformationssyst.
Workflow Management/Systeme
Datenbanken
Data Warehouse
E-Commerce
Systemevaluierung
Client/Server
Programmierung
Softwareentwicklung
sonstiges

Corporate Finance
Strategische Allianzen
Unternehmenskauf und -verkauf
Joint Ventures
Beteiligungen
Fusionen
Due Diligence
Unternehmensgründung
Unternehmensnachfolge
Businesspläne
Finanzierungskonzepte
Investorensuche
sonstiges

Marketing/PR
Marketingstrategie
Marketingkonzepte
sonstiges

Anzahl der eingestellten Berater pro Jahr
10

Leistungsprofil
Wir performen Ihr Unternehmen. Die Management Factory IT- und Unternehmensberatung AG ist DER Berater für hochperformante österreichische Unternehmen. Die Management Factory setzt Ihre Unternehmensschwerpunkte auf die Bereiche Management Consulting.

Referenzen
Sanochemia Pharmazeutika AG, Dorotheum GmbH & Co KG, Trodat GmbH, HTP High Tech Plastics AG, Österreichische Post AG, Hirtenberger AG u. v. a.

McKinsey&Company

McKinsey & Company, Inc., Austria

Operativ tätig in den Staaten
weltweit

Niederlassungen
weltweit

Tätig in folgenden Branchen
Energiewirtschaft
Verkehr/Transport
Maschinenbau
Nahrungsmittel/Getränke
Chemie/Pharma
Gesundheitswesen
Finanzdienstleistung
Tourismus
sonstige Dienstleistungen
Telekommunikation
Informationstechnologie
Elektronik
Handel
Non-Profit-Organisationen
öffentlicher Sektor
Medien/Unterhaltung
sonstige

Managementberatung
Strategieberatung
Organisationsberatung
Technologie- und Innovationsb.
Operative Beratung
Prozessoptimierung
Change Management
Produktivitätssteigerung
Logistik
Controllingsysteme
Informationsmanagement
Managementsysteme
Outsourcing
Reorganisation/Restruktur.
Sanierung

Informationstechnologie
IT-Strategien
Informationsmanagement
Managementinformationssyst.
Workflow-Management/-Systeme
Datenbanken
Data Warehouse
E-Commerce
Internet/Intranet
Systemevaluierung
Multimedia
Netzwerkkonzepte/Lösungen
Client/Server
IT-Sicherheit
SAP-Beratung/Einführung

Human Resources
Personalmanagementsysteme
Personalinformationssysteme
Vergütungssysteme
Personalentwicklung
Coaching
Managementtraining
Seminare/Workshops
Moderation/Mediation

Corporate Finance
Strategische Allianzen
Unternehmenskauf und -verkauf
Joint Ventures
Beteiligungen
Fusionen
Due Diligence
Ausgliederungen
Unternehmensgründung
Unternehmensnachfolge
IPO
MBO/MBI
Businesspläne
Finanzierungskonzepte
Investorensuche

Anzahl der eingestellten Berater pro Jahr
10–15

Voraussetzungen für eine Bewerbung
hervorragender Universitätsabschluss (evtl. Zweitqualifikation), egal aus welcher Studienrichtung, exzellente analytische und kommunikative Fähigkeiten, Auslandserfahrung

Herrengasse 1–3
1010 Wien

Ansprechpartner:
Dr. Wolfgang Neubert,
Dr. Marcus Sieberer

Geschäftsführung:
DI Raimund Diederichs,
Dr. Wolfgang Neubert

Gründungsjahr:
1990

Verbandszugehörigkeiten:
Wirtschaftskammer, Fachgruppe Unternehmensberater

Tel.: +43/1/537 06-0
Fax: +43/1/537 06-700
E-Mail:
wien@mckinsey.com
Homepage:
www.mckinsey.at

Mitarbeiter gesamt: ca. 120
davon Partner: 11
davon Consultants: ca. 80

Leistungsprofil
Fokus auf Strategie, Organisation, Operations, strategische IT-Beratung

Referenzen
mehr als 290 Unternehmen aus den Global Top 500

media.sliders ltd.

Am Heumarkt 3/18
1030 Wien

Ansprechpartner:
media.sliders backoffice

Geschäftsführung:
Daniel Kalbeck

Gründungsjahr:
2000

Tel.: +43/1/718 91 92
Fax: +43/1/718 92 93
E-Mail:
office@mediasliders.com
Homepage:
www.mediasliders.com

Mitarbeiter gesamt: 8

Operativ tätig in den Staaten
Österreich
Deutschland
andere europ. Staaten

Niederlassungen
Österreich
andere europ. Staaten

Tätig in folgenden Branchen
Tourismus
sonstige Dienstleistungen
Telekommunikation
Informationstechnologie
Handel
Medien/Unterhaltung

Informationstechnologie
Datenbanken
E-Commerce
Internet/Intranet
Multimedia
Client/Server
Programmierung
Softwareentwicklung

Marketing/PR
Marketingstrategie
Marketingkonzepte
Corporate Identity/Design
Imageanalysen
Onlinemarketing
Webdesign
Grafik
Direktmarketing
Multimedia
Werbung

Leistungsprofil
media.sliders realisiert exklusive Lösungen für Web und interaktive Systeme, kreiert digitale Werkzeuge und Grafikapplikationen und verbindet die Kompetenzzentren IT Systems, Digital Media, Audiovision und Marketing / Mediaberatung

Referenzen
Stadt Wien, Rewe Austria
AKH Wien, WU Wien, BEKO
Oracle, BMUK, Yokohama,
AUVA, ORF, SAG, Manstein
Verlag u. v. a.

Operativ tätig in den Staaten
Österreich
Deutschland
Schweiz

Tätig in folgenden Branchen
Informationstechnologie

Managementberatung
Strategieberatung

Informationstechnologie
IT-Strategien
Informationsmanagement
Managementinformationssyst.
Workflow Management/Systeme
E-Commerce
Internet/Intranet
Multimedia
Softwareentwicklung
IT-Outsourcing

Pettenkofengasse 1/20
1030 Wien

Ansprechpartner:
Mag. Gerhard Oehling

Geschäftsführung:
Joachim Eyl

Gründungsjahr:
2001

Verbandszugehörigkeiten:
IHK, WKO

Tel.: +43/1/796 24-24
Fax: +43/1/796 23-43
E-Mail:
gerhard.oehling@mit.de
Homepage:
www.mit.de

Mitarbeiter gesamt: 150
davon Consultants: 50

Honorarumsatz:
19 Mio. Euro

MMC Multimedia Consulting GmbH

Pestalozzistraße 66
4600 Wels

Ansprechpartner:
Mag. Birgit Schönauer LL.M

Geschäftsführung:
Mag. Birgit Schönauer LL.M

Gründungsjahr:
2000

Verbandszugehörigkeiten:
Wirtschaftskammer

Tel.: +43/72 42/455 71
Fax: +43/72 42/455 71-7
E-Mail:
office@bau-dein-haus.at

Mitarbeiter gesamt: 3
davon Consultants: 2

Operativ tätig in den Staaten
Österreich
Deutschland
Schweiz

Niederlassungen
Österreich

Tätig in folgenden Branchen
Maschinenbau
Gesundheitswesen
Finanzdienstleistung
sonstige Dienstleistungen
Handel
sonstige

Managementberatung
Strategieberatung
Organisationsberatung
Operative Beratung
Change Management
Controllingsysteme
Managementsysteme
Outsourcing
Interimsmanagement
Reorganisation/Restruktur.
Sanierung
sonstiges

Informationstechnologie
Multimedia
sonstiges

Human Resources
Assessment Center
Potenzialanalysen
Vergütungssysteme
Personalentwicklung
Coaching
Managementtraining
Seminare/Workshops
Moderation/Mediation
Outsourcing
sonstiges

Corporate Finance
Strategische Allianzen
Unternehmenskauf und -verkauf
Joint Ventures
Beteiligungen
Fusionen
Due Diligence
Ausgliederungen
Unternehmensgründung
Unternehmensnachfolge
IPO
MBO/MBI
Businesspläne
Finanzierungskonzepte
Investorensuche
Verhandlungsführung

Anzahl der eingestellten Berater pro Jahr
1

Voraussetzungen für eine Bewerbung
abgeschlossene Ausbildung,
zielstrebige Persönlichkeit

Leistungsprofil
Unser Leistungsumfang erstreckt sich von Einzelprojektberatungen hinsichtlich Personalentwicklung, Personaltraining, Finanzierung, Controlling, Rechtsformgestaltung bis hin zu langfristigen Beratungen in enger Zusammenarbeit mit den Verantwortlichen im Unternehmen. Wir konzentrieren uns auf langfristige Unternehmenserfolgsplanung, Analyse der Wirtschaftlichkeit einzelner Unternehmensteilbereiche sowie Analyse des gesamten Unternehmenserfolges, Strategieentwicklung, Managementberatung, optimale Rechtsformgestaltung, Personalentwicklung und Mitarbeiterweiterbildung, Sanierungsberatung, Unternehmensnachfolgeplanung und -beratung etc.

Mobilepower Consulting GmbH

Operativ tätig in den Staaten
Österreich
Deutschland
andere europ. Staaten
USA

Tätig in folgenden Branchen
Finanzdienstleistung
Telekommunikation
Informationstechnologie
Handel
sonstige

Managementberatung
Strategieberatung
Technologie- und Innovationsb.
Operative Beratung
Informationsmanagement
Managementsysteme
Interimsmanagement

Informationstechnologie
IT-Strategien
Informationsmanagement
Managementinformationssyst.
Systemevaluierung
Netzwerkkonzepte/Lösungen
IT-Outsourcing
sonstiges

Human Resources
Management Search
Potenzialanalysen
Moderation/Mediation

Corporate Finance
Strategische Allianzen
Unternehmenskauf und -verkauf
Unternehmensgründung
Businesspläne
Finanzierungskonzepte
Verhandlungsführung

Marketing/PR
Marketingstrategie
Marketingkonzepte
Onlinemarketing
Databasemarketing
Vertriebssteuerung

Anzahl der eingestellten Berater pro Jahr
2–10

Voraussetzungen für eine Bewerbung
Hochschulabschluss oder einschlägige Erfahrung; Expertenwissen, gepaart mit betriebswirtschaftlichem Interesse bzw. Ausbildung; Interkulturelle Kommunikationsfähigkeit/-bereitschaft; Bereitschaft zum selbständigen Arbeiten

Cottagegasse 9
1180 Wien

Ansprechpartner:
Mag. Pierre I. Chaimowicz

Geschäftsführung:
Mag. Pierre I. Chaimowicz

Gründungsjahr:
1997

Verbandszugehörigkeiten:
Wirtschaftskammer Wien, FG Unternehmensberatung und EDV Dienstleistung

Tel.: +43/664/100 89 54
Fax: +43/1/947 65 00
E-Mail:
info@mobilepower-consulting.com
Homepage:
www.mobilepower-consulting.com

Mitarbeiter gesamt: 5
davon Partner: 1
davon Consultants: 4

Leistungsprofil
Innovations-, Strategie- und Projektberatung in den Bereichen Telekommunikation und Finanz

Referenzen
Siemens AG, München (ICN/ICM);
Alcatel SEL AG, Stuttgart (MCD);
Alcatel Österr., Wien (Telering);
Telering GmbH, Wien;
Unisys Österreich, Wien;
Unisys Deutschland GmbH, Frankfurt (Financial Services Division)

Mount10 Austria HandelsgmbH

Campus 21, A03/401
Businesspark Wien Süd
2345 Brunn am Gebirge

Ansprechpartner:
Mag. Eduard Serkowitsch

Geschäftsführung:
Ing. Horst Wagner

Gründungsjahr:
1994

Verbandszugehörigkeiten:
keine

Tel.: +43/1/866 70-211 40
Fax: +43/1/866 70-211 50
E-Mail:
eduard.serkowitsch
@mount10.com
Homepage:
www.mount10.com

Mitarbeiter gesamt: 11
davon Consultants: 3

Operativ tätig in den Staaten
Österreich
Deutschland
Schweiz
andere europ. Staaten
USA

Niederlassungen
Österreich
Deutschland
Schweiz
andere europ. Staaten
USA

Tätig in folgenden Branchen
Energiewirtschaft
Verkehr/Transport
Maschinenbau
Nahrungsmittel/Getränke
Chemie/Pharma
Gesundheitswesen
Finanzdienstleistung
Tourismus
sonstige Dienstleistungen
Telekommunikation
Informationstechnologie
Elektronik
Handel
Non-Profit-Organisationen
öffentlicher Sektor
Medien/Unterhaltung
sonstige

Managementberatung
Strategieberatung
Technologie- und Innovationsb.
Prozessoptimierung
Change Management
Produktivitätssteigerung
Controlling Systeme
Informationsmanagement
Managementsysteme
Outsourcing
Reorganisation/Restruktur.
Sanierung
sonstiges

Informationstechnologie
IT-Strategien
Informationsmanagement
Workflow Management/Systeme
Systemevaluierung
Netzwerkkonzepte/Lösungen
Client/Server
Softwareentwicklung
IT-Sicherheit
sonstiges

Marketing/PR
Webdesign
sonstiges

Anzahl der eingestellten Berater pro Jahr
2

Voraussetzungen für eine Bewerbung
Branchen- und Lösungs-Know-how

Einstiegsgehalt für Berater
keine Angaben

Leistungsprofil
BCP-Beratung
IT-Governance-Beratung
Architektur-Beratung
Business Protection and Recovery Solutions
Value Added System Integration
Storage- and Backup-Lösungen

Referenzen
Boehringer Ingelheim Austria Gm
ÖBB
Lisec Maschinenbau GmbH
Erste Bank der österr. Sparkassen
Telekabel Wien GmbH
Vaillant GmbH
Metro Cash&Carry Österreich Gr

Mummert Consulting GmbH

Operativ tätig in den Staaten
Österreich
Deutschland
Schweiz
andere europ. Staaten

Niederlassungen
Österreich
Deutschland
Schweiz

Tätig in folgenden Branchen
Energiewirtschaft
Verkehr/Transport
Nahrungsmittel/Getränke
Gesundheitswesen
Finanzdienstleistung
Telekommunikation
Informationstechnologie
Elektronik
Handel
Non-Profit-Organisationen
öffentlicher Sektor

Managementberatung
Strategieberatung
Organisationsberatung
Technologie- und Innovationsb.
Operative Beratung
Prozessoptimierung
Change Management
Produktivitätssteigerung
Logistik
Controllingsysteme
Informationsmanagement
Managementsysteme
Outsourcing
Interimsmanagement
Reorganisation/Restruktur.
Sanierung

Informationstechnologie
IT-Strategien
Informationsmanagement
Managementinformationssyst.
Workflow-Management/-Systeme
Datenbanken
Data Warehouse
E-Commerce
Internet/Intranet
Systemevaluierung
Netzwerkkonzepte/Lösungen
Client/Server
Programmierung
Softwareentwicklung
IT-Sicherheit
SAP-Beratung/Einführung

Human Resources
Personalmanagementsysteme
Personalinformationssysteme

Corporate Finance
Businesspläne

Marketing/PR
Marketingstrategie
Marketingkonzepte
Databasemarketing
Vertriebssteuerung

Anzahl der eingestellten Berater pro Jahr
5

Voraussetzungen für eine Bewerbung
akademischer Abschluss mit Schwerpunkten BWL, Informatik und Technik; Branchen-Know-how bzw. Beratungserfahrung in Banken, Versicherungen, Telekom, Utilities und öffentlicher Bereich

Einstiegsgehalt für Berater
30.000 Euro

Obere Donaustraße 63
1020 Wien

Ansprechpartner:
Mag. Wilhelm Doupnik
DI Gregor Zeiler

Geschäftsführung:
Mag. Wilhelm Doupnik

Gründungsjahr:
1992

Verbandszugehörigkeiten:
Allgemeines Gewerbe

Tel.: +43/1/512 38 55-0
Fax: +43/1/512 38 55-99
E-Mail:
info@mummert.at
Homepage:
www.mummert.at

Mitarbeiter gesamt: 35
davon Consultants: 30

Honorarumsatz:
9.070.000 Euro

Leistungsprofil
Mummert Consulting gehört zu den führenden Unternehmensberatungen im deutschsprachigen Raum. Im Branchenfokus stehen Banken, Versicherungen, öffentlicher Bereich, Energiewirtschaft und Telekommunikation. Das Leistungsportfolio beinhaltet die umfassende Branchenberatung von der Strategie bis zur erfolgreichen Umsetzung in Struktur-, Vertriebs-, Organisations- und Kundenmanagementprozessen sowie in der Geschäftsabwicklung. Mittels exzellenter Technologiekompetenz unterstützt Mummert Consulting seine Kunden sowohl bei der Auswahl und Implementierung von Standard-Branchenlösungen als auch bei der Entwicklung und Implementierung von kundenindividuellen Lösungen.

Referenzen
Bank Austria Gruppe
Bawag-P.S.K.-Gruppe
Erste Bank Gruppe
RZB Gruppe
Generali
Skandia
VAV
Austria Tabak
Connect Austria

NAVIConsult EDV-Systemlösungen AG

Muthgasse 68
1190 Wien

Ansprechpartner:
Oliver Krizek

Vorstand:
Peter Jirka
Helmut Friedl
Oliver Krizek

Gründungsjahr:
1998

Tel.: +43/1/370 88 70
Fax: +43/1/370 88 70
E-Mail:
wiennord@naviconsult.com
Homepage:
www.naviconsult.com

Mitarbeiter gesamt: 90

Operativ tätig in den Staaten
Österreich
Deutschland
Schweiz
andere europ. Staaten
Südamerika

Niederlassungen
Österreich
Deutschland

Tätig in folgenden Branchen
Informationstechnologie

Informationstechnologie
IT Strategien
Informationsmanagement
Managementinformationssyst.
Workflow Management/Systeme
Datenbanken
E-Commerce
Client/Server
Programmierung
Softwareentwicklung
sonstiges

Anzahl der eingestellten Berater pro Jahr
10

Voraussetzungen für eine Bewerbung
HTL, HAK oder universitären Abschluss

Leistungsprofil
Die Kernkompetenz der NAVIConsult AG liegt in der Beratung, Implementierung und Betreuung von schlüsselfertigen, softwarebasierenden Unternehmenslösungen. Unsere Produkte sind Microsoft Navision und Microsoft Axapta im Bereich der Unternehmenskomplettlösungen sowie das Managementinformationssystem Cubeware als softwarebasierendes Controlling- und Auswertungssystem. Unser Fokus liegt auf der Betreuung mittelständischer Unternehmen.
Die NAVIConsult AG ist Österreichs größter Microsoft Business Solutions Partner.

Referenzen
Kapsch AG,
Leasfinanz AG,
ÖNorm,
Wiener Börse AG

netbiz – pharma consulting

Operativ tätig in den Staaten
Österreich
Deutschland
Schweiz

Niederlassungen
Österreich

Tätig in folgenden Branchen
Chemie/Pharma

Managementberatung
Strategieberatung
Outsourcing
Interimsmanagement

Informationstechnologie
E-Commerce
Internet/Intranet

Human Resources
Vergütungssysteme
Managementtraining

Marketing/PR
Marketingstrategie
Marketingkonzepte
Marktforschung
Onlinemarketing
Databasemarketing
Webdesign
Direktmarketing
Vertriebssteuerung
Multimedia
Werbung

Schönbrunner Straße 38/14
1050 Wien

Ansprechpartner:
Mag. Dieter Ratzesberger

Geschäftsführung:
Mag. Dieter Ratzesberger

Gründungsjahr:
2000

Verbandszugehörigkeiten:
Wirtschaftskammer Wien, Fachgruppe Unternehmensberatung

Tel.: +43/1/967 56 68
Fax: +43/69 94/967 56 68
E-Mail:
go@netbiz.at
Homepage:
www.netbiz.at

Mitarbeiter gesamt: 2
davon Consultants: 2

Leistungsprofil
Unternehmensberatung, Healthcare Marketing, Sales Consulting, Internet Marketing und Task Management für Firmen aus der Gesundheitsbranche.

- Analyse von Unternehmen, Markt, Mitbewerb
- Konzeption der Marketing- und Vertriebsmaßnahmen
- Optimierung

Referenzen
Wyeth-Lederle Pharma GmbH, Wyeth-Whitehall Export GmbH, Wyeth Pharma GmbH (Deutschland), AHP AG (Schweiz), Pharmacia Austria Ges.m.b.H, Ökopharm GmbH, Mediphore-Biotechnologie AG, Merck GmbH, Biotop & Technik KEG

nexera Strejcek & Rasocha OEG

Landstraßer Haupt-
straße 71/1/205
1030 Wien

Ansprechpartner:
Gerhard Rasocha

Geschäftsführung:
Roland Strejcek

Gründungsjahr:
2002

Verbandszugehörigkeiten:
Unternehmensberatung & IT

Tel.: +43/1/714 84 03-0
Fax: +43/1/714 85 03
E-Mail:
info@nexera.at
Homepage:
www.nexera.at

Mitarbeiter gesamt: 4
davon Consultants: 3

Operativ tätig in den Staaten
Österreich

Niederlassungen
Österreich

Tätig in folgenden Branchen
Telekommunikation
Informationstechnologie

Managementberatung
Technologie- und Innovationsb.
Prozessoptimierung
Produktivitätssteigerung
Logistik

Informationstechnologie
IT-Strategien
Informationsmanagement
Datenbanken
E-Commerce
Internet/Intranet
Systemevaluierung
Netzwerkkonzepte/Lösungen
Client/Server
Programmierung
Softwareentwicklung
IT-Outsourcing
IT-Sicherheit
sonstiges

Leistungsprofil
- Consulting, Training und Workshops im Bereich Mobile IT Solutions, M-Business- und M-Commerce-Analyse, Prozessoptimierung, Technologieberatung, Planung und Implementierung
- Mobile Infrastrukturlösungen – Entwicklung und Systemintegration, Anbindung von mobilen Mitarbeitern an die IT-Unternehmensinfrastruktur
- Planung, Entwicklung und Einführung von papierlosen Prozessen zur Datenerfassung
- Betriebswirtschaftliche Unternehmenslösungen im Bereich Enterprise Resourcen Planung (ERP) und Customer Relationship Management (CRM)

next level consulting Unternehmensberatung GmbH

Operativ tätig in den Staaten
Österreich
Deutschland
andere europ. Staaten
USA
Asien

Niederlassungen
Österreich
Deutschland

Tätig in folgenden Branchen
Energiewirtschaft
Verkehr/Transport
Maschinenbau
Chemie/Pharma
Gesundheitswesen
Finanzdienstleistung
Telekommunikation
Informationstechnologie
Handel
Non-Profit-Organisationen
öffentlicher Sektor

Managementberatung
Strategieberatung
Organisationsberatung
Prozessoptimierung
Change Management

Human Resources
Personalentwicklung
Coaching
Managementtraining
Seminare/Workshops
Moderation/Mediation

Anzahl der eingestellten Berater pro Jahr
2–5

Voraussetzungen für eine Bewerbung
Abgeschlossenes Studium, Arbeitserfahrung im projektorientierten Umfeld

Einstiegsgehalt für Berater
je nach Erfahrung und Aufgabengebiet

Sieveringer Straße 72
1190 Wien

Ansprechpartner:
Mag. Bernhard Weidinger

Geschäftsführung:
Mag. Bernhard Weidinger
Mag. Wolfgang Rabl
Ing. Erich Wlasak

Senior Partner:
Dr. Gerhard Krömer
DI Gernot Winkler
Mag. Christian Sterrer

Gründungsjahr:
2000

Verbandszugehörigkeiten:
IPMA, BDU, Pflichtmitgliedschaften (Kammer)

Tel.: +43/1/478 06 60
Fax: +43/1/478 06 60-60
E-Mail:
office@nextlevel.at
Homepage:
www.nextlevel.at

Mitarbeiter gesamt: 50
davon Partner: 6
davon Consultants: 34

Honorarumsatz:
ca. 5 Mio. Euro p. a.

Leistungsprofil
next level consulting ist der Spezialist im Projektmanagement und in der Entwicklung von projekt- und prozessorientierten Organisationen. Auf diesem Gebiet ist das Unternehmen Marktführer in Österreich und zu 60 Prozent im internationalen Umfeld tätig. Niederlassungen in Wien, Graz, Salzburg und Bonn.

Ogilvy Group Austria

Bachofengasse 8
1190 Wien

Ansprechpartner:
Hemma Sassmann

Geschäftsführung:
Wolfgang Slupetzky

Gründungsjahr:
1961

Verbandszugehörigkeiten:
k. A.

Tel.: +43/1/901 00-0
Fax: +43/1/901 00-300
E-Mail:
om-office.vienna@ogilvy.com
Homepage:
www.ogilvy.at

Mitarbeiter gesamt: 165

Operativ tätig in den Staaten
Österreich
Deutschland
Schweiz
andere europ. Staaten
USA
Südamerika
Asien
Afrika
Australien

Niederlassungen
Österreich
Deutschland
Schweiz
andere europ. Staaten
USA
Südamerika
Asien
Afrika
Australien

Tätig in folgenden Branchen
Energiewirtschaft
Verkehr/Transport
Nahrungsmittel/Getränke
Chemie/Pharma
Gesundheitswesen
Finanzdienstleistung
Tourismus
sonstige Dienstleistungen
Telekommunikation
Informationstechnologie
Elektronik
Handel
Non-Profit-Organisationen
öffentlicher Sektor
Medien/Unterhaltung
sonstige

Marketing/PR
Marketingstrategie
Marketingkonzepte
Corporate Identity/Design
Marktforschung
Imageanalysen
Onlinemarketing
Investor Relations
Databasemarketing
Webdesign
Grafik
Direktmarketing
PR-Beratung
Lobbying/Networking
Sponsoring
Publikationen/Firmenzeitschriften
Multimedia
Werbung

Leistungsprofil
Die Ogilvy Gruppe Österreich ist eine Full-Service-Agentur, die alle Kommunikationsdisziplinen wie klassische Werbung, Public Relations, Public Affairs, Internet- und Multimediaanwendungen, Direktmarketing/One to One und Eventmarketing abdeckt. Mit unserer Tochter Mindshare betreuen wir auch den Bereich von Mediaplanung, -beratung und -einkauf.
Ogilvy erarbeitet Kommunikationskonzepte und stellt mit Spezialisten aus sämtlichen Kommunikationsbereichen sicher, dass alle Maßnahmen strategisch richtig und schlüssig aufeinander abgestimmt sind.

Referenzen
Mehr als 160 Kommunikations-spezialisten arbeiten in Wien für eine Reihe bedeutender Kunden, wie z. B. die Raiffeisen Gruppe, die größte Versicherungsgruppe d[illegible] Landes Uniqa AG, die EVN AG, IBM, Ford etc. Wir arbeiten aber auch für Institutionen, Kammern[illegible] die österreichische Bundesregieru[illegible] und im Fundraising-Bereich.

OGM, Österreichische Gesellschaft für Marketing GmbH

Bösendorferstraße 2
1010 Wien

Ansprechpartner:
Mag. Peter Hajek

Geschäftsführung:
Wolfgang Bachmayer

Gründungsjahr:
1976

Verbandszugehörigkeiten:
VMÖ, ESOMAR

Tel.: +43/1/506 50-0
Fax: +43/1/506 50-26
E-Mail:
marketing@ogm.at
Homepage:
www.ogm.at

Mitarbeiter gesamt: 15
davon Consultants: 5

Operativ tätig in den Staaten

Österreich
Deutschland
Schweiz
andere europ. Staaten
USA
Asien
Australien

Niederlassungen

Österreich
andere europ. Staaten

Tätig in folgenden Branchen

Energiewirtschaft
Verkehr/Transport
Maschinenbau
Nahrungsmittel/Getränke
Chemie/Pharma
Gesundheitswesen
Finanzdienstleistung
Tourismus
sonstige Dienstleistungen
Telekommunikation
Informationstechnologie
Elektronik
Handel
Non-Profit-Organisationen
öffentlicher Sektor
Medien/Unterhaltung

Managementberatung

Strategieberatung
Organisationsberatung
Operative Beratung
Informationsmanagement

Marketing/PR

Marketingstrategie
Marketingkonzepte
Corporate Identity/Design
Marktforschung
Imageanalysen
Standortanalyse
PR-Beratung

Leistungsprofil

- Full range of quantitative and qualitative research with focus on telephone surveys (50 CATI stations)
- Market Research: B2B, B2C, expert panels, desk research
- Customer and employee satisfaction
- Focus group, Mystery Shopping, Mystery Calling
- Economic research, business cycle research, feasibility studies
- Strategic and marketing consulting
- Political consulting
- Database and Call Center services
- New Media Services and Consulting, CAWI (Web) Surveys

Opalion

Friesachstraße 15
8114 Friesach bei Graz

Ansprechpartner:
Franz Nunner

Geschäftsführung:
Renate Peer

Gründungsjahr:
2000

Verbandszugehörigkeiten:
Wirtschaftskammer Steiermark

Tel.: +43/31 27/409 09
Fax: +43/31 27/409 09-11
E-Mail:
info@opalion.com
Homepage:
www.opalion.com

Mitarbeiter gesamt: 6
davon Consultants: 2

Operativ tätig in den Staaten
Österreich

Niederlassungen
Österreich

Tätig in folgenden Branchen
Informationstechnologie

Managementberatung
Technologie- und Innovationsb.
Prozessoptimierung
Controllingsysteme
Informationsmanagement
Managementsysteme

Informationstechnologie
IT-Strategien
Informationsmanagement
Managementinformationssyst.
Workflow Management/Systeme
Datenbanken
E-Commerce
Internet/Intranet
Multimedia
Client/Server
Programmierung
Softwareentwicklung
IT-Outsourcing

Marketing/PR
Onlinemarketing
Databasemarketing
Webdesign
Grafik
Multimedia

Leistungsprofil
Analyse, Workshops, Ideenfindung, Konzepterstellung, Pflichtenhefterstellung, Umsetzungsunterstützung
Die Beratungskompetenz von Opalion erstreckt sich auf zwei Kernbereiche:
Im Bereich Marketing werden Beratungsleistungen für Onlinemarketing, Internetstrategie und Onlinebranding angeboten. Im Bereich Informationstechnologie wird der Einsatz von Internet-/Intranet-Technologien für Prozessoptimierung, Informationsdatenbanken und E-Commerce-Aktivitäten analysiert und hier individuelle Konzepte erstellt.

osb international
Systemische Organisationsberatung

osb international AG

Operativ tätig in den Staaten
Österreich
Deutschland
Schweiz
andere europ. Staaten
USA

Niederlassungen
Österreich
Deutschland

Tätig in folgenden Branchen
Verkehr/Transport
Maschinenbau
Nahrungsmittel/Getränke
Chemie/Pharma
Gesundheitswesen
Finanzdienstleistung
Telekommunikation
Informationstechnologie
Elektronik
Non-Profit-Organisationen
öffentlicher Sektor
Medien/Unterhaltung

Managementberatung
Strategieberatung
Organisationsberatung
Change Management
Controllingsysteme
Managementsysteme
Reorganisation/Restruktur.

Human Resources
Assessment Center
Potenzialanalysen
Management Audits
Personalmanagementsysteme
Personalentwicklung
Coaching
Managementtraining
Seminare/Workshops
Moderation/Mediation

Corporate Finance
Strategische Allianzen
Joint Ventures
Fusionen
Ausgliederungen
Unternehmensnachfolge

Marketing/PR
Marketingstrategie

Anzahl der eingestellten Berater pro Jahr
3

Voraussetzungen für eine Bewerbung
fundierte Erfahrung als systemischer Organisationsberater, Universitätsabschluss, zweite Arbeitssprache Englisch

Leistungsprofil
Die osb international AG ist eines der führenden Unternehmen für systemische Organisationsberatung im deutschen Sprachraum. Wir sind spezialisiert auf komplexe Problemstellungen, die sich im Zuge von Transformationsprozessen in Organisationen stellen. Die osb bündelt durch ihre derzeit 14 Partner viele Jahrzehnte an Beratungs- und Trainingserfahrung in unterschiedlichen Branchen der Wirtschaft und der öffentlichen Verwaltung. Wir verstehen uns als Taktgeber im Feld der Organisationsberatung, nicht als Nachahmer. Das zeigt sich in der höchsten persönlichen Kompetenz der Berater und in einer intensiven Publikations- und Forschungstätigkeit. Die osb international AG arbeitet in den Feldern von Strategie- und Organisationsberatung, Personalmanagement und Potenzialentwicklung und der Entwicklung von neuen Lernarchitekturen.

Referenzen
Austria Tabak, Allianz München, BMW Group, Bosch AG, One, Danzas Euronet, DaimlerChrysler, Delta, Dresdner Bank, Erste, Generali, Heidelberger Druckmaschinen AG, Investkredit AG, Klett-Cotta Stuttgart, Lauda Air, MTU München, Migros Zürich, BraubeteiligungsAG, Rütgers AG, Österr. Lotterien, Porsche AG, Sappi, Styria Medien AG, UTA, Voestalpine AG, ZF Friedrichshafen

Neubaugasse 33
1070 Wien

Ansprechpartner:
Dr. Reinhart Nagel, GF Wien

Geschäftsführung:
Mag. Margit Oswald
Dr. Bernhard Krusche
(Mitglieder des Vorstands)
Prof. Rudi Wimmer
(Aufsichtsratsvorsitzender)

Senior Partner:
Prof. Rudi Wimmer,
Mag. Margit Oswald,
Wolfgang Dehm,
Karsten Trebesch,
Mag. Walter Sumetzberger,
Mag. Walter Dietl,
Christa Berger,
Dr. Toni Kofler,
Mag. Marlies Garbsch,
Dr. Reinhart Nagel,
Dr. Ernst Domayer,
Dipl. Ing. Sigi Ottmayer,
Dr. Gundi Vater

Gründungsjahr:
1979

Verbandszugehörigkeiten:
FG Unternehmensberatung

Tel.: +43/1/526 08 13
Fax: +43/1/526 08 13-19
E-Mail:
wien@osb-i.com
Homepage:
www.osb-i.com

Mitarbeiter gesamt: 27
davon Partner: 14
davon Consultants: 20

Honorarumsatz:
3,5 Mio. Euro

Personal- & Organisationsentwicklung KÖCK

Volkshausplatz 4a
9586 Fürnitz

Ansprechpartner:
Ing. Mag. Gernot Köck

Geschäftsführung:
Ing. Mag. Gernot Köck

Gründungsjahr:
2001

Verbandszugehörigkeiten:
Unternehmensberatung

Tel.: +43/42 57/44 90
Fax: +43/42 57/44 90
E-Mail:
gernot.koeck@utanet.at

Mitarbeiter gesamt: 1
davon Consultants: 1

Operativ tätig in den Staaten
Österreich
andere europ. Staaten

Tätig in folgenden Branchen
Maschinenbau
Nahrungsmittel/Getränke
Chemie/Pharma
Non-Profit-Organisationen
öffentlicher Sektor

Managementberatung
Strategieberatung
Operative Beratung
Change Management

Human Resources
Personalentwicklung
Coaching
Managementtraining
Seminare/Workshops
Moderation/Mediation

Leistungsprofil
Strategieberatung / Steuerung gesamthafter Veränderung: Reflexion zum Status quo, Zielfindung / Formulierung Vision, Leitbildgestaltung / Transfermaßnahmen, strategische Handlungsoptionen, Implementierung Wissensmanagement / Konzeption

Dr. Pendl & Dr. Piswanger GmbH

Niederlassungen
Österreich
andere europ. Staaten

Tätig in folgenden Branchen
Energiewirtschaft
Verkehr/Transport
Maschinenbau
Nahrungsmittel/Getränke
Chemie/Pharma
Gesundheitswesen
Finanzdienstleistung
sonstige Dienstleistungen
Telekommunikation
Informationstechnologie
Elektronik
Handel
Non-Profit-Organisationen
öffentlicher Sektor
Medien/Unterhaltung

Managementberatung
Strategieberatung
Organisationsberatung
Operative Beratung
Prozessoptimierung
Change Management
Logistik
Controlling Systeme
Managementsysteme
Outsourcing
Interimsmanagement
Reorganisation/Restruktur.
Sanierung

Human Resources
Executive Search
Management Search
Office Support Search
Assessment Center
Potenzialanalysen
Management Audits
Vergütungssysteme
Personalentwicklung
Coaching
Managementtraining
Seminare/Workshops
Moderation/Mediation
Outsourcing

Corporate Finance
Unternehmenskauf und -verkauf
Joint Ventures
Fusionen
Due Diligence
Ausgliederungen
Unternehmensgründung
Unternehmensnachfolge
Businesspläne
Investorensuche
Verhandlungsführung

Marketing/PR
Marketingstrategie
Marketingkonzepte
Corporate Identity/Design
Vertriebssteuerung
PR-Beratung

Anzahl der eingestellten Berater pro Jahr
ca. 1–2

Voraussetzungen für eine Bewerbung
Alter 35–50 Jahre, m/w, Hochschulabschluss, Berufspraxis im Verkauf als Key Account, Sales- oder Projektmanager bzw. als Consultant, nachweisliche Erfolge als Verhandlungspartner von Managern aus nationalen und internationalen Unternehmen mit stark ausgeprägtem unternehmerischen Denken, Beziehungsmanager, verfügt über ein Kontaktnetzwerk, baut gern und leicht Beziehungen auf, Wille und Bereitschaft zur persönlichen Weiterentwicklung, aktiv, zukunfts- und erfolgsorientiert, muss sich durch das P&P-Leitbild stark angesprochen fühlen und HR als Unternehmenswert sehen

Leistungsprofil
• Suche und Auswahl von Fach- und Führungskräften • Executive Search International • Management/Personal auf Zeit • Outplacement, Potenzialanalyse und Assessment Center • Franchise-Partnersuche • Zielorientierte Organisationsentwicklung, Total Quality Management • Personalentwicklung • Managementtraining • Kommunikations- und Verkaufstraining • Management Coaching • Mergers & Acquisitions • Marketing und Vertrieb • Telefonmarketing • Unternehmensanalysen, Controlling, MIS • PR, Veranstaltungsservice • flexible Arbeitszeitmodelle und Entgeltsysteme
8 Büros in Österreich, 10 Büros in Süd-/Osteuropa

Bartensteingasse 5
1010 Wien

Ansprechpartner:
Peter Pendl

Geschäftsführung:
Peter Pendl
Karl Piswanger
Eva Schlader
András Lipcsei

Seniorpartner:
Sybille Buttgereith-Rom
Erwin Kretschner
Susanna Pawlowsky
Thomas Posawetz
Thomas Seilern-Aspang

Gründungsjahr:
1980

Verbandszugehörigkeiten:
EIU sowie 22 weitere Mitgliedschaften bei internationalen Organisationen und Handelskammern

Tel.: +43/1/402 76 08
Fax: +43/1/402 76 08-31
E-Mail:
pp@pendlpiswanger.co.at
Homepage:
www.pendlpiswanger.co.at

Mitarbeiter gesamt: 66
(inkl. Vertragspartner)
davon Partner: 26

Honorarumsatz:
6 Mio. Euro
(inkl. Vertragspartner)

PIDAS Österreich Ges.m.b.H.

PIDAS
THE CUSTOMER CARE COMPANY

Metahofgasse 30
8020 Graz

Ansprechpartner:
Mag. Reinhard Paul

Geschäftsführung:
Helmut Zaunschirm

Gründungsjahr:
1969

Verbandszugehörigkeiten:
Wirtschaftskammer, Helpdesk-Institut, AC-Styria, Future Network, ADV, OCG

Tel.: +43/316/71 27 15-0
Fax: +43/316/71 27 15-10
E-Mail:
rpaul@pidas.com
Homepage:
www.pidas.com

Mitarbeiter gesamt: 480
davon Consultants: 40

Operativ tätig in den Staaten
Österreich
Deutschland
Schweiz

Niederlassungen
Österreich
Deutschland
Schweiz

Tätig in folgenden Branchen
Energiewirtschaft
Chemie/Pharma
Finanzdienstleistung
sonstige Dienstleistungen
Telekommunikation
Informationstechnologie
Elektronik
öffentlicher Sektor
Medien/Unterhaltung
Industrie

Managementberatung
Strategieberatung
Organisationsberatung
Prozessoptimierung
Change Management
Informationsmanagement
Outsourcing
Reorganisation/Restruktur.

Informationstechnologie
IT-Strategien
Informationsmanagement
IT-Outsourcing

Anzahl der eingestellten Berater pro Jahr
2–5

Voraussetzungen für eine Bewerbung
Projektmanagement- und IT-Kenntnisse

Einstiegsgehalt für Berater
30.000 Euro

Leistungsprofil
PIDAS ist in Österreich, Deutschland und der Schweiz eines der führenden Unternehmen beim Design, der Implementierung und dem Betrieb von Service-Organisationen. Das Unternehmen hat jahrelange Erfahrung mit IT-Servicedesks (interne Service-Organisation).

Referenzen
ORF, Magna Steyr Fahrzeugtechnik, Frequentis, Erste Bank, Metropolitan Rechenzentrum, Biochemie Kundl, Stadt Graz, Bundesministerium für Land- und Forstwirtschaft, Umwelt und Wasserwirtschaft, Swarovski austriamicrosystems, Bawag, Lear Corporation, ÖBB

plan.at Gesellschaft für geographische Internetanwendungen mbH

Operativ tätig in den Staaten
Österreich

Tätig in folgenden Branchen
sonstige Dienstleistungen
Informationstechnologie

Informationstechnologie
IT-Strategien
Informationsmanagement
Managementinformationssyst.
Datenbanken
Internet/Intranet
Multimedia
Programmierung

Marketing/PR
Onlinemarketing
Investor Relations
Databasemarketing
Direktmarketing
Multimedia
Standortanalyse

Matznergasse 17
1141 Wien

Ansprechpartner:
Wolfgang Wasserburger

Geschäftsführung:
Wolfgang Wasserburger

Gründungsjahr:
1999

Tel.: +43/1/981 16-400
Fax: +43/1/981 16-444
E-Mail:
mapmaster@plan.at
Homepage:
www.plan.at

Mitarbeiter gesamt: 7

Leistungsprofil
Internet-Geo-Informationsdienstleister, Mapping-Services, Satellitenortung, Fahrzeugortungssysteme

PLANLOGISTIK GmbH

campus 21 (Businesspark Wien Süd) A/02/303, Liebermannstraße
2345 Brunn am Gebirge

Ansprechpartner:
Dipl.-Ing. Gerald Gregori

Geschäftsführung:
Dipl.-Ing. Gerald Gregori

Gründungsjahr:
1994

Verbandszugehörigkeiten:
Wirtschaftskammer Wien

Tel.: +43/1/866 70-213 50
Fax: +43/1/866 70-213 60
E-Mail:
office@planlogistik.at
Homepage:
www.planlogistik.at

Mitarbeiter gesamt: 7
davon Consultants: 6

Honorarumsatz:
ca. 800.000 Euro

Operativ tätig in den Staaten
Österreich
Deutschland
Schweiz
andere europ. Staaten
USA

Niederlassungen
Österreich

Tätig in folgenden Branchen
Verkehr/Transport
Maschinenbau
Nahrungsmittel/Getränke
Chemie/Pharma
Gesundheitswesen
sonstige Dienstleistungen
Elektronik
Handel
öffentlicher Sektor

Managementberatung
Organisationsberatung
Technologie- und Innovationsb.
Operative Beratung
Prozessoptimierung
Produktivitätssteigerung
Logistik
Controllingsysteme
Informationsmanagement
sonstiges

Informationstechnologie
Informationsmanagement
Managementinformationssyst.
Systemevaluierung

Marketing/PR
sonstiges

Anzahl der eingestellten Berater pro Jahr
2–3

Voraussetzungen für eine Bewerbung
abgeschlossenes Studium: Wirtschaftsingenieurwesen, Maschinenbau mit guten Logistik- und Wirschaftskenntnissen, BWL mit Technik-/Logistik-kenntnissen, FH-Studium mit Logistikschwerpunkt

Einstiegsgehalt für Berater
ab 30.000 Euro

Leistungsprofil
Als Mitglied der ATP-Gruppe hat die PLANLOGISTIK umfangreiche Erfahrung als neutraler Berater und Planer bei der Bearbeitung von logistischen Fragestellungen. Mit unseren Büros in Wien und Innsbruck und den Büros der ATP-Gruppe in München, Prag und Zagreb

Referenzen
Österr. Post, Rauch Fruchtsäfte, Voestalpine Krems Finaltechnik, Funder, Gebrüder Weiss, Eskimo Iglo, Engel Maschinenfabrik, Brau Union, Freshmark/USA, Jenbacher, Handl Tyrol, Teich, Hilti, Swarovski, MAN, Suchard, Burton

Wolfgang Plasser Consulting

Breitenseer Straße 9
1140 Wien

Ansprechpartner:
Wolfgang Plasser

Geschäftsführung:
Wolfgang Plasser

Gründungsjahr:
1998

Tel.: +43/699/10 06 91 51
Fax: +43/699/10 06 91 51
E-Mail:
wolfgang.plasser@aon.at

Mitarbeiter gesamt: 1
davon Consultants: 1

Operativ tätig in den Staaten
Österreich
Deutschland

Tätig in folgenden Branchen
Medien/Unterhaltung

Marketing/PR
Marketingstrategie
Marketingkonzepte
Marktforschung
Werbung

Leistungsprofil
Your Success in Focus – das ist die strategische Ausrichtung für unsere Kunden aus den Bereichen Medien, Agenturen und Werbetreibende. Unsere Kommunikationsberatung ist fokussiert und konzentriert auf die Entwicklung des Key-Account-Managements von Medienhäusern und die strategische Kommunikationsplanung für Werbekunden.

Plaut Austria GmbH

Modecenterstraße 14
1030 Wien

Ansprechpartner:
Mag. Herbert Brauneis

Geschäftsführung:
Alfred Raderer,
Mag. Johann Grafl

Gründungsjahr:
1992

Verbandszugehörigkeiten:
Unternehmensberatung

Tel.: +43/1/795 70-672
Fax: +43/1/798 69 68
E-Mail:
plaut@plaut.at

Mitarbeiter gesamt: 180
davon Consultants: 160

Operativ tätig in den Staaten
weltweit

Niederlassungen
weltweit

Tätig in folgenden Branchen
Energiewirtschaft
Verkehr/Transport
Maschinenbau
Nahrungsmittel/Getränke
Chemie/Pharma
Gesundheitswesen
Tourismus
Telekommunikation
Informationstechnologie
Industrie
Handel
öffentlicher Sektor
Medien/Unterhaltung
Mittelstand

Managementberatung
Strategieberatung
Organisationsberatung
Prozessoptimierung
Produktivitätssteigerung
Logistik
Controllingsysteme
Informationsmanagement
Managementsysteme
Outsourcing
Logistik
Controlling Systeme
Outsourcing

Informationstechnologie
IT-Strategien
Workflow Management/Systeme
Data Warehouse
E-Commerce
Internet/Intranet

Marketing/PR
Marketingstrategie
Marketingkonzepte
Corportate Identity/Design
Marktforschung
Imageanalysen
Onlinemarketing
Investor Relations
Databasemarketing
Webdesign
Grafik
Direktmarketing
Standortanalyse
Vertriebssteuerung
PR-Beratung
Lobbying/Networking
Sponsoring
Publikationen/Firmenzeitschr.
Multimedia
Werbung
sonstiges

Anzahl der eingestellten Berater pro Jahr
5

Voraussetzungen für eine Bewerbung
E-Mail: bewerbungen@plaut.at

Einstiegsgehalt für Berater
3.000 Euro

Leistungsprofil
Die Beratungsgruppe Plaut bietet ein ganzheitliches Leistungsportfolio von der Strategieberatung über Frontoffice-, Backoffice- und E-Business-Lösungen bis hin zum Outsourcing von IT-Anwendungen an. Kunden in über sechzehn Ländern profitieren von Plauts umfangreichem Portfolio in Managementberatung, Geschäftsprozesslösungen und IT & Hosting Services, nicht zuletzt durch die spezifischen Kenntnisse in der Investitionsgüterindustrie, in Konsumgüter-, Einzelhandels- und Dienstleistungsbranchen. In der Area Central & Eastern Europe steht Plaut mit Standorten in Österreich, Polen, Slowakei, Tschechien und Ungarn zur Verfügung.

PSG Management Consulting

Operativ tätig in den Staaten
Österreich
Deutschland
andere europ. Staaten

Tätig in folgenden Branchen
Verkehr/Transport
Maschinenbau
sonstige Dienstleistungen
Informationstechnologie
Handel
Medien/Unterhaltung

Managementberatung
Strategieberatung
Organisationsberatung
Technologie- und Innovationsb.
Operative Beratung
Prozessoptimierung
Change Management
Controllingsysteme
Informationsmanagement
Outsourcing
Reorganisation/Restruktur.
Sanierung

Informationstechnologie
IT-Strategien
Informationsmanagement
Managementinformationssyst.
Workflow Management/Systeme
Datenbanken
Data Warehouse
E-Commerce
Internet/Intranet
Systemevaluierung
Multimedia
Netzwerkkonzepte/Lösungen
Client/Server
Programmierung
Softwareentwicklung
IT-Outsourcing

Human Resources
Office Support Search
Coaching
Managementtraining
Seminare/Workshops
Outsourcing

Corporate Finance
Strategische Allianzen
Unternehmenskauf und -verkauf
Joint Ventures
Beteiligungen
Fusionen
Due Diligence
Ausgliederungen
Unternehmensgründung
Unternehmensnachfolge
Businesspläne

Marketing/PR
Marketingstrategie
Marketingkonzepte
Corportate Identity/Design
Marktforschung
Imageanalysen
Onlinemarketing
Investor Relations
Databasemarketing
Webdesign
Grafik
Direktmarketing
Standortanalyse
Vertriebssteuerung
PR-Beratung
Lobbying/Networking
Publikationen/Firmenzeitschr.
Multimedia
Werbung

Anzahl der eingestellten Berater pro Jahr
1–2

Voraussetzungen für eine Bewerbung
abgeschlossenes Studium (WU, TU, FH), drei bis vier Jahre erfolgreiche Praxis, analytisches Denken, kommunikative Fähigkeiten

Einstiegsgehalt für Berater
leistungsorientierte Bezahlung

Alser Straße 71/3/14
1080 Wien

Ansprechpartner:
Mag. Bernhard Reiss

Geschäftsführung:
Norbert Kammerer

Gründungsjahr:
2000

Verbandszugehörigkeiten:
Unternehmensberatung

Tel.: +43/1/403 26 94
Fax: +43/1/403 25 02
E-Mail:
office@psg.at
Homepage:
www.psg.at

Mitarbeiter gesamt: 6
davon Partner: 6
davon Consultants: 4

Leistungsprofil
Business Consulting, Outsourcing, Projektmanagement, Verkaufsförderung, After-Sales-Service, Steueroptimierung, Umstrukturierungen, Arbeits- und Sozialversicherungsrecht, IT-Consulting

Referenzen
Import-/Handel automotive,
elektronische Medien,
div. Gewerbe

PwC Corporate Finance Beratung GmbH

PRICEWATERHOUSECOOPERS

Erdbergstrasse 200
1030 Wien

Ansprechpartner:
Mag. Horst Bernegger

Geschäftsführung:
Bernhard Haider

Seniorpartner:
Dr. Christine Catasta

Gründungsjahr:
1975

Verbandszugehörigkeiten:
Österr. Wirtschaftskammer

Tel.: +43/1/501 88-0
Fax: +43/1/501 88-601
E-Mail:
cfr.wien@at.pwcglobal.com
Homepage:
www.pwcglobal.com/at

Mitarbeiter gesamt: 50
davon Partner: 2
davon Consultants: 45

Operativ tätig in den Staaten
Österreich
Deutschland
Schweiz
andere europ. Staaten

Tätig in folgenden Branchen
Energiewirtschaft
Verkehr/Transport
Maschinenbau
Nahrungsmittel/Getränke
Chemie/Pharma
Gesundheitswesen
Finanzdienstleistung
Tourismus
sonstige Dienstleistungen
Telekommunikation
Informationstechnologie
Elektronik
Handel
Non-Profit-Organisationen
öffentlicher Sektor
Medien/Unterhaltung
sonstige

Corporate Finance
Strategische Allianzen
Unternehmenskauf und -verkauf
Joint Ventures
Beteiligungen
Fusionen
Due Diligence
Ausgliederungen
Unternehmensgründung
Unternehmensnachfolge
IPO
MBO/MBI
Businesspläne
Finanzierungskonzepte
Investorensuche
Verhandlungsführung

Anzahl der eingestellten Berater pro Jahr
2–4

Voraussetzungen für eine Bewerbung
Bewerbungsunterlagen mit eingescannten Zeugnissen über Homepage

Einstiegsgehalt für Berater
je nach Position und Qualifikation

Leistungsprofil
Gründung von Unternehmen, Joint Ventures, Management-Buy-outs, Venture-Captital-Finanzierung, Börsengänge, Identifikation und Beratung zum wertorientierten Management und Value Reporting, Projektfinanzierungen (PPP), Unternehmenskäufe und -verkäufe, Umwandlungen und Verschmelzungen, Privatisierung und Neustrukturierung öffentlicher Aufgaben, Entwicklung und Umsetzung von Neustrukturierungs- und Sanierungskonzepten

Rauscher und Partner GmbH

Operativ tätig in den Staaten
Österreich
Deutschland

Tätig in folgenden Branchen
Energiewirtschaft
Verkehr/Transport
Maschinenbau
Nahrungsmittel/Getränke
Chemie/Pharma
Gesundheitswesen
Finanzdienstleistung
Tourismus
sonstige Dienstleistungen
Telekommunikation
Informationstechnologie
Elektronik
Handel
Non-Profit-Organisationen
öffentlicher Sektor

Human Resources
Seminare/Workshops

Marketing/PR
Marketingstrategie
Marketingkonzepte
Corportate Identity/Design
Marktforschung
Imageanalysen
Onlinemarketing
Webdesign
Grafik
Direktmarketing
PR-Beratung
Lobbying/Networking
Sponsoring
Publikationen/Firmenzeitschr.
Multimedia
Werbung

Leonhard-Posch-Weg 11
5026 Salzburg

Ansprechpartner:
Mag. Franz Rauscher

Geschäftsführung:
Mag. Franz Rauscher

Gründungsjahr:
1991

Verbandszugehörigkeiten:
ComVort, Marketing Club Salzburg

Tel.: +43/662/87 34 77-0
Fax: +43/662/87 34 77-33
E-Mail:
f.rauscher@rauscher.at
Homepage:
www.rauscher.at

Mitarbeiter gesamt: 12
davon Consultants: 4

Leistungsprofil
Klassische Werbung, Presse- und Medienarbeit, Corporate Identity, Positionierung von Marken, CRM, interne Kommunikation, Corporate Design, Packungsdesign, Verkaufsförderung und Promotions, Directmarketing, Eventmarketing, neue Medien

Referenzen
Almliesl, Arcelor Austria (Stahl), Campino, Demag (Fördertechnik), Gmundner Molkerei (Gmundner Milch, Almliesl), Nimm 2, Schmittenhoehebahn, SIG Combibloc, Skidata, Spar AG, Spitz, Sportwagen Porsche, Steyermuehl AG, Unger Stahlbau, Voglauer Moebel, Werther's Original

RIEDER human resources consulting

RIEDER
human resources consulting

Landstraßer Hauptstr. 71/2
1030 Wien

Ansprechpartner:
Mag. Günther Rieder

Geschäftsführung:
Mag. Günther Rieder

Gründungsjahr:
1996

Verbandszugehörigkeiten:
Unternehmensberatung & Informationstechnologie

Tel.: +43/1/717 28-175
Fax: +43/1/717 28-238
E-Mail:
rieder@hr-c.at
Homepage:
www.hr-c.at

Mitarbeiter gesamt: 1
davon Consultants: 1

Operativ tätig in den Staaten
Österreich
Deutschland
Schweiz
andere europ. Staaten

Niederlassungen
Österreich

Tätig in folgenden Branchen
Verkehr/Transport
Maschinenbau
Nahrungsmittel/Getränke
Chemie/Pharma
Finanzdienstleistung
sonstige Dienstleistungen
Telekommunikation
Informationstechnologie
Elektronik
Handel
Non-Profit-Organisationen
Medien/Unterhaltung
sonstige

Managementberatung
Strategieberatung
Organisationsberatung
Change Management
Managementsysteme
Interimsmanagement
Reorganisation/Restruktur.
sonstiges

Human Resources
Executive Search
Management Search
Office Support Search
Potenzialanalysen
Management Audits
Personalmanagementsysteme
Personalentwicklung
Coaching
Managementtraining
Seminare/Workshops
Moderation/Mediation
Outsourcing
sonstiges

Leistungsprofil
Human Resources Consulting

Referenzen
ABB AG, Atos ORigin, Baan Austria, Berndorf AG, der Standard, EDS Austria, Ericsson, Flextronics Internation Gewista, Infoscreen, Philips, Softlab, SQS, tele.ring, Wirtschaftskammer Österreich, Züco

Saatchi & Saatchi Werbeges.m.b.H.

Operativ tätig in den Staaten
Österreich

Niederlassungen
weltweit

Tätig in folgenden Branchen
Verkehr/Transport
Nahrungsmittel/Getränke
Finanzdienstleistung
sonstige Dienstleistungen
Telekommunikation
Handel
öffentlicher Sektor
Medien/Unterhaltung

Managementberatung
Strategieberatung

Marketing/PR
Marketingstrategie
Marketingkonzepte
Corporate Identity/Design
Imageanalysen
Onlinemarketing
Investor Relations
Databasemarketing
Webdesign
Direktmarketing
PR-Beratung
Sponsoring
Publikationen/Firmenzeitschr.
Multimedia
Werbung

Mantlergasse 30–32
1130 Wien

Ansprechpartner:
Michael Nitsche

Geschäftsführung:
Michael Nitsche (CEO)

Gründungsjahr:
1970

Verbandszugehörigkeiten:
IAA, CCA

Tel.: +43/1/878 87-0
Fax: +43/1/878 87-40
E-Mail:
michael.nitsche@saatchi.at
Homepage:
www.saatchi.at

Mitarbeiter gesamt: 46
davon Consultants: 6

Leistungsprofil
Unsere Specials:
- Brandconsulting
- Corporate Communication
- Corporate Identity

Referenzen
Top-Clients Österreich:
Mobilkom Austria, Austria Tabak, Brau Union Österreich, Audi, Procter & Gamble, Sony, Manner AG, Österreichische Postbus AG, Proholz Österreich

Top-Clients Saatchi & Saatchi International: Procter & Gamble

SAP Österreich Ges.m.b.H

Lassallestraße 7b
1021 Wien

Ansprechpartner:
DI Mag. Werner Schlatte

Geschäftsführung:
Heinz Hartinger

Gründungsjahr:
1986

Verbandszugehörigkeiten:
SAP Group

Tel.: +43/1/288 22-0
Fax: +43/1/288 22-130
E-Mail:
werner.schlatte@sap.com
Homepage:
www.sap.at

Mitarbeiter gesamt: 360
davon Consultants: ca. 100

Operativ tätig in den Staaten
Österreich
Deutschland
Schweiz
andere europ. Staaten
USA
Südamerika
Asien
Afrika
Australien

Niederlassungen
Österreich
Deutschland
Schweiz
andere europ. Staaten
USA
Südamerika
Asien
Afrika
Australien

Tätig in folgenden Branchen
sonstige Dienstleistungen
Informationstechnologie
sonstige

Managementberatung
Strategieberatung
Organisationsberatung
Technologie- und Innovationsb.
Operative Beratung
Prozessoptimierung
Controllingsysteme
Informationsmanagement
Managementsysteme

Informationstechnologie
IT-Strategien
Informationsmanagement
Managementinformationssyst.
Workflow-Management/-Systeme
Data Warehouse
E-Commerce
Systemevaluierung
Client/Server
Programmierung
SAP-Beratung/Einführung
sonstiges

Human Resources
Managementtraining
Seminare/Workshops

Anzahl der eingestellten Berater pro Jahr
ca. 8 pro Jahr

Voraussetzungen für eine Bewerbung
Erfahrung mit SAP;
technisch/wirtschaftlicher
Universitätsabschluss
(Wirtschaftsinformatik,
Informatik, BWL)

Einstiegsgehalt für Berater
nach Vereinbarung

Leistungsprofil
IT-Strategieberatung mit Schwerpunkt SAP-Lösungen, Gesamtprojektabwicklung, IT-Consulting, Systemoptimierung, Training und Qualifikationsmaßnahmen, Geschäftsprozessoptimierung im SAP-Umfeld, Spezialistensupport in SAP-Fragen

Referenzen
siehe Homepage

schönherr
RECHTSANWÄLTE

SCHÖNHERR Rechtsanwälte OEG

Operativ tätig in den Staaten
weltweit

Niederlassungen
Österreich
andere europ. Staaten

Tätig in folgenden Branchen
Energiewirtschaft
Verkehr/Transport
Maschinenbau
Nahrungsmittel/Getränke
Chemie/Pharma
Gesundheitswesen
Finanzdienstleistung
Tourismus
sonstige Dienstleistungen
Telekommunikation
Informationstechnologie
Elektronik
Handel
öffentlicher Sektor
Medien/Unterhaltung
sonstige

Managementberatung
Reorganisation/Restruktur.

Corporate Finance
Unternehmenskauf und -verkauf
Joint Ventures
Beteiligungen
Fusionen
Due Diligence
Ausgliederungen
Unternehmensgründung
Unternehmensnachfolge
Finanzierungskonzepte
Verhandlungsführung

Anzahl der eingestellten Berater pro Jahr
10–15

Tuchlauben 17
1010 Wien

Ansprechpartner:
Managing Partner

Managing Partner:
Dr. Guido Kucsko
Dr. Christoph Lindinger

Gründungsjahr:
1950

Verbandszugehörigkeiten:
Rechtsanwaltskammer Wien

Tel.: +43/1/534 37-0
Fax: +43/1/534 37-61 00
E-Mail:
office@schoenherr.at
Homepage:
www.schoenherr.at

Mitarbeiter gesamt: 202
davon Partner: 15
davon Berufsträger: 95

Leistungsprofil
Als eine der führenden Wirtschaftskanzleien Österreichs kann Schönherr auf über fünfzig Jahre Erfahrung zurückblicken. Das Team von 25 Anwälten und siebzig Juristen ist auf hoch qualifizierte Fachberatung und Vertretung von Mandanten in einem internationalen Umfeld spezialisiert. Ausgewählte Partnerkanzleien in Europas Hauptstädten und strategisch situierte Auslandbüros in Belgrad, Brüssel, Bukarest, Laibach und Zagreb sorgen dafür, daß dem hohen Qualitätsanspruch der Kanzlei auch über Österreichs Grenzen hinaus Rechnung getragen werden kann – auch und vor allem unter dem Gesichtspunkt einer sich dynamisch verändernden globalen Wirtschaft.

Schranz Management GesmbH

Untergasse 8
6533 Fiss

Ansprechpartner:
Stefan J. Schranz

Geschäftsführung:
Stefan J. Schranz

Gründungsjahr:
1996

Verbandszugehörigkeiten:
Mitglied der Wirtschaftskammer Tirol – Fachgruppe Unternehmensberatung und Informationstechnologie

Tel.: +43/54 76/63 56
Fax: +43/54 76/63 56-78
E-Mail:
info@schranz.com
Homepage:
www.schranz.com

Mitarbeiter gesamt: 2
davon Partner: 2
davon Consultants: 1

Honorarumsatz:
150.000 Euro

Operativ tätig in den Staaten
Österreich
Deutschland
Schweiz

Niederlassungen
Österreich

Tätig in folgenden Branchen
Tourismus
sonstige Dienstleistungen
Handel

Managementberatung
Prozessoptimierung
Managementsysteme

Anzahl der eingestellten Berater pro Jahr
keine – jedoch beschäftigen wir freie Mitarbeiter/innen

Voraussetzungen für eine Bewerbung
ein persönliches Gespräch und mindestens drei Jahre Praxis in einer Dienstleistungsbranche; des weiteren müssen eigenentwickelte und adaptionstaugliche Lehrunterlagen für Dienstleistungsbetriebe im KMU-Bereich verwendet werden

Einstiegsgehalt für Berater
auf freier Mitarbeiterbasis, 60 Prozent vom Honorar

Leistungsprofil
Seminare und Beratung mit den Themen:
Lust auf Dienstleistung; Teamentwicklung – die wichtigste aller internen Dienstleistungen; emotionale Kundenbeziehung; Gedächtnistraining; SMS-Unternehmensführung für Dienstleister; Erfolgsplanung für Dienstleister

Referenzen
Siehe www.schranz.com
www.schranz.com/referenzen.htm
Aus Diskretionsgründen finden Sie hier die von uns beratenen Branchen, nicht jedoch die Firmen.

SHS Unternehmensberatung GmbH

SHS Unternehmensberatung GmbH

Operativ tätig in den Staaten
Österreich
Deutschland
Schweiz

Tätig in folgenden Branchen
Energiewirtschaft
Verkehr/Transport
Maschinenbau
Nahrungsmittel/Getränke
Chemie/Pharma
Finanzdienstleistung
sonstige Dienstleistungen
Telekommunikation
Informationstechnologie
Elektronik
Handel

Managementberatung
Strategieberatung
Organisationsberatung
Operative Beratung
Prozessoptimierung
Change Management
Produktivitätssteigerung
Logistik
Controllingsysteme
Informationsmanagement
Managementsysteme
Outsourcing
Interimsmanagement
Reorganisation/Restruktur.
Sanierung

Human Resources
Potenzialanalysen
Management Audits
Managementtraining

Corporate Finance
Unternehmenskauf und -verkauf
Due Diligence
Unternehmensnachfolge

Anzahl der eingestellten Berater pro Jahr
2–3

Voraussetzungen für eine Bewerbung
Praktische Erfahrung in leitenden Funktionen, betriebswirtschaftlicher und technischer Background

Einstiegsgehalt für Berater
36.000 Euro

Anton-Breitner-Straße 9
5020 Salzburg

Ansprechpartner:
Dr. Florian Schatz

Geschäftsführung:
Dr. Florian Schatz,
Mag. Clemens Satke

Seniorpartner:
Mag. Stefan Frank
Dr. Florian Schatz,
Mag. Clemens Satke

Gründungsjahr:
1996

Verbandszugehörigkeiten:
Kammer der Gewerblichen Wirtschaft

Tel.: +43/662/64 13 86
Fax: +43/662/64 24 88
E-Mail:
office@shs-partner.com
Homepage:
www.shs-partner.com

Mitarbeiter gesamt: 11
davon Partner: 4
davon Consultants: 10

Honorarumsatz:
2 Mio. Euro

Leistungsprofil
Brückenschlag zwischen Strategie und operativem Tagesgeschäft, Organisationsberatung mit dem Schwerpunkt der Geschäftsprozess- und Strukturoptimierung, strategisches und operatives Outsourcing, Realisierung nachhaltiger Rentabilitätsverbesserungen

Referenzen
BTV Bank für Tirol und Vorarlberg AG, Sparkasse Oberösterreich AG, VKB AG, Doppelmayr AG, Kekelit GmbH, ÖPAG, Rupp Käse GmbH, Rhomberg Bau GmbH, Rheintalflug GmbH, Gebrüder Ulmer GmbH, ÖBAU (diverse Partnerhändler), Alge Elektronik GmbH, Raffl Anlagenbau

Siebel Systems

Schottenring 16
1010 Wien

Ansprechpartner:
Fabrizio Vismara

Geschäftsführung:
Peter Mark Droste

Gründungsjahr:
1993

Tel.: +43/1/537 12-41 49
Fax: +43/1/537 12-40 00
E-Mail:
contact_ austria@siebel.com
Homepage:
www.siebel.at

Mitarbeiter gesamt:
weltweit über 6.000

Operativ tätig in den Staaten
Österreich
Deutschland
Schweiz
andere europ. Staaten
USA
Südamerika
Asien
Afrika
Australien

Niederlassungen
Österreich
Deutschland
Schweiz
andere europ. Staaten
USA
Südamerika
Asien
Afrika
Australien

Tätig in folgenden Branchen
Energiewirtschaft
Verkehr/Transport
Maschinenbau
Nahrungsmittel/Getränke
Chemie/Pharma
Gesundheitswesen
Finanzdienstleistung
Tourismus
sonstige Dienstleistungen
Telekommunikation
Informationstechnologie
Elektronik
Handel
Non-Profit-Organisationen
öffentlicher Sektor
Medien/Unterhaltung

Managementberatung
Strategieberatung
Organisationsberatung
Technologie- und Innovationsb.
Prozessoptimierung
Change Management
Produktivitätssteigerung
Informationsmanagement
Managementsysteme

Informationstechnologie
Managementinformationssyst.
Workflow-Management/-Systeme
E-Commerce
Internet/Intranet
Softwareentwicklung
sonstiges

Leistungsprofil
Siebel Systems (Nasdaq: SEBL) ist ein führender Anbieter von eBusiness Applications, die Unternehmen im Verkauf, der Vermarktung und im Kundenservice über sämtliche Kommunikationskanäle und Geschäftsbereiche unterstützen. Mit mehr als 3.500 Kunden weltweit, bietet Siebel Systems eine bewährte Palette branchenspezifischer Best-Practices, CRM-Anwendungen und Geschäftsprozesse für erstklassigen Kundenservice sowie für den Aufbau profitablerer Kundenbeziehungen. Siebel Systems verfügt über Vertriebs- und Serviceniederlassungen in 28 Ländern. Im deutschsprachigen Raum befinden sich Niederlassungen in Frankfurt, München, Wien und Zürich. Weitere Informationen erhalten Interessenten unter www.siebel.at

SJBS! Communication Consultants GmbH

Operativ tätig in den Staaten
Österreich
Deutschland
Südamerika

Niederlassungen
Österreich

Tätig in folgenden Branchen
Informationstechnologie
Non-Profit-Organisationen
Medien/Unterhaltung
sonstige

Informationstechnologie
Internet/Intranet
Multimedia

Human Resources
Coaching
Seminare/Workshops
Moderation/Mediation

Marketing/PR
Marketingstrategie
Marketingkonzepte
Corporate Identity/Design
Marktforschung
Imageanalysen
Online Marketing
Investor Relations
Databasemarketing
Webdesign
Grafik
PR Beratung
Lobbying/Networking
Sponsoring
Publikationen/Firmenzeitschr.
Multimedia

Mariahilfer Straße 1d/13
1060 Wien

Ansprechpartner:
Ursula Seethaler

Geschäftsführung:
Ursula Seethaler
Mag. Silvia Santangelo-Jura

Gründungsjahr:
1991

Verbandszugehörigkeiten:
Wirtschaftskammer Österreich
PR und Marktforschung

Tel.: +43/1/587 41 68-700
Fax: +43/1/587 41 68-99
E-Mail:
office@communication-consultants.at
Homepage:
www.communication-consultants.at

Mitarbeiter gesamt: 5
davon Partner: 2
davon Consultants: 3

Leistungsprofil
Kommunikations- und Marketingberatung • Analyse von Kommunikations- und Marketingaktivitäten • Evaluation (qualitativ und quantitativ) von Kommunikationsprozessen im Internet • Onlinemarktforschung, Mitarbeiterbefragungen, Kundenbefragungen etc. • Datamining (zugriffsfähige Strukturierung vorhandener oder noch zu erhebender Daten) • strategische Kommunikations- und Marketingberatung • Marketing- und PR-Konzeption

SOT Süd-Ost Treuhand-Gruppe

SOT SÜD-OST TREUHAND

Schottengasse 10
1010 Wien

Ansprechpartner:
SOT Süd-Ost Treuhand Wirtschafts- und Unternehmensberatung GmbH, Wien

Geschäftsführung:
Dr. Werner Albeseder,
Mag. Hans Karl Roth,
Mag. Friedrich Spritzey

Gründungsjahr:
1994

Verbandszugehörigkeiten:
Kammer der Wirtschaftstreuhänder, MSI Legal & Accounting Network

Tel.: +43/1/319 04 90
Fax: +43/1/319 04 90-90
E-Mail:
austrotax@sot.co.at
Homepage:
www.sot.co.at

Mitarbeiter gesamt: 80
davon Partner: 14
davon Consultants: 20

Operativ tätig in den Staaten
Österreich
Deutschland
andere europ. Staaten

Tätig in folgenden Branchen
Energiewirtschaft
Verkehr/Transport
Maschinenbau
Nahrungsmittel/Getränke
Chemie/Pharma
Gesundheitswesen
Finanzdienstleistung
Tourismus
sonstige Dienstleistungen
Telekommunikation
Informationstechnologie
Elektronik
Handel
Non-Profit-Organisationen
öffentlicher Sektor
Medien/Unterhaltung
sonstige

Managementberatung
Strategieberatung
Change Management
Controlling Systeme
Informationsmanagement
Managementsysteme
Interimsmanagement
Reorganisation/Restruktur.
Sanierung
sonstiges

Corporate Finance
Strategische Allianzen
Unternehmenskauf und -verkauf
Joint Ventures
Beteiligungen
Fusionen
Due Diligence
Ausgliederungen
Unternehmensgründung
Unternehmensnachfolge
IPO
MBO/MBI
Businesspläne
Finanzierungskonzepte
Investorensuche
Verhandlungsführung
sonstiges

Anzahl der eingestellten Berater pro Jahr
7–10

Voraussetzungen für eine Bewerbung
Studium der Betriebswirtschaftslehre, Rechtswissenschaften oder Handelswissenschaften

Einstiegsgehalt für Berater
1.900 Euro

Leistungsprofil
Mergers & Acquisitions-Beratung, Due Diligence und Unternehmensbewertung, Erstellung von Steuerkonzepten, Beratung bei Risikokapitalfinanzierungen, Wirtschaftsprüfung, Umgründungssteuerrecht, Internationales Steuerrecht, Umfassende steuerliche und betriebswirtschaftliche Beratung von Klein- und Mittelbetrieben und Freiberuflern, Personalverrechnung

Referenzen
Cube 21, Ecotech, Elektro Bostelm EVVA Werk, Inku, I & T Innovati Technology, ProSe-nior, seminar-shc Seniorenzentrum Stadt Haag, Con musicum Wien, EP Naturprod., H Brücke, Intercell, Neschen Austria, Techno-Stahl, UBF Mittelstandfina Ventrex Automotive, Verband öste sorgungsbetriebe, Ward Howell Eu

SPECTRUM & Partner IT Consulting Services GmbH

Operativ tätig in den Staaten
Österreich
Deutschland
Schweiz
andere europ. Staaten
Asien

Niederlassungen
Österreich
Deutschland
Schweiz

Tätig in folgenden Branchen
Energiewirtschaft
Maschinenbau
Finanzdienstleistung
Informationstechnologie
öffentlicher Sektor

Managementberatung
Organisationsberatung
Technologie- und Innovationsb.
Prozessoptimierung
Change Management
Informationsmanagement
Managementsysteme
Reorganisation/Restruktur.

Informationstechnologie
IT-Strategien
Informationsmanagement
Managementinformationssyst.
Workflow-Management/-Systeme
Datenbanken
Data Warehouse
E-Commerce
Internet/Intranet
Systemevaluierung
Programmierung
Softwareentwicklung
IT-Sicherheit
SAP-Beratung/Einführung

Human Resources
Potenzialanalysen
Seminare/Workshops
sonstiges

Marketing/PR
sonstiges

Anzahl der eingestellten Berater pro Jahr
3–5

Voraussetzungen für eine Bewerbung
Branchenerfahrung, soziale Kompetenz, Projekterfahrung

Einstiegsgehalt für Berater
30.000–60.000 Euro

Parkring 10
1010 Wien

Ansprechpartner:
Dr. Klaus Hermetschläger

Geschäftsführung:
Dr. Klaus Hermetschläger

Gründungsjahr:
2002

Verbandszugehörigkeiten:
Unternehmensberatung

Tel.: +43/1/516 33-31 83
Fax: +43/1/516 33-30 83
E-Mail:
hermetschlaeger@spectrum-ag.at
Homepage:
www.spectrum-ag.at

Mitarbeiter gesamt: 4
davon Consultants: 3

Leistungsprofil
Kompentente und erfahrene Berater unterstützen die Kunden in den aktuellen Themenstellungen der Branchen.

Referenzen
OMV,
Bawag,
P.S.K. Leasing AutoBank,
Wiener Städtische Versicherung,
bauMax

SQS Software Quality Systems

Landstraßer Hauptstraße 71/2
1030 Wien

Ansprechpartner:
Josef Widl

Geschäftsführung:
Josef Widl

Gründungsjahr:
in Deutschland 1982,
in Österreich 2000

Verbandszugehörigkeiten:
IT

Tel.: +43/1/717 28-235
Fax: +43/1/717 28-110
E-Mail:
info@sqs.at
Homepage:
www.sqs.at

Mitarbeiter gesamt: 650
davon Consultants: 500

Honorarumsatz:
64 Mio. Euro

Operativ tätig in den Staaten
Österreich
Deutschland
Schweiz
andere europ. Staaten

Niederlassungen
Österreich
Deutschland
Schweiz
andere europ. Staaten

Tätig in folgenden Branchen
Energiewirtschaft
Verkehr/Transport
Maschinenbau
Nahrungsmittel/Getränke
Chemie/Pharma
Gesundheitswesen
Finanzdienstleistung
sonstige Dienstleistungen
Telekommunikation
Informationstechnologie
Elektronik
Handel
Non-Profit-Organisationen
öffentlicher Sektor
Medien/Unterhaltung

Managementberatung
Prozessoptimierung
Informationsmanagement

Informationstechnologie
Informationsmanagement
E-Commerce
Internet/Intranet
Systemevaluierung
Client/Server
Softwareentwicklung
IT-Outsourcing
SAP-Beratung/-Einführung
sonstiges

Anzahl der eingestellten Berater pro Jahr
in Österreich 5–10

Voraussetzungen für eine Bewerbung
Informatikstudium sowie langjähriges Consulting-Know-how

Leistungsprofil
SQS Software Quality Systems bietet Dienstleistungen und Produkte für die Software-Qualitätssicherung, Software-Qualitätsmanagement und Software-Testen an und ist mit rund 630 Mitarbeitern klar an der Spitze der Software-Test- und Qualitätsmanagement-Dienstleistungen

Referenzen
EDS, Henkel, KSV, Österr. Lotterien, ÖBB, SPARDAT, WGKK etc.

Staudinger Con[s]ult

Operativ tätig in den Staaten
Österreich

Niederlassungen
Österreich

Tätig in folgenden Branchen
Telekommunikation
Informationstechnologie
Medien/Unterhaltung

Managementberatung
Strategieberatung

Informationstechnologie
E-Commerce
Internet/Intranet

Marketing/PR
Marketingstrategie
Marketingkonzepte
Onlinemarketing

Anzahl der eingestellten Berater pro Jahr
0

Laxenburger Straße 12/5
2351 Wiener Neudorf

Ansprechpartner:
Mag. Martin Staudinger

Geschäftsführung:
Mag. Martin Staudinger

Gründungsjahr:
2002

Verbandszugehörigkeiten:
keine

Tel.: +43/676/668 86 01
Fax: +43/676/653 18 82
E-Mail:
office@staudinger-consult.com
Homepage:
www.staudinger-consult.com

Mitarbeiter gesamt: 5
davon Partner: 5

Honorarumsatz:
wird nicht kommuniziert

Leistungsprofil
Der Beratungsschwerpunkt liegt auf Vertriebs-, Marketing-, Internet- und Strategieberatung für Technologie-, Internet- und Medienunternehmen. Staudinger Con[s]ult ist Ihr Partner für alle Aspekte des Marketing. Dadurch werden Ihre Kommunikations- und Vertriebsaktivitäten konsistent. Staudinger Con[s]ult lebt und liebt das Internet. Wie kann der Vertriebskanal digitalisiert werden? Wie erreiche ich meine Zielgruppe optimal im Internet? Sie haben die Fragen. Arbeiten wir an den Antworten.
Im Bereich der Strategieberatung werden die Unternehmensoptionen in Form eines gedanklichen Trichters von Könnten, Können, Wollen auf die Frage „Was werden wir tun?" reduziert.

Referenzen
Fast Moving Media,
RMS Austria,
sms.at,
Stage & Studio,
Synergy Professional Services

STENUM Unternehmensberatung und Forschungsgesellschaft für Umweltfragen mbH

Geidorfgürtel 21
8010 Graz

Ansprechpartner:
Dr. Johannes Fresner

Geschäftsführung:
Dr. Johannes Fresner,
Dr. Thomas Dielacher,
Dr. Jan Sage

Gründungsjahr:
1992

Verbandszugehörigkeiten:
keine

Tel.: +43/316/36 71 56-0
Fax: +43/316/36 71 56-13
E-Mail:
office@stenum.at
Homepage:
www.stenum.at

Mitarbeiter gesamt: 12
davon Partner: 5
davon Consultants: 7

Operativ tätig in den Staaten
Österreich
Deutschland
andere europ. Staaten
Südamerika
Asien
Afrika

Niederlassungen
Österreich
Deutschland

Tätig in folgenden Branchen
Energiewirtschaft
Maschinenbau
Nahrungsmittel/Getränke
Chemie/Pharma
Tourismus
sonstige Dienstleistungen
Elektronik
öffentlicher Sektor

Managementberatung
Strategieberatung
Organisationsberatung
Technologie- und Innovationsb.
Prozessoptimierung
Change Management
Produktivitätssteigerung
Controllingsysteme
Informationsmanagement
Managementsysteme

Human Resources
Potenzialanalysen
Management Audits
Managementtraining
Seminare/Workshops

Leistungsprofil
- Umweltmanagementsysteme nach EMAS und/oder ISO 14001 (bei Bedarf unter Integration von Arbeitssicherheit und Qualität nach ISO 9000/2000 und VDA6.1)
- Regionale Beratungsmodelle zur Umsetzung einer nachhaltigen Wirtschaftsweise nach dem ÖKOPROFIT-Ansatz
- Ökoeffizienz, Cleaner Production, Verfahrens- und Prozessoptimierung, technisches Benchmarking
- Unternehmensanalysen
- Strategie- und Leitbildentwicklung für eine nachhaltige Wirtschaftsweise
- Beratung und Training in allen umweltrelevanten Bereichen
- Ökoeffiziente Dienstleistung

str-act!
WHEN STRATEGIES BECOME REALITY

Operativ tätig in den Staaten
Österreich
Deutschland

Niederlassungen
Österreich
Deutschland

Tätig in folgenden Branchen
Informationstechnologie
Medien/Unterhaltung

Managementberatung
Strategieberatung
Organisationsberatung
Operative Beratung
Prozessoptimierung
Informationsmanagement
Interimsmanagement

Informationstechnologie
E-Commerce
Internet/Intranet
Multimedia

Human Resources
Coaching
Managementtraining
Seminare/Workshops

Corporate Finance
Businesspläne

Marketing/PR
Marketingstrategie
Marketingkonzepte
Corporate Identity/Design
Marktforschung
Imageanalysen
Onlinemarketing
Investor Relations
Databasemarketing
Webdesign
Grafik
Direktmarketing
Multimedia
Werbung

Messerschmidtgasse 48
1180 Wien

Ansprechpartner:
Mag. Michael Kornfeld

Geschäftsführung:
Mag. Michael Kornfeld

Gründungsjahr:
2001

Verbandszugehörigkeiten:
Fachgruppe Unternehmensberatung und IT

Tel.: +43/1/479 72 29
Fax: +49/89/244 37 00 67
E-Mail:
office@str-act.com
Homepage:
www.str-act.com

Mitarbeiter gesamt: 1
(+30 Spezialisten via Netzwerk)
Consultants: 1

Leistungsprofil
str-act! entwickelt neue Strategien, Konzepte und Lösungen für interaktive Medien, medienübergreifendes Marketing und E-Business – und setzt sie auf Wunsch in die Realität um.
Unser klarer Schwerpunkt liegt dabei auf interaktiven Medien und der Kombination von klassischen (z. B. TV oder Radio) und neuen Medien (z. B. Internet oder CD-Rom).
str-act! – „When Strategies Become Reality"

Referenzen
Unilever, Igisa usw.

STRATCON Management Consulting

Landstraßer Hauptstraße 71/2
1030 Wien

Ansprechpartner:
DI Walter Abel

Geschäftsführung:
Mag. Wolfgang Bartholner,
DI Walter Abel

Seniorpartner
Mag. Wolfgang Bartholner,
DI Walter Abel

Gründungsjahr:
1999

Verbandszugehörigkeiten:
Wirtschaftskammer Österreich, Fachgruppe Unternehmensberatung und Datenverarbeitung

Tel.: +43/1/717 28-429
Fax: +43/1/717 28 -110

E-Mail:
contact@stratcon.at
Homepage:
www.stratcon.at

Mitarbeiter gesamt:
Österreich: 6
davon Partner: 2
davon Consultants: 5

Operativ tätig in den Staaten
Österreich
Deutschland
andere europ. Staaten

Niederlassungen
andere europ. Staaten

Tätig in folgenden Branchen
Verkehr/Transport
Maschinenbau
Nahrungsmittel/Getränke
Chemie/Pharma
sonstige Dienstleistungen
Telekommunikation
Informationstechnologie
Elektronik
Handel
sonstige

Managementberatung
Strategieberatung
Organisationsberatung
Operative Beratung
Prozessoptimierung
Change Management
Produktivitätssteigerung
Logistik
Controllingsysteme
Informationsmanagement
Managementsysteme
Reorganisation/Restruktur.
sonstiges

Informationstechnologie
IT-Strategien
Informationsmanagement
Managementinformationssyst.
Workflow Management/Systeme
E-Commerce
Systemevaluierung
IT-Sicherheit
sonstiges

Human Resources
Vergütungssysteme
Coaching
Managementtraining
Seminare/Workshops
Moderation/Mediation

Corporate Finance
Unternehmenskauf und -verkauf
Joint Ventures
Beteiligungen
Fusionen
Due Diligence
Ausgliederungen
Unternehmensnachfolge
IPO
MBO/MBI
Businesspläne
Finanzierungskonzepte

Leistungsprofil
1. Strategische Services (Strategieberatung, Balanced Scorecard)
2. Operative betriebswirtschaftliche Dienstleistungen (Controlling, Unternehmenssteuerung und -planung, Unternehmensnachfolge)
3. Prozessorientierte Beratung (Ablaufoptimierung, Organisationsentwicklung, Change-, Qualitäts-, Prozess-, Wissensmanagement)
4. Human Consulting (Teambildung, Kommunikation, Selbstmanagement)

Softwarelösungen:
ScoreCard (Balanced Scorecard für alle Unternehmensgrößen)
ProcessGuide (Prozessentwicklung, -dokumentation, und -simulation)

Referenzen
- Baxter
- CISCO Systems Austria
- CISCO Systems Germany
- Compaq Computer Austria
- DHL Österreich
- Finance Trainer International
- IT Design
- Jet2Web Internet Services
- Mobilkom Austria
- OMV Slovensko
- Oracle Corporation
- VIPnet GSM (Kroatien)
- Voest-Alpine Austria Draht

suxxess consult Unternehmens-beratung GmbH

Operativ tätig in den Staaten
Österreich

Tätig in folgenden Branchen
Maschinenbau
Finanzdienstleistung
Tourismus
Informationstechnologie
Handel

Managementberatung
Strategieberatung
Organisationsberatung
Change Management
Produktivitätssteigerung
Informationsmanagement
Sanierung

Informationstechnologie
Informationsmanagement
E-Commerce
Internet/Intranet

Human Resources
Personalmanagementsysteme
Personalentwicklung
Coaching
Managementtraining

Corporate Finance
Unternehmensgründung
Unternehmensnachfolge
Businesspläne
Finanzierungskonzepte

Marketing/PR
Marketingstrategie
Marketingkonzepte
Corporate Identity/Design
Onlinemarketing
Webdesign
Grafik
Direktmarketing
Vertriebssteuerung
PR Beratung
Werbung

Anzahl der eingestellten Berater pro Jahr
1

Voraussetzungen für eine Bewerbung
abgeschlossenes WU-Studium

Einstiegsgehalt für Berater
leistungsorientierte Entlohnung

Technologiezentrum Pinkafeld
Industriestraße 6
7423 Pinkafeld

Ansprechpartner:
Dr. Wilfried Drexler

Geschäftsführung:
Mag. R. Karner,
Mag. G. Drexler

Gründungsjahr:
2000

Verbandszugehörigkeiten:
Fachverband Unternehmensberatung & Informationstechnologien

Tel.: +43/3357/901 05 12-30
Fax: +43/3357/901 05 12-10
E-Mail:
office@suxxess.at
Homepage:
www.suxxess.at

Mitarbeiter gesamt: 6
davon Partner: 1
davon Consultants: 5

Honorarumsatz:
k. A.

Leistungsprofil
strategische & operative Unternehmensführung, Marketing & Marktkommunikation, Web-Consulting & Informationsmanagement, Unternehmensgründung & Coaching, umfassende Steuerberatung

SVOBODA PR & Consulting

Goethegasse 1
1010 Wien

Ansprechpartner:
Mag. Angelika Svoboda

Geschäftsführung:
Mag. Angelika Svoboda

Gründungsjahr:
2000

Verbandszugehörigkeiten:
PRVA

Tel.: +43/1/512 76 74
Fax: +43/1/512 76 74-20
E-Mail:
a.svoboda@svobodapr.at

Mitarbeiter gesamt: 2
davon Consultants: 1

Honorarumsatz:
350.000 Euro

Operativ tätig in den Staaten
Österreich

Niederlassungen
Österreich

Tätig in folgenden Branchen
sonstige

Marketing/PR
Marketingstrategie
Marketingkonzepte
Corporate Identity/Design
Imageanalysen
PR-Beratung
Lobbying/Networking
Sponsoring
Publikationen/Firmenzeitschr.

Voraussetzungen für eine Bewerbung
Selbständige Mitarbeit bei Projekten, Recherchearbeiten und Journalistenkontakte. Formulierungsbegabung und Kreativität sind gewünscht. EDV- und Maschinschreibkenntnisse sowie perfektes Englisch (Wort und Schrift) sind Voraussetzung.

Einstiegsgehalt für Berater
Juniorconsultant 2.000 Euro

Leistungsprofil
Strategische Unternehmensberatung in Kommunikationsfragen, Lobbying, Coaching, Event, Artconsulting, CSR und Sustainability Consulting

Referenzen
Nestlé Österreich GmbH, Industriellenvereinigung, Zürich Versicherungen AG, Leopold Museum

SynGroup

Syn-Group Unternehmensberatung GmbH

Operativ tätig in den Staaten
Österreich
Deutschland
Schweiz
andere europ. Staaten

Niederlassungen
Österreich

Tätig in folgenden Branchen
Maschinenbau
Nahrungsmittel/Getränke
Informationstechnologie
Elektronik
sonstige

Managementberatung
Strategieberatung
Organisationsberatung
Operative Beratung
Prozessoptimierung
Change Management
Produktivitätssteigerung
Logistik
Controllingsysteme
Informationsmanagement
Managementsysteme
Outsourcing
Interimsmanagement
Reorganisation/Restruktur.
Sanierung

Informationstechnologie
Managementinformationssyst.
Workflow Management/Systeme
E-Commerce
sonstiges

Anzahl der eingestellten Berater pro Jahr
6

Voraussetzungen für eine Bewerbung
Studien: Wirtschaftsingenieur, Wirtschaftsinformatik, WU, MBA
Qualifikationen: Englisch und eine weitere Fremdsprache

Einstiegsgehalt für Berater
34.000–45.080 Euro inkl. Prämie

Brahmsplatz 4/17
1040 Wien

Ansprechpartner:
DI Wolfgang Hillerbrand,
DI Heinz Marx

Geschäftsführung:
DI Wolfgang Hillerbrand,
DI Heinz Marx

Gründungsjahr:
1995

Verbandszugehörigkeiten:
Fachgruppe Unternehmensberatung & IT, Wien;
Fachgruppe Werbung & Marktkommunikation, Wien

Tel.: +43/1/503 86 30
Fax: +43/1/503 86 30-99
E-Mail:
office@syn-group.com
Homepage:
www.syn-group.com

Mitarbeiter gesamt: 26
davon Partner: 5
davon Consultants: 20

Honorarumsatz:
4,2 Mio. Euro

Leistungsprofil
Unternehmenssanierung / EOM, IT-Projekte, IT-Management

Referenzen
Mayr Melnhof Karton AG, Bank Austria Industrieholding, Eternit Werke Ludwig Hatschek AG, Behrens Pack & Print, Wiener Porzellanmanufaktur Augarten, Mayr Melnhof Packaging, Center Nachrichtentechnische Anlagen, Radlberger Getränke GmbH, Neupack, MMP Trier

Ing. Mag. Wolfgang Bernhuber, systemisch entwickeln

Helferstorfer Straße 31
2344 Maria Enzersdorf

Ansprechpartner:
Mag. Wolfgang Bernhuber

Geschäftsführung:
Mag. Wolfgang Bernhuber

Gründungsjahr:
2001

Verbandszugehörigkeiten:
Unternehmensberater, ÖVS, Netzwerk des Instituts für systemische Beratung

Tel.: +43/699/11 96 50 37
Fax: +43/2236/255 77
E-Mail:
office@systemisch-entwickeln.at
Homepage:
www.systemisch-entwickeln.at

Mitarbeiter gesamt: 3
davon Consultants: 3

Operativ tätig in den Staaten
Österreich
Deutschland
Schweiz

Tätig in folgenden Branchen
Chemie/Pharma
Gesundheitswesen
Finanzdienstleistung
sonstige Dienstleistungen
Telekommunikation
Informationstechnologie
Non-Profit-Organisationen
öffentlicher Sektor
sonstige

Managementberatung
Strategieberatung
Organisationsberatung
Change Management
Outsourcing
Reorganisation/Restruktur.

Human Resources
Potenzialanalysen
Personalmanagementsysteme
Personalentwicklung
Coaching
Managementtraining
Seminare/Workshops
Moderation/Mediation
Outsourcing

Corporate Finance
Unternehmensgründung
Businesspläne
Finanzierungskonzepte

Leistungsprofil

Coaching von Teams und Führungskräften, Teamentwicklung, Beratung bei der Einführung von Projektmanagement- und Teamkultur, Begleitung von Organisationsentwicklungsprojekten (Change Management, Appreciative Inquiry, Lernende Organisation), Begleitung von Personalentwicklungsprojekten, Coaching beim Start-up von jungen Unternehmen und Projekten, Workshops und Seminare zu den Themen Zielorientierte Führungskultur, Lernende Organisation, Coaching als Instrument für Führungskräfte, Organisationsaufstellung als Reflexionsinstrument bei OE-Prozessen

Referenzen

Managementcoaching, Wiener Assistenzgenossenschaft, Organisationsberatung und Coaching im Change-Management-Prozess, Austria Card, Dir. Tischler Teamentwicklung „die Berater“, Frau Neuhauser Bereichsentwicklung, Caritas NÖ, BL Frau Mag. Durstberger Management-Coaching, Herr Tschare, Tele-Onlineschule

Systems Integration Partners EDV Beratungsgesellschaft m.b.H.

Operativ tätig in den Staaten
Österreich
Deutschland
Schweiz

Niederlassungen
Österreich
Deutschland

Tätig in folgenden Branchen
Finanzdienstleistung

Managementberatung
Strategieberatung
Organisationsberatung
Operative Beratung
Prozessoptimierung
Change Management
Produktivitätssteigerung
Controllingsysteme
Informationsmanagement
Reorganisation/Restruktur.

Informationstechnologie
IT-Strategien
Managementinformationssyst.
Workflow Management/Systeme
Internet/Intranet
Systemevaluierung

Human Resources
Seminare/Workshops

Anzahl der eingestellten Berater pro Jahr
> 2

Voraussetzungen für eine Bewerbung
mind. zwei Jahre Organisatorentätigkeit in Wertpapier-Org. oder WP-Fachbereich (Backoffice) einer Bank; Detailkenntnisse über den Ablauf des WP-Geschäftes in Front- und Backoffice; hervorragende Kenntnisse in WP-Software (spez. GEOS); exzellente Kenntnisse in MS Office, Rundkenntnisse ARIS, DB2-Datenbanken, SQL, 3270; repräsentatives Auftreten, hohes Maß an Kommunikationsfreude, einwandfreier Leumund, Bereitschaft zum Einsatz im europ. Ausland; Deutsch und Englisch perfekt, evt. Französisch

Einstiegsgehalt für Berater
ab 50.000 Euro

Bankgasse 1
1010 Wien

Ansprechpartner:
Martin Taufer

Geschäftsführung:
Günther Widowitsch,
Mag. Stefan Egg

Seniorpartner:
Oskar Mayer

Gründungsjahr:
2000

Verbandszugehörigkeiten:
keine

Tel.: +43/1/535 44 45-300
Fax: +43/1/535 44 45-330
E-Mail:
contact.us@sip-net.com
Homepage:
www.sip-net.com

Mitarbeiter gesamt: 30
davon Partner: 3
davon Consultants: 26

Honorarumsatz:
4 Mio. Euro

Leistungsprofil
Spezialist für Beratungsdienstleistungen im Wertpapiergeschäft und -umfeld von Finanzdienstleistern; Projektdurchführung auf allen fachl., org. und techn. Gebieten; Schwerpunkt im WP-Geschäft, Spezialisierung auf GEOS; Consultants ausschl. aus div. WP-Bereichen von Finanzdienstleistern; langjährige Erfahrung und absolutes Top-Know-how aus zahlreichen WP-Projekten; WP-Consulting in den Fachbreichen Strategieberatung/Projektmanagement, Prozesse, Customizing, Migration, Schnittstellen, Betriebsmanagement und Test; Fachbereiche Training und Wissensmanagement; Produktentwicklungen für Training und Content Management

Referenzen
A: BAWAG PSK Gruppe, ÖWS, RIZ IT, RZB, RSC, RLB W/NÖ/Bgld./Stmk., Posojilnica-Bank ZVEZA, Waldviertler VBH, WAVE Solutions
D: Dresdner Bank AG
CH: AGI Kooperation, Swisscom IT Services AG, Graubündner Kantonalbank

TAO – Team für Angewandte Psychologie und Organisationsberatung

Gaisberg 39
4113 St. Martin

Ansprechpartner:
Dr. Peter H. Weissengruber

Geschäftsführung:
Dr. Walter Schlögl

Senior Partner:
Mag. Peter Frenzel,
Dr. Carola Kaltenbach,
Dr. Walter Schlögl,
Dr. Peter H. Weissengruber

Gründungsjahr:
1992

Verbandszugehörigkeiten:
VAV

Tel.: +43/699/17 77 57 74
Fax: +43/72 32/381 84
E-Mail:
schloegl.office@tao.co.at
Homepage:
www.tao.co.at

Mitarbeiter gesamt: 7
davon Partner: 4
davon Consultants: 4

Operativ tätig in den Staaten
Österreich
Deutschland

Niederlassungen
Österreich

Tätig in folgenden Branchen
Verkehr/Transport
Maschinenbau
Elektronik
Non-Profit-Organisationen
Medien/Unterhaltung
sonstige

Managementberatung
Strategieberatung
Organisationsberatung
Change Management
Managementsysteme
Reorganisation/Restruktur.

Human Resources
Personalmanagementsysteme
Personalentwicklung
Coaching
Managementtraining
Seminare/Workshops
Moderation/Mediation

Leistungsprofil
TAO ist ein interdisziplinäres Trainer- und Beraterteam. Unser Ziel bei der Arbeit mit Menschen ist u. a. die Entwicklung und Verwirklichung von Potenzialen in beruflichen und privaten Lebenszusammenhängen. Wir streben sowohl intern als auch in der Arbeit für Organisationen Synergieeffekte an, die der Persönlichkeitsentfaltung der involvierten Personen und der Entwicklung der kooperierenden Systeme dienen. Mit TAO arbeiten Sie mit einem Team, das – ausgehend von Ihren Bildungs- und Entwicklungsbedürfnissen und den vorhandenen Möglichkeiten – am Ist-Zustand ansetzt, um mit Vernunft und Gefühl in Ihrer Entwicklung neue Wege zu erschließen.

Referenzen
Amt der OÖ Landesregierung, Beiersdorf AG, Caritas für Kinder und Jugendliche, Georg Fischer Mössner GmbH, Hödlmayr Internat. AG, Internorm AG, J.K. Universität Linz, KEBA AG, Landesverlag Unternehmensservic GmbH, Landwirtschaftskammer für OÖ, Microsoft GmbH, OÖ Rundschau, PGMW Universität Wien, SAP Österreich GmbH u.

TeamWORKS Consulting & Engineering

Operativ tätig in den Staaten
Österreich
Deutschland
Schweiz
andere europ. Staaten
USA

Niederlassungen
Österreich
andere europ. Staaten
USA

Tätig in folgenden Branchen
Maschinenbau
Chemie/Pharma
Finanzdienstleistung
sonstige Dienstleistungen
Telekommunikation
Informationstechnologie
Elektronik
Handel
sonstige

Managementberatung
Organisationsberatung
Technologie- und Innovationsb.
Operative Beratung
Prozessoptimierung
Produktivitätssteigerung
Logistik
Informationsmanagement
Outsourcing
Reorganisation/Restruktur.

Informationstechnologie
IT-Strategien
Informationsmanagement
Managementinformationssyst.
Workflow Management/Systeme
Datenbanken
Data Warehouse
E-Commerce
Internet/Intranet
Systemevaluierung
Netzwerkkonzepte/Lösungen
Client/Server
Programmierung
Softwareentwicklung
IT-Outsourcing
IT-Sicherheit
SAP-Beratung/-Einführung

Anzahl der eingestellten Berater pro Jahr
ca. 10

Voraussetzungen für eine Bewerbung
abgeschlossenes Studium an Universitäten oder Fachhochschulen, mehrjährige Berufserfahrung

Einstiegsgehalt für Berater
38.000 Euro

St.-Veit-Gasse 33
1130 Wien

Ansprechpartner:
DI Manuel Kathofer

Geschäftsführung:
Michael Lebeda

Gründungsjahr:
1979

Verbandszugehörigkeiten:
Unternehmensberatung und Datenverarbeitung

Tel.: +43/1/877 01 20-0
Fax: +43/1/877 01 20-9
E-Mail:
info@teamworks.com
Homepage:
www.teamworks.com

Mitarbeiter gesamt: 46
davon Partner: 4
davon Consultants: 39

Leistungsprofil
Die Firma TeamWORKS ist das Tochterunternehmen und die österreichische Repräsentanz der europäischen Altran Group. Alle Unternehmen der Altran Gruppe sind seit zwanzig Jahren auf Technologieconsulting spezialisiert. Die Gruppe besteht aus über 18.000 Mitarbeitern.

Referenzen
Baumax AG, Canon Europe, Fritz Egger Spanplattenwerke GmbH, La Caixa (Spanien), Novartis AG, UBS AG etc.

Telos Personaltraining

Marburger Kai 47
8010 Graz

Ansprechpartner:
Gudrun Reiter

Geschäftsführung:
John Adler

Gründungsjahr:
1996

Verbandszugehörigkeiten:
Wirtschaftskammer Steiermark

Tel.: +43/316/81 65 05
Fax: +43/316/83 61 00
E-Mail:
gudrun.reiter@telos-training.com
Homepage:
www.telostraining.com

Mitarbeiter gesamt: 12
davon Consultants: 10

Operativ tätig in den Staaten
Österreich
Deutschland
USA

Niederlassungen
Österreich

Tätig in folgenden Branchen
Energiewirtschaft
Maschinenbau
Chemie/Pharma
sonstige Dienstleistungen
Informationstechnologie
Handel
öffentlicher Sektor

Managementberatung
Strategieberatung
Organisationsberatung
Prozessoptimierung
Change Management
Produktivitätssteigerung
Managementsysteme

Human Resources
Management Audits
Personalmanagementsysteme
Personalentwicklung
Coaching
Managementtraining
Seminare/Workshops
Moderation/Mediation

Marketing/PR
Lobbying/Networking
Sponsoring

Leistungsprofil
Ausbildung von Personal Inhouse in den Bereichen Management- und Führungsqualifikation, Kommunikation und Rhetorik, Industrietrainings mit Wertstromanalyse (Kaizen, 5S, Kanban, Quick Problem Solving etc.), Ausbildung für den Verkauf (bis Strategic Sell)

Referenzen
Zahlreiche Referenzen aus Industrie, Banken und Institutionen. Siehe www.telos-training.com/kunden.html

tin.com Marketing und Werbe GmbH

Operativ tätig in den Staaten
Österreich
Deutschland

Tätig in folgenden Branchen
Energiewirtschaft
Maschinenbau
Nahrungsmittel/Getränke
Gesundheitswesen
Finanzdienstleistung
Tourismus
Telekommunikation
Informationstechnologie
Handel
Non-Profit-Organisationen
öffentlicher Sektor
Medien/Unterhaltung

Managementberatung
Strategieberatung
Technologie- und Innovationsb.
Informationsmanagement

Informationstechnologie
IT-Strategien
Datenbanken
E-Commerce
Internet/Intranet
Multimedia
Netzwerkkonzepte/Lösungen
Programmierung
Softwareentwicklung

Marketing/PR
Marketingstrategie
Marketingkonzepte
Corportate Identity/Design
Webdesign
Grafik
Direktmarketing
PR-Beratung
Publikationen/Firmenzeitschr.
Multimedia
Werbung

Anzahl der eingestellten Berater pro Jahr
1

Voraussetzungen für eine Bewerbung
Berufserfahrung, Ausbildungsstand, Teamfähigkeit, Verlässlichkeit, Sympathie

Schubertstraße 21
8010 Graz

Ansprechpartner:
Mag. Jörg Tinnacher

Geschäftsführung:
Mag. Jörg Tinnacher

Gründungsjahr:
1997

Verbandszugehörigkeiten:
Marktkommunikation und Werbung

Tel.: +43/316/84 59 12
Fax: +43/316/84 59 12-8
E-Mail:
office@tincom.at
Homepage:
www.tincom.at

Mitarbeiter gesamt: 7
davon Consultants: 1

Leistungsprofil
Marketing- und Kommunikationsberatung
Full-Service als Werbeagentur
Brand-Consulting
Internetberatung
Gesamtlösungen für Internet

TMC Management-Beratungs GesmbH.

Hartmanngasse 5/2/17
1050 Wien

Ansprechpartner:
Mag. Gabriele Tomasitz-Möseneder

Geschäftsführung:
Mag. Gabriele Tomasitz-Möseneder

Gründungsjahr:
1997

Verbandszugehörigkeiten:
Marketing Club Österreich

Tel.: +43/1/544 07 62
Fax: +43/1/544 07 62-12
E-Mail:
office@tmc.co.at
Homepage:
www.tmc.co.at

Mitarbeiter gesamt: 10 inkl. selbständige Consultants
davon Consultants: 10

Operativ tätig in den Staaten
Österreich
andere europ. Staaten

Niederlassungen
Österreich

Tätig in folgenden Branchen
Nahrungsmittel/Getränke
Finanzdienstleistung
sonstige Dienstleistungen
Telekommunikation
Non-Profit-Organisationen
öffentlicher Sektor

Managementberatung
Strategieberatung
Organisationsberatung
Operative Beratung
Change Management
Managementsysteme
Outsourcing

Human Resources
Potenzialanalysen
Personalmanagementsysteme
Personalinformationssysteme
Personalentwicklung
Coaching
Managementtraining
Seminare/Workshops
Moderation/Mediation

Marketing/PR
Marketingstrategie
Marketingkonzepte
Corporate Identity/Design
Direktmarketing
Vertriebssteuerung
PR-Beratung
Lobbying/Networking
Werbung

Anzahl der eingestellten Berater pro Jahr
hängt von den aktuellen Projekten ab

Voraussetzungen für eine Bewerbung
Berater werden passend zu den individuellen Aufgabenstellungen gesucht. Grundsätzlich auf Honorarbasis.

Leistungsprofil
Strategie und Marketingberatung: • Erstellung Unternehmensleitbilder mit integriertem Matrioschka-Pyramidenmodell • Future Search Conferences • Marketingcoachings • Marketingkonzepterstellung • Branding • Marketingprojektmanagement • Strategieworkshops Wirtschaftscoaching • u. a. Kieler Beratungs Modell • Work-life-Balance Teamcoaching und Organisationsberatung • Organisationsfotos • Changemanagement nach dem Conference Modell • Projektbegleitung Managementtrainings • Erstellung Personalentwicklungskonzepte • Führungskräftetrainings • Key-Account-Managementtrainings • Verkaufsttrainings • Gesprächsführung • Kommunikation • Kreativitätstrainings

Referenzen
Agrarmarkt Austria Marketing,
BRAMAC,
Internationale Dachsysteme,
Direct 'n' More Direktmarketing
Generali-Interunfall Versicherung
FCB Kobza Werbeagentur,
Mobilkom AG,
NÖM AG, Pago,
Van den Bergh
Foodservice/Unilever Bestfood

TPA

TPA Treuhand Partner Austria Wirtschaftstreuhand und Steuerberatung GmbH

Operativ tätig in den Staaten
Österreich
andere europ. Staaten

Niederlassungen
Österreich
andere europ. Staaten

Tätig in folgenden Branchen
Finanzdienstleistung
sonstige Dienstleistungen

Managementberatung
Strategieberatung
Organisationsberatung
Technologie- und Innovationsb.
Operative Beratung
Prozessoptimierung
Change Management
Produktivitätssteigerung
Controllingsysteme
Informationsmanagement
Managementsysteme
Reorganisation/Restruktur.
Sanierung
sonstiges

Informationstechnologie
E-Commerce
Systemevaluierung
sonstiges

Human Resources
Management Audits
Personalmanagementsysteme
Vergütungssysteme
Personalentwicklung
Coaching
Seminare/Workshops
sonstiges

Corporate Finance
Strategische Allianzen
Unternehmenskauf und -verkauf
Joint Ventures
Beteiligungen
Fusionen
Due Diligence
Ausgliederungen
Unternehmensgründung
Unternehmensnachfolge
IPO
MBO/MBI
Businesspläne
Finanzierungskonzepte
Investorensuche
Verhandlungsführung
sonstiges

Marketing/PR
Vertriebssteuerung

Anzahl der eingestellten Berater pro Jahr
15–20

Voraussetzungen für eine Bewerbung
einschlägiges Wirtschafts- oder Jusstudium

Praterstraße 62–64
1020 Wien

Ansprechpartner:
siehe Seniorpartner

Geschäftsführung:
siehe Seniorpartner

Seniorpartner:
Gerda Plajer,
Helene Bovenkamp,
Daniel Mercsanits,
Gerhard Nidetzky,
Karin Fuhrmann,
Emilie Janeba-Hirtl,
Roland Reisch,
Werner Sedlacek,
Gottfried Sulz,
Liselotte Ziegler,
Walter Messner,
Hans Miehl,
Klaus Scheder,
Gerhard Burger,
Heinz Bernauer

Gründungsjahr:
1979

Verbandszugehörigkeiten:
Kammer der Wirtschaftstreuhänder

Tel.: +43/1/588 35-0
Fax: +43/1/588 35-500
E-Mail:
wien@tpawt.com
Homepage:
www.tpawt.com

Mitarbeiter gesamt: ca. 460
davon Partner: 17
davon Consultants: 300

Leistungsprofil

TPA Treuhand Partner Austria Wirtschaftstreuhand und Steuerberatung GmbH zählt mit über 300 Steuerberatern, Wirtschaftsprüfern und Consultants zu den führenden Wirtschaftstreuhandkanzleien Österreichs. Die TPA beschäftigt rund 460 Mitarbeiter an elf Standorten in Österreich und verfügt über Niederlassungen in Prag, Budapest, Ljubljana und Bratislava.
Zu sämtlichen Fragen, insbesondere aus den Bereichen Immobilien, Gemeinden, Abfertigung neu, Basel II, Vereine, Privatstiftungen, Neugründungen, Jungunternehmer, Umgründungen, Rechtsformgestaltung, Jahresabschlussprüfungen, Freiberufler, Rechnungslegung und Bilanzierung, Lohnsteuer, Due Diligence, Sozialversicherung, Altersvorsorge oder Betriebsnachfolge stehen bei uns anerkannte Experten zur Verfügung. Aktuelle und gründliche Informationen erhalten Sie auf unserer prämierten HP www.tpawt.com.

trendmarketing – Unternehmensberatung Mag. Alexander Rauter

Andechsstraße 59
6020 Innsbruck

Ansprechpartner:
Mag. Alexander Rauter

Geschäftsführung:
Mag. Alexander Rauter

Gründungsjahr:
2001

Verbandszugehörigkeiten:
nein

Tel.: +43/512/39 88 99
Fax: +43/512/39 88 99
E-Mail:
trendmarketing@telering.at

Mitarbeiter gesamt: 3
davon Consultants: 3

Operativ tätig in den Staaten
Österreich
Deutschland
Schweiz

Tätig in folgenden Branchen
Energiewirtschaft
Maschinenbau
Finanzdienstleistung
Tourismus
Informationstechnologie
Elektronik

Marketing/PR
Marketingstrategie
Marketingkonzepte
Marktforschung
Imageanalysen
Databasemarketing
Direktmarketing
Standortanalyse
Vertriebssteuerung
PR-Beratung

Anzahl der eingestellten Berater pro Jahr
1

Voraussetzungen für eine Bewerbung
gute Marketingkenntnisse in Theorie und Praxis, geistige Flexibilität, Problemlösungsorientierung, Reisebereitschaft, BWL-Studium Marketing

TRESCO

Operativ tätig in den Staaten
Österreich
Deutschland
Schweiz
andere europ. Staaten
USA
Asien
Australien

Niederlassungen
Österreich

Tätig in folgenden Branchen
Energiewirtschaft
Nahrungsmittel/Getränke
Chemie/Pharma
Finanzdienstleistung
sonstige Dienstleistungen
Telekommunikation
Handel
Non-Profit-Organisationen
öffentlicher Sektor
sonstige

Managementberatung
Strategieberatung
Organisationsberatung
Operative Beratung
Prozessoptimierung
Change Management
Produktivitätssteigerung
Controllingsysteme
Informationsmanagement
Managementsysteme
Interimsmanagement
Reorganisation/Restruktur.
Sanierung

Informationstechnologie
Managementinformationssyst.
Workflow Management/Systeme
Systemevaluierung
Programmierung
Softwareentwicklung
SAP-Beratung/Einführung

Human Resources
Executive Search
Management Search
Office Support Search
Assessment Center
Potenzialanalysen
Vergütungssysteme
Personalentwicklung
Coaching
Managementtraining
Seminare/Workshops
Moderation/Mediation

Corporate Finance
Strategische Allianzen
Unternehmenskauf und verkauf
Joint Ventures
Beteiligungen
Fusionen
Unternehmensgründung
Unternehmensnachfolge
IPO
MBO/MBI
Businesspläne
Finanzierungskonzepte
Investorensuche
Verhandlungsführung

Marketing/PR
Marketingkonzepte
Marktforschung
Investor Relations
Lobbying/Networking
Sponsoring

Anzahl der eingestellten Berater pro Jahr
n. a.

Voraussetzungen für eine Bewerbung
mindestens fünf Jahre Branchenerfahrung, Verständnis von wirtschaftlichen oder technischen Zusammenhängen, soziale Kompetenz, kommunikativ

Carl-Zwilling-Gasse 12
2340 Mödling

Ansprechpartner:
Theodor Saverschel

Geschäftsführung:
Theodor Saverschel

Gründungsjahr:
2002

Verbandszugehörigkeiten:
Unternehmensberatung

Tel.: +43/676/579 98 26
E-Mail:
info@tresco.at
Homepage:
www.tresco.at

Mitarbeiter gesamt: 12
davon Consultants: 10

Leistungsprofil
Zusammenstellung von Gesamtlösungspaketen sowie deren Umsetzung zu folgenden Themen: Corporate Finance – Strategie – Reorganisation – Treasury – erneuerbare Energie – Marketing – HR – Executive Search – Coaching – Moderation – SAP – Programmierung

Triconsult Wirtschaftsanalytische Forschung GesmbH

TRI CONSULT

Alser Straße 37
1080 Wien

Ansprechpartner:
Felix Josef

Geschäftsführung:
Felix Josef
Alber Spielbichler

Seniorpartner:
Alber Spielbichler
Robert Wittmann
Gabie Peiskammer
Michaela Hochreiter

Gründungsjahr:
1980

Verbandszugehörigkeiten:
VMO, ESOMAR,
WAPOR, SZF

Tel.: +43/1/408 49 31
Fax: +43/1/408 49 31-21
E-Mail:
office@triconsult.at
Homepage:
www.triconsult.at

Mitarbeiter gesamt: 22
davon Consultants: 7

Operativ tätig in den Staaten
Österreich
Deutschland
Schweiz
andere europ. Staaten
USA
Südamerika

Tätig in folgenden Branchen
Energiewirtschaft
Verkehr/Transport
Maschinenbau
Nahrungsmittel/Getränke
Chemie/Pharma
Gesundheitswesen
Finanzdienstleistung
Tourismus
sonstige Dienstleistungen
Telekommunikation
Informationstechnologie
Elektronik
Handel
Non-Profit-Organisationen
öffentlicher Sektor
Medien/Unterhaltung

Marketing/PR
Marketingstrategie
Marketingkonzepte
Marktforschung
Imageanalysen
Standortanalyse

Anzahl der eingestellten Berater pro Jahr
1–2

Voraussetzungen für eine Bewerbung
abgeschlossenes Studium, einschlägige Erfahrungen, Zahlengefühl, Sozialkompetenz, Präsentationssicherheit

Leistungsprofil
Forschungskonzeption Feldarbeit: • persönlich-mündlich in home • persönlich-mündlich central location • telefonisch (CATI) • schriftlich • webbasiert (WAPI) • qualitativ und quantitativ • automotive • Business-to-Business • Chemie • Finanzdienstleistungen • fmcg • Gesundheit/Pharma • Kinder • Kundenzufriedenheit • Lebensmittel • Marktmodelle • Medienforschung • Packungsforschung • Preisforschung • Produkttests • Sozial-/Meinungsforschung • Tourismus • Trackingstudien • Usability • Werbung und Marketing • Internationale Studien

Referenzen
ARWAG, B&O, Bank Austria, BEGAS, BP, ENCOM, Energiecomfort, EVN, Gewinn, Gewist Hübner & Hübner, Interspot, Kabelsignal, Mobilkom Austria, Mölnlycke, MuseumsQuartier, ORF, Unilever, PID, Publicis, Red Bull, SCS, TA, Tyrolia HTL Wiener Stadthalle, Wienstrom, Wirtschaftskammer Kärnten

Trigon Entwicklungsberatung – Marktwirksame Unternehmensentwicklung GesmbH

Operativ tätig in den Staaten
Österreich
Deutschland
Schweiz
andere europ. Staaten

Niederlassungen
Österreich
Deutschland

Tätig in folgenden Branchen
Energiewirtschaft
Verkehr/Transport
Chemie/Pharma
Gesundheitswesen
Finanzdienstleistung
Tourismus
Telekommunikation
Non-Profit-Organisationen
öffentlicher Sektor
Medien/Unterhaltung

Managementberatung
Strategieberatung
Organisationsberatung
Prozessoptimierung
Change Management
Managementsysteme
Interimsmanagement

Human Resources
Assessment Center
Potenzialanalysen
Management Audits
Personalmanagementsysteme
Personalentwicklung
Coaching
Managementtraining
Seminare/Workshops
Moderation/Mediation

Marketing/PR
Marketingstrategie
Marketingkonzepte
Marktforschung
Imageanalysen

Anzahl der eingestellten Berater pro Jahr
1

Voraussetzungen für eine Bewerbung
Alter über 35, Berufserfahrung, Praxiserfarhrung in Prozessberatung, Organisations- oder Personalentwicklung,

Einstiegsgehalt für Berater
50.000 Euro

Radetzkystrasse 2
9020 Klagenfurt

Ansprechpartner:
Dr. Mario Weiss

Geschäftsführung:
Dr. Mario Weiss,
Dr. Günther Karner

Senior Partner:
Mag. Brigitte Huemer,
Mag. Gerald Hackl,
Dr. Erwin Huber,
Mag. Erwin Berger

Gründungsjahr:
1988

Tel.: +43/463/51 66 76
Fax: +43/463/51 66 78
E-Mail:
trigon.klagenfurt@trigon.at
Homepage:
www.trigon.at

Mitarbeiter gesamt: 12
davon Partner: 6
davon Consultants: 6

Honorarumsatz:
1.600.000 Euro

Leistungsprofil
Organisationsentwicklung, Personalentwicklung, Unternehmensentwicklung; Begleitung und Beratung von Veränderungsprojekten; Moderation von Workshops und Klausuren; Gestaltung der Zukunft in Form von Leitbild- und Strategieentwicklung; Organisationsstrukturen

Referenzen
Austrian Airlines Group (A), Continental (D), Frankfurt Airport – Fraport (D), Kelag (A), Hapimag (CH), Gottlieb Duttweiler Institut (CH), Merck (D), Porsche Austria (A), Österreich Werbung (A), Bundesforste (A)

Trust Value Management Consult GmbH

Lothringer Straße 14
1030 Wien

Ansprechpartner:
Dr. Harald Heidegger

Geschäftsführung:
Dr. Leopold Bednar
Dr. Rainer Hasenauer
Dr. Harald Heidegger

Gründungsjahr:
2002

Verbandszugehörigkeiten:
keine

Tel.: +43/1/714 19 19
Fax: +43/1/714 19 19-999
E-Mail:
office@tvmconsult.com
Homepage:
www.tvmconsult.com

Operativ tätig in den Staaten
Österreich
Deutschland

Tätig in folgenden Branchen
Energiewirtschaft
Verkehr/Transport
Maschinenbau
Nahrungsmittel/Getränke
Finanzdienstleistung
Telekommunikation
Informationstechnologie
Elektronik
Handel

Managementberatung
Strategieberatung
Organisationsberatung
Operative Beratung
Prozessoptimierung
Change Management
Produktivitätssteigerung
Logistik
Controllingsysteme
Managementsysteme
Outsourcing
Interimsmanagement
Reorganisation/Restruktur.
Sanierung

Informationstechnologie
IT-Strategien
Managementinformationssyst.
Systemevaluierung
IT-Outsourcing

Human Resources
Executive Search
Potenzialanalysen
Management Audits
Vergütungssysteme
Personalentwicklung
Coaching
Managementtraining

Corporate Finance
Strategische Allianzen
Unternehmenskauf und -verkauf
Joint Ventures
Beteiligungen
Fusionen
Due Diligence
Ausgliederungen
Unternehmensnachfolge
MBO/MBI
Businesspläne
Finanzierungskonzepte
Investorensuche
Verhandlungsführung

Marketing/PR
Standortanalyse
Vertriebssteuerung

Leistungsprofil
Strategie, M&A,
Leistungssteigerung,
Führungskräftetraining

UNITRAIN – Career Center der Universität Wien

Maria-Theresien-Straße 22/12
1010 Wien

Ansprechpartner:
Mag. Elisabeth Punzengruber

Geschäftsführung:
Mag. Elisabeth Punzengruber,
Michael Plankensteiner,
Josef Lentsch

Gründungsjahr:
2000

Tel.: +43/1/310 48 60
Fax: +43/1/310 48 60-28
E-Mail:
office@unitrain.at
Homepage:
www.unitrain.at

Mitarbeiter gesamt: 10

Operativ tätig in den Staaten
Österreich

Tätig in folgenden Branchen
sonstige Dienstleistungen

Human Resources
Assessment Center
Potenzialanalysen
Management Audits
Personalmanagementsysteme
Personalentwicklung
Coaching
Managementtraining
Seminare/Workshops

Leistungsprofil
Personalmarketing und Events, Personalrecruting, Personalentwicklung; UNITRAIN bietet Ihnen den effektiven Zugang zur Zielgruppe künftiger AbsolventInnen an Österreichs Universitäten. Durch Ihren maßgeschneiderten Auftritt an Österreichs Universitäten treten Sie mit der Zielgruppe hautnah in Kontakt.

Referenzen
Uniqa, Binder Grösswang Rechtsanwälte, KPMG Alpentreuhand, Freshfields Bruckhaus Deringer, Europa Treuhand Ernst & Young, Wolf Theiss & Partner

Uptime Systemlösungen GmbH

Schwarzenbergplatz 8/8
1030 Wien

Ansprechpartner:
Cathelijne Grobbee

Geschäftsführung:
Mag. Nikolaus Kimla

Gründungsjahr:
1994

Tel.: +43/1/713 61 80
Fax: +43/1/713 61 80-10
E-Mail:
c.grobbee@uptime.at
Homepage:
www.uptime.at

Mitarbeiter gesamt: 40
davon Consultants: 4

Operativ tätig in den Staaten
Österreich
andere europ. Staaten

Tätig in folgenden Branchen
sonstige Dienstleistungen
Informationstechnologie
Non-Profit-Organisationen
öffentlicher Sektor

Managementberatung
Strategieberatung
Technologie- und Innovationsb.
Informationsmanagement

Informationstechnologie
IT-Strategien
Informationsmanagement
E-Commerce
Internet/Intranet
Softwareentwicklung
IT-Outsourcing

USECON The Usability Consultants GmbH

Operativ tätig in den Staaten
Österreich
Deutschland
Schweiz
andere europ. Staaten

Niederlassungen
Österreich

Tätig in folgenden Branchen
Energiewirtschaft
Verkehr/Transport
Finanzdienstleistung
Tourismus
Telekommunikation
Informationstechnologie
Elektronik
Handel
öffentlicher Sektor
Medien/Unterhaltung

Managementberatung
Strategieberatung
Technologie- und Innovationsb.
Prozessoptimierung
sonstiges

Informationstechnologie
IT-Strategien
Informationsmanagement
E-Commerce
Internet/Intranet
Multimedia

Human Resources
Personalentwicklung

Marketing/PR
Onlinemarketing
Webdesign
Multimedia

Hauffgasse 3–5
1110 Wien

Ansprechpartner:
Mag. Günther Leucht

Geschäftsführung:
Dr. Verena Giller,
Dr. Manfred Tscheligi

Gründungsjahr:
2000

Verbandszugehörigkeiten:
Wirtschaftskammer

Tel.: +43/676/84 17 89-100
Fax: +43/676/84 17 89-200
E-Mail:
office@usecon.com
Homepage:
www.usecon.com

Leistungsprofil
USECON unterstützt und gestaltet Entwicklungsprozesse (Consulting, konkrete Services), bezogen auf unterschiedlichste Bereiche wie: Web, Mobile Services, Software, Consumer Electronics etc.
1. Entwicklungsprozess: Anforderungsdefinitionen, Konkurrenzanalysen, User Interface Designs, Informationsarchitekturen etc.; 2. Qualitätssicherung: Usability-Tests, Experten-Reviews, Conformity-Checks etc.; 3. Strategische Entwicklung: User Centred Process Implementation, Usability Coaching, Strategic Consulting, Trainings, Kurse, Kosten-Nutzen-Analysen etc.; 4. Industriestandards: Conformity Assessments, Standards Applicability Evaluation

Referenzen
Österreich:
Casinos Austria, Erste Bank, Herold Business Data, Kabel TV Wien, Mobilkom Austria, Österreichische Lotterien, One Connect Austria, SBB, D. Swarovski & Co, Telekom Austria, T-Mobile Austria;
Deutschland:
T-Systems, ZDF etc.

VENTACC Beteiligungs- und Unternehmensberatung GmbH

Fischhof 3
1010 Wien

Ansprechpartner:
Florian Vitus Dietz

Geschäftsführung:
Florian Vitus Dietz
Mag. Emil Weber

Seniorpartner:
Florian Vitus Dietz
Mag. Emil Weber
Mag. Julian Dietz
Stephan Schuster
Dr. Ernst Jauernik
DI Jean-Luc Dautriat
Mag. Reinhard Hofbauer
Mag. Toni Eiser
Dr. Peter Hofinger
Mag. Norbert Steinhäusler

Gründungsjahr:
2001

Verbandszugehörigkeiten:
FV UBIT

Tel.: +43/1/537 03-0
Fax: +43/1/537 03-130
E-Mail:
office@ventacc.com
Homepage:
www.ventacc.com

Mitarbeiter gesamt: 17
davon Partner: 8
davon Consultants: 10

Honorarumsatz:
1 Mio. Euro

Operativ tätig in den Staaten
Österreich

Tätig in folgenden Branchen
Verkehr/Transport
Maschinenbau
Nahrungsmittel/Getränke
Chemie/Pharma
Gesundheitswesen
Telekommunikation
Informationstechnologie
Elektronik
Medien/Unterhaltung

Managementberatung
Strategieberatung

Corporate Finance
Strategische Allianzen
Unternehmenskauf und -verkauf
Joint Ventures
Beteiligungen
Ausgliederungen
Unternehmensgründung
Unternehmensnachfolge
MBO/MBI
Businesspläne
Finanzierungskonzepte
Investorensuche
Verhandlungsführung

Marketing/PR
Marketingstrategie
Marketingkonzepte
Marktforschung
Vertriebssteuerung
Lobbying/Networking

Leistungsprofil

VENTACC – der Unternehmensbeschleuniger

VENTACC wurde Anfang 2001 mit dem Ziel gegründet, technologie- und expansionsorientierte Klein- und mittelständische Unternehmen bei der Umsetzung von Wachstumsstrategien zu unterstützen und diese maßgeblich und nachhaltig zu beschleunigen. VENTACC sucht nach geeigneten strategischen Partnern, Investoren, Fördermitteln und neuen Märkten. Im Vordergrund steht dabei immer der eindeutige finanzielle Erfolg des Klienten durch mehr Eigenkapital, mehr Liquidität, Unternehmensgröße, höheres F&E-Budget für die Entwicklung eigener Produkte und mehr Kunden.

Verbundplan GmbH

Operativ tätig in den Staaten
Österreich
Deutschland
Schweiz
andere europ. Staaten
Südamerika
Asien
Afrika

Niederlassungen
Österreich
andere europ. Staaten
Asien

Tätig in folgenden Branchen
Energiewirtschaft
Verkehr/Transport
Maschinenbau
Informationstechnologie
öffentlicher Sektor

Managementberatung
Strategieberatung
Organisationsberatung
Technologie- und Innovationsb.
Operative Beratung
Prozessoptimierung
Change Management
Produktivitätssteigerung
Logistik
Informationsmanagement
Managementsysteme
Reorganisation/Restruktur.

Informationstechnologie
IT-Strategien
Informationsmanagement
Managementinformationssyst.
Data Warehouse
Internet/Intranet
Systemevaluierung
Netzwerkkonzepte/Lösungen
Softwareentwicklung

Human Resources
Personalentwicklung
Coaching
Managementtraining
Seminare/Workshops

Parkring 12
1010 Wien

Ansprechpartner:
DI Jürgen Wahl

Geschäftsführung:
Dr. Günter Moraw,
Mag. Michael Schmidt

Gründungsjahr:
1959

Verbandszugehörigkeiten:
Wirtschaftskammer / ÖVE

Tel.: +43/1/536 05-548 13
Fax: +43/1/536 05-547 48
E-Mail:
vpl@verbundplan.at
Homepage:
www.verbundplan.at

Mitarbeiter gesamt: 300
davon Consultants: etwa 200

Honorarumsatz:
38 Mio. Euro

Leistungsprofil
Planungs- und Beratungsleistungen für Wasser- und Wärmekraftwerke, elektrische Anlagen, Hoch- und Höchstspannungsnetze, Tunnel- und Ingenieurbau, Geotechnik und Materialtechnologie, Wasserwirtschaft und Umweltschutz, Bau- und Projektmanagement, Energie- und Netzeinsatzplanungen, technische Ausbildung und Training

Wentner-Havranek, Institut für Unternehmensberatung Ges.m.b.H.

Wentner Havranek
Partner von Deloitte &Touche

Wentner-Havranek GmbH
Partner von Deloitte & Touche
Löwelstraße 20
1010 Wien

Ansprechpartner:
Dr. Gundi Wentner,
Mag. Christian Havranek

Geschäftsführung:
Dr. Gundi Wentner,
Mag. Christian Havranek

Seniorpartner:
Mag. Giovanna Ferraris,
Mag. Katja Teuchmann,
Mag. Esther Richter,
Julian Mauhart

Gründungsjahr:
1992

Tel.: +43/1/513 07-30
Fax: +43/1/513 07-19
E-Mail:
office@wentner-havranek.at
Homepage:
www.wentner-havranek.at

Mitarbeiter gesamt: 39
davon Partner: 2
davon Consultants: 20

Honorarumsatz:
3.200.000 Euro

Operativ tätig in den Staaten
Österreich

Niederlassungen
Deutschland
andere europ. Staaten
USA
Südamerika
Asien
Afrika
Australien

Managementberatung
Managementsysteme
Outsourcing
Reorganisation/Restruktur.

Human Resources
Executive Search
Management Search
Office Support Search
Assessment Center
Potenzialanalysen
Management Audits
Personalmanagementsysteme
Vergütungssysteme
Personalentwicklung
Coaching
Managementtraining
Seminare/Workshops
Moderation/Mediation
Outsourcing
sonstiges

Corporate Finance
Due Diligence

Anzahl der eingestellten Berater pro Jahr
1–2

Leistungsprofil
Institut für Unternehmensberatung

- Wir können als einziges Beratungsunternehmen in Österreich sämtliche Teilaspekte des Human Capital Managements abdecken.
- Die interdisziplinäre und internationale Zusammenarbeit in der Deloitte & Touche Gruppe sichert die ständige Innovation innerhalb des Unternehmens.
- Wir verstehen, wie Unternehmen unterschiedlicher Branchen organisiert sind, in welchen Märkten sie arbeiten und welche spezifischen Anforderungen sie an ihre Mitarbeiter und Führungskräfte stellen.

Werbeagentur hellblau. Berlinger Ganahl Mirlach OHG

Operativ tätig in den Staaten
Österreich
Deutschland
Schweiz

Tätig in folgenden Branchen
Informationstechnologie
Medien/Unterhaltung
sonstige Dienstleistungen

Managementberatung
Strategieberatung
sonstiges

Informationstechnologie
IT-Strategien
E-Commerce
Internet/Intranet
Multimedia

Marketing/PR
Marketingkonzepte
Corporate Identity/Design
Onlinemarketing
Webdesign
Grafik
Direktmarketing
Publikationen/Firmenzeitschr.
Multimedia
Werbung

Rheinstraße 26–27
6890 Lustenau

Ansprechpartner:
Frau Berlinger

Geschäftsführung:
Hr. Ganahl, Fr. Berlinger,
Hr. Mirlach

Gründungsjahr:
1999

Verbandszugehörigkeiten:
Design Austria

Tel.: +43/55 77/877 55
Fax: +43/55 77/877 55-5
E-Mail:
agentur@hellblau.com
Homepage:
www.hellblau.com

Mitarbeiter gesamt: 6
davon Partner: 3
davon Consultants: keine

Leistungsprofil
Unser Design gibt Ihrer Strategie Gestalt.
Wir arbeiten für Produkte, Dienstleistungen und Unternehmen, die sich als Marke positionieren oder dieses Ziel verfolgen. Strategische Kommunikationsberatung und visuelle Kommunikation in den Bereichen Corporate Design, Produktentwicklung, Online- und Offlinemedien stehen im Zentrum unserer Arbeit. Die enge Verzahnung von Beratung, Konzeption, Gestaltung und Produktion ist dabei wesentlich, genauso wie die emotionale Qualität der Produkte. Kompetenzen: Beratung, Konzeption, Corporate Design, Leitsysteme, Online-/Offlinekommunikation, Marken-/Produktentwicklung, Verpackungsdesign, Corporate Style, Corporate Fashion, Corporate Sound.

W & W Grafik und Design GmbH

Neustiftgasse 32–34
1070 Wien

Ansprechpartner:
Brigitte Walter

Geschäftsführung:
Brigitte Walter

Gründungsjahr:
1992

Tel.: +43/1/523 55 44
Fax: +43/1/523 55 44-15
E-Mail:
atelier@wwgrafik.at
Homepage:
www.wwgrafik.at

Mitarbeiter gesamt: 2

Operativ tätig in den Staaten
Österreich
Deutschland
Schweiz

Tätig in folgenden Branchen
Energiewirtschaft
Verkehr/Transport
Nahrungsmittel/Getränke
Chemie/Pharma
Gesundheitswesen
Finanzdienstleistung
Tourismus
Telekommunikation
Informationstechnologie
Elektronik
Handel
öffentlicher Sektor
Medien/Unterhaltung

Marketing/PR
Marketingkonzepte
Corporate Identity/Design
Webdesign
Grafik
Werbung

Leistungsprofil
Atelier für Grafik- und Webdesign (Konzept, Layout und Umsetzung)

Referenzen
Augarten Porzellan, Bodega Norton, CA, Castrol, Eskimo-Iglo, IBM, Deloite & Touche, Heraklith, IWG Holding, Kapo-Möbelwerkstätten, Kurier, Münze Österreich, OMV, Österreich Werbung, RZB, Raiffeisen Bank, Ringstraßen Galerien, Hotel Sacher, SAS, Shell, Swatch, Swarovski, Schoeller Bleckmann, Stil Motorsäge, Thonet, Villach, Wiener Werkstätten

ZAK – Pharma Dienstleistung Ges.m.b.H.

Operativ tätig in den Staaten
Österreich
andere europ. Staaten

Niederlassungen
Österreich
andere europ. Staaten

Tätig in folgenden Branchen
Chemie/Pharma
Gesundheitswesen
sonstige Dienstleistungen

Managementberatung
Strategieberatung
Operative Beratung
sonstiges

Corporate Finance
Verhandlungsführung

Marketing/PR
Marketingstrategie
Lobbying/Networking

Anzahl der eingestellten Berater pro Jahr
2–3

Voraussetzungen für eine Bewerbung
akademische Ausbildung, Berufserfahrung in der Pharmabranche

Amalienstraße 48/8
1130 Wien

Ansprechpartner:
Dr. J. J. Chirikdjian,
Mag. I. Hochmayer

Geschäftsführung:
Dr. J. J. Chirikdjian

Gründungsjahr:
1997

Verbandszugehörigkeiten:
Chem.

Tel.: +43/1/879 38 95
Fax: +43/1/879 38 95-18
E-Mail:
zakpharma@zakpharma.at

Mitarbeiter gesamt: 10
davon Consultants: 8

Honorarumsatz:
135 Mio. Euro

Leistungsprofil
Registrierung von Arzneimitteln, Check von Dossiers, Zusammenstellung von Dossiers (NTA und CTD), Module 1–5, Literaturrecherche, Beratung im Bereich Arzneimittel, Medizinprodukte, Nahrungsergänzungsmittel, Kommunikation mit Behörden, Einreichen von Unterlagen bei Behörden, Anträge für Aufnahme ins Heilmittelverzeichnis, klinische Studien (Planung bis Durchführung, Studyprotocols, Ethikkommission, Monitoring, Data Management, Abschlussbericht), Expert Reports

Zentrum für Berufsplanung

Wirtschaftsuniversität Wien
Augasse 2–6å
1090 Wien

Ansprechpartner:
Mag. Ursula Axmann

Geschäftsführung:
Mag. Gabriele Hahn

Gründungsjahr:
1983

Tel.: +43/1/313 36-49 68
Fax: +43/1/310 05 88
E-Mail:
office@zbp.at
Homepage:
www.zbp.at,
www.wirtschaftsmesse.at,
www.recruitingforum.at

Mitarbeiter gesamt: 16
davon Consultants: 7

Operativ tätig in den Staaten
Österreich
Deutschland
andere europ. Staaten

Niederlassungen
Österreich

Tätig in folgenden Branchen
Energiewirtschaft
Verkehr/Transport
Nahrungsmittel/Getränke
Chemie/Pharma
Gesundheitswesen
Finanzdienstleistung
Tourismus
sonstige Dienstleistungen
Telekommunikation
Informationstechnologie
Handel
Non-Profit-Organisationen
öffentlicher Sektor
Medien/Unterhaltung
sonstige

Human Resources
Management Search
Assessment Center
Potenzialanalysen
Personalentwicklung
Coaching
Seminare/Workshops
sonstiges

Anzahl der eingestellten Berater pro Jahr
k. A.

Voraussetzungen für eine Bewerbung
abgeschlossenes Wirtschaftsstudium, Spezialisierung bzw. Praxis im Bereich Personal, Selbständigkeit, Verantwortungsbewusstsein

Einstiegsgehalt für Berater
k. A.

Leistungsprofil
Recruiting direkt an der Wirtschaftsuniversität Wien – Schnittstelle zwischen Wirtschaft, Studenten, Absolventen und Jungmanagern: Wirtschaftsakademiker-Datenbank, professionelle Bewerberselektion, wöchentlich aktuelle Stellenausschreibungen von über 700 Unternehmen pro Jahr, größte On-Campus-Recruitingmesse in Österreich, Firmenpräsentationen, individuelle Karriereberatung …

Referenzen
A. T. Kearney, Bank Austria, Commerzbank, Deloitte, Deutsc[he] Bank, Frantschach, Generali, Henkel, Hofer, HSBC, KPMG, Lehman Brothers, McKinsey, ÖBB, Oesterr. Nationalbank, PricewaterhouseCoopers, Raiffeisen, REWE, Siemens, Telekom Austria, The Boston Consulting Group, Unilever

Metmarket

Operativ tätig in den Staaten
Österreich

Tätig in folgenden Branchen
Maschinenbau
sonstige Dienstleistungen
Handel
sonstige

Managementberatung
Strategieberatung
Organisationsberatung
Operative Beratung
Prozessoptimierung
Change Management
Produktivitätssteigerung
Controllingsysteme
Outsourcing
Interimsmanagement
Reorganisation/Restruktur.
Sanierung

Informationstechnologie
Informationsmanagement
internet/Intranet
Netzwerkkonzepte/Lösungen.

Marketing/PR
Marketingstrategie
Marketingkonzepte
Webdesign

Sergius-Pauser-Str. 2/2
3340 Waidhofen/Ybbs

Ansprechpartner:
Dipl. Ing. Dan Tucan

Geschäftsführung:
Dipl. Ing. Dan Tucan

Gründungsjahr:
2002

Verbandszugehörigkeit:
WKÖ

Tel.: +43/664/400 14 14
Fax: +43/7442/633 89

E-Mail:
office@metmarket.com
Homepage:
www.metmarket.com

Mitarbeiter gesamt: 2
davon Consultants: 2

Leistungsprofil
- Operative Beratungspakete, genau auf die Kundenbedürfnisse zugeschnitten.
- Bei Bedarf Umsetzung dieser Beratungspakete im Rahmen eine Zeitmanagements. Hauptzielmärkte sind die KMU?s.

Mein Motto:
Vom Praktiker für Praktiker

Dr. Helmut Neumann Management Beratung GesmbH & Co KG

Neumann Group

Güntergasse 3
1090 Wien

Ansprechpartner:
Mag. Dr. Peter Gusmits

Geschäftsführung:
Mag. Dr. Peter Gusmits

Gründungsjahr:
1971

Tel.: +43/1/401 40-222
Fax: +43/1/401 40-400
E-Mail:
peter.gusmits@neumann-inter.com
Homepage:
www.neumann-inter.com

Mitarbeiter gesamt: 37
davon Partner: 7
davon Consultants: 14

Operativ tätig in den Staaten
Österreich
Deutschland
Schweiz
andere europ. Staaten

Niederlassungen
Österreich
Deutschland
andere europ. Staaten

Tätig in folgenden Branchen
Energiewirtschaft
Verkehr/Transport
Maschinenbau
Nahrungsmittel/Getränke
Chemie/Pharma
Gesundheitswesen
Finanzdienstleistung
Tourismus
sonstige Dienstleistungen
Telekommunikation
Informationstechnologie
Handel
Non-Profit-Organisationen
öffentlicher Sektor
Medien/Unterhaltung
sonstige

Human Resources
Executive Search
Management Search
Office Support Search
Assessment Center
Management Audit
Vergütungssysteme

Anzahl der eingestellten Berater pro Jahr
1-2

Voraussetzungen für eine Bewerbung
- Universitätsstudium
- Berufserfahrung mindestens 5 Jahre
- Interesse an Beratungstätigkeit

Leistungsprofil
- Executive Search
- Management Selection
- Executive Autdit
- Gehaltsstudien
- Vergütungsberatung
- Assesment center

Beatrix Schütz Web Design

Beatrix Schütz Web Design

Arbeitergasse 23
2320 Schwechat

Ansprechpartner:
Beatrix Schütz

Geschäftsführung:
Beatrix schütz

Gründungsjahr:
2000

Tel.: +43/1/707 73 51
Fax: +43/1/706 55 01
E-Mail:
office@webtricks.at
Homepage:
www.webtricks.at

Mitarbeiter gesamt: 1
davon Partner: k.A.
davon Consultants: k.A.

Operativ tätig in den Staaten
Österreich
USA

Tätig in folgenden Branchen
sonstige Dienstleistungen
Telekommunikation
Informationstechnologie
Non-Profit-Organisationen
öffentlicher Sektor
Medien/Unterhaltung
sonstige

Managementberatung
sonstiges

Informationstechnologie
Internet/Intranet
Multimedia

Marketing/PR
Web Design
Graphik
sonstige

Referenzen
- Web Design und Programmierung von Websites
- Internetanimationen

Referenzen
- Proudfoot Consulting
- Josef Hader
- Institut für Bewusstseins- und Traumforschung
- Scene-IT
- Shelter
- AICC
- DENK

europa consult
Das M&A-Beratungsunternehmen der Investkredit-Gruppe

Europa Consult GmbH

Operativ tätig in den Staaten
Österreich

Niederlassungen
Österreich

Corporate Finance
Unternehmenskauf und -verkauf
Due Diligence
Unternehmensgründung
Unternehmensnachfolge
MBO/MBI
sonstige

Renngasse 10
1010 Wien

Ansprechpartner:
Dr. Heike Jandl

Geschäftsführung:
Mag. Gerhard Ehringer
Dr. Heike Jandl

Tel.: +43/1/531 35-300
Fax: +43/1/531 35-923
E-Mail:
office@europaconsult.at
Homepage:
www.europaconsult.at

VIP Consulting for Human Resources Baumgart, Heimel & Schuh Unternehmensberatung OEG

VIP Consulting for Human Resources

Mariahilfer Straße 20
1060 Wien

Ansprechpartner:
Mag. Franz Heiml

Geschäftsführung:
Dr. Kurt Baumgart
Mag. Franz Heimel
Mag. Angela Schuh

Gründungsjahr:
1996

Tel.: +43/1/521 75-50
Fax: +43/1/521 75-60
E-Mail:
office@vipconsult.at
Homepage:
www.vipconsult.at

Mitarbeiter gesamt: 14

Operativ tätig in den Staaten
Österreich
Deutschland

Niederlassungen
Österreich

Tätig in folgenden Branchen
Energiewirtschaft
Verkehr/Transport
Maschinenbau
Nahrungsmittel/Getränke
Chemie/Pharma
Gesundheitswesen
Finanzdienstleistung
Tourismus
sonstige Dienstleistungen
Telekommunikation
Informationstechnologie
Handel
Non-Profit-Organisationen
öffentlicher Sektor
Medien/Unterhaltung
sonstige

Human Resources
Personalmanagementsysteme
Coaching
Managementtraining
Seminare/Workshops
sonstige

3ESTELLFORMULAR FÜR DAS

BERATUNGSUNTERNEHMEN IM DEUTSCHSPRACHIGEN RAUM

YEARBOOK
CONSULTING 03
AUSTRIA EDITION

reise für das Yearbook Consulting 03 verstehen sich pro Stück, exkl. MwSt und Versand

Yearbook Consulting	€	95,-
-5 Yearbook Consulting	€	90,-
-10 Yearbook Consulting	€	85,-
1-20 Yearbook Consulting	€	80,-

:h bestelle [   ] Exemplar/e des **„Yearbook Consulting 03"**

____

irma

____

ame, Position

____

dresse

____

____

:lefon, Fax, Mobiltelefon

____

-Mail, Internet

____

atum, Unterschrift

Faxen Sie uns dieses Bestellformular und profitieren Sie vom **Yearbook Consulting 03**

Create Connections Networking & Lobbying GmbH,

Tel/Fax: 01 218 37 30

Internet: www.yearbook-consulting.com

E-Mail: office@yearbook-consulting.com

Notizen: